HISTÓRIA das RELIGIÕES
e a dialética do sagrado

LEONARDO ARANTES MARQUES

HISTÓRIA das RELIGIÕES
e a dialética do sagrado

EDITORA
IDEIAS&
LETRAS

Direção Editorial: Marlos Aurélio

Conselho Editorial: Avelino Grassi

Fábio E. R. Silva

Márcio Fabri dos Anjos

Mauro Vilela

Copidesque: Ana Rosa Barbosa

Revisão: Thiago Figueiredo Tacconi

Diagramação: Gledson Zifssak e Tatiana A. Crivellari

Capa: Tatiane Santos de Oliveira

© Editora Ideias & Letras, 2020

Edição revista e ampliada

3ª impressão

Rua Barão de Itapetininga, 274
República - São Paulo /SP
Cep: 01042-000 – (11) 3862-4831
Televendas: 0800 777 6004
vendas@ideiaseletras.com.br
www.ideiaseletras.com.br

Dados Internacionais de Catalogação na Publicação (CIP)
(Câmara Brasileira do Livro, SP, Brasil)

História das religiões e a dialética do sagrado/
Leonardo Arantes Marques
São Paulo: Ideias & Letras, 2015.
ISBN 978-85-65893-79-4
1. Religião 2. Religião - História I. Título.

14-01556   CDD-028.5

Índice para catálogo sistemático:

1. Dialética do sagrado: História: Religião
232.91

Sumário

Como é por dentro outra pessoa
Quem é que o saberá sonhar?
A alma de outrem é outro Universo
Com que não há comunicação possível,
Com que não há verdadeiro entendimento.

Nada sabemos da alma
Senão da nossa;
As dos outros são olhares,
São gestos, são palavras,
Com a suposição de qualquer semelhança
No fundo.

(Fernando Pessoa, 1934)

Dedico este livro
Às minhas filhas
Aimê da Silva Marques
Aléthia da Silva Marques
À antiga amiga, hoje namorada e esposa
Neide Rosa da Silva Guimarães
À amiga e colaboradora de sempre,
Emília S. Coutinho
Aos amigos e estudiosos do Grupo GERME.

Introdução

*A bondade dos deuses, caso existam, reside justamente
na possibilidade que eles nos oferecem de buscar,
escolher e promover nossas próprias verdades.*
(MARQUES, 2007)

Formular uma introdução de discurso ou uma conclusão é muito complicado para quem é acostumado a observar o mundo de um ângulo diferente. A primeira dá a impressão de início e a segunda de término. Como não existe um começo absoluto para as religiões e nem um fim, fica a indecisão de se começar sem uma introdução e partir direto para algo mais "concreto" e "decisivo": o primeiro capítulo. Talvez seja este sentimento que algumas pessoas enfrentam quando se deparam com uma introdução ou com uma possível conclusão.

Essa questão de iniciar ou não uma verdade, desculpe, uma introdução, me faz lembrar uma antiga lenda indiana em que quatro cegos caminhavam por uma estrada quando de repente esbarram em um grande elefante. O primeiro, agarrado ao rabo disse: "Isto é um espanador"; o segundo, agarrado à pata exclamou: "Isto é uma coluna!"; o terceiro, segurando a tromba declarou eufórico: "Isto é uma grande mangueira" e o quarto, por fim, passando a mão sobre a orelha do animal afirmou categoricamente: "Vocês todos estão enganados, isto é uma grande bananeira". Quem está com a verdade? Poderíamos dizer que todos, pois eles analisaram o fenômeno segundo seus próprios referenciais de vida; e nenhum, porque fragmentaram o fenômeno e não conseguiram perceber que se tratava de um fenômeno complexo e não único. Quando estudamos as religiões ou universos sagrados, as filosofias e as ciências, precisam tomar o máximo de cuidado para não reduzi-las aos nossos estreitos pontos de vista e acabar como cegos tateando um fenômeno complexo e julgando-o como simples. Este é o objetivo deste livro: trazer ao leitor o melhor possível; não a perfeição, apenas o melhor.

O leitor encontrará, em primeiro lugar, uma explicação sobre o que se entende por história das religiões no século XX e seu objetivo de dialética do sagrado. O segundo capítulo oferece uma interpretação sobre "ciência" ou possíveis ciências que compõem os nossos saberes atualmente e suas supostas verdades ao analisar as religiões, seus clichês e sua impotência frente à fenomenologia religiosa. O terceiro capítulo é, ou parece ser, o mais importante e nele se tentou explicar o verdadeiro "sentido" de religião para o historiador dentro de um pressuposto da dialética do sagrado, sendo apresentada ainda uma contribuição do grande filósofo Bertrand Russell sobre filosofia, religião e ciência. O quarto e o quinto capítulos ajudarão o leitor a ter uma visão mais ampla sobre os universos sagrados, pois aborda as hierofanias – manifestações do sagrado expressas em símbolos, mitos, seres sobrenaturais etc. – no pensamento de outros autores. O sexto é a verdadeira proposta deste livro: apresentar ao leitor as várias manifestações das *religiones* e pensamentos filosóficos, com o objetivo de ampliar e descentralizar seu conhecimento sobre as possíveis verdades referentes ao assunto.

1. História das religiões

A história das religiões visa no final à criação cultural e à modificação *do homem.*[1]

A história das religiões ou religiões comparadas[2] não tem o objetivo de definir as religiões como têm feito os diversos pressupostos teóricos que conhecemos, mas estudá-las sem perder o colorido ou a sacralidade que as envolve.[3] O objetivo é estudar a história das religiões sem transformá-la em um pressuposto essencialmente historicista, como vem sendo feito pelas diversas ciências e filosofias ocidentais, principalmente pela vertente italiana, cujo ponto principal é o homem situado.[4] Nessa situação não existe escolha: o homem é o que sua *historicidade* determina. Não negamos a importância da história, o processo de "hominização", a força do social, ou do sistema econômico, o que não aceitamos é um determinismo absoluto como força finalizadora do processo de existência. Os sistemas, sejam quais forem, influenciam e interferem no pensamento e na existência do indivíduo, mas partir daí é afirmar que eles determinam essa existência, negando a possibilidade humana de transcendência. Sabemos que a descoberta da importância da história no processo de socialização[5] instigou e instiga muitos dos nossos pesquisadores, principalmente os marxistas, a limitar o homem à sua pequena dimensão histórica, na qual todo ser humano vive irremediavelmente "situado" por meio do condicionamento cultural e social.[6] Entretanto, "não devemos confundir circunstâncias históricas que fazem de uma existência humana aquilo que ela é, com o fato de existir algo como a existência humana".[7]

---

1   ELIADE, M. *Origens*, p. 86.
2   Ramo de estudos, desenvolvido principalmente no século XIX, em que se empregam conceitos das ciências sociais e métodos e conhecimentos científicos para, mediante a comparação objetiva entre as diversas religiões particulares, determinar a história e explicar a natureza da religião como fenômeno humano universal (Dicionário Aurélio).
3   WACH, J. *Sociologia da religião*, p. 165.
4   MASSENZIO, M. *A história das religiões na cultura moderna*, p. 19.
5   BERGER, P.L.; LUCKMAN, T. *A construção social da realidade*, cap. III.
6   FAUSTO, R. *Marx: lógica e política* – Tomo III, cap. III.
7   ELIADE, M. *Origens*, p. 71.

Antes de adentrarmos em tema tão complexo como o mundo das hierofanias, suas manifestações, épocas e lugares, necessário se faz primeiro abordarmos e entendermos o que é cultura e processo social. A palavra cultura vem do latim *colere* e significa cultivar. O processo cultural deve ser considerado como uma "hominização", ou seja, o homem não é apenas causa (*produtor da cultura*), mas também efeito (*produto da cultura*) de onde está inserido.[8] Assim, "cultura diz respeito à Humanidade como um todo e ao mesmo tempo a cada um dos povos, nações, sociedades e grupos".[9] Apesar de as pessoas confundirem o processo cultural com o social, esses divergem razoavelmente em suas bases. O processo social é a construção da sociedade em determinada realidade,[10] a qual podemos qualificar como realidade objetiva e subjetiva. A realidade objetiva, que também podemos chamar de *interação*, são as leis,[11] os costumes,[12] as tradições e os hábitos que se modificam com o tempo. É através desse processo que o indivíduo interage com o outro, cresce e se desenvolve intelectual, social e moralmente.[13] A realidade subjetiva, ou assimilação, é o processo interno pelo qual todos desenvolvemos, incorporamos e nos damos conta do processo objetivo. O processo objetivo, ou realidade externa, é de suma importância para o processo subjetivo, em que o indivíduo precisará interagir com humanos para assimilar e acomodar seus conteúdos internos e externos.[14] É a convivência com os outros que proporcionará a capacidade de se relacionar, interagir, amar, sorrir, chorar e todos os outros comportamentos que classificamos como de uso humano. Sem esse tipo de interação não teremos um referencial para nos identificar, logo, não teremos humanos.[15] É somente com o humano e por meio dele que os homens vivem e produzem juntos um ambiente humano (coletivo),[16] com todas as características e formações socioculturais.

> *A vida social é a pedra de toque das boas e más qualidades. A bondade, a maldade, a suavidade, a violência, a benevolência, a caridade, o egoísmo,*

---

8 KARDEC, A. *Revista espírita*, 1867, p. 92.
9 SANTOS, J. *O que é cultura*, p. 21.
10 DURKHEIM, E. *Formas elementares da vida religiosa*, cap. VII.
11 KARDEC, A. *O livro dos espíritos*, livro III.
12 *Ibid.*, perg. 774, 785 e 863.
13 *Ibid.* Livro terceiro, cap. VII, item II – A marcha do progresso.
14 FREUD, S. *Obras completas*. Volume XIX, item III – *O ego e o superego (ideal do ego)*.
15 KARDEC, A. *A gênese*; 18:2 e 12.
16 KARDEC, A. *Revista espírita*, 1867, pp. 289-301 e 1865, pp. 67-68.

a avareza, o orgulho, a humildade, a sinceridade, a franqueza, a lealdade, a má-fé, a hipocrisia, numa palavra, tudo o que constitui o homem de bem ou o homem perverso, tem por móvel, por objetivo e por estimulante as relações do homem com seus semelhantes.[17]

O processo cultural é o que herdamos e carregamos em nós desde o "começo" dos tempos; é o processo pelo qual o Ser é inserido no mundo pelo social, aprendendo ou incorporando as tradições, o comportamento objetivo e subjetivo, a linguagem e as conquistas culturais do povo com o qual vive.

A cultura de uma sociedade moderna contém tantos elementos importados daqui e dali, que não constituem uma peça única e coerente. Consideremos, por exemplo, as atitudes contraditórias de pensadores eminentes a respeito do suicídio, da limitação da natalidade, do jogo, do monopólio e da vendeta. Uma sociedade simples, possuindo uma cultura toda sua e sem contatos perturbadores com o mundo exterior, obtém no condicionamento de seus membros um sucesso a que nenhuma sociedade moderna pode aspirar.[18]

Dessa forma, podemos afirmar que:

[...] a Humanidade nunca vive inteiramente no presente. O passado, a tradição da raça e do povo vive nas ideologias do superego e só lentamente cede às influências do presente, no sentido de mudanças novas; e, enquanto opera através do superego, desempenha um poderoso papel na vida do homem, independente de condições econômicas.[19]

É necessário estudar as religiões sem usar preconceitos e clichês existentes em nossas ciências e filosofias. Fazer uso de tais clichês acarreta um olhar simplista e ideológico das religiões e não uma busca ontológica como é o proposto por este livro. Com esses clichês e verdades "concretas", muitos historiadores acabam por ignorar e deixar de levar a sério os mundos espirituais que estudam, refugiando-se na maioria das vezes em sua própria fé religiosa ou em um materialismo behaviorista impenetrável.[20] Para evitar esse tipo de problema, alguns escolásticos defendem como recurso científico a especialização do pesquisador, mas uma especialização excessiva em qualquer campo do saber condenará o historiador

---

17 KARDEC, A. *Revista espírita*, 1865, p. 68.
18 LINTON, R. *O homem*, p. 125.
19 FREUD, S. *A dissecção da personalidade psíquica*, conferência 31.
20 KARDEC, A. *Revista espírita*, 1867, p. 5, item V.

das religiões a permanecer na superfície do conhecimento, petrificado às certezas adquiridas na universidade ou na juventude.[21] O mais adequado é que os historiadores das religiões apenas acreditem em conceitos que possam corresponder a uma efetiva ação "real" ou possível,[22] uma vez que toda "especialização" excessiva, em qualquer área, pode levar-nos a interpretar como banais as formas religiosas e os mundos sagrados que as suportam; e, em última instância, apagar-lhes o brilho e o sentido.

> A história das religiões não é mera disciplina histórica como a arqueologia ou a numismática. É igualmente uma hermenêutica total, já que é chamada a decifrar e explicar todo tipo de encontro do homem com o sagrado, da pré-história até os nossos dias. Ora, por razões de modéstia, ou talvez por uma timidez excessiva (provocada acima de tudo pelos excessos dos seus eminentes predecessores), os historiadores das religiões hesitam em valorizar culturalmente os resultados das suas investigações.[23]

Estudar as religiões é estar comprometido com o conhecimento e livre de verdades absolutas, buscando possibilidades e sentidos. Sabemos que a neutralidade é um mito de nossa ciência positivista, por isso, afirmamos que o historiador das religiões deve ser comprometido com o conhecimento e não com verdades absolutas. Para o historiador das religiões, a verdade deve ser entendida como *uma sensação social contínua*. O historiador das religiões não precisa ser ateu ou agnóstico, mas ter condições de transcender suas supostas verdades, já que ser ateu, agnóstico, filósofo, cientista ou religioso não passa de buscas de sentidos e possibilidades existenciais.

> O estudo histórico e comparativo das religiões abrange todas as formas culturais até agora conhecidas, tanto as culturas etnológicas como as que desempenham um papel de importância maior na História, por outro lado, ao estudar as expressões religiosas de uma cultura, o estudioso aborda-a do interior, e não apenas nos seus contextos sociológicos, econômicos e políticos. Não existe um fenômeno religioso puro. Um fenômeno religioso é também um fenômeno social, econômico e evidentemente histórico, porque tem lugar no tempo histórico e é condicionado por tudo o que aconteceu antes.[24]

---

21 ELIADE, M. *Origens*, p. 82.
22 SANTOS, B. de S. *Pela mão de Alice*, pp. 36-55.
23 ELIADE, M. *Origens*, p. 77.
24 *Ibid.*, p. 71.

É bem possível que nossas supostas verdades e superstições, religiosas ou não, possam interferir em nossos estudos, tendo em vista que somos pessoas e, portanto, influenciáveis, possuímos nossas crenças e verdades relativas,[25] escrevendo assim contra diversas superstições, utilizando para esse mister nossas próprias superstições. Para amenizar essa situação, devemos ter clareza de nossos objetivos e propósitos, pois este livro sobre a história de algumas religiões não pretende formar credo religioso, ou uma nova religião universal (*oikoumenikós*), e sim buscar as "origens" e o conhecimento que as religiões podem fornecer aos pesquisadores.[26] Se acreditamos ou buscamos as "origens" das religiões como um começo absoluto (*Fiat Lux – Axé – in Illo Tempore*), a questão nada apresenta de histórica ou científica, devendo ser afastada definitivamente de nossos estudos. Não ignoramos outros saberes e outras "ciências ou conhecimentos" não legitimados. O que não compactuamos é com verdades absolutas,[27] *dogmatikós* (dogmáticas) ou *skeptikós* (céticos).[28] Como em tudo:

> [...] não existe um momento radical em que as religiões tenham começado a existir e não se trata de encontrar um meio que permita que nos transportemos até ali pelo pensamento.[29]

Quando estudamos as diversas formas de religiosidades existentes (universos sagrados), entramos em contato com o diferente, com o outro, e descobrimos que o diferente não é o outro, o diferente sou eu.

O papel do historiador das religiões
(Por Mircea Eliade)[30]

Os procedimentos utilizados pelo historiador das religiões estão longe de serem idênticos aos do psicólogo, do linguista ou do sociólogo; não são idênticos nem aos do teólogo. A pesquisa do historiador das religiões distingue-se da do linguista, do psicólogo e do sociólogo por se preocupar unicamente com símbolos religiosos, associados a uma experiência religiosa ou a uma concepção religiosa do mundo.

---

25 KARDEC, A. *Revista espírita*, 1865, p. 147.
26 PADOVANI, U. A. *Filosofia da religião*, p. 140.
27 KARDEC, A. *Revista espírita*, 1862, pp. 145-165.
28 ARANHA, M.L. de A. e MARTINS, M.H.P. *Temas de filosofia*, cap. 5, item 8.
29 DURKHEIM, E. *Formas elementares da vida religiosa*, p. 36.
30 *Mefistófeles e o andrógino*, pp. 208-210.

Os procedimentos utilizados pelo historiador das religiões distinguem-se igualmente dos do teólogo. Toda teologia implica uma reflexão sistemática sobre conteúdos da experiência religiosa com vistas ao aprofundamento e à elucidação das relações entre Deus-Criador e homem-criatura. Ao contrário, as vias de abordagem do historiador das religiões são empíricas. Ele lida com fatos histórico-religiosos que se propõe a compreender e a tornar inteligíveis aos outros. É requisitado, ao mesmo tempo, pela significação do fato religioso e por sua história; esforça-se por não sacrificar nem um, nem outro. É certo que também o historiador das religiões é levado a sistematizar os resultados de suas pesquisas, a refletir sobre a estrutura dos fenômenos religiosos. Mas, então, completa seu trabalho de historiador com um trabalho de fenomenólogo ou de filósofo da religião. No sentido lato do termo, a ciência das religiões abarca tanto a fenomenologia religiosa quanto a filosofia da religião. Porém, o historiador das religiões, a rigor, nunca pode renunciar a seu comércio com o concreto histórico. Ele se dedica a decifrar, no temporal e no concreto histórico, o destino das experiências surgidas do irredutível desejo humano de transcender o temporal e a história. Qualquer experiência religiosa autêntica implica um esforço desesperado para penetrar o fundamento das coisas, a realidade última. Mas qualquer expressão ou formulação conceitual de determinada experiência religiosa inscreve-se em um contexto histórico. As expressões, as formulações, tornam-se, por conseguinte, "documentos históricos" comparáveis a qualquer outro fato cultural: criação artística, fenômeno social, econômico etc. O maior mérito do historiador das religiões é justamente o esforço com que contribui para decifrar em um "fato", devidamente condicionado pelo momento histórico e pelo estilo cultural da época, a situação existencial que o tornou possível. É preciso também considerar outro elemento: a teologia preocupa-se essencialmente com as religiões históricas e reveladas, com os monoteísmos judeu, cristão e muçulmano, e só acessoriamente com as religiões do Oriente próximo antigo e do Mediterrâneo antigo. Um estudo teológico do simbolismo religioso forçosamente levará em conta os documentos selecionados nas grandes religiões monoteístas de preferência aos materiais "primitivos".[31] Ora, a ambição do historiador das religiões é familiarizar-se

---

31 Evidentemente, um teólogo da história das religiões deverá considerar todas essas experiências religiosas arcaicas e primitivas. Mas essa teologia supõe a existência da história das religiões e é tributária de seus resultados.

com o maior número possível de religiões, sobretudo com as arcaicas e primitivas, onde tem a possibilidade de encontrar instituições religiosas ainda em seu estágio elementar.

Em resumo, embora recomendável considerar as pesquisas empreendidas pelos especialistas das outras disciplinas sobre o símbolo em geral e o simbolismo religioso em particular, o historiador das religiões é obrigado, afinal, a abordar o assunto com seus próprios meios de investigação e sob a perspectiva que lhe é própria. Não existe outra perspectiva segundo a qual os fatos histórico-religiosos possam ser mais bem integrados que a da ciência geral das religiões. Foi unicamente por timidez que os historiadores das religiões por vezes aceitaram a integração proposta pelos sociólogos ou antropólogos. Na medida em que é possível formular considerações gerais sobre o comportamento religioso do homem, ninguém poderia fazê-lo melhor que o historiador das religiões; contanto que, evidentemente, domine os resultados das pesquisas em todos os setores importantes de sua disciplina e os integre.

Os mais importantes princípios de unidade nas religiões:[32]

1. O primeiro é a realidade do transcendente, o divino, o sagrado, o *outro*. Por cima e por baixo do colorido mundo dos fenômenos está encoberto o "verdadeiro ser", como disse Platão (*República*); a "realidade das realidades" (*satyasya satyam*), o Uno sem contraparte (*Brhad-Aranyaka-Upanishad*) (*ekam advitiyam*), de acordo com os Upanishads; a verdade eterna (*alhaqq*) no sufismo islâmico. Por sobre as coisas passageiras se levantam o grande cosmos, a eterna ordem, o Tao da antiga China, o *rtam* da antiga Índia, o *Logos* da antiga Grécia. Essa realidade religiosa se personifica constantemente no imaginário religioso que aparece no imaginário humano como o governante, o pai, a mãe, o amigo, o salvador, o noivo, a noiva como Jeová, Varuna, Ahura-Mazda, Alá, Vishnu, Krishna, Buda, Kali, Kuan Yin.[33] Os elementos pessoais e racionais do conceito de Deus, o "T&U" em direção a deus, em nenhum momento esgotam toda a realidade divina transcendente. São somente preparatórios,

---

32   Texto extraído do livro *Metodologia da história das religiões* de Mircea Eliade, com a colaboração de Friederich Heilder em espanhol. Suas principais ideias foram traduzidas, sintetizadas e resumidas por Emília dos Santos Coutinho.
33   Kuan Yin ou Guanyin (chinês) – é o bodhisattva associado à compaixão, geralmente cultuado na forma feminina. O nome Guanyin é uma abreviação de Guanshiyin que significa "Observar os sons ou gritos do mundo".

segundo a imagem de Rudolf Otto, "O cabo da Boa Esperança", os pés de uma cadeia que se perde para nossos olhos nas eternas obscuridades (escuridão).

2. Essa realidade transcendente é imanente aos prazeres humanos. O espírito divino vive nas almas dos homens. Como disse Paulo: "O espírito humano é o templo do espírito divino" (Cor, 3:16; 6:16). Deus está mais perto que nosso pulso, como disse o Alcorão. Ele é interior íntimo meu:

> [...] mais interior que meu ser mais íntimo, segundo as "palavras de Santo Agostinho (Confissões)". O solo da alma humana é idêntico ao poder divino que tudo o invade; o atman é, de acordo com o misticismo da antiga Índia, uno com o Brahma. E os místicos cristãos falam do acies mentis, o pico da alma, com o qual se toca Deus; de pequenas chispas que saem do fogo divino e brilham na alma; do "nascimento de Deus no solo da alma do Homem".

3. Essa realidade é para o homem o maior bem, a maior verdade, justiça, bondade e beleza que, por certo, estende-se além da bondade e da beleza, o "super bem", a super beleza (Plotino), como dizem os místicos neoplatônicos, o summum bonum, o bem mais alto. Essa frase é comum a todos os místicos. A encontramos tanto em Lao-Tsé, Tao-Te-King, no Bhagavad-Gita, no antigo cânon budista, em Platão, Plotino e entre os místicos cristãos. Não há nada no mundo da natureza e do espírito que possa comparar-se com este Último e Supremo, absolutamente Perfeito, não tocado por nenhuma contingência nem obscuridade (escuridão); por outro lado, o bem supremo é a meta última de todas as ânsias e esforços das religiões superiores. "O que não é o eterno", disse Gautama Buda, "não vale o regozijo de um homem, não merece que se converta nele, ou se volte em direção a ele".

4. Essa realidade do Divino é o amor último que se revela aos homens e nos homens. A misericórdia e a graça são os atributos de Jeová na experiência dos profetas de Israel. O Deus dos Evangelhos é amor que se manifesta e perdoa. "Deus é amor", disse a parábola de I João, 4:8 e 16. A bondade e a solicitude que tudo abarca são as características do Tao de Lao-Tsé:

[...] o grande coração de compaixão (mahakaruna – cittan) é a mais profunda essência do divino no Budismo mahayana, e esse coração está aberto a todos os homens; do mesmo modo que a luz da lua se reflete em todas as águas, no charco mais malcheiroso, assim como no lago da montanha claro como o cristal e no infinito oceano, assim esse divino coração de amor se revela em todos os níveis da Humanidade.

5. O caminho do homem em direção a Deus é universalmente o do sacrifício. O sendeiro da salvação começa em todas as partes com a dolorosa renúncia, a resignação, a via purgativa, a autodisciplina ética e o asceticismo. Esse sendeiro em direção a Deus continua com a meditação, a contemplação e a oração. Entre a contemplação e a oração oral existe a oração silenciosa. Nos gestos e nas palavras, a oração das religiões superiores é similar a dos povos primitivos e antigos. As palavras das orações com as quais os seres humanos que o necessitam oram ao Ser Supremo sobrevivem há milhões de anos, mas nas altas religiões houve mudança no conteúdo. O objeto exclusivo da oração, ou pelo menos o fundamental, é Deus mesmo, de acordo com Santo Agostinho, *Nolite aliquid a Deo quaerere nisi Deum*, "não deves pedir a Deus outra coisa que Deus mesmo", uma afirmação reiterada do mesmo modo pelo místico persa islâmico Saadi. Na medida em que na oração se incluíam os deuses humanos, o objeto da petição era liberar-se de tudo que o separa de Deus, a comunhão com Deus e a conformidade da vontade humana com a Divina. O piedoso roga: "Não minha vontade mas a Tua se fará", saiu dos lábios dos cristãos tanto como dos não cristãos que oravam, dos antigos budistas e muçulmanos. E na medida em que a oração se relaciona com todo o mundo, é o império de Deus sobre a Terra o que se implora: *Ksathra vairya* no Mazdeísmo persa, *malkuth Jahve*, no Judaísmo, basileia *tou theou* no Cristianismo contemporâneo. Todos os homens piedosos oram, em parte com palavras, em partes sem elas, em parte em completa solidão, na comunidade dos fiéis. E os grandes santos das altas religiões "oram sem cessar", como disse Paulo. Toda a sua vida constitui, segundo as palavras de Orígenes, "uma única grande e contínua oração". Sem dúvida, a oração dos fiéis se manifesta não como a ascenção do homem a Deus, mas como a revelação de Deus no coração do homem. O maior poeta místico muçulmano, Dshelâled-dîn-Rûni, conta que uma pessoa que orava estava a ponto de duvidar de Deus,

pois Ele não respondia suas orações. Mais tarde recebeu esta mensagem de Deus: "Teu clamor – oh Deus... é meu pedido, estou aqui..." – em um único pedido: "Oh Deus, existem cem respostas, aqui estou Eu". Essas palavras recordam uma das palavras de Deus que acredita ter ouvido Pascal: "Não me buscarias se ainda não me tivesses encontrado" e da confissão nos Romanos, "e da mesma maneira também o espírito ajuda as nossas fraquezas; porque não sabemos o que havemos de pedir como convém, mas o mesmo espírito intercede por nós com gemidos inexprimíveis" (8:26). A causa de que o mesmo Deus eterno está presente na alma do homem como seu segredo solitário, espírito e chispa, a alma cria uma ponte entre o finito e o infinito mediante a oração e a meditação. Também nisso estão de acordo todas as religiões superiores; seus santos e devotos formam conjuntamente um grande coro invisível de oração.

6. Todas as religiões superiores não só ensinam o caminho em direção a Deus, como também o que conduz em direção ao próximo. Próximo não é meramente todo homem, sem exceção, mas todo ser vivente. O caminho místico de salvação não se completa na via contemplativa, "na fuga do só ao só", como disse Plotino. Melhor, encontra sua continuação necessária no serviço ao irmão, a *vita activa*. Quando Gautama Buda alcançou a perfeita iluminação sob a árvore Bodhi, resistiu à tentação de permanecer em um silêncio imperturbável. Pela compaixão em direção aos seres humanos que morriam sem a mensagem do caminho da salvação, resolveu predicar a todos a sagrada verdade descoberta por ele. Mestre Eckhart declarou que se alguém, em seu mais alto grau de alienação, vê um enfermo que necessita de um pouco de comida, seria melhor que abandonasse sua alienação e servisse ao necessitado. O Confucionismo, o Taoismo, o Bramanismo, o Budismo, o Hinduísmo, o Mazdeísmo, o Islamismo e o Cristianismo predicam todos o amor fraternal. O cânon budista contém um hino de amor fraternal, assim como o Novo Testamento. De acordo com as palavras de Buda, todos os trabalhos de mérito não têm uma sexta parte do valor do amor. Na primeira Epístola aos Coríntios, 13, lemos que todos os magníficos presentes de graças especiais não têm valor e são inúteis em comparação à ágape (amor) dado com liberdade, sacrifício, perdão e paciência. Esse amor não tem limitações. "Assim como uma mãe que protege seu próprio menino, seu próprio filho, com seu amor, assim os discípulos de Buda

têm um infinito amor por todos os seres". Essa universalidade do amor encontra sua expressão mais linda na fórmula do cânon budista relativo à meditação sobre o amor, à compaixão e à mútua alegria. O monge contemplativo

> *[...] deixa que o poder do amor, que preenche seu coração, difunda-se em um âmbito celestial, certamente mais além de um segundo, terceiro e quarto âmbito, abaixo, mais longe, a todos os lados, em todas as direções, em toda a plenitude, deixa que o poder do amor que preenche seu coração se estenda por toda a Terra. Tal é a medida deste grande, ilimitado, vasto amor que está livre do ódio e da malícia. (Digha-Nikaya, XIII)*

Do mesmo modo difunde sua compaixão, sua alegria e sagrada equanimidade por todo o cosmos. Em sua amplitude e profundidade, essa meditação sobre o amor se eleva a altura da oração universal intercessora firmemente arraigada nas liturgias cristãs, tanto como na oração individual dos grandes santos cristãos. Esse amor não exclui nenhum ser vivente, abarca também as criaturas sub-humanas do mundo animal. Os santos cristãos competem com os hindus e os budistas em seu amor pelos animais. São Francisco de Assis era um budista, me disse uma vez um iogui indiano. Bem poderia dar a volta na oração e dizer: Buda era um franciscano. Segundo expressa um dos maiores místicos ortodoxos orientais, Isaac, o Sírio, em uma forma que é totalmente budista e cristã, o amor cristão e a compaixão budista pelo cosmos fluem juntos. Que é um coração misericordioso? Um coração inflamado por todas as criaturas, homens, pássaros, sim, incluindo os demônios e tudo o que é, de forma tal que diante da lembrança ou a vista deles, os olhos se enchem de lágrimas pelo poder da misericórdia, que move o coração em razão de uma grande compaixão. A fé em que deus é amor e o preceito de que os homens devem imitar esse amor de Deus que tudo abarca, que inclui os inimigos, constitui por si um forte elemento de comunidade entre as religiões superiores. O sentido básico, o conceito de Humanidade não é uma ideia meramente racional ou puramente ética, mas profundamente religiosa. Nós, ocidentais, herdamos essa ideia da ética da religião grega e helenística, assim como dos profetas de Israel, de onde surge o Cristianismo. Mas também as culturas orientais chegaram a ideia de Humanidade por meio de suas religiões.

Confúcio disse: "Todos os homens que habitam entre os quatro oceanos do mundo são irmãos de homens nobres". O corolário do conceito de Humanidade é a ideia de paz universal. Lao-Tsé e seus discípulos apareceram na China como os primeiros apóstolos da paz da Humanidade. A respeito desse último, uma afirmação tradicionalmente atribuída a Tswang-Tsé diz: "Através do ardente amor, eles tratam de unir fraternalmente os povos do mundo [...]. Proíbem a agressão e abandonam as armas para que a Humanidade possa resgatar-se da guerra [...]". Os antigos gregos diziam que Zeus se acercava secretamente de nós como o estrangeiro, o suplicante, o fugitivo e o companheiro, como Zeus *xênios, physios, hikesios e metoikios*. O recíproco amor entre os homens não é nada mais, nada menos que a manifestação visível de Deus.

7. O amor é o caminho alto em direção a Deus. A doutrina budista mahayana é similar à doutrina mazdeísta de um universo ocupado somente por seres divinos e à doutrina cristã da restauração de todas as coisas (*apokatastasis hapanton*), defendida por Orígenes (que segue o gnosticismo cristão), proclamada pelos grandes da Igreja Oriental, Gregório Nacianceno e Gregório Niceno, e professada por muitos santos cristãos sem oposição com os dogmas populares. Desse modo, existe uma unidade última e profunda de todas as religiões superiores, incluindo o antigo Budismo que, apesar de seu aparente agnosticismo antimetafísico, revela uma religião mística da redenção igual a todas as formas mais nobres de misticismo de todos os tempos e de todas as crenças. Todas as religiões monoteístas e éticas requerem de seus fiéis a oração diária como um ato de adoração à divina majestade. Uma das mais importantes tarefas da ciência ou da história das religiões é justamente encontrar uma luz, trazer uma luz a essa unidade existente em todas as religiões: "Só a verdade histórica total conduz ao conhecimento global e a uma avaliação justa".[34]

---

34 FRANZES, A. *Breve história da igreja* – Prefácio.

2. Ciência ou ciências

A ciência como ela é parece
ter-se perdido. (Gita, 4:2)

Aciência é uma crença "fundamentada". Na ânsia de responder aos nossos porquês, procuramos em todos os campos do conhecimento a explicação para as nossas angústias. Não é necessário dizermos que a curiosidade, o fanatismo e a hegemonia tomaram conta do saber científico, apesar de suas bases serem lançadas sobre pilares justos e honestos da experimentação. Antes, porém, ficou ao encargo da religião e da filosofia explicar ao seu modo as nossas dúvidas e responder a maioria das nossas angústias. Apesar de muitas vezes essas respostas aparecerem como um saber dogmático, foi esse saber que sedimentou a maioria dos alicerces que a ciência do século XX ainda hoje faz uso. Dessa forma, nossa herança desponta muito antes da Era Cristã, com Ptolomeu realizando o reducionismo, transformando a Terra no centro do Universo e o homem a *imago* e semelhança de um Deus desconhecido.[35] É importante notar que todas as religiões utilizam a nomenclatura *centro*, *templo*, *palco*, "centro do mundo" para definir o espaço sagrado que as rodeia, onde:

> [...] a noção de espaço sagrado implica a ideia da repetição da hierofania primordial que consagrou esse espaço transfigurando-o, singularizando-o, em resumo, isolando-o do espaço profano a sua volta. Um espaço sagrado assenta sua validade na permanência da hierofania que, em dada altura, o consagrou. A hierofania não tem, pois, por único efeito santificar uma determinada fração do espaço profano homogêneo; além disso, assegura para o futuro a perseverança dessa sacralidade.[36]

Como método de representação da verdade, Pitágoras funda na Grécia a maior escola filosófica de seu tempo, oferecendo "uma definição" de filosofia que se perpetua até os dias de hoje: *Amor à sabedoria*. Outros filósofos se destacaram e deram ao conhecimento suas visões e definições de mundo, ainda que limitadas em alguns aspectos. Entre eles

---

35 Gênesis, 1:26 e Alcorão, 49:13.
36 ELIADE, M. *Tratado de história das religiões*, item 140.

não devemos esquecer a teoria de Demócrito, que nos serviu de base por quase 2.000 anos. Heráclito nos proporcionou o *Logos* e Platão o *eidos*, na tentativa de solucionar o lado subjetivo e obscuro do ser humano e sua relação com a substância única do Universo.[37] Ao longo dos séculos, muitos outros pensadores e escolas filosóficas surgiram, elevando a cultura e trazendo até o homem os mais altos valores do conhecimento. Mas como nem tudo é um mar de rosas neste mundo, todos enfrentaram os preconceitos, a ignorância e alguns a morte, por parte dos que queriam permanecer na retaguarda do saber, acreditando que esse saber tirava o poder da Igreja, dando ao demônio uma chance de crescer e dominar o mundo.[38]

Com o advento do domínio da Igreja Cristã, a partir do século III, mais precisamente após o Concílio de Niceia em 325, e "sob o governo de Teodósio, o Grande (379-395), o Cristianismo converte-se em religião de Estado e o paganismo é definitivamente proibido; os perseguidos transformam-se em perseguidores".[39] O problema das religiões, principalmente a cristã, que acredita ser o suprassumo da Humanidade, a grande eleita, é defender suas supostas verdades manipulando as dos outros. Assim, as pesquisas e todo pensamento que não coadunassem com os princípios estabelecidos pela Igreja como corretos tornavam-se heréticos ou diabólicos, e "em breve a Igreja, que começara a vida como uma seita perseguida implorando tolerância, exigiria conformidade a suas leis e credos", [40] perseguindo e infligindo penas corporais e espirituais a todos aqueles que se destacassem de uma forma ou de outra do contexto social,[41] queimando-os, enforcando-os, ou banindo-os do convívio como desviantes ou possuídos pelo espírito do maligno. Para a Igreja, o demônio se manifestava de diversas formas: pelo conhecimento,[42] ou quando alguém fosse em defesa da vítima, colocando a "Santa Inquisição" em contradição consigo própria. Quando isso ocorria, o "defensor" era chamado e advertido de que possivelmente seria excomungado pelo Papa, se o demônio conseguisse, por meio de um fiel, "salvar" a

---

37 SANTOS, J.A. *Impulsos criativos da evolução – Introdução.*
38 DURANT, W. *A idade da fé,* cap. 3.
39 ELIADE, M. *História das crenças e das ideias religiosas* – Tomo II, p. 181.
40 ARMSTRONG, K. *Uma história de Deus,* p. 115.
41 JANUS, O. *Papa e o concílio,* vol. II, p. 22.
42 "Deus sabe que no dia em que dele comerdes se abrirão os vossos olhos, e sereis como Deus, sabendo o bem e o mal" (Gênesis, 3:5). "E conhecereis a verdade, e a verdade vos libertará" (João, 8:32). Porém, "sempre aprendendo, mas nunca podendo chegar ao pleno conhecimento da verdade" (2 Timóteo, 3:7).

vítima.[43] Essas vítimas, quando não eram os livres pensadores, os quais felizmente poucos foram os que morreram, eram vítimas de inveja, intrigas e pessoas que sofriam enfermidades como epilepsia, psicoses, retardo mental e muitas outras doenças na época desconhecidas. *Todo desconhecido apavora o homem, como um barulho repentino apavora uma criança.* Desse modo, o desentendimento entre a ciência e a religião foi grandioso, embora e, com muito cuidado, aqui e ali, aparecessem estudiosos dignos: "Se fecharmos os olhos e voltarmos a abrir, verificaremos, com surpresa, que os grandes cientistas que estabeleceram e mapearam o campo teórico, em que ainda hoje nos movemos, vieram ou trabalharam entre o século XVIII e os primeiros vinte anos do século XX".[44]

Do século XVI em diante apareceram valorosos filósofos, contribuindo para o enriquecimento do pensamento humano. Entre esses se destacam: Descartes, com seu postulado pré-analítico *cogito, ergo sum*;[45] Espinosa, com a visão monística do Universo; e Leibniz, com a harmonia preestabelecida do Universo, utilizada por Einstein em sua segunda visão sobre o mecanismo do Universo e do mundo. Nos séculos XVIII e XIX, a filosofia e a ciência tiveram grandes contribuições, como Rousseau, com o pensamento "natural", afirmando que o homem é um ser que nascia essencialmente bom e sua perversidade é culpa da sociedade que o corrompe. Apesar de Agostinho e Rousseau serem essencialistas, o primeiro pressupõe que o homem já nasce mau, devido à mancha do Pecado Original, precisando ser domado.[46] O segundo, como já foi dito, acreditava que os homens nascem bons, sendo corrompidos pela sociedade.[47] Nesses dois pensamentos, o homem não possui saída, já "nasce" pronto e acabado. Como tudo possui seu inverso, assim se move à dialética, Sartre tem como tese que o homem não possui essência e sim possibilidade de existência, na qual a "existência precede a essência". A experiência de vida pós-guerra e a apostasia do marxismo como filosofia última levaram Sarte a afirmar: *O existencialismo é um humanismo.*[48] Em Kant, encontramos a "reconstrução da certeza intelectual e intuitiva"; em Spencer e Comte, o positivismo; Lamarck e

---

43 NOVINSKY, A. *Inquisição – ensaio sobre mentalidade, heresia e arte*, p. 3.
44 SANTOS, B. de S. *Um discurso sobre ciência*, p. 5.
45 DESCARTES, R. *Os pensadores*, pp. 61-115.
46 PADOVANI, U.A. *Filosofia da religião*, cap. 3, item 2.
47 JAPIASSÚ, H.; MARCONDES, D. *Dicionário de filosofia*, p. 238.
48 PIRES, José H. *Os filósofos*, p. 279.

Darwin, o evolucionismo;[49] Freud, o postulado psicanalítico; Marx, com a crítica bem posicionada ao Capital;[50] Einstein, com a relatividade, e muitos outros. É impossível e pouco prático citar aqui "todos" os filósofos e cientistas importantes que deixaram de alguma forma sua marca indelével no mundo. Quisemos apenas relembrar alguns teóricos e o quanto sua influência permanece até os dias de hoje. Citamos alguns "reconhecidos" e "autorizados" pelas faculdades e universidades ocidentais, mas não podemos esquecer aqueles que contribuíram grandemente para o saber humano e dificilmente são lembrados, como Confúcio, Lao-Tsé, Mêncio, Motti, Vivekananda, Ramakrishna, Kapila, Maimônides, Patanjali, entre outros. "A realidade é um domo de cristal multicolor; do pequeno lugar que ocupamos, cada um de nós vê caleidoscopicamente uma combinação diversa de cores. Talvez a verdade não passe do denominador comum das nossas ilusões; e a certeza seja um erro com o qual todos nós concordamos. Contentemo-nos com isso".[51]

Quando a ciência se desprendeu das filosofias religiosas (c. séculos XVI e XVII), sentimos como se estivéssemos nos emancipando das algemas que nos prendiam à ilusão. A grande *madre ciência* veio substituir "aquele" pai exteriorizado e cruel que quando não bania seus filhos do Paraíso, ordenava que fossem cortados ao fio da espada.[52] Pensemos que havia surgido uma luz na construção do pensamento; não seríamos mais escravos de um conhecimento "refratário e inócuo", mas atuantes na busca da igualdade e dos direitos humanos.[53] Em sentido amplo, a ciência faria tudo aquilo que outras filosofias e religiões não conseguiram: dar a mão e auxiliar no alívio à dor e à angústia existencial.

> *Mas se a razão falhar e a ciência não encontrar respostas aos mistérios e começarem a aumentar seus conhecimentos, se a força não melhorar a consciência ou seu objetivo, se todas as utopias forem subitamente contra os fracos, então os homens compreenderiam o motivo pelo qual seus antepassados, no barbarismo dos primeiros séculos cristãos, afastaram-se da ciência, do poder e do orgulho e refugiaram-se, durante 1.000 anos, na humildade da fé, esperança e caridade.[54]*

---

49 BOURGUIGNON, A. *A história natural do homem*, cap. 3.
50 SANTOS, B. de S. *Pelas mãos de Alice*, cap. 2.
51 DURANT, W. *Filosofia da vida*, p. 32.
52 Josué, 6:21; 8:24; 10:37; 11:11 a 14 e 19:47.
53 OLIVEIRA, P. S. de. *Introdução à sociologia*, cap. 8.
54 DURANT, W. *A idade da fé*, p. 71.

Com o passar dos séculos, começamos a desconfiar que a ciência que tanto amamos não está cumprindo seu papel como descobridora e libertadora de consciências. Essa ciência que glorificamos está tornando-se uma "fortaleza vazia", que determina o que é certo ou errado, normal ou patológico, tornando-se um meio de "julgar" e "condenar" todos aqueles que não aceitam suas ideias ou referenciais de mundo como verdades cosmológicas. Dessa forma, o conhecimento tornou-se um saber localizado e normatista, *fechando as portas a muitos outros saberes sobre o mundo.*

> *Querer resolver todos os problemas e responder a todas as perguntas constituiria uma insolente fanfarronice e uma tão extravagante presunção, que por elas se faria perder imediata e necessariamente toda a confiança. Não obstante, há ciências a cuja natureza é inerente que cada questão que nelas se apresente tem que absolutamente poder ser respondida a partir daquilo que se sabe, porque a resposta tem que surgir das mesmas fontes das quais surge a questão e aí de modo algum é permitido invocar uma ignorância inevitável, mas a solução pode ser exigida. Tem de poder-se saber com base na regra o que em todos os casos possíveis é justo ou injusto, porque se refere à nossa obrigação e nós não possuímos nenhuma obrigação para com o que não podemos saber. Na explicação dos fenômenos da natureza, contudo, muitas coisas têm que permanecer incertas e muitas questões insolúveis, porque o que sabemos sobre a natureza está longe de em todos os casos ser suficiente com relação ao que devemos explicar. Pergunta-se, ora se na filosofia transcendental alguma questão concernente a um objeto proposto à razão seja irrespondível precisamente pela mesma razão pura e se se tem o direito de subtrair-se à sua resposta decisiva, pelo fato de ser incluída como absolutamente incerta (com base em tudo o que possamos conhecer) entre aquilo do qual na verdade possuímos tantos conceitos para levantar uma questao, mas nos faltam absolutamente os meios ou a faculdade para jamais a responder.[55]*

Não devemos nos deixar hipnotizar por teorias; precisamos estudá-las com afinco para estabelecermos nossos parâmetros e pressupostos. Lembremo-nos de que os cientistas jamais atingiram a meta final, pela simples razão de não existir um final real para a evolução científica, porque o que é bom e lógico hoje já não o é amanhã e vice-versa. "O conhecimento científico moderno é um conhecimento desencantado e

55 *Kant – Os pensadores*, p. 310. São Paulo: Nova Cultural, 1999.

triste, que transforma a natureza em um autômato, ou, como diz Prigogine, em um interlocutor terrivelmente estúpido".[56]

> *A ciência, a ciência, a ciência...*
> *Ah, como tudo é nulo e vão!*
> *A pobreza da inteligência*
> *Ante a riqueza da emoção!*
>
> *Aquela mulher que trabalha*
> *Como uma santa em sacrifício,*
> *Com quanto esforço dado ralha!*
> *Contra o pensar, que é o meu vício!*
> *A ciência! Como é pobre e nada!*
> *Rico é o que alma dá e tem.*

(Fernando Pessoa, 1934)

A ciência "hoje", apesar de seus sucessos, está ao lado do poder, criando especialistas para colocarem – segundo eles – ordem ao caos. Sabemos que tem tentado – de forma bem tímida, é verdade – romper a rigidez do positivismo[57] que lhe obscurece o brilho. Somos historiadores da religião comprometidos com o saber. Venha de onde vier, seja de quem for, não podemos contemplar um sistema único ou que apregoe verdades absolutas.[58] Contemplamos apenas sistemas que procuram meditar sobre todos os aspectos possíveis da realidade apresentada. Apesar de já estarmos no início do século XXI, não temos verdades das quais nos possamos gabar, pois

> *[...] quando alguns pragmatistas falam de uma crença que "uma vez" foi verdadeira porque foi útil, estão enumerando um contrassenso erudito: poderia ter sido um erro útil, não uma verdade; e nós nunca podemos estar seguros de que nossas mais caras verdades, como disse Nietzsche, não sejam as mais úteis formas de erro que conhecemos.*[59]

A própria psicanálise, que surgiu como uma "peste" ou a perturbadora do sono da Humanidade – segundo Freud – para arrancar de nossos espíritos a angústia e a dúvida, deixou no lugar um "vazio", com o qual temos

---

56 SANTOS, B. de S. *Um discurso sobre ciência*, p. 32.
57 ARANHA, M.L. de A.; MARTINS, M.H.P. *Filosofando – introdução à filosofia*, cap. 15, item 3.
58 KARDEC, A. *O livro dos espíritos* – Introdução, itens VIII e IX.
59 DURANT, W. *Filosofia da vida*, p. 31.

que nos conformar e tentar, na medida do possível, auxiliar as ciências e mais particularmente a psicologia.[60] Com a chegada da revolução quântica, da medicina psicossomática e das ciências relativistas que possuem a concepção do homem como um todo em adaptação, podemos alargar nossos horizontes e pensar que

> [...] cada indivíduo tem seu mundo, o que nós, seres humanos, converte-nos em pessoas. Mundo bom, mundo mau, agressivo, amoroso, não tanto como ele – mundo – de fato é, mas como ele é construído. O que chamamos de realidade exterior é a troposfera ecológica de cada pessoa, construída a partir do universo simbólico de seu psiquismo e assim convertido a um habitat cultural capaz de atender às necessidades do organismo.[61]

Tentemos, por um segundo, comparar o pensamento mencionado, dito por um cientista, com o seguinte pensamento budista, encontrado no primeiro capítulo do Dhammapada, 1:1-2:

> Os fenômenos mentais têm como precursora a mente,
> Fundam-se na mente, são feitas da mente;
> Se um homem fala ou age com a mente corrupta,
> Em consequência sofrimento o segue, como a roda
> Nos passos do boi (que puxa a carroça).

> Os fenômenos mentais têm como precursora a mente,
> Fundam-se na mente, são feitas da mente;
> Se um homem fala ou age com a mente pura,
> Em consequência felicidade o segue, como a sombra, que não vai embora.

---

60 JUNG, C.G. *Psicologia em transição*, item 531.
61 EKSTERMAN, A. Psicossomática: o diálogo entre a psicanálise e a medicina. Em: MELLO, F.J. *Psicossomática hoje*, cap. 8.

3. O que é religião

O Universo é uma máquina de fazer deuses.[62]

Não existe para a religião, bem como para muitas outras ciências e filosofias, uma explicação ou definição precisa. A religião, como a história, é um livro que se abre pelo meio.

A palavra religião foi utilizada inicialmente pelos gregos e com sentido bastante ideológico, onde a mesma significava obediência e serviço ao estado romano e só a ele. Com o tempo a mesma se tornou um peso enorme e um grande pacote, onde quem entra precisa comprar e aceitar tudo, sem discutir; ou, na melhor das hipóteses, pode até discutir, mas no final deve aceitar a "verdade". O interessante é que o fundador do Espiritismo, Allan Kardec, no discurso à Sociedade Parisiense de Estudos Espíritas, em 1868, advertiu já em sua época sobre o peso e a distorção que a palavra religião havia tomado no decurso dos tempos e o problema de utilizá-la para todos os tipos de interpretação e estudo de ordem espiritualista. Atualmente, Mircea Eliade faz a mesma advertência, asseverando que a palavra religião é imprópria para designar a interpretação de alguns saberes humanos em referência ao sagrado. Talvez a palavra Religiosidade ou Espiritualismo, que antecedeu ao pacote chamado religião, esteja mais de acordo com a interpretação e os pensamentos que esbanjam conhecimentos acerca da experiência do sagrado. Seria bem inocente de nossa parte acreditar que para ter uma interpretação ontológica de temas como *deus, deuses, alma, espírito, morte, sobrevivência* e qualquer pensamento de ordem sagrada ou espiritual fosse necessário *ser* ou estar vinculado a algum aspecto de interpretação religiosa. Nesse *ser, sentido e verdade*, teríamos o Espiritualismo greco-romano (e não mitologias, o que para os religiosos ocidentais dá a impressão de algo distante e destituído da experiência do sagrado), egípcio, xamânico, animista, hinduísta, budista, confucionista, taoista, teosófico, antroposófico de Stainer, as ordens místicas e todos aqueles conhecimentos que não se enquadram nesse pacote chamado religião de interpretação ocidental.

---

62 BERGSON, H. *As duas fontes da moral e da religião*, p. 262.

Como nos deixou o grande Eliade, talvez seja demasiadamente tarde para procurar outra palavra, e religião, apesar de todas as questões que ainda levanta, é um termo útil, desde que implique e se refira à experiência do sagrado.

Para os mais precipitados, uma definição rápida e curta seria o suficiente, já que vivemos em um mundo "cibernético", sem tempo para filosofar ou discutir exaustivamente um tema ou assunto como faziam as escolas filosóficas talmudistas, cabalistas, sufistas, confucionistas, taoistas, indianas, e mesmo as ditas ocidentais, como a filosofia de Sócrates, Hobbes, Kant, Hegel, Espinosa etc. Vivemos em um mundo ocidental cristianizado e possivelmente nossas reflexões sobre outros pensares religiosos estejam contaminadas com o nosso pensar judaico-cristão.[63] Talvez o maior desafio para este século e milênio seja o encontro (não confronto) entre a filosofia oriental e a ocidental. Ambas ganharão em conhecimento, experiência e auxílio mútuo. Parece-nos que, no mito do início do mundo, uma parte do Oriente – judeus, cristãos e árabes – ficou com a árvore do "conhecimento" do bem e do mal, e a outra parte – Índia – mais o extremo Oriente, com a árvore da vida. Quem pode afirmar que não estava "marcado" para que a árvore do conhecimento e da vida eterna relatadas no Gênesis se encontrassem neste século? Provando o homem de ambos os frutos tornar-se-á o próprio Deus ou um dos Deuses? Será o conhecimento tão poderoso a ponto de ser proibido?

> Então disse o Senhor Deus: Eis que o homem é como um de nós, sabendo o bem e o mal; ora, para que não estenda a sua mão, e tome também da árvore da vida, e coma e viva eternamente. O Senhor Deus, pois, o lançou fora do jardim do Éden, para lavrar a terra de que fora tomado. (Gênesis, 3:22-23)

É justamente esse estudo que o encontro entre o conhecimento desses dois "extremos" oferece a todos.[64]

A definição encontrada no Ocidente é aquela ainda postulada por Agostinho que afirma ser a religião um *religare* – "amarrar" ou "religar"; *relegere* – reler, retornar; em latim *re-eligere*, "ligar de volta ou atar", ou seja, "tornar a escolher Deus, uma vez que a relação pessoa/Deus

---

63 PIRES, J.H. *Revisão do cristianismo*, cap. II.
64 CAMPBELL, J. *As máscaras de Deus – mitologia oriental*, parte I e ZIMMER, H. *Filosofias da Índia*, parte I.

foi cortada pelo pecado".[65] Acreditando nesse pressuposto, estamos novamente fazendo uma interpretação judaico-cristã, baseada na queda de Adão (judaico-cristã) e no Pecado Original (cristão). Como nem todos são cristãos, essa explicação não é universal. "Não adoro o que adorais, nem vós adorais o que adoro. E jamais adorarei o que adorais, nem vós adorareis o que adoro. Vós tendes a vossa religião e eu tenho a minha" (Alcorão, 109:2-6). Para definirmos algo, precisamos tentar entendê-lo, e quanto mais complexo, mais difícil fica a explicação. Se não tomarmos o devido cuidado quando analisamos um fenômeno desse porte, cairemos em um essencialismo absoluto, sem chegar a parte nenhuma.[66]

Trabalhando com possibilidades e não com verdades, podemos dizer que a religião é uma revelação com revalorização do sagrado.[67] Todo pensamento de experiência sagrada se baseia em revelações, tornando-se com essa experiência um processo religioso. Entendemos aqui não o conceito judaico-cristão utilizado no Ocidente de *religar* o homem a Deus, justificando com isso a queda-pecado-culpa.

> *Durante largo tempo quis-se derivar a palavra latina* religio *do verbo* religare. *Tal etimologia nos permitiria dizer que a religião é, antes de tudo, o laço que liga o homem à divindade. No estado atual da linguística essa etimologia não é mais aceitável. Diremos, portanto (o que Cícero já havia observado), que* religio *deriva do verbo* relegere *que se opõe a* neglegere, *como o zelo e o respeito se opõem à negligência e à indiferença (trata-se aqui de um zelo religioso, da religião do culto). O verbo* relegere *possuía no latim vulgar o sentido de cultuar, de prestar um culto, de experimentar um fervor apaixonado. Seguramente essa ideia de escrúpulo, de respeito, de valorização do Ser e do destino humano é essencial à religião (só é "crente", no mais amplo sentido, aquele que crê na existência de coisas sagradas e, ao mesmo tempo, de outras interditas, inacessíveis, "tabu"). Todavia a etimologia falsa sugere também uma definição verdadeira e profunda da religião: "A religião, já havia observado Schleiermacher, consiste em um sentimento absoluto de nossa dependência". O homem não deve a si mesmo a existência. Ele evolui em meio de forças que o ultrapassam infinitamente, e cujo invencível poder lhe inspira espontaneamente sentimentos mesclados de temor e adoração.*[68]

---

65 BESEN, José A. *Universo religioso*, p. 17.
66 KARDEC, A. *Revista espírita*, 1859, pp. 366-1861, p. 268 e 300-1862, 21, 22, 38 e 104-1863, 36 e 81-1864, 30, 198, 200 e 203-1865, 35-1866, 101, 225 e 321-1867, 42 e 264-1868, 356.
67 ELIADE, Mircea. *Mito e realidade*, pp. 123-124.
68 HUISMAN, Denis; VERGEZ, André. *Compêndio moderno de filosofia*, vol. I, A ação, pp. 14-16.

Etimologicamente, religião vem do verbo latino *re-ligare,* ou seja, ligar novamente ou amarrar, uma identificação afetiva com o Estado e ao mesmo tempo com Deus, proposta por Lactâncio. Nesse momento, já havia a influência cristã do Deus Todo-Poderoso e criador do céu e da terra. Essa explicação encontra-se na literatura clássica, e foi adotada pela Patrística cristã (Agostinho) e pelos doutores da Idade Média (Tomás). Segundo essa explicação, religião quer dizer: prender o indivíduo à determinada fé e moral. Cícero, autor latino, pensa que religião vem do verbo *relegere* (reler), portanto significa uma atitude de reflexão frente a uma divindade, o que determina um comportamento respeitoso e submisso. Em grego, o termo empregado é, justamente, *eusébeia,* que quer dizer respeito. No Antigo Testamento, não há um termo próprio: o sentimento de respeito e submissão para com Javé vem indicado por termos como "temor", "obediência", "amor", enquanto a prática da religião identifica-se como a observância da Lei.[69]

Vertentes

• *Filosófica:* a religião recebe as mais diversas definições, comprometidas com as posições epistemológicas de cada corrente filosófica, a ponto de ser tachada de "alienação" no materialismo ateu.
• *Psicológica:* Van der Leeuw – a religião é uma atitude de reação do homem em frente da contingência e da relatividade do mundo, que o leva a refugiar-se em um Absoluto de tipo sacral. "A objetivação da religião torna-se a objetivação da 'experiência religiosa', à custa de se afastar da história para recuperar uma significação universal, com o objetivo final de alcançar uma pressuposta essência da religião".[70]
• *Sociológica ou sistemática*: Muller, Tylor e Durkheim – fato social. Sua perspectiva é positivista, não fazendo outra coisa senão transcrever a diferenciação sobre uma ótica "processual", na qual a religião identifica-se com as estruturas criadas pela sociedade: sacerdócio hierarquizado, cultos formalizados e doutrinas dogmatizadas.
• *Teológica:* Rudolf Otto, Karl Barth – a religião pode ser identificada com a própria fé ou pode ser contraposta a ela, caso nela se veja uma

---

69 PIAZZA, W. O. *Introdução à fenomenologia religiosa*, p. 1.
70 MASSENZIO, M. *A história das religiões na cultura moderna*, p. 17.

atitude de respeito e reverência autêntica para com Deus ou deuses, ou uma atitude exterior formalizada que oculta a face de Deus ou dos deuses. Totalmente outro: "Somente quando se vivencia a presença do nume, ou quando se sente algo que tenha caráter numinoso, ou seja, somente pela aplicação da categoria do numinoso a um objeto real ou imaginário é que o sentimento de criatura pode surgir como *reflexo* na psique".[71] Karl Barth, por exemplo, considera a "revelação divina o aniquilamento da religião" (*Kirchliche Dogmatik* I, 2, 1938, p. 304), porque ele vê na religião o resultado do esforço humano de apossar-se de Deus.

• *Fenomenológica* ou *essencialista*: Mircea Eliade – a religião identifica--se com o culto prestado ao Sagrado, concebido como um ser transcendente, um deus antropomórfico ou como um absoluto impessoal (hierofania). Levando em consideração os principais elementos descritos, podemos definir a religião como uma atitude de submissão ao Absoluto, que se manifesta em crenças e ritos determinados. "Na história das religiões, toda manifestação do sagrado é importante. Todo rito, mito, toda crença ou figura divina reflete a experiência do sagrado, e por ele mesmo implica as noções de ser, de significado e verdade".[72]

• *Escola italiana*: a vertente da escola italiana de história das religiões é eminentemente *historicista*. Não faz uso desses sistemas citados e sim da história como o que pode ser estudado, mensurado, comparado e da antropologia cultural, que se centra no desejo do homem de conhecer sua origem, a capacidade que tem de conhecer-se, nos costumes e no instinto.

> A escola italiana de histórias das religiões manifesta-se, com essas características, como uma escola autenticamente histórica que, desde sua fundação, teve como objeto de pesquisa histórica a religião ou aquilo que, nos termos classificatórios da nossa cultura, é levado em consideração como tal. Finalmente, a história das religiões colocou e resolveu o problema de uma definição da religião, dilatando o próprio conceito até conseguir torná-lo funcional às culturas particulares estudadas.[73]

---

71 OTTO, R. *O sagrado*, p. 42.
72 ELIADE, M. *Historia de Las Creencias y Las Ideas Religiosas*, vol. I – Introdução.
73 MASSENZIO, M. *A história das religiões na cultura moderna*, p. 23.

Na origem de todas as religiões aparece, portanto, essencialmente, o sentimento do mistério do Universo. O século XVII nunca compreendeu a religião, que ele quis derivar das paixões e dos interesses da vida profana (Voltaire dizia: "Quem inventou a religião? Foi o primeiro velhaco que encontrou um imbecil"). A religião não é, em sua origem, um cálculo dos poderosos para seu domínio. Ela não está, tampouco, ligada a preceitos racionais de utilidade, de higiene. Ernest Renan admitia ingenuamente que somente o temor da triquina[74] e da lepra havia interditado aos hebreus o uso da carne de porco. A noção de higiene é bem mais tardia e jamais a Bíblia atribui uma doença à ingestão de qualquer alimento. Na realidade, é provável que se os hebreus se abstinham de comer carne de porco, é porque seus ancestrais, há cerca de 10.000 anos, haviam feito do porco um animal sagrado, um totem, expressão e símbolo dos valores e das realidades sobrenaturais. O hábito de comer pescado às sextas-feiras, que não é apanágio dos cristãos – mas que se encontra também entre os judeus religiosos – é muito anterior à vinda de Cristo. É na realidade a sobrevivência de um velho totem sírio. Não tem, em todo caso, nada em comum com as preocupações dietéticas. Renunciamos, em nossos dias, a "explicar" a religião, isto é, derivá-la de preocupações e atividades não religiosas. Procuramos antes "compreendê-la", isto é, interpretar os significados e os valores que ela veicula. Tal é a ambição de toda "fenomenologia" da religião.[75]

Apesar de todas as definições ou explicações sobre esse termo e assunto, cada escola de pensamento vai ter seu "sistema", o historiador das religiões não tem o objetivo e nem é do seu interesse explicar ou mesmo definir formalmente o que é religião, se assim o fizermos, perderemos o *status* que a história das religiões possui de ser funcionalista, ou seja, "compreender", "explicar", "analisar" e "esclarecer" de forma global o mundo hierofanizado, o que o cerca e os efeitos que produz em vez do que é. Porém, a "definição" (esclarecimento) mais próxima para o historiador das religiões, ainda parece ser esta: O historiador das religiões busca a hierofanização do sagrado, de que forma apareceu, como se desenvolveu, o que ocorreu com ele no decorrer do tempo, os benefícios que trouxe ao povo e quais as pessoas que o cultuam e o adoram. Resumidamente, o historiador das religiões observa não apenas o homem histórico, mas o histórico-hierofanizado, ou seja, a experiência que teve com o sagrado. Nesse "sentido", temos o que a religião prega e ensina e

---

74 Designação de vermes intestinais, gênero *Trichinella*, que vivem em estado larvar nos músculos dos animais, e que originariamente é transmitido ao homem pela carne de porco triquinada.
75 HUISMAN, Denis; VERGEZ, André. *Compêndio moderno de filosofia – volume I, A ação*, pp. 14-16.

o que o homem busca e decide fazer com esse sagrado em situação própria. Aqui começa a nossa diferença.

Quando perguntamos para pessoas comuns o que entendem por religião, na maioria das vezes elas confundem o nome com o significado, dando uma definição judaico-cristã da mesma. Quando a pergunta é estendida para quantas religiões elas conhecem, citam várias dentro de um contexto judaico-cristão, esquecendo-se de que existe um mundo lá fora. Quando citam uma fora do contexto de verdade que acreditam, fazem-no com desdém, como se as "outras" não participassem do mesmo mundo sagrado ou estivessem destituídas de verdade, transformando-as compulsoriamente em uma simples seita.[76]

> No mundo dominado pela Bíblia, surge a questão a respeito da comunidade escolhida, pois é bem sabido que três manifestaram pretensões: a judaica, a cristã e a muçulmana, cada uma alegando autoridade advinda de uma revelação particular.[77]

Como acontece a revalorização do sagrado? Pensemos por um momento no Judaísmo, já que estamos inseridos nesse contexto devido ao Cristianismo. Há alguns séculos, os judeus eram obrigados a praticar o holocausto, sacrifício no qual, excetuando a pele (Lv, 7:8), a vítima era inteiramente queimada no fogo, para a glória de Deus, senhor da vida (Êx, 29:15-28; Lv, 1:3-17; 1 Sm, 10:8). No templo oferecia-se diariamente um holocausto pela manhã e outro pela tarde (Ez, 46:13-15; Dn, 8:11; 11:31). Havia também holocaustos oferecidos por particulares: pela purificação da mulher após o parto (Lv, 12:6-8), do leproso curado (14:10-13) e do nazireu (Nm, 6:10-12). Hoje essa prática não é mais permitida dentro do Judaísmo e do Cristianismo. Como essa ideia mudou, sem a desvalorização do ritual? No Judaísmo, essa prática foi possível devido à transformação de Templo[78] em sinagoga. A expulsão da sinagoga equivalia a ser excluído da comunidade judaica.[79] Alguns mais irritadiços devem estar pensando: o nome Templo

---

76 WACH, J. *Sociologia da religião*, p. 238.
77 CAMPBELL, J. *As máscaras de Deus – mitologia oriental*, p. 20.
78 O primeiro templo, construído no reinado de Salomão entre 967 e 964 (1 Rs, 6-8), foi destruído por Nabucodonosor em 587 A.E.C. O segundo templo, construído por Zorobabel em 515 A.E.C., foi profanado por Antíoco Epifanes em 167 A.E.C. (1 Mc, 4:59; 2 Mc, 1:9). Herodes, o Grande, o restaurou a partir do ano 20 A.E.C., o tornando uma das construções mais grandiosas do Oriente Médio. Mas foi destruído pelos romanos no ano 70 E.C.
79 João, 9:22; 12:42; 16:2.

ainda é utilizado para o Judaísmo.[80] O nome, sim; o ritual não. O sacrifício transformou-se com o tempo em outro ritual, o ritual da oração e do jejum. A revalorização do ritual foi preponderante para que se mantivesse o culto do sacrifício que aparece em todas as religiões do mundo.[81] Nesse caso, como em muitos outros, não existe degradação ou perda do ritual, mas uma *revalorização do sagrado*. Isso não quer dizer, em hipótese nenhuma, uma evolução, mas um investimento de sacralidade em outro objeto ou no mesmo modificado. No Cristianismo, esse mesmo ritual foi revalorizado por meio da morte de Jesus, que, afirmam os cristãos, foi o último cordeiro a ser sacrificado para salvar o mundo de seus pecados.[82] Talvez um exemplo mais comum faça o leitor entender esse ponto de vista. Todas as religiões possuem festas que representam, de alguma forma, seus fundadores ou datas comemorativas, realizadas todos os anos.[83] Um exemplo clássico dessa revalorização no Cristianismo é a comemoração do Natal como o nascimento e a renovação, Cristo é colocado simultaneamente como redentor e libertador da escravidão,[84] e logo depois a Páscoa, com a morte simbolizando a passagem do homem velho e a aceitação do homem novo.[85]

Em todas as religiões, a revalorização do sagrado – "experiência do sagrado" é fundamental para a perpetuação, manutenção e a subsistência. Ela se dá por meio da iniciação que na maioria das vezes é feita através de batismo, código, dança, unções, festas, comemorações, rituais, cantos, visões, orações etc. Mesmo nas religiões mais "antigas" encontramos esse tipo de revalorização como forma de perpetuar o culto. No Xamanismo, por exemplo, percebemos revalorizações constantes dos rituais feitos pelo processo de iniciação do neófito.[86]

> *Vista desse ângulo, a experiência xamânica equivale ao restabelecimento desse tempo mítico primordial, e o xamã surge como um ser privilegiado que revive, individualmente, a condição feliz da Humanidade na aurora dos tempos.*[87]

---

80 STEGEMANN, E.W.; STEGEMANN, W. *História social do protocristianismo*, p. 166.
81 ELIADE, M. *Yoga – imortalidade e liberdade*, p. 101.
82 É o Salvador do mundo (Lc, 19:10; At, 5:31; Fl, 3:20; 1 Jo, 4:10), a luz do mundo (Mt, 4:16; Lc, 2:30-32; Jo, 8:12; 1 Jo, 1:5). É aquele que nos remiu do erro e da ignorância (Lc, 1:79; Jo, 1:9; 3:19; 8:12; 12:46), do pecado e consequências (Jo, 8:51; Rm, 3:24s; 4:25; 5:6-9; Cl, 1:14; 1 Pd, 1:18s; 2:24; 1 Jo, 1:7; Ap, 1:5; 5:9).
83 KARDEC, A. *O céu e o inferno*, 1ª parte, cap. 1:12-14.
84 Mt, 20:28; 1 Tm, 2:6; Jo, 10,17s; Rm, 5,6-8; 1 Pd, 2:9.
85 PADOVANI, U.A. *Filosofia da religião*, cap. III.
86 BESEN, J.A. *Universo religioso*, p. 37.
87 ELIADE, M. *Xamanismo e as técnicas arcaicas do êxtase*, pp. 166-167.

Existe, em todas as religiões, mesmo naquelas ditas mais racionais, uma revalorização primordial: a magia, ou mais precisamente um espaço mágico-simbólico. "O que distingue a religião da magia é precisamente a posição do homem em relação aos poderes divinos".[88] Não afirmamos, como alguns autores e filósofos, que a religião vive ou transformou-se da magia, mas que todas as religiões possuem seu lado de magia, tornando-a atraente. Entendo por magia não uma situação degradante, mas sim uma revalorização desse culto quando nas religiões se fala em curas milagrosas, em poderes supranormais, em justiças divinas, esquecendo-se da justiça humana, em procissões, unções, busca dos lugares sagrados, promessas, mantras etc. "A epifania do sagrado em um objeto profano constitui, ao mesmo tempo, uma camuflagem, porque o sagrado não é *evidente* para todos aqueles que se aproximam do objeto no qual ele se manifestou".[89]

Existem muitas teorias para explicar o que é religião, desde os clichês até os pensamentos mais elaborados possíveis.[90] Nesses pressupostos existem aqueles que defendem as religiões como um problema econômico, ou seja, quanto mais pobreza, mais religião, como uma necessidade interna de identificação, como ópio, como ilusão, como busca de transcendência etc. Explicações e hipóteses existem aos milhares. Mas, como afirmei no início, explica-se um contexto, uma situação, não a religião em si. Se acreditarmos que as religiões foram "criadas" por motivos econômicos, recairemos no mesmo erro grave de todos os definidores de religião, que veem um fenômeno complexo como fruto de apenas uma situação.[91] Não descartamos a hipótese de que religiões foram criadas e ainda sobrevivem dentro de um contexto econômico, inserido dentro de outros contextos, como o histórico, o psicológico, o sociológico, o antropológico, o tempo mítico[92] etc. Uma religião, seja qual for, nunca é fruto de apenas uma situação. Assim, ao

> [...] tentar uma definição do fenômeno religioso, convém saber de que lado será necessário procurar os fatos religiosos, e, principalmente, entre esses fatos, os que se deixam observar em "estado puro", isto é, os que são "simples" e estão mais próximos da sua origem. Infelizmente, em parte alguma, esses fatos são acessíveis; nem nas sociedades cuja história podemos

---

88 PIRES, J.H. *Revisão do cristianismo*, p. 15 – cap. III, A herança mágica.
89 ELIADE, M. *História das crenças e das ideias religiosas*. Tomo II, p. 128.
90 WILKINSON, P. *O livro ilustrado das religiões*, pp. 8-9.
91 WACH, J. *Sociologia da religião*, p. 13.
92 CAMPBELL, J. *As máscaras de Deus – mitologia oriental*, parte I, cap. 3.

seguir, nem entre os "primitivos", os menos civilizados. Encontrar-nos-
-emos quase sempre na presença de fenômenos religiosos complexos, que
pressupõem uma longa evolução histórica.[93]

Quando falamos de religiões, as pessoas tendem a perguntar porque elas aumentam tanto em todo o mundo. Como cristão, a resposta navegaria baseada nas profecias do Apocalipse, que diz que nos fins dos tempos muitas "religiões" apareceriam para confundir os fiéis.[94] Se participássemos da consciência de Krishna, diríamos que essa é a fase do Kali-yuga, na qual as trevas, a irreligião e Maya (ilusão) estão dominando os homens modernos, afastando-os de darma (em sânscrito, *dharma*; em páli, *dhamma*), que é a verdade, a religião e o viver correto.[95] Assim, todas as religiões possuem suas profecias apocalípticas que tentam explicar essa "idade sombria, época de todas as confusões e de total decadência espiritual, última etapa de um ciclo cósmico".[96] Todas as religiões oferecem no final dessa fase um paraíso em que o homem poderá passar a eternidade ou viver em harmonia com todos os seres. Essa pergunta sobre o possível aumento das religiões não é nova. Muitos autores já se dedicaram a ela. Por isso, se quiséssemos, conseguiríamos explicá-la de diversas maneiras e com os mais diferentes referenciais teóricos possíveis. O possível aumento da quantidade de religiões também é novo. Desde os tempos remotos, ouvimos e lemos sobre ele. Quando falamos de Brasil, a pergunta e a resposta acima se repetem, mas o que observamos não é o aumento de outras religiões, mas da religião cristã (igrejas), pois nosso referencial é judaico-cristão. Para o historiador das religiões, esse crescimento é "natural", tendo em vista que parte de um pressuposto cristão. Se houvesse um crescimento visível do Islamismo, ele tentaria analisar o porquê dessa mudança de identidade religiosa, mas enquanto o crescimento for nos padrões cristãos, essa análise não é necessária. Como pesquisadores, podemos estudar os fatores que fazem crescer o número de igrejas, seus efeitos psicológicos, políticos, sociais, míticos, econômicos, ou mesmo porque as pessoas procuram religiões mais emotivas em vez de outras, mas afirmar que o aumento é apocalíptico é anticientífico e anti-histórico. Enquanto as

---

93 ELIADE, M. *Tratado de história das religiões*, p. 7.
94 1 João, 2:18- 22 e 4:3; 2 João, 1:17 e Apocalipse, 11 e 13.
95 Bhagavad-Gita, 16; Srimad-Bhagavatam, canto 12, cap. 2.
96 ELIADE, M. *Tratado de história das religiões*, p. 150.

religiões, nos seus devidos países, estiverem dentro de seu referencial de identidade, seu aumento ou busca do sagrado não preocupará o historiador das religiões.[97]

Quando estudamos religiões, todo documento torna-se sagrado,[98] venha de onde vier, por revelar uma

> [...] hierofania na medida em que exprime, à sua maneira, uma modalidade do sagrado e um momento da sua história, isto é, uma experiência do sagrado entre as inumeráveis variedades existentes. Aí, qualquer documento é para nós precioso, em razão da dupla revelação que realiza: primeiro – revela uma modalidade do sagrado, como hierofania; segundo – como momento histórico, revela uma situação do homem em relação ao sagrado.[99]

Por que o homem procura a religião?

Busca-se na religião um sentido (quase mágico) diferente para sua vida, porque o pensamento puramente racional e objetivo (se é que ele existe) não é capaz de captar aspectos emocionais (afetivos), inconscientes e mesmo "irracionais". Assim, procuramos esses sentidos míticos quase mágicos de existência não apenas nos aspectos religiosos, sagrados ou hierofânicos, mas também na música, no esporte, na política, metafísica, filosofia, arte, história e em todos os saberes e pensamentos que não sejam apenas razão.

> Essa circunstância indica que acima e atrás da nossa natureza racional está oculto algo último e supremo na nossa natureza, que não é satisfeito ao se suprirem e saciarem as necessidades das nossas pulsões e desejos físicos, psíquicos e intelectuais.[100]

É possível encontrarmos traços comuns, mesmo em religiões que se mostram distantes entre si (ex.: Hinduísmo e Cristianismo)? Sim, mas ter traços em comum não significa de nenhuma forma "ser a mesma coisa". Pensar assim seria o mesmo que afirmar que todas as religiões são iguais apenas porque pregam a paz ou cultuam um deus ou deuses. Por que esses traços comuns existem? Pelo simples fato de sermos humanos e possuirmos

---

97 ELIADE, M. *Origens*, p. 88.
98 2 Timóteo, 3:16 e Alcorão, 10:47.
99 ELIADE, M. *Tratado de história das religiões*, p. 8.
100 OTTO, R. *O sagrado*, p. 75.

os mesmos anseios, desejos, pulsões, corpos biológicos idênticos (no que se refere à estrutura interna: coração, fígado, pulmão, estômago, cérebro), frustrações, dores, alegrias etc. e claro, a capacidade de elaboração que é apanágio do humano em relação aos outros animais.

Ainda não foi provado cientificamente, mas é provável que a parte do cérebro que coordena as fés (na religião, no futebol, na política e na dependência química), seja a mesma. Se pedirmos para um religioso falar de sua fé, veremos um discurso inflamado, apaixonado e dependente, não diferente do torcedor de futebol quando fala de seu time e do político que discursa sobre sua ideologia (socialista/capitalista) e do dependente com sua necessidade. Todos apresentam de alguma forma a devoção (dependência) e a necessidade de estar afetivamente vinculado e defender a fé que acredita, seja política, futebolística, religiosa ou dependente de algum tipo químico.

Por que a religião se torna eficaz?

A religião é a solução exemplar (herói mítico) de toda crise existencial, não apenas porque é indefinidamente repetível (nostalgia do Paraíso), mas também porque é considerada de origem transcendental (não comum) e, portanto, valorizada como revelação recebida de um outro mundo, transumano. A solução religiosa não somente resolve a crise (exemplar), mas, ao mesmo tempo, torna a existência "aberta" a valores (transcendental) que já não são contingentes nem particulares, permitindo assim ao homem ultrapassar as situações pessoais (através do exemplo mítico) e, no fim das contas, alcançar o mundo do espírito (Céu, Nirvana, Paraíso, descanso, mundo espiritual).[101]

> *Através da experiência do sagrado, a mente humana apreendeu a diferença entre aquilo que se revela como real, poderoso, rico e significativo e aquilo que não se revela como tal – isto é, o caótico e perigoso fluxo das coisas, os seus aparecimentos e desaparecimentos fortuitos e sem sentido.*[102]

---

101 ELIADE, M. *O sagrado e o profano*, p. 171.
102 ELIADE, M. *Origens*, p. 9.

3.1. A filosofia entre a religião e a ciência (Por Bertrand Russell)[103]

Os conceitos da vida e do mundo que chamamos "filosóficos" são produtos de dois fatores: um constituído de fatores religiosos e éticos herdados; o outro, pela espécie de investigação que podemos denominar "científicas", empregando a palavra em seu sentido mais amplo. Os filósofos, individualmente, têm diferido amplamente quanto às proporções em que esses dois fatores entraram em seu sistema, mas é a presença de ambos que, em certo grau, caracteriza a filosofia.

Filosofia é uma palavra que tem sido empregada de várias maneiras, umas mais amplas, outras mais restritas. Pretendemos empregá-la em seu sentido mais amplo, como explicaremos adiante. A filosofia, conforme entendemos a palavra, é algo intermediário entre a teologia e a ciência. Como a teologia consiste de especulações sobre assuntos a que o conhecimento exato não conseguiu até agora chegar, mas, como ciência, apela mais à razão humana do que à autoridade, seja essa a da tradição ou da revelação. Todo conhecimento definido, afirmaríamos, pertence à ciência; e todo dogma quanto ao que ultrapassa o conhecimento definido, pertence à teologia. Mas entre a teologia e a ciência existe uma Terra de Ninguém, exposta aos ataques de ambos os campos: essa Terra de Ninguém é a filosofia. Quase todas as questões do máximo interesse para os espíritos especulativos são de tal índole que a ciência não as pode responder, e as respostas confiantes dos teólogos já não parecem tão convincentes como o eram nos séculos passados. Acha-se o mundo dividido em espírito e matéria? E, supondo-se que assim seja, o que é espírito e o que é matéria? Acha-se o espírito sujeito à matéria, ou é ele dotado de forças independentes? Possui o Universo alguma unidade ou propósito? Está evoluindo rumo a alguma finalidade? Existem realmente leis da natureza, ou acreditamos nelas devido unicamente ao nosso amor inato pela ordem? É o homem o que parece ser ao astrônomo, isto é, um minúsculo conjunto de carbono e água a rastejar, impotentemente, sobre um pequeno

103 *História da filosofia ocidental*. Rio de Janeiro: Cia. Editora Nacional, 1977.

planeta sem importância? Ou é ele o que parece ser a Hamlet? Acaso é ele, ao mesmo tempo, ambas as coisas? Existe uma maneira de viver que seja nobre e outra que seja baixa, ou todas as maneiras de viver são simplesmente inúteis? Se há um modo de vida nobre, em que consiste ele, e de que maneira realizá-lo? Deve o bem ser eterno, para merecer o valor que lhe atribuímos, ou vale a pena procurá-lo, mesmo que o Universo se mova, inexoravelmente, para a morte? Existe a sabedoria, ou aquilo que nos parece tal não passa do último refinamento da loucura? Tais questões não encontram resposta no laboratório. As teologias têm pretendido dar respostas, todas demasiado concludentes, mas sua própria segurança faz com que o espírito moderno as encare com suspeita. O estudo de tais questões, mesmo que não se resolvam esses problemas, constitui o empenho da filosofia.

Mas por que, então, poderíamos perguntar, perder tempo com problemas tão insolúveis? A isso, poder-se-ia responder como historiador ou indivíduo que enfrenta o terror da solidão cósmica. A resposta do historiador, tanto quanto nos é possível dá-la, aparecerá no decurso desta obra. Desde que o homem se tornou capaz de livre especulação, suas ações, em muitos aspectos importantes, têm dependido de teorias relativas ao mundo e à vida humana, relativas ao bem e ao mal. Isso é tão verdadeiro em nossos dias como em qualquer época anterior. Para compreender uma época ou uma nação, devemos compreender sua filosofia e, para que compreendamos sua filosofia, temos de ser, até certo ponto, filósofos. Há uma relação causal recíproca. As circunstâncias das vidas humanas contribuem muito para determinar sua filosofia, mas, inversamente, sua filosofia muito contribui para determinar tais circunstâncias. Essa ação mútua, através dos séculos, será o tema das páginas seguintes.

Há, todavia, uma resposta mais pessoal. A ciência diz-nos o que podemos saber, mas o que podemos saber é muito pouco e, se esquecermos quanto nos é impossível saber, tornamo-nos insensíveis a muitas coisas sumamente importantes. A teologia, por outro lado, induz-nos à crença dogmática de que temos conhecimento de coisas que, na realidade, ignoramos e, por isso, geram uma espécie de insolência impertinente com respeito ao Universo. A incerteza, na presença de grandes esperanças e receios, é dolorosa, mas temos de suportá-la, se quisermos viver sem o apoio de confortadores contos de fadas. Não devemos também esquecer as questões suscitadas pela filosofia, ou persuadir-nos de que encontramos, para as mesmas, respostas indubitáveis. Ensinar a viver sem essa segurança e sem que se fique, não obstante, paralisado pela hesitação, é talvez a coisa principal que a filosofia, em nossa época, pode proporcionar àqueles que a estudam.

A filosofia, ao contrário do que ocorreu com a teologia, surgiu na Grécia, no século VI antes de Cristo. Depois de seguir seu curso na Antiguidade, foi de novo submersa pela teologia quando surgiu o Cristianismo e Roma desmoronou. Seu segundo período importante, do século XI ao XIV, foi dominado pela Igreja Católica, com exceção de poucos e grandes rebeldes, como o imperador Frederico II (1195-1250). Esse período terminou com as perturbações que culminaram na Reforma. O terceiro período, desde o século XVII até hoje, é dominado, mais do que os períodos que o precederam, pela ciência. As crenças religiosas tradicionais mantêm sua importância, mas há a necessidade de que sejam justificadas, sendo modificadas sempre que a ciência torna imperativo tal passo. Poucos filósofos desse período são ortodoxos do ponto de vista católico, e o Estado secular adquire mais importância em suas especulações que a Igreja.

A coesão social e a liberdade individual, como a religião e a ciência, acham-se em um estado de conflito ou difícil compromisso durante todo esse período. Na Grécia, a coesão social era assegurada pela lealdade à Cidade-Estado: embora Alexandre estivesse tornando-a obsoleta, o próprio Aristóteles não conseguia ver mérito algum em qualquer outro tipo de comunidade. Variava grandemente o grau em que a liberdade individual cedia ante seus deveres para com a Cidade. Em Esparta, o indivíduo tinha tão pouca liberdade como na Alemanha ou na Rússia modernas; em Atenas, apesar de perseguições ocasionais, os cidadãos desfrutaram, em seu melhor período, de extraordinária liberdade quanto a restrições impostas pelo Estado. O pensamento grego, até Aristóteles, é dominado por uma devoção religiosa e patriótica à Cidade; seus sistemas éticos são adaptados às vidas dos cidadãos e contêm grande elemento político. Quando os gregos se submeteram, primeiro aos macedônios e, depois, aos romanos, as concepções válidas em seus dias de independência não eram mais aplicáveis. Isso produziu, por um lado, uma perda de vigor, devido ao rompimento com as tradições e, por outro lado, uma ética mais individual e menos social. Os estoicos consideravam a vida virtuosa mais como uma relação da alma com Deus do que como uma relação do cidadão com o Estado. Prepararam, dessa forma, o caminho para o Cristianismo, que, como o estoicismo, era originalmente apolítico, já que, durante os três primeiros séculos, seus adeptos não tinham influência no governo. Durante os seis séculos e meio entre Alexandre e Constantino, a coesão social foi assegurada não pela filosofia nem pelas antigas fidelidades, mas pela força – primeiro a força dos exércitos e, depois, a da administração civil. Os exércitos romanos, as estradas romanas, a lei e os funcionários romanos, primeiro criaram e depois preservaram um poderoso Estado centralizado. Nada se pode atribuir à filosofia romana, já que esta não existia.

Durante esse longo período, as ideias gregas herdadas da época da liberdade sofreram um processo gradual de transformação. Algumas das velhas ideias, principalmente aquelas que deveríamos encarar como especificamente religiosas, adquiriram uma importância relativa; outras, mais racionalistas, foram abandonadas, pois não mais se ajustavam ao espírito da época. Desse modo, os pagãos posteriores foram se adaptando à tradição grega, até poder incorporar-se na doutrina cristã.

O Cristianismo popularizou uma ideia importante, já implícita nos ensinamentos dos estoicos, mas estranha ao espírito geral da Antiguidade, ou seja, a ideia de que o dever do homem para com Deus é mais imperativo que o seu dever para com o Estado. A opinião de que "devemos obedecer mais a Deus que ao homem", como Sócrates e os Apóstolos afirmavam, sobreviveu à conversão de Constantino, porque os primeiros cristãos eram arianos ou se sentiam inclinados para o arianismo. Quando os imperadores se tornaram ortodoxos, essa ideia foi suspensa temporariamente. Durante o Império Bizantino,[104] permaneceu latente, bem como no Império Russo subsequente, o qual derivou do Cristianismo de Constantinopla.[105] Mas no Ocidente, onde os imperadores católicos foram quase imediatamente substituídos (exceto em certas partes da Gália) por conquistadores bárbaros heréticos, a superioridade da lealdade religiosa sobre a política sobreviveu e, até certo ponto, persiste ainda hoje.

A invasão dos bárbaros pôs fim, por um espaço de seis séculos, à civilização da Europa Ocidental. Subsistiu, na Irlanda, até que os dinamarqueses a destruíram no século IX. Antes de sua extinção produziu, lá, uma figura notável, Scotus Erígena. No Império Oriental, a civilização grega sobreviveu, em forma dissecada, como em um museu, até a queda de Constantinopla, em 1453, mas nada que fosse de importância para o mundo saiu de Constantinopla, exceto uma tradição artística e os Códigos de Direito Romano de Justiniano.

Durante o período de obscuridade, desde o fim do século V até a metade do século XI, o mundo romano ocidental sofreu algumas transformações interessantes. O conflito entre o dever para com Deus e o dever para com o Estado, introduzido pelo Cristianismo, adquiriu o caráter de um conflito entre a Igreja e o rei. A jurisdição eclesiástica do Papa estendia-se sobre a Itália, França, Espanha, Grã-Bretanha e Irlanda, Alemanha, Escandinávia e Polônia. A princípio, fora da Itália e do sul da França foi muito leve seu controle sobre bispos e abades, mas, desde o tempo de Gregório VII (fins do século XI), tornou-se real e efetivo. Desde então o clero, em toda a Europa Ocidental, formou uma única organização, dirigida por Roma, que procurava o poder inteligente e incansavelmente e, em geral, vitoriosamente, até depois do ano 1300, em seus conflitos com os governantes seculares. O conflito entre a Igreja e o Estado não foi apenas entre o clero e os leigos; foi, também, uma renovação da luta entre o mundo mediterrâneo e os bárbaros do norte.

---

104 Cidade europeia, situada às margens do Bósforo, fundada pelos gregos no século VII A.E.C., que se tornou a capital do Império Romano do Oriente, ou Império Bizantino (330 a 1453), tomando o nome de Constantinopla, atual Istambul.
105 Atual Istambul, capital da Turquia (Ásia).

A unidade da Igreja era um reflexo da unidade do Império Romano; sua liturgia era latina e seus homens mais proeminentes eram, em sua maior parte, italianos, espanhóis ou franceses do sul. Sua educação, quando renasceu, foi clássica; suas concepções da lei e do governo teriam sido mais compreensíveis para Marco Aurélio do que para os monarcas contemporâneos. A Igreja representava, ao mesmo tempo, continuidade com o passado e com o que havia de mais civilizado no momento.

O poder secular, ao contrário, estava nas mãos de reis e barões de origem teutônica, os quais procuravam preservar, o máximo possível, as instituições que haviam trazido das florestas da Alemanha. O poder absoluto era alheio a essas instituições, como também era estranho, a esses vigorosos conquistadores, tudo aquilo que tivesse aparência de uma legalidade monótona e sem espírito. O rei tinha de compartilhar seu poder com a aristocracia feudal, mas todos esperavam, do mesmo modo, que lhes fosse permitido, de vez em quando, uma explosão ocasional de suas paixões em forma de guerra, assassínio, pilhagem ou rapto. É possível que os monarcas se arrependessem, pois eram sinceramente piedosos e, afinal de contas, o arrependimento era em si uma forma de paixão. A Igreja, porém, jamais conseguiu produzir neles a tranquila regularidade de uma boa conduta, como a que o empregador moderno exige e, às vezes, consegue obter de seus empregados. De que lhes valia conquistar o mundo, se não podiam beber, assassinar e amar como o espírito lhes exigia? E por que deveriam eles, com seus exércitos de altivos, submeter-se às ordens de homens letrados, dedicados ao celibato e destituídos de forças armadas? Apesar da desaprovação eclesiástica, conservaram o duelo e a decisão das disputas por meio das armas, e os torneios e o amor cortesão floresceram. Às vezes, em um acesso de raiva, chegavam a matar mesmo eclesiásticos eminentes.

Toda a força armada estava do lado dos reis, mas, não obstante, a Igreja saiu vitoriosa. A Igreja ganhou a batalha, em parte, porque tinha quase todo o monopólio do ensino e, em parte, porque os reis viviam constantemente em guerra uns com os outros; mas a ganhou principalmente porque, com pouquíssimas exceções, tanto os governantes como o povo acreditavam sinceramente que a Igreja possuía as chaves do céu. A Igreja podia decidir se um rei devia passar a eternidade no céu ou no inferno; a Igreja podia absolver os súditos do dever de fidelidade e, assim, estimular a rebelião. Além disso, a Igreja representava a ordem em lugar da anarquia e, por conseguinte, conquistou o apoio da classe mercantil que surgia. Na Itália, principalmente, essa última consideração foi decisiva.

A tentativa teutônica de preservar pelo menos uma independência parcial da Igreja manifestou-se não apenas na política, mas, também, na arte, no romance, no cavalheirismo e na guerra. Manifestou-se muito pouco no mundo intelectual, pois o ensino se achava quase inteiramente nas mãos do clero. A filosofia explícita da Idade Média não é um espelho exato da época, mas apenas do pensamento de um grupo. Entre os eclesiásticos, porém – principalmente entre os frades franciscanos – havia alguns que, por várias razões, estavam em desacordo com o Papa. Na Itália, ademais, a cultura estendeu-se aos leigos alguns séculos antes de se estender até o norte dos Alpes. Frederico II, que procurou fundar uma nova religião, representa o extremo da cultura antipapista; Tomás de Aquino, que nasceu no reino de Nápoles, onde o poder de Frederico era supremo, continua até hoje como expoente clássico da filosofia papal. Dante, cerca de cinquenta anos mais tarde, conseguiu chegar a uma síntese, oferecendo a única exposição equilibrada de todo o mundo ideológico medieval.

Depois de Dante, tanto por motivos políticos como intelectuais, a síntese filosófica medieval se desmoronou. Teve ela, enquanto durou, uma qualidade de ordem e perfeição de miniatura: qualquer coisa de que esse sistema se ocupasse era colocada com precisão em relação ao que constituía seu cosmo bastante limitado. Mas o Grande Cisma, o movimento dos Concílios e o papado da renascença produziram a Reforma, que destruiu a unidade do Cristianismo e a teoria escolástica de governo que girava em torno do Papa. No período da Renascença, o novo conhecimento, tanto da Antiguidade como da superfície da terra, fez com que os homens se cansassem de sistemas, que passaram a ser considerados prisões mentais. A astronomia de Copérnico atribuiu à Terra e ao homem uma posição mais humilde do que aquela que haviam desfrutado na teoria de Ptolomeu. Entre os homens inteligentes, o prazer pelos fatos recentes tomou o lugar do prazer de raciocinar, analisar e construir sistemas. Embora a Renascença, na arte, conserve ainda uma determinada ordem, prefere, quanto ao que diz respeito ao pensamento, uma ampla e fecunda desordem. Nesse sentido, Montaigne é o mais típico expoente da época.

Tanto na teoria política como em tudo o mais, exceto a arte, a ordem sofre um colapso. A Idade Média, embora praticamente turbulenta, era dominada, em sua ideologia, pelo amor da legalidade e por uma teoria muito precisa do poder político. Todo poder procede, em última análise, de Deus; Ele delegou poder ao Papa nos assuntos sagrados, e ao Imperador nos assuntos seculares. Mas tanto o Papa como o Imperador perderam sua importância durante o século XV. O Papa tornou-se simplesmente um dos príncipes italianos, empenhado no jogo incrivelmente complicado e inescrupuloso do poder político italiano. As novas monarquias nacionais na França, Espanha e Inglaterra tinham, em seus próprios territórios, um poder no qual nem o Papa nem o Imperador podiam interferir. O Estado nacional, devido, em grande parte, à pólvora, adquiriu uma influência sobre o pensamento e o modo de sentir dos homens, como jamais exercera antes – influência essa que, progressivamente, destruiu o que restava da crença romana quanto à unidade da civilização.

Essa desordem política encontrou sua expressão em *O príncipe,* de Maquiavel. Na ausência de qualquer princípio diretivo, a política se transformou em áspera luta pelo poder. Na obra há conselhos astutos quanto à maneira de participar com êxito desse jogo. O que já havia acontecido na Idade de Ouro da Grécia, ocorreu de novo na Itália Renascentista: os freios morais tradicionais desapareceram, pois eram considerados como ligados à superstição; a libertação dos grilhões tornou os indivíduos enérgicos e criadores, produzindo um raro florescimento do gênio, mas a anarquia e a traição resultantes, inevitavelmente, da decadência da moral, tornou os italianos coletivamente impotentes, e caíram, como os gregos, sob o domínio de nações menos civilizadas do que eles, mas não tão destituídas de coesão social.

Todavia, o resultado foi menos desastroso do que no caso da Grécia, pois as nações que tinham acabado de chegar ao poder, com exceção da Espanha, mostravam-se capazes de tão grandes realizações como na Itália.

Do século XVI em diante, a história do pensamento europeu é dominada pela Reforma – movimento complexo, multiforme, e seu êxito se deve a numerosas causas. De modo geral, foi uma revolta das nações do norte contra o renovado domínio de Roma. A religião fora a força que subjugara o Norte, mas a religião, na Itália, decaíra: o papado permanecia como instituição, extraindo grandes tributos da Alemanha e da Inglaterra, mas essas nações, que eram ainda piedosas, não podiam sentir reverência alguma para com os Bórgias e os Médicis, que pretendiam salvar as almas do purgatório em troca de dinheiro, que esbanjavam no luxo e na imoralidade. Motivos nacionais, motivos econômicos e motivos religiosos conjugaram-se para fortalecer a revolta contra Roma. Além disso, os príncipes logo perceberam que, se a Igreja se tornasse, em seus territórios, simplesmente nacional, eles seriam capazes de dominá-la, tornando-se, assim, muito mais poderosos em seus países do que jamais haviam sido, compartilhando seu domínio com o Papa. Por todas essas razões, as inovações teológicas de Lutero foram bem recebidas, tanto pelos governantes como pelo povo, na maior parte da Europa Setentrional.

A Igreja Católica procedia de três fontes. Sua história sagrada era judaica; sua teologia, grega, e seu governo e leis canônicas, ao menos indiretamente, romanos. A Reforma rejeitou os elementos romanos, atenuou os elementos gregos e fortaleceu grandemente os elementos judaicos. Cooperou, assim, com as forças nacionalistas que estavam desfazendo a obra de coesão nacional que tinha sido levada a cabo primeiro pelo Império Romano e, depois, pela Igreja Romana. Na doutrina católica, a revelação divina não terminava na sagrada escritura, mas continuava, de era em era, através da Igreja, à qual, pois, era dever do indivíduo submeter suas opiniões pessoais. Os protestantes, ao contrário, rejeitaram a Igreja como veículo da revelação divina; a verdade devia ser procurada unicamente na Bíblia, que cada qual podia interpretar à sua maneira. Se os homens diferissem em sua interpretação, não havia nenhuma autoridade designada pela divindade que resolvesse tais divergências. Na prática, o Estado reivindicava o direito que pertencera antes à Igreja – mas isso era uma usurpação. Na teoria protestante, não devia haver nenhum intermediário terreno entre a alma e Deus.

Os efeitos dessa mudança foram importantes. A verdade não mais era estabelecida mediante consulta à autoridade, mas por meditação íntima. Desenvolveu-se, rapidamente, uma tendência para o anarquismo na política e misticismo na religião, o que sempre fora difícil de se ajustar à estrutura da ortodoxia católica. Aconteceu que, em lugar de um único Protestantismo, surgiram numerosas seitas; nenhuma filosofia se opunha à escolástica, mas havia tantas filosofias quantos eram os filósofos. Não havia, no século XIII, nenhum Imperador que se opusesse ao Papa, mas um grande número de reis heréticos. O resultado disso, tanto no pensamento como na literatura, foi um subjetivismo cada vez mais profundo, agindo primeiro como uma libertação saudável da escravidão espiritual, mas caminhando, depois, constantemente, para um isolamento pessoal, contrário à solidez social.

A filosofia moderna começa com Descartes, cuja certeza fundamental é a existência de si mesmo e de seus pensamentos, dos quais o mundo exterior deve ser inferido. Isso constitui apenas a primeira fase de um desenvolvimento que, passando por Berkeley e Kant, chega a Fichte, para quem tudo era apenas uma emanação do eu. Isso era uma loucura, e, partindo desse extremo, a filosofia tem procurado, desde então, evadir-se para o mundo do senso comum cotidiano.

Com o subjetivismo na filosofia, o anarquismo anda de mãos dadas com a política. Já no tempo de Lutero, discípulos inoportunos e não reconhecidos haviam desenvolvido a doutrina do anabatismo, a qual, durante algum tempo, dominou a cidade de Wunster. Os anabatistas repudiavam toda lei, pois afirmavam que o homem bom seria guiado, em todos os momentos, pelo Espírito Santo, que não pode ser preso às fórmulas. Partindo dessas premissas, chegam ao comunismo e à promiscuidade sexual. Foram, pois, exterminados após uma resistência heroica. Mas sua doutrina, em formas mais atenuadas, estende-se pela Holanda, Inglaterra e Estados Unidos; historicamente, é a origem do "quakerismo". Uma forma mais feroz de anarquismo, não mais relacionada com a religião, surgiu no século XIX. Na Rússia, Espanha e, em menor grau, na Itália, obteve considerável êxito, constituindo, até hoje, um pesadelo para as autoridades americanas de imigração. Essa versão moderna, embora antirreligiosa, encerra ainda muito do espírito do protestantismo primitivo; difere principalmente dele devido ao fato de dirigir contra os governos seculares a hostilidade que Lutero dirigia contra os papas.

A subjetividade, uma vez desencadeada, já não podia circunscrever-se aos seus limites, até que tivesse seguido seu curso. Na moral, a atitude enfática dos protestantes quanto à consciência individual era essencialmente anárquica. O hábito e o costume eram tão fortes que, exceto em algumas manifestações ocasionais, como, por exemplo, a de Munster, os discípulos do individualismo na ética continuaram a agir de maneira convencionalmente virtuosa. Mas era um equilíbrio precário. O culto do século XVIII à "sensibilidade" começou a romper esse equilíbrio: um ato era admirado não pelas suas boas consequências, ou porque estivesse de acordo com um código moral, mas devido à emoção que o inspirava. Dessa atitude nasceu o culto do herói, como manifestado por Carlyle e Nietzsche, bem como o culto byroniano da paixão violenta, qualquer que seja.

O movimento romântico, na arte, na literatura e na política, está ligado a essa maneira subjetiva de julgar os homens, não como membros de uma comunidade, mas como objetos de contemplação esteticamente encantadores. Os tigres são mais belos que as ovelhas, mas preferimos que estejam atrás de grades. O romântico típico remove as grades e delicia-se com os saltos magníficos com que o tigre aniquila as ovelhas. Incita os homens a imaginar que são tigres e, quando o consegue, os resultados não são inteiramente agradáveis.

Contra as formas mais loucas do subjetivismo nos tempos modernos tem havido várias reações. Primeiro, uma filosofia de semicompromisso, a doutrina do liberalismo, que procurou delimitar as esferas relativas ao governo e ao indivíduo. Isso começa, em sua forma moderna, com Locke, que é tão contrário ao "entusiasmo" – o individualismo dos anabatistas como à autoridade absoluta e à cega subserviência à tradição. Uma rebelião mais extensa conduz à doutrina do culto do Estado, que atribui ao Estado a posição que o Catolicismo atribuía à Igreja, ou mesmo, às vezes, a Deus. Hobbes, Rousseau e Hegel representam fases distintas dessa teoria, e suas doutrinas se acham encarnadas, praticamente, em Cromwell, Napoleão e na Alemanha moderna. O comunismo, na teoria, está muito longe dessas filosofias, mas é conduzido, na prática, a um tipo de comunidade bastante semelhante àquela e que resulta na adoração do Estado.

Durante todo o transcurso desse longo desenvolvimento, desde 600 a.C. até os nossos dias, os filósofos têm se dividido entre aqueles que querem estreitar os laços sociais e aqueles que desejam afrouxá-los. A essa diferença, acham-se associadas outras. Os partidários da disciplina advogaram esse ou aquele sistema dogmático, velho ou novo, chegando, portanto a ser, em menor ou maior grau, hostis à ciência, já que seus dogmas não podiam ser provados empiricamente. Ensinavam, quase invariavelmente, que a felicidade não constitui o bem, mas que a "nobreza" ou o "heroísmo" devem ser a ela preferidos. Demonstravam simpatia pelo que havia de irracional na natureza humana, pois acreditavam que a razão é inimiga da coesão social. Os partidários da liberdade, por outro lado, com exceção dos anarquistas extremados, procuravam ser científicos, utilitaristas, racionalistas, contrários à paixão violenta, e inimigos de todas as formas mais profundas de religião. Esse conflito existiu, na Grécia, antes do aparecimento do que chamamos filosofia, revelando-se já, bastante claramente, no mais antigo pensamento grego. Sob formas diversas, persistiu até os nossos dias, e continuará, sem dúvida, durante muitas eras vindouras.

É claro que cada um dos participantes dessa disputa como em tudo que persiste durante longo tempo, tem sua parte de razão e sua parte de equívoco. A coesão social é uma necessidade, e a Humanidade jamais conseguiu, até agora, impor a coesão mediante argumentos meramente racionais. Toda comunidade está exposta a dois perigos opostos: por um lado, a fossilização, devido a uma disciplina exagerada e um respeito excessivo pela tradição; por outro lado, a dissolução, a submissão ante a conquista estrangeira, devido ao desenvolvimento da independência pessoal e do individualismo, que tornam impossível a cooperação. Em geral, as civilizações importantes começam por um sistema rígido e supersticioso que, aos poucos, vai sendo afrouxado, e que conduz, em determinada fase, a um período de gênio brilhante, enquanto perdura o que há de bom na tradição antiga, e não se desenvolveu ainda o mal inerente à sua dissolução. Mas, quando o mal começa a manifestar-se, conduz à anarquia e, daí, inevitavelmente, a uma nova tirania, produzindo uma nova síntese, baseada em um novo sistema dogmático. A doutrina do liberalismo é uma tentativa para evitar essa interminável oscilação. A essência do liberalismo é uma tentativa no sentido de assegurar uma ordem social que não se baseie no dogma irracional, e assegurar uma estabilidade sem acarretar mais restrições que as necessárias à preservação da comunidade. Se essa tentativa pode ser bem-sucedida, somente o futuro poderá demonstrá-lo.

4. Religiosidades

*Até a existência mais dessacralizada conserva ainda
traços de uma valorização religiosa do mundo.*[106]

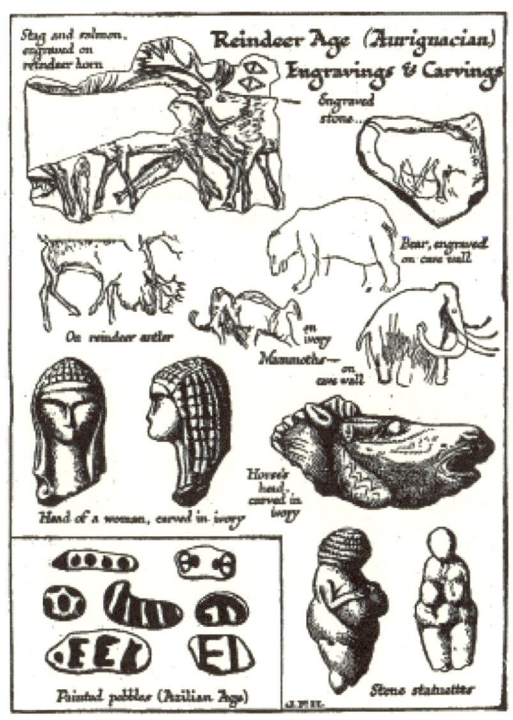

É difícil conceituar onde começaram os pensamentos religiosos ou dizer se existiu ao longo do tempo alguma sociedade sem
traço de religiosidade ou religião. Se quisermos adentrar esse
campo, teremos que vasculhar o homem pré-histórico, e, deste, pouco sabemos, a não ser o que se encontra nos museus ou em livros de
história. Assim, se admitirmos que o pensamento religioso "começou" nessa época, podemos conceituar a religiosidade (não religião)
do homem a partir de aproximadamente dois milhões de anos atrás,
ou seja, da época do *homo habilis* (1,5 a 2 milhões de anos) ou o Período Aurignaciano (entre 34000 e 23000 A.E.C.). É possível que
esse pensamento religioso esteja entre o animismo, o naturismo

106 ELIADE, M. *Tratado de história das religiões*, p. 37.

ou mesmo o totemismo, já que a antropologia e a sociologia não definem qual deles foi o primeiro a aparecer, ou se realmente existiu um primeiro. Pensamos que a religião tenha começado no período que o homem desenvolveu os primeiros sinais de rituais funerários.

No princípio esses rituais não tinham o objetivo de levar a alma do morto para o céu ou mesmo esperar que voltasse através de uma ressurreição ou reencarnação. Os primeiros ritos agrários e sazonais que temos notícias eram uma forma de respeitar o ciclo da natureza, bem como as épocas das colheitas e das chuvas, onde em princípio pensava-se que a época da seca era uma morte da natureza e logo depois ela ressurgia com todas as forças.[107] Assim, todos os responsáveis diretos pelo poder como é o caso dos reis, tinham de passar anualmente pelos ritos de morte e ressurgimento para uma boa colheita. Com o tempo e tardiamente esses ritos começaram a auxiliar os sepultamentos com pequenos objetos, como lança no caso do guerreiro, machados no caso do construtor etc. Tempos depois esses mesmos ritos funerários foram ampliados, melhorados até chegarmos ao ponto que temos hoje nas religiões. Todos os ritos que observamos de pós-morte em sociedades arcaicas são posteriores ao mencionado acima, o segundo foi um desenvolvimento e aprimoramento do primeiro. Após a elaboração dos ritos funerários que se tornaram mais complexos, acarretando a presença e a necessidade do intermediário: sacerdote, xamã, mago, feiticeiro, profeta, místico etc. Esses ritos passaram a ser os responsáveis para que uma parte das religiões desenvolvesse a crença na ressurreição e a outra parte na reencarnação, todos de uma forma ou de outra acreditando na volta do morto à vida. "A morte ritual é, pelo conseguinte, condição indispensável para aproximarem-se os deuses e ao mesmo tempo para obter uma existência total neste mundo".[108]

Este livro possui o objetivo de esclarecer os pensamentos dos principais articuladores sobre religião, religiosidade e filosofias espiritualistas dentro dos seus referenciais de vida ou estudo. Assim, podemos demonstrar por meio dos dados recolhidos e de suas teorias que o estudo das religiões não é algo simples, que se define simplesmente através de um mito,[109] um rito

---

107 ELIADE, M. *História das crenças e das ideias religiosas*, vol. I, cap. I.
108 ELIADE, M. *Historia de las Creencias y de las Ideas Religiosas*, vol. I, p. 291.
109 PIRES, J.H. *Revisão do cristianismo*, cap. XII.

ou seus deuses. Todas as religiosidades estão imersas no *sagrado* ou em sua dialética – profano *x* sagrado = sacralidade (revalorização do sagrado – "experiência do sagrado") –, que nos possibilita novos sagrados, profanos e outros milhares de sacralidades sem o absurdo de maltratá-las e querer o uso exclusivo da verdade.

Como é sabido, as diferentes ciências e filosofias tendem a se defrontar e não concordar acerca de seus pontos de vista no que tange ao estudo do homem, das religiões e religiosidades do mundo.

> *Os definidores da religião estão sujeitos ao erro da materialização (concretização mal colocada). Convém não esquecer que o fato de ser religioso diz respeito a pessoas, mas não necessariamente apenas àquelas que professam crenças ou se empenham em práticas religiosas.*[110]

Percebemos bem esse conceito quando abordamos o estudo das religiões dentro das variadas ciências e filosofias existentes. Quanto mais respostas buscamos, mais chegamos à conclusão de que as ciências, como as filosofias, vivem de fé, tanto quanto as religiões. A maioria das respostas que encontramos em nossas ciências e filosofias é aproximativa, não existindo por enquanto nenhum conhecimento que possamos chamar de verdade.[111] Todas as teorias, científicas ou não, simplesmente falam de seus pontos de vista e suas supostas verdades. Não é nosso interesse abordar aqui as várias ciências ou filosofias que tentam explicar o fenômeno religioso, bastando ao interessado recorrer a qualquer delas para confirmar essa hipótese. Escolhemos apenas uma ciência – sociologia[112] – para demonstrar tal hipótese. Nada impede que o leitor consulte outras teorias e verifique por si próprio as várias verdades sobre o assunto. Escolhemos a sociologia por apresentar "cinco" partes bem definidas, tendo uma que ainda predomina em nossas ciências e filosofias.

• 1º *Fato social*: considera o homem apenas como fato desenvolvido e inserido socialmente.[113] A religião se torna, assim, nada mais que um desenvolvimento social coletivo.[114]

---

110 HINNELS, J.R. *Dicionário das religiões*, p. 217.
111 DURANT, W. *Filosofia da vida*, cap. 3.
112 WACH, J. *Sociologia da religião*, cap. 6.
113 *Ibid.*, cap. 3.
114 OLIVEIRA, P.S. de. *Introdução à sociologia*, p. 13.

Temos assim uma possibilidade de esclarecer o que se pode entender por religião como fato social. Não é apenas um fato isolado que ocorre na dinâmica de uma sociedade, mas um fato que brota da realidade social como expressão de sua própria alma, de suas tendências e aspirações, na forma de uma síntese conceptual que engloba, nas suas representações simbólicas e estrutura racional, os elementos básicos do todo social concreto e os vetores ou direções do psiquismo coletivo. Sem essa compreensão intuitiva, e, portanto, global do fato social da religião, todas as formas de encarar e interpretar o fenômeno religioso nos levarão fatalmente a condicionamentos restritivos e esquemáticos, que só poderão aumentar a confusão e agravar os erros cometidos na colocação do problema.[115]

A religião não faz o homem, mas, ao contrário, o homem faz a religião: esse é o fundamento da crítica irreligiosa. A religião é a autoconsciência e o autossentimento do homem que ainda não se encontrou ou que já se perdeu. Mas o homem não é um ser abstrato, isolado do mundo. O homem é o mundo dos homens, o Estado, a sociedade. Esse Estado, essa sociedade, engendram a religião, criam uma consciência invertida do mundo, porque são um mundo invertido. A religião é a teoria geral deste mundo, seu compêndio enciclopédico, sua lógica popular, sua dignidade espiritualista, seu entusiasmo, sua sanção moral, seu complemento solene, sua razão geral de consolo e justificação. É a realização fantástica da essência humana porque a essência humana carece de realidade concreta. Por conseguinte, a luta contra a religião é, indiretamente, a luta contra aquele mundo que tem na religião seu aroma espiritual. A miséria religiosa é, de um lado, a expressão da miséria real e, de outro, o protesto contra ela. A religião é o soluço da criatura oprimida, o coração de um mundo sem coração, o espírito de uma situação carente de espírito. É o ópio do povo. A verdadeira felicidade do povo implica que a religião seja suprimida, como felicidade ilusória do povo. A exigência de abandonar as ilusões sobre sua condição é a exigência de abandonar uma condição que necessita de ilusões. Por conseguinte, a crítica da religião é o germe da crítica do vale de lágrimas que a religião envolve numa auréola de santidade. A crítica arrancou as flores imaginárias que enfeitavam as cadeias, não para que o homem use as cadeias sem qualquer fantasia ou consolação, mas para que se liberte das cadeias e apanhe a flor viva. A crítica da religião desengana o homem para que pense, aja e organize sua realidade como um homem desenganado que recobrou a razão a fim de girar em torno de si mesmo e, portanto, de seu verdadeiro sol. A religião é apenas um sol fictício que se desloca em torno do homem enquanto não se move em torno de si mesmo. Assim, superada a

115 PIRES, J.H. *Agonia das religiões*, pp. 15-16.

> *crença no que está além da verdade, a missão da história consiste em averiguar a verdade daquilo que nos circunda. E, como primeiro objetivo, uma vez que se desmascarou a forma de santidade da autoalienação humana, a missão da filosofia, a serviço da história, consiste no desmascaramento da autoalienação em suas formas não santificadas. Assim, a crítica do céu se converte na crítica da terra, a crítica da religião na crítica do direito, a crítica da teologia na crítica da Política.* (MARX, 1843)

• 2º *Manifestação natural ou da natureza*: para alguns autores, a palavra natural não significa apenas uma religião voltada à natureza, mas um sentido de diferenciar aquela fundada[116] por um mestre – Moisés, Buda, Mahavira, Krishna, Zoroastro, Jesus, Maomé etc. – daquela criada em momentos de crise, como a religião da Humanidade de Augusto Comte[117] – "a Deusa razão". Para Comte a religião da Humanidade é o positivismo, visto que, somente esse estado traria o "amor", a "ordem" e o "progresso", por meio de uma ciência positiva que ignorasse toda especulação metafísica de transcendência, "definindo-se pela verificação e comprovação das leis que se originam na experiência".[118] Para outros pensadores, natural é sinônimo de cultos e ritos destinados à natureza.[119] Para um historiador das religiões, não interessa qual racionalização aprovamos, mas o estudo da importância de como esse sagrado se manifesta ao povo que o escolheu ou elegeu como parte integrante de sua sociedade.

> *Antes de procurar saber – supondo que tal seja possível – em que milênio, a partir de que civilização e por meio de que fatores certo simbolismo vegetal se difundiu, antes mesmo de determinar certos conjuntos de ritos que impliquem esse simbolismo, o que nos interessa, de momento, é saber qual foi a função religiosa da árvore, da vegetação ou dos símbolos vegetais na economia do sagrado e na vida religiosa, saber o que ela revela e o que significa, ver enfim em que medida seria legítimo procurar uma estrutura coerente sob a aparente polimorfia do simbolismo da árvore.[120]*

Não importa se o culto refere-se a um vegetal, uma árvore, um deus ou deuses, mas a função que esses símbolos mágico-religiosos exercem na

116 WACH, J. *Sociologia da religião*, cap. 5, item 5.
117 PADOVANI, U.A. *Filosofia da religião*, pp. 143-158.
118 JAPIASSÚ, H.; MARCONDES, D. *Dicionário básico de filosofia*, p. 48.
119 DURANT, W. *Filosofia da vida*, cap. 22.
120 ELIADE, M. *Tratado de história das religiões*, p. 214.

cultura que os adora. Não é interesse deste livro questionar a veracidade ou não de tais cultos ou ideias, mas mostrar a importância da sacralidade investida nessas hierofanias tidas como naturais.

• 3º *Maravilhoso e o sobrenatural*: para alguns pensadores da sociologia, a religião é uma determinação da vida humana, cujo grande objetivo é a união do espírito humano com o espírito do maravilhoso, ou Absoluto, estendendo-se a dominação desse Absoluto sobre o mundo e sobre a própria vida do homem. Nesse ponto, os pensadores atribuem a formação do pensamento religioso às causas físicas. "Se a religião tivesse realmente nascido da necessidade de atribuir causas aos fenômenos físicos, as forças que assim teriam sido imaginadas não seriam mais sagradas que aquelas concebidas hoje pelo estudioso para explicar os mesmos fatos".[121]

É bastante cômodo para um ocidental chamar de absoluto, de sobrenatural, de sobre-humano ou de mítico aquilo que desconhece ou simplesmente não está de acordo com suas verdades. Para o Ocidente, o Oriente, mais precisamente a Índia, é um país "estranho", que cultua vários deuses e tem contato com toda a mística de pensamentos maravilhosos possíveis.[122] Segundo alguns cristãos, é esse suposto "politeísmo" que gera a procura de algo "desconhecido" e a necessidade de união com o "maravilhoso". Para aqueles que não conseguem enxergar ou entender outro culto além do próprio, todos os pensamentos contrários são estranhos ou desprovidos de sacralidade, transformados, por força de sua fé, em simples seitas.[123] Não esqueçamos que o próprio Cristianismo começou sua história e presença no mundo como uma simples seita[124] rejeitada pela maioria dos nobres e pensadores da época.

> Temos achado que esse homem é uma peste e promotor de sedições entre todos os judeus, por todo o mundo, e o principal defensor da seita dos nazarenos (Cristianismo); o qual intentou também profanar o templo; e, por isso, o prendemos e, conforme a nossa lei, o quisemos julgar. (Atos, 24:5-6)

"Mas confesso-te que, conforme aquele Caminho, a que chamam seita (Cristianismo), assim sirvo ao Deus de nossos pais, crendo tudo quanto está

---

121 DURKHEIM, E. *Formas elementares da vida religiosa*, p. 122.
122 ZIMMER, H. *Filosofias da Índia*, parte I, cap. I.
123 KOENING, S. *Elementos de sociologia*, p. 282.
124 STEGEMANN, E.W.; STEGEMANN, W. *História social do protocristianismo*, p. 222.

escrito na Lei e nos Profetas" (Atos, 24:14). "Sabendo de mim, desde o princípio (se o quiserem testificar), que, conforme a mais severa seita da nossa religião (Cristianismo), vivi fariseu" (Atos, 26:5). "No entanto, bem quiséramos ouvir de ti o que sentes; porque, quanto a essa seita (Cristianismo), notório nos é que em toda parte se fala contra ela" (Atos, 28:22). Segundo conta-nos a história, fora aceito inicialmente apenas por escravos e gente do povo acostumados às magias, a comportamentos místicos, cabalas de gueto, dogmas estranhos à razão, cultos a deidades estranhas, tidas séculos depois como as supostas heresias, e aos deuses greco-romanos que se metamorfosearam com o tempo em "santos". A própria palavra Cristo é uma forma grecizada de *Mashiach* (ungido, o rei, o Messias).[125]

> *A partir do quarto século da Era Cristã, a Igreja absorveu a estrutura formal da Igreja judaica, as aras e os sacramentos de várias religiões pagãs, suas vestes sacerdotais e paramentos para celebrações rituais, instrumentos sagrados do culto, e converteu as imagens dos deuses gregos e romanos em imagens dos santos e anjos, dando dimensões universais ao culto local e humilde das assembleias cristãs primitivas. O templo de Jerusalém, com sua guarda armada e seu mercado de elementos rituais, animais para os sacrifícios, ervas para a queima em honra à Iavé, bancas de cambistas e assim por diante, teve sua réplica nas instalações suntuosas do Vaticano (um Estado Teológico) e a cadeira de Moisés foi substituída pela Cátedra de São Pedro, o rude pescador do lago de Genesaré.*[126]

• 4º *Divindade*: aspecto em que se atribui à religião toda sorte de manifestações, desde as teofanias até as hierofanias.

> *Por seres espirituais é preciso entender sujeitos conscientes, dotados de poderes superiores àqueles que o comum dos homens possui; essa qualificação convém, pois, às almas dos mortos, aos gênios, aos demônios bem como às divindades propriamente ditas. É importante notar desde logo a concepção particular de religião implicada nessa definição. O único comércio que podemos manter com seres dessa espécie é determinado pela natureza que lhes é atribuída. São seres conscientes; não podemos agir sobre eles senão da maneira como se age sobre as consciências em geral, ou seja, por procedimento psicológico ou emocioná-los, quer por meio de palavras (evocações, orações), quer por meio de oferendas e de sacrifícios.*[127]

---

125 DONINI, A. *História do cristianismo*, p. 31.
126 PIRES, J.H. *Revisão do cristianismo*, p. 7.
127 DURKHEIM, E. *Formas elementares da vida religiosa*, p. 60.

- 5º *Sagrado e profano*: esse parece ser o ponto alto do processo socio-lógico. Quando Durkheim, em seu livro *Formas elementares da vida religiosa*, possibilitou essa interpretação, os sociólogos tentaram en-quadrar todas as religiões nesse contexto. Tudo girou e ainda gira em torno do sagrado e do profano. Essa e a obra de Freud, *Totem e tabu*, que fala de um parricídio primordial como uma das manei-ras de se iniciar um processo religioso, eram livros de cabeceira de qualquer cidadão inteligente do século XX. Não negamos a inter-pretação e a importância de Durkheim sobre o sagrado e o profa-no, só não concordamos que sejam situações afastadas e interditas. Quanto ao trabalho de Freud, foi uma invenção sem muito alcan-ce, de alguém sem qualquer experiência no estudo das religiões, da espiritualidade ou das dimensões do sagrado. O problema começa "quando apenas um aspecto da vida religiosa é aceito como primá-rio e os outros aspectos ou funções são considerados secundários ou até ilusórios".[128]

Freud tinha um medo considerável de que sua ciência (psicanálise) não fosse aceita no mundo como oficial. Por isso, desprezava qualquer conhecimento que não se enquadrasse em suas interpretações ou em sua ciência positivista. Provar a invenção do inconsciente freudiano é o mesmo que tentar provar a existência dos deuses: em ambos, é preciso acreditar em suas existências. O maior receio de Freud realizou-se no século XX: sua ciência, que estuda a alma humana em profundidade, transformou-se, na mão de alguns especialistas, em um pensamento religioso *posto*, do qual apenas os eleitos (iniciados) ou alguns privilegiados podem usufruir. A contribuição de Freud para a Humanidade em termos psíquicos é imensa, mas em estudos religiosos deixou a desejar. Sua postura frente às religiões é de alguém que interpreta os fenômenos de fora, partindo de apenas um referencial: a psicanálise. Para ele, as religiões, ou qualquer outro sentimento religioso ou grandeza de esfera espiritual, "nada mais" eram do que desejos sexuais proibidos, reprimidos e posteriormente "sublimados".[129] Na escola freudiana, esse *sentido* de existência

---

128 ELIADE, M. *Origens*, p. 35.
129 JUNG, C.G. *Psicologia em transição*, item 7.

transforma-se, na melhor das hipóteses, em uma *ilusão*, calcada na culpa
e na reparação, como se o sujeito só buscasse uma religião, religiosidade
ou espiritualidade para deter (reprimir) impulsos agressivos inconscientes
de fundo sexual. Essa força, que Freud designou como *desejos sexuais
proibidos*, transforma qualquer aspecto de origem espiritual em uma
neurose obsessiva universal.

> *São essas pulsões antissociais que a religião procura silenciar, enquanto a
> neurose normalmente resulta do recalcamento das pulsões sexuais; talvez
> isso explique a caráter particular da neurose, que constata com o caráter
> da religião. Neste ensaio (Atos obsessivos e práticas religiosas), encontramos
> também uma das primeiras formulações do "sentimento de culpa", que depois
> se tornará um fundamento central da teoria freudiana da cultura.*[130]

Essa mesma postura é tomada ainda hoje por alguns psicanalistas
e filósofos, que seguem à risca os pensamentos de Freud exposto no
tratado *O futuro de uma ilusão*, que afirma que a razão triunfará sobre
qualquer outro saber.[131] Essa ideia é totalmente baseada nos conceitos
de Augusto Comte, segundo os quais existe uma sequência lógica para
o saber.[132] Para ele, o saber humano passa por três fases de desenvolvimento,
tendo seu cume na última delas: a positiva.[133] A primeira fase seria a Teológica, na qual toda a cosmogonia seria atribuída aos deuses (teogonia).
A segunda vem tempos depois e se mostra na metafísica, quando a cosmogonia é ampliada para uma cosmologia transcendental, escapando de qualquer explicação lógica e inevitável. Somente depois de se ter passado as duas
fases anteriores é que se alcança a fase final, em que a razão triunfa e o *espírito positivo* reina soberano – essa é a fase positiva.[134]

Para Durkheim, que escreveu seu livro *Formas elementares da vida
religiosa* baseado nos ritos australianos,

> *[...] tudo o que é sagrado é objeto de respeito e todo sentimento de respeito
> traduz-se, naquele que o experimenta, por movimentos de inibição. Um
> ser respeitado, com efeito, é sempre expresso na consciência por repre-
> sentações que, por força de emoção que inspire, está carregada de alta*

130 GABRIEL, Y. *Freud e a sociedade*, p. 45.
131 JASTROW, J. *Psicanálise ao alcance de todos*, p. 125.
132 HEIDBREDER, E. *Psicologia do século XX*, p. 155.
133 HINNELLS, J.R. *Dicionário das religiões*, p. 206.
134 COMTE, A. *O espírito positivo*, p. 165.

energia mental; por conseguinte, está estruturada de maneira a repelir
para longe de si qualquer outra representação que a negue, totalmente ou
em parte. Ora, o mundo sagrado mantém com o mundo profano relação
de antagonismo. Eles correspondem a duas formas de vida que se excluem,
ou pelo menos não podem ser vividas no mesmo momento com a mesma
intensidade. Quando pensamos nas coisas santas, a ideia de um objeto
profano não pode aflorar ao espírito sem encontrar resistência; algo em
nós opõe-se a que ela (ideia profana) venha instalar-se aí (consciência).
É a representação do sagrado que não tolera essa aproximação. Mas esse
antagonismo psíquico, essa expulsão mútua das ideias deve naturalmente
levar à conclusão das coisas correspondentes. Para que as ideias não coe-
xistam é preciso que as coisas não se toquem, não estejam de forma alguma
em contato. Trata-se do próprio princípio do interdito.[135]

Esse pensamento de Durkheim está muito próximo ao de Freud, sobre
as proibições impostas pelo superego, legitimados em *Totem e tabu.*[136]

No caso do tabu, a principal proibição, o núcleo da neurose, é contra o
tocar e daí ser às vezes conhecida como "fobia do contato", ou délire du
toucher. A proibição não se aplica meramente ao contato físico imediato,
mas tem uma extensão tão ampla quanto o emprego metafórico da expres-
são "entrar em contato com". Qualquer coisa que dirija os pensamentos do
paciente para o objeto proibido, qualquer coisa que o coloque em contato
intelectual com ele, é tão proibida quanto o contato físico direto. Essa mes-
ma extensão também ocorre no caso do tabu. A finalidade de algumas das
proibições é de imediato evidente. Outras, pelo contrário, são surpreen-
dentes por serem incompreensíveis, destituídas de sentido e tolas, sendo as
proibições dessa última espécie descritas como "cerimoniais". Essa distin-
ção também é encontrada nas observâncias do tabu.[137]

Não devemos desprezar ou rejeitar o trabalho notável que Freud fez em
vida por causa de um livro ou texto. Nesse ponto existe uma diferença acentuada entre os pressupostos teóricos de Freud, vistos anteriormente, de
Durkheim e Eliade acerca da interpretação e entendimento do sagrado e
do profano. Enquanto para Freud a interdição se dá através do "entrar em
contato com", ou seja, é necessário que não se toquem, para Durkheim,
o sagrado e profano não podem se tocar ou estar de nenhuma forma em

---

135 DURKHEIM, E. *Formas elementares da vida religiosa*, pp. 383-384.
136 JASTROW, Joseph. *Psicanálise ao alcance de todos*, pp. 123-125.
137 FREUD, S. *Totem e tabu*, p. 28.

contato. Já para Eliade, são imprescindíveis o encontro e a convivência de ambos, pois precisam coabitar para terem o sentido que lhes cabe.

> *A heterogeneidade do tempo, sua divisão em "sagrado" e "profano", não implica apenas em "cortes" periódicos praticados na duração profana, a fim de nela se inserir o tempo sagrado, implica também que essas inserções do tempo sagrado sejam solidárias, diríamos mesmo contínuas.*[138]

Percebemos que já para esse autor, diferentemente de Freud e Durkheim, o homem vive no sagrado e no profano sem "dificuldade", tendo em vista que o elo entre esses dois sentidos é o templo. "Se o templo constitui uma *imago mundi*, é porque o Mundo, como obra dos Deuses, é sagrado".[139] Esse templo, que pode estar em qualquer lugar, é o intermediário entre os homens e os deuses, no qual o sagrado e o profano se tocam e convivem em "harmonia". No pensamento de Durkheim, os seres sagrados são, por definição, seres separados.[140] Para Eliade, essa possível "união" entre sagrado e profano pode ser observada nas festas, nos ritos de eternos recomeços, nas iniciações ou nos símbolos nos quais o mundo é regenerado através de suas diversas teogonias e cosmogonias.[141]

---

138 ELIADE, M. *Tratado de história das religiões*, p. 316.
139 ELIADE, M. *O sagrado e o profano*, p. 71.
140 DURKHEIM, E. *Formas elementares da vida religiosa*, p. 363.
141 ELIADE, M. *Historia de las Creencias y las Ideas Religiosas*, vol. I, p. 126.

5. Religiosidade e finitude

*O tempo constitui a mais profunda dimensão existencial do homem,
está ligado à sua própria existência, portanto, tem um começo
e um fim, que é a morte, o aniquilamento da existência.*[142]

Aqueles acostumados à pesquisa no campo da religião ou religiosidade dificilmente não entrarão em contato com os escritos de Agostinho, Hegel, Marx, Engels, Orígenes, Rudolf Otto, Van der Leeuw, Scheler, Freud, Jung, Durkheim, Muller, Tylor, Karl Barth, Feuerbach, Durant, Zimmer, Weber, Campbell, Eliade, Ling, Rubem Alves, Nietzsche, Wach e outros. Todos esses pesquisadores deram seus pareceres sobre a religião, demonstrando-a como utopia, uma ilusão, Espírito do Absoluto, um antropomorfismo externalizado, um assassínio primordial, uma forma de buscar sentido quando o sistema social não consegue conter as angústias etc. Cada um, à sua maneira, a defendeu ou rejeitou, mas a ideia que permanece na maioria é a questão da finitude como realidade primeira para a busca religiosa. Sendo a finitude da ordem do universal, alguns acreditam que o papel fundamental da religião é "solucionar" ou dar conta dessa verdade: a morte. Essa hipótese está correta quando nos referimos às religiões "atuais". "Quanto menos um homem conhece a respeito do passado e do presente, mais inseguro terá de mostrar-se seu juízo sobre o futuro".[143]

Estudando as origens das religiões antigas,[144] percebemos o quanto elas favoreceram e contribuíram para a formação e a estruturação das sociedades e das religiões atuais, das mais racionais às mais emotivas. Aqui vale a pena lembrar ao leitor que não existem afirmações históricas provando ser o totemismo a religião primeva.[145] Vários autores já demonstraram que nem todos os povos passaram por esse período religioso.[146] Da mesma forma, é inviável afirmarmos que todas as religiões ou

---

142 ELIADE, M. *O sagrado e o profano*, p. 84.
143 FREUD, S. *Futuro de uma ilusão*, p. 1.
144 KARDEC, A. *Revista espírita* 1867, p. 41.
145 DURKHEIM, E. *Formas elementares da vida religiosa*, livro I, cap. VI e VII.
146 ELIADE, M. *Origens*, p. 36.

pensamentos sagrados passaram por um tipo de canibalismo ou parricídio primordial, como afirmou Freud em *Totem e tabu*. Outra ideia sem bases científicas é quando se aproveitam de alguns ritos antigos e fazem do animismo e do naturismo as primeiras manifestações religiosas do homem,[147] querendo, com isso, demonstrar uma possível evolução do pensamento simples para o complexo.

As formações religiosas e suas ramificações são de difícil descrição, tendo em vista que as informações eram passadas de geração a geração de forma oral. Nesse contexto, apenas o crente que vive dentro deste mundo sagrado pode falar e exprimir sua experiência e vivência de forma total.[148] O que tentamos aqui é estudar de forma histórica as variantes desses mundos, porém, sabemos que o que fazemos não é religioso, nem muito menos religião ou racionalização da religião, e sim história das religiões.

> A religião, independentemente de toda e qualquer esquematização moral, é essencialmente obrigação íntima, normativa para a consciência e o vínculo da consciência, é obediência e culto, não pela pura e simples coerção pelo avassalador, mas pelo curvar-se em reconhecimento diante do mais sagrado valor.[149]

O desenvolvimento da cultura só foi possível após o desenvolvimento da escrita, que ocorreu séculos depois que o homem utilizou e dominou a fala para se comunicar. Com a possibilidade da comunicação verbal, o homem ampliou seu território e pôde comercializar seus produtos. Com a invenção da escrita, ampliou ainda mais esse território, descobrindo novas fontes de riqueza em outras culturas. O desenvolvimento da escrita possibilitou a criação da civilização, a difusão da paz e da ordem entre as diversas tribos antes das grandes monarquias.[150] Enquanto nos pensamentos antigos como os da Pérsia, Babilônia, Índia, Grécia etc., com exceções posteriores (xamãs, feiticeiros e magos) de alguns desses pensamentos, não se aceitava e não se acreditava que o homem pudesse intervir ou modificar diretamente a natureza. No entanto, no pensamento judaico, todos os profetas ou enviados de Deus de uma forma ou de outra tinham não apenas o poder, mas certa obrigação de manipular as forças da natureza. Moisés não só manipulava essas forças como tinha o poder de transformar água em sangue ou dividir águas.

147 DURKHEIM, E. *Formas elementares da vida religiosa*, livro I, cap. II e III.
148 OTTO, R. *O sagrado*, cap. 3 – O sentimento de criatura.
149 *Ibid.*, p. 92.
150 DURANT, W. *Nossa herança oriental*, p. 74.

Elias fazia descer fogo do céu. Jesus transformou água em vinho (água em sangue?), acalmava tempestades e ventos. Enquanto em outros pensamentos os profetas estavam "limitados", no pensamento judaico esses limites eram ultrapassados em nome de seu deus.

Mesmo os ensinamentos mais antigos, como os indianos, judaicos, zoroastrianos, chineses, egípcios[151] e tantos outros, só foram "compilados" e "organizados" anos ou séculos depois de seus supostos autores. As religiões, desde as suas "formações", demonstram o quanto contribuíram e organizaram cidades, povos, países e governos inteiros com suas teocracias e leis divinas.[152] "No princípio era o verbo" (João, 1:1); essa afirmação está correta quando pensamos que as comunidades não possuíam uma organização social efetiva, mas leis e tradições passadas de tempos em tempos para a comunidade ou alguns privilegiados. Após a formação social efetiva, observamos esses ensinamentos sendo passados através dos tabus, das leis e dos costumes, e que serviam como sinais ou formas de conter todo um povo.[153] Essas leis sacralizadas tinham um objetivo comum: organizar, construir e manter uma sociedade forte.[154]

> Presume-se que a religião, em última instância, libera-nos dos desejos e temores, ambições e compromisso da vida secular – os enganos de nossos interesses sociais, profissionais e familiares; porque a religião reivindica a alma. Porém, ela é necessariamente algo que diz respeito à comunidade e, assim sendo, torna-se um instrumento de opressão que nos ata de maneira sutil, por meio de ilusões menos evidentes e, portanto, mais penetrantes.[155]

Assim, são as chamadas religiões estagnadas que preconizam uma fé cega e estacionária.[156]

Aqueles que conhecem e estudam um pouco a realidade religiosa do mundo não terão dificuldades em entender porque afirmei que as religiões primevas tinham por "objetivo" organizar e construir um povo forte. Para entendermos um pouco melhor esse conceito, é só pensarmos por alguns

151 KARDEC, A. *Revista espírita* 1858, p. 316.
152 KARDEC, A. *O livro dos espíritos*, perg. 614 a 643, 763 e 888 – *O evangelho segundo o Espiritismo*; 22:3 a 5 – *A gênese*; 3:6
153 FREUD, S. *O mal-estar na civilização* (volume XXI), p. 80.
154 DURANT, W. *Nossa herança oriental*, cap. I a VI.
155 ZIMMER, H. *Filosofias da Índia*, p. 121.
156 KARDEC, A. *O evangelho segundo o Espiritismo*; 19:6 e *A gênese*; 17:30 e RUSSELL, B. *A filosofia entre a religião e a ciência*.

instantes na sociedade mesopotâmica, egípcia, persa, judaica e islâmica, que se tornaram com o tempo as maiores monarquias já existentes. Nelas,[157] o rei se torna o enviado dos deuses, o "pastor do povo" ("O Senhor é meu pastor e nada me faltará"), conclamado pelos deuses a instaurar a justiça onde reina a injustiça e a paz onde há guerra. "Que digo de Ciro: Ele é meu pastor e cumprirá tudo o que me apraz" (Isaías, 44:28). Esse domínio cedido a esses monarcas como "pastor do povo" era dado pelos deuses sobre toda a Terra.[158] Aqueles que conhecem um pouco a realidade da sociedade judaica, na qual estamos inseridos devido ao Cristianismo, sabem que sua organização espacial se deu baseada em leis inspiradas por Deus a Moisés, as quais estão contidas na Torá. As 613 *mitsvot* (mandamentos), com 273 preceitos positivos (*farás*) e 203 negativos (*não farás*), serviram e ainda servem como constituição divina para toda essa sociedade. Os primeiros mandamentos[159] lançavam os fundamentos da nova comunidade teocrática, que não repousaria em nenhuma lei civil, mas na ideia de Deus; era Deus o rei invisível que ditava as leis e impunha as penas; e o nome de "Israel" dado ao povo queria dizer "defensores de Deus".[160]

A hipótese de as religiões formarem sociedades e desenvolverem a cultura por meio da sacralidade e suas leis não exclui, de forma nenhuma, a ideia da *religião como revalorização do sagrado* – "experiência do sagrado" dita anteriormente. Todas as religiões estão necessariamente dentro de um tempo histórico, de um contexto social; não existe religião fora da sociedade ou de um momento histórico. "É sempre em uma certa situação histórica que o sagrado se manifesta".[161] Mesmo as religiões tidas como as mais arcaicas, que "cultuavam" as pedras, as águas, a lua etc., utilizavam a revalorização do sagrado – "experiência do sagrado"– para manter e fortificar sua sociedade.[162] Nos ritos, a água, a lua, as pedras ou qualquer outro objeto nunca são cultuados como apenas objetos,[163] mas investidos de uma sacralidade que os reveste de algo como se fossem a própria lua e a água que no princípio cobriam a Terra, ou a própria pedra fundamental do princípio do Universo.[164]

---

157 ELIADE, M. *Historia de las Creencias y las Ideas Religiosas*, vol. I, p. 110.
158 Gênesis, 48:15, Salmos, Isaías, 44:28 e Zacarias, 13:7.
159 Êxodo, 20:2 a 17 e Deuteronômio, 5:6 a 8, 11, 12, 16 a 18.
160 DURANT, W. *Nossa herança oriental*, p. 223.
161 ELIADE, M. *Tratado de história das religiões*, p. 9.
162 ELIADE, M. *Origens*, p. 70.
163 Gênesis, 28:11 a 22 – 1 Reis, 18:32.
164 ELIADE, M. *Tratado de história das religiões*, cap. IV e V.

Um objeto sagrado, cósmico ou telúrico nunca é adorado por ser apenas um objeto (fetiche); sempre encarna ou manifesta, totalmente ou em partes, o sagrado, porque sua forma ou substância revela ou, pelo menos, participa da realidade última: o *Axis Mundi*.

Quando um culto ou uma crença não mais consegue explicar a *realidade última* de algum fenômeno, a revalorização do sagrado – "experiência do sagrado" – é essencial para a continuidade dessa sociedade. Por isso, observamos ainda hoje pessoas valorizando os símbolos mágico-religiosos, sejam eles em forma de cruz, pedra da sorte, cristais, árvore sagrada, anjos, vacas, castiçais, *shofar* etc. Assim, através da dialética da hierofania, os objetos tidos como "profanos" ou comuns aos olhos de muitos são transmutados em sagrados para aqueles que os cultuam. Investidos, revalorizam-se

> [...] em algo diferente do que eles parecem ser à experiência profana: uma pedra torna-se o símbolo do "centro do mundo", por exemplo – e, por outro lado, ao tornarem-se símbolos, quer dizer, sinais de uma realidade transcendente, esses objetos anulam seus limites concretos, deixam de ser fragmentos isolados para integrar um sistema, ou melhor, eles encarnam em si próprios, a despeito da sua precariedade e do seu caráter fragmentário, todo o sistema em questão.[165]

Antes de a fé islâmica aparecer, o povo árabe cultuava um meteorito que acreditava ter sido enviado do céu por Deus. Quando esse culto não mais ofereceu subsídio para a fé e uma construção de uma nação forte, ouve uma revalorização do sagrado. Após Maomé, a Caaba, que antes era um local de culto ao meteorito e outros deuses, transformou-se em lugar sagrado de peregrinação para todos os islâmicos. Assim, a Caaba tornou-se o "centro do mundo" e a fé árabe pôde ser revalorizada por uma nova mensagem, que se transformou na maior teocracia do nosso tempo, o *Islamismo*.

> Deste modo (ó muçulmanos), constitui-vos em uma nação de centro, para que sejais testemunha da Humanidade, assim como o mensageiro (Maomé) o será para vós. Nós não estabelecemos a quibla (direção) que tu (ó Mohammad) seguias, senão para distinguir aqueles que seguem o Mensageiro daqueles que desertam, ainda que tal mudança seja penosa, salvo para os que Deus orienta. E Deus jamais anularia vossa obra, porque é compassivo e misericordiosíssimo para com a Humanidade.[166]

---

165 *Ibid.*, p. 159.
166 Alcorão, 2:143.

Estudando a *surata*, que foi *revelada* a Maomé em Medina, percebe-se que o ponto principal é a organização de um povo forte e destemido, com uma identidade própria.[167] Ficando a explicação e a especulação de vida pós-morte após a "organização" parcial econômica, política, social e psicológica que aparece em *suratas* posteriores *reveladas* em Medina:

> [...] eis uma descrição do Paraíso, que foi prometida aos tementes: lá há rios de água impoluível, rios de leite de sabor inalterável, rios de vinho deleitantes para os que o bebem, e rios de mel purificado; ali terão toda classe de frutas, com a indulgência do seu senhor. Poderá isso equiparar-se ao castigo daqueles que permanecerão eternamente no fogo, a quem será dado a beber água fervente, a qual lhes dilacerará as entranhas?[168]

Esse pensamento é bem próximo do judaico no que se refere aos deleites que o jardim do Éden oferecia ao homem antes da queda, e a promessa a seu povo (se este se mostrar fiel) de uma terra que mana leite e mel.[169]

Estudando as religiões de forma dialética, chegamos à conclusão de que na situação atual todas tendem a buscar o enfoque secundário, ou seja, uma realidade espiritual, onde possuem por base a existência de um Deus e por fim a vida após a morte, mesmo que após a ressurreição em um paraíso.

> Quanto mais o homem é religioso tanto mais dispõe de modelos exemplares para seus comportamentos e ações. Em outras palavras, quanto mais é religioso tanto mais se insere no real, e menos se arrisca a perder-se em ações não exemplares, "subjetivas" e, em suma, aberrantes.[170]

---

167 *Ibid.*, 191 e 193.
168 *Ibid.*, 47:15.
169 Êxodo, 3:8 e 17; Números 13, 27; Deuteronômio, 6:3; Josué, 5:6; Jeremias, 11:5 e Ezequiel, 20:6.
170 ELIADE, M. *O sagrado e o profano*, p. 109.

6. Algumas das religiões (sacralidades)

Todas as coisas são puras para os puros; todavia, para os ímpios e descrentes, nada é puro. Porque tanto sua mente como consciência estão corrompidas. (TITO, 1:15)

Se há um domínio da experiência humana que nos proporciona algo sem dúvida específico e único, peculiar a si mesmo, certamente é a vida religiosa. Na verdade, o inimigo tem revelado com frequência uma visão mais perspicaz nesse contexto do que tanto o defensor da religião quanto o teórico neutro reconhecidamente imparcial. Pois os adversários sabem muito bem que toda "inquietação mística" não tem nada a ver com "razão" e "racionalidade". E assim, é salutar percebermos que a religião não está exclusivamente contida e exaustivamente incluída em qualquer série de afirmações "racionais". Vale a pena tentar tornar clara na mente a relação entre cada um dos diferentes "elementos" da religião, para que sua natureza possa tornar-se mais claramente manifesta. (OTTO, R., 1925)

O homem religioso experimenta a necessidade de existir num mundo total e organizado, num cosmos. (ELIADE, M. O sagrado e o profano, p. 109)

O homem precisa de ritos e essas liturgias permitem-lhe penetrar no espaço do sagrado, que sempre se situará para além do reduto da ciência. Esse espaço do sagrado é o lugar onde o homem se depara com algo maior que ele, encontrando, ao mesmo tempo, a ordem universal e razões para viver. E, além disso, as diversas religiões do mundo, cada qual na sua linguagem, exaltam a sabedoria e a compaixão, a sinceridade e a Humanidade, a santidade e a humildade: preciosos valores comuns cujo desaparecimento ninguém poderá desejar. (DELUMEAU, J. As grandes religiões do mundo, p. 17)

Toda a religião se pretende universal na medida em que propõe uma visão global e coerente do Universo e atribui aos fiéis, sejam membros de uma tribo obscura ou altos prelados de uma hierarquia constituída, um lugar significativo no todo cósmico. (ROBERT, J. As grandes religiões do mundo, p. 429)

A semelhança do homem com o animal é o estar sujeito à mesma natureza animal. A diferença consiste no animal estar sujeito à história, enquanto o homem possui a capacidade de ser sujeito da história. O grande problema dessa diferença encontra-se em enorme número de pessoas não exercerem a diferenciação. (ARISTÓTELES)

A Verdade está dentro de nós. Não surge das coisas externas, mesmo que assim acreditemos. Há um centro interno onde a verdade habita em sua plenitude. (BUDA)

6.1 Africanas

Pensamentos de cunho ético-filosófico-religioso do povo africano

O conceito de sacralidade no pensamento ético do povo africano difere em muitas manifestações,

> *[...] de acordo com os respectivos povos, possuem vários pontos comuns essenciais, tendo como objeto central a defesa da vida. De fato, não é difícil entender que cada comunidade humana, vivendo às margens do rio ou do mar, da caça nas florestas ou colhendo frutos da natureza, esteja consciente da experiência da vida.*[171]

– Aparecimento: há aproximadamente 20.000 anos.
– Forma escrita: não há, a tradição é passada de forma oral e iniciática.
– Fundador: não existe, mas possivelmente algum orixá (Oxalá?).
– Ritual e culto: variados.
– Pensamento: não existe um único conceito.
– Espiritualidade: manifesta-se nas danças, músicas, ritos, nomes e oferendas aos orixás.
– Ser Supremo: Olorum, ou Olodumaré, criou as divindades chamadas orixás para representar todos os seus domínios aqui na Terra, mas estes não são considerados deuses.

Olodumaré estava cansado de ficar sozinho no Orun e não ter ninguém para conversar, brincar, discutir e brigar. Um dia olhou para cima e viu apenas o vazio, olhou para baixou e o vazio continuou, olhou para seu lado direito e nada viu, olhou para o esquerdo e nada viu. Olorum gritou: Axé! E houve dispersão de energia. E a energia veio a ser.

Criou Olodumaré o Universo e com ele os orixás Oxalá e Ocun. Oxalá criou a Terra e os homens. Ocun, para ajudar na criação da Terra, dividiu-a através das águas e das águas azuis espumantes nasceu Iemanjá e de seu ventre todos os outros orixás. Ocun foi morar no fundo do mar e de lá nunca

---

171 BESEN, José A. *Universo religioso*, p. 28.

mais saiu. É considerada a mãe-mar que recebe todos os outros rios e não transborda. Olorum deu uma festa e chamou todos os orixás e a cada um atribuiu uma tarefa específica junto aos homens.

Assim nasceram os orixás

Ancestrais simbolicamente divinizados (VERGER, 1957 e L'ESPINAY, 1982):

> [...] sua presença se manifesta sob diversas formas na vida cotidiana das pessoas e da cidade. Historicamente os orixás vêm da África negra. Ali se estabeleceu a diferença entre um antepassado e um orixá, de acordo com o culto exercido, seja ele particular ou público. O antepassado da família foi honrado pelos seus em seu próprio espaço. O orixá transcende o círculo da família. Pertence a determinado povo, que o reconhece como ancestral. Os adeptos se reúnem ao seu redor, a fim de celebrar um culto público. Os orixás têm a função de intermediários entre o grupo que representa e o Deus supremo longínquo, no qual o referido grupo acredita. Os orixás representam uma presença cantante e dançante dos ancestrais no meio dos seus para dizer-lhes de sua alegria de estar no meio deles e da certeza que podem ter de contar com eles. (Munanga)[172]

O pensamento africano sobre a "sorte" dos eguns ou egunguns (espíritos) no pós-morte não nos parece muito claro. Porém, um diálogo entre Olodumaré e Ori, orixá da cabeça, deixa-nos entrever a possibilidade dos múltiplos renascimentos para os eguns – espíritos dos homens pós-morte. Ori pediu a Olodumaré a possibilidade de renascer na Terra junto dos humanos. Olodumaré permitiu com algumas exigências. Ori não seria dono de seu destino, não saberia quando Icu (a morte) o visitaria e estaria proibido de consultar as conchas de Ifá para saber seu destino. Ori seria como os humanos, não teria controle sobre seu destino, que por outro lado não seria fixo (ele faria sua própria existência). Apenas Olorum saberia quando Ori deixaria a Terra, nem mesmo Oxalá teria essa resposta. Oxalá apenas fez a Humanidade, mas quem lhe "soprou" a vida nas narinas foi Olodumaré. Os destinos e a vida pertencem exclusivamente a mim (Olorum). Após ouvir essa enorme conferência, Ori resolveu que era melhor não mais nascer de novo.[173]

---

172 SIQUEIRA, M. de L. *Agô agô lonan*, p. 42.
173 PRANDI, R. *Mitologia dos orixás*, pp. 483-484.

Temos ao todo 30 representações míticas dos orixás. Irocô é representado como uma árvore na porta de poucos terreiros. As Iá Mi Oxorongá são feiticeiras que trabalham para o mal e só são afastadas com a força do axé. Axé é uma energia emanada através da criação de Olorum. (Deus todo-poderoso na linguagem iorubá). Essa energia quintessenciada ou prakriti (matéria primordial, natureza essencial) é encontrada em todo o cosmo e impressa na constituição de todos os seres do Universo. Porém, essa força cósmica pura e criadora foi concedida apenas aos orixás para trabalhar contra todo o mal existente na Terra, principalmente aqueles proporcionados pelas Iá Mi. "Um orixá explicado é um orixá morto". Como faremos para entender seres tão *numinosos*? Daremos a esses deuses *misteriosos* atributos humanos.

> *O objeto realmente "misterioso" é inapreensível não só porque minha percepção do mesmo tem certas limitações incontornáveis, mas porque me deparo com algo "totalmente diferente", cuja natureza e qualidade são incomensuráveis para minha natureza, razão pela qual estaco diante dele com pasmo estarrecido.*[174]

A seguir estão relacionados os orixás mais cultuados no Brasil e os de maior interesse, conhecimento e interação. Não esqueçamos de que cada orixá tem sua representação mítica própria de acordo com a nação (Kétu, Gêge, Angola, Ijexá, Nagô, Banto etc.), a que estiverem ligados.[175] Os orixás a seguir são de identidade e linguagem iorubá (axé).

Oxalá – Obatalá – Orixalá – Oxalufã – orixá associado à criação do mundo e da espécie humana. Apresenta-se de duas maneiras: moço (chamado Oxaguiam) e velho (chamado Oxalufã).

• O símbolo do primeiro é uma idá (espada), o do segundo é uma espécie de cajado em metal, chamado ôpá xôrô.
• Sua cor é o branco levemente mesclado com azul, a de Oxalufã é somente branca. O dia consagrado para ambos é a sexta-feira. Sua saudação é ÈPA BÀBÁ! Oxalá é considerado e cultuado como o maior e mais respeitado de todos os orixás do panteão africano.

---

174 OTTO, R. *O sagrado*, p. 59.
175 SANTOS, J. E. *Os nagô e a morte*, cap. II.

• Simboliza a paz, é o pai maior nas nossas nações na religião africana. É calmo, sereno, pacificador, é o criador, portanto, é respeitado por todos os orixás em todas as nações. A Oxalá pertencem os olhos que veem tudo.

• Na criação da Humanidade, Oxalá já tinha tentado de tudo. Fez o humano de ferro, madeira, folha, alumínio etc. Nenhum desses materiais foi possível de se utilizar na criação do humano, todos de alguma forma estragavam. Oxalá pediu auxílio à Nanã, a orixá dos pântanos e águas paradas. Esta disse que cederia a Oxalá o barro e assim poderia formar a Humanidade. Aqui talvez tenha tido já uma influência cultural judaico-cristã na elaboração da formação da Humanidade. "O Senhor Deus modelou o homem com o pó (barro) apanhado do solo".[176] "Peço-te que te lembres de que, como barro, me formaste, e de que ao pó me farás tornar. Eis que vim de Deus, como tu; do barro também eu fui formado".[177] Para que o homem não se tornasse orgulhoso de sua existência terrestre, Oxalá criou a morte (Icu). Assim, um dia todos partiriam em direção a Orun. As Águas de Oxalá constituem o culto mais importante entre aqueles prestados a Oxalá: trata-se de um ciclo de obrigações que dura dezessete dias consecutivos, incluindo-se três domingos de festas, nos intervalos dos quais os filhos e as filhas de santo permanecem no terreiro, vestidos de branco da cabeça aos pés. Preparam as cerimônias. A cada dia prestam homenagem a Oxalá, instalado em uma cabana exterior. São os terreiros da nação Kétu que celebram as Águas de Oxalá.[178]

Iemanjá – deusa da nação de Egbé, onde existe o rio Yemojá (Iemanjá).

• No Brasil, rainha das águas e mares. Orixá muito respeitada e cultuada, é tida como mãe de quase todos os orixás. Por isso, a ela também pertence a fecundidade. Em todos os lugares, no dia 2 de fevereiro ou no ano novo fazem-se homenagens à grande mãe Iemanjá. É protetora dos pescadores e jangadeiros.

---

176 Gênesis, 2:7.
177 Jó, 10:9 e 33:6.
178 SIQUEIRA, M. de L. *Agô agô Ionan*, pp. 58-59.

• É interessante notar que essas Iemanjás possuem em sua maioria traços brancos e não negros, como é comum a todos os orixás africanos. Esse processo se deu possivelmente por associação de Iemanjá com santas católicas também representadas com a pele clara. Aqui vemos claramente como um conceito sagrado permeia o outro, modificando-o conforme a identidade cultural de seu povo.

Exu – Èsù – Legba – Eleguá – Bará – o mensageiro dos orixás. Pode ser o mais benevolente se tratado com consideração e generosidade. É considerado o orixá das contendas. "É o grande amigo da Humanidade, que recebeu de *Olódùmaaré* a missão de ajudar o homem no cumprimento do destino de seu *Ori*".[179]

• Possui caráter ambivalente, ora aparece inteligente e compreensivo com os problemas dos outros, ora é bravo e intrigante, ficando contrariado facilmente. Não tem paradeiro, gosta de viagens, de andar na rua, de passear, de jogos e bebidas. Quase sempre está envolvido em intrigas e confusões. Guarda rancor com facilidade e não aceita ser vencido. Por isso, para ter-se um orixá como Exu ao seu lado é preciso que se tenha muito jeito e compreensão ao tratar com ele. [180]

• Quem gosta de Exu? Foi criado um estigma na figura desse orixá pelos jesuítas quando invadiram a África com intenção de pregar sua verdade salvacionista àqueles "pagãos", o que perdura até hoje nas Igrejas Cristãs, ou seja, consideram-no ou tentam confundi-lo com o diabo ou mesmo seu mensageiro. Na verdade, Exu não tem nada de diabólico ou satânico, muito ao contrário do que pregavam e ainda pregam certos cristãos, ele é o responsável por cuidar das estradas, abrir os caminhos, encruzilhadas e portões de templos sagrados, sejam quais forem. Com Exu na porta dos templos sagrados só entram seres espirituais autorizados, ficando todos os eguns, zombeteiros e seres espirituais que causam o mal do lado de fora. Essa foi a missão que o

---

179 MARINS, L. L. Èsù òta òrìsà, um estudo de oríkì. Em: FILHO, A. B. *Dos yorùbá ao candomblé kétu – origens, tradições e continuidade*, p. 71.
180 LUZ, M. A. *Do tronco ao opa exim*, p. 63.

grande Olorum deu a esse orixá.[181] Por estar sempre à frente, respeitar os outros orixás e não confrontar Olorum, Exu ganhou o direito de comer primeiro em todos os ebós oferecidos aos outros orixás. É ele quem cuida das oferendas, de levar as mensagens a todos os outros e algumas vezes do próprio Ifá. Os outros orixás só baixam no terreiro após Exu fazer a vistoria e permitir que eles desçam. Depois de Oxalá, o pai de quase todos os orixás, Exu é o segundo mais respeitado orixá do panteão africano. Quem tem Exu como orixá de cabeça está protegido contra mau agouro, doença contagiosa, morte trágica, assalto e acidente. É o orixá da proteção quando não é contrariado.

Euá – transforma-se em fonte.

• Também conhecida como Ìyá Wa. Assim como Iemanjá e Oxum, é uma divindade feminina das águas e, às vezes, associada à fecundidade. É reverenciada como a dona do mundo e dos horizontes.
• Em algumas mitologias aparece como esposa de Oxumaré e responsável pela faixa branca do arco-íris, em outras, como esposa de Obaluaiê ou Omulu. Seu dia é sábado, sua cor, o vermelho escuro (cristal) e sua saudação, HIHÓ (RIRRÓ)!

Iansã – também chamada Oyá, é a orixá dos ventos e raios.

• Senhora dos eguns (espíritos dos mortos), os quais controla com um rabo de cavalo chamado eruexim – um dos seus símbolos. Seu nome quer dizer *mãe de nove filhos* ou de muitos filhos.
• Guerreira, a mais agitada das orixás femininas, foi esposa de Ogum e, posteriormente, a mais importante esposa de Xangô. É irrequieta, autoritária, mas sensual, de temperamento muito forte, dominador e impetuoso.
• É dona dos movimentos (movimenta todos os orixás), em algumas casas é também dona do teto da casa, do Ilê. Suas cores são a vermelha e a branca, a marrom terracota ou ainda, a rosa.
• Sua saudação é EPA HEY!

181 MARINS, L. L. Èsù òta òrìsà, um estudo de oríkì. Em: FILHO, A.B. *Dos yorùbá ao candomblé kétu – origens, tradições e continuidade*, p. 70.

Ibejis – meninos gêmeos – como todo orixá, possuem várias histórias hierofânicas acerca de suas vidas e feitos. Contaremos apenas uma:

> *Existia num reino dois pequenos príncipes gêmeos que traziam sorte a todos. Os problemas mais difíceis eram resolvidos por eles; em troca, pediam doces, balas e brinquedos. Esses meninos faziam muitas traquinagens e, um dia, brincando próximos a uma cachoeira, um deles caiu no rio e morreu afogado. Todos do reino ficaram muito tristes pela morte do príncipe. O gêmeo que sobreviveu não tinha mais vontade de comer e vivia chorando de saudades do seu irmão, pedia sempre a Orumilá que o levasse para perto do irmão. Sensibilizado pelo pedido, Orumilá resolveu levá-lo para se encontrar com o irmão no Céu, deixando na Terra duas imagens de barro. Desde então, todos que precisam de ajuda deixam oferendas aos pés dessas imagens para ter seus pedidos atendidos.*

No Ocidente, mais particularmente na Umbanda, estes meninos orixás são conhecidos como São Cosme e São Damião. Cosme significa "o enfeitado" e Damião, "o popular". Aqui houve duas ocidentalizações dos orixás Ibejis. A primeira foi vincular suas identidades africanas a santos católicos, a segunda, devido à metamorfose da primeira, tornaram-se de tez branca e não mais duas estátuas negras. Na verdade os Ibejis na África não são representados como duas crianças como no Brasil e sim como duas estátuas negras de madeira.

Seus supostos nomes eram Acta e Passio. Surgiram várias versões, mas nenhuma comprovada com fundamento histórico. Nas histórias que aparecem, explica-se que eram dois irmãos, bons e caridosos que realizavam milagres. Alguns relatos afirmam que foram amarrados e jogados em um despenhadeiro sob a acusação de feitiçaria e inimigos dos deuses romanos. Em outras, sofreram martírio, na primeira tentativa de morte, foram afogados, mas salvos por anjos. Na segunda, foram queimados, mas o fogo não lhes causou danos. Aqui talvez uma assimilação do texto bíblico de Daniel sobre os três jovens jogados na fornalha por Nabucodonosor que nada sofreram. Na terceira vez foram apedrejados, mas as pedras voltaram para trás, sem atingi-los. Por fim, morreram degolados. Depois de mortos, apareceram materializados ajudando crianças que sofriam violências. Ao gêmeo Acta é atribuído o milagre da levitação e ao gêmeo Passio o da tranquilidade da aceitação do seu martírio. Conta-nos também a história hierofânica desses dois gêmeos que o imperador Justiniano, por volta do ano 530, ficou gravemente enfermo, deu ordens para que se construísse, em Constantinopla, uma grandiosa igreja em honra dos seus protetores. Mas a fama dos dois correu rápida no Ocidente também, a partir de Roma, com a basílica dedicada a eles, construída, a pedido do Papa Félix IV, entre 526 e 530. Tal solenidade ocorreu em um 26 de setembro; assim, passaram a ser festejados nessa data. A partir do século V os milagres de cura atribuídos aos gêmeos fizeram com que passassem a ser considerados médicos. Segundo uma outra versão também desconhecida de suas vidas, eles exerciam a medicina na Síria, na região do mar Egeu e na Ásia Menor, sem receber qualquer pagamento e possivelmente sem conhecer a arte da medicina. Por isso, eram chamados de *anargiros* – inimigos do dinheiro. Mais tarde, foram escolhidos patronos dos cirurgiões. No Brasil, em 1530, a igreja de Iguaraçu, em Pernambuco, consagrou Cosme e Damião como padroeiros. No dia 26 ou 27 de setembro, quando é realizada a festa aos santos gêmeos, as igrejas e os templos das religiões afro-brasileiras são enfeitados com bandeirolas e alegres desenhos. Inúmeros milagres lhes foram atribuídos, inclusive alguns se deram em sua sepultura.

– Na festa: distribuem-se balas e doces para as crianças.

– Padroados: farmacêuticos; faculdades de medicina; barbeiros e cabeleireiros.

– Protege: orfanatos; creches; doceiras; filhos em casa; contra hérnia e contra a peste.

– Emblema: caixa com unguentos, frasco de remédios, folha de palmeira.

Obá – Obaxí ou Öba Xire – Deusa da guerra e das águas revoltas.

• Orixá do rio Níger, terceira mulher de Xangô. Embora feminina, é temida, forte e energética, sendo considerada mais forte que muitos orixás masculinos. Oba é considerada uma divindade guerreira que às vezes é citada como caçadora. Irmã de Óya (Iansã). Esposa de Ogum e, posteriormente, terceira e mais velha mulher de Xangô.

• Bastante conhecida por ter seguido um conselho maldoso de Oxum e cortado a própria orelha para preparar um ensopado para o marido (Xangô) na esperança de o tornar mais apaixonado. Porém, era o tabu do grande orixá dos raios e trovões e nunca deveria ser desobedecido (quebrado). Quando o grande controlador dos raios e trovões percebeu que havia em sua comida uma orelha, expulsou imediatamente Obá de sua casa e de suas terras. Ela, percebendo que havia sido enganada pelas outras esposas de Xangô, saiu entristecida e rancorosa com Oxum. Assim, quando Oxum baixa no terreiro, não baixa Obá. Quando Obá é a dona da roda, manifesta-se escondendo o defeito com a mão e Oxum fica distante e não se manifesta. Seus símbolos são uma espada (idá) e um arco e flecha (ofá).

Omulu – Obaluwaiyê – Xapanã – Sapatá – um dos mais temidos orixás, comanda as doenças e, consequentemente, a saúde. Assim como sua mãe, Nanã, tem profunda relação com a morte.

• Tem o rosto e o corpo cobertos de palha da costa. Segundo contam algumas histórias, essas palhas foram postas em seu corpo por sua mãe para esconder as marcas da varíola e das doenças que carrega; em outras, já curado, não poderia ser olhado de frente por ser o próprio brilho do sol.
• Seu símbolo é o xaxará – um feixe de ramos de palmeira enfeitado com búzios. Suas cores são vermelho, preto e branco e seu dia é a segunda-feira.
• Sua saudação é ATÔTÔ! (silêncio).

Ogum – orixá que deu aos homens o segredo do ferro.

• Filho de Yemanjá com Oxalá. Está ligado ao mistério das árvores, consequentemente, à Oxalá. Seu "assento" está ao pé de um Igí-uyeué (cajazeira) no Brasil, onde um adàn, akòko ou Àràbà na Nigéria e no Daomé é rodeado por uma cerca de peregun. Pode também ficar ao pé do Igí-òpé cujo tronco simboliza a matéria individualizada dos funfun (orixás do branco, particularmente Oxalá), em que as folhas brotadas sobre os ramos ou troncos simbolizam descendentes; o màrìwò é a representação mais simbólica de Ogum.
• É considerado o orixá da guerra, das batalhas, dos metais, da agricultura, dos caminhos e da tecnologia. Ogum é protetor dos militares, soldados, ferreiros, trabalhadores e agricultores. É o dono do Obé

(faca), por isso vem logo após Exu, pois sem as facas que lhe pertencem não seriam possíveis os sacrifícios.

• Em muitas lendas aparece como irmão de Oxóssi e Exu. Um símbolo de Ogum sempre visível é o màrìwò (mariô) – folhas do dendezeiro (igi öpë) desfiadas, colocadas sobre as portas das casas de Candomblé como símbolo de sua proteção.

• Conta-nos um mito que os humanos estavam com dificuldades de se alimentar por não terem ferramentas apropriadas para o plantio dos vegetais e cereais, lembremo-nos que os mitos explicam como as coisas aconteceram.[182] Com isso, os ébos que eram realizados aos orixás ficaram diminutos, deixando-os com muita fome. Olodumaré fez uma reunião com todos os orixás e queria saber o porquê das suas reclamações sobre os humanos. Foi-lhe esclarecida a dificuldade dos humanos em plantar por falta de ferramentas. Olodumaré, deus supremo democrático, mesmo já sabendo a resposta, perguntou à assembleia quem era o orixá responsável pelo ferro. Ogum apenas disse: "Sou eu, grande Olorun". Então, Olorun disse: "Vai e ensina aos humanos o segredo do ferro". Ogum desceu feliz à Terra e ensinou o segredo da fundição aos homens que inventaram a pá, a enxada, o martelo, o facão, a foice e todas as ferramentas de corte que ajudaram no plantio. Com essa maravilhosa invenção (intervenção), os humanos puderam plantar mais, alimentar-se melhor e oferecer ebós maravilhosos aos seus orixás.

• Depois de Exu é Ogum que está mais próximo dos homens. Seu símbolo principal e uma espada de ferro chamada idá, seu dia é a terça-feira.

Ossain – orixá das plantas medicinais, dono das matas, da cura, da convalescença.

• Detém o reino e poder das plantas e folhas, imprescindível nos rituais e obrigações de cabeça e assentamento de todos os orixás através do omieró ou abô (banho de ervas), assim como sobre todas as cabeças. Também a ele pertencem os ossos, nervos e músculos. As pessoas com defeitos físicos nas pernas ou quem não as possui,

---

182 "As imagens, os símbolos e os mitos não são criações irresponsáveis da psique; elas respondem a uma necessidade e preenchem uma função: *revelar as mais secretas modalidades do ser*." (Mircea Eliade)

quase sempre estão ligadas de alguma forma a esse orixá. Quando desce e se apresenta na roda e dança através do médium,[183] esconde uma das pernas para simbolizar aqueles que não as tem.

• Ossain, como todos os outros orixás, recebeu direto de Olorun os segredos das ervas e plantas que podem matar ou curar. Essas ficavam em uma cabaça penduradas bem alto em uma árvore e guardadas a sete chaves para que ninguém se atravesse a tocá-las. Xangô, observando os poderes que essas plantas tinham, pediu a Ossain que lhe ensinasse o poder mágico que exalavam ou lhe proporcionasse um pouco dessa magia. Ossain respondeu-lhe que todos os orixás tinham seus próprios encantamentos e magias dados pelo pai Olodumaré e que se contentasse com os seus, que eram *o raio, o fogo, a justiça e o trovão*. Não conformado com a recusa de Ossain, Xangô se queixou à sua mulher, Oyá, *senhora dos ventos*, de que somente Ossain conhecia o segredo de cada folha e que os outros orixás estavam órfãos no mundo sem possuir nenhum encantamento por planta. Oyá vendo a tristeza do marido levantou as saias e agitou-as impetuosamente. Um vento violento começou a soprar. As ervas guardadas na cabaça e penduradas na árvore não resistiram aos sopros e solavancos dos ventos criados por Oyá. Quando Ossain percebeu que o vento havia soltado a cabaça, e que ela tinha se quebrado ao bater no chão, ele gritou "Ewé O! Ewé O!" – "Oh! As folhas! Oh! As folhas!" –, mas não pode impedir que os orixás se apoderassem das ervas e as repartissem entre si. Apesar da dispersão das folhas e do seu recolhimento pelos outros orixás, o segredo maior – a magia e a cura – proporcionadas por inúmeras folhas ainda continua com Ossain.

• Como as folhas estão relacionadas à cura, Ossaim também está vinculado à medicina. Seu símbolo é uma espécie de coroa com sete pontas apontadas para o céu, com um pássaro na ponta central; suas cores são o verde e o branco.

---

183 Entendemos como médium todo aquele que de alguma forma tem contato com espíritos ou seres hierofânicos, como é o caso dos orixás, Espírito Santo, almas, espíritos ou qualquer entidade que "desça" e incorpore no indivíduo, esteja onde estiver (igreja, templo, terreiro, centro, casa etc.). Não podemos e não devemos atribuir a palavra médium apenas aos adeptos do Espiritismo. Quando Allan Kardec cunhou essa nova palavra (neologismo) deixou claro que todos somos mais ou menos médiuns. Para ser médium não é preciso ser espírita. O que não se pode confundir é médium espírita com médiuns de outros cultos e vice-versa (*Compêndios de religiões e espiritualidades*. Verbetes: espírita e médium).

Nanã – orixá que forneceu o barro a Oxalá na formação e modelagem da Humanidade.

• A mais velha divindade do panteão iorubá, associada às águas paradas e à lama dos pântanos.
• O único orixá que não reconheceu a soberania de Ogum por ser o dono dos metais. Mãe de Omolu e Oxumaré, os abandonou.
• É reverenciada tanto como divindade da vida quanto da morte. Seu símbolo é o ibiri – um feixe de ramos de folha de palmeira com a ponta curvada e enfeitada com búzios, seu dia é o sábado. Sua saudação é SALÚBA!

Oxóssi – Odé – caçador por excelência, mas sua busca visa ao conhecimento, é o cientista e o doutrinador, traz o alimento da fé e o saber aos espíritos fragilizados tanto nos aspectos da fé quanto do saber religioso.

• É tão conhecido que quase dispensa um comentário. Mas não podemos deixar de fazê-lo, pois falta o conhecimento superior que explica o campo de atuação das hierarquias desse orixá regente do polo positivo da linha do conhecimento. O fato é que o trono do conhecimento é uma divindade assentada na coroa divina, é uma individualização do trono das sete encruzilhadas e em sua irradiação cria os dois polos magnéticos da linha do conhecimento. O orixá Oxóssi rege o polo positivo e a orixá Obá rege o polo negativo.

Oxum – conta-nos uma lenda que Oxum queria muito aprender os segredos e mistérios da arte da adivinhação (Orunmilá-Ifá), para tanto, foi procurar Exu, que muito matreiro, falou à Oxum que lhe ensinaria os segredos da adivinhação, mas para tanto, ficaria Oxum sobre os domínios de Exu durante sete anos, passando, lavando e arrumando sua casa, em troca ele a ensinaria. E assim foi feito, durante sete anos Oxum foi aprendendo a arte da adivinhação que Exu lhe ensinara e, consequentemente, cumprindo seu acordo de ajudar nos afazeres domésticos na casa de Exu. Ao findar os sete anos, Oxum e Exu tinham se apegado bastante pela convivência em comum, e Oxum resolveu ficar em companhia desse orixá.

Oxumaré – orixá do arco-íris.

• Certa vez, Xangô viu Oxumarê passar com todas as cores de seu traje e todo o brilho de seu ouro. Xangô conhecia a fama de Oxumarê não deixar ninguém se aproximar. Preparou então uma armadilha para capturá-lo.

• Inventou uma audiência em seu palácio e, quando ele entrou na sala do trono, os soldados chamaram Xangô e fecharam todas as janelas e portas, aprisionando Oxumaré com Xangô. Ele tentou fugir, mas todas as saídas estavam trancadas pelo lado de fora.

Xangô – orixá dos raios e trovões. "Construindo trajetórias com força e inteligência, sob a força dos raios".[184]

• Divindade do fogo, trovão e da justiça. Tem grande importância nos segmentos do pensamento de origem iorubá. Sua importância está representada por seu instrumento sagrado chamado xére – tratado e visto com respeito por qualquer aborixá (adorador de orixá).

• Orixá temido e respeitado, é viril e violento, porém justiceiro, e muito vaidoso. Xangô sempre castiga os ladrões e malfeitores. Por isso, diz-se que quem teve morte por raio, ou sua casa, ou negócio queimado pelo fogo, foi vítima da ira ou cólera de Xangô.

• Seu símbolo principal é a machada de dois gumes ou dupla (Oxê). Tudo que se refere a estudos, às demandas judiciais, ao direito, a contratos ou documentos trancados, têm relação com Xangô, Rei de Oyó, marido de Oyá, Oxum e Oba.

• Sua saudação é KAÔ KABIECILÊ!

6.2 Afro-brasileiras (Candomblé e Umbanda)

Candomblé – (*candombi* – reunião para a dança). *Candomblé não é Umbanda.*[185] *Candomblé não é Espiritismo.*[186] Pensamento de cunho

---

184 SIQUEIRA, M. de L. *Agô agô Ionan*, p. 60.
185 MARQUES e COUTINHO. *Compêndio de religiões e espiritualidades*. Verbete: candomblé.
186 *Ibid.*, verbete: Espiritismo.

ético-filosófico-religioso, *revalorizado* do conceito ético-filosófico-
-religioso do povo africano.

> *O Candomblé é uma força criadora, um culto à vida. Dá às pessoas co-
> ragem e confiança e faz com que se concentrem na solução dos problemas
> desta vida e não na paz do outro mundo. Nesse sentido, o Candomblé é
> um sistema de cultuar os deuses.*[187]

Chegou ao Brasil por volta do século XVI, trazido pelos africanos na época
da escravatura. Como os portugueses só valorizavam os símbolos católicos,
todos os ritos, danças e festas realizadas pelos africanos eram manifestações
diretas do diabo e precisavam ser proibidas. Essa mesma "indignação" não
foi diferente quando os jesuítas chegaram no extremo Oriente para pregar
o Evangelho e salvar todo aquele povo condenado por uma filosofia "estranha". Como o idioma japonês e chinês era de difícil interpretação e reda-
ção, os jesuítas alegaram que teria sido criado pelo demônio para dificultar
a implantação e divulgação do Evangelho de Jesus Cristo, o Salvador. Ao
chegar no Brasil, os africanos não tiveram escolha a não ser "misturar" os
símbolos de sua terra natal com os símbolos católicos para a sobrevivência de
seu culto. A saída mais coerente nessa época era orar para o santo e oferecer
em despacho a comida para o orixá. O objeto espiritual tanto do Candomblé
como da Umbanda, pelo menos no que reza a tradição, não são as psicografias ou comunicações de espíritos desencarnados *(eguns –* espíritos dos mortos*)* como acontece no Espiritismo, mas o contato direto com os orixás.[188] Os
orixás não são deuses, mas divindades criadas por um único Deus: Olorun
(dentro da corrente Nagô) ou Zambi (dentro da corrente Bantu).[189]

> *Na América Latina os yorubás foram profundamente influenciados pela
> fé católica e particularmente por seus santos, os quais identificaram com
> seus deuses e deusas. Esse sincretismo ou combinação espontânea das
> religiões yorubá e católica deu origem à chamada santeria, uma palavra
> que significa a adoração dos santos (orixás) nos cultos afro-americanos e
> afro-brasileiros. Os deuses yorubá, ou orixás, chegaram a ser conhecidos
> tanto por seus nomes católicos como africanos. Algumas vezes um orixá
> masculino se identificava com uma santa. Um caso típico é o caso de
> Xangó, o deus do fogo, identificado com Santa Bárbara, virgem mártir*

---

187 JOAQUIM, M. S. *Construção da identidade negra*, p. 77.
188 SIQUEIRA, M. de L. *Agô agô lonan*, p. 52.
189 SANTOS, J. E. *Os nagô e a morte*, cap. VI.

da Idade Média.[190] *Os orixás são as mesmas almas da santeria. O objetivo central do santeiro é adorar aos santos, guardar suas festas, obedecer suas ordens e dirigir seus rituais. Em troca dessa absoluta submissão, ele ganha grandes poderes sobrenaturais, proteção contra o mal e a habilidade de predizer o futuro e inclusive controlá-lo segundo sua vontade.*

Com todos esses benefícios complementares e atrativos, santeria não tem problema com as relações públicas. Nos últimos 200 anos, milhões de pessoas na América Latina (e mais recentemente nos Estados Unidos), têm sido iniciadas nessa religião. Porém, apesar da sempre crescente popularidade da santeria, não é fácil quebrar suas linhas internas. A razão pela qual a santeria é tão relutante em aceitar os novos convertidos é precisamente seu zelo e devoção de sua fé. Profundamente consciente da curiosidade e ganância que os poderes dos orixás podem despertar no coração humano, o santeiro cautelosamente foge aos olhos públicos e pratica sua religião em local secreto. Você precisa ser muito cordialmente recomendado por alguém para que um santeiro deixe que você entre na privacidade do seu lar. Nesse ponto, provavelmente, será um registro, o processo de adivinhação especial, para averiguar exatamente quem você é, quais são suas intenções, e se merece ser admitido nos segredos da sua fé. Se você passar por esse teste inicial, a viagem estará apenas começando. Porque ele, então, o submeterá a um período de espera, durante o qual provará ainda mais seu carácter e força interior. Somente depois que esteja totalmente convencido de que suas intenções são honrosas e sua fé inquebrantável, aceitará iniciá-lo nos mistérios da santeria. E há muitas iniciações. Durante a primeira, um recebe os cinco colares, conhecidos como os elekes de santeria. Cada colar é feito de conchas de diferentes cores e é dedicado a um dos cinco santos mais poderosos.[191]

Dentre todos os "deuses" do Candomblé, o orixá maior é Oxalá. Os responsáveis pelo terreiro, o pai de santo (Babalorixá) ou a mãe de santo (Iyalorixá) utilizam animais para sacrífício, seus filhos tocam tambor ou preparam a comida para o orixá.

190 No Brasil, Santa Bárbara é identificada com Iemanjá e não com Xangô, que é considerado pela tradição religiosa o quarto rei lendário de Oyó (Nigéria, África). Suas manifestações estão presentes no fogo, no sol, nos raios, nas tempestades e nos trovões. Filho de Oranian, teve várias esposas, sendo as mais conhecidas: Oyá, Oxum e Obá. Xangô é viril e justiceiro; castiga os mentirosos, os ladrões e os malfeitores. Sua ferramenta é o oxê, um machado de dois gumes.
191 WIPPLER, M.G. *Santería: mis experiencias en la religión*, pp. 9-10.

O pai de santo possui, efetivamente, toda autoridade sobre seu grupo de fiéis; assim, quando há desentendimento entre as filhas de santo, ele restabelece a ordem e a harmonia e, se surgem problemas, ele lhes dá conselhos, chegando a interferir em suas vidas privadas. A relação de poder que une o pai ou a mãe de santo a seus filhos é uma relação indissolúvel, que dura até a morte. Quando um deles recebe ordem dos espíritos para abrir sua própria casa, só poderá fazê-lo, de fato, depois que for aprovado por seu pai ou mãe de santo; e, mesmo depois de terem constituído seu próprio terreiro, continuam mantendo com eles relações de submissão, e só muito raramente os laços familiares que os unem são rompidos.[192]

As iniciações dos babalorixás variam e na maioria das vezes é o próprio orixá que indica atos como: abstinência sexual, raspagem dos cabelos, roupas brancas etc. Os dialetos nagô e iorubá são mantidos, embora haja letras em português. Não há sincretismos com santos católicos, exemplo: Yansã é Yansã e pronto (na Umbanda, Yansã é Santa Bárbara).

O Estado de maior afluência do Candomblé é a Bahia. Cada orixá é regido por um tipo de canto, saudação e batida de atabaque. Modificam-se, igualmente, as roupas, as danças e as oferendas. Geralmente, a incorporação é feita por um médium experiente, mas pessoas sem contato com a religião podem receber seus santos, afirmam especialistas. Na África, cada orixá estava ligado originalmente a uma cidade ou a um país inteiro. Tratava-se de uma série de cultos regionais ou nacionais. Sàngó em Oyó, Yemoja na região de Egbá, Iyewa em Egbado, Ogum em Ekiti e Ondô, Òssun em Ijexá e Ijebu, Erinlé em Ilobu, Lógunnéde em Ilexá, Otin em Inixá, Osàálà-Obàtálá em Ifé, subdivididos em Osàlúfon em Ifan e Òságiyan em Ejigbô. No Brasil, em cada templo religioso são cultuados todos os orixás. Nas casas grandes há um quarto para cada orixá, nas menores são cultuados em um único quarto de santo (termo usado para designar o quarto onde são cultuados os orixás). Na Umbanda os orixás não têm o mesmo poder que apresentam no pensamento originário Nagô, aparecem mais como um conceito de ordem simbólica.

---

192 SANTOS, J.E. *Os nagô e a morte*, cap. VI.

Umbanda – *não é Candomblé.*[193] *Umbanda não é Espiritismo.*[194]

> *A liturgia da Umbanda objetiva religar o mundo invisível das forças espi-
> rituais que atuam no universo com o nosso mundo concreto, visível e indivi-
> dualizado, abrangendo tanto os aspectos da vida natural quanto social.*[195]

Fundada no Brasil no início do século XX, revalorizou o Candomblé
através de seus ritos, conceitos e filosofia, assim como também utilizou
tanto quanto pôde símbolos e rituais católicos e pegou carona com o Espiritismo[196] na adoção de características como a reencarnação, o progresso
espiritual (neste e no outro mundo) e a caridade como conceitos éticos da
salvação. Atualmente estão em voga na Umbanda os livros ditos psicografados, que são o ponto alto do Espiritismo. Porém, esse tipo de "inovação" não agrada os anciões da Umbanda, que demoraram certo tempo
para serem aceitos como parte da filosofia ético-espiritual. Entretanto, não
é por nos apropriarmos de termos de uma ciência, filosofia ou religião que
nos tornamos seguidores desses pensamentos, pois seria o mesmo que um
leigo se apropriar de alguns termos da teoria de Freud e se autodeclarar
psicanalista, ignorando todo o sistema epistemológico que envolve o estudo psicanalítico e o tornar-se psicanalista.

A Umbanda tem uma forte ligação com o sincretismo dos santos católicos. Alguns autores afirmam que a Umbanda foi um processo de dissidência entre alguns grupos espíritas.[197] Esses, cansados do intelectualismo
e dos não rituais, fundaram, em 1908, o que hoje chamamos de Umbanda.[198] É comum ouvirmos o termo Umbanda branca quando querem mostrar que o templo não trabalha com a chamada "esquerda", espíritos que
tanto "praticam" o bem como o mal. Essa prática de esquerda bem/mal
(maniqueísta) é exclusivamente brasileira e não africana.[199] O líder do
terreiro é o pai ou mãe de santo[200] e seus seguidores são os filhos de santo.
Toda cerimônia umbandista tem início com o defumador em todo o local,

---

193 MARQUES e COUTINHO. *Compêndio de religiões e espiritualidades.* Verbete: umbanda.
194 *Ibid.*, verbete: Espiritismo.
195 LUZ, M.A. *Do tronco ao opa exim*, p. 82.
196 CHAMPION, F. Religiosidade flutuante, ecletismo e sincretismo. Em: DELUMEAU, J. *As grandes
religiões do mundo*, p. 728.
197 SANTOS, José L. dos. *Espiritismo uma religião brasileira*, pp. 71-72.
198 LOYOLA, M. A. *Médicos e curandeiros*, p. 46.
199 EVANS-PRITCHARD, E.E. *Bruxaria, oráculos e magia entre os azande*, cap. II.
200 SIQUEIRA, M. de L. *Agô Agô Lonan*, p. 53.

a seguir, são tocados os hinos, chamados de pontos, no intuito se incorporarem as entidades. Na Umbanda, efetuam-se sacrifícios de animais como galinhas, cabras, galinha da angola, pombos etc. Dá-se o sangue para o santo, e a carne é servida para todos no terreiro nos dias das festividades, sempre pedindo força espiritual, paz, luz, para todos do terreiro. Entretanto, esta é uma prática que tem sido abandonada pela maioria dos terreiros de Umbanda. Na Umbanda, os orixás não são incorporados e sim seus falangeiros, mas caso seja necessário chamam os orixás para colocar ordem no terreiro. Tanto no Candomblé como na Umbanda, os chamados guias, caboclos, exus etc., bebem e fumam, especificamente no Brasil. Aqui, Exu bebe cachaça, a criança bebe guaraná (ou garapa de açúcar), a pombagira bebe cerveja etc. Os orixás geralmente não falam, mas dão seu grito de guerra. Esses seres voltaram para Aruanda, mas deixaram suas energias positivas vinculada às forças naturais.

Apenas para lembrar: não devemos confundir o corpo teórico e fenomenológico do Espiritismo com as fenomenologias umbandistas e candomblecistas. Confundi-los seria o mesmo que afirmar que as religiões cristãs são todas iguais pelo simples fato de utilizarem o mesmo livro, a Bíblia. Se assim procedermos próximo de alguém que possua o mínimo de conhecimento possível sobre religiões, demonstraremos profunda ignorância acerca do processo teológico e eclesiástico que permeia esses sistemas de pensamentos. Se tivermos a pretensão de confundir o Espiritismo com a Umbanda[201] ou com qualquer outro pensamento, devemos confundi-lo também com a psicologia, metapsíquica, parapsicologia, filosofia e todas as ciências que nos cercam, já que utilizam métodos empíricos para estudar e explicar muito dos fenômenos que cerceiam as ciências citadas. Cada ciência possui seu próprio método de pesquisa e não devemos confundi-las pelo simples fato de trabalharem com fenômenos parecidos.

> A Umbanda é uma forma de religião, tem seu culto, símbolos e valores. Tem raízes entroncadas na formação sociocultural do povo brasileiro devido aos contingentes de influências que participam dos núcleos formadores na chamada "aurora da nacionalidade", com sobrevivências seculares. Tomou, aqui pela força das coisas, a feição inevitável de um sincretismo religioso. Como toda forma de culto, é respeitável. Não

201 A umbanda é espiritismo? Em: SANTOS, José L. dos. *Espiritismo uma religião brasileira*, p. 72.

é, entretanto, aspecto nem variante do Espiritismo. O fenômeno (me-diúnico) é universal, é independente de fixação geográfica, histórica, cultural ou religiosa. A diferença ou distinção não está no fenômeno, está na estrutura, no simbolismo, nos meios de ação e, finalmente, nas características. (AMORIM, 1993)

A origem da Umbanda
(Por Eder Longas Garcia, Lucília Guimarães e Sociedade Espiritualista Mata Virgem)[202]

Se é preciso que eu tenha um nome, digam que eu sou o Caboclo das Sete Encruzilhadas, pois para mim não existirão caminhos fechados.
(Caboclo das Sete Encruzilhadas – 15/11/1908)

A primeira manifestação de Umbanda com registro histórico é a do Caboclo das Sete Encruzilhadas em seu médium Zélio Fernandino de Moraes, no dia 15 de novembro de 1908. Assim como a Tenda Nossa Senhora da Piedade, fundada por Zélio, é o primeiro templo de Um-banda registrado no Brasil. Por isso os fatos que ali aconteceram são de fundamental importância a todos nós, como fatos que marcam profundamente o nascimento da Umbanda no plano material. Zélio Fernandino de Moraes nasceu no dia 10 de abril de 1891, no distrito de Neves, município de São Gonçalo – Rio de Janeiro. Filho de Joaquim Fernandino Costa (oficial da Marinha) e Leonor de Moraes. Em 1908, aos 17 anos, Zélio havia concluído o curso propedêutico (ensino médio) e preparava-se para ingressar na escola naval, a exemplo de seu pai, quando fatos estranhos começaram a acontecer em sua vida. Em alguns momentos, Zélio era visto falando em tom manso, com a postura de um velho, em sotaque diferente de sua região, dizendo coisas aparen-temente desconexas, o que chamou a atenção da família, preocupada com a situação mental do menino que se preparava para seguir carreira militar. Como as manifestações se tornaram cada vez mais frequen-tes, Zélio foi encaminhado ao seu tio, o Dr. Epaminondas de Moraes, médico psiquiatra e diretor do Hospício da Vargem Grande. Após vá-rios dias de observação, sem encontrar sintomas em nenhuma literatura médica, sugeriu à família que o encaminhasse a um padre, para que

202 Fonte: atufa.com.br

fosse feito um ritual de exorcismo, pois desconfiava que seu sobrinho estivesse endemoniado. Foi chamado outro parente, tio Zélio, padre católico que realizou o dito exorcismo para livrá-lo da possível presença do demônio e saná-lo dos ataques, sem resolver o problema. Algum tempo depois, Zélio foi tomado por uma paralisia parcial, cuja origem os médicos não conseguiam entender.

Um dia, Zélio levantou-se de seu leito e disse: "Amanhã estarei curado". No dia seguinte começou a andar como se nada tivesse acontecido. Nenhum médico soube explicar como se deu a sua recuperação. Sua mãe, d. Leonor de Moraes, levou Zélio a uma curandeira chamada d. Cândida, figura conhecida na região onde morava e que incorporava o espírito de um preto velho chamado tio Antônio. Tio Antônio recebeu o rapaz e fazendo suas rezas lhe disse que possuía o fenômeno da mediunidade e deveria trabalhar com a caridade. Um amigo sugeriu encaminhá-lo à recém-fundada Federação Espírita de Niterói, município vizinho de São Gonçalo, onde residia a Família Moraes. A Federação era então presidida pelo Sr. José de Sousa, chefe de um departamento da Marinha. Zélio Fernandino de Moraes então foi conduzido a essa Federação em 15 de novembro de 1908, na presença do Sr. José de Sousa e convidado a sentar-se à mesa. Logo em seguida levantou-se, contrariando as normas do culto estabelecido pela instituição, afirmando que ali faltava uma flor. Foi até o jardim, apanhou uma rosa branca e colocou-a no centro da mesa onde se realizava o trabalho. Tendo-se iniciado uma estranha confusão no local, ele incorporou um espírito e simultaneamente diversos médiuns presentes apresentaram incorporações de caboclos e pretos velhos. Sr. José de Sousa, que possuía também a clarividência, verificou a presença de um espírito manifestado através de Zélio e passou ao diálogo a seguir:

Espírito – Por que repelem a presença dos citados espíritos, se nem sequer se dignaram a ouvir suas mensagens? Seria por causa de suas origens sociais e cor?

Sr. José – Por que o irmão fala nesses termos, pretendendo que a direção aceite a manifestação de espíritos que, pelo grau de cultura que tiveram quando encarnados, são claramente atrasados?

Espírito – Se julgam atrasados os espíritos de pretos e índios, devo dizer que amanhã estarei na casa desse aparelho, para dar início a um culto em que esses pretos e índios poderão dar sua mensagem e, assim, cumprir a missão que o plano espiritual lhes confiou. Será uma religião que falará aos humildes, simbolizando a igualdade que deve existir entre todos os irmãos, encarnados e desencarnados.

Sr. José – Quem é você que ocupa o corpo deste jovem?

Espírito – Eu? Eu sou apenas um caboclo brasileiro.

Sr. José – Você se identifica como caboclo, mas vejo em você restos de vestes clericais.

Espírito – O que você vê em mim são restos de uma existência anterior. Fui padre, meu nome era Gabriel Malagrida; acusado de bruxaria, fui sacrificado na fogueira da inquisição por ter previsto o terremoto que destruiu Lisboa em 1755. Mas em minha última existência física, Deus concedeu-me o privilégio de nascer como caboclo brasileiro.

Sr. José – E qual é seu nome?

Espírito – Se é preciso que eu tenha um nome, digam que sou o Caboclo das Sete Encruzilhadas, pois para mim não existirão caminhos fechados. Venho trazer a Umbanda, uma religião que harmonizará as famílias e que há de perdurar até o final dos séculos.

E no desenrolar da conversa, Sr. José pergunta ainda se já não existem religiões suficientes, fazendo inclusive menção ao Espiritismo.

Espírito – Deus, em sua infinita bondade, estabeleceu na morte o grande nivelador universal, rico ou pobre, poderoso ou humilde, todos se tornam iguais na morte, mas vocês, homens preconceituosos, não contentes em estabelecer diferenças entre os vivos, procuram levar essas mesmas diferenças até mesmo além da barreira da morte. Por que não podem nos visitar esses humildes trabalhadores do espaço, se apesar de não terem sido importantes na Terra, também trazem importantes mensagens do além? Por que a negação aos caboclos e pretos velhos? Acaso não eram também filhos do mesmo Deus? Amanhã, na casa onde meu aparelho mora, haverá uma mesa posta a toda e qualquer entidade que queira ou precise se manifestar, independente daquilo que tenha sido em vida, todos serão ouvidos, nós aprenderemos com aqueles espíritos que souberem mais e ensinaremos àqueles que souberem menos, e a ninguém viraremos as costas, e a nenhum diremos não, pois esta é a vontade do Pai.

Sr. José – E que nome darão a esta igreja?

Espírito – Tenda Nossa Senhora da Piedade, pois da mesma forma que Maria ampara nos braços o filho querido, também serão amparados os que se socorrerem em nossa tenda.

Sr. José – Julga o irmão que alguém assistirá a seu culto?

Espírito – Colocarei uma condessa em cada colina que atuará como porta-voz, anunciando o culto que amanhã iniciarei.

No dia seguinte, na rua Floriano Peixoto, 30 – Neves, São Gonçalo (RJ), próximo das 20 horas, estavam presentes membros da Federação Espírita, parentes, amigos, vizinhos e uma multidão de desconhecidos e curiosos. Pontualmente às 20 horas o Caboclo das Sete Encruzilhadas incorporou e com estas palavras iniciou seu culto:

> Vim para fundar a Umbanda no Brasil. Aqui se inicia um novo culto em que os espíritos de pretos velhos africanos e os índios nativos de nossa terra poderão trabalhar em benefício dos seus irmãos encarnados, qualquer que seja a cor, raça, credo ou posição social. A prática da caridade no sentido do amor fraterno será a característica principal desse culto.

Após trabalhar fazendo previsões, curar um paralítico, dar passe, doutrinar e responder em latim e alemão a perguntas de sacerdotes presentes, informou que devia se retirar, pois outra entidade precisava se manifestar. Após a "subida" do caboclo incorporou uma entidade reconhecida como "Preto Velho", saindo da mesa se dirigiu a um canto da sala onde permaneceu agachado. Sendo questionado do porquê de não ficar na mesa respondeu:

– Nego num senta não meu sinhô, nego fica aqui mesmo. Isso é coisa de sinhô branco e nego deve arrespeltá. [sic]

Após insistência ainda completou:

– Não carece, preocupa não. Nego fica no toco que é lugar de nego. [sic]

E assim continuou dizendo outras coisas, demostrando a simplicidade, humildade e mansidão daquele que trazendo o estereótipo do preto velho se fez identificar como Pai Antônio. Logo cativou a todos com seu jeito, ainda lhe perguntaram se ele não aceitava nenhum agrado, ao que respondeu:

– Minha cachimba, o pito que nego deixou no toco. Manda mureque busca. [sic]

Surgiu então o primeiro ponto de Umbanda. Todos ficaram perplexos, estavam presenciando a solicitação do primeiro elemento material de trabalho dentro da Umbanda. Na semana seguinte todos trouxeram cachimbos que sobraram diante da necessidade de apenas um para Pai Antônio. Assim o cachimbo foi instituído na linha de pretos velhos, sendo também a primeira entidade a pedir uma guia (colar) de trabalho; até hoje usada pelos membros da tenda, carinhosamente chamada de Guia de Pai Antônio.

O pai de Zélio frequentemente era abordado por pessoas que queriam saber como ele aceitava tudo isso que vinha acontecendo em sua residência, sua resposta era sempre a mesma, em tom de brincadeira respondia que preferia um filho médium a um filho louco. No outro dia formou-se verdadeira romaria em frente à casa da família Moraes. Cegos, paralíticos e médiuns dados como loucos foram curados. Após algum tempo manifestou-se um espírito com o nome de Malé, responsável por desmanchar trabalhos de baixa magia, espírito que, quando em demanda era agitado e sábio destruindo as energias maléficas dos que lhe procuravam. Dez anos depois, em 1918, o Caboclo das Sete Encruzilhadas, recebendo ordens do astral, fundou sete tendas para a propagação da Umbanda, sendo elas as seguintes: Tenda Espírita Nossa Senhora da Guia de Oxóssi; Tenda Espírita Nossa Senhora da Conceição; Tenda Espírita Santa Bárbara; Tenda Espírita São Pedro; Tenda Espírita Oxalá; Tenda Espírita São Jorge; Tenda Espírita São Jerônimo. As sete linhas que foram ditadas para a formação da Umbanda e utilizadas na Tenda Espírita Nossa Senhora da Piedade até hoje foram: Oxalá, Iemanjá, Ogum, Iansã, Xangô, Oxóssi e Exu. Foi um trabalho árduo e incessante para o esclarecimento, difusão e sedimentação da religião Umbanda. Enquanto Zélio esteve encarnado foram fundadas mais de 10.000 tendas. Zélio nunca usou como profissão a mediunidade, sempre trabalhou para sustentar sua família e muitas vezes manter os templos que o Caboclo fundou, além das pessoas que se hospedavam em sua casa para os tratamentos espirituais, que segundo o que dizem, parecia um albergue. Nunca aceitar ajuda monetária de ninguém era ordem do seu guia chefe, apesar de inúmeras vezes isso ter sido oferecido a ele. O ritual sempre foi simples. Não utilizavam atabaques ou quaisquer outros objetos e adereços. Os atabaques começaram a ser usados com o passar do tempo por algumas das tendas fundadas pelo Caboclo das Sete Encruzilhadas, mas a Tenda Nossa Senhora da Piedade não os utilizam em seu ritual até hoje. As guias usadas eram apenas as determinadas pelas entidades que se manifestavam. A preparação dos médiuns era feita através de banhos de ervas e do ritual do amaci, isto é, a lavagem de cabeça onde os filhos de Umbanda fazem a ligação com a vibração dos seus guias.

Após 55 anos de atividade, Zélio entregou a direção dos trabalhos da Tenda Nossa Senhora da Piedade a suas filhas Zélia de Moraes Lacerda, médium do Caboclo Sete Flechas, que também já realizou sua passagem ao mundo espiritual, e Zilmeia de Moraes Cunha, aparelho do Caboclo Branca Lua. Mais tarde, junto de sua esposa Maria Izabel de Moraes, médium ativa da tenda e aparelho do Caboclo Roxo, fundaram a Cabana de Pai Antônio no distrito de Boca do Mato, município de Cachoeiras de Macacu – RJ, dedicando a maior parte das horas de seu dia ao atendimento de portadores de enfermidades psíquicas e de todos os que o procuravam. Essa cabana ainda funciona com sua filha Zilmeia, que aos 12 anos iniciou sua vida mediúnica e hoje aos 92 se mostra ainda muito lúcida e ativa à frente dos trabalhos. Em 1971, a senhora Lilian Ribeiro, diretora da TULEF (Tenda de Umbanda Luz, Esperança, Fraternidade – RJ) gravou uma mensagem do Caboclo das Sete Encruzilhadas, e que bem espelha a humildade e o alto grau de evolução dessa entidade de muita luz:

> *A Umbanda tem progredido e vai progredir. É preciso haver sinceridade, honestidade e eu previno sempre os companheiros de muitos anos: a vil moeda vai prejudicar a Umbanda; médiuns que se venderão e que serão, mais tarde, expulsos, como Jesus expulsou os vendilhões do templo. O perigo do médium homem é a consulente mulher; do médium mulher é o consulente homem. É preciso estar sempre de prevenção, porque*

os próprios obsessores que procuram atacar as nossas casas fazem com que toque alguma coisa no coração da mulher que fala ao pai de terreiro, como no coração do homem que fala à mãe de terreiro. É preciso haver muita moral para que a Umbanda progrida, seja forte e coesa. Umbanda é humildade, amor e caridade – essa é a nossa bandeira. Neste momento, meus irmãos, me rodeiam diversos espíritos que trabalham na Umbanda do Brasil: caboclos de Oxóssi, de Ogum, de Xangô. Eu, porém, sou da falange de Oxóssi, meu pai, e não vim por acaso, trouxe uma ordem, uma missão. Meus irmãos: sejam humildes, tenham amor no coração, amor de irmão para irmão, porque vossas mediunidades ficarão mais puras, servindo aos espíritos superiores que venham a baixar entre vós; é preciso que os aparelhos estejam sempre limpos, os instrumentos afinados com as virtudes que Jesus pregou aqui na Terra, para que tenhamos boas comunicações e proteção para aqueles que vêm em busca de socorro nas casas de Umbanda. Meus irmãos: meu aparelho já está velho, com 80 anos a fazer, tendo começado antes dos 18. Posso dizer que o ajudei a casar, para que não estivesse a dar cabeçadas, para que fosse um médium aproveitável e que, pela sua mediunidade, eu pudesse implantar a nossa Umbanda. A maior parte dos que trabalham na Umbanda, se não passou por essa Tenda, passou pelas que saíram desta casa. Tenho uma coisa a vos pedir: se Jesus veio ao planeta Terra na humildade de uma manjedoura, não foi por acaso. Assim o Pai determinou. Podia ter procurado a casa de um potentado da época, mas foi escolher aquela que havia de ser sua mãe, espírito que viria traçar à Humanidade os passos para obter paz, saúde e felicidade. Que o nascimento de Jesus, a humildade com que Ele baixou à Terra, sirvam de exemplos, iluminando vossos espíritos, tirando os escuros de maldade por pensamento ou práticas; que Deus perdoe as maldades que possam ter sido pensadas, para que a paz possa reinar em vossos corações e lares. Fechai os olhos para a casa do vizinho; fechai a boca para não murmurar contra quem quer que seja; não julgueis para não serdes julgados; acreditai em Deus e a paz entrará em vosso lar. É dos Evangelhos. Eu, meus irmãos, como o menor espírito que baixou à Terra, mas amigo de todos, numa concentração perfeita dos companheiros que me rodeiam neste momento, peço que sintam a necessidade de cada um de vós e que, ao sairdes deste templo de caridade, encontreis os caminhos abertos, vossos enfermos melhorados e curados, e a saúde para sempre em vossa matéria. Com um voto de paz, saúde e felicidade, com humildade, amor e caridade, sou e sempre serei o humilde Caboclo das Sete Encruzilhadas.

Zélio Fernandino de Moraes dedicou 66 anos de sua vida à Umbanda e retornou ao plano espiritual em 3 de outubro de 1975, com a certeza da missão cumprida. Seu trabalho e as diretrizes traçadas pelo Caboclo das Sete Encruzilhadas continuam em ação através de sua filha, como já mencionado.

Espiritismo e Umbanda
(Por Iassan Ayporê Pery)[203]

Vejo com curiosidade essa eterna discussão sobre a denominação "espírita umbandista" que algumas pessoas usam, e que causa profundo desconforto entre os umbandistas e irritação entre os espíritas. Desconforto entre os umbandistas porque sabemos que a Umbanda tem personalidade própria e que apesar de estudarmos a doutrina de Kardec, não somos espíritas, pois espírita é quem segue a doutrina codificada por ele. Bem, pelo menos isso é o que a grande maioria pensa, embora em julho de 1953, à página 149, o órgão oficial da Federação Espírita Brasileira, *O reformador*, declarou oficial e textualmente: "Todo aquele que crê nas manifestações do espírito é espírita". E conclui: "Pelo que estamos entendendo, os umbandistas creem nas manifestações, logo são espíritas". No ano de sua morte, Allan Kardec declarou na *Revue Spirite*, de 1869, p. 25:

> *[...] para que alguém seja considerado espírita, basta que simpatize com os princípios da doutrina (além da crença em Deus, nos espíritos imortais e na comunicação deles, na evolução, na lei de causa e efeito, preexistência do espírito, pluralidade dos mundos habitados etc.) e que por ela paute sua conduta* (Citado por Luciano Napoleão da Costa e Silva, no livro *Nosso amigo Chico Xavier*).

A Umbanda tem sua própria doutrina que não foi codificada por encarnado algum, mas pelas entidades que militam na seara umbandista. Nós, encarnados, é que perdemos tempo discutindo fundamentos, preceitos etc., quando deveríamos estudar melhor aqueles fundamentos e preceitos que desconhecemos.

---

203 *Umbanda – mitos e realidade*, pp. 107-109. Disponível no *site*: caboclopery.com.br

A função da Umbanda é bem diferente da espírita frente à espiritua-lidade maior. Entretanto, elas não são conflitantes, como muitos desejam fazer o leigo crer, mas complementares. Essa "divisão" existe somente em nível terrestre e não em nível de astral. O que existe é uma categorização que não significa superioridade nem inferioridade, mas especialidades diferentes. Apenas isso.

Infelizmente é possível que alguns espíritas nos vejam como inferiores, pois lidamos com entidades que "falam errado", utilizamos rituais, velas, defumadores, quando eles não utilizam nada disso e trabalham do mes-mo jeito. São médiuns do mesmo jeito. Entretanto, desde que o mundo é mundo e começaram a existir as religiões, todas têm ritualística, com início, meio e fim, com exceção da doutrina espírita. A grande maioria dos espíritos desencarnados que precisa de ajuda teve algum contato, en-quanto encarnado, com alguma religião, consequentemente, com algum tipo de ritualística, por isso muitos são encaminhados pela espiritualidade superior para os terreiros de Umbanda, pois entenderão mais rapidamente a "linguagem" que lá é falada. Assim, pode-se dizer que os trabalhos de desobsessão na Umbanda são mais rápidos do que nos Centros Espíritas.

Mais uma diferença entre Espiritismo e Umbanda é que a última dá oportunidade a qualquer entidade em qualquer faixa vibratória e evolutiva de trabalhar em função do Bem, indiscriminadamente e sem preconceitos. Que o espírita tenha feito essa opção é seu direito e não cabe a ninguém ir contra; entretanto, o que não tem o direito é de dizer que a Umbanda é inferior ou que esteja em um estágio evolutivo abaixo, baseado simples-mente no fato de a Umbanda utilizar rituais que não entendem ou não se identificam, ou ainda pelo fato de a Umbanda ter em suas raízes influências africanas, ameríndias, católicas e espíritas. Criticar o que não se entende ou desconhece não é um ato do codificador do Espiritismo, assim, enten-demos que o verdadeiro espírita não tem esse tipo de atitude.

Por outro lado, vemos os detratores do Espiritismo e das religiões espiritualistas equiparando a Umbanda, o Espiritismo e o Candomblé, e pior, há pessoas que denigrem o nome da Umbanda e do Candomblé. É óbvio que se você é espírita, portanto, estudioso das coisas do espírito, médium dedicado e consciente, e totalmente avesso a rituais, poderá (ou não) se indignar ao ser comparado a terceiros.

Importante é entender que Umbanda e Candomblé não são subdivisões, correntes ou linhas do Espiritismo, mas religiões espiritualistas, com características próprias e bem estabelecidas. O grande problema é que há os desonestos e ignorantes que se dizem espíritas, umbandistas ou candomblecistas e saem cometendo desatinos em nome dessas religiões que têm em comum apenas o fato de se comunicarem com a espiritualidade. Que espíritas, umbandistas e candomblecistas se indignem e reajam, mas sem agressões mútuas, tentando agir como os mentores e guias de cada segmento, esclarecendo e orientando, ou seja, fraternalmente e com respeito. Que sejam nosso exemplo.

Introdução à filosofia indiana

> *A história do mundo é um livro de mil tomos*
> *do qual só conhecemos o último capítulo.*[204]

É bem difícil conceituarmos a filosofia indiana, pois cada uma de suas escolas de pensamento é sistematizada por meio de conjuntos de sutras – "linha" ou "vínculo"; "textos", "ensinamentos", "aforismos". Filosofia indiana é a denominação genérica que se dá ao conjunto de concepções, teorias, crenças, sistemas e pensamentos desenvolvidos pelas civilizações do subcontinente indiano. A filosofia indiana começou a interessar o Ocidente a partir do século XVIII com as traduções dos Puranas, do Bhagavad-Gita, do Mahabharata e dos Upanishads. Três conceitos fundamentam o pensamento filosófico indiano: o eu, ou atman (alma), o carma (em sânscrito, *karma*, são ações), e Moksa (libertação). Dos três conceitos, o karma, que representa a eficácia moral das ações humanas, parece ser o mais tipicamente indiano. O conceito de atman corresponde, de certa maneira, ao conceito ocidental do eu espiritual transcendental ou absoluto. O conceito de moksha como o mais alto ideal igualmente aparece no pensamento ocidental, especialmente durante a Era Cristã, embora talvez nunca tenha sido tão importante quanto o é para a mente hindu. Exceto pelo chamado materialismo radical (charvaka), todas as filosofias indianas lidam com esses três conceitos e suas inter-relações, embora isso não signifique que aceitem ou utilizem sua ortodoxia da mesma maneira. Talvez para nós, ocidentais

---

204 LISSNER, I. *Assim viviam nossos antepassados*, vol. I, p. 99.

acostumados com uma filosofia que apresenta suposta práxis de diversos sistemas, como existencialismo, positivismo, pragmatismo, fenomenologia etc., seja difícil olhar um sistema que se preocupou desde o início da sua criação apenas com a ontologia como a filosofia indiana.[205] A filosofia ocidental foi sequestrada pela Igreja e passou quase quinze séculos em seu domínio. Tudo o que era produzido em termos de textos e teorias era para justificar seu poder e a crença na existência do Cristianismo. Após longas lutas, a filosofia se desprendeu da Igreja tornando-se com isso a buscadora das suas próprias verdades. Porém, acreditaram os filósofos que não mais precisariam prestar contas à Igreja e, por isso, todo conhecimento sagrado poderia ser ignorado, isolado ou desmistificado como uma suposta metafísica inacessível, levando nossa amada sabedoria a um ceticismo quase absoluto. Demorou muito para que tivéssemos filósofos realmente preocupados com a ontologia e a individualidade, acreditando ainda ser essa suposta individualidade uma invenção do século XIX. Essa crise (separação do sagrado) que a filosofia ocidental sofreu, a filosofia indiana não passou. Todo pensamento indiano está coberto de filosofia e ao mesmo tempo de sacralidade. Não existe na filosofia indiana a mesma ruptura ontológica que criou na filosofia ocidental um suposto abismo entre filosofia e espiritualidade. Nas filosofias indianas não temos uma divisão como fazemos no Ocidente entre filosofia, ciência e teologia.

Alguns filósofos como Hegel (*Fenomenologia do espírito*), Bergson (*A evolução criadora*), Espinosa (*A ética*) e Kierkegaard (*O desespero humano*) apresentam em seus pensamentos uma filosofia que mais parece um tratado metafísico da religião do que filosofia "pura", deixando-nos entrever forte ligação com o sagrado.

> Mas o amor de uma coisa eterna e infinita alimenta a alma de pura alegria, sem qualquer tristeza, o que se deve desejar bastante e procurar com todas as forças. Entretanto, não é sem razão que usei destes termos: se pudesse seriamente deliberar. Porque, ainda que percebesse mentalmente essas coisas com bastante clareza, nem por isso podia desfazer-me de toda avareza, concupiscência e glória.[206]

---

205 ELIADE, M. *La India*, cap. 3.
206 SPINOZA, B. *Tratado da correção do intelecto*, p. 3.

Os problemas que os filósofos indianos na maioria ignoraram, mas que ajudaram a dar forma à filosofia ocidental, incluem a questão sobre se o conhecimento surge da experiência ou da razão, além das distinções entre o juízo analítico e sintético e entre verdades contingentes e necessárias. As ideias de Hegel, Bergson e Espinosa criaram na Índia uma vertente de orientação secular e ao mesmo tempo estimularam movimentos sociais e religiosos. A preocupação da filosofia indiana sempre foi o sagrado, sua forte ligação com o mundo, sua origem (utpatti) e apreensão (jnapti) da verdade (pramanya). Em pouco tempo, porém, os filósofos mais estudados nas universidades indianas passaram a ser os alemães Kant e Hegel, e os sistemas filosóficos antigos foram avaliados à luz do idealismo alemão. A noção hegeliana do espírito absoluto encontrou ressonância na antiga noção vedanta de Brahman.[207] O mais eminente estudioso hindu hegeliano é Hiralal Haldar, que abordou o problema da relação da personalidade humana com o Absoluto, como se evidencia em seu livro *Neo-hegelianismo*. O acadêmico kantiano que se tornou mais conhecido foi K. C. Bhattacharyya.

Foi também no século XIX que a Índia entrou em contato com o pensamento ocidental, especialmente com as filosofias empiristas, utilitaristas e agnósticas da Grã-Bretanha. No fim do século, John Stuart Mill, Jeremy Bentham e Herbert Spencer eram os pensadores mais influentes nas universidades indianas. No fim do século XIX, Ramakrishna Paramahamsa, de Calcutá, renovou o interesse pelo misticismo, e muitos jovens racionalistas e céticos se converteram à fé que ele representava. Ramakrishna pregava uma diversidade essencial de caminhos que levam à mesma meta. Seus ensinamentos ganharam forma intelectual no trabalho de Swami Vivekananda, seu discípulo.

Alguns indianos que viveram na primeira metade do século XX merecem menção por suas contribuições originais ao pensamento filosófico. Sri Aurobindo, ativista político que mais tarde se tornou iogui, vê a ioga[208] como uma técnica não apenas de libertação pessoal, mas também de cooperação

---

207 TOLA, F. e DRAGONETTI, C. *Filosofía de la India*, parte I.
208 Nota do editor: como *yoga* é um vocábulo sânscrito, a grafia original utiliza um sistema de escrita inexistente no Ocidente. Com o tempo, a palavra foi transposta para o nosso alfabeto de maneiras variadas, sem que haja uma única forma certa de escrevê-la. Em sânscrito, a palavra é masculina: o *yoga*. Em português, feminina: a ioga, por isso optamos por essa acepção ao longo do livro. Exceto quando se tratar de nome de livros ou expressões como Hatha-Yoga, que por isso aparecem destacadas com iniciais maiúsculas ou em itálico.

com a necessidade cósmica de evolução que levará o homem a um estado de consciência supramental. Rabindranath Tagore caracterizou o Absoluto como a pessoa suprema e colocou o amor acima do conhecimento.

Para Mahatma Gandhi, líder social e político, a unidade da existência, a que chamou de "verdade", pode realizar-se pela prática da não violência (ahimsa), em que a pessoa atinge o limite máximo da humildade. Sob a influência do idealismo hegeliano e da filosofia da mudança, de Henri Bergson, o poeta e filósofo Mohamed Iqbal concebeu uma realidade criativa e essencialmente espiritual.

Textos sagrados[209]

Os escritos sagrados mais antigos da cultura indiana são os vedas, posteriormente temos os Upanishads e o Mahabharata. Os hinos védicos, escrituras indianas datadas do segundo milênio antes da Era Cristã, são os mais antigos registros remanescentes, na Índia, do processo pelo qual a mente humana produziu seus deuses, bem como do processo psicológico da produção de mitos que leva aos profundos conceitos cosmológicos.

Os Upanishads (tratados filosóficos indianos) contêm uma das primeiras concepções da realidade universal, onipresente e espiritual que conduzem ao monismo radical (absoluto não dualismo, ou unidade essencial da matéria e do espírito). Também contêm antigas especulações dos filósofos indianos sobre a natureza, a vida, a mente e o corpo humanos, além de ética e filosofia social.

Os sistemas clássicos, ou ortodoxos, chamados darsanas, discutem questões como o *status* do indivíduo finito; a distinção, assim como a relação entre corpo-mente e indivíduo, a natureza do conhecimento e os tipos de conhecimento válidos, a natureza e a origem da verdade, os tipos de entidades que se pode dizer que existem, a relação entre realismo e idealismo, a questão sobre se os universos ou as relações são básicos e o importantíssimo problema do Moksa, ou libertação, sua natureza e os caminhos que a ela conduzem.

As várias filosofias indianas apresentam, no entanto, tal diversidade de visões, teorias e sistemas que se torna quase impossível distinguir características comuns a todas. A aceitação da autoridade dos vedas

---

209 ZIMMER, H. *Filosofias da Índia*, parte III – As filosofias da eternidade.

caracteriza todos os sistemas ortodoxos: Nyaya, Vaishnava, Vaisesika, Samkhya, Ioga, Purva Mimansa e Vedanta. Os sistemas heterodoxos (nastika), entre eles o Charvaka, o Budismo e o Jainismo, rejeitam a autoridade védica, apesar de seus sistemas terem se inspirado nos vedas. Mesmo entre os filósofos ortodoxos, a fidelidade aos vedas limitou a liberdade das especulações, e os vedas podiam ser citados, como acontece no Hinduísmo, para legitimar uma vasta diversidade de ideias (*summum bonum*) monistas,[210] monoteístas, politeístas ou atomistas.[211]

O Nyaya é uma das seis escolas de pensamento que integram a filosofia indiana ortodoxa. Seu fundador, Gautama, era conhecido em sua época como Aksapada – o de olhos fixos nos pés. O texto de maior importância dessa escola é o Nyaya-Sutra, escrito no século VII A.E.C.

O Vaisesika tenta identificar, inventariar e classificar as entidades da realidade que se apresentam à percepção humana. Já o Samkhya ("enumeração" ou "conta") é o sistema filosófico indiano desenvolvido por Kapila concomitantemente com a ioga. É um sistema filosófico muito antigo (século VI A.E.C.) e que desenvolveu uma psicologia e ontologia sofisticada, que é a base do sadhana ou prática da ioga. A leitura e a prática de determinada sadhana autorizam o discípulo a ler e praticar o texto correspondente, assim como um comentário verbal feito pelo mestre garante sua prática adequada – a seguir explicaremos melhor esse sistema.

A ioga influenciou muitas outras escolas por sua descrição da disciplina prática para realizar intuitivamente o conhecimento metafísico proposto pelo sistema Samkhya, intimamente relacionado à ioga. O Mimansa, ou Purva Mimansa, é o sistema que fornece regras para a interpretação dos vedas e oferece uma justificativa filosófica para a observância do ritual védico. O Vedanta forma a base da maioria das escolas modernas do Hinduísmo e seus principais textos são os Upanishads e o Bhagavad-Gita. Ao contrário do Mimansa, é um sistema interessado na interpretação filosófica dos vedas, mais do que com seus aspectos ritualísticos.

Vedanta – "o fim dos vedas" ou "a significação última dos vedas". Shankara adota um dualismo coerente entre as ordens da matéria e as

---

210 Sistema filosófico segundo o qual há apenas uma espécie de realidade: o monismo de Spinoza que identifica Deus com a natureza.

211 Os atomistas acreditavam que os elementos básicos da realidade eram átomos, partículas de matéria indivisíveis, indestrutíveis, que se moviam no espaço. Ideia aceita até o século XIX, quando Einstein propôs a divisão atômica.

do eu, ou alma. Nessa escola, o conhecimento correto consiste na habilidade do eu de se distinguir da matéria. Como eram muitas as interpretações, desenvolveram-se várias escolas vedanta que, no entanto, têm muitas crenças em comum: transmigração do eu e o desejo de libertar-se do ciclo de renascimentos (samsara – sânscrito-devanagari: perambulação); a autoridade dos vedas como meio para essa libertação; Brahma como motivo da existência do mundo; e o atman como agente de seus próprios atos e, portanto, receptor das consequências da ação.

> *Shankara adere a uma interpretação abstrato-impessoal de Brahman, já que o concebe como um absoluto, à margem de toda determinação e que pode ser descrito somente mediante a Via Negativa, pois Brahman não pode ser alcançado nem por palavra e nem pela razão, e consequentemente não pode ser descrito mediante a atribuição de nenhuma qualidade.*[212]

> *Encontrar o atman é descobrir a própria história.* (MARQUES, 2008)

6.3 Bramanismo

Atman – o Espírito ou Ser, o aspecto imanente de Deus. O eu. Embora possa se referir, em diferentes contextos, ao corpo, à mente, ao intelecto ou ao Eu Supremo, em geral, indica a alma individual. É o pensamento filosófico--ético-religioso da antiga filosofia dos vedas; tinha como referência em seus ritos o sacrifício de animais e um sistema rígido e formal de ética. As principais ideias do pensamento bramânico estão contidas nos Upanishads, sistema de interpretação tardia dos vedas, que apareceu ao final do período védico (IV a VIII A.E.C.).[213]

> *Em todo o mundo não há estudo tão benéfico e tão elevado como o dos Upanishads. Foi o alívio da minha vida, e será o alívio de minha morte.*
> (*apud* TINOCO, 1996, pp. 91-92)

Querendo desvincular-se das tradições antigas e revalorizar o pensamento bramânico como universal, Ashoka, mestre indiano (273-232 A.E.C.) condenou o sacrifício de animais, demonstrando ser inútil para reverenciar o Deus Brahma, criador do Universo e de todos os seres. Assim, um

---

212 TOLA, F. e DRAGONETTI, C. *Filosofía de la India*, p. 197.
213 ELIADE, M. *Historia de las Creencias y de las Ideas Religiosas*, vol. I, cap. IX.

movimento que proibia comer carne, iniciado possivelmente no Budismo, logo se espalhou para outras filosofias, como a vishnuísta, a vaishnava e shivaísta do Hinduísmo. Após essa possível revalorização do sagrado ("experiência do sagrado") feita por Ashoka,

> [...] a função da teologia (bramânica) passou a ser a de identificar e compreender toda a série de máscaras que cada poder divino poderia assumir, rotulando-as de maneira certa com os "nomes" correspondentes. Os nomes foram agrupados em invocações e ladainhas e a função do código sacrificial era de conjurar as forças nomeadas nas ladainhas por meio de fórmulas apropriadas e, assim, subordiná-las aos projetos da vontade humana.[214]

Esse tipo de revalorização do sagrado ("experiência do sagrado") não é consciente ou planejada, como imaginam aqueles que acreditam em teorias da conspiração. A revalorização do sagrado ("experiência do sagrado") acontece justamente de forma histórica, porque acontece em tempo real, sem necessariamente ser apenas um fato histórico. Toda revalorização do sagrado ("experiência do sagrado") tende a manter o culto através de algum rito.

Não sabemos ao certo se foi realmente Ashoka quem revalorizou o culto brâmane, mas temos certeza de que essa mudança do sacrifício para a metafísica – orações, sistemas meditativos, técnicas de ioga, ladainhas, mantras, magias etc. – manteve vivo o culto e a religião brâmane.[215] Graças a isso, o Deus Brahma (Poder Sagrado) não perdeu seu *status* de criador, aparecendo não apenas na religião brâmane como personificador do Universo, mas na maioria das religiões e filosofias da Índia, estando as outras divindades submetidas ao seu comando.[216] Brahma na verdade é uma divindade védica, que veio acompanhada dos arianos na invasão da Índia pelo Rio Indo em aproximadamente 1600 A.E.C., passando, com o tempo, a ser incorporado a outros cultos e pensamentos indianos. O Deus (Brahma) é somente a mais sutil, a mais magnífica, a mais agradável impressão falsa de todas, nesse contexto geral de errôneas autoiluminações. Como as demais realidades flutuantes e transitórias, "Deus" existe apenas quando associado ao poder (*Sakti, Maya*) da falsa representação de si. Daí "Deus" não ser real. Além disso, está associado ao seu próprio autoengano

---

214 ZIMMER, H. *Filosofias da Índia*, p. 242.
215 ELIADE, M. *Historia de las Creencias y de las Ideas Religiosas*, p. 335.
216 Bhagavad-Gita, 8:17 a 19 – Prabhupada.

tão só em aparência, ou seja, no que concerne a nós. Sendo Brahman – a única essência existente – não pode perder-se realmente nessa ignorância que, por sua vez, não é nem irreal nem real.[217]

Para o pensamento indiano, Brahman é "Absoluto Puro", "Princípio Supremo", "Espírito Universal". Em alguns textos Upanishads, Brahman é associado ao aspecto impessoal e onipenetrante do supremo. Em alguns momentos Brahman é associado ao aspecto impessoal e onipenetrante do supremo[218] e outras vezes "como um ser concreto e pessoal que deverá ser designado pela palavra *Él*".[219] Assim, para alguns pensadores indianos, Brahman seria a essência em tudo e que dá forma a tudo; é a "essência impessoal e inteligível", o "Real do real", a Alma não nascida, que não decai, que não morre; a Alma de todas as coisas, como é a Alma de todas as almas; a força que está atrás, adiante, abaixo e acima de todas as forças e deuses.[220] Essa energia seria o princípio elementar primitivo, quintessência, pura e sutil, que forma todas as outras formas, animadas e inanimadas do Universo. Para outros pensamentos, seria a energia primordial, o *Fiat lux*, o Fluido Cósmico Universal que forma e dá forma a toda matéria existente etc. Mas para a física "moderna", essa energia – se é que é algum tipo de energia – seriam as chamadas supercordas descobertas recentemente.[221] "Transcendentalistas eruditos que conhecem a Verdade Absoluta chamam essa substância não dual de Brahman, Paramatma ou Baghavan".[222]

Paramatma (supremo e transcendente); a Suprema ou Hiperalma; uma entidade além da alma, a forma do Senhor Vishnu de quatro braços que acompanha as entidades vivas presas ao ciclo de nascimentos e mortes no mundo material. Baghavan "é o mais elevado aspecto do absoluto". Esse adjetivo é utilizado apenas para Krishna – A Suprema Personalidade de Deus –, que representa a verdade absoluta, a pessoa suprema.[223] Como no Ocidente, a pessoa pode até ter o nome Jesus, na Índia, o nome Krishna, mas seria loucura[224] utilizar o adjetivo Cristo ou Baghavan como nomes próprios ou pseudônimos. Baghavan comporta tanto o Brahman, como o

217 ZIMMER, H. *Filosofias da Índia*, p. 292.
218 GOSVAMI, S.D. *Filosofia védica*, p. 23.
219 TOLA, F. e DRAGONETTI, C. *Filosofía de la India*, p. 128.
220 DURANT, W. *Nossa herança oriental*, p. 278.
221 BOURGUIGNON, A. *A história natural do homem*, p. 252.
222 Srimad-Bhagavatam, canto 1, livro 1, 2:11.
223 Bhagavad-Gita, 7:6 – Prabhupada.
224 *Ibid.*, 14:8.

Paramatman, ambos fazem parte e repousam na natureza transcendental do Baghavan – *a suprema personalidade de Deus*. Para os brâmanes não é Krishna o Deus onipotente, mas Brahma, que representa o senhor absoluto de tudo. Para os vaishnavas, o Deus onipotente, onipresente e onisciente é Krishna – *a suprema personalidade de Deus* – e Brahma aparece apenas como um semideus criador de alguns mundos.

No pensamento indiano – bem diferente do ocidental que prevê a salvação pela religião cristã e apenas por ela (Atos, 4:12) –, quem procura a liberação (Moksa) e a consegue, mediante seus próprios esforços e sem paternalismo de um Deus salvacionista (Rom, 5:12) é um indivíduo que alcançou a iluminação e está repleto de Brahman.

Outros dois conceitos muito difundidos e utilizados largamente na Índia são o carma e as castas.[225] Tanto um como o outro provêm da época dos brâmanes com a intenção de separar as classes sociais. As quatro divisões sociais e ocupacionais da sociedade védica são, a saber, brâmanes (sacerdotes e preceptores), ksatriyas (guerreiros e administradores públicos), vaisyas (agricultores e comerciantes) e sudras (operários e artesãos). Os dalits ou párias são classificados como a "poeira sob os pés", mais conhecidos como "intocáveis" (a quem Gandhi deu o nome de *Harijan*, "filhos de Deus"). São constituídos por aqueles e todos os seus descendentes que violaram os códigos das castas a que inicialmente pertenciam. São considerados impuros e ninguém ousa tocar-lhes. Fazem os trabalhos considerados mais desprezíveis: são coletores de lixo, coveiros, varredores de ruas etc. "Na Índia eu encontrei uma raça de homens que vive sobre a Terra, mas não presos a ela. Habitam cidades, mas não se fixam a elas. Possuindo tudo, mas não sendo possuídos por nada" (Apolônio de Tiana). Na sequência das invasões mongóis na Índia (século XIII), milhões de *dalits* converteram-se ao Islamismo, uma religião prática que não os despreza ou exclui de sua sociedade e culto. Em outubro de 2001, líderes *dalits* se encontraram com alguns líderes cristãos na Índia. Os líderes *dalits* aceitaram a ajuda e "reconheceram" que a verdadeira esperança e liberdade para seu povo não será encontrada em uma revolução social, mas em uma nova oportunidade de existência. Os líderes concordaram em permitir que as pessoas sigam uma nova fé (Cristo), se pessoas decidirem por isso (livre-arbítrio). Os líderes cristãos, em troca, comprometem-se a ajudar esse movimento,

225 KOENINGO, Samuel. *Elementos de sociologia*, pp. 251-255.

apesar dos riscos envolvidos. A palavra casta inicialmente designava *varna*, cor. Foi traduzida pelos portugueses como casta, do latim *castus*, puro. As castas são classes sociais distintamente separadas umas das outras por riqueza, posição social, religiosa etc.[226] As diferenças de castas são tão velhas quanto os homens, aparecendo na Suméria, Egito, Babilônia, Assíria, Judeia, Pérsia, China, Japão etc., mas nenhum povo foi tão explorado e massacrado pelos sistemas de castas como o indiano. Primeiro, pelos brâmanes, que se consideravam uma raça pura; depois, pelos ingleses, que se julgavam os perfeitos cidadãos do mundo. "No meio das contínuas mudanças do Estado, os brâmanes mantinham, por meio do sistema de castas, uma sociedade estável que defendia, aumentava e transmitia a civilização. O povo tolerava com paciência o regime e até se orgulhava dele, porque sabia que no fim, o verdadeiro governo era aquele".[227] Para o pensamento brâmane, existe um caminho apropriado de conduta para cada homem, determinado pela sua varna (classe), que determinará seu futuro dentro da sociedade.[228] No pensamento brâmane existem quatro ordens sociais, que devem ser respeitadas por fazerem parte da criação e manutenção do Universo.

> *Na concepção védica, o corpo social é análogo ao corpo humano, ou ao corpo de ísvara (Bhagavan). Por conseguinte, os brâmanes são a cabeça (sacerdotes e preceptores), os ksatryas os braços (guerreiros e administradores públicos), os vaisyas a cintura (agricultores e comerciantes), e os sudras as pernas (operários e artesãos). No corpo social, como em qualquer outro corpo, todas as partes são importantes, e ninguém negligencia nenhuma parte; contudo, o cérebro é especialmente importante, pois ele transmite informações para as outras partes.*[229]

Se por algum motivo um brâmane fosse tocado por um pária,[230] este poderia perder a vida, mas se o toque não fosse proposital, o brâmane poderia exigir um castigo ou sacrifício de seu "agressor", ensinando-o a nunca mais tocar em alguém puro. Caso o indivíduo tocado fosse um sacerdote brâmane, ele precisava se purificar com banhos de flores ou ungir-se

226 WACH, J. *Sociologia da religião*, cap. VI, item 2.
227 DURANT, W. *Nossa herança oriental*, p. 328.
228 ELIADE, M. *Historia de las Creencias y de las Ideas Religiosas*, vol. I, p. 257.
229 GOSVAMI, S.D. *Filosofia védica*, p. 67
230 No sistema hindu de castas, a mais baixa, constituída pelos indivíduos privados de todos os direitos religiosos ou sociais, quer pelo seu nascimento, quer pela exclusão da sociedade bramânica.

de óleo perfumado se quisesse entrar novamente no templo. A proibição chegava mesmo ao ponto de proibir um pária de ouvir um hino cantado por um brâmane. Se desobedecido, sofreria o pior castigo existente: seria inserido óleo fervente em suas orelhas.[231] Como em todas as sociedades de cunho autoritário e pleno de supostas verdades, os brâmanes viviam em conflito com a religiosidade local hindu, principalmente com os livre-pensadores Sharamanas que faziam oposição aberta aos ensinos védicos e pelos mesmos afirmarem ser de uma casta pura enquanto todos os não brâmanes eram impuros. A filosofia sharamanista surgiu como a possibilidade de questionar as verdades postas por décadas pelo ensino dos brâmanes à cultura indiana. Mas como nenhuma hegemonia segregadora, autoritária e estagnada é perpétua, as castas estão perdendo suas forças e a Índia de hoje busca não a discriminação, mas a tolerância e a bondade de um espírito maduro, reflexivo e compreensivo. Com o tempo, o sharamaismo cresceu, aflorou e se desenvolveu em outros pensamentos como o Budismo, o Jainismo, o Sikhismo e todo pensamento não concordante com as verdades védicas. Mas o que é a verdade? "A verdade está dentro de nós. Não surge das coisas externas, mesmo que assim acreditemos. Há um centro interno onde a verdade habita em sua plenitude" (Buda).

A palavra carma (em sânscrito, *karma* ou *karman* e em páli, *kamma* – não confundir com o sânscrito *kama*: prazer), utilizada na Índia e por muitas correntes filosóficas e religiosas, significa em primeira instância "ação", "trabalho" ou "efeito". No sentido secundário, o efeito de uma ação, ou, se quisermos, a soma dos efeitos de ações (vidas) passadas refletindo-se no presente. O carma é a soma final dos seus atos, tanto nesta vida como nos nascimentos precedentes. Carma não significa apenas ação, mas também o resultado de uma ação. Há um poder encoberto no carma, ou ação, chamado *adrishta*, o qual traz os frutos dos carmas para o indivíduo. A consequência de uma ação, realmente, não é uma coisa separada da sua causa; porque ela é parte da ação e não pode separar-se dela.

> Na concepção hindu, carma quer dizer "destino" determinado ou fixo, ou seja, aqueles cujos atos foram corretos, depois de mortos, renascerão através de uma mulher virtuosa (brâmane), ao passo que aqueles cujos atos foram maus renascerão de uma mulher ksatrya, vaisya ou sudra e sofrerão

---

231 ZIMMER, H. *Filosofias da Índia*, parte III, cap. III.

muitas desgraças, acabando como simples escravos. Inclusive uma pessoa nascida numa casta impura (um varredor de ruas, um auxiliar de crematório, por exemplo) deve permanecer na profissão herdada. Cumprindo o melhor possível e de maneira ordenada sua função; tornar-se-á um perfeito e virtuoso membro da sociedade. Por outro lado, ao interferir nas tarefas de outras pessoas, ele será culpado de perturbar a ordem sagrada. [...] mesmo a prostituta, que dentro da hierarquia da sociedade está aquém da virtuosa dona de casa, pode participar – caso cumpra com perfeição o código de sua desprezível profissão – do supra-humano e transindividual Poder Sagrado que se manifesta no cosmo. Ela pode até fazer milagres que desconsertam reis e santos.[232]

Se encararmos o carma como um fim total e irredutível, teremos um problema sério quando falarmos de existência e sofrimento, ou seja, "todo carma é cativeiro". Ele foi "inventado" quando os arianos "criaram" as castas para se diferenciar das outras classes e rebaixá-los a posições subalternas. Se pensarmos no carma como um fim último, estaremos estagnando o homem, da mesma forma quando aprovamos ou aceitamos a salvação apenas pela justificação da fé ou através da predestinação. O carma surgiu para os indianos como uma possibilidade de explicar e entender o mundo, o homem e sua existência, não sendo uma mera invenção.[233] Se realmente existe uma justiça transcendente, por que algumas pessoas nascem gênios e outras idiotas? Como esse Deus julgará em um suposto juízo final os homens que não tiveram oportunidade de conhecê-Lo? Se esse Deus é onisciente e onipresente, então não possuímos livre-arbítrio, estamos encurralados em uma predestinação ou carma. Se não utiliza sua onisciência não pode ser transcendente. Essas são perguntas simples que qualquer pessoa já se fez, ou ainda faz, em sua existência. Foram essas e muitas outras perguntas mais elaboradas que o sistema carma veio "resolver", tentar explicar, ou justificar o sofrimento. Para os ocidentais, a palavra carma não deve ser levada ao pé da letra, mas para entender que o indivíduo passa por situações difíceis e seu futuro é de sua inteira responsabilidade. No Ocidente e mais precisamente no Brasil, por estarmos sob a influência judaico-cristã, poucas correntes filosóficas ou religiosas utilizam a palavra carma como os indianos, e quando fazem não é um fim em si mesmo.

---

232 ZIMMER, H. *Filosofias da Índia*, p. 271.
233 GUINOT, T. *O carma ou a causalidade projetiva*, segunda parte.

Os pensamentos esotéricos, místicos, iniciáticos e herméticos[234] parecem estar mais próximos do termo carma utilizados pelos indianos por estudarem as filosofias desse país, como o shankya, o Vedanta, a ioga etc. e serão explicados em outro momento.

Os estudos do carma[235] mais presentes nos dias de hoje no Brasil são os dos Rosa-Cruz,[236] ordem fundada e iniciada pelo alemão Rosenkreutz e do movimento Teosófico,[237] sistematizado por Helena Petrovna Blavatsky, ligada inicialmente ao pensamento espírita russo como médium psicógrafa e depois ao Budismo mahayana e ao Lamaísmo. A moderna Teosofia, ensinada por Madame Blavatsky, tem por objeto de estudo a união do homem com a divindade, mediante a elevação progressiva do espírito até a iluminação.

Outro pensamento que "utiliza" a palavra carma é o Espiritismo, mas, por incrível que pareça não existe em nenhuma obra de Allan Kardec nada que venha mostrar tal possibilidade do uso desse termo, muito menos enquadrar essa escola de pensamento como iniciática ou esotérica.[238] A palavra carma foi introduzida ao pensamento recentemente devido aos livros psicografados, ou seja, escritos por espíritos através de um médium,[239] mas não foi utilizada pelo seu fundador. Assim, percebemos o quanto um pensamento permeia o outro através da *revalorização* do sagrado. Apesar de Allan Kardec não utilizar a palavra carma em suas obras, ela acabou entrando pela "janela", ou seja, por meio de outras obras chamadas subsidiárias que hoje fazem parte da literatura espírita. Allan Kardec utiliza os termos "causa e efeito" e "gênero de prova"[240] quando se refere a uma possível palingenesia, e não um fim total e irredutível em si mesmo da existência. No conceito espírita, a reencarnação é encarada como processo evolutivo e contínuo neste e no outro mundo,[241] não aceitando, como no caso dos indianos e de muitas correntes filosóficas esotéricas, a volta do homem

---

234 RIFFARD, P.A. *O esoterismo*, p. 251.
235 MARQUES e COUTINHO. *Compêndio de religiões e espiritualidades*, p. 70.
236 *Ibid.*, p. 519.
237 *Ibid.*, p. 570.
238 *Ibid.*, p. 309
239 Médium (do latim *medium*, meio, intermediário). Segundo Kardec, pessoa que pode servir de intermediário entre os espíritos e os homens. "Ainda que em cada um haja o germe das qualidades necessárias para se tornar médium, essas qualidades existem em estágios muito diferentes, e seu desenvolvimento possui causas que não dependem de ninguém fazê-las desabrochar" (*Livros dos médiuns* – Introdução).
240 KARDEC, A. *O livro dos espíritos*, perg. 259.
241 KARDEC, A. *Revista espírita* 1863, p. 163 e *O céu e o inferno*. Parte I, cap. 3.

no corpo de um animal ou vegetal.[242] Esse processo é conhecido como metempsicose (do grego *metempsýchosis*, do latim *metempsychose*) – doutrina segundo a qual uma mesma alma pode animar através da transmigração, palingenesia ou reencarnação corpos diversos: homens, animais ou vegetais.[243]

> *O carma foi um excelente mito para dissuadir o bronco de matar, roubar, procrastinar ou mostrar-se muito parcimonioso nas oferendas; além disso, estendia o senso da unidade moral e das obrigações à vida inteira e dava ao código moral uma extensão de aplicação muito maior e mais lógica do que em qualquer outra civilização. O carma é uma das invenções por meio das quais os homens procuram suportar com paciência o mal e encaram com esperança a vida. Explicar o mal e encontrar o meio de fazer com que os homens o aceitem, se não com alegria pelo menos com paz de espírito, têm sido a tarefa da maior parte das religiões.*[244]

Apesar de o Budismo também utilizar o carma como "cativeiro", de uma forma geral não o aceita como um determinismo e fatalismo absoluto. Buda parece não aceitar o carma como algo determinado e fixo, e sim "flexível". Se assim não fosse, a existência seria um eterno vai e vem sem finalidades. Uma vez um discípulo disse a seu guru: "Mestre, com o uso do carma não temos livre-arbítrio, somos apenas seres determinados mecanicamente, logo não somos responsáveis por nossos atos". O monge olhou o discípulo calmamente, pegou uma vara e começou a bater no mesmo. O discípulo gritava desesperado: "Para, para, para, por favor, está doendo". O mestre apenas disse: "Como posso parar se sou determinado mecanicamente?". "Nem nos céus, nem no meio do oceano, nem se refugiando no antro de uma montanha. Não se conhece lugar nenhum nesta Terra onde, permanecendo, possa um homem escapar (das consequências) da sua má ação".[245] Para analisarmos essa questão, basta perguntarmos o seguinte: se um indivíduo estiver afogando-se é permitido salvá-lo? Não estaria ele cumprindo seu carma? Para o pensar budista teríamos de agir da seguinte forma: teria sido eu colocado naquele lugar, naquele

---

242 Bhagavad-Gita, 14:15 – Prabhupada.
243 KARDEC, A. *O livro dos espíritos*, perg. 222.
244 DURANT, W. *Nossa herança oriental*, pp. 346-347.
245 Dhammapada, 127.

momento, para salvá-lo? O que me impediria de salvá-lo, se soubesse nadar? Nada. Segundo o pensamento budista temos de praticar boas ações para flexibilizar nosso carma e o da Humanidade. Carmas positivos: a generosidade, a paciência, a boa vontade, a honra, a doçura, a ausência de autoimportância ou egoísmo, a caridade, a disposição em ajudar, o esforço em evitar falar mal dos outros ou dizer coisas inúteis etc. "Cego tem sido este mundo; poucos são os que aqui com clareza veem. Como pássaros libertos do cativeiro, são escassos os que vão ao céu".[246] A maior contribuição de Buda para a Humanidade, segundo a escola mahayana foi a descoberta da Gênese condicionada. Mas o que é a Gênese condicionada? Ela se baseia na Lei de Causa e Efeito ou causas e condições.[247] Quando você joga uma pedra, ela é a causa e se você não estiver preparado para o efeito, não a atire. Para Buda, nós criamos nosso carma e o mesmo deve ser tão somente pensado como uma forma de buscar a iluminação por meio da ajuda mútua e não esperar sentado por ela.

> Cada ação produz uma energia potencial de acordo com o pensamento que se teve ao fazê-la. Como o peso dos kamma depende do estado psicológico do seu autor, é normal que o peso dos kamma seja variado. Alguns são fortes, outros fracos, de sorte que os respectivos resultados são diferentes. Alguns não atingem nunca maturidade suficiente para produzir "frutos"; outros não os dão por causa das mudanças na existência do seu autor.[248]

A maior parte dos pensamentos e filosofia dos brâmanes ou védica estão contidas em duas grandes epopeias: os Upanishads e o Mahabharata. Os Upanishads são os pensamentos filosóficos surgidos após o período que sucedeu os brâmanes,[249] desabrochando particularmente no oitavo século (c. 800 a 500) A.E.C., tendo seu estatuto de maior grandeza na época de Buda.[250] Os Upanishads são para a Índia o que os outros livros ditos sagrados representam para os povos que os cultuam. O valor sagrado da Torá, do Novo Testamento, do Alcorão, do Avesta etc. representa para o povo que os cultua algo revestido de sacralidade; da mesma forma, os textos sagrados da Índia estão revestidos de um "poder" super-humano – uma hierofania.

246 *Ibid.* 174.
247 YUN, H. *Características singulares do budismo*, p. 20.
248 WIJAYARATNA, M. O budismo nos países do theravada. Em: DELUMEAU, J. *As grandes religiões do mundo*, p. 454.
249 TINÔCO, C. A. *As upanishads*, parte II.
250 DURANT, W. *Nossa herança oriental*, cap. 5.

> *Aquele que conhece o imperecível Ser, brilhante, sem sombras, sem corpo e*
> *sem cor, verdadeiramente atinge o Supremo Purusha não decaído. Ó meu*
> *bom amigo, aquele que atinge o atman torna-se o conhecedor de tudo, tor-*
> *na-se tudo. Sobre isso, há o seguinte verso: "Ele, ó amigo, que conhece o*
> *imperecível Ser, em quem repousa o ser inteligente, com os deuses, o Prana*
> *e os elementos – ele se torna o conhecedor de tudo, penetrando em tudo".[251]*

Os textos Upanishads são considerados revelação direta dos rsis (sábios, santos ou profetas indianos) e possuem as principais ideias da doutrina bramânica. Não existe prova histórica de quem os escreveu. Os Upanishads, como os bíblicos, não apresentam a ideia e o pensamento de apenas um filósofo, escritor ou profeta, mas a opinião de vários homens sobre a vida e o modo de viver. Esses ensinos "representam uma espécie de instrução altamente especializada – que exige do discípulo uma profunda qualificação – e o mestre tinha a liberdade de transmiti-la ou não. Para ser digno desse saber esotérico, o discípulo deveria ser um adhikarin realmente maduro e perfeitamente preparado para suportar a sabedoria revelada".[252]

O Mahabharata é considerado a Grande Epopeia dos Bharatas, com seus quase noventa mil versos, escritos possivelmente entre os séculos II A.E.C. e I E.C. Esse livro apresenta compilações de possíveis escritos épicos indianos, nos quais a narrativa mais forte é a batalha de Kuruskheta, quando Krishna "dita" o Bhagavad-Gita ao herói Arjuna.

> *Tendo sido em sua origem, provavelmente, uma "balada marcial", o poe-*
> *ma épico preservado e transmitido pela classe dos Brâmanes teve, com*
> *toda certeza, considerável material didático e religioso incorporado nele*
> *no decorrer da transmissão.[253]*

Os primeiros sinais de escrita, se assim podemos classificá-los, apareceram na Suméria (Mesopotâmia) cerca de 3600 A.E.C. em escrita cuneiforme, sendo observado o mesmo em Creta cerca de 2500 A.E.C. É possível que essa "origem" da escrita tenha se desenvolvido por intermédio dos produtos fabricados a partir da cerâmica, na qual eram gravados desenhos ou símbolos para identificar o artigo com seu possível produtor. O sistema hieróglifo apareceu em 3000 A.E.C. no Egito, e em Creta em 1600 A.E.C., movidos possivelmente pela mesma necessidade.

251 TINÔCO, C. A. *As upanishads*, p. 187.
252 ZIMMER, H. *Filosofias da Índia*, p. 54.
253 HINNELS, J. R. *Dicionário das religiões*, p. 158.

Se com toda tecnologia que possuímos no século XXI ainda não foi possível detectar onde começou a escrita, quem dirá o desenvolvimento da linguagem? A linguagem é o que estrutura o homem na sociedade e lhe dá identidade sociocultural.

> A revolução efetiva pela escrita foi irreversível. Doravante, a história tomará a cultura em consideração apenas pelos documentos arqueológicos e textos escritos. Um povo desprovido dessa espécie de documentos é considerado sem história. As criações populares e as orais só serão valorizadas tardiamente, na época do romantismo alemão; o interesse por elas já é o de antiquário. As criações populares, nas quais ainda sobrevivem o comportamento e o Universo míticos, serviram algumas vezes de fonte de inspiração para alguns grandes artistas europeus. Mas tais criações populares jamais desempenharam papel importante na cultura. Elas acabaram por ser consideradas "documentos" e, como tais, despertaram a curiosidade de alguns especialistas. Para interessar a um homem moderno, essa tradicional herança oral deve ser apresentada sob forma de livro.[254]

Como se apresentam os escritos sagrados da Índia? A maioria aparece em sânscrito, considerado pelos indianos a língua sagrada dos escritos védicos.

> A linguagem vernácula do inculto é conhecida como prakrta (em português, "prácrito"), ao passo que samskrta (em português, "sânscrito") é o idioma clássico com regras gramaticais fixas e corretas, baseado na sagrada tradição da linguagem sacerdotal dos vedas, que, por sua vez, refletia a língua dos deuses e, por conseguinte, era um veículo natural da verdade divina.[255]

Não sabemos ao certo de onde surgiu essa escrita, ou se alguma aldeia ou povo da Índia falava esse idioma. O que se supõe é que essa língua era aparentada do antigo persa, em que foi escrito o Avesta. Como a Índia nunca teve apenas um idioma,[256] supoe-se que o sânscrito tenha vindo com os arianos na invasão do Rio Indo, por volta de 1600 A.E.C. "A austeridade da fala consiste em proferir palavras verazes, agradáveis, benéficas e que não perturbam aos outros, e também em recitar regularmente os textos sagrados".[257]

254 ELIADE, M. Mito e realidade, p. 140.
255 ZIMMER, H. Filosofias da Índia, p. 228.
256 Hoje o hindi é o idioma oficial na Índia e as línguas regionais principais: telugu, bengali, marati, tâmil, urdu e gujarati.
257 Bhagavad-Gita, 17:15 – Prabhupada.

O que são os vedas? Qualquer conhecimento que se aceite é veda, eles constituem literalmente os escritos (sutras) sagrados da Índia, originalmente em sânscrito. Dos vedas, apenas quatro chegaram até nós: *Rig-veda*, que se apresenta como o conhecimento dos hinos de louvor; o *Sama-veda*, como conhecimento das melodias; o *Yajur-veda*, que se mostra como conhecimento das fórmulas sacrificiais e mágicas e o *Athara-veda*, que está muito mais próximo do povo por apresentar fórmulas mágico-religiosas e encantamentos. "Vedas são aplicados pelos hindus a todo o saber de seus começos; como a nossa Bíblia, é mais uma literatura que um livro. Nada podia ser mais confuso que o arranjo ou a divisão dessa coleção".[258] Para um dos mais eminentes estudiosos dos assuntos védicos, Satsvarupa Dasa Gosvami, os livros com os ensinamentos dos vedas não estão contidos apenas nos quatro livros citados, mas também no Mahabharata (no qual está incluído o Bhagavad-Gita), o Pancaratra, o Ramayana, os Puranas (também chamado de "quinto veda"),[259] e os Samhitas, bem como os comentários dos grandes preceptores do siddhanta, como Vivekananda e o grande mestre A. C. Bhaktivedanta Swami Prabhupada.

Para os vaishnavas, a história do pensamento e da filosofia védica está claramente exposta no Bhagavata Purana ou somente Puranas (Antiguidade), o texto mais importante de filosofia espiritual védica existente. Os Puranas (18 volumes) são considerados a maior epopeia sânscrita produzida entre os séculos IV e XVI E.C., escritos segundo a lenda por Vyasadeva. O termo *vy-asa* significa "distribuir ou deixar ir (*as*) em todas as direções (*vi*)"[260] e *deva* significa semideus ou pessoa divina. Segundo acreditam, Vyasadeva[261] fora o responsável pela compilação dos escritos veda e "autor" (ou dêutero-autor) do Mahabharata e do Vedanta-Sutra, que consiste em aforismos sucintos que englobam o significado essencial dos Upanishads. O Bhagavata Purana abrange todos os principais aspectos da civilização védica, que floresceu na Índia mais de 50 séculos atrás. Nos Puranas encontramos descrições detalhadas que tratam especificamente da criação e formação a respeito da origem do mundo e do Universo (cosmogonia), o ciclo da transmigração da alma, a diferença entre as naturezas espirituais e materiais, a organização perfeita da sociedade

---

258 DURANT, W. *Nossa herança oriental*, p. 273.
259 Srimad-Bhagavatam, canto 1, livro, 4:20.
260 CAMPBELL, J. *As máscaras de Deus – mitologia oriental*, p. 259.
261 Srimad-Bhagavatam, canto 1, livro 1, Introdução.

(varnas), a natureza do tempo, o mundo espiritual, poderes místicos, a origem e formação do homem, o futuro, o sentido e principal objetivo da vida, e Krishna (Deus) e Seus principais nomes, formas e passatempos. Encontramos os Puranas traduzidos para o português (Brasil) com o nome de Srimad-Bhagavatam (possivelmente: Ensinos do Senhor), que tem como objetivo o *param satyam* (Verdade Absoluta) ou o *summum bonum*,[262] que representa a fonte última de todas as energias existentes no Universo. Está dividido em 12 cantos ou 19 tomos, cada canto muitas vezes com mais de uma parte. O Bhagavatam é uma epopeia filosófica que visa explicar através da lógica e argumentos impecáveis as origens antigas do pensamento védico (Vedanta-Sutra), e começa justamente onde o Bhagavad-Gita termina. Esse *siddhanta* é literatura clássica que mantém posição de destaque na Índia e serve para todos aqueles que queiram conhecer um pouco mais dessa filosofia e da transcendência indiana.[263]

6.4 Hinduísmo

O Hinduísmo, que é a religião mais completa do mundo, pela universalidade de sua estrutura ético-filosófica e amplitude de seu estrito de união e tolerância, oferece aos seus adeptos quatro caminhos (Margas) fundamentais de libertação individual, mais conhecida entre os cristãos como salvação. São denominados Karma-marga, o caminho da ação ou das obras; Jnana-marga, o caminho do conhecimento; Bhakfi-marga, o caminho da devoção ou amor a Deus, e Dhyana-marga, o caminho da meditação. Marga também se aplica como sinônimo de ioga, termo mais em voga no Ocidente, e mais generalizado na Índia para designar uma de suas seis escolas filosóficas fundada pelo famoso Rsis Patanjali.[264]

Na realidade não existe a palavra Hinduísmo para se referir à filosofia ético-religiosa indiana. Esse termo foi dado pelos árabes quando invadiram o

262 *Ibid.*, 1; 3:28.
263 GOSVAMI, S.D. *Filosofia védica*, pp. 45-49.
264 VIVEKANANDA, S. *Quatro yogas de autorrealização*, introdução.

subcontinente indiano, na metade do século VIII. Confundiram o nome do Rio Indo (em sânscrito *sindhus*), com sua situação geográfica populacional. Com o tempo e a utilização da palavra hindustão para tratar os povos que viviam à margem do Rio Indo, estes passaram a ser designados Hindus, e sua filosofia religiosa, Hinduísmo, a qual é uma filosofia religiosa (*dharma*) específica da Índia surgida em aproximadamente 1500 a 200 A.E.C., permeando várias formas de hierofanias, dependendo da localidade.[265] Alguns compreendem melhor o Hinduísmo quando nos referimos às suas principais divindades: Vishnu, Shiva ou mesmo Krishna, o herói do Mahabharata.

> *O Hinduísmo, dentro da Índia, varia em sua natureza, de aldeia para aldeia. Varia também, não raro, em pormenores significativos, de uma região importante para outra. Existem diferenças consideráveis nas divindades cultuadas, na estrutura das castas, nas festas etc., entre Kerela, Caxemira, Madrasta, Bengala, Pendjab e assim por diante.*[266]

Temos grande dívida com a cultura e as filosofias indianas, pois foram elas que estudaram e desenvolveram grande parte da espiritualidade existente no mundo. "Devemos muito aos indianos, que nos ensinaram a contar, técnica sem a qual nenhuma descoberta científica relevante poderia ter sido feita" (Einstein). Apesar de o Hinduísmo aparecer como uma religião especificamente indiana, nós o encontramos espalhado por quase todo o mundo por indianos hindus que migraram para outros países levando sua filosofia religiosa.

> *As religiões do mundo tornaram-se arremedos sem vida. O que o mundo quer é caráter. O mundo está necessitado daqueles cujas vidas são amor ardente, sem egoísmo. Esse amor fará com que cada palavra ressoe como um raio.*[267]

No Hinduísmo, fora o Deus Brahma, que representa a personificação do Universo, temos nos escritos (sutras) várias divindades cultuadas conforme a localidade e o desenvolvimento cultural que os celebram. Brahma aparece no Hinduísmo como um Deus personificador do Universo; no Krishnamismo, ele e todas as outras divindades menores ou semideuses

---

265 Hinduísmo 80,3%, Islamismo 11% (sunitas 8,2%, xiitas 2,8%), Cristianismo 3,8% (Católicos 1,7%, Protestantes 1,9%, Ortodoxos 0,2%), Sikhismo 2%, Budismo 0,7%, Jainismo 0,5%, outras 1,7% (em 1991).
266 LING, T. *História das religiões*, 4.20 e 4.28.
267 VIVEKANANDA, S. *A meditação e seus métodos*, p. 56.

(deva) serão subordinados a Krishna.[268] Kali, a deusa negra, antes tida como cruel, representava a dona da morte, morando em cemitérios e tendo como emblema um colar de caveiras que lhe ornava o pescoço, exigindo sacrifícios de animais e até humanos. Foi revalorizada por Ramakrishna e hoje é aceita como deusa boa e pacífica; Sakti é representada pelas mulheres como "energia", muito comum no culto tântrico. Na Índia, quando um homem se casa, não se casa apenas com uma mulher, mas com alguém dotado de energia criadora. Talvez seja por esse motivo que as relações sexuais no período menstrual sejam tão incentivadas. Apesar de a mulher representar tal divindade, esse emblema não lhe exclui da exploração ou mesmo a pressão social. Na Índia, a mulher é o modelo da "virtude"; quando se casa, deixa sua família e integra-se à do marido, da qual a sogra é a responsável direta. Esta, como "chefe" de família, irá observar-lhe a cada passo e exigir-lhe fidelidade e comportamento exemplar. Vishnu é considerado a Personalidade Deus; Shiva é representado como um semideus que supervisiona o modo da ignorância (avidya) e aniquila o cosmos material, aparecendo na maioria das vezes pintado com quatro braços, como se estivesse dançando, sendo essa dança a responsável pelo estabelecimento da harmonia do Universo. Esses dois últimos deuses aproximam-se mais do pensamento de Krishna e da filosofia védica. Surya aparece como o Deus do sol; Agni, o Deus do fogo, mais presente no pensamento brâmane. Não é apenas o Deus do fogo sacrificial, mas tudo que representa e é consumido pelo fogo. Aditi é a mãe dos deuses védicos e de Indra, o principal e mais adorável de seus filhos, considerado o rei dos deuses. Ganesha é filho do Senhor Shiva, a "Realidade Suprema", e de Parvati, a "Mãe do cosmos" e significa "Senhor de Todos os Seres", o "Senhor dos Exércitos"; sua figura é representada com cabeça de elefante, contraparte de Hermes, tendo como função principal abrir os caminhos e guiar a alma.

Ganesha é o mestre do conhecimento, da Inteligência e da Sapiência. É aquele que proporciona a potência espiritual e a inteligência suprema. É o grande removedor dos obstáculos, guardião da riqueza, da beleza, da saúde, do sucesso, da prosperidade, da graça, da compaixão, da força e do equilíbrio. Existem muitas histórias de como Ganesha recebeu sua cabeça de elefante, porém, existe uma que vale lembrar. Shiva estava indo a uma grande batalha espiritual, deixando Parvati grávida e voltando muitos

---

268 Srimad-Bhagavatam, canto 11, livro 2, 24:10 e 12.

anos depois. Parvati estava em seus aposentos e pediu para um jovem cuidar de sua porta e não deixar ninguém entrar no recinto. Nesse momento
Shiva chega ao castelo e tenta entrar no recinto de Parvati e é barrado pelo
rapaz. Shiva entra em luta com o moço que apesar da pouca idade demonstra a
força de um verdadeiro deva. Percebendo que não ganharia a luta, Shiva chama seus soldados, que distraindo o rapaz, abrem espaço para que Shiva
chegue por traz e lhe corte a cabeça. Nesse momento entra em cena
Parvati apavorada gritando: "Shiva você cortou a cabeça do seu filho".
Desesperado foi pedir a Vishnu que lhe devolvesse a vida do filho. Ele explicou que a vida pertence apenas a Krishna, a Suprema Personalidade
de Deus. Porém, orientou a Shiva a pegar a cabeça do primeiro animal
ainda jovem que encontrasse no caminho. Shiva assim o fez ao encontrar
um elefante. Parvati colocou a cabeça no filho e reviveu Ganesha, agora
mais maravilhoso do que antes, com uma nova cabeça de elefante (para
que as pessoas puras vissem além do aparente, a bondade d'Ele). Ganesha
possui um corpo que está usualmente pintado com quatro braços.
Algumas vezes ele está sentado, e outras ele está dançando. Em suas
mãos ele carrega um Parashu (machado), um Ankusha (um aguilhão de
elefantes), um Pasha (laço), um Padma (flor de lótus) ou uma tigela
de bolinhas de Modaka (doces).

Perguntando-se a um ocidental o que é o Hinduísmo, ele ficará confuso em responder e, se o fizer, possivelmente dirá que é uma religião da
Índia, ou seja, aquela que "cultua" a vaca. Essa dificuldade é encontrada
até mesmo para os historiadores, pois o Hinduísmo, tal qual o Cristianismo,
facetou-se consideravelmente. Se perguntarmos a um indiano sobre o Cristianismo, possivelmente responderá que cristãos são aqueles que moram nos
países ocidentais. Talvez fique um pouco mais "fácil" ao indiano responder o que é Cristianismo, porque é representado pela figura de Jesus, já o
Hinduísmo não possui uma personificação propriamente dita. Para alguns
historiadores das religiões, o Hinduísmo surgiu como um grito de liberdade preso na garganta dos indianos há milhares de séculos, grita contra a
opressão ariana brâmane. "Aquilo que se chama Hinduísmo data de tempos remotos, quando o antigo panteão védico se viu eclipsado pela enorme
popularidade de um Shiva, de um Vishnu ou de um Krishna".[269] Não sabemos as causas reais que fizeram surgir o Hinduísmo, e não é esse o lugar

269 ELIADE, M. Yoga – imortalidade e liberdade, p. 127.

de abordar tão complexo assunto. Mas uma coisa podemos afirmar: havia
uma necessidade popular de *revalorizar* o sagrado através de uma "nova"
hierofania, em que uma experiência mística, íntima e pessoal pudesse ser
acessível a todos e não apenas a uma classe dita privilegiada, como acontecia
à religião dos brâmanes.

Antes da invasão dos arianos às terras dos povos que viviam às margens dos rios Bramaputra, Gandak, Ganges (Benares), Godavari, Indo,
Ken, Mandovi, Ravi, Sankosh, Sutlej, Tawi, Yamuna (conhecido também
como Jamuna, e Zuari), temos o culto aos deuses tribais. Dyaus, ou Dyaus-
-Pitar ("Deus do Céu", "Pai do Céu" ou mesmo "Grande Deus" – *dii otio-
si*), era o deus supremo, consorte da Mãe Terra, o doador da chuva e da
fertilidade que gerou todos os outros deuses.

> *Trata-se de um processo muito comum na história dos deuses celestes, que*
> *se perdem em presença de outras divindades e se convertem em dii otiosi.*
> *Um deus celeste não consegue conservar seu prestígio inicial senão na me-*
> *dida em que é venerado como divindade suprema.*[270]

Os seres procedentes da criação primordial constituem a geração dos
grandes deuses, como potências temíveis resultando de demiurgos passi-
vos, esses deuses parecem desinteressar-se das suas criaturas, quando não
as massacram ou as destroem, como é o caso de Urano, Cronos, Apsu,
Tiamat, Marduk e mesmo o Deus bíblico, por capricho ou por pura monstruosidade. "Porque estou para derramar águas em dilúvio sobre a Terra
para consumir toda carne em que há fôlego de vida debaixo dos céus; tudo
o que há na Terra perecerá" (Gênesis, 6:17). Surya (Sol), Chandra (Lua)
e Heos (Aurora) eram os deuses da luz, transformados posteriormente em semideuses. Divindades locais eram as árvores, as pedras, os rios
e o fogo. Com a modificação do ritual e da base dos deuses, Surya
passou a personificar o fogo sagrado, a conclusão de qualquer ato
ou acontecimento referente às oferendas rituais; "e o sacerdote os
porá em ordem sobre a lenha que está no fogo sobre o altar". Assim,
toda realização, toda prosperidade e toda vitória são colocadas sob o
signo ritual dessa pureza absoluta, "de cheiro suave ao Senhor". Surya,
talvez simbolize o sacrifício permanente, através do qual uma perpétua

270 ELIADE, M. *Historia de las Creencias y de las Ideas Religiosas*, vol. I, p. 263 – Trad. Emilia Aparecida
dos Santos Coutinho.

inocência serve de elemento substitutivo ou até mesmo de respaldo às faltas perpétuas dos homens, granjeando-lhes êxito e proteção. "Esta é a lei do holocausto, da oferta de alimentos, e da expiação do pecado e da culpa, e da oferta das consagrações, e do sacrifício pacífico".[271] A partir da influência ariana, o simbolismo de Dyaus passou por uma *revalorização* e transformou-se em Indra, jovem divindade que rege a guerra, a fertilidade e o firmamento. Representa os aspectos benevolentes da tempestade, em contraposição a Rudra, provável precursor do deus Shiva, o destruidor. Também nesse período surgiram diversas outras divindades, inclusive os Asuras ou Assuras, representantes das forças maléficas. Com esse processo de simbiose, síntese e convergências, as divindades arcaicas de culto tribal passaram a manifestar suas virtualidades no culto hindu. Com o passar do tempo, Brahma, a divindade que simboliza a alma universal, substitui Indra e se transforma no deus criador do Universo. Brahma é um dos deuses que compõem o Trimurti, a pura expressão da existência, beatitude e sabedoria, representa a força criadora do Universo. Os dois outros deuses são Vishnu, o preservador, e Shiva, o aniquilador ou transformador, o deus dos ioguis e da meditação. Paradoxal, contém em si o poder da criação e da destruição, o que o torna ao mesmo tempo atraente e terrível. Destrói o que foi criado e preservado, para que Brahma possa então criá-lo novamente. Até o século IV A.E.C., o chamado segundo período dos Upanishads, Vishnu ainda não era exaltado como deus supremo de estrutura monoteísta. Os rituais ganham uma série de componentes mágicos e elaboram-se ideias mais complexas acerca do Universo e da alma, inclusive conceitos como darma, justiça, carma e transmigração da alma. Foram acrescentadas também as Asramas, quatro divisões de desenvolvimento do ciclo de vida humana que visam elevar-nos à perfeição espiritual. Começa com brahmacarya, o jovem estudante dos cinco aos vinte e cinco anos de idade, praticam o celibato e estudam os vedas sob a orientação de um guru, prossegue para grhastha, vive uma vida de casado ou adota uma ocupação, consciente de Deus e de sua missão espiritual, a fase posterior é de vanaprastha, na qual a pessoa se afasta das atividades familiares e sociais e viaja aos lugares sagrados de peregrinação, a fim de preparar-se para última fase, a sannyasa em sannyasa, renuncia-se a todos os laços familiares e sociais e a pessoa dedica-se ao pleno avanço espiritual.

---

271 Levítico, 7:34.

TRIMURTI

Brahma "Poder Sagrado"
Criador do Universo, é a inteligência criadora, representa a mente cósmica. Tem quatro cabeças e está sentado em um cisne. Os Puranas dizem que ele criou Sarasvati (sua consorte, deusa da sabedoria, da música e da poesia – Canto 4, livro 2, 25:28-29) e que ela corria de um lado para o outro e para cada lado que ela corria nascia uma cabeça, assim ele é representado com quatro cabeças significando os quatro vedas e todas as direções do conhecimento. O Criador é a inteligência e o material da Criação. Ele retira de si mesmo o material da Criação. Assim, a Criação é a manifestação do Criador. A base de Brahma é Sarasvati, o conhecimento. Apesar de Brahma ser um poderoso semideus hindu ou o Criador do mundo material, ele é subestimado pelos cultos populares de Shiva, Vishnu e Devi. Os templos dedicados ao Senhor Brahma são raros, e Ele é muito pouco adorado nos dias de hoje. Parcialmente, isso se deve à natureza abstrata de suas características, como a personificação da essência todo-penetrante do universo, Brahman, com quem é confundido.

Shiva "Auspicioso"
É o poder de destruição ou transformação. A palavra destruição aqui pode ser mal interpretada. Devemos entender que somente será destruído aquilo que for possível de ser destruído. O Eu, ser absoluto é sempre existente, é Brahma, não é destruído por nada. A destruição de Shiva é a destruição daquilo que é aparente e que encobre a realidade absoluta: nossa ignorância. Shiva é o Deus da disciplina, criador da ioga, assim, ele vem mostrar de que forma podemos destruir a ignorância e atingir Moksa, a liberação do ciclo de nascimento e morte. Seu veículo é o Touro Nandi, símbolo da sexualidade; o controle de Shiva sobre o touro simboliza o domínio sobre a natureza física. O linga é outro símbolo de Shiva e representa a força criadora voltada para si mesma, para o autoconhecimento. Shiva é considerado um deus fálico, uma vez que é responsável pela fertilidade. Há uma forma transcendental de Shiva chamada de Sivalinga, na qual é representado junto a um yogi (útero), onde toda a vida é gerada. Shiva possui aspectos contraditórios, uma vez que é o protetor de todas as pessoas pobres, mendigos, fantasmas e miseráveis, sendo considerado o grande guardião dos fantasmas. É tido como indiferente às regras tradicionais da sociedade, pelo seu comportamento desapegado às coisas mundanas.

Vishnu "Preservador"
Controlador Supremo, encarregado do bem-estar da Humanidade. Seus adoradores são chamados de vaishnavas (que também O identificam como o Senhor Krishna). Os vedas dizem que o Senhor Vishnu vem ao planeta Terra de tempos em tempos, às vezes tomando uma forma humana (mas não necessariamente um corpo humano), para estabelecer a ordem, a justiça e a paz no mundo. Vishnu é normalmente adorado na forma de seus avatares, que são suas encarnações, e vêm ao mundo quando o darma (justiça) se perde. De acordo com as escrituras védicas, há tantos avataras quanto as espumas das ondas do mar. Contudo, em cada ciclo ou era, há a descida do Senhor Vishnu para realizar uma façanha sobre-humana. Vishnu é a expansão de Sir Bhagavatam Krishna e representa todo o modo de bondade (sattva), sendo apenas esse modo que nos levará à devoção correta a Krishna: "Sempre, e onde quer que haja discrepâncias no reto agir (adharma), ó Bharata, predominando a imoralidade, nesse momento, Eu me manifesto. Apareço de tempos em tempos para proteger os bons, mudar os malvados, e restabelecer a ordem no mundo (Darma)". Tradução e interpretação do Bhagavad-Gita de Ramananda Prasad (4:7-8).

Os pensamentos filosóficos indianos vão ficando cada vez mais complexos à medida que nos aprofundamos nas perguntas sobre quais ramificações religiosas fazem parte do Hinduísmo e suas possíveis filosofias. No pensamento filosófico indiano, podemos destacar três sistemas que são utilizados por quase todos na Índia, independente da sua religiosidade e seus comentadores: o Samkhya, o Vedanta e a Ioga.

A filosofia Samkhya (discriminador)[272] foi desenvolvida no século VI A.E.C. por Kapila e demonstra um sistema dualista (dvaita), no qual o ego e a alma são distintos e quem sofre é o ego individual, mas a alma, que é "pura", não padece e é livre. Com esse sistema filosófico, "chega-se à conclusão de que a entidade viva não é parte integrante do mundo material, mas da suprema totalidade espiritual".[273] No pensamento de Kapila, o intelecto (buddhi) é representado como uma parte do corpo, como qualquer outra. O espírito que "habita" nosso corpo é livre, ao passo que o nosso intelecto e o corpo físico estão condicionados aos gunas, que, segundo a filosofia indiana, representam as três qualidades do mundo material ou os três "modos" de ser do humano: modo da bondade (sattva); modo da paixão (rajas) e modo da ignorância ou obscuridade psíquica (tamas), como o mais difícil de ser abandonado e desmistificado devido às facilidades apresentadas por kama (prazer) ao homem na Terra. Nessa filosofia, "não é o espírito que age e é determinado, mas o corpo-intelecto".[274] Como perceberemos no decorrer do texto, a filosofia de Kapila nos oferece uma exposição bastante teórica "daquilo que se explica muito lucidamente através da análise dos elementos materiais" (natureza humana), ou o que representa para o humano enquanto aprisionado (bhanda) ao corpo físico e sua condição quando desembaraçado deste, através da iluminação. O objetivo fundamental do Samkhya, ou como nos apresentam os textos: darsana (ponto de partida), é libertar o homem por meio do conhecimento metafísico.

> O Samkhya sabe que a causa da "servidão", isto é, da condição humana, do sofrimento, é a ignorância que, em razão da lei cármica, transmite-se de uma geração a outra. Mas o momento histórico em que esta ignorância apareceu não pode ser estabelecido, assim como é impossível fixar a data da Criação. A ligação do Si e da vida, assim como a "servidão" que daí decorre (para Si), não têm história, estão além do tempo, são eternas. A única certeza que se pode ter sobre o assunto é que o homem se acha nessa condição desde tempos remotos, e que a finalidade do conhecimento não é a busca vã da causa primeira e das origens históricas de tal condição, mas a liberação (Moksa).[275]

---

272 TOLA, F.; DRAGONETTI, C. Filosofia de la India, parte II, cap. 9.
273 Bhagavad-Gita, 5:5, Explicação – Prabhupada.
274 DURANT, W. Nossa herança oriental, cap. 19, item 3.
275 ELIADE, M. Yoga – imortalidade e liberdade, p. 31.

O pensamento filosófico Samkhya, ensinado no Terceiro Canto do Srimad-
-Bhagavatam e no Décimo Primeiro Canto, volume dois, e aceito pelos seguidores de Krishna não é, segundo eles, o que se apresenta e ensina hoje nas
universidades. Para eles, a filosofia Samkhya foi distorcida, mal colocada e
interpretada erroneamente por filósofos ateus, metafísicos e alguns deístas
mal-intencionados.

> Como o físico, quando leva seu conhecimento aos limites e os encontra fun-
> dindo-se com a metafísica, os metafísicos descobrirão que o que chamam
> de mente e matéria são apenas distinções aparentes: a realidade é Uma.[276]

Para os krishnamitas, os ensinamentos de Kapila não apresentam uma
divisão ou dicotomia entre corpo e alma, como temos visto em alguns filósofos ocidentais como Agostinho, Descartes e Rousseau, mas uma diferença entre ego (matéria) e espírito (imortal).[277] Não existem duas formas
de vida dentro do indivíduo:

> O Ser invisível (atma, atman, a alma, o espírito, a força vital)
> é eterno. O corpo físico visível é transitório e passa por mudanças.
> A realidade desses dois, de fato, é realmente vista pelos videntes da
> verdade, que conhecem que nós não somos esses corpos, mas o Atma.
> O espírito, pelo qual o universo todo está impregnado, é indestrutível.
> Ninguém pode destruir o espírito imperecível.[278]

Essa divisão refere-se à influência e aos condicionamentos culturais e
sociais que o indivíduo enfrenta no mundo e a luta constante que precisa
empreender pelo *sacrifício* para superar tais impedimentos apresentados
pelo falso ego. Esse ego (material) seriam as facilidades (*kama* e *artha*)[279]
que o mundo nos oferece para nos manter aprisionados e subjugados
a ele, fazendo-nos esquecer da busca e do pensamento espiritualizado
(darma) transcendental.

> Na época da aniquilação, o corpo mortal do ser vivo dissolve-se em
> alimento. O alimento dissolve-se em grãos, que voltam a se dissolver
> na terra. Por sua vez, a terra dissolve-se em sua sensação sutil, a fra-
> grância. E depois em água, que se dissolve em sua própria qualidade, o

276 VIVEKANANDA, S. *Quatro yogas de autorrealização*, p. 20.
277 Srimad-Bhagavatam, canto 11, livro 2, 24:7.
278 Bhagavad-Gita, 2:16-17 – Ramananda Prasad.
279 Ver mais adiante *Kali-yuga* em Krishnamismo ou Vaishnavismo.

sabor. Esse se dissolve em fogo, que se dissolve em forma. Essa se dissolve em tato, que se dissolve em éter. Enfim, o éter se dissolve na sensação do som. Os sentidos dissolvem-se todos em suas próprias origens, os se-mideuses governantes, e estes, ó gentil Uddhava, dissolvem-se na mente controladora, a qual se dissolve no falso ego o modo da bondade. O som torna-se uno com o falso ego no modo da ignorância, e o Todo-Poderoso falso ego, o primeiro de todos os elementos físicos, funde-se à natureza total. Essa natureza, o repositório dos três modos básicos, dissolve-se nos modos. Esses modos da natureza, então, fundem-se na forma imanifesta da natureza, e esta forma imanifesta dissolve-se no tempo. Ele se dissolve no Senhor Supremo, presente na forma do Maha-purusha (Grande Alma) onisciente, o ativador original de todos os seres vivos. Essa origem de toda a vida funde-se em Mim, a Alma Suprema não nascida, que per-manece sozinho, estabelecido em Si mesmo. É d'Ele que toda a criação e aniquilação se manifestam.[280]

Vedanta, tratado filosófico-religioso desenvolvido a partir dos Upa-nishads de interpretação e estudo do filósofo Badarayana (século IV E.C.)[281] por Shankara em aproximadamente 800 E.C., e que ensina um pensar advaita "não dualista".[282] Conhecido também como: Sankaracharya, Sancaracarya, Shankaracharya, Sankara, Adi Sankara, Adi Shankaracharya ou Adi Shankara, também chamado de Bhagavatpada Acharya (o Mestre aos pés do Senhor). "Aquele que conhece Brahman, alcança o Supremo".[283] Do ponto de vista estritamente filosófico, o Vedanta (veda – "conhe-cimento" e "anta" – "a parte final" ou a "essência" dos vedas) é um dos seis darshanas, sistemas do pensamento hindu ortodoxo, e baseia-se no Vedan-ta-Sutra. Nesse contexto, o conhecimento não tem uma acepção inte-lectual do limitado conhecimento que adquirimos através dos livros. "Conhecimento" significa o conhecimento de Deus e o conhecimento de nossa natureza divina. Vedanta é, pois, a busca do autoconhecimento.

A verdadeira filosofia vedanta começa com os que são conhecidos como não dualistas qualificados. Declaram que o efeito jamais difere da causa; que o efeito é a causa reproduzida sob outra forma. Se o universo é o efeito e Deus é a causa, o universo deve ser o próprio Deus; não pode ser senão isso.

---

280 Srimad-Bhagavatam, canto 11, livro 2; 24:27.
281 TOLA, F.; DRAGONETTI, C. *Filosofía de la India*, p. 256.
282 Segundo os advaitistas, os princípios constitutivos do homem são: 1. *rupa*, corpo físico; 2. *jiva*, prana, força vital (confundida algumas vezes com atman); 3. *linga sharíra*, corpo astral; 4. *kama rupa*, alma ani-mal; 5. *manas*, alma humana; 6. *budditi*, alma espiritual; 7. atman, espírito.
283 TAITTIRIYA, Upanishad, II:1. Em: TOLA, F.; DRAGONETTI, C. *Filosofía de la India*, p. 198.

Começam eles com a afirmativa de que Deus é, ao mesmo tempo, a causa eficiente do Universo e seu Criador, e, ainda, o material do qual se projetou toda a natureza. A palavra criação de nossa língua não tem equivalente em sânscrito porque não há seita, na Índia, que acredite na criação como ela é vista no Ocidente, isto é, algo que veio do nada. O que entendemos por criação é a projeção do que já existia.[284]

O Vedanta Advaita afirma que o Universo multifacetado de nome e forma é uma interpretação errônea da Realidade Única, chamada Brahman[285] quando vista como transcendente e atman quando considerada imanente. Com suas várias interpretações (dualista, monista qualificada, pluralista, realista e monista), o sistema de Shankara ensina que o objetivo da vida humana é a Realidade Última, ou o Supremo, aqui e agora, por meio da prática espiritual. A diferença entre o sistema de Kapila (Samkhya) e o sistema filosófico de Shankara (Vedanta) está justamente em relação à interpretação da alma.

> *Shankara faz dos versos nirguna dos Upanishads a base de sua filosofia e parte da premissa de um Brahman indeterminado, como única realidade. Assim, terá que se deparar com dois problemas sérios para sua filosofia: a pluralidade das almas individuais e a variedade e realidade do mundo.*[286]

O sistema filosófico Samkhya tenta explicar a alma através do sistema dvaita, que prega a divisão entre corpo (ego) e alma (imortal). Para Shankara, esse tipo de divisão não existe; corpo e alma são unidos indistintamente. Shankara estava muito mais preocupado em explicar e desvendar o sentido (ser-para-si) da existência, onde "o *Self* (purusha) está apenas aparentemente escravizado e a libertação (munkti) consiste simplesmente em uma tomada de consciência de sua liberdade eterna",[287] que especular uma metafísica transcendental, como o fez Kapila.[288] No Ocidente, Tomás de Aquino prega que "o objetivo principal da metafísica é Deus".[289] Uma

284 VIVEKANAND, S. *Quatro yogas de autorrealização*, p. 4.
285 GOSVAMI, S.D. *Filosofia védica*, cap. 3 e Srimad-Bhagavatam, canto 1, livro 1, cap. 3:5.
286 SWAMI, P. *Filosofia vedānta-vaishnava*, p. 5.
287 ELIADE, M. *Mito e realidade*, p. 106.
288 ZIMMER, H. *Filosofias da Índia*, cap. III, item 4.
289 TOLA, F.; DRAGONETTI, C. *Filosofia de la India*, p. 199.

vez que é onipresente, essa realidade deve estar dentro de cada criatura ou objeto; portanto, o homem é essencialmente divino.

> *Aquele situado no Brahman o vê em toda a parte e pensa: eu também sou Brahman. Pensando assim, meditará no Brahman e não experimentará felicidade nem sofrimento e permanecerá estável em qualquer situação e sua consciência fundir-se-á no Brahman.* [290]

A experiência direta de sua identificação com Atman-Brahman liberta o homem de todos os laços mundanos que ele superpôs à sua verdadeira natureza, e concede-lhe a perfeição espiritual e a transcendência. O Vedanta aceita todos os grandes mestres espirituais e os aspectos pessoais ou impessoais de Supremo venerados pelas diferentes religiões, considerando-os manifestações da Realidade Única.

> *Qual é a condição de alguém que tenha se esquecido de todas as suas necessidades corpóreas? Elas se esqueceram de comer, beber, tomar banho, decorar-se com ornamentos e roupas e pentear o cabelo. Seus corpos certamente tornaram-se magros e fracos. Elas se esqueceram das suas relações corpóreas devido ao amor e à afeição por Mim: esqueceram-se de seus maridos, filhos, amigos, irmãos, riquezas e propriedades. Elas não têm amor por ninguém mais além de Mim, e durante o dia e a noite lembram-se disso intensamente. Uddhava, neste mundo nunca se viu alguém doar assim o coração a outra pessoa. Elas mal estão mantendo suas vidas e seus ares vitais subiram ao pescoço. Até quando elas poderão sobreviver desse modo? Eu não sei se podem ser salvas ou não. Vá rápido e salve suas vidas. Envie-lhes Minha mensagem: Eu com certeza estarei chegando amanhã ou depois. A esperança que Eu volte é a única razão pela qual elas estão mantendo suas vidas. Elas pensarão: Krishna disse que está vindo e Ele não pode mentir. Quando elas se agarrarem a essa esperança será como se suas vidas estivessem pendentes no fino galho de uma árvore. Se o galho quebrar, elas cairão. Em outras palavras, elas abandonaram suas vidas. Portanto, vá logo.* [291]

Por demonstrar a unidade essencial na origem de todas as religiões, o Vedanta serve como arcabouço filosófico dentro do qual toda a verdade espiritual pode ser expressa. As três principais escolas de pensamento do Vedanta, algumas das quais também se encontram em outras religiões são: Samkhya, dualista, voltada para a adoração de Deus Pessoal ou adoração

---

290 Bhagavad-Gita, 18.54 – Narayana Maharaja.
291 Maharaja, Srimad Bhaktivedanta Narayaea. *A essência do Bhagavad-Gita*, pp. 13-14.

a qualquer Ideal Divino; Vishishtadvaita, monismo qualificado, ou atenuado, ensina a imanência e transcendência de Deus: "Vivemos, movemo-nos e temos nossa existência em Deus"; Advaita, não dual, ou seja, monista; ensina a unidade espiritual; "Eu e Tu somos um". Essas concepções, que não são contraditórias entre si, constituem etapas sucessivas na realização espiritual, sendo a terceira e última alcançada quando a Pessoa Transcendental perde toda a consciência de si na união com o Supremo.

> *A suprema ocupação (darma) para toda a Humanidade é aquela pela qual os homens possam atingir o serviço devocional amoroso ao Senhor transcendental. Esse serviço devocional tem que ser desinteressado e ininterrupto para satisfazer o eu completamente.*[292]

Não deve ter sido nada fácil a um filósofo ao mesmo tempo ser um Kant e um Schopenhauer, defendendo a incerteza dos sentidos e a transitoriedade da nossa experiência. Para o sistema de Shankara a alma (atman) é una e imutável, no sentido de Ser como Ser. A mônada vital ou alma encarnada (*jiva*) é, em essência, o Eu (atman), o qual, acima das aparições fenomênicas, transitórias e mutáveis de nossa experiência empírica, não é outro senão o Brahman, a única e universal realidade eterna, além de toda e qualquer mudança, que é autoluminosa e sempre livre, definida como o "Um-sem-segundo" (*a-dvitiya*), "realmente existente" (*sat*), "puramente espiritual" (*cit*) e "absoluta beatitude" (*ananda*).[293] Apesar de não defender nenhuma forma ou explicação de uma divindade, Shankara acreditava no incognoscível, no que não poderia ser explicado, visualizado ou apresentado aos sentidos. Não existe, segundo Shankara, nenhum sentido de existência que conseguiria explicar o inexplicado, o incognoscível e o imaterial, mas se isso ocorrer será apenas a armadilha de Maya (ilusão) e avidya (ignorância). Shankara dispensa

> *[...] essas perdoáveis formas de fé popular, embora penetre em todos os templos e possa curvar-se a todos os deuses; sentido o ilusório da pluralidade e a monística de todas as coisas (daí o nome advaita – não dualismo – frequentemente dado à filosofia vedanta) ele adorará como ser Supremo o Ser-em-si – indescritível, iluminado, livre do espaço e do tempo, fonte e substância de toda a realidade.*[294]

---

292 Srimad-Bhagavatam, canto 1, livro 1; 2:6.
293 ZIMMER, H. *Filosofias da Índia*, p. 308.
294 DURANT, W. *Nossa herança oriental*, p. 369.

Em alguns pontos, a filosofia de Shankara é bem próxima do pensamento existencialista de Sartre e da teoria da Gestalt. A diferença é que a filosofia de Sartre atribui para "ser-em-si" apenas objetos e animais e para o homem "ser-para-si". O "Em-si" está tão integrado em seu mundo ecológico que não busca nenhuma tomada de consciência, transcendência ou conhecimento transcendental (conhecimento em-si ou de-si). Posso afirmar que este computador (ser-em-si) em que estou escrevendo essas linhas é simplesmente uma máquina. Mas, quando digo *minha crença* (seja ela religiosa, filosófica, científica, agnóstica ou ateia), estou me referindo à consciência de minha crença (ser-para-si). Essa consciência de crença é a possibilidade apresentada pelo homem do *cogito*, ou seja, de uma consciência de si. Nesse caso, a crença para existir precisa necessariamente do homem, podendo revalorizar-se quando perceber (em-si) a própria possibilidade de reflexão (para-si).

> *O Em-si é pleno de si mesmo, e não poderíamos imaginar mais totalidade, adequação mais perfeita do conteúdo ao continente: não há vazio no ser, a menor fissura pela qual pudesse deslizar o nada. O Em-si não pode fundamentar nada; ele se fundamenta a si conferindo a si a modificação do Para-si. É fundamento de si na medida em que já não é Em-si; e deparamos aqui com a coragem de todo fundamento. Se o ser-Em-si não pode ser seu próprio fundamento, o dos outros seres, fundamento em geral vem do mundo pelo Para-si. Não apenas o Para-si, como Em-si nadificado, fundamenta a si mesmo, como também surge com ele, pela primeira vez, o fundamento. O Para-si é o ser que se determina a existir na medida em que não pode coincidir consigo mesmo. Assim, a consciência não pode, de nenhuma forma, impedir-se de ser; e, todavia, é totalmente responsável pelo seu ser.*[295]

Essa reflexão não é algo destituído de sentido; é uma reflexão ontológica do próprio ser como encarnado e destituído de destino. Essa reflexão é como a história de um grande sábio do conhecimento que procurou um monge indiano em seu templo e lhe falou: "Mestre, estou deixando meus alunos e o conhecimento para morar no deserto. Não consigo ser flexivo e me perdoar quando passo conhecimentos errados aos meus alunos". O grande mestre disse: "Você pode fugir para o deserto, mas saiba que seus tormentos o acompanharão para sempre". O Sábio então perguntou: "O que devo fazer?". O Mestre olhou-o e disse: "Em primeiro

---

295 SARTRE, J.P. *O ser e o nada: ensaio de ontologia fenomenológica segunda parte*, cap. 1.

lugar erre mais na área do conhecimento para que você possa diminuir um pouco sua arrogância intelectual! Depois disso, você com certeza aprenderá a se perdoar". Se considerarmos esse Deus que Shankara acreditava como ser-em-si, podemos deduzir que este SER seria um "SER", por si sem depender em nada do para-si para existir, mas transcenderia a ele no tempo e espaço. Nesse particular, cai por terra toda teoria que afirme que Deus é apenas uma criação humana, produto da alienação do homem, para o qual esse transfere e projeta todas as suas esperanças e ideal de justiça que não consegue realizar e obter na Terra, como afirmou Feuerbach e posteriormente Marx e Engels.[296] No que se refere à Gestalt, o ser é visto como um todo em funcionamento e não em partes, pois quando olhamos uma árvore não vemos o tronco, as folhas, os galhos e os frutos separadamente em partes, vemos a árvore como todo sem divisões.

A armadilha de Maya
(Por Swami Vivekananda)[297]

Certa vez, Narada (um grande sábio) disse a Krishna: "Senhor, mostre-me Maya (Ilusão Cósmica)". Alguns dias se passaram e Krishna convidou Narada para um passeio pelo deserto e, depois de andarem algumas milhas, Krishna disse: "Narada, estou com sede; você pode trazer-me um pouco d'água?"."Partirei imediatamente, senhor, para buscar sua água". Assim, Narada partiu. Não muito longe havia uma aldeia; entrou nela à procura de água e bateu em uma porta, que foi aberta por uma linda mocinha. Ao vê-la, ele se esqueceu, imediatamente, que seu Mestre esperava pela água, talvez morrendo de sede. Esqueceu tudo e começou a conversar com a moça. Decorrido o dia todo, ele não voltou ao seu Mestre. No dia seguinte, lá estava ele de novo a conversar com a mocinha. A conversa transformou-se em amor; ele pediu a garota em casamento e eles se casaram e tiveram filhos. Passaram-se assim doze anos. Seu sogro faleceu e ele herdou sua propriedade. Vivia, como pensava, uma vida muito feliz com sua esposa e filhos, com seus campos e o gado e assim por diante. Então, houve uma enchente. Certa noite, o rio encheu-se até transbordar e

296 DONINI, A. *Breve história das religiões*, p. 19.
297 *A meditação e seus métodos*, p. 48.

inundar toda a aldeia. As casas caíram, homens e animais foram arrastados e afogados e tudo flutuava na violência da torrente. Narada teve de fugir. Com uma das mãos segurava sua mulher e com a outra, dois de seus filhos; outro filho estava em seus ombros e ele tentava atravessar aquela tremenda inundação. Após dar alguns passos, viu que a corrente estava forte demais e a criança que estava em seus ombros caiu e foi carregada pelas águas. Narada soltou um grito de desespero. Ao tentar salvar a criança, largou uma das outras, que também se perdeu. Finalmente, sua mulher, que ele agarrara com toda sua força, foi arrebatada pela torrente e ele foi arremessado às margens, chorando e soluçando com amargas lamentações. Atrás dele surgiu uma voz delicada: "Meu filho, onde está a água? Você foi procurar um bocado d'água e estou esperando por você. Já faz meia-hora que você partiu". "Meia-hora!", exclamou Narada. Doze anos tinham se passado em sua mente e todas essas cenas aconteceram em meia hora! É isso o que é Maya.

O pensamento que compõe a ioga: união da consciência empírica com a consciência transcendental, deriva da raiz *yuj* – que significa ligar; manter unido; atrelar; jungir –, que originou o termo latino *jungere*, *jugum* e o inglês *yoke* etc. O vocábulo *yoga* serve em geral para designar toda técnica de ascese e todo método de meditação. "Evidentemente essas asceses e meditações foram valorizadas de forma diferente pelas múltiplas correntes de pensamento e movimentos místicos indianos".[298] Não sabemos ao certo quem primeiro idealizou ou utilizou o sistema ioga; o que sabemos é que esse sistema de concentração introvertida aparece nos textos vedas, Upanishads, Mahabharata e no Bhagavad-Gita. A maior ascensão desse sistema, segundo conta a história, ocorreu no tempo de Buda, por haver conquistado sua iluminação por meio dessa técnica, embaixo da árvore de Bo (Bodhi – "despertar"). A tradição atribui a Patanjali a reunião das práticas e do sistema ioga, devido a seu famoso livro *Yoga-Sutra*, utilizado até os dias de hoje por aqueles que o praticam. O sistema da ioga trata da dinâmica do processo de livrar-se das ataduras e delineia as técnicas práticas para se obter a liberação (Moksa) ou "isolamento integração" (kaivalya).[299]

---

298 ELIADE, M. *Yoga – imortalidade e liberdade*, p. 20.
299 ZIMMER, H. *Filosofias da Índia*, parte III, cap. 2, item 1.

Para que ocorra com êxito, o verdadeiro estado de transcendência oferecida por esse sistema de meditação ou Raja-Yoga: "ioga real" – "união real", existem, segundo o pensamento indiano, oito estágios a serem seguidos.

1. Yama: morte do desejo. Essa primeira regra, para ser válida, exige do praticante cinco metas a serem observadas diariamente: ahimsa (não violência), para todos os seres vivos existentes, independentes de serem homem ou animal; satya (veracidade, honestidade e sinceridade); asteya (não roubar); bramacharya (vida em celibato) e a aparigraha (renúncia e desapego). O praticante ou discípulo somente consegue alcançar o yama nessas primeiras cinco fases, se realmente tiver "determinação e fé e não se desviar do caminho. Devem-se abandonar, sem exceção, todos os desejos materiais nascidos da especulação mental e desse modo controlar com a mente todos os sentidos por todos os lados".[300]

2. Niyama: disciplina particular. Vencido o primeiro estágio (yama), as metas seguintes são: suca – limpeza do corpo e da mente; santosa – contentamento e satisfação com o que lhe acontece; tapas – purificação, compreendendo austeridade e indiferença ao calor, frio, prazer, dor, fome e sede; svadhyaya – estudo dos textos sagrados, com memorização e recitação interior constante;[301] e svara-pranidhana – piedade.

3. Asana: postura específica do corpo, das mãos e dos pés.

4. Pranayana: domínio da respiração, por meio de controle e expansão ordenada. Com esse exercício, que parece ser o mais importante e difícil da ioga, além, é claro, da postura, o praticante precisa "esquecer tudo", salvo a respiração. Alcançando esse controle, aprenderá a sobreviver com um mínimo de ar possível, ficando, segundo alguns especialistas e praticantes desse sistema, em estado de poder ser perfurado com objetos cortantes sem que nada sinta e enterrado vivo por vários dias sem que nada lhe aconteça. Esse estágio, feito de forma correta, prepara o espírito do praticante para o vácuo que precede a absorção. Essa técnica de respiração (*pranayana*) está dividida em três fases: puraka - "preenchimento"; kumbhaka – "acumulação ou retenção" e recaka – "esvaziamento".

5. Pratyahara: abstração. Compreende a retirada das funções sensoriais do campo dos objetos externos para os internos, percebidos sensorialmente, para que fiquem em estado de repouso.

---

300 Bhagavad-Gita, 6:24.
301 Dhammapada, 183-185.

6. Dharana: concentração; a identificação ou ocupação do intelecto e dos sentidos com um objetivo apenas, excluindo-se tudo mais. "Quando, através da meditação intensamente controlada, o iogui controla dessa forma a mente, sua identificação ilusória com objetos, conhecimentos e atividades materiais se extingue bem depressa".[302]

7. Dhyana: meditação. Essa é uma condição quase hipnótica, resultante do Dharana, utilizado em quase todos os tipos de meditação, independente de serem do tipo ioga ou não.

> *Quando se tem tão intensificado o poder de dhyana, a ponto de poder eliminar a percepção exterior e permanecer meditando apenas na parte interior e seu significado, tal estado é chamado samadhi. Isto é, se a mente pode primeiro concentrar-se sobre um objeto, e depois tem capacidade para continuar nessa concentração por um certo período de tempo, para, pela concentração continuada, tratar apenas da parte interior da qual o objeto era o efeito, tudo vem a ficar sob o controle dessa mente.[303]*

8. Samadhi: absorção ou contemplação estática. Divide-se em dois tipos: savikalpa ou samprajnata – absorção dual, ou seja, o iogui tem plena consciência de si mesmo, dos objetos e estímulos que o cercam. Esse tipo de concentração é o mais comum em meditações, preces, orações e recitações. Nirvikalpa ou asamprajnata – absorção não dual, em que o intelecto perde a consciência de si próprio como ser separado; funde-se na totalidade e alcança a divina compreensão de todas as coisas no "Um-sem-segundo". Para os ioguis, se praticarmos essa técnica de forma correta, consciente e sinceramente, aquela paz que procuramos, e sempre nos foge, vem de si mesma.[304]

Há várias classes de ioga e que variam de acordo com o temperamento do praticante. Num sentido genérico, a ioga inclui: Karma-Yoga, Bhakti-Yoga, Jñana-Yoga e Hatha-Yoga.

- *Karma-Yoga* – sânscrito, como mencionado, significa ação ou efeito. Qualquer ação física ou mental é carma. O pensamento é um carma mental. O carma é a soma final dos seus atos, tanto nesta vida

302 Srimad-Bhagavatam, canto 11, livro 2; 14:16.
303 VIVEKANANDA, S. *Quatro yogas de autorrealização*, p. 30.
304 Dhammapada, 142, 144, 145, 378 e 379.

como nos nascimentos precedentes. Karma-Yoga é o caminho de compreensão de Deus através da dedicação dos frutos do trabalho ao Senhor (Bhagavad-Gita, 3 e 5).

- *Bhakti-Yoga* – devoção e suprema conexão com Deus. Bhakti é o supremo amor por Deus. Bhakti-Yoga é amor sem desejo de recompensa, a chamada ioga devocional. O praticante busca conhecer Deus para interagir com Ele. Segundo os preceitos filosóficos desse sistema, nossa natureza é *sat-cit-ananda, cit* – o conhecimento absoluto; *ananda* – bem-aventurança; e *sat* – eternidade, somos almas individuais eternas, plenas de conhecimento e bem-aventuradas. O devoto quer Deus e somente Deus; não há expectativas egoístas e tampouco medo; então, isso se chama Parama Prem Rupa. O devoto sente, crê, entende e imagina isso como seu Ishtam (tutor da deidade), em um oceano de Amor ou Prem (Bhagavad-Gita, 12).

- *Jñana-Yoga* – o caminho da realização espiritual mediante a busca filosófica e especulativa da verdade. Moksha é o *summum bonum* da vida. É a liberação de nascimentos e mortes. Ele é não aniquilação. É a aniquilação desse pequeno "Eu" (falso ego). Jñana é obtido pelo Conhecimento do Ser. Você terá que conhecer a verdade diretamente da experiência intuitiva.

- *Hatha-Yoga* – palavras *Há* (sol) e *Tha* (lua), cujo significado é atribuído a um sistema de exercícios corpóreos para ajudar a controlar os sentidos. Não se considera separado do Raja-Yoga.

> De acordo com a Raja-Yoga, o mundo exterior não passa da forma grosseira do mundo interior, ou sutil. O mais fino é sempre a causa, o mais grosseiro, o efeito. Assim, o mundo exterior é o efeito, o interior é a causa. Da mesma maneira, as forças interiores são mais finas. O homem que descobriu e aprendeu como manipular as forças interiores obterá o controle de toda a natureza. O iogui propõe nada menos do que dominar todo o universo, controlar toda a natureza. Deseja chegar ao ponto em que podemos dizer que as chamadas leis da natureza não terão influência sobre ele, que estará em condições de passar para além de todas elas. Dominará toda a natureza, interior e exterior. O progresso e a civilização dessa raça humana simplesmente significam o controle dessa natureza.[305]

---

305 VIVEKANANDA, S. *Quatro yogas de autorrealização*, p. 20.

Para alguns autores, essa complexidade apresentada transformou a ioga em um fenômeno coletivo e ao mesmo tempo universal, da mesma forma que a oração para a maioria das religiões. Entretanto, a ioga como sistema filosófico diferencia-se razoavelmente da técnica de ioga popular e de outros sistemas filosóficos (Bramanismo, Tantrismo, Alquimia etc.), que a Índia acabou assumindo como técnica universal.

> Em oposição aos darsana (ponto de partida), a ioga não é exclusivamente "um sistema de filosofia": ela exerce influência sobre grande número de práticas, crenças e aspirações pan-indianas. Está sempre presente tanto na tradição oral indiana como nas literaturas sânscritas e vernáculas. É claro que essa ioga proteiforme nem sempre se parece com o sistema "clássico" de Patanjali. Trata-se antes de estereótipos tradicionais aos quais se acrescentou, no decorrer dos tempos, um número crescente de práticas e crenças "populares", até que acabou se tornando uma dimensão específica da espiritualidade indiana.[306]

Apesar de pensarmos a ioga apenas como técnica meditativa e extrovertida, ela é, segundo o pensamento indiano e dos mestres ioguis, mais que isso: buscar a concentração e a postura correta e, por seu intermédio, a transcendência para a liberação (Moksa) do homem. Enquanto a filosofia Samkhya é racionalista e acredita que o homem é capaz de buscar a liberação através do conhecimento (prajna) empírico, sem a ajuda de nenhum deus, o sistema filosófico da ioga acredita em um deus, Isvara – especificamente Bhagavan, o controlador supremo (paramesvara). Ainda que não seja nenhum deus onipotente, onisciente, onipresente ou criador como se acredita no Ocidente ou em algumas partes do Oriente, este deus (Isvara) tem por objetivo maior impulsionar o indivíduo à busca ontológica de sua liberação através da técnica da ioga.

O que é meditação?
(Por Swami Vivekananda) [307]

O que é meditação? É o poder que nos torna capaz de resistir a tudo. A Natureza pode nos dizer: "Olhe, que coisa maravilhosa!". E eu

306 ELIADE, M. *Yoga – imortalidade e liberdade*, p. 95.
307 VIVEKANANDA, S. *A meditação e seus métodos*, p. 14.

não olho. Então, ela diz: "Que belo aroma! Sinta-o!". Eu digo ao meu nariz: "Não o cheire"; e o nariz me obedece. "Olhos, não vejam!". A Natureza faz uma coisa terrível – mata um de meus filhos e diz: "Agora, patife, sente-se e chore! Caia no buraco! Afunde!". Eu respondo: "Não farei isso". Eu me ergo. Devo libertar-me. Experimente fazer isso algumas vezes. Na meditação, por um momento, você pode modificar seu modo de ser. Agora, se você tem aquele poder dentro de si mesmo, não seria isto o céu, a liberdade? Esse é o poder da meditação.

Como alcançá-lo? De doze maneiras diferentes. Cada temperamento tem sua própria maneira. Mas este é o princípio geral: domine sua mente. A mente é como um lago e cada pedra que nele cai provoca ondas. Essas ondas não permitem que nos vejamos como somos. A lua cheia se reflete sobre a água do lago, mas a superfície está tão agitada que não vemos claramente seu reflexo. Fique calmo. Não deixe sua natureza provocar as ondas. Fique quieto e então, passado certo tempo, ela desistirá. E, então, saberemos o que realmente somos. Deus lá está presente, mas a mente é tão agitada, sempre a perseguir os sentidos. Você isola os sentidos e, mesmo assim, sua mente continua a girar, a rodar. Em dado momento me sinto bem e resolvo meditar em Deus e então minha mente viaja para Londres, em um minuto. E se consigo retirá-la de lá, ela voa para Nova Iorque, para pensar nas coisas que fiz lá, no passado. Essas ondas devem ser detidas pelo poder da meditação.

A ioga[308] através da história
(Por Mestre DeRose)[309]

Quando alguém diz que pratica ou ensina ioga, pode estar se referindo a uma infinidade de coisas diferentes e até mesmo antagônicas. Vamos garimpar a arqueologia filosófica da ioga para descobrir porque

---

308 Vide nota 208.
309 Fonte: uni-yoga.org.br – DeRose, doutor *honoris causa* pela Ordem dos Parlamentares do Brasil, reconhecimento do título de mestre em ioga (não acadêmico) e notório saber pela FATEA – Faculdades Integradas Teresa D'Ávila (SP), pela Universidade Estácio de Sá (MG), UniCruz (RS), Faculdades Integradas Coração de Jesus (SP), Universidade do Porto (Portugal) e Universidade Lusófona de Lisboa (Portugal). Comendador e notório saber em ioga pela Sociedade Brasileira de Educação e Integração. Comendador pela Academia Brasileira de Arte, Cultura e História. Grau de cavaleiro pela Ordem dos Nobres Cavaleiros de São Paulo, reconhecida pelo Regimento de Cavalaria 9 de Julho da Polícia Militar. Medalha de agradecimento da UNICEF da União Europeia. Introdutor da ioga nas Universidades Federais, Estaduais e Católicas do Brasil e em universidades da Europa. Criador da Primeira Universidade de Ioga do Brasil e Universidade Internacional de Ioga, em Portugal. Criador do primeiro projeto de lei em 1978 pela regulamentação dos profissionais de ioga.

testemunhamos nos dias de hoje tantas discrepâncias entre instrutores e escolas de linhas divergentes.

Origens

A ioga primitiva surgiu há mais de 5.000 anos em uma civilização matriarcal, de etnia dravídica. Cerca de 2.000 anos depois, foi assimilada pelos invasores patriarcais, de etnia ariana. A partir daí, durante 3.000 anos, a Índia foi arianizada, persificada, helenizada, islamizada, mongolizada e cristianizada por sucessivos colonizadores. Durante esses 5.000 anos de história surgiram mais de cem modalidades de ioga, pertencentes a quatro grandes grupos, com propostas diferentes e divergentes, conforme mostra o quadro a seguir:

CRONOLOGIA HISTÓRICA DA IOGA				
Divisão	**IOGA ANTIGA**		**IOGA MODERNA**	
Tendência	**Samkhya**		**Vedanta**	
Período	IOGA PRÉ-CLÁSSICA	IOGA CLÁSSICA	IOGA MEDIEVAL	IOGA CONTEMPORÂNEA
Época	Mais de 5.000 anos	Século III a.C.	Século VIII d.C. / Século IX d.C.	Séculos XX e XI
Mestre	Shiva	Patanjali	Shankara / Gôrakshanatha	Aurobindo
Literatura	Upanishad	Ioga Sutra	Vivêka Chudamani / Hatha-Yoga	Rámakrishna Vivêkánanda Shivánanda Chidánanda Krishnánanda Yôgêndra
Fase	Proto-histórica	Histórica		
Fonte	Shruti	Smriti		
Povo	Drávida	Árya		
Linha	Tantra	Brahmácharya		

Quadro extraído do livro *Yôga, mitos e verdades* (DeRose).

Vemos, assim, a divisão primária em Ioga Antiga e Ioga Moderna. Dali partem quatro grandes grupos.

Os quatro troncos da ioga

A Ioga Antiga é dividida em Pré-clássica e Clássica. Mesmo o Samkhya que fundamenta esses dois períodos é diferente. O Pré-clássico é fundamentado pelo Niríshwara Samkhya, ou "Samkhya sem-Senhor", e o Clássico, pelo Sêshwara Samkhya, ou "Samkhya com-Senhor". Este último é discretamente teísta, mas ainda não é espiritualista nem místico. A Ioga Moderna é dividida em Medieval e Contemporânea, ambas regidas pelo Vedanta.

A ioga mais antiga não é a clássica

Nesse ponto, detectamos um erro gravíssimo da maior parte dos autores de livros e professores de ioga. Declaram eles com frequência que a ioga mais antiga é a clássica, da qual ter-se-iam originado todas as demais. Nada nasce já clássico. Inicialmente surgiu a música primitiva, que precisou evoluir milhares de anos até que conquistasse o *status* de música clássica. A dança é outro exemplo eloquente. Primeiro surgiu a dança primitiva, que precisou evoluir milhares de anos até chegar a ser considerada dança clássica (seja Ballet Clássico ou Bharata Natya). E assim foi com a ioga. Primeiramente, nasceu a Ioga Primitiva, Pré-clássica, Pré-ariana, Pré-védica, Proto-histórica. Ela precisou se transformar durante milhares de anos para chegar a ser considerada clássica. Provado está que a Ioga Clássica não é a mais antiga, consequentemente, não nasceram dela todos os demais – a Pré-clássica, por exemplo, não nasceu dela.

Além dessa demonstração, nas escavações em diversos sítios arqueológicos foram encontradas evidências de posições de ioga muito anteriores ao período clássico e textos que precederam essa época já citavam a ioga. Mas como doutos escritores e mestres honestos cometeram um erro tão primário?

Acontece que a Índia foi ocupada pelos aryas, cujas últimas vagas de ocupação ocorreram em cerca de 1500 a.C. Isso foi o golpe de misericórdia na civilização harappiana, de etnia dravídica. Conforme registraram muitos historiadores, os aryas eram na época um povo nômade guerreiro sub-bárbaro. Precisou evoluir mil e quinhentos anos para ascender à categoria de bárbaro durante o Império Romano. A Índia foi o único país que, depois de haver conquistado a arte da arquitetura, após a ocupação ariana passou séculos sem arquitetura alguma, pois seus dominadores sabiam destruir, mas não construir, já que eram nômades e viviam em tendas de peles de animais.

Como sempre, "ai dos vencidos". Os arianos aclamaram-se raça superior (isso nos lembra algum evento mais recente envolvendo os mesmos arianos?), promoveram uma "limpeza étnica" e destruíram todas as evidências da civilização anterior. Essa eliminação foi tão eficiente que ninguém na Índia nem no mundo sabia da existência da civilização harappiana até o final do século XIX, quando o arqueólogo inglês Alexander Cunningham começou a investigar. Por isso, as Escrituras hindus ignoram a Ioga Primitiva e começam a história no meio do caminho, quando a ioga já havia sido arianizada.

Tudo o que fosse dravídico era considerado inferior, assim como o fizeram nossos antepassados europeus ao dizimar os aborígines das Américas e usurpar suas terras. O que era da cultura indígena passou a ser considerado selvagem, inferior, primitivo, indigno e, até mesmo, pecaminoso e sacrílego. Faz pouco mais de 500 anos que a cultura europeia destruiu as civilizações pré-colombianas e as aldeias de aborígines, e já quase não há vestígio das línguas (a maioria foi extinta), assim como da sua medicina, suas crenças e a engenharia que construiu Machu Picchu, as pirâmides, os templos e as fortalezas, cortando a rocha com tanta perfeição sem o conhecimento do ferro e movendo-as sem o conhecimento da roda.

Da mesma forma, na Índia, após mil e tantos anos de dominação ariana, não restara vestígio algum da extinta civilização dravídica. A ioga mais antiga? Só podia ser ariana! Descoberto o erro histórico há mais de duzentos anos: existira, sim, uma ioga arcaica, Pré-clássica, Pré-védica, Pré-ariana, muito mais completa, forte e autêntica, justamente por ser a original.

O criador da ioga Era Drávida

A tradição, as lendas e mesmo as Escrituras declaram que a ioga foi criada por Shiva. Só não confessam que Shiva era drávida. No entanto, chama-nos a atenção um pormenor artístico. Em todas as pinturas, Shiva é representado com a pele mais escura que os demais. As pessoas que aparecem naquelas representações pictóricas têm a tez clara, porém o criador da ioga é retratado com a cor violácea. Isso é bastante revelador, uma vez que os drávidas eram bem morenos, tinham olhos e cabelos negros, já os arianos eram originalmente louros, de pele e olhos claros. Depois, com 3.500 anos de cruzamentos raciais, deixaram de sê-lo. Hoje podemos encontrar saddhus nas montanhas, que cobrem com cinzas sua pele escura e ficam com a mesma cor violácea atribuída ao criador da ioga.

A origem das cartas para segmentação étnica

Foi justamente o conflito étnico que gerou a divisão da sociedade indiana em castas. O termo *varna*, usado para designar casta, pode ser traduzido literalmente como cor. É que os arianos "puros", encontrados atualmente entre os germânicos são, geneticamente, uma etnia muito frágil, de genes recessivos. Tanto que se miscigenarem com qualquer outra etnia, a descendência trará preponderantemente os traços dessa outra, cujos genes serão dominantes. Algo precisava ser feito urgentemente para que os guerreiros sub-bárbaros não se caldeassem com os conquistados. Essa medida foi o advento do sistema de castas que dividia a sociedade ariana por patamares de pureza racial para efeito hierárquico, bem como de heranças e de poder. Nas Américas não foi diferente. Índios, negros e mestiços não tiveram a aceitação dos europeus e seus descendentes. Tantos séculos depois, ainda não contam com uma perfeita integração cultural, social e econômica dos países em que vivem e aos quais emprestam sua contribuição. No entanto, impedir que os senhores cruzassem com suas escravas era uma empreitada inglória. Por isso, hoje, mesmo os de descendência e tradição ariana, ostentam os traços dos drávidas: pele escura, olhos negros, cabelos negros.

Ocorrera uma ironia do destino. Os aryas venceram pela espada e *extinguiram quase todos* os drávidas. Entretanto, os poucos sobreviventes venceram pelo sexo e extinguiram *todos os* arianos.

A Ioga Clássica formaliza a arianização

Cerca de 1.200 anos depois de instaurada a sociedade ariana na extensão de terra que passa a ser chamada Bhárata (os ocidentais chamam-na de Índia), nasce Patanjali, que codifica a Ioga Clássica, formalizando sua arianização. Novo erro crasso por parte dos escritores de livros sobre o tema: Patanjali é constantemente denominado "o pai da ioga". Perguntamos nós: como pode alguém ser pai de algo que já existia milhares de anos antes do seu nascimento?

Ioga Medieval: começa a vedantização da ioga

No século VIII d.C. Shankarácharya viaja incansavelmente pela terra dos Bháratas, para divulgar a filosofia vedanta, convertendo, ao longo dos anos, grande parte da população hindu. A partir de então, as pessoas convertidas, ao praticar ioga estariam professando obviamente uma ioga vedantizada. Surge a fronteira ideológica que passará a dividir a ioga em antiga e moderna.

A Hatha-Yoga é tântrica

No século XI d.C. Matsyêndranatha funda a Escola Kaula, do tantrismo (Kaulachara Tantra). Praticamente tudo o que existe de literatura tântrica no Ocidente é originário dessa escola. Seu discípulo Gôrakshanatha é quem funda a Hatha-Yoga.

A Ioga Contemporânea é Tantra-Vedanta

No século XIX começa a surgir um movimento de recuperação do Tantra Branco, Dakshinachara Tantra (bem mais antigo que o Kaulachara) e tem início a Ioga Contemporânea.

Upanishads

No que tange à literatura de cada período, Shiva, ao que consta, não escreveu. Talvez a escrita nem mesmo existisse. Mas fazemos constar na primeira coluna o tipo de Escritura denominada Upanishad, pois é onde se encontram as mais antigas referências à ioga.[310]

Yoga-Sutra

No século III a.C., o grande mérito de Patanjali foi o de perenizar a ioga mediante sua tese: Yoga-Sutra.[311] O grande demérito foi que oficializou-se como ioga algo que propunha uma postura comportamental contrária ao original. Deixa de ser tântrica para se tornar brahmácharya, seu oposto diametral.

---

310 Yôgashára Up, Yôgatattwa Up, Yôgakundaliní Up, Swetaswatara Up, Maitrí Up, Katha Up etc.
311 DEROSE. *Yoga Sutra de Pátañjali.*

Sutra pode significar cordão ou aforismo. Aforismos são ensinamentos cifrados em resumidíssimas palavras, somente inteligíveis para os iniciados naquela linha específica.

Vivekachudamani

No século VIII d.C., Shankara escreve sua obra *Vivekachudamani*, publicada no Brasil, na década de 1960 pela FEEU (Fundação Editorial Educacional Universalista). Trata, obviamente, de Vedanta.

Hatha-Yoga Pradipika

No século XI d.C., Gôraksha escreve seu livro *Hatha-Yoga*, modalidade que logo passa a ser perseguida por tratar-se de vertente tântrica em uma época de vigência brahmácharya. Todos os exemplares são destruídos e os seguidores desse ramo são torturados. Por medo do martírio, instala-se o censurável costume, que perdura até os nossos dias, dos praticantes desse ramo de ioga tântrica, o Hatha, declararem-se contra o tantra! O livro proibido de Gôraksha Natha, por sua vez, é reescrito de memória por um discípulo, décadas mais tarde, quando as coisas se acalmam. A obra passa a denominar-se *Hatha-Yoga Pradipika*. Só questionamos se os nossos discípulos também teriam a competência de reescrever nossos livros de memória e se conseguiriam preservar a autenticidade do que declaramos originalmente.

Mestres contemporâneos

Nos séculos XIX e XX surge uma nova geração de mestres, quase todos de linha Vedanta. Citamos vários, uma vez que não sabemos qual será considerado o mais expressivo mestre da Ioga Contemporânea. Só o saberemos daqui a uns duzentos anos ou mais. Na sua época, nenhum dos mestres foi considerado a maior autoridade do respectivo período histórico. Pelo contrário. Em seu próprio tempo, muitos foram atacados, difamados, perseguidos e torturados.

Quanto à literatura contemporânea, optamos por não mencionar nenhuma. Seria muito prematuro citar algum livro como o principal deste período, pois a bibliografia editada nesses séculos costuma deixar muito a desejar, a imagem da ioga passa a ser mais distorcida, e até caricaturizada em livros popularescos escritos por autores que não são autoridade – a maioria nem sequer é do ramo! É a era da *Yôga em 10 lições* e do *Cure sua mazela com a ioga.*

A Ioga Pré-clássica é Tantra-Samkhya

A Ioga Pré-clássica é a única vertente Tantra-Samkhya da História, isto é, matriarcal, sensorial, desrepressora e naturalista (não espiritualista). Sua designação completa é:

Dakshinacharatantrika-Nirishwarasamkhya Yoga

Esse nome é muito esclarecedor, já que define até os hábitos alimentares e sexuais do praticante, esclarece que o seguidor dessa corrente professa a liberdade, mas não usa fumo, álcool ou drogas, abomina o misticismo e cultua a Natureza.

Estudando o quadro sinótico completo, a seguir, compreenderemos que a ioga mais antiga é muito diferente de todas as que vieram depois. Como o estudante pode observar, a primeira coluna apresenta uma proposta comportamental tântrica, que é matriarcal, sensorial e desrepressora, e que a partir da chegada dos arianos passa a ser brahmáchárya, que é patriarcal, antissensorial e repressora. Em outras palavras, ocorreu a primeira grande deturpação da ioga, invertendo sua proposta original.

Correntes incompatíveis

Portanto, a primeira barreira é uma fronteira étnica, originada pela guerra entre os invasores arianos e os donos da terra, os drávidas. Trata-se de uma fronteira mais séria que a existente entre Samkhya e Vedanta, pois esta outra é apenas ideológica. A que divide a Ioga Pré-clássica das que surgiram depois é uma fronteira de sangue, que custou muita dor, torturas, mortes e escravidão. Foi tão intensa que ficou profundamente impregnada no inconsciente coletivo da Humanidade. Tanto que hoje, 3.500 anos depois, do outro lado do mundo, se um latino – que não é drávida nem ariano, que não estava lá e não tem nada a ver com o conflito – ingressa na ioga, inevitavelmente, involuntariamente, agrega-se a uma das duas vertentes e torna-se opositor à outra! Se sua opção foi pela ioga de raízes tântricas, vincula-se ao setor do inconsciente drávida;

ou, ao contrário, se sua opção foi pela ioga de raízes brahmácháryas, atrela-se ao do inconsciente ariano. Isso se nota imediatamente pelo fato de que o praticante torna-se fortemente antipático à outra tradição e começa a manifestar atitudes hostis com relação a ela.

A primeira reação que temos ao tomar contato com essa realidade é a de não aceitar o antagonismo e conciliar as duas correntes. Infelizmente, todos os que o intentaram foram tidos por ambas como duplos traidores. Quando o leitor estudar o tema egrégora, entenderá o motivo pelo qual um indivíduo é sempre o elo mais fraco, que se rompe ao tentar interferir com fenômenos grupais, especialmente se envolvem muitos seguidores, se a egrégora é antiga e já está consolidada. Esse assunto é suficientemente explanado no livro *Encontro com o mestre*.

Resumo histórico dos eventos que influenciaram a ioga

Pré-história – aborígines australoides
Proto-história – drávidas
História – arianos, gregos, persas, mongóis e outros povos

Influências étnicas e políticas	Datas (século)	Eventos que influenciaram a ioga
Civilização do Vale do Indo, também denominada dravídica ou harappiana.	+ de 3000 a.C.	Shiva cria a ioga. Na mesma época surgem o tantra e o samkhya.

---

312 Uma das razões mais proeminentes para que alguns pesquisadores ocidentais considerem a ideia de uma invasão ariana na Índia se dá em decorrência de sua má interpretação dos vedas, deliberada ou não, que sugere que os arianos eram um povo nômade. Uma dessas interpretações se deriva do Rg-veda, que descreve a batalha entre sudas e os dez reis. Essa batalha se compunha dos pakthas, bhalanas, alinas, shivas, vishanins, shimyus, bhrigus, druhyas, prithus e parshus, os quais lutaram contra os tritsus. Os prithus ou parthavas tornaram-se os pártias do atual Irã (247 a.C. – 224 d.C.). Os parshus ou pashavas tornaram-se os atuais persas. Tais reis, embora alguns descritos como arianos, eram, na verdade, arianos caídos, ou reis rebeldes e materialistas que haviam abandonado o caminho espiritual e sido conquistados por sudas. Eventualmente, houve uma degeneração do reinado espiritual nas áreas da Índia, e guerras tiveram de ser travadas a fim de restabelecer a espiritual cultura ariana nessas áreas. Estudiosos ocidentais facilmente poderiam – e de fato o fizeram – interpretar isso como significando uma invasão de um povo nômade chamado ariano em vez de simplesmente uma guerra em que os superiores reis arianos restabeleceram os valores espirituais e o estilo de vida védico-ariano. Isso nos leva às diferentes teorias que os estudiosos têm acerca das origens da sociedade ariana. Embora pareça evidente que uma sociedade ariana estivesse em existência no Vale do Indo no ano de 3100 a.C., nem todos concordam com as datas que Waddell apresentou para a invasão ariana na Índia; e se os arianos eram realmente invasores é duvidoso. Obviamente, diferentes visões acerca da arianização da Índia são defendidas por diferentes historiadores. Alguns estudiosos dizem que foi por volta do ano 1000 a.C. quando os arianos adentraram o Irã pelo norte e então ocuparam a região Indo aproximadamente em 800 a.C. Nesse cenário, os arianos teriam de ter entrado na Índia algum tempo depois disso. Outros dizem que foi entre 1500 e 1200 a.C. que entraram na Índia e fizeram os hinos que compõem o Rg-veda. Assim, alguns calculam que o Rg-veda deva ter sido composto por volta de 1400 a.C. (KNAPP, S. *A morte da teoria da invasão ariana*).

Começo da invasão ariana.[312] No mesmo período tem início a decadência da civilização dravídica do Vale do Indo, mas alguns historiadores declaram que isso foi coincidência, não tendo relação com a ocupação ariana.	± 2500 a.C.	Os guerreiros nômades arianos destroem as edificações da civilização do Vale do Indo, mas, como viviam em tendas, não sabiam construir cidades. Isso fez da Índia o único país que, depois de haver conquistado a arte da arquitetura, passou séculos sem arquitetura alguma.
Vaga final da ocupação ariana, após 1.000 anos de expedições militares e de colonização.	± 1500 a.C.	A ioga, o tantra e o samkhya sofrem discriminação, pois são considerados patrimônio cultural do povo que perdeu a guerra.
Recrudescem as medidas arianas para evitar a miscigenação racial com os drávidas.	± X a.C.	Surgem as castas (varnas).
	± VIII ao III a.C.	São escritos os Upanishads. Vários mencionam a ioga, o que prova sua existência antes de Patanjali.
Invasão persa.	± VI a.C.	Nascimento de Buddha.
Invasão grega (Alexandre Magno).	326 a.C.	
Depois das invasões persa e grega, os arianos atenuam suas restrições quanto à ioga.	± III a.C.	Patanjali escreve o *Yoga-Sutra*, formalizando a arianização da ioga.
Invasão dos hunos.	± V d.C.	
Invasão árabe.	VIII	Shankarácharya difunde o Vedanta. Começa a vedantização maciça da ioga.
A islamização, discretamente iniciada com a invasão árabe, vai instalar-se efetivamente com a próxima invasão.	XI	Gôrakshanatha cria o Hatha-Yoga. Tem início o costume de oferecer benefícios terapêuticos em troca da dedicação à ioga.
Invasão turco-afegã.	XII	
Invasão mongol (Gengis Khan).	XIII	
Invasão portuguesa.	XVI	
Invasão inglesa.	XVII	Começa a cristianização da ioga.
	XVIII	Começa a influência da ginástica britânica sobre a ioga.
Charles Masson (codinome de James Lewis) descobre as ruínas de Harappa.	1826	
O arqueólogo Alexander Cunningham encontra as ruínas mencionadas no diário de Masson.	1853	
Cunningham consegue fundos para as escavações, mas quando chega ao local ele já havia sido vandalizado.	1873	

A Índia passa a receber hordas de ocidentais interessados na ioga, mas que interpretam tudo errado, de acordo com seus paradigmas.	1970	Intensifica-se a deturpação da ioga no Ocidente, sob o comando da Califórnia. As demais culturas acatam sua atitude utilitarista, mesclante e mercantilista.
Apesar das descobertas históricas e arqueológicas, os professores de ioga insistem em ignorar que existiu uma ioga pré-clássica e persistem em afirmar que o ariano Patanjali é o "pai da ioga".	2000	Como reação contra a deturpação da ioga, DeRose lança uma ofensiva internacional de resgate da Ioga Antiga, em extinção.

Mantras

Possivelmente o leitor deve estar se perguntando: "Falou-se de várias filosofias indianas e esqueceram dos mantras?". Realmente, não conseguiríamos abordar ou discutir aqui todas as filosofias e pensamentos indianos. Mas, citaremos os mantras. Apesar de a palavra "mantra" ser de cunho oriental e significar "palavras sagradas", era utilizada inicialmente no zoroastrismo. Hoje, devido ao uso abrangente, emprega-se em todas as orações, preces ou recitações feitas por pessoas querendo alcançar um objetivo ou livrar-se de dificuldades. Um mantra é divindade dentro de uma estrutura sonora. Ele é o divino poder de Daivi Sakti, manifestando-se em um som corporal. O mantra é em si mesmo, Devata:

> Acredita-se que os mantras são palavras de poder que se tornaram eficazes por intermédio da reprodução, ou seja, da recitação. Palavras não faladas, isto é, escritas ou faladas por uma pessoa não qualificada, como um não zoroastrino (juddin), são mantras ineficazes.[313]

Um mantra é assim chamado porque é executado pelo processo mental. A raiz *man* da palavra advém da primeira sílaba da palavra, que significa "Pensar", e *tra*, de *trai*, que significa "proteger", ou "liberar", do cativeiro do samsara, ou do mundo fenomênico. Através da combinação de *man* e *tra* chega-se à palavra mantra.

O mantra, segundo aqueles que fazem uso dessa técnica meditativa e recitativa, possui um poder que desconhecemos e pode trazer consequências sérias se feito de forma inadequada. O mais conhecido e utilizado é a sílaba *OM*, recitada com os pulmões e a boca fechada, fazendo-se um som interno e repetitivo.

---

313 HINNELS, J.R. *Dicionário das religiões*, p. 162.

Esse som é OM; não o OM produzido pelos lábios, que é apenas uma sugestão mnemônica criada pelo choque da corrente de ar proveniente dos pulmões com os órgãos da fala, mas o OM fundamental da Criação, que é a própria Deusa como som. A meditação (dhyana), a recitação de fórmulas de encantamento saturadas com o poder da Deusa em forma de som (mantra), as eloquentes posturas das mãos e do corpo (mudra) e a colocação meditativa das pontas dos dedos e da palma da mão direita em diferentes partes do corpo (nyasa), tudo isso, acompanhado com a recitação de mantra, serve de auxílio nesse processo, bem como no de dar as boas-vindas ao deus que entra na imagem ou no yantra (diagrama ritual).[314]

A isca da iluminação
(Por Krishnamurti) [315]

Os sacerdotes ao redor do mundo, sejam cristãos, budistas, hindus ou tibetanos, sempre disseram que há a promessa de algo maior. Faça isso e você irá para o céu, e se não fizer, irá para o inferno. O que é interpretado na versão hindu de um modo é nas outras de outro, mas isso é irrelevante. Assim, nossas mentes estão fortemente condicionadas por algo diferente de "o que é". Esse algo é a Terra Prometida, a utopia, o Paraíso, a iluminação, o Nirvana, a Moksa dos hindus. Porque eu não sei o que fazer com isso, "o que é", todo o meu desejo é por aquilo.

Isso é colocado de diferentes modos: os comunistas querem um Estado perfeito, um ambiente perfeito. É o mesmo problema, a mesma questão, apenas em palavras diferentes – o amanhã. Então essa pode ser – perguntamos – uma das razões fundamentais por que os seres humanos não mudam, porque têm isso – o mais elevado princípio perfeito, chamado Brahman na Índia, ou Nirvana pelos budistas, Paraíso pelos cristãos, e assim por diante. Ou por causa do ideal perfeito, do homem ou da mulher perfeita. O que significa que "o que é" não é importante, mas o ideal perfeito é importante, o Estado perfeito é importante, o inominado é importante. Então não se preocupe com "o que é", não olhe para "o que é", mas traduza "o que é", em termos de "o que deveria ser". Assim, criamos essa dualidade: "o que deveria ser" e "o que é". E estamos dizendo que pode ser uma das principais razões por que os seres humanos não mudam.

---

314 ZIMMER, H. *Filosofias da Índia*, parte III, cap. 5, item 2, pp. 402-403.
315 Instituto Cultural Krishnamurti – Revista número 14 – Verão/2007.

Quando há essa divisão entre "o que é" e "o que deveria ser", o mais elevado, então há conflito, certo? Divisão entre o árabe e o judeu. Onde quer que haja divisão tem de haver conflito, essa é a lei. Então temos sido condicionados nessa divisão, a aceitar, a viver nessa divisão entre "o que é" e "o que deveria ser". "O que deveria ser" foi trazido porque eu não sei como lidar com "o que é". Ou "o que deveria ser" é visto como alavanca para se livrar de "o que é". Então isso é um conflito. Assim, por que a mente criou "o que deveria ser"? E por que não está totalmente preocupada com "o que é"? Por que a mente fez isso? Por que o pensamento fez isso?

O pensamento, se está de todo alerta, diz: "Isso é um fragmento, isso é transitório, aquilo é permanente". Isso "o que é" é transitório, e o pensamento criou o princípio mais elevado, que pensa ser permanente – o pensamento acha isso. Isso é impermanente, aquilo é permanente. Ambos sendo criações do pensamento. Certo? Deus, o Salvador – todos criados pelo pensamento "A isca de iluminação", "o que deveria ser".

Assim o pensamento criou essa divisão, e então diz: "Eu não posso resolver isto, mas vou abordar aquilo". Agora quando você vê a verdade disso, aquilo não existe. Apenas isso permanece. Eu me pergunto se vocês veem isso. O pensamento criou o ideal perfeito, o Estado perfeito, o Nirvana perfeito, a Moksa perfeita, o Paraíso perfeito, porque não sabe o que fazer com isso, com "o que é", com meu sofrimento, minha agonia, minha ignorância impenetrável. Você vê a verdade disso? Não concordância verbal, não aceitação, aceitação lógica, mas a verdade disso? Se você vir a verdade disso, então aquilo – o ideal, o perfeito – não existe. Porque você não sabe nada sobre ele, é meramente uma projeção do pensamento. E então você tem a energia para lidar com "o que é". Em vez de perder energia lá fora, você tem a energia para lidar com o que está acontecendo. Vocês veem a diferença? Oh, pelo amor de Deus! Vocês veem? Então vocês têm a energia para lidar com "o que é".

Então você tem de aprender como olhar para "o que é". A observar "o que é". Agora você já não tem mais a dualidade criada pelo "o que deveria ser", mas apenas "o que é". Vocês estão começando a ver as implicações disso? Quando não há "o que deveria ser", o princípio mais elevado, você tem apenas isso, que é um fato, e aquilo não é um fato. Então podemos lidar com fatos. Quando não há dualidade, há apenas uma coisa, digamos, por exemplo, a violência. Há apenas a violência, não a não violência. A não violência é "o que deveria ser". Então, quando você vê a verdade disso, há apenas violência, certo? Agora você tem a energia para lidar com essa violência.

O que é a violência? Violência: raiva, competição, comparação, imitação – imitação sendo eu sou isso, devo ser aquilo. Então a violência psicologicamente é comparação, imitação, várias formas de conformidade, essencialmente comparação – eu sou isso, devo ser aquilo – isso é violência. Não apenas atirar bombas, violência física, isso é algo bem diferente. É provocado pela nossa sociedade podre, imoral, não vamos entrar nisso.

Então há apenas essa coisa, violência. O que é importante nisso? Qual a natureza dela? Nós descrevemos, mais ou menos, o que é violência. Você pode não concordar com a descrição, mas sabe o que queremos dizer com violência – ciúme, raiva, ódio, irritação, arrogância, vaidade, tudo é parte da estrutura da violência, que vem com a figura, com a imagem que tenho e que é parte da minha imagem. Agora, como a mente pode ficar livre da imagem? Enquanto houver uma imagem, uma figura, tenho de ser violento. A figura é formada através da sensação, mais o pensamento e a imagem. Então, um ser humano compreende que enquanto houver essa imagem criada pela sensação mais pensamento, enquanto essa imagem – que sou eu – existir, tenho de ser violento. A violência significa "eu" e "você", "nós" e "eles". Assim a violência estará aí enquanto essa imagem existir. E essa imagem é sensação mais pensamento. E não há imagem se houver apenas sensação completa. E então nós podemos lidar com "o que é".

Vejam: estou irritado, ou odeio alguém – não odeio, mas tomaremos isso como um exemplo. Eu odeio alguém porque essa pessoa fez algo feio, machucou-me e tudo o mais. Minha resposta instintiva, sendo um ser humano razoavelmente inteligente, razoavelmente normal, é dizer: "Eu não devo odiá-lo, isso é ruim.". Eu agora tenho duas imagens: eu odeio, e eu não devo odiar. Duas imagens. Então há uma batalha entre essas duas imagens. E a pessoa diz: controle, suprima, modifique, não ceda – isso acontece todo o tempo enquanto houver duas imagens. E eu sei – compreendi isso muito profundamente – que as imagens são formadas por sensação mais pensamento. Isso é fato. Eu compreendi isso. Então eu deixo de fora o não ódio – vocês entendem? Tenho apenas esse sentimento de irritação, raiva, ódio. O que é esse sentimento criado através da imagem, por alguma ação de outrem? Você fez algo à imagem que sou. E essa imagem está ferida e a reação a essa ferida é a raiva. E se eu não tiver imagem, pensamento, sensação, se eu não tiver imagem, você não me toca – vocês compreendem? Não há ferir, não há ódio – que é "o que é". Agora eu sei, estou consciente do que fazer com "o que é".

Então eu descobri que os seres humanos não mudam porque estão desperdiçando sua energia, não mudam porque estão exercitando sua vontade, que eles julgam ser extremamente nobres, o que é chamado de liberdade de escolha. E, além disso, não sabem o que fazer com "o que é" e, portanto projetam "o que deveria ser", e talvez também porque aquilo, o Nirvana, a Moksa, o Paraíso, é muito mais importante do que "o que é". Esses são os bloqueios que impedem os seres humanos de mudar, essa é a razão porque não transformam radicalmente a si mesmos. Se compreenderem isso profundamente, com seu sangue, seu coração e com todos os seus sentidos, então verão que há uma transformação extraordinária sem o menor esforço.

6.5 Budismo

Pensamento filosófico-ético-religioso e ascético

Quando estudamos história das religiões, vamos percebendo o complexo mundo do sagrado que envolve a todos e a todas as manifestações religiosas do mundo, sejam de uma tribo ou as grandes religiões ditas universais. Para a historia das religioes, todos os mitos, crenças, ritos e símbolos possuem a mesma importância, por participarem do mundo do sagrado, e por implicar as noções de ser, de significado e verdade.[316] É nesse pensar e sentir que, como historiadores das religiões, perguntam por que o Budismo, sendo uma religião tão complexa, não é aceita pelos religiosos e estudiosos como uma das grandes religiões do mundo. Para alguns religiosos ocidentais, o Budismo parece distante, destituído de sentido do sagrado, ou que esse sagrado não vive em um mundo hierofanizado. Quando observamos outras religiões com olhos de religiosos apenas,

---

316 ELIADE, M. *Historia de las Creencias y las Ideas Religiosas*, vol. I, Introdução.

154

parece ser a resposta mais adequada. Como estamos em um país legitimado pelo pensar e sentir da religião judaico-cristã, toda a nossa cultura,
sociedade e identidade foram moldadas nesse referencial. Por isso,
quando alguns falam de grandes religiões ou das maiores religiões do
mundo, pensamos apenas no Judaísmo, no Cristianismo e algumas vezes
no Islamismo, esquecendo que existem outras formas de pensar o sagrado
com a mesma força e energia que pensamos no sagrado dentro do referencial religioso no qual fomos educados ou que acreditamos. Muitos se
esquecem de que o Cristianismo é uma religião de origem oriental que se
estabeleceu no Ocidente à base da espada. Quando não conseguimos pensar fora dos padrões religiosos que seguimos, todas as outras formas religiosas ficam esvaziadas do conteúdo sagrado que as cerca e preenche,
passando a ser valorizado apenas o nosso conceito de fé e salvação.

O Budismo é um pensamento filosófico-religioso, ético e ascético fundado pelo príncipe Sidarta (Objetivo Atingido) Gautamo ou Gautama
Sakyamuni (Sábio dos Sakyas), que viveu na Índia (Nepal), em aproximadamente 600 A.E.C. Sua estrutura de ensino, pensamento, análise da
vida e circunstâncias, bem como o modo de evitar a samsara ou múltiplos
renascimentos, surgiu na florescência dos pensamentos Sharamanicos e o
coloca em oposição à estrutura rígida e autoritária da antiga religião dos
vedas. O termo Buda não se refere a um indivíduo e sim a uma situação
e quer dizer: o iluminado, o despertado. A essência do Budismo está
contida nas quatro proposições que os fiéis seguem e denominam como
As Quatro Nobres Verdades [317]:

1) apresenta a dor (*dukkha*) como participante e ligada ao eterno fluir
das coisas;
2) mostra no desejo a causa da dor;
3) faz da renúncia ou anulação do desejo o único caminho de evitar a dor;
4) somente a retidão e a busca do homem búdico através do Nobre Caminho
Óctuplo (*magga*) serão capazes de auxiliar na estrada do Nirvana.

Sob a perspectiva da prática pode ser dito que o Budismo consiste de
três ensinamentos superiores (*adhisikkha*): a ética (*sila*), o desenvolvimento da mente ou meditação (*bhavana*) e a sabedoria (*pañña*). Todos esses três

---

317 Também chamadas Quatro Verdades Sagradas ou Quatro Verdades Maravilhosas.

elementos são essenciais para alcançar a libertação do sofrimento. Apenas um ou dois não será o bastante. Em linhas gerais, pode ser dito que a doutrina Budista contida no Tipitaka, ou "três cestos", está organizada para correlacionar-se com esses três elementos essenciais. Assim, o primeiro "cesto" da disciplina (*vinaya*), corresponde ao ensinamento da ética, os discursos (*sutta*), correspondem aos ensinamentos de meditação, já o terceiro "cesto", o ensinamento mais elevado (abhidhamma), corresponde aos ensinamentos da sabedoria. Com base nesse modelo, aqueles que têm como meta o objetivo máximo do Budismo deveriam, além do cultivo da ética e da meditação, aprender também algo do abhidhamma. O estudo do abhidhamma permite a formulação de uma estrutura filosófica prática que poderá ser empregada para vários fins: a investigação das experiências na prática da meditação de *insight* e a interpretação dos ensinamentos contidos nos outros dois "cestos", os *suttas* e o *vinaya*, cuja exegese em um nível avançado é guiada pelos princípios do abhidhamma.[318]

> *Bhikkhus, tal qual uma vareta que ao ser jogada no ar algumas vezes cai sobre sua base, algumas vezes cai sobre sua ponta; do mesmo modo, seres obstaculizados pela ignorância e aprisionados pelo desejo seguem transmigrando e perambulando. Algumas vezes eles vão deste mundo para outro, algumas vezes eles vêm de outro mundo para este. Por que ocorre isso? Porque não viram as Quatro Nobres Verdades. Quais quatro? A nobre verdade do sofrimento, a nobre verdade da origem do sofrimento, a nobre verdade da cessação do sofrimento, a nobre verdade do caminho que conduz à cessação do sofrimento. Portanto, bhikkhus, um esforço deve ser feito para compreender: "Isso é sofrimento". Um esforço deve ser feito para compreender: "Esta é a origem do sofrimento". Um esforço deve ser feito para compreender: "Essa é a cessação do sofrimento". Um esforço deve ser feito para compreender: "Esse é o caminho que conduz à cessação do sofrimento". (Sutta Pitaka-Samyutta Nikaya, LVI 33)*

Na edição anterior deste livro, talvez por zelo, deixei-me envolver por situações que antes acreditava e que, com o tempo, com as pesquisas e os estudos, abandonei.[319] Defendi que o Budismo não era uma religião ateia,

---

318 *Um ensaio sobre o abhidhamma*, introdução – distribuição gratuita.
319 Versão da edição de 2005. "Há afirmações que dizem ser o Budismo uma religião sem Deus, ateia. Este não era o pensamento inicial no século V E.C., quando se reconheciam vários deuses védicos com características exclusivamente *nibutta* (ideal), como Sakka, versão budista mais serena e humana do védico Indra" (LING, T. *História das religiões*, 2-35). A possibilidade de uma religião sem Deus deve ter surgido mais fortemente no século XIX, com os escritos de Nietzsche: *A gaia ciência* (1882); *Para além do bem e*

porém, estudando seus pensamentos calmamente, percebe-se que jamais acreditou ou pensou em um Ser Supremo. Ser Ateu (não crer em Deus) aqui não quer dizer desprovido de espiritualidade, como está hoje fincado, instituído e legitimado em nosso século XXI. Mas sim, desprovido de um deus ou ser supremo (não Deus). "Pensar que o Budismo crê em um Deus criador e regente do universo é um erro grave, já que o Budismo desde suas origens não admitiu e rechaçou em absoluto a existência de Deus".[320] O Budismo prega a autonomia existencial e a não dependência em deuses, santos ou quaisquer outros seres "superiores", compreende não somente o homem social, mas o homem búdico (iluminado), que corresponde à luta pela extinção de todos os vícios e imperfeições da cobiça, do ódio e da ilusão. Os cinco preceitos (leis) budistas são: não tirar a vida de qualquer ser vivo; não usar de falsidade; não se apossar do que não lhe pertence (roubar); não praticar má conduta sexual (ser casto) e não consumir bebidas alcoólicas e qualquer substância que cause entorpecimento da mente.

> Foi um erro, segundo Buda, procurar a base do eterno no indivíduo humano. Buda não negou existir algo eterno; apenas não se encontrava na temporária aglomeração de fatores físicos e psíquicos que produzem a aparência de um indivíduo. O que é permanente e estável deve ser procurado em outro lugar.[321]

Nessa análise do indivíduo, como em muitos outros pontos, o Budismo transcende, rejeita e se distancia consideravelmente do Bramanismo e das filosofias indianas. Para Buda, não existe um atman permanente que se transfere (samsara) para outro corpo com sua identidade. No pensamento filosófico-religioso indiano a reencarnação é uma necessidade lógica para a liberação (Moksa), evolução e o progresso do *Eu não egoico*. Para o Budismo, a reencarnação não é uma necessidade para a purificação, que se dá não por transmigrações da alma, mas pela busca da iluminação através da anulação do desejo.

---

do mal (1886); *A genealogia da moral* (1887) e o *Anticristo* (1888), dando nascimento à corrente teológica da morte radical de Deus. Possivelmente, alguns religiosos budistas – não compreendendo o verdadeiro homem búdico (*nibbuta*), demonstrado nas Quatro Nobres Verdades e nos cinco preceitos (leis) de não tirar a vida a qualquer ser vivo; não usar de falsidade; não se apossar do que não lhe pertence (roubar); não praticar má conduta sexual (ser casto) e não consumir bebidas alcoólicas e qualquer substância que cause entorpecimento da mente – tenham criado o estigma de uma religião ateia (sem deus) para o Budismo. Mesmo alguns pensadores eminentes se enganaram com relação ao Budismo. Max Weber afirmou ser o Budismo uma religião mística e associal e Durkheim, uma religião agnóstica.

320 TOLA, F.; DRAGONETTI, C. *Filosofia de la India*, p. 71.
321 LING, T. *História das religiões*.

555545555554

> *Se quisermos nos conhecer, não deveríamos somente conhecer os momentos em que temos* akusala cittas *ou* kusala cittas *(consciência acompanhada pelas três raízes insalubres – cobiça, raiva e delusão), mas também outros momentos. Se virmos algo feio desgostamos do que vemos. No momento desagradável há um* akusala citta *enraizado no* dosa, *aversão. Antes do desprazer, porém, há de haver um momento de mera percepção do objeto pelos olhos. Nesses momentos não há ainda* akusala citta, *mas um* citta *sem raízes* (hetu, em páli).[322]

Como Buda não acredita no atman individual, ou, conforme ensinou, o indivíduo é na verdade um afluxo de acontecimentos materiais e mentais, a reencarnação passa a ser um quarto escuro onde não sabemos se na próxima vida estaremos melhores ou piores. Nesse caso, como a roda do renascimento representa um grande risco, o melhor é evitá-la através da busca do homem búdico. As filosofias religiosas indianas aceitam o renascimento como forma de purificação, na qual o indivíduo, ao longo de suas várias vidas, irá melhorando pouco a pouco através de seu *kamma*.

> *Tanto as consciências saudáveis como as insalubres produzem* kamma, *ação volitiva ou intencional. Aquelas* cittas *ou estados de consciência que surgem através do amadurecimento ou fruto de* kamma *são chamadas de resultantes* (vipaka). *Elas constituem uma terceira classe de* citta *distinta das duas primeiras, uma classe que compreende tanto os resultados de* kamma *saudável como insalubre. Deve ser compreendido que ambos os* kamma, *saudável e insalubre, assim como seus resultados, são puramente mentais. Kamma é a ação intencional volitiva associada às* cittas *saudáveis ou insalubres; seus resultados ou frutos são outras* cittas *que vivenciam a maturação de* kamma.[323]

O Budismo nega que seja preciso participar da samsara para progredir. A diferença *sine qua non* entre as filosofias indianas e o Budismo é que as primeiras aprovam o renascimento como ordem natural das coisas e o Budismo ensina que é preciso evitá-lo utilizando métodos adequados ensinados pelo Buda.

O pensamento e a pergunta mais comum quando se fala ou se ensina sobre o Budismo é a seguinte: por que não se tornou a religião oficial indiana? Quando estudamos uma filosofia complexa como essa, percebemos

---

322 Abhidhamma, cap. 8 – tradução: Francisco José Penteado dos Santos.
323 *Um ensaio sobre o abhidhamma*, p. 7 – distribuição gratuita.

como nossos sentidos e principalmente os condicionamentos sociais interferem em nossos julgamentos. O Budismo não se tornou a religião oficial da Índia em razão da complexidade do pensamento que Buda apresentava e das divisões de suas bases em várias escolas, destacando-se duas que veremos mais adiante. "O próprio Buda não tinha a intenção de ensinar o que não podia ser ensinado". Mas a pedido de Brahma, que o convenceu de que no mundo existiam pessoas aptas a compreender seus ensinos, decidiu ensinar para alguns privilegiados a difícil doutrina do "despertado".

> Dir-se-ia que Buda não foi um instrutor para as multidões, mas, um mestre para os mestres da Sabedoria Divina. Como consequência, nenhuma doutrina foi mais desfigurada e impregnada que a dele, cuja metafísica, altíssima e extremamente abstrata, não podia ser assimilada, a não ser pelos espíritos avançados na ciência divina. Assim, o Nirvana búdico é, para as multidões, o repouso absoluto do nada. Crendo proferir uma grande verdade, alguns o chamavam de "o messias ateu do Hindustão", "o defensor do nada", "o fantasma espectral da ideia sem realidade possível em parte alguma".[324]

Por causa dessa complexidade, encontramos essa filosofia cingida em milhões de pensamentos ou em alguns casos transformada em Budismo mais popular (tântrico), que será explicado logo mais. Essa dificuldade de entendimento está na própria estrutura da doutrina, sendo o próprio Buda chamado de "sábio silencioso". Por mais que queiramos entender e descobrir sobre esse mestre, ele está acima do que possa ser dito e ensinado.[325]

Após sua morte, a ordem budista se dividiu em muitas escolas, sendo que prevaleceu a escola hinayana (pequeno veículo ou barca) ou theravada (ensinamento dos anciões), e a escola filosófica mahayana (grande veículo ou barca), por seu destaque. Essa última opõe-se à primeira, que afirma que o conhecimento só deve ser ensinado àqueles preparados. O surgimento do movimento mahayana data do século I e perdura na Índia até o século XII, quando desaparece no país onde se originou, pelo menos, até meados do século XX, em que se esboça um movimento de renascimento popular do Budismo. A ordem mahayana prega que o conhecimento secreto e objetivo da doutrina é o estado búdico universal de todos os seres.

---

324 ALVAREZ, J.R.L. *Harpas eternas* I, p. 116.
325 Dhammapada, XIV. Do Buda (O iluminado).

Isso ocorre em oposição à doutrina mais antiga chamada theravada, na qual, embora se revele uma maneira eficaz de obter a liberação individual, o estado búdico é considerado objetivo alcançado por apenas alguns através do ciclo das eras.[326]

A distinção real é que a escola mahayana aceita que o ensino pode e deve ser dado a todos, ou seja, todos têm as fagulhas de Buda; é só questão de tempo. Já a escola theravada define que o conseguirão somente aqueles que estiverem certos da ordem, ou seja, nem todos um dia serão Budas.

O movimento popular mahayana durou até o século XII na Índia, mas um pouco antes, no século VII desenvolveu-se o chamado Budismo esotérico, também conhecido como Budismo tântrico ou vajrayana (veículo do diamante). Apesar de o Budismo primitivo desaconselhar práticas esotéricas de magia, profecias, telepatias, mediunidades em geral e preces repetitivas, o movimento mahayana mostrou-se tolerante em relação a todas as teorias vinculadas aos mantras, preces, recitações prolongadas, fórmulas mágico-religiosas que possibilitavam a concentração mental e buscas metafísicas. Essa corrente afirmava que seus ensinamentos se fundamentavam na pregação do Buda mahavairocana, que é a essência do real absoluto manifestada em forma de um Buda. Eles admitiam um imenso panteão de budas, bodhisattvas, deuses e demônios, considerados emanações do Buda mahavairocana e representados frequentemente em complexos diagramas denominados mandalas. Acredita-se, ainda, que todos os seres humanos possuam, originalmente, a natureza búdica e que, para atingir o estado de Buda, aqui e agora, bastaria iniciar-se na doutrina esotérica através de um mestre autorizado e, sob sua orientação, praticar a ioga dos Três Segredos: gestos simbólicos (mudras), recitação de mantras mágicos e concentração em imagens e símbolos do panteão búdico esotérico. É essa corrente que originará o Budismo tibetano, no século VII, e a escola shingon, difundida na Mongólia, China e Japão. Veja mais detalhes do assunto em: *O budismo do ponto de vista de um leigo.*

Para aqueles que têm dúvidas sobre o Budismo no Japão, ele chegou ali vindo da Coreia, aproximadamente em 600 da nossa era, no governo de Shotoku. Ele se tornou imperador do Japão em 593 e reinou por quase

---

326 ZIMMER, H. *Filosofias da Índia*, p. 339.

trinta anos, instituindo nesse tempo o Budismo como religião oficial do Estado. Seus feitos e ideias políticas são recordados não apenas como estadista, mas acima de tudo porque defendia, vivia e os exemplificava dentro da política budista.[327] Na China, o Budismo aparece aproximadamente no ano 1 E.C., transformado em zen. Na Índia, a filosofia búdica continuou sua *pada* (senda), mas com o tempo e em razão de sua complexidade filosófica, transformou-se em tantrismo.

> *O Budismo sabia que degeneraria, que o mundo se tornaria cada vez mais espesso, obscuro, mais contaminado, e que o caminho do Buda se tornaria irrealizável. Tal era a doutrina pan-indiana, não budista, dos ciclos cósmicos e da decadência acelerada no último yuga. Por essa razão o tantrismo como pensamento místico e das massas leigas acabou por se impor como a mensagem por excelência do kali-yuga.* [328]

Yugas são ensinados e explicados por várias escolas de pensamento védico. Os yugas foram possivelmente a reunião de partes de textos escatológicos pré-védicos (7000 a 4500 A.E.C.), que mostram o fim do mundo ou de uma era de forma pavorosa e terrificante. Como toda literatura escatológica é sempre uma literatura de crise; o Budismo de Sakyamuni não participa desses pensamentos, por serem de estrutura védica. Apesar de a estrutura ideológica do Budismo ser de identidade social aparentada dos vedas, no que se refere ao carma, darma, múltiplos renascimentos, homens iluminados, demônios, mundos espirituais elevados, mundos demoníacos, Buda deixa claro que seus pensamentos são totalmente contrários aos pensamentos e ensinos dos vedas, principalmente no que se refere aos deuses e semideuses.

O Budismo tibetano, também chamado de vajrayana ou lamaísmo, é um pensamento filosófico-ético-religioso reinante em grande parte do Tibete. Surgiu em meados dos séculos VI e VII, revalorizado a partir dos pensamentos mahayana e xamânico. Esse pensamento está associado aos cultos populares, locais sagrados, palavras "mágicas", mantras em forma de orações e ao tantrismo. Responsável espiritual pelo Budismo tibetano é o monge Dalai-Lama (do mongol *dalai*, "oceano", e do tibetano *blama*, "mestre" ou "superior"). O Dalai-Lama é o título de uma linhagem de

---

327 Dhammapada, cap. VI (O Sábio).
328 ELIADE, M. *Yoga – imortalidade e liberdade*, p. 170.

líderes religiosos da escola gelug do Budismo tibetano, tratando-se de um monge e lama, reconhecido por todas as escolas tibetanas do Budismo. Também foram os líderes políticos do Tibete entre o século XVII até 1959, residindo em Lhasa. O Dalai-Lama é também o líder oficial do governo tibetano em exílio, ou Administração Central Tibetana. Lama é um termo geral que se refere aos professores budistas tibetanos. O atual Dalai-Lama é muitas vezes chamado de "Sua Santidade" por ocidentais, embora esse pronome de tratamento não exista no tibetano, ou seja, não é uma tradução. O vajrayana (veículo do diamante) surgiu por volta do século V nas regiões nordeste e noroeste da Índia de uma divisão do mahayana. Esse movimento também é conhecido como veículo do tantra (tantrayana) e do mantra (mantrayana). O vajrayana é uma forma específica de Budismo mahayana difundido pela Ásia Central, Tibete, Nepal, Butão, Mongólia, China e Japão (onde é chamado de mikkyô, "ensinamento secreto ou ensinamento esotérico"). Através da Mongólia, o Budismo tibetano também chegou ao sul da Rússia, hoje dividido em repúblicas autônomas no Cáucaso (Kalmykia) e na Sibéria (Buryatia e Tuva). Por muitos séculos o Tibete permaneceu isolado, incorporando as filosofias e o monasticismo do mahayana e as crenças nativas da religião Bön, desenvolvendo com o tempo sua forma única de Budismo, o vajrayana. Sua presença não se restringe ao Tibete, mas vigora em toda a região do Himalaia, no norte da Índia (Ladakh, Zanskar, Sikkhim), no Butão, no Nepal, na Mongólia, na Ásia Central, na China (Xinghai, Gansu, Yunan e Sichuan) e em repúblicas autônomas do sul da Rússia – especificamente no Cáucaso (Kalmykia) e na Sibéria (Buryatia e Tuva). Após seus primeiros contatos com o mundo exterior, o forte simbolismo tântrico do Budismo tibetano fez com que fosse considerado uma forma deturpada dos ensinamentos de Buda. Nas últimas décadas, porém, com o êxodo de seus lamas para outros países, o conhecimento sobre o Budismo tibetano tem aumentado e os estudiosos passaram a vê-lo de outra forma. As origens históricas do vajrayana são bastante obscuras. No século II, vários textos do Budismo mahayana já continham preces curtas chamadas mantras, assim como preces longas chamadas dharanis. Os mantras e dharanis são compostos por sequências de sílabas que, apesar de não necessariamente terem significado, são considerados extremamente poderosos. Essas orações devem ter sido precursoras da recitação de mantras no Budismo vajrayana, influenciado pelos fundamentos filosóficos da escola hindu mimamsa. As práticas devocionais, a recitação de sutras e a invocação dos nomes de budas e bodhisattva já eram bastante comuns no Budismo mahayana, assim como as práticas de visualização de budas e bodhisattvas em suas terras puras.

Às vezes o hinayana, o mahayana e o vajrayana são contados como três veículos distintos:

I. Sutrayana (veículo do sutra) ou hetuyana (veículos da causa)	
1. Hinayana (pequeno veículo), hoje melhor qualificado como theravada.	Enfatiza as Quatro Nobres Verdades, o Nobre Caminho Óctuplo, as Três Marcas e os Doze Elos da Interdependência.
2. Mahayana (grande veículo), bodhisattvayana (veículo dos bodhisattvas) ou paramitayana (veículo das perfeições).	Enfatiza a bodhichitta (a mente altruísta da iluminação) e a conduta bodhisattva (ser da iluminação), que trabalha pelo benefício de todos os seres através da compaixão e da sabedoria sobre a vacuidade dos fenômenos, ou shunyata.
II. Tantrayana (veículo do tantra) ou phalayana (veículo do resultado)	
3. Vajrayana (veículo do diamante), tantrayana (veículo do tantra) ou mantrayana (veículo do mantra).	Enfatiza a natureza búdica pura de todos os seres scientes e a transformação das emoções negativas em sabedoria.

Chamar o Budismo tibetano de lamaísmo é errado porque ele não foi inventado pelos lamas tibetanos. Quando nos deparamos com um ponto importante, sempre citamos um confiável mestre indiano. Esse método de autenticação de um ponto ou questão em particular pela citação de textos indianos como autoridade final foi tão amplamente aceito que, em alguns casos, visões são recusadas por não se basearem em nenhum texto indiano autêntico (DALAI-LAMA. *Amor, verdade e felicidade*).[329]

O Budismo tântrico, "arte do amor sagrado", surgiu na Índia, aproximadamente no século VI ao XI da nossa era, conhecido inicialmente como mantrayana, sendo mantra (palavras ou cânticos sagrados) e yana (veículo de salvação) – e constitui-se como pensamento mais popular revestido de símbolos-mágico-religiosos. O tantra – da raiz sânscrita *tan* que significa estender, continuar, multiplicar em sentido pleno, quer dizer *sucessão ou desenvolvimento em processo contínuo*[330] – é um movimento

---

329 Fonte: *Dharmanet.*
330 ELIADE, M. *Yoga – imortalidade e liberdade*, cap. 5.

em que o discípulo precisa estar atento aos movimentos do Universo, de seu interior e procurar transcender a imanência comum, escapando à reencarnação (*samsara*).

> *Que procurem a liberação aqueles que sofrem as contingências do samsara: o devoto perfeito não sofre, pois pode experimentar a vida e o Universo como revelação daquela suprema Força Divina* (Sakti) *da qual está enamorado, o Ser Divino, que tudo abarca em seu aspecto cósmico de jogo* (lila) *sem finalidade, que precipita tanto a dor quanto a alegria, mas que em sua bem-aventurança transcende ambos. Ele está repleto da loucura sagrada desse "amor extático"* (preman) *que transmuta o Universo.* [331]

O tantra pertence à tradição budista leiga, que acredita existir três tipos de seres humanos: não adeptos; adeptos e superadeptos, todos esperando ser recompensados por uma boa palingenesia, ou, se possível, escapar dessa possibilidade de existência. O pensamento tântrico acredita que por haver diferentes tipos de homens, existem uma infinidade de aspectos e práticas religiosas, para auxiliá-los na busca do sentido de existência e de mundo. Para o pensamento tântrico e indiano, cada homem estaria, dentro de seu desenvolvimento espiritual, associado ao aspecto religioso que o preenche. Nesse caso, não adiantaria forçar um homem, cuja mente está repleta de símbolos religiosos cristãos, a praticar, estudar ou entender o sentindo transcendente do tantrismo ou de qualquer outra forma religiosa existente. Claro que esse aspecto não exclui a possibilidade de que ele transcenda sua imanência e busque novos horizontes para sua fé, ou mesmo conheça o diferente para respeitá-lo.

O tantrismo diferencia-se gradualmente do Budismo e do Jainismo quanto à busca da iluminação. Enquanto eles incluindo o Budismo tântrico – pregam a renúncia quase absoluta dos prazeres (*kama*) terrenos, classificando-os como Maya (ilusão), o tantrismo prega que não existe a necessidade de nos agredirmos interiormente, bastando ao devoto ter consciência que esses prazeres existem e podem ser desfrutados de forma equilibrada. "O tantrismo é uma forma de expressão religiosa saturada de aspectos esotéricos, nos quais se desenvolveu um verdadeiro vocabulário 'oculto', cujos ensinamentos são mantidos pelos *Passus*". [332]

---

331 ZIMMER, H. *Filosofias da Índia*, p. 394.
332 *Passus* – membros de uma seita tântrica dos séculos VI ou VII. Para ser mais preciso, eram os membros de uma escola budista tibetana de uma seita tântrica, denominada Chapéu Cor de Papel. Eles tinham

Podemos dizer que o tantrismo favoreceu a volta do Hinduísmo popular e a crença na deusa Mãe com suas diversas personalidades: Devi, Durga, Kali, Parvati, Uma, Padma, Candi, Tripura-Sundari etc. É difícil saber quem iniciou ou se realmente houve um responsável direto por tal movimento, conhecido também como vajrayana (veículo indestrutível), associado às escolas mahayanistas e yogacara (praticantes de ioga), fundado possivelmente por Maitreyanatha, no século III da nossa era. Não podemos afirmar, como em quase tudo em nossa vida, se realmente houve apenas uma ou mais pessoas responsáveis pelo desenvolvimento do tantrismo na Índia. O que se deduz aqui é que houve uma revalorização das antigas hierofanias indianas, supostamente "esquecidas", sendo aceitas novamente através de um "novo" culto, como acontece na maioria das vezes em todas as religiões do mundo. Revalorização do sagrado – "experiência do sagrado" não quer dizer, em hipótese nenhuma, uma degradação do culto ou do processo religioso, mas um novo sentido para a fenomenologia religiosa desse culto ou mesmo de sua existência.

Como se afirmou anteriormente, não conhecemos os iniciadores de tal pensamento, mas podemos falar de seu maior divulgador e mestre, que é Ramakrishna.

> A atitude de Ramakrishna representou, em síntese, a afirmação hindu de que todas as formas de fé em Deus são diferentes vias para o mesmo fim. Isso pode chamar-se universalismo, mas universalismo hindu, pois provém de pressupostos tipicamente hindus sobre a unidade subjacente à multiplicidade e sobre a natureza relativa de todos os credos formulados.[333]

Uma das maiores críticas que Ramakrishna fazia às religiões aceitas no Ocidente era acerca da culpa e do pecado. Uma vez, conversando com Vivekananda, seu discípulo, e alguns cristãos, ele disse não conseguir entender como conseguiam seguir um Evangelho que a cada linha falava apenas de culpa e pecado. Ramakrishna costumava afirmar que se o homem acreditar e repetir para si mesmo que é um pecador, com o tempo passa a acreditar que não é nada mais que isso. Mas quando acredita e pratica a técnica da meditação introvertida (ioga), acompanhado por um guru (lama, em tibetano), passa a sentir-se como um verdadeiro ser, tocado pela luminosidade de Brahman (o Absoluto, o Supremo, a Essência do Universo,

práticas ocultas e de natureza sexual (TINOCO, Carlos A. As upanishads, p. 76).
333 LING, T. História das religiões, p. 24.

de onde tudo emana e ao qual tudo volta) e está repleto de Sakti (energia) do Todo-Poderoso. Quando os ocidentais lhe perguntavam por que os indianos não se alimentavam de carne, Ramakrishna, apoiado em seu saber, respondia:

> [...] vou explicar esse pormenor dentro de seu próprio livro sagrado (Bíblia). O quinto mandamento é claro quando diz"não matar", correto? Sendo todas as criaturas criadas por Deus, essa lei inclui nossos irmãos animais. E disse Deus ainda: Eis que vos tenho dado todas as ervas que dão semente e se acham na superfície de toda a terra e todas as árvores em que há fruto que dê semente; isso vos será para mantimento. (Gênesis, 1:29)

Um dos termos mais utilizados dentro do Budismo e aceito com o tempo pelas filosofias indianas é o darma: em sânscrito, *dharma*, em páli, *dhamma*. Na filosofia indiana, significa a verdade sobre o viver correto, ensinamentos, textos, doutrina, virtude, lei, retidão e tudo o que estiver associado à religiosidade, sendo o único caminho de nos livrar da dor e dos problemas existenciais deste mundo de opressão e angústia.

> O darma é, ele próprio, ontologicamente anterior ao Buda, que é também a expressão ou a manifestação histórica. Budas aparecem, a intervalos, no decorrer do tempo; eles vêm e vão, mas o darma continua para sempre. Uma vida vivida consoante à verdade, ensinada pelo Buda, é uma vida caracterizada pelo darma, isto é, retidão. O darma, descoberto e proclamado pelo Buda, é sumariado nas Quatro Nobres Verdades. Darma como objeto da mente pode ser qualquer coisa do passado, presente e futuro, corpórea ou mental, condicionada ou não, real ou imaginária.[334]

Sutta Pitaka – Sutta Nipata V. 1: As perguntas de Ajita

Ajita: – Pelo que o mundo está encoberto? O que faz com que o mundo seja tão difícil de ser visto? Com o que, você diz, ele é poluído? Qual é a maior ameaça no mundo?

O Buda: – O mundo está encoberto pela ignorância, Ajita. O desejo direcionado na direção errada e a negligência fazem com que o mundo seja tão difícil de ser visto. Ele é poluído pelo desejo e a grande fonte de medo é a dor do sofrimento.

Ajita: – As torrentes fluem em todas as direções. Como são represadas, diga-me como contê-las, e como enfim elas serão bloqueadas?

---

334 Dhammapada, glossário, pp. 246-247 e posfácio, p. 259.

O Buda: – Quaisquer torrentes que existam no mundo é a atenção plena que as represa e contém, e é através da sabedoria que elas, por fim, serão bloqueadas.

Ajita: – É apenas sabedoria e atenção plena. Agora a mentalidade-materialidade, venerável senhor, explique isto: onde ela cessa?

O Buda: – Essa é a resposta à sua questão, Ajita: com a cessação da consciência a mentalidade-materialidade cessa.

Ajita: – Aqueles que compreenderam completamente o *dhamma*, aqueles em treinamento e os outros indivíduos aqui, explique-me como se comportam.

O Buda: – Sem cobiçar os prazeres sensuais e com uma mente pura e tranquila, um bhikkhu deve permanecer com a atenção plena, hábil em todas as qualidades mentais.

Segundo a filosofia indiana, existem *quatro metas na vida*, sendo o darma, a terceira:

1) *Artha*: refere-se às posses materiais e à acumulação de bens. Quando o homem se fixa no gozo dos sentidos (falso ego) e vive a correr atrás de posses materiais, sua consciência fica turva pelo desejo e ele se esquece do verdadeiro benefício que os bens materiais podem fornecer, que é a evolução e o crescimento espiritual e não a prisão dos sentidos.[335]

2) *Kama*: simboliza o prazer (gozo dos sentidos). Fazendo uma comparação com a religiosidade grega, seria o cupido ou Eros. Sobre essa segunda meta, há um livro escrito por Vatsnyayana entre os séculos V e II A.E.C. de nome *Kamasutra*. Infelizmente, esse livro chegou aos ocidentais distorcido de sua origem, como forma de licenciosidade e não como uma representação de amor e união, como queria o autor. Na época em que foi escrito, os casamentos na Índia eram realizados com pagamentos de dotes, gerando ganância e puro interesse financeiro. A ideia do autor era escrever um livro para os amantes que realmente quisessem melhorar sua relação com o outro e não apenas um roteiro de posições sexuais como aparece na maioria das vezes aos ocidentais.

3) *Darma*: como foi dito antes, abrange todos os deveres éticos, morais e religiosos do homem, constituindo a espinha dorsal de todos os cultos religiosos do mundo. Com o tempo, transformou-se, para o pensamento

---

335 Srimad-Bhagavatam, canto 11, livro 2, 19:26.

indiano, na doutrina ideal dos deveres de cada indivíduo perante a sociedade, norteando através desta lei toda a ação moral. Todos os objetivos que alguém procura na vida cabem em quatro categorias: segurança, prazer, darma e liberação. Os desejos de riqueza, segurança e de prazeres sensoriais são compartilhados por todos os seres vivos. Quando se trata de animais, a busca desses bens é governada pelo instinto. A vaca masca a grama por instinto, não por escolha. Toda ação envolve escolha de finalidades e meios para atingir um dado objetivo. Cada um pode agir em harmonia com sua natureza, em contato com outros indivíduos ou dentro da sociedade, ou pode não fazê-lo. Assim, para o ser humano, são valores que governam as ações ou a busca de segurança e prazer. Uma vez que valores são sujeitos a variações e mudanças, cada um deve ter um conjunto de linhas de conduta que governe os seus. Esse conjunto – ética – é chamado darma. Ele inclui tanto uma ética do bom senso, escolher minhas ações sem agredir os outros, como uma ética religiosa, que diz não me ser possível escapar dos resultados das minhas ações. Ações corretas ou incorretas levam aos resultados consequentes, seja nesta vida ou depois dela.[336] O darma, no seu sentido ontológico, não é como imaginam muitos, apenas um roteiro para o homem religioso. É, acima de tudo, o conhecimento e aplicação da ética em todos os níveis do conhecimento: ciência, filosofia e religião. Como podemos ser preconceituosos e arrogantes, tudo o que nossa suposta verdade não prova, é passível de recusa. Darma é a ética perfeita, é o viver e o deixar viver na mais pura harmonia.

4) Moksa: liberar-se do ciclo de nascimentos e mortes do mundo material. É a última meta e a mais difícil de ser alcançada, porque o homem está condicionado na consciência material e atrelado a *kama* e *artha* e esquece-se de darma. Moksa é a mais alta forma de espiritualidade e redenção alcançada por aqueles que conseguiram ou conseguem, por meio da renúncia e do sacrifício, transcender este mundo de "miséria e dor". Segundo o pensamento indiano, podemos dizer que Confúcio, Lao-Tsé, Sócrates, Apolônio de Tiana, Francisco de Assis, Giordano Bruno, João Huss, Gandhi, Madre Tereza, Francisco Cândido Xavier, A. C. Bhaktivedanta Swami Prabhupada e muitos outros ascenderam a horizontes mais altos por conquistar, por meio de seus próprios esforços,

---

336 *Que é o dharma?* Palestra de Swami Dayananda Sarasvati proferida na Califórnia, EUA, para a Revista Mananam.

esse sentido chamado Moksa, que se traduz como o completo desinteresse pelos objetos do jogo dos sentidos. Moksa é a finalidade última, o bem definitivo, acima e em oposição (*advandva*) às anteriores. Moksa encontra-se em oposição ao darma apenas quando o homem pratica seus deveres morais e religiosos por obrigação.

Alcançado esse bem metafísico supremo, Moksa, o que mais podemos almejar? O Nirvana. Em pali, *nibbana*: iluminação, extinção. Todas as filosofias, budistas ou não, possuem dificuldades em definir o verdadeiro sentido do Nirvana. A opinião dos autores a seguir poderá nos auxiliar a entender um pouco mais o sentido desse *summum bonum*.

> O repouso búdico baseia-se na anulação do desejo, na proporção em que é perturbador da quietude mental e paz interior.[337]

> Noção budista designando o estado de libertação espiritual, o estado supremo do espírito, de total renúncia ao querer viver, de aniquilamento da existência pessoal, pela qual o eu individual se funde na existência universal. Trata-se do estado de ausência, de um puro nada. Por extensão, o Nirvana designa, na filosofia de Schopenhauer, a renúncia ao querer viver e a seriedade que daí resulta: a vida é apenas ilusão e vaidade. [338]

> Afirma-se em vão que o Nirvana não existe porque não é objeto de conhecimento. Sem dúvida, o Nirvana não é conhecido diretamente da mesma forma que se conhece a cor, a sensação etc. Não é conhecido indiretamente por sua atividade, da maneira como são conhecidos os órgãos dos sentidos. Contudo, sua natureza e atividade [...] são objetos de conhecimento. [...] Entrando em recolhimento, o iogui [...] toma consciência do Nirvana, de sua natureza e atividade. Quando sai da contemplação exclama: "Oh! Nirvana, destruição, calma, excelente escapatória!". Os cegos, por não enxergarem o azul e o amarelo, não têm o direito de dizer que os videntes não enxergam as cores, e que elas não existem. (SANGHABHADRA, 1925)[339]

> O Nirvana, a obtenção da liberação, consiste tão só na cessação do ato de pensar que todos esses efeitos fenomênicos que observamos e sentimos constituem a realidade que aparentam constituir.[340]

---

337 ALVAREZ, J. R. L. *Harpas eternas* I, p. 117.
338 JAPIASSÚ, H.; MARCONDES, D. *Dicionário de filosofia*, p. 196.
339 Citado por ELIADE, M. *Yoga – imortalidade e liberdade*, pp. 143-144.
340 ZIMMER, H. *Filosofias da Índia*, p. 355.

A causa e a fonte do Nirvana são a extinção do desejo egoísta; e Nirvana, na maioria dos textos antigos, significa uma paz interior sem dor, em recompensa à aniquilação moral do ego.[341]

O Nirvana é o absoluto por excelência, o asamskrta, isto é, o não nascido nem composto, irredutível, transcendente e que está além de toda a experiência humana.[342]

Psicologicamente (nibbana), é um estado de grande liberdade e espontaneidade interior, em que a mente goza da tranquilidade suprema, pureza e estabilidade. Essa é a consecução dos santos budistas e a meta de seus seguidores.[343]

Parece-nos ser esse mesmo o objetivo do Nirvana, ou seja, quem consegue decifrar o indecifrável, explicar o inexplicável, o inefável, o transcendente? Quando lemos as explicações sobre o Nirvana, a sensação de complexidade que fica é a mesma de quando entramos em contato com as frases: "ser ou não ser"; "só sei que nada sei"; "penso, logo existo"; "todo objeto é em si e somente o homem é um ser para-si" e *"neti! neti!: não, não, tu não és isto, tu não és aquilo!"*. Aquilo que transcende o mundo condicionado é o elemento incondicionado, *nibbana*.

Nirvana é a área onde não há terra, água, fogo e ar; não é nem a região do espaço infinito nem a da consciência infinita; não é a região do nada nem a fronteira entre o distintivo e o não distintivo; não é este mundo nem é o outro; é onde não há nem sol nem lua. Não diria que vai e vem, nem que está imóvel, que se apaga ou que começa. Não tem fundações, não tem continuação e não se detém. É o fim do sofrimento. (TIPITAKA)

Para alcançarmos esse estado de iluminação, é preciso, acima de tudo, entender, praticar e viver as Quatro Nobres Verdades e os cinco preceitos (leis) ensinados anteriormente. Para extinguir o fogo ardente que se mostra através do desejo, da ilusão e do egoísmo, o discípulo precisará ter consciência e lucidez de sua busca e compreender que só atingirá o fim mediante o respeito e a interiorização das seguintes metas:

1) a felicidade somente é atingível nesta vida através da anulação ou eliminação do desejo egoístico;

---

341 DURANT, W. *Nossa herança oriental*, p. 294.
342 ELIADE, M. *Yoga – imortalidade e liberdade*, p. 143.
343 HINNELS, J. *Dicionário das religiões*, p. 188.

2) lutar ardentemente para se libertar da necessidade de novos renascimentos; 3) destruição da consciência (ego) pessoal. Os fenômenos materiais conascentes são aqueles originários de *kamma* no momento da consciência de renascimento e aqueles que se originam das *cittas* durante o curso da existência. Há três raízes – cobiça, raiva e engano são exclusivamente insalubres. As outras três – não cobiça, não raiva e não engano são saudáveis. Cumprindo esses objetivos, o discípulo está pronto para a iluminação e a compreensão do sentido ontológico do Nirvana. Os tipos de consciência que diretamente alcançam a realização de *nibbana* (termo páli ou *nirvana*, em sânscrito) são chamados *lokuttaracitta*, consciência supramundana. Os outros três tipos são chamados *lokiyacitta*, ou consciência mundana. Mesmo no Sutta Pitaka muitos métodos são ensinados como "portas" para a compreensão e penetração das mesmas Quatro Nobres Verdades. Nem todas são necessárias para alcançar o objetivo último, o *nibbana*, nem todas são adequadas na sua totalidade para todos os tipos de indivíduos. Na verdade, o Buda ensinou diversas abordagens possíveis e deixou por conta dos seus discípulos fazerem suas escolhas, de acordo com suas inclinações, circunstâncias e nível de maturidade.[344]

Condicionados mentalmente (*cetasikas*) a pensar de forma empírica – mentalidade-materialidade (*nama-rupa*), como céu, inferno e ordálias escatológicas, fica difícil para um ocidental pensar em algo não pensado e não físico. A ontologia, por outro lado, insiste que a questão "como" não pode ser respondida sem a referência a uma essência eterna que dá suporte à realidade, podendo essa essência ser concebida como imanente ou transcendente. Com frequência, nesse caso, a pergunta "como?" é transformada em "por quê?", assumindo a premissa tácita de que a resposta tem que ser encontrada fora da realidade como se apresenta. O Budismo, por outro lado, ensina ao discípulo a busca do sentido interior e não exterior.[345] Isso me faz lembrar uma história indiana bem antiga, em que uma vez um samurai procurou um monge e pediu que lhe ensinasse onde se encontravam o céu e o inferno. O monge, olhando para o samurai que possuía quase duas vezes sua altura, responde: "Não ensino pessoas da sua classe. Vocês são violentos e sanguinários". O samurai, encolerizado com a resposta, desembainhou sua espada e, com os olhos arregalados de

344 *Um ensaio sobre o Abhidhamma*, p. 4, 7, 24-26 – distribuição gratuita.
345 YUN, H. *Budismo: significados profundos*, p. 80.

forma que pareciam saltar da órbita, vociferou: "Tu sabes muito bem que posso cortá-lo ao meio com um só golpe!". O monge calmamente disse: "Isso é o inferno". O samurai, todo desconcertado, embainhou sua espada e, com toda a humildade e calma, abaixou o corpo, cumprimentando o monge e afirmando: "Nunca tive tão completa, profunda e significativa instrução sobre o conhecimento, muito obrigado". O monge respondeu: "Isso é o céu". Como na história, o verdadeiro objetivo da terapêutica budista é pôr fim a esse fogo ardente (desejo) que age em nosso interior. O tratamento consiste tão somente na extinção desse fogo, aceso pelo condicionamento social e psíquico, por meio da ilusão de posses materiais, do poder, das paixões incontroladas e do gozo dos sentidos.

Como realmente se estrutura a filosofia budista? Ela está alicerçada nas Quatro Nobres Verdades; nos "doze elos da cadeia do vir a ser"; no "modelo das relações condicionadas" e na Lei do Kamma. Algumas pessoas não entendem como uma filosofia de alto nível como o Budismo acabou, no Japão, associada a soldados e guerreiros como os samurais – "servidores do imperador" ou "homens das espadas" – e os ninjas e, na China, com os mestres do *kung fu*. Essa perplexidade se mostra bem forte nos adeptos mahayana que enfatizam que o Budismo aceito para esse fim não é o de Buda, mas o zen, que surgiu na China como um Budismo popular. A palavra zen – "contemplação" – vem do chinês *ch'an* e do japonês *zen*, tendo seu mais alto grau de desenvolvimento em solo japonês na época feudal. Realmente, essa filosofia tornou-se com o tempo uma técnica muito complexa e meditativa para as massas; por isso, suas ramificações. Não eram necessariamente as meditações, as sutilezas, a disciplina espiritual e a profundidade dos pensamentos metafísicos que interessavam aos guerreiros e soldados, mas a energia ética que essa doutrina emana, sobre como encarar os inimigos e a morte, como controlar a mente e o corpo e a possibilidade de transcendência para evitar a samsara. As *cittas* saudáveis da esfera imaterial geram o renascimento no plano imaterial e dessa forma não produzem fenômenos materiais originados de *kamma*. As *akusala cittas* geram a consciência carmicamente ativa da vida passada, responsável pelo presente renascimento no mundo material, condição para a materialidade produzida por *kamma* apenas em uma direção.[346] Não se sabe quem fundou o zen, mas a história chinesa atribui sua autoria a um indiano chamado Bodhidharma, no ano de 520 E.C.

---

346 *Um ensaio sobre o abhidhamma*, p. 28 – distribuição gratuita.

> *Na realidade, o zen se tornou o manancial de uma cultura bastante ela-*
> *borada e refinada, que encontrou suas ressonâncias em todos os campos de*
> *expressão e, com o decorrer do tempo, passou de ascetismo extramundano*
> *para culto de sociedade sofisticada. Até nos dias de hoje, a instrução sobre*
> *o zen e seus exercícios de disciplina mental são utilizados no exército japo-*
> *nês. Da mesma forma que nas primeiras guerras deste século, também em*
> *nossos dias os oficiais estão inclinados a passar parte de sua licença num*
> *dos mosteiros de zen, a fim de praticar a grande arte de "alimentação no*
> *sagrado coração" (realização da unidade da essência de Buda de toda*
> *a existência), o "caminho da escravidão para a liberdade", para assim*
> *libertar todas as energias para a ação mais vigorosa.*[347]

Para evitar um problema acerca da questão do Nirvana em relação a Buda, em que se afirmava que se ele realmente estivesse no Nirvana jamais ouviria rogativas e pedidos de auxílio, os budistas Mahayanistas criaram a figura do bodhisattva (páli: *bodhisatta*), "aquele cuja existência (*sattva*) é iluminação (*bodhi*)". Esses "agentes da iluminação" são aqueles que adiam seu acesso ao Nirvana e apresentam-se como um farol, um guia para auxiliar a Humanidade sofredora na busca da iluminação. Não seriam ainda Budas, mas aspirantes a isso, sendo seu maior mérito justamente renunciar o próprio Nirvana.[348]

O que é zen?
(Por Mestre Sheng-Yen)

Gostaria de começar dizendo que zen não é o mesmo que conhecimento, apesar de o conhecimento não estar completamente desvinculado do zen. Ele não é exatamente religião, ainda que as realizações da religião possam ser alcançadas através do zen, que não é filosofia, ainda que a filosofia, em nenhum sentido, possa exceder o âmbito do zen. O zen não é ciência, ainda que o espírito de ênfase da realidade e da experiência, seja também necessário ao zen. Portanto, rogo que não tentem explorar a essência do zen motivados apenas por mera curiosidade, visto que não é algo novo trazido pelos orientais. O zen está presente em todo lugar, no espaço ilimitado e no tempo infinito. Contudo, antes de o Budismo oriental ser divulgado no mundo ocidental,

---

347 WACH, J. *Sociologia da religião*, cap. VI, item c.
348 YUN, H. *Budismo significados profundos*, cap. 14.

as pessoas do Ocidente ignoravam a existência do zen. Então, o zen ensinado pelos orientais no Ocidente não é, de fato, o verdadeiro zen. É somente o método para compreendê-lo.

O zen tem existência eterna e universal. Não há necessidade de qualquer professor para transmiti-lo; o que é ensinado por professores é somente o método com o qual um indivíduo pode pela própria experiência conhecê-lo.

Equivocadamente, algumas pessoas entendem o zen como um tipo de experiência misteriosa; outras pensam ser possível adquirir poderes sobrenaturais através da experiência zen. Naturalmente, o método para prática da meditação zen pode causar vários tipos de fenômenos estranhos no que concerne à sensação mental e física; e também, através da prática da unificação do corpo e da mente, o indivíduo pode ficar capacitado a alcançar o poder mental para controlar ou alterar fatores externos. Porém, tais fenômenos, vistos como mistérios da religião, não são o objetivo da prática do zen, porque podem somente satisfazer a curiosidade ou a megalomania do indivíduo e não solucionar os problemas nas vidas das pessoas.

O zen inicia a partir da raiz do problema. Ele não começa com a ideia de conquistar o ambiente social e material externos, mas de alcançar total conhecimento do "ego" do indivíduo. A partir do momento em que você sabe o que é seu "ego", que agora considera como você mesmo irá, simultaneamente, desaparecer. Chamamos esse novo conhecimento da noção do "ego", de "Iluminação" ou de "compreensão de sua própria natureza básica". Esse é o início para ajudá-lo a resolver completamente os verdadeiros problemas. Finalmente, você descobrirá que você, indivíduo, aliado à totalidade da existência, é único e indivisível.

Porque você próprio tem imperfeições e sente, consequentemente, que o ambiente é imperfeito. É como um espelho com superfície irregular – as imagens nele refletidas são também distorcidas. Ou, como a superfície da água agitada por ondulações – a imagem da lua refletida é irregular e instável. Se a superfície do espelho é clara e polida, ou se o ar sobre a superfície da água está quieto e as ondas calmas, o reflexo no espelho e a imagem da lua sobre a água serão claros e precisos. Por essa razão, sob a ótica zen, a principal causa de dor e infortúnio da Humanidade não é o ambiente traiçoeiro do mundo no qual vivemos, nem a terrível sociedade da espécie humana, mas o fato de nunca termos sido capazes de reconhecer nossa natureza básica. Assim, o método zen não nos conduz a fugir da realidade nem a fechar nossos olhos como faz o avestruz australiano quando da chegada dos inimigos e nem a enterrar nossa cabeça na areia julgando que todos os problemas serão resolvidos. O zen não é idealismo auto-hipnotizante.

Por meio da prática do zen, o indivíduo pode eliminar o "ego", e não somente o "eu" egoísta e mesquinho, mas também o "eu" generoso, que em filosofia é chamado de Verdadeiro ou Essência. Só então existe liberdade absoluta. Assim, um perfeito praticante do zen jamais sente que qualquer responsabilidade é um fardo, nem sente as pressões que as condições de vida exercem sobre as pessoas. Ele sente somente que está incessantemente trazendo a vitalidade da vida como força total. Essa é a expressão da liberdade absoluta. Portanto, a vida zen é inevitavelmente normal e positiva, feliz e generosa. A razão para isso é que a prática do zen continuamente suprirá você com os meios para escavar sua preciosa mina da sabedoria. Quanto mais profunda for essa escavação, maior será a sabedoria alcançada, até que, eventualmente, você obtenha toda a sabedoria do Universo. Nesse momento, não haverá uma única coisa em todo o tempo e espaço que não esteja contida no âmbito de sua sabedoria. Nesse estágio, a sabedoria torna-se absoluta e, uma vez que é absoluta, o termo "sabedoria" não terá mais propósito. Pode ter certeza de que aquele estágio em que o "ego" o motivava a perseguir coisas como fama, riqueza e poder, ou a fugir do sofrimento e do perigo, desapareceu completamente. Além disso, mesmo a sabedoria que eliminou seu "ego" torna-se um conceito desnecessário para você.

Evidentemente, do ponto de vista de uma súbita Iluminação, é muito fácil para um praticante zen alcançar esse estágio. Contudo, antes de alcançar a passagem para a súbita Iluminação, o indivíduo deve despender um grande esforço nessa jornada. Caso contrário, os métodos zen seriam inúteis. Os três estágios da meditação zen são:

Estágio 1 – O equilíbrio do desenvolvimento do corpo e da mente para alcançar saúde física e mental.

Estágio 2 – Da percepção do "eu" egoísta.

Estágio 3 – Do "ego" generoso à ausência do "ego".

O Budismo do ponto de vista de um leigo
(Por Chico Penteado)[349]

Quando Sidarta Gautama saiu debaixo da árvore Bodhi após 40 dias de extenuante meditação dia e noite, ele não era mais o mesmo. Ele havia se tornado o Buda sakyamuni, aquele que veio trazer luz ao mundo. Para tanto, ele enfrentou as tentações e ameaças de Mara, [350] o tentador que ilude todos os seres sencientes. Mara tentou-o mostrando o agradável e procurou amedrontá-lo, mostrando o desagradável, e mesmo assim perdeu para o Iluminado e sua determinação invencível de buscar a verdade.

Mesmo vencendo todos os demônios da ignorância, havia um desafio ainda a ser vencido: como transmitir todo aquele conhecimento recém-adquirido a um mundo de seres de tão pouco entendimento? Em um primeiro momento, pode ter parecido que a ignorância do mundo era tão intensa que se mostrava intransponível, e novamente Mara seria vitorioso, pois o Buda talvez não conseguisse transmitir suas ideias a ninguém.

Para evitar que isso acontecesse, ao longo dos anos subsequentes de pregação, o Buda criou um sistema progressivo de entendimento de suas ideias que tornasse possível seu entendimento. Suas falas são caracterizadas pela enumeração de fatores, classificações e demonstração de antagonismos. O método do Buda, que combina meditação e estudo do darma – os textos sagrados começam com leis fundamentais que regem todo o edifício filosófico que ele construiu.

---

349 Francisco José Penteado dos Santos é budista há vinte anos. Chico Penteado é membro leigo Upassaka da Casa de Darma, de Budismo theravada em São Paulo. Atualmente trabalha como professor de inglês após ter vivido na Europa, onde tomou o primeiro contato com o Budismo em Amsterdam, Holanda, em 1992, inicialmente no Budismo theravada, passando depois pelo tibetano, pelo zen, pelo *ch'an* e pelo Budismo de terra pura. Trabalha também com estudos de ufologia e transcomunicação instrumental.

350 Figura do "Tentador" budista. É frequentemente chamado de "Mara, o Maligno" (*papima maro*) ou Namuci (lit.: "o não libertador", i.e., "o oponente de libertação"). Ele aparece nos textos como uma pessoa real (i.e., como deidade) e como personificação do mal e das paixões, da totalidade da existência mundana e da morte.

As Quatro Nobres Verdades

Certa vez ouvi um monge dizer:

> *Todas as minhas palestras são variações de um único assunto: As Qua-*
> *tro Verdades Sagradas. De fato todo o sistema budista se alicerça nes-*
> *sas Quatro Nobres Verdades. E quais seriam? A primeira é que a vida*
> *é feita do mais puro sofrimento. Isso aparentemente não é uma grande*
> *revelação, mas parece que a maioria das pessoas discorda a princípio*
> *dessa afirmativa. Afinal, a vida é cheia de bons momentos, e esse tipo*
> *de fala parece depressiva e neurótica, e vai contra aquilo que a cultura*
> *atual considera "bom pensamento".*

Mas a colocação do Buda é que mesmo os momentos de prazer terminarão em desintegração e separação. Ou seja, "separar-se do agradável ou não conseguir afastar-se do desagradável". E para o Buda, isso não é pessimismo, porque não podemos nos libertar do sofrimento sem admitir isso, e portanto, admitir é o primeiro passo rumo à libertação desse mesmo sofrimento.

Depois, o Buda postula que a razão de todo esse sofrimento é o desejo. Porque "o desejo ensina a inutilidade do desejo", ou seja, ele nos ensina que o desejo jamais será plenamente satisfeito. Quando satisfeito, logo surge outro, e se não é satisfeito, surge a frustração, e mesmo que satisfeito, é temporário e culmina em tédio. E que todo o nosso sofrimento advém de algum desejo anterior ou inconsciente, que se esvaziou ou foi contrariado. E o copo que anteriormente se encheu de alegria, enche-se de dor.

Mas a Terceira Nobre Verdade é a boa nova de que esse sofrimento não é inevitável, que não precisamos ser arrastados por ele por suces-sivas vidas, já que o Budismo postula o renascimento e a reencarnação ao longo de eras incontáveis. E a Quarta Nobre Verdade é a anunciação do método libertador do Buda, que promete nos tirar dessa roda de incontáveis existências dolorosas, o samsara. Ou seja, há um método possível de disciplina que nos libertaria de uma eternidade de sofri-mento em diferentes mundos.

O Nobre Caminho Óctuplo — o caminho para a iluminação

O Buda dividiu as ações humanas que geram carmas em três categorias: a mente, a fala e o corpo. Assim, ele subdividiu essas três categorias em outras menores e criou o Nobre Caminho Óctuplo ou as Oito Retidões: aspectos da vida a serem melhorados. Buda fala de "modo de vida correto", que seria escolher um modo de ganhar a vida que não cause mal aos outros. Portanto, produzir armas ou vender drogas não seria o modo correto. Além disso, para aqueles que têm um trabalho honesto, isso em si não basta, sendo necessário exercê-lo com a verdadeira intenção de ajudar seus semelhantes, melhorando a sociedade desse modo.

Em seguida, o Buda menciona a "fala correta". Os monges budistas atuais preocupam-se muito com esse item, porque hoje em dia, atos como roubar e matar são menos frequentes que praticar atos de fala incorreta que gerariam maus carmas. Por "fala incorreta" entende-se várias categorias. Em primeiro lugar, o Buda fala da mentira; em segundo, menciona a fala rude ou agressiva que humilha e fere o outro; em terceiro, mas não menos importante é o "discurso divisor", ou seja, falas que visam jogar as pessoas umas contra as outras, as intrigas e fofocas. E, por fim, ele menciona a "fala desocupada", ou seja, falar de coisas que não têm real utilidade, como a vida privada de artistas da tevê, e uma infinidade de comentários que visam unicamente nos afastar do precioso silêncio que nos colocaria em contato com nós mesmos.

Evidentemente é fácil entender o que seriam ações corretas de corpo e fala, mas o Nobre Caminho Óctuplo se torna mais difícil de compreender quando se trata das ações mentais. As pessoas em geral não sabem bem como funciona sua própria mente. As subdivisões são complexas, como "esforço correto", "concentração correta" ou "entendimento correto". Podemos dizer que existe um "pensamento correto", aquele que não possui favoritismos ou rejeições *a priori*, um pensamento que não julga, mas observa as coisas como realmente são, e esse é um dos principais objetivos da meditação. A "concentração correta", refere-se principalmente aos momentos de meditação, nos quais se deve focar na respiração, por exemplo, em vez de prestar atenção a pensamentos que nos distraem. Assim, as ações da mente que se ilumina são imparciais e observam diretamente o mundo fenomênico, sem opiniões preconcebidas e agarramento a crenças e opiniões. Evidentemente, ser capaz de algo assim é prerrogativa daqueles que cultivam a mente mediante a meditação e o estudo do darma, e não é obtido facilmente. O Nobre Caminho Óctuplo é subdividido em três níveis:

Nível corporal

Modo de vida correto – no que se refere ao trabalho, às obrigações financeiras, familiares etc., à honradez e decência nesses aspectos.
Ação correta – ações generosas e de boa vontade, ações não egoístas.
Fala correta – não falar mal dos outros, não colocar as pessoas umas contra as outras, não falar rudemente, não falar coisas inúteis.

Nível mental

Intenção correta – pensamentos puros, sem egoísmo. Fazer caridade sem esperar reconhecimento social, ter intenção real de ajudar os que encontra pelo caminho, motivado pela amizade amorosa (metta), não por cobiça ou ódio.
Entendimento correto – saber ouvir os outros com equanimidade, sem interpretar a partir de nossas próprias crenças e preferências pessoais, entendimento imparcial. Também pode ser entendido como o entendimento das escrituras budistas.

Nível meditativo

Esforço correto – trata-se do esforço inicial de concentração no começo da meditação, bem como o esforço em se iluminar.
Plena atenção correta – ao observar um objeto físico ou um pensamento surgindo, o meditante concentrado nota sua verdadeira natureza impermanente e não se apega mentalmente a ela. Pelo contrário, ele analisa o fenômeno como se fosse uma "bolha na superfície da água", algo que surgiu, terá curta duração e fatal desaparecimento.
Concentração correta – concentrar-se no objeto da meditação, normalmente a respiração (na vipassana), em vez de prestar atenção às coisas ao nosso redor ou a devaneios da mente que possam surgir durante a meditação.

O Buda coloca três leis universais que se aplicam a todos os seres sencientes: anicca (impermanência), anatta (*não eu*) e dukkha (sofrimento). O Buda reitera a importância de observarmos que tudo o que existe, seja no sentido material, seja no mental-espiritual, surge, toma forma e está fadado a desaparecer um dia. Isso parece óbvio, mas na prática as pessoas não estão totalmente conscientes disso o tempo todo, e falam como se determinadas coisas fossem eternas, mas o Budismo se opõe a essa crença. Observar a impermanência de todas as coisas, segundo o Budismo, é fator fundamental para se iluminar e para tal, precisamos aceitar a impermanência com coragem e objetividade. Dukkha; uma vez que todas as coisas são impermanentes, a consequência inevitável é que soframos com a perda daquilo que gostamos ou com a aproximação daquilo de que não gostamos. Por essa razão, o Budismo não acredita na possibilidade de uma felicidade neste mundo em que vivemos, já que a separação e a perda estão à nossa espera o tempo todo. Por isso, não adianta se preocupar demasiadamente com as coisas mundanas, já que iremos perdê-las ainda em vida, ou ao morrer. Por isso, alcançar a iluminação e não mais reencarnar neste mundo ou em qualquer outro (já que o Budismo admite que haja vários) é o único objetivo pelo qual vale realmente a pena lutar.

O conceito mais controverso da doutrina budista é o anatta, o *não eu*, ou *não ego*, ou ainda, *não self*. Sendo único na história das religiões, o anatta, ou *não eu* seria a negação de um eu ou alma imortal que se perpetua por toda a eternidade. Os hindus acreditavam no atman (*atta* em pali, língua falada pelo Buda), ou seja, alma imortal.[351] Para o Buda, o que forma um novo corpo ao longo de sucessivas reencarnações é o carma, seja negativo ou positivo, e não um eu que transmigra de existência em existência. A individualidade não sobrevive à morte, segundo o Budismo, o que ocorreria de fato seria a formação de uma nova existência devido aos carmas daquele ser que morreu. Portanto, um ser com seus carmas "zerados", como um iluminado ou algo assim não seria compelido a um renascimento. O conceito de anatta é particularmente difícil de aceitar e gera muitas controvérsias. Mas o Buda parte do princípio de que tudo o que existe é impermanente, portanto "vazio", ou seja,

---

351 Atman ou atma – O eu. O "Espírito" ou "Ser", o aspecto imanente de Deus. Embora a palavra Atma possa se referir, em diferentes contextos, ao corpo, à mente ou ao intelecto ou ao Eu Supremo, em geral atman indica a alma ou espírito eterno e individual. (MARQUES, Leonardo)

apenas um fenômeno resultante de uma combinação, ou formação de matéria, pensamento, intenção, circunstância etc. (um sankhara). E, assim, como os objetos mundanos gozam de existência apenas temporária e insatisfatória (por estarem fadados a se dissolver ou desaparecer), do mesmo modo, tudo na nossa mente também tem existência impermanente. Nossas ideias, opiniões, sentimentos, vontades, aversões, crenças etc. seriam incapazes de se perpetuar em uma próxima existência.

O conceito budista de carma não difere muito dos seus predecessores hindus. O Buda falou constantemente sobre o carma ao longo de suas cinco décadas de pregações. Como já mencionado, a palavra *karma* em sânscrito significa ação, portanto, estudar o carma significa estudar as implicações espirituais de nossos atos.

Há basicamente quatro tipos de carmas:

Carma negativo – sem dúvida o mais conhecido, representa todas as nossas ações não virtuosas, ou seja, aquelas que causaram mal a alguém. Assim, os mais graves seriam matar (pessoas, basicamente, mas também animais), roubar, mas também explorar, tirar proveito dos mais fracos, enganar, mentir, caluniar, estuprar, cometer assédio sexual ou moral etc. Atos maldosos, mas também pensamentos não virtuosos, pensamentos de vaidade, de autoimportância (ou seja, acreditar ser alguém importantíssimo cujas vontades devem ser satisfeitas), ceticismo (com relação ao darma, os ensinamentos do Buda), preguiça, má vontade (para tratar com os outros, para ouvi-los etc.), futilidade, materialismo, egocentrismo etc. Esse carma, segundo o Budismo, conduz-nos a renascimentos miseráveis, nos infernos, no mundo dos fantasmas famintos, como animal, ou como ser humano muito infeliz.

Carma positivo – nesse caso, vale todo o oposto do citado anteriormente. Eles são fruto da generosidade, paciência, boa vontade, honra, doçura, ausência de autoimportância ou egoísmo, caridade, disposição em ajudar, do esforço em evitar falar mal dos outros ou dizer coisas inúteis etc. Ele nos leva a renascer em mundos melhores que este, sejam materiais ou imateriais, ou pelo menos, nascer como ser humano em uma condição mais feliz, ou ainda encurtar nossos períodos de permanência nas condições infernais, se for o caso. No Brasil, tem surgido a noção errônea de que o termo *karma* se referiria primariamente aos resultados de atos negativos, vidas anteriores ou do passado mais recente, na vida atual. Assim, alguns dizem "tal pessoa (desagradável ou difícil) é um carma na minha vida", ou ainda, "transforme o carma em darma". Essa última afirmação é particularmente equivocada, porque "carma" significa "ação", ao passo que "darma" refere-se ao conjunto de textos budistas, e não o oposto de "carma negativo". Assim, o carma pode ser positivo ou negativo, ou seja, todos nossos atos de mente, fala e corpo são geradores inevitáveis de carmas.

Carma neutro – o corpo vivo produz carma simplesmente por existir, ou seja, a fome, o sono, a sede, os atos (carmas) que não são bons nem maus por si mesmos. São mantenedores da existência física pura e simplesmente.

Carmas paralisadores – a meditação, bem como o estudo do darma, são os elementos que o Budismo considera capazes de nos libertar do ciclo de existências. Por isso, são assim chamados; eles podem emperrar a roda dos renascimentos, levando-nos a transcender essa situação de nascimento, existência, decadência e morte. Curiosamente, os carmas positivos em si não nos libertam do ciclo de renascimento, gerando existências em situações e mundos felizes. Entretanto, o verdadeiro término do ciclo de renascimentos seguido de ingresso no Nirvana só se daria mediante grande acumulação de carmas paralisadores.

A função do carma na existência

O carma positivo, negativo, neutro ou paralisante exerce profunda influência em nossas existências. Segundo o Buda, os carmas de inumeráveis existências se acumulam no alaya-vijnana, que é uma espécie de depósito onde se alojam os inúmeros carmas, como sementes prestes a germinar. Quando surgem as condições favoráveis, a semente cármica germina, produzindo seus efeitos. Por exemplo, um homem mentiroso encontra um oponente que o calunia com grande sucesso. Isso ocorre porque as sementes negativas da mentira habitavam seu alaya-vijnana. Isso talvez não ocorra na mesma existência em que o ato de mentir se deu, mas em um futuro distante. Do mesmo modo, uma pessoa que foi generosa em incontáveis existências encontrará alguém que sacie sua sede em um deserto escaldante. Essa é a chamada maturação e a frutificação dos carmas latentes quando surgem as condições necessárias para que se manifestem.

Carma reprodutor – é o volume necessário de carma para levar um indivíduo a nascer. Existe uma quantidade mínima de carma para que seja necessário tomarmos um corpo físico. Esse carma vai desenhar a nova existência, dando a aparência do corpo, seu sexo, nacionalidade, *status* social, época, família etc. A nova existência encontrará um corpo compatível com esses carmas trazidos de existências anteriores. Assim, há determinadas tendências para gerar uma existência mais ou menos feliz, dependendo do que o alaya-vijnana carrega em si de bom ou de mau.

Carma atenuante – contrabalança, e às vezes, anula o efeito do reprodutor. Por exemplo, um gato nascido em um depósito de lixo encontra um dono que o adota e o trata como animal de estimação. Isso ocorre porque o gato em uma existência anterior (talvez como humano, isso é admissível para o Budismo) praticou algum ato generoso que o fez merecedor de tal ajuda. Por outro lado, um milionário egoísta e pouco generoso pode se perder na floresta, e apesar de sua família enviar equipes de busca, nunca ser encontrado. Isso seria porque ele jamais ajudou alguém, e ao morrer de fome e frio na floresta experimentaria a sensação de desamparo que causou em outras pessoas no passado. Assim, apesar de todas as condições favoráveis de equipamento e pessoal, o carma atenuante com tendência negativa impediu que fosse achado apesar de todos os esforços nesse sentido.

Carma pesado – é de tal forma definitiva que se torna imune aos carmas atenuantes. Por exemplo, um assassino sádico que matou inúmeras vezes sem arrependimento encontrará nesta ou em outra vida o merecido retorno de seus atos, mesmo que tenha acumulado alguns carmas positivos nesse ínterim. O negativo pesou muito mais que o positivo, e não há atenuante possível que possa ajudá-lo. Nesse caso, a fruição dos carmas positivos acumulados só se dará quando os negativos pesados forem consumidos mediante intenso sofrimento.

Carma da hora da morte – esse tipo de carma refere-se ao tipo de atitudes e emoções que assumimos na hora da morte. Morrer com ódio, amaldiçoando alguém leva ao inferno. Morrer meditando leva a renascer nos reinos superiores. As pessoas em quem pensamos ao morrer, e o modo como pensamos nelas são determinantes para criar as condições de renascimento.

Carma dos hábitos e gostos – coisas que gostamos de fazer em vida, ou que costumávamos fazer terão reflexo nas próximas existências. Aquilo que gostávamos de fazer em nosso tempo livre tende a se repetir em outras vidas, assim como aquilo que sabíamos fazer melhor, até mesmo no âmbito profissional.

Carmas não percebidos – muitas vezes fazemos ou temos comportamentos de insultar e maltratar e não nos damos conta disso. Ainda assim, o carma se estabeleceu, e talvez só percebamos a gravidade dos nossos atos quando alguém fizer o mesmo conosco. Até então, nunca tínhamos percebido o quão desagradável era nosso comportamento, até que alguém nos trate exatamente do mesmo modo.

Os três dragões: *kama, krodha e avidya*

O Buda aponta que há basicamente três elementos que nos escravizam e prendem a este mundo de sofrimento. O primeiro é *kama* (o desejo, palavra da mesma raiz que kamasutra), o segundo é *krodha* (a raiva), e o terceiro é *avidya* (a ignorância). Na verdade, *avidya*, a ignorância, seria a mãe dos outros dois. Desde a concepção, todos os seres nasceriam ignorantes da verdadeira natureza deste mundo, por desconhecerem o darma, os ensinamentos budistas. Por sua ignorância, acabam se envolvendo em um turbilhão de desejos intermináveis que se sucedem (*kama*), que por sua vez geram raiva e uma série de sentimentos negativos (*krodha*). Se "matarmos a ignorância", mediante o estudo do darma e pela meditação, os outros dois dragões, *kama* e *krodha* serão automaticamente enfraquecidos. E ao enfraquecê-los, são geradas condições para alcançar a iluminação.

O Buda utiliza essa metáfora em uma fábula ilustrativa na qual um homem encontra um tigre pelo caminho. Ao vê-lo, sai correndo e encontra um penhasco. Mas no penhasco há uma árvore que se estende para fora. Ele sobe na árvore e se prende por uma corda. Mas logo percebe que dois ratos, um preto e outro branco estão roendo a corda. Olhando para baixo, enxerga um mar bravo com três dragões furiosos. De repente, gotas de mel caem na face do homem. Ele pode lambê-las e fica feliz ao perceber sua doçura e esquece todo o resto. Aqui, o tigre representa os sofrimentos da vida que nos obrigam a correr sempre. A corda e a árvore representam nosso corpo e seu tempo de vida. Os dois ratos representam o passar dos dias e das noites que consomem nosso tempo. Os três dragões são, naturalmente, *kama*, *krodha* e *avidya*. E o mel representa pequenos prazeres da vida que nos iludem e nos ajudam a esquecer a gravidade de nossa situação neste mundo, distraindo-nos da tarefa hercúlea de buscar a iluminação.

Patticasammuphaddha – ou "Originação Interdependente" é o método pelo qual o Buda explica a geração do carma e como podemos controlar isso. O primeiro item é o phassa, o contato sensorial através da visão, audição, olfato, tato e paladar. É como percebemos os objetos, para a partir daí gerarmos sua percepção. Ou seja, nossa mente avalia o objeto/sensação como agradável, neutro ou desagradável. Então, o pensamento entra em cena e sugere uma possível reação ao estímulo, e o corpo, motivado pela mente finalmente executa um ato em resposta ao objeto. A importância de entender isso consiste em saber como a mente funciona de fato, e impedi-la, quando necessário. Por exemplo, podemos evitar uma ação-carma negativo simplesmente ao evitar o phassa, o contato. Evitar coisas que geram em nós sentimentos inoportunos de cobiça, raiva, tristeza etc. é o método mais simples para se purificar, e por isso os monges evitam assistir a espetáculos agressivos ou obscenos, ouvir música não religiosa etc. Porém, quando o contato (phassa) já se estabeleceu, tudo fica mais difícil, pois precisamos trabalhar a mente. Se tivermos, por exemplo, uma antipatia por uma pessoa em particular, teremos que trabalhar a mente em sentido oposto visando enfraquecer esse sentimento não virtuoso, portanto, lançar perdão, paciência, tolerância etc., sobre a imagem dessa pessoa, o que certamente não é fácil. O Buda diria que essa é nossa "percepção" da pessoa, ou seja, a maneira como a mente interpreta sua presença. A nossa mente é o resultado de um conjunto de crenças, opiniões, receios, vontades etc., das quais devemos buscar nos desapegar. Quanto maiores as certezas, mais ignorantes demonstramos ser. Caso não consigamos nos desapegar um pouco, seremos arrastados por nossas emoções para onde elas quiserem nos levar, sem o controle da situação. Mas se falharmos também nisso, permitindo que o contato sensorial (phassa) ocorra e que as percepções mentais se formem, geralmente com uma intensidade cada vez maior, só nos restará impedir que o corpo reaja fisicamente, com agressões físicas e verbais à pessoa que nos desagrada. Isso é ainda mais difícil, e nunca 100% eficiente. Portanto, segundo a ideia de originação interdependente, corta-se o mal pela raiz, evitando a formação de uma antipatia que cresce para uma aversão e daí, para uma franca inimizade, e isso é válido para todos os tipos de sentimentos ou sensações possíveis, agradáveis, desagradáveis ou neutras.

O buda histórico e os budas místicos

Há uma gigantesca confusão no Ocidente acerca do modo de se representar o Buda. Em primeiro lugar, é necessário ressaltar que existiu um buda histórico, humano, que viveu na Índia Clássica há 2500 A.E.C., o Buda Sakyamuni, que nasceu como príncipe Sidarta Gautama em Kapilavastu, no que hoje seria o atual Nepal. Ele viveu aproximadamento 80 anoc e tovo até um filho chamado Rahula com a princoca Yashodara. Após seguir os ascetas de seu tempo, sem encontrar respostas satisfatórias a suas indagações, o Buda Sakyamuni resolveu sentar-se por 40 dias e 40 noites sob a árvore Bodhi, resolvido a meditar até achar uma resposta. Durante essa duríssima tarefa, foi tentado por Mara, o Senhor das Ilusões, de todas as formas possíveis, mas mesmo assim, Buda teve sucesso e atingiu a iluminação que desejara. E ao fazê-lo, disse: "Ó, arquiteto, aqui não construirás mais casa!".

O "arquiteto", nesse caso, seria o carma que constrói novos corpos e novas existências, para que possamos exercer nossa raiva, desejo e ignorância por toda a eternidade.

O Buda Sakyamuni é representado geralmente sentado em postura de lótus, com os olhos fechados e um sorriso enigmático de paz interior, portanto, em meditação, em pé, ou ainda, deitado, apoiando sua cabeça com a mão (representando as horas finais de sua existência, antes de entrar para o Parinibbana). Considerando que o Buda Sakyamuni atingiu o Parinibbana, ele adentrou um estado não condicionado, não dual e não impermanente, e não está mais acessível aos seres que habitam no mundo condicionado, dual (ou seja, o nosso mundo, por exemplo, onde há a dualidade prazer-dor, criação-destruição, aversão-atração etc.). Assim, não faz sentido pedir ao Buda Sakyamuni por auxílio em nossos problemas mundanos. As representações do Buda Sakyamuni devem ser vistas como "modelos" de algo que nós poderíamos e deveríamos ser. Por isso, não cabe a ele uma devoção ardente, mas uma reverência respeitosa ao Buda que nos legou uma mensagem e partiu para uma dimensão incompreensível para nós, o Nirvana. Entretanto, a palavra "Buda" significa "O Iluminado", e uma série infindável de seres é considerada Buda pleno. Há uma série de Budas místicos, ou seja, Budas que não tiveram jamais uma existência corpórea, e pertencem à iconografia budista, especialmente no mahayana, que enfatiza a existência dos boddhisattvas, seres de natureza búdica avançada que se comprometeram a ajudar mundos sofredores como o nosso, antes de adentrar a perfeição do Nirvana. Isso porque, ao ingressarem no estado irreversível de Nirvana, esses seres se tornarão incomunicáveis e não mais poderão nos ajudar.

Os boddhisatvas se multiplicam no Budismo mahayana e vajrayana. No Budismo chinês, por exemplo, há o boddhisatva de aparência feminina Kuan Yin (Chenrenzi, para os tibetanos; Avalokitesvara, em sânscrito), divindade da compaixão, "que olha por nós (aqui abaixo)". Sua função prática é ajudar o ser humano em seus problemas comuns, representando uma mãe amorosa que se apieda. Outro boddhisatva importante é Ksithigarbha, ser benevolente que desce aos infernos para resgatar aqueles que lá padecem, e nesse caso, os vivos oram a Ksithigarba pedindo que resgate seu ente querido em sofrimento. Todo o Budismo Terra Pura se fundamenta na fé nos poderes do Buda

Amithaba (Amida Butsu, em japonês; Omitofo, em chinês), que governa o paraíso Sukhavati. Nesse caso, o Buda Amida concede a entrada nesse paraíso, uma vez que o terra pura considera praticamente impossível a um ser humano comum alcançar a iluminação por autoesforço, e até uma entrada natural nos paraísos budistas parece improvável.

O Buda Sakyamuni atingiu o pleno Nirvana e certamente não voltará a este mundo, mas anunciou que não foi o primeiro Buda a pisar neste mundo, nem que seria o último. Assim, ele anunciou a vinda do Buda Maitreya, que deveria ocorrer 4.500 anos após sua vinda (portanto, no ano 4000 da Era Cristã), que viria a corrigir a rota do darma em um período de profunda decadência, a era final de Mappo. Há uma infinidade de outros boddhisatvas, bem como "deuses irados", protetores ferozes do darma, como se observa frequentemente na iconografia tibetana. Isso deriva do conceito de que os seres que habitam os mundos superiores são sujeitos a decair, por exemplo, nascendo como ser humano ou algo pior, e que para não esgotar suas cargas de carmas positivos, precisam ajudar aqueles nos mundos inferiores, já que não há problemas nos paraísos onde habitam. Segundo o Buda, "nada mais triste que a morte de um deus (nos paraísos budistas)", que se esqueceu de fazer o bem e se defronta com a perspectiva de renascer em um mundo miserável.

Reencarnação, renascimento, vida após a morte

O Budismo faz uma distinção entre reencarnação e renascimento. Por reencarnação, o Budismo entende um retorno aos mundos materiais como a Terra, ou outro similar, na forma de um ser humano, inteligente, ou simplesmente animal, em um corpo físico. Por renascimento, o Budismo entende o ingresso em um mundo não material ou sutil, algo como os paraísos e infernos budistas. Muitas vezes, o ingresso nesses mundos implica o esquecimento das existências anteriores, do mesmo modo que ocorre conosco durante a vida terrena. Assim, os renascimentos não devem ser vistos como meros espaços de tempo entre duas reencarnações no mundo material, e sim como uma existência totalmente independente e nova. E a cada nova existência haveria o potencial para serem criados novos carmas, que conduziriam a novos renascimentos e assim por diante. O Buda Sakyamuni colocava que era a nossa carga cármica, positiva, negativa etc., que constrói de fato o novo corpo ou a nova existência. Assim, ele negava a perpetuação do ego dos indivíduos, alegando que o que renasce é de fato o carma, o que advém do seu conceito de anatta, ou *não eu*. Considerando que tudo o que é exterior a nós é impermanente, sejam objetos, pensamentos ou sensações etc., também a nossa identidade seria impermanente e vazia de uma substância verdadeira que se mantivesse a mesma por toda a eternidade. Portanto, a ideia de uma alma imortal imutável não faz sentido para o Budismo porque isso impediria a evolução e a iluminação. A dissolução do ego seria também a explicação pela qual esquecemos nossas vidas passadas, embora os seres mais iluminados recuperem essa habilidade.

Tipos de mundo para o Budismo

Há basicamente seis níveis de existência nas quais um ser pode existir:

1. Mundo inferno – os infernos budistas são reinos de permanência temporária assim como os demais. Os indivíduos que renascem no inferno (portanto, não reencarnam lá, porque é um mundo não material, mas passam uma existência ali) podem permanecer por um dia, um ano ou muito mais. Os infernos podem ser escaldantes, gélidos, esmagadores, ter quedas intermináveis, gritos alucinantes etc. Os seres do inferno podem ser torturados por demônios que lá habitam e que lá permanecem pelos seus vínculos de ódio, inveja, etc., sempre organizando guerras e se destruindo mutuamente para se matarem e depois serem reconstruídos para novamente enfrentar seus inimigos. O ódio, principalmente morrer com ódio de alguém, é o principal motivo para alguém renascer nos infernos. Aqueles que ao morrer amaldiçoam alguém, certamente irão para o inferno segundo o Budismo, assim como aqueles que matam, roubam e profanam aquilo que é virtuoso sem qualquer arrependimento.

- Transferência de méritos – preces aos mortos em sofrimento no inferno, a crença nos infernos e outros renascimentos dolorosos geraram o conceito budista de "transferência de méritos" (indulgência). A transferência

de méritos consiste em pedir a alguém, normalmente um monge, que ore pelo falecido, supondo ele que possa ter ido para um desses infernos ao morrer, ou coisa parecida. Assim, o monge faz um puja especial fúnebre que visa abreviar a permanência do falecido nesses reinos infelizes. Embora esse devesse ser o caso apenas daqueles que realmente não tiveram uma vida virtuosa, a transferência de méritos generalizou-se como um costume do Budismo asiático, e tornou-se uma obrigação para os parentes amorosos e dedicados de um(a) falecido(a). Isso causou problemas nesses países asiáticos, porque muitas pessoas não tinham como pagar esses rituais que podiam ser bastante caros. Por essa razão, por exemplo, surgiu o Budismo terra pura, ou jodo, no Japão, que reduzia a importância dos monges e estabelecia uma comunidade não clerical budista. Os mestres terra pura colocavam também que a preparação para o pós-morte é uma vida vivida corretamente, e que de nada adiantam rituais fúnebres. Essa espécie de "protestantismo" budista visava recolocar nas mãos do povo a busca pela salvação mediante a fé ou devoção pura e simples, sem delegar aos monges a responsabilidade de salvar os mortos de um possível sofrimento, mas também sem buscar a iluminação proposta pelo método difícil do Buda Sakyamuni, que exige grande dedicação à meditação e ao estudo. Na verdade, o conceito de transferência de mérito consta nas escrituras originais do darma, no qual o Buda Sakyamuni coloca que é benéfico orar pelos mortos para retirá-los de possíveis dificuldades no Além. O Buda diz ainda que essas preces nunca seriam em vão, porque mesmo que o/a destinatário(a) falecido/a não mais precise (por encontrar-se em um reino paradisíaco ou já ter reencarnado), outros indivíduos sedentos estariam sorvendo essas preces no Além, o que os ajudaria a abreviar sua dor. Os tibetanos, por exemplo, oram intensamente durante os 49 dias de Bardo,[352] período pós-morte difícil e tumultuado pelo qual passa um(a) falecido(a), segundo sua tradição. Assim, até hoje a transferência de méritos é praticada pela maioria das linhagens budistas, ainda que condenada pelos que seguem o Budismo terra pura, que a consideram custosa e ineficiente.

2. Mundo do fantasma faminto – ou preta, é um indivíduo que vaga pelo mundo, e é algo comparável ao conceito ocidental de "alma penada",

---

352 Ou *Bardo Thodol*, livro tibetano dos mortos.

que por seu intenso materialismo continua a acreditar que precisa daquilo que os vivos necessitam. Assim, o Buda Sakyamuni diz que um preta/fantasma faminto tem um estômago do tamanho de uma casa e uma garganta com um orifício menor que uma agulha, portanto, uma metáfora para uma fome que não pode ser saciada. Representações clássicas dos fantasmas famintos mostram seres calvos, pálidos e com uma barriga proeminente e corpo esquelético, sempre com fome, sede e ligados aos seus afazeres mal resolvidos na Terra, como desejos de vingança, remorsos, preocupações com a divisão de seus bens terrenos etc. A ganância é desmedida. Em realidade, queremos mais do que necessitamos. O maior problema com a ganância é que mesmo que obtenhamos os frutos de nossos desejos, somos incapazes de desfrutá-los, pois nossa satisfação é extremamente fugaz. Assim, sentimos cada vez mais fome e carência. Esse renascimento infeliz é temporário também, acredita-se que dure em média sete dias para muitas pessoas ao morrer, mas pode também se estender por longos períodos. Para retirar parentes do estado de fantasma faminto, faz-se também a cerimônia de transferência de méritos, e os chineses, especialmente, organizam grandes festivais onde oferecem doces e outras guloseimas para os "nossos irmãos famintos". Acredita-se que essa condição seja mais comum que o renascimento nos infernos.

3. Mundo animal – como já mencionado, a ideia de um ser humano reencarnar como animal é aceitável para o Budismo, e aí o Budismo conflita mais diretamente com as crenças reencarnacionistas ocidentais, principalmente com o Espiritismo que nega veemente tal situação. Para o Buda Sakyamuni, a reencarnação como ser humano seria um evento raro a ser bem aproveitado. Haveria grandes chances de reencarnarmos como animais, que, portanto, não são capazes de entender o darma e assim não se libertam do ciclo das reencarnações. Esse seria o tipo mais leve de renascimento inferior, apesar das condições limitadas da existência animal. Especialmente no caso dos cães, os budistas acreditam que é frequente haver um reencarne na condição humana novamente após a morte do animal. Assim, o cão seria o ser mais próximo do homem, e vivendo como animal doméstico estaria próximo de retornar à condição humana, tendo sido talvez um ser humano antes de ter nascido como cão e que voltará a sê-lo depois que morrer. Isso também é possível a qualquer outro tipo de animal. Há uma relação metafórica entre o tipo de animal e o possível motivo que levou o indivíduo a reencarnar nesse corpo. Ou seja, uma pessoa muito falsa pode reencarnar como uma serpente ou escorpião, uma pessoa corrupta pode reencarnar como um rato, uma pessoa gulosa como um porco, assim por diante. Nos contos Jataka (relatos de vidas passadas), o Buda Sakyamuni fala constantemente de suas prévias existências como humano ou animal. Esses contos parecem-se muito com fábulas europeias envolvendo personagens animais, algo como "a codorna virtuosa", ou "a lebre que se atirou ao fogo para alimentar um tigre faminto" e muitas outras, que falam das virtudes budistas. Fica evidente ao lê-las que seu conteúdo fabuloso tem muito mais uma função educativa do que relatar detalhadamente uma vida passada. Por outro lado, na medida em que o Buda Sakyamuni nega veementemente a existência de um *eu-ego* imutável e eterno, isso torna admissível a ideia de mudanças bruscas de forma física e energética, ou seja, um ser humano tornando-se um animal ou vice-versa, ou até mesmo um deus tornando-se um demônio, fantasma, animal ou ainda um ser humano, e vice-versa, dependendo do carma de cada um. Assim, a elevação espiritual não é 100% garantida quando se está nos níveis mais inferiores de existência, havendo um ciclo irregular de ascensão e queda. Somente os seres que renascem nos mundos superiores, como o paraíso Tushita, habitado pelo Buda antes de reencarnar como ser humano, estariam relativamente seguros de quedas tão bruscas de nível, pois para lá vão somente seres em altos estágios de iluminação. Por isso se diz: "Aonde o darma não chegou, que chegue, e onde se instalou, que não decaia". Também faz parte das crenças populares asiáticas a ideia de que se durante os ritos funerários surgir um animal, digamos, uma borboleta ou besouro, esse animal pode muito bem ser o ente falecido que tomou esse pequeno corpo de breve existência para permanecer junto aos seus, assistindo seu próprio funeral antes de partir definitivamente. Se tal coisa ocorre, a família se alegra e trata bem o inseto ou animal em questão. Por isso, é comum dizer àqueles que esmagam insetos: "Este pode ser sua mãe/ pai/irmão etc. que já faleceu", estimulando assim o hábito de tratar bem a todos os animais, sejam eles agradáveis ou não.

Renascimentos superiores

4. Mundo humano – na verdade trata-se então de uma *reencarnação* como ser humano, não um *renascimento* que se entende por algo imaterial. A reencarnação como ser humano é considerada particularmente favorável para se atingir a iluminação. Não sendo de todo agradável nem desagradável, a existência humana tem muito a ensinar com sua alternância constante de prazer e dor, alegria e tristeza etc. Podemos dizer que a reencarnação humana está no "meio do sanduíche" de mundos do Universo. Por isso, o Buda Sakyamuni conclama todos a aproveitar ao máximo essa brevíssima existência para buscar a iluminação com afinco. Afinal, existências em mundos inferiores são demasiadamente dolorosas, e existências em mundos superiores demasiadamente prazerosas e tendem em ambos os casos a nos afastar da busca pela libertação do samsara que conduz à iluminação plena. Mesmo na condição humana, cada um nascerá com um potencial diferente em uma situação totalmente diferente, com diferentes graus de inteligência, oportunidades, condição social etc. Os budistas temem nascer longe do mundo budista, na condição de cristãos ou muçulmanos, ou ainda em outras culturas não permeadas pelo Budismo. Por essa razão, monges tibetanos saem pelo mundo, buscando reencontrar indivíduos desgarrados que reencarnaram em famílias não budistas, mas que foram monges em vidas passadas. Quando uma criança manifesta sinais de ter sido um monge em uma existência passada, ela é chamada de Tulku. Mas é sabido que muitos outros não reencontram o caminho, embora o Budismo prometa que a iluminação é atingida em um período de sete reencarnações humanas a partir do primeiro contato com o Budismo.

5. Mundos superiores – as descrições de mundos superiores são muito confusas e divergentes. Mesmo assim é geralmente admitido que haja vários níveis de mundos superiores que podem ser atingidos dependendo dos méritos pessoais de cada um. As descrições apontam que os mundos vão se tornando cada vez mais diversos do nosso próprio mundo à medida que se vai alcançando níveis mais altos. Ou seja, mundos superiores menos elevados se parecem mais com a Terra, mas mundos mais elevados vão se tornando mais etéreos e fantasiosos, e o tempo de permanência nesses mundos vai aumentando paulatinamente em relação à elevação desses mundos. Por exemplo, é dito que nos mundos imediatamente superiores ao nosso, ainda há sexo, embora breve e sem orgasmo. Mas em níveis superiores, esse sexo breve vai sendo progressivamente substituído por um abraço, um leve toque, e depois pela mera proximidade entre dois seres. O mesmo se dá com a comida, os transportes, os edifícios etc.

6. Mundos dos asuras (semideuses) – na tradição tibetana, a condição de asura é considerada renascimento superior. Já para os theravadas/hinayanas, é uma espécie de demônio poderoso. Seus habitantes manifestam ainda sentimentos não virtuosos como a inveja e até desejo de guerrear com deuses mais elevados para lhes tomar algo. Eles são chamados de semideuses porque lhes falta a bondade suficiente para habitar nos mundos realmente superiores, e é provável que após certo tempo, recaiam para a condição humana ou algo pior, "morram" em seus respectivos mundos. As escrituras budistas falam que há uma "árvore mitológica dos desejos", cujas raízes se encontram no mundo dos asuras. Infelizmente, a copa repleta de frutos maravilhosos estaria no nível superior onde habitam os deuses de fato. Assim, esses semideuses asuras teriam grande inveja dos que lhes são superiores, e assim, conspiram contra eles. Podemos considerar a árvore dos desejos uma alegoria da verdadeira bondade e iluminação. Sem praticar a verdadeira virtude, os asuras apenas invejam seus frutos, sem fazer o que é necessário para ter o direito de colhê-los.

Adotaremos a partir daqui a concepção theravada de mundos superiores, na qual há grande detalhamento desses mundos.

Reinos sensuais (7 níveis felizes) **mundos dos devas** – na verdade, reinos infernais dos fantasmas, humanos e animais somam-se a esses sete na categoria "reinos sensuais", porém são considerados "reinos sensuais infelizes". Portanto, podemos considerar "reinos sensuais felizes", os paraísos budistas mais próximos ao nosso próprio modo de existência, os chamados "mundos dos devas (deuses)". Seres humanos generosos em vida e que viveram decentemente são merecedores de renascer nesses mundos prazerosos, semelhantes à Terra, porém livres das agruras do mundo humano. Os reinos sensuais felizes têm grande semelhança com o nosso, tanto na aparência quanto nos hábitos diários, há comida, música, arte, sexo, florestas, animais etc., mas a semelhança vai diminuindo à medida que se atinge os níveis mais elevados de mundo sensual feliz/deva. Os corpos dos seres nesses mundos emanam luz e sua percepção é muito mais aguçada que a humana. Mesmo assim, a maioria dos seres nesse nível não está evoluindo rumo à iluminação, e quando seu período de gozo nos reinos sensuais felizes acabar, provavelmente reencarnarão como ser humano ou algo assim à medida que o carma positivo gerado durante a existência humana prévia se esgota.

Reinos brahmânicos de matéria sutil (16 níveis) ou **rupadhatu** – esses mundos são prerrogativa daqueles que são capazes de atingir algum nível de concentração meditativa, ou jhanas, especialmente se conseguiram praticar esse tipo de concentração no momento de sua morte no mundo humano. Assim, aqueles que conseguem atingir somente o primeiro nível jhânico estão no nível mais baixo, aqueles que chegam ao segundo nível estão em um plano mais alto, então o terceiro, depois o quarto, este chamado de Habitações Puras. Os seres nesses mundos passam boa parte do tempo nos seus respectivos níveis de meditação, por vezes têm dificuldade de progredir para alçar níveis jhânicos ainda mais altos. Nos mundos brahmânicos não se encontra mais ódio ou má vontade, e seus corpos materiais são sutilíssimos. Porém, ainda há o risco de um renascimento decaído nos mundos humanos ou devas. Se isso acontecer, os sentimentos de ódio podem reviver, e nesse caso, pode haver até mesmo uma segunda queda posterior para os mundos infernais, animais ou de fantasmas famintos. Assim como os devas, os seres brahmânicos de matéria sutil podem interagir com o ser humano, desde que assumam uma forma material mais grosseira.

Reinos brahmânicos imateriais (4 níveis) ou **arupadhatu** – os seres desses reinos já não possuem forma material, eles consistem inteiramente de consciência. Esse renascimento é prerrogativa daqueles que conseguiram sustentar um estado jhânico permanente durante suas vidas humanas. Para eles não é mais possível comunicar-se com os humanos ou devas. E eles permanecem em meditação por longas eras, até que seu carma positivo se esgote, e quando isso acontecer, poderão decair para o reino brahmânico de matéria sutil ou, no pior dos casos, para o mundo dos devas. Se isso acontecer, podem recair facilmente nos ciclos de renascimentos humanos, infernos etc.

A real libertação – assim, a descrição dos mundos budistas demonstra como a prática do Nobre Caminho Óctuplo é a única forma real de libertação. A simples obtenção dos estados meditativos jhânicos, por si só não liberta do samsara, a roda dos renascimentos. Por esse motivo, o sábio Asita chorou ao ver o menino Buda, ainda como príncipe Sidarta Gautama. Asita sabia que havia praticado a meditação a vida toda, e que renasceria no mais alto nível de mundo brahmânico imaterial após sua morte, mas, sem ouvir os ensinamentos do Buda (porque Asita viria a morrer em breve), ele não estaria realmente liberto e iluminado. Assim, acredita-se que Asita permanecerá por longas eras em absorção jhânica (meditação profunda), mas precisará esperar muito para conhecer os ensinamentos de um buda em um futuro distante, já que não pode interagir com mundos inferiores como o nosso mundo humano a partir do mundo elevadíssimo onde ele agora se encontra.

Eliminação do ego, Nirvana – seria realmente possível eliminar o ego? Essa questão é colocada pelo Budismo original como condição fundamental para se atingir uma real iluminação. Para o Budismo, ser bom ou praticar o bem simplesmente nos levará a renascer em mundos ou vidas mais felizes, mas só a desconstrução do ego pode nos libertar do ciclo de renascimentos/reencarnações de fato. É dito que durante a meditação vipassana, se suficientemente profunda, pode haver um grande *insight*, ou seja, um lampejo de iluminação, na qual o indivíduo experimente um êxtase ao perceber que não mais precisa nem tem nada a temer neste mundo. Essa sensação é extremamente libertadora e pode fazer com que o Indivíduo pare de se preocupar com tantas coisas que antes pareciam muitíssimo relevantes, e que agora se tornam insignificantes, como *status*, reconhecimento, aquisições materiais, problemas familiares ou sociais etc. Esse *insight* pode ser chamado de "Nirvana não sustentável", ou seja, uma rápida percepção modificada da realidade que indica o começo de um processo de iluminação. Alguns indivíduos, notadamente monges, podem alcançar o "Nirvana sustentável" em vida, ou seja, permanecerem desapegados de possessões materiais, crenças e opiniões, desejos etc., de modo permanente, ou seja, vivem em constante meditação e plena atenção, observando o mundo que os cerca de modo perfeitamente desapegado. Esses raros indivíduos são chamados arahants, e acredita-se que sejam iluminados plenos ainda em vida. Já o parinirvana, ou seja, um estado nirvânico realmente seguro e definitivo, seria alcançado com a morte de um indivíduo nesse estado, e seria esse o caso do Buda Sakyamuni ao falecer, por exemplo. Mas o que seria de fato a dissolução do ego? Podemos dizer que naquilo que o Buda colocou como *eu-ego*, existe algo que poderíamos chamar em termos psicológicos mais modernos de *persona*. Ela é nossa imagem social, algo como "eu sou isso"; homem ou mulher, rico, pobre, culto ou ignorante, profissão tal e tal etc., assim como "gosto disso"; meu estilo de roupa, meu tipo favorito de diversão, comida e preferências em geral, ou ainda, "eu acredito nisso", minhas opiniões sobre diversos assuntos, política, religião e tantos outros. Sem dúvida, a meditação budista nos conduz a romper com esses pesados condicionamentos, acumulados ao longo da vida, que vão formando tendências inerentes que nós consideramos como autenticamente "nossas", mas que na verdade são um acúmulo quase acidental de eventos. Um ego, ou se preferir, persona, inflado e imperioso é tudo aquilo que o Buda mais desprezava. Isso é facilmente observável no caso de celebridades de Hollywood e outras pessoas consideradas importantes, que apesar de sua riqueza e beleza física se tornam insuportáveis aos próximos, a ponto de deixarmos de reparar em sua beleza para notar sua antipatia. Assim, ao praticar meditação e estudar o darma concomitantemente, vamos rasgando essa pesada "capa de vontades", certezas e opiniões e trocando por "películas" cada vez mais leves, que não nos mantenham tão rígidos e nos tragam tanto sofrimento. Essa progressiva eliminação de vontades egocêntricas da persona pode ser entendida como "eliminação do ego". Mesmo assim, até os monges mais elevados ainda têm consciência de sua própria existência, do fato de serem monges, de executarem tal função, de sentirem frio, calor, dor, fome, sono etc., portanto, ainda são seres humanos, ainda que menos egocêntricos que as pessoas comuns. Mas a ideia é que, para chegar-se ao parinirvana que liberta do ciclo de renascimentos, o fator mais importante é que todos os carmas sejam definitivamente exauridos, "como uma vela que queima até o fim". Ou seja, ainda que os altos monges arahants tenham consciência de sua identidade, eles vivem em um estado de "quase-nirvana", porque não mais produzem ações motivadas por vontades, opiniões ou desejos, simplesmente mantendo o corpo vivo e em funcionamento até o fim. Até que ponto isso pode ser integralmente alcançado é controverso. Mas é fato que com essa firme convicção, monges dedicados, ao longo de muitos séculos, vêm buscando extirpar de si mesmos qualquer forma de desejo pessoal visando uma purificação suprema que conduz ao Nirvana. Certa vez, uma doce velhinha no Sri Lanka disse ser possível descobrir se um monge budista era realmente iluminado. Ela disse que para isso, seria suficiente colocar um pacote de biscoitos sob a almofada do monge antes de ele se sentar. Se ele fosse um arahant autêntico, sua leveza espiritual seria tanta que os biscoitos não se quebrariam devido ao peso do monge. Certamente, nunca houve um monge que passasse nesse teste, e os biscoitos sempre se quebraram, para grande decepção da velhinha.

Sobre a meditação (Dhp. 372):

NATTHI JHANAM APPAÑÑASSA,	Aquele que possui os dois, meditação e sabedoria
PAÑÑA NATTHI AJHĀYATO,	Está próximo da paz e da libertação.
YAMHI JHANAÑ CA PANÑÑÑÑ CA	Não há meditação sem sabedoria,
AS VE NIBBĀNASANTIKE.	Nem sabedoria sem meditação.

Tipos de meditação – o termo meditação, como usado no Oriente hindu e budista, refere-se a algo totalmente diferente de um simples "pensar" comum. Na língua portuguesa, o termo meditar tende a confundir-se com a ideia de um refletir sobre determinado assunto, o que é exatamente aquilo que a meditação não é. A meditação é uma técnica de relaxamento mental que visa nos colocar em contato com níveis mais profundos de nossas mentes. O Buda Sakyamuni dizia que no âmago de cada ser haveria uma natureza búdica, perfeita, intocada pelas atribulações do mundo e que pode ser acessada pela meditação. O Budismo coloca que há basicamente dois tipos de meditação: com e sem objeto virtuoso. A meditação com objeto virtuoso utiliza como foco uma imagem sagrada, como a representação de uma divindade ou palavras nobres. Mas há também a meditação que não foca um objeto virtuoso, mas algo simples como a respiração e outras sensações banais do momento presente, que foram de fato as formas utilizadas pelo Buda Sakyamuni para alcançar a iluminação.

Vipassana significa ver as coisas como realmente são, é o tipo de meditação que o Buda Sakyamuni utilizou quando estava sob a árvore Boddhi. Essa é a forma de meditação mais utilizada no Budismo theravada, *ch'an* e zen, e consiste em sentar-se em posição de lótus, ou outra posição alternativa semelhante para aqueles que não têm suficiente flexibilidade, procurando "manter a mente livre de pensamentos", focalizando a atenção na respiração, na ponta do nariz, nos pulmões ou no abdômen que se move ao respirar, com os olhos semiabertos ou fechados, dependendo da tradição budista em questão. Isso parece simples, mas é extremamente difícil prestar atenção a algo tão neutro quanto à própria respiração, porque a mente não considera isso interessante. Por isso, muitas pessoas têm a sensação frustrante de que não conseguem fazê-lo, o que pode ser o caso, no princípio. Em poucos minutos, um pequeno incômodo físico ou mental vai tornando-se insuportável, nessa situação monótona e silenciosa. O desejo de mover-se ou fazer alguma outra coisa vai crescendo à medida que o tempo passa. O Buda Sakyamuni dizia que os demônios, especialmente Mara, o Tentador, detestam ver alguém meditando, e para impedir que isso aconteça, procuram chamar o meditante a fazer outra coisa. Esse chamado pode vir na forma de pequenos desejos, como coçar, falar com alguém, comprar algo, fazer uma ligação telefônica que até então parecia perfeitamente adiável, ou ainda, memórias e fantasias agradáveis, como comida, sexo, desejo de adquirir algo caro e atraente, sentimentos negativos de raiva, remorso ou medo. Seja como for, percebemos logo que a mente não para de produzir imagens, o que não nos impede de seguir meditando, se não respondermos mentalmente a esses chamados. Percebemos graças ao vipassana que é impossível silenciar a mente ativa por completo, mas podemos escolher se vamos responder aos seus chamados ou simplesmente vê-los surgir, crescer e desaparecer, quando ignorados. Essa observação mental profunda é a essência do vipassana, que significa "ver claramente", porque na maior parte do tempo, a mente nos arrasta para cá e para lá com seus desejos e temores, aumentando sua força à medida que nos entregamos aos seus devaneios. À medida que os praticantes fortalecem suas habilidades, vai tornando-se mais fácil "observar um pensamento sem abraçá-lo ou segui-lo", deixando que passe pela mente como se fosse um filme desinteressante ou uma nuvem no céu. Mas, em ocasiões onde a mente estiver agitada demais por pensamentos de ódio ou desejo que pareçam "vencer" a meditação, a meditante parte para o Samatta, a prática da concentração, ou seja, ele força mais a atenção para a respiração (o chamado "trazer a mente para casa"), tornando-a mais profunda ou longa, ou ainda, prestar atenção às sensações do corpo, às suas pequenas dores, pulsações etc. Esse é o caminho do autoconhecimento proposto pelo buda histórico. Não há meditação sem sabedoria, nem sabedoria sem meditação. Aquele que tiver os dois, meditação e sabedoria, estará próximo da paz e da libertação. Embora as pessoas comuns digam "Eu me conheço!", do ponto de vista budista isso não é verdade, porque o indivíduo que não medita conhece apenas a escravidão dos seus pensamentos que o obrigam a atendê-los imediatamente em uma eterna servidão. Assim, estar liberto é, em primeiro lugar, estar liberto do mecanismo automático de pensamento seguido de uma ação. O praticante de vipassana leva para sua vida diária, fora das horas de meditação formal, a capacidade de observar sua mente produzindo um pensamento de desejo, raiva, inveja etc., sem dar passagem a ele em seus atos e palavras, deixando simplesmente que enfraqueça por si, porque a natureza da mente é a mesma que a do restante do Universo, mutável e impermanente que se altera a cada instante.

Jhana (ou dhyana) – refere-se aos níveis de concentração obtidos durante a meditação, e pode ser traduzido por meditação ou queima de obstáculos (a iluminação). O Buda Sakyamuni descreve o processo de aprofundamento meditativo, dividindo-o em oito estágios: os quatro jhanas materiais e os quatro jhanas imateriais. A partir de um esforço de concentração inicial atinge-se o primeiro jhana, que é uma concentração bastante instável e passível de ser interrompida. Com o primeiro jhana, o meditante experimenta uma espécie de alegria (pitthi), ao se libertar do peso causado pela atribulação da mente humana comum. Mas ao aprofundar-se nessa serenidade, a alegria inicial também desaparece para dar lugar à felicidade real (sukha). Ou seja, perceber a possibilidade de uma paz espiritual verdadeira é entender que existe a possibilidade de uma felicidade realmente permanente que não pode ser atingida pelas coisas do mundo material. O segundo jhana já apresenta um nível maior de segurança e "unifocamento" (a mente não é mais tão distraída). No terceiro jhana surge a sensação de equanimidade, na qual todos os seres e objetos são iguais, nem atraentes, nem repulsivos, e surge o sentimento de aceitação e amor universais. Ao atingir o quarto jhana, a absorção mental é tão profunda que surge um unifocamento e uma equanimidade absolutos, ou seja, algo muito próximo do Nirvana. Nesse estado pode-se partir para os jhanas não materiais, considerados variações do quarto nível jhânico. Os imateriais são: a "percepção do espaço sem limites"; "a consciência sem limites"; "a vacuidade, ou o vazio" e a "nem-percepção-nem-não percepção". Essa última é tida como a mais alta concentração possível, caracterizada por uma percepção sutil dos objetos, que já não mais discerne claramente o que eles sejam.

Obstáculos à meditação – o Buda Sakyamuni diz que há cinco obstáculos à concentração meditativa que podem nos afastar da iluminação. Em primeiro lugar, o Buda coloca o perigo do "desejo sensual" surgir durante a meditação, o desejo sexual, fome, desejo por compras etc. Para evitar o desejo sensual, o Buda recomenda a contemplação de cadáveres (contra a sexualidade) e uma alimentação menos apetitosa, bem como evitar lojas, mercados elegantes ou pessoas que falam dessas coisas. O segundo obstáculo está relacionado ao ódio, chamado assim de "má vontade", ou seja, uma intolerância a uma pessoa, local, animal etc. que esteja nos perturbando. Contra esse obstáculo, o Buda recomenda a meditação de metta, a amizade amorosa. O terceiro obstáculo é a preguiça, ou o torpor (sonolência). Contra isso, o Buda recomenda respirações profundas, forçadas para dentro, que ajudam a despertar, e em último caso, a interrupção da meditação. Depois pode ocorrer o quarto obstáculo, que é a inquietude e o remorso; considerado o mais grave, pois exige uma reforma do modo de vida do meditante, e por fim, o quinto obstáculo, a dúvida cética, ou seja, a descrença no Budismo e na força da meditação. Esse último desaparecerá quando o meditante se entregar de fato à meditação e perceber seus maravilhosos efeitos.

Meditação de metta – essa prática visa estimular o "amor-bondade", o metta (semelhante ao conceito hindu de "prema": amor universal) nos indivíduos. O amor-bondade é um amor universal que não faz distinção entre aqueles que gostamos pessoalmente daqueles que nos son indiferentes, ou ainda daqueles que não gostamos de todo. Metta significa desejar o bem de todos os seres, por mais desinteressantes ou repulsivos que sejam, e tratá-los igualmente com gentileza, generosidade (karuna) e dando-lhes o que for possível e necessário em um dado momento (dana). É o princípio que gera os carmas positivos, que nos faz abandonar progressivamente o amor apegado (também chamado de "amor concentrador") a certos entes queridos em particular para um amor-amizade universal e indistinto (ou "amor expansor"). A meditação de metta mais parece uma prece, e em diferentes estilos começa com algo como "Possa eu ser feliz e livre de obstáculos..."; passando para "Possam meus pais ser felizes..."; e depois, "Possam meus amigos e mestres serem felizes..."; "Possam aqueles que me são indiferentes serem felizes...."; "Possam meus inimigos serem felizes...."; e então, "Possam todos os seres visíveis ou invisíveis, pequenos ou grandes serem felizes...."; até chegar a "Possam todos os seres sem exceção serem felizes e livres de obstáculos/sofrimentos". Essa meditação é comumente ensinada a crianças leigas como forma de recitação educativa, mas também é utilizada por todos em diversas ocasiões.

Meditação sobre a morte – para os budistas, conscientizar-se da inevitabilidade da morte (maranasatta) é um elemento importante para valorizar mais o tempo de vida que temos e usá-lo melhor, na busca pela sabedoria e libertação. Os monges praticam meditação sobre a morte do modo mais direto possível, observando os "sete estados de putrefação" de um cadáver humano ou animal. O *rigor mortis*, o fedor, o inchaço, as carnes que se desprendem etc., até que os ossos brancos se revelem. Para os leigos isso fica mais difícil, mas ao perder um ente querido ou assistir à morte de alguém, ou ainda perceber o próprio envelhecimento e a doença que se aproximam, os budistas percebem nisso um aviso-prévio do que lhe acontecerá cedo ou tarde, e ao invés de evitar esses pensamentos, devem enxergar a urgência de estudar o darma e meditar.

Meditação sobre objeto virtuoso – esse tipo de meditação é muito usada no Budismo tibetano e nos Budismos devocionais de um modo geral. Os objetos virtuosos podem ser uma mandala, uma escritura sagrada, e mais comumente uma imagem de um buda mítico, como Avalokiteshvara/ Chenrenzi no Tibete, Amida e Nichiren no Japão, Kuan Yin na China etc. A meditação sobre objeto virtuoso consiste muitas vezes em imaginar a divindade lançando sua luz sobre as pessoas, ou mentalizar seus poderes ou cantar em sua homenagem. Nichiren Daishonin ensina que todas as pessoas que acreditarem no Gohonzon (objeto de adoração) – essência de lótus – e recitarem o Nam-Myoho-Renge-Kyo, devotando esse objeto de adoração poderão atingir a condição de vida do Buda, de felicidade inabalável. Através da devoção ao Gohonzon podem-se solucionar fundamentalmente todos os sofrimentos e angústias, bem como atingir a Iluminação (Estado de Buda). Por séculos, essas formas notadamente devocionais de meditação foram ensinadas aos leigos de modo geral, enquanto a meditação "clássica" vipassana permanecia mais ou menos restrita a monges e estudiosos, mesmo no Budismo theravada e zen. A prática do Budismo devocional tornava-o algo menos filosófico e mais próximo de uma religião capaz de atender às necessidades emocionais e espirituais imediatas de seus seguidores comuns. À medida que o Budismo mahayana se compromete a salvar muitos seres, surge daí a necessidade de gerar cultos coletivos que possam apaziguar as angústias de grandes grupos de pessoas. À medida que o Budismo foi-se espalhando pelo Oriente extremo, a mensagem do Buda Sakyamuni de investigação da mente foi assim dando lugar a uma religião com características mágico-religiosas, ritualizada, nas quais os pujas (recitações) foram progressivamente tomando o lugar da meditação vipassana. A chegada do Budismo ao Ocidente parece mover-se em direção oposta, já que o Ocidente está bem familiarizado com a ideia de devoção. Para o Ocidente, o Budismo é uma forma de psicologia ou filosofia a partir da "investigação do darma", em que é possível combinar os discursos do Buda Sakyamuni com a meditação vipassana, comprovando empiricamente seus ensinamentos a partir da experiência direta. A meditação vem sendo praticada até mesmo por não budistas, que visam ter a experiência do *insight* através da meditação, o que significa atingir um grau superior de lucidez conhecido até então somente pelos budistas e ioguis na Índia. Por outro lado, a beleza complexa dos pujas budistas, principalmente os tibetanos, parecem atrair muito os ocidentais mergulhados em um ambiente cada vez mais cético e desritualizado, que conduz a um sentimento de profundo vazio e de perda de identidade cultural. Se, por um lado, a meditação vipassana parece ser um caminho árido, como pareceu aos orientais séculos atrás, o colorido atraente e a recitação musicada relembram o homem ocidental da necessidade de sair de sua rotina mundana rumo a uma busca espiritual.

Graus de iluminação

Para aqueles que meditam e atingiram certo grau de conhecimento, darma maior ou menor, existe uma classificação de acordo com os níveis de iluminação, em quatro níveis:

• **Sotapanna** – aquele que ingressou no primeiro estágio de iluminação é chamado de Sotapanna, "o que entrou na corrente" (do rio). Esse é caracterizado pela perda da crença em um *eu-ego* eterno e imutável, abandono das suas dúvidas céticas (para com o Budismo), e o abandono ao apego fanático a crenças, o apego supersticioso a rituais. Nesse sistema, não mais renascerá nos infernos, como fantasma ou animal, e atingirá a iluminação em no máximo sete reencarnações. Tem fé perfeita no Buda, no darma e na sangha (os outros seguidores do Budismo), e uma moralidade perfeita (fala correta, ação correta e modo de vida correto).

• **Sakadagami** – "aquele que retornará só mais uma vez". Ao completar a maioria das tarefas espirituais propostas pelo Buda, mas não todas, ainda se faz necessária mais uma reencarnação para completá-las. O Sakadagami já eliminou a maior parte do seu desejo sensual e a má vontade (raiva, preguiça, inveja, desprezo).

• **Anagami** – "não mais retornará ao mundo humano". Ele conseguiu eliminar por completo os cinco fatores-obstáculo: a crença em um *eu--ego* permanente; a dúvida cética; o apego a rituais e regras; o desejo sensual e a má vontade. Mesmo assim, o anagami completará seus estudos ao renascer em um mundo superior, um "Reino Puro", até atingir a iluminação plena.

• **Arahant** – "o Plenamente Iluminado". É o caso do Buda Sakyamuni e outros poucos indivíduos ao longo da História. Eles passaram de uma condição humana comum para o parinirvana diretamente após a morte. Um arahant não mais deseja reencarnar em um mundo material, nem renascer em um paraíso ou reino puro. Eles abandonaram toda a vaidade e orgulho, coisa infelizmente comum entre aqueles que já alcançaram alto grau de conhecimento, mesmo o espiritual. O arahant não experimenta mais a inquietude de temer o futuro ou lamentar o passado. Todos os traços de ignorância já se foram. Seu único destino possível é o Nirvana.

Tipos de Budismo

O Budismo se divide basicamente em hinayana (theravada), mahayana e vajrayana.

Theravada ou hinayana

O termo hinayana é considerado pejorativo, e significa "caminho menor", daí ser preferível utilizar o termo theravada, que significa "velha escola", portanto uma forma de Budismo muito ortodoxa e que procura seguir o estilo deixado pelo Buda Sakyamuni, sem alterações. Esse estilo é predominante no sudeste asiático, Tailândia, Sri Lanka, Camboja etc., e seus monges homens vestem um manto amarelo com o ombro direito nu e as monjas vestem branco ou rosa.

A ênfase do theravada é a meditação vipassana, aquela que o Buda Sakyamuni utilizou para se iluminar. Quando um monge theravada atinge a iluminação plena, ele se torna um arahant; e ao morrer, entrará no Nirvana, e não mais retornará a este mundo. Talvez daí se origine o termo hinayana, como "caminho pequeno", ou "caminho menor", na medida em que se trata de um caminho de salvação individual, não de um método para salvação de muitos indivíduos ao mesmo tempo. Isso vai contra o conceito mahayana de boddhisattvas que se sacrificam em ajudar o mundo humano, chegando a reencarnar na forma humana visando trazer luz a este mundo. Os monges e monjas theravada são mendicantes e sobrevivem das ofertas de comida que recolhem nos vilarejos e cidades. Eles dependem 100% da sangha leiga (pessoas comuns que se consideram budistas), saindo de manhã para pedir comida, sem poder exercer atividades remuneradas. No Budismo theravada/hinayana os monges sequer devem cozinhar, ou ir a uma mesa e se servir, limitando-se simplesmente a aceitar o que lhes é dado. Embora executem ritos funerários para os leigos e coisas assim, a ênfase desse tipo de Budismo é a meditação (portanto, um Budismo de autoesforço) para se atingir a iluminação, embora no passado a maioria dos leigos tivesse uma relação mais devocional com o Budismo, sendo o hábito de meditar entre leigos menos comum do que é hoje. As regras monásticas (*vinaya*) dos monges theravada são as mais severas no Budismo, por conservar todas as austeridades praticadas no período em que o Buda Sakyamuni ainda vivia. As tradições mahayana e vajrayana adotam certas partes do *vinaya*, ao mesmo tempo em que relaxam ou descartam outras que lhe pareçam anacrônicas.

Mahayana

O zen-Budismo também é uma escola que enfatiza a meditação, como o próprio nome diz ("zen" significa meditação, como *ch'an*, em chinês), e assim sendo, também é um Budismo de autoesforço. Por Budismo de autoesforço entende-se aquele no qual o indivíduo busca se iluminar pela meditação e estudo do darma, em vez de confiar na ajuda dos boddhisattvas (que seria um Budismo devocional). Entretanto, o zen difere muito do theravada por evitar explicações intelectuais e expositivas dos ensinamentos do darma (o chamado "processo de iluminação gradual", obtido mediante estudo). O método zen é de "iluminação súbita", ou seja, obtida pela meditação diretamente. A ideia é a noção de que o *insight*, a percepção das coisas como realmente são não poderia ser explicado com palavras, e que a linguagem humana só poderia estragar a experiência direta de *insight* (uma percepção superior do aqui e do agora, ainda que momentânea, mas plenamente livre das ilusões perpetradas pela mente humana). O conceito de *insight* é intraduzível para o português, e seria como uma ideia luminosa, um "eureca", no sentido de um momento de lucidez extrema onde tudo parece ficar claro. Até mesmo os praticantes mais dedicados têm dificuldade em dizer em que momentos o *insight* realmente se deu, daí se diz que "O zen verdadeiro não pode ser expresso em palavras".

Ch'an

Seria o mesmo que o zen japonês, apenas com características chinesas. Muitas casas *ch'an* se autointitulam "zen e terra pura", combinando os elementos de autoesforço da meditação com as características devocionais do Budismo de terra pura, que são também muito populares na cultura chinesa.

Terra pura

Na Era Kamakura, há aproximadamente 900 anos, podia-se observar um grande distanciamento do Budismo das classes populares no Japão. Os monges pareciam servir unicamente para cobrar caro por cerimônias funerárias e seus ensinamentos pareciam intelectualizados e distantes demais. Essa crise gerou movimentos com o objetivo de restaurar a fé popular no Budismo. Mestres budistas como Shinran Shonin e Honen Shonin alegavam que a meditação zen não servia para nada e que poucas pessoas atingiriam a iluminação daquela maneira, mesmo entre os monges. Eles admitiam a quase impossibilidade de atingir a iluminação em uma existência humana e sugeriam que as pessoas depositassem sua devoção no Buda Amida, senhor do paraíso Sukhavati, a terra pura. Nesse paraíso, os indivíduos poderiam se dedicar melhor ao estudo e à sabedoria, sem os tormentos do mundo material e desse modo libertar-se do ciclo doloroso de renascimentos. Isso só seria possível mediante uma devoção ardorosa e constante clamor pela misericórdia do Buda Amida/Amithaba/Omitofo (em chinês). Esse é o Budismo devocional por excelência que se opõe à doutrina original de autoesforço proposta pelo Buda Sakyamuni. Atualmente é uma das escolas mais populares do Japão, sempre caracterizada por uma mensagem simples e direta, um profundo senso comunitário e que evita postulações filosóficas rebuscadas. Seu principal objetivo é proporcionar uma existência mais bem-aventurada no Além para aqueles que o seguem.

Nichiren daishonin

Escola japonesa dissidente do Budismo meditativo tradicional, surgido mais ou menos na mesma época que o terra pura. Seu método é igualmente devocional, com muitas recitações do daimoku, o Sutra do Lótus, um sutra com poderes místicos capazes de trazer bem-estar espiritual e até remover obstáculos materiais de toda espécie. Nichiren desenvolveu um método todo próprio para ensinar seus seguidores, falando dos Dez Estados Mentais (inferno, fome, animalidade, estudo, buda etc.) entre outras coisas, com ensinamentos simples e diretos, acessíveis a todos. O conceito de Dez Estados Mentais visa resumir as complexas descrições budistas dos possíveis renascimentos (inferno, animal, humano, deuses etc.), bem como as 108 paixões mundanas enumeradas pelo Buda Sakyamuni.

Os 108 estados mentais que um ser humano pode experimentar, em pares de opostos, como "generosidade-mesquinhez", "amor-ódio", "fome-saciedade", "falta-abundância" etc. O Sutra do Lótus – ou sutra sobre o lótus branco do Sublime Darma (em sânscrito: saddharmapundarīka-sūtra) – é um dos sutras mais populares e influentes do Budismo mahayana. Faz parte do cânone do zen e é o fundamento das escolas japonesas tendai e nichiren. O Sutra do Lótus foi traduzido para o chinês por vários monges e estudiosos. Dessas traduções, a considerada mais precisa é uma versão de Kumarajiva em 406 E.C. de sete rolos com vinte e oito capítulos. Foi traduzido para vários idiomas, inclusive o português. O título chinês costuma ser abreviado para Fahua Jing ou Hokkekyo em japonês. Na tradição de Nichiren, entende-se que o Sutra do Lótus torna os demais sutras budistas visões parciais. Essa interpretação deve-se ao título de salvador de almas que assumiu, apegando-se às palavras de Sakyamuni quando declara que até o momento utilizou "meios" para ensinar os seres vivos e somente agora, com Nichiren, o Buda esperado, revelaria a verdade. Além disso, considera-se também que o Sutra dos Infinitos Significados (muryogui kyo) seja seu prefácio e que o Sutra do Bodhisattva Universalmente Meritório (fugen kyo) seja sua conclusão.

Shingon

Forma de Budismo japonês essencialmente esotérico e permeado pela magia, com rituais fortes de evocação, exorcismo etc. Os monges dessa linhagem manifestam poderes mediúnicos para dar aconselhamento aos seus seguidores entre outras coisas, além de produzir amuletos protetores para diversos fins etc. Ao fazê-lo, aproxima-se do estilo de linhagens budistas chinesas e tibetanas que incorporam uma forte dose de esoterismo em suas práticas, com rituais complexos que devem ser executados somente por monges autorizados para tal.

Vajrayana

Embora chamado de tibetano, esse tipo de Budismo estende-se para além das fronteiras do Tibete, alcançando o Butão e outros países circundantes. O Tibete é hoje uma província incorporada à República Popular da China, considerada região autônoma. Possui uma área de aproximadamente 1,2 milhão de quilômetros quadrados (com uma pequena parte, ainda a ser definida, de controle e domínio da Índia). Taiwan (República da China) também reivindica o domínio total da região. O vajrayana é profundamente místico e incorpora inúmeros elementos das antigas religiões tradicionais do Tibete pré-budista. Seus rituais são certamente os mais complexos do Budismo, com verdadeiras orquestras de instrumentos acompanhando mantras complexos referentes a uma infinidade de deuses e heróis. Os tibetanos executam rituais que seriam incompreensíveis para os budistas de outras tradições, e o Budismo nessa região permeou a sociedade com mais intensidade que em qualquer outro lugar. Há elementos do Budismo tibetano que não existem em outras tradições budistas. O mais conhecido é o conceito de Bardo, ou seja, um período de 49 dias após a morte, no qual o espírito recém-desencarnado ficaria confuso, vivendo uma espécie de sonho assustador, e que durante esse período, os lamas e os familiares do falecido/a devem dedicar intensas preces à essa pessoa. Segundo os tibetanos, esse período é um hiato entre a existência que findou e a próxima, e somente ao final desse período, que pode variar em sua duração, o falecido encontrará o local de seu novo renascimento. *O livro tibetano dos mortos* ou *Bardo Thödol*, visa preparar os vivos para o momento dessa dura travessia. Ele nos fala de um período de bardo repleto de criaturas assustadoras e magníficas, portais dimensionais que se abrem, conduzindo a mundos inferiores e superiores, bem como o sofrimento e a confusão causada por memórias fragmentadas da existência anterior. Para as outras tradições budistas, o conceito de bardo não faz muito sentido, porque acreditam que o renascimento dá-se imediatamente após o desencarne, já que as leis cármicas são infalíveis e conduziriam cada indivíduo ao seu devido local de nova existência. Portanto, há no Budismo tibetano diversos conceitos *sui generis* que lhe são únicos e que não constam nas escrituras budistas originais, nem encontram paralelo em outras linhagens budistas.

Assuntos controversos

Eutanásia – o Budismo é bastante ambíguo com relação a esse tema. De fato, diferentes mestres e escolas se posicionam diferentemente com relação a esse assunto. De um lado, o princípio de "não matar" é o mais primordial e central na doutrina budista, e fazer coisas como esmagar insetos deliberadamente ou maltratar animais são considerados péssimos carmas. Entretanto, outro princípio budista fundamental se choca com o primeiro, que seria aliviar o sofrimento. Portanto, não há pleno consenso sobre o que seria a eutanásia, se seria um "matar" pura e simplesmente, ou um "aliviar o sofrimento". Para muitos mestres, faz-se uma distinção entre a eutanásia ativa, solicitada pelo doente, e a passiva, decidida pelos familiares. O Budismo considera que os momentos finais de vida são parte de um aprendizado, e que é preferível morrer naturalmente, sem apressar a morte. Assim, quando um paciente apresenta morte cerebral ou coma profundo, e supostamente não entende mais o que se passa com ele, a eutanásia seria mais aceitável. No caso de pacientes terminais que solicitam sua própria morte, os mestres budistas solicitariam que a dor fosse atenuada ao máximo, para que esses últimos momentos de consciência sejam aproveitados da melhor forma possível, dentro das possibilidades da medicina atual. Há muitos relatos de monges de alto escalão que recusaram medicação quando defrontados com os estágios terminais de uma doença, a chamada eutanásia passiva (recusa aos medicamentos). Ao agir assim, eles teriam permitido que a natureza fizesse seu trabalho, sem de fato receber uma eutanásia ativa que gerasse maus carmas para o médico que prescrevesse uma eutanásia. Nesse caso, o enfermo em questão estaria tomando para si toda a responsabilidade, sem envolver outros.

Aborto, contracepção, planejamento familiar – o Buda Sakyamuni era profundamente contrário ao aborto, e considerava que um monge ou monja que motivasse ou auxiliasse um aborto seria imediatamente expulso da comunidade religiosa. Portanto, o aborto seria sim um ato de matar. Evidentemente, nos tempos do Buda não havia como detectar defeitos congênitos na vida intrauterina, e não sabemos ao certo qual seria seu posicionamento no que se refere aos fetos que sofrem de teratogenias. No que se refere à contracepção por intermédio de anticoncepcionais etc., há uma postura plenamente favorável, desde que não ocorra a concepção. Vários mestres budistas têm manifestado preocupação com os problemas causados pela explosão populacional mundial e para tanto, faz-se necessário uma redução urgente do número de filhos por casal na maioria dos países. Nesse caso, o Budismo vê-se confrontado novamente com questões que simplesmente não existiam nos tempos do Buda, mas certamente, o respeito por todas as formas de vida, animal ou vegetal, passa por uma restrição da taxa de crescimento da população humana. Aí entra a própria noção de "originação interdependente". No Budismo existe o *patticasammupaddha*, no qual tudo o que fazemos influencia todo o Universo e nos obriga a ser responsáveis pelo meio ambiente, tomando para si toda a responsabilidade por entregar um mundo superpopuloso e poluído para as gerações futuras. Assim, o número de filhos que cada casal tem faz parte de sua responsabilidade ecológica e social, assim como seu grau de preocupação com o meio ambiente, com o alastramento da pobreza etc.

Homossexualismo – durante seus anos de pregação, o Buda Sakyamuni nunca fez menção a esse assunto, principalmente no que se refere à vida particular dos seguidores leigos (os upassaka, leigos homens, e as upassikas, leigas mulheres). O Buda deixava questões como sexo, casamento etc., a cargo da sociedade humana leiga e suas mudanças naturais de costumes. Embora o Dalai-Lama tenha colocado que o homossexualismo pertence à categoria de má conduta sexual, isso não encontra respaldo nas escrituras budistas originais. Embora o Buda mencione o "abuso dos sentidos", ou seja, uma busca incessante de prazeres sexuais e sensuais como má conduta, isso seria válido para homossexuais e heterossexuais da mesma maneira. Para o Budismo não existe o conceito de pecado em si, mas ações virtuosas ou não virtuosas. O "abuso dos sentidos" não deve ser visto como pecado, mas como uma espécie de conduta que nos afasta da concentração e da busca pela iluminação. Se houve qualquer referência por parte do Buda com relação à homossexualidade, ela se deu apenas no que se refere à ordem monástica de bhikkus (monges homens) e bhikkunis (monjas mulheres). Ao Buda foi perguntado se ele aceitaria um hijra, membro de uma casta de travestis que já existia na Índia da época, como monge/monja. Ao que o Buda respondeu que tal pessoa deveria pertencer ao grupo de monges homens, e vestir-se como tal, não podendo habitar no setor das monjas mulheres, as bikkhunis. E ele também ressaltou que isso representaria uma grave ameaça ao celibato dos monges, e que exigiria forte observância, já que os monges eram todos castos, e monges e monjas viviam em separado.

Poligamia – novamente, o Buda deixa tais assuntos para a sociedade leiga. Arranjos matrimoniais pertencem à esfera do mundano, e os valores de moral sexual de cada sociedade não interessavam muito ao Buda. Entretanto, uma vez estabelecidos esses valores, devem ser seguidos. A condenação que o Buda faz ao adultério refere-se ao desgosto que esse ato causaria ao outro cônjuge, por se tratar de mentira. Assim, o certo e o errado na moral sexual, para o Budismo, referem-se basicamente a respeitar o consenso entre os indivíduos envolvidos e não trair os acordos estabelecidos por ambas as partes.

Drogas – substâncias químicas que produzem alterações dos sentidos. "Droga", em seu sentido original, é um termo que abrange uma grande quantidade de substâncias, desde o carvão à aspirina. Contudo, há um uso corrente mais restritivo do termo, remetendo a qualquer produto alucinógeno (ácido lisérgico, heroína etc.) que leve à dependência química e, por extensão, a qualquer substância ou produto tóxico (como o fumo, álcool etc.) de uso excessivo, sendo sinônimo, assim, para entorpecentes. Quando um leigo toma os votos budistas, ele se compromete a não matar, não roubar, não usar falas impróprias (mentir, ofender, falar mal dos outros etc.), não cometer má conduta sexual, não se embebedar e não consumir substâncias intoxicantes (entorpecentes). Entretanto, a conduta sexual e a bebida são consideradas "votos variáveis", ou seja, condicionados aos costumes de um país. Na França, por exemplo, beber vinho é um acompanhamento normal para a comida. Se utilizado com moderação, não representaria quebra séria de preceitos para um leigo. Porém, tanto beber álcool quanto utilizar drogas seriam consideradas condutas não virtuosas, pois novamente nos afastam do caminho da lucidez necessária à busca pela iluminação, já que representam obstáculo à meditação e plena atenção.

Vida extraterrestre, UFOs – o Budismo jamais considerou o homem como o centro do Universo, e sempre admitiu a existência de incontáveis mundos (*lokas*), materiais ou sutis, habitados por seres os mais diversos, inteligentes ou não. Assim, não causaria qualquer surpresa para o clero budista o estabelecimento de um contato com seres de outros planetas ou outras dimensões. O Buda Sakyamuni postula que há "incontáveis mundos nas dez direções", e mais ainda, que cada mundo é dotado de um Buda, mostrando o caminho da libertação para os seres que lá vivem. Em uma entrevista dada pelo Dalai-Lama em que esse assunto lhe foi perguntado, ele disse simplesmente, com grande naturalidade: "Seres sencientes (capazes de sentir e entender), semelhantes aos humanos existem em outros planetas". Ele declarou mesmo desconhecer alguém que se recordasse de uma reencarnação anterior em outro planeta, mas que isso não seria nada espantoso.

Suicídio – nos países orientais, sempre houve aquilo que se chamou de "suicídio honroso", praticado por nobres, samurais etc., quando encurralados pelos inimigos, ou desonrados, como o haraquiri. Entretanto, esse tipo não pode ser colocado no mesmo patamar que o comum praticado nas sociedades modernas por todo o mundo. O Buda coloca que o "desejo de morrer" é o outro lado da moeda do desejo sensual. Ou seja, que ao desenvolvermos fantasias com relação ao poder, *status* social, sucesso etc., estamos criando o terreno fértil para a frustração, a inveja e o desespero. Ou seja, que por imaginarmos a vida como mais glamourosa do que realmente é, damos espaço a um choque idêntico em sentido oposto, uma profunda decepção ao perceber que as coisas realmente não são assim. E esse é um dos motivos mais comuns pelos quais as pessoas pensam em suicídio, ou pelo menos, desejam que suas vidas terminem o quanto antes. Assim, uma pessoa bem equilibrada, que tem uma mente equânime vive o aqui e o agora, e não fantasia demais acerca da vida, nem positiva, nem negativamente, dificilmente pensará em suicídio. Porque a mente tem a tendência natural a exagerar, se assim o permitirmos, e isso facilmente conduz ao suicídio. O Budismo afirma que a situação de pessoas que cometem suicídio se assemelha àquela daqueles que tiraram a vida de outrem. Para ambos os casos a(s) próxima(s) reencarnação(ções) será(ão) provavelmente muito breve(s), com uma morte ainda na infância ou na adolescência, ou mesmo na vida intrauterina, dependendo da maior ou menor gravidade de inúmeros fatores.

Vegetarianismo – nos países asiáticos onde o Budismo é importante, o número de vegetarianos é decepcionante. Em um congresso budista, a maioria dos monges e monjas asiáticos não era vegetariana e várias linhagens budistas, como os tibetanos, sequer comentam o assunto. Entretanto, à medida que o Budismo adentra o Ocidente, parece haver um movimento crescente no sentido de associar-se vegetarianismo e Budismo, assim como há um movimento crescente no sentido de associar Budismo à ecologia. Isso talvez porque o momento histórico atual e a mentalidade ocidental recebem de maneira diferente os ensinamentos do Buda, e não há nada de errado em buscar no darma as respostas para os problemas atuais. O Budismo, ao colocar a questão do respeito aos animais, confirma as crenças das sociedades ecológicas e protetoras de animais que já existiam no Ocidente desde há muito. Assim, o homem ocidental tende a entender o conceito de não matar como incitação ao vegetarianismo. Além disso, com o Budismo chegaram diversas outras religiões orientais, principalmente as de origem indiana que já tomavam o vegetarianismo como parte da não violência (ahimsa) e do não matar, ou ainda como algo imprescindível para alcançar uma purificação química e energética do corpo e dos chakras. Para o homem ocidental, a ideia de preocupar-se com a natureza e o bem-estar dos animais domésticos e selvagens passa pela prática do vegetarianismo. Seja como for, em nenhuma linhagem budista o vegetarianismo é obrigatório para os seguidores leigos, embora algumas o considerem aconselhável. É curioso notar que, em várias passagens do darma, o Buda fala favoravelmente do vegetarianismo, como no Parinirvana Sutra: "Comer carne extingue a semente da grande compaixão". Há muitas outras citações nesse sentido ao longo das escrituras budistas. Por outro lado, o Buda e sua sangha (monges e monjas) não eram vegetarianos. Isso porque eram todos mendicantes, e comiam o que lhes fosse dado, sem direito a discriminar alimentos atraentes dos repulsivos. Do mesmo modo, os monges e monjas recolhiam as mortalhas e trajes dos cadáveres para confeccionar suas próprias roupas, mostrando assim sua vitória sobre a dualidade atração-aversão.

Papel da mulher – esse é, sem dúvida, o item mais criticado da doutrina budista nos tempos atuais. Inicialmente o Buda Sakyamuni hesitou em aceitar mulheres como monjas, até mesmo sua ex-esposa Yashodara foi rejeitada. Por um lado, ele acreditava que a presença de mulheres representaria uma ameaça à castidade, e que elas deveriam ser totalmente apartadas dos monges homens. Por outro lado, ele dizia que as mulheres teriam dificuldade para manter a mente equilibrada, devido às suas "loucuras cíclicas" (a tensão pré-menstrual e as variações hormonais de humor). Mas seu principal discípulo, Sariputra, apelou para a questão da compaixão para com todos os seres e pediu a ele que reconsiderasse, o que aconteceu. Mesmo assim, em algumas variações budistas, as monjas ficam em segundo plano, mas, considerando que o Budismo não tem um poder central, nada impede que isso mude, e em outras linhagens budistas, como o zen e o *ch'an*, observa-se que templos inteiros são regidos por monjas mulheres, oficiando toda espécie de ritual. Isso não representa uma ofensa aos princípios originais, pois o Buda disse: "Não acredite em algo simplesmente porque eu o disse. Teste e veja você mesmo se é verdade". Em uma exortação, mantemos nosso senso crítico sempre aguçado, sem jamais se deixar levar por opiniões que se mantêm unicamente pela tradição ou hábitos antigos. Por outro lado, o Buda afirmou que: "Nascer como ser humano é uma rara oportunidade, como a possibilidade de uma tartaruga que vem à tona a cada 500 anos vir a enfiar sua cabeça em uma boia perdida no meio do oceano...". Porque o ser humano é o único ser vivo na Terra capaz de entender o darma, e isso se estende a homens e mulheres igualmente.

Pena de morte – o Budismo faz total oposição à pena de morte por acreditar que ela infringe conceitos básicos como karuna (a caridade, a misericórdia) e metta (a amizade amorosa, o desejo de que todos os seres vivam felizes). Por outro lado, o Budismo também contempla a necessidade de proteger os inocentes, o que gera novamente uma contradição. O fato é que a pena de morte existiu nos países de orientação budista do mesmo modo que em qualquer outro lugar. Ainda que raramente praticada em alguns países budistas, não foi de todo abolida mesmo hoje, apesar de esses países possuírem sistemas carcerários em moldes modernos. O Tibete, por exemplo, considerado uma grande teocracia budista, praticou a pena de morte até que o 13° Lama decidisse aboli-la. Assim, os lamas tibetanos deixavam que os administradores leigos cuidassem desse assunto até aproximadamente o ano de 1920, sem interferir nas suas determinações. Atualmente, inúmeras entidades budistas se manifestam contra a pena de morte, especialmente as que se encontram nos EUA, onde é largamente praticada.

Magia, paranormalidade, mediunidade – o Buda Sakyamuni confronta-se com essa questão inúmeras vezes. As práticas mágicas e os médiuns e gurus eram abundantes na Índia da época. O Buda considerava particularmente vulgar qualquer demonstração pública de paranormalidade que visasse ao lucro ou impressionar os outros. Ele mesmo, o Buda Sakyamuni, não produzia milagres e desejava que aqueles que o seguissem o fizessem por estarem realmente de acordo com seus princípios, nunca seduzidos por poderes paranormais. Mesmo assim, o Buda menciona os seguintes tipos de paranormalidade: a capacidade de ler mentes, a capacidade de operar milagres, a capacidade de enxergar as vidas passadas (isso o Buda fez nos contos Jataka, com estórias de vidas passadas que o Buda Sakyamuni relata, geralmente com um tom de fábula de conteúdo moralizante), a visão celestial (a clarividência), a audição celestial (a clariaudiência) e a capacidade de erradicar o sofrimento (aliviar carmas negativos, libertar do ciclo de reencarnações etc.). O Buda dizia que há basicamente quatro métodos para se conseguir isso: a magia por feitiço (rituais mágicos, comuns na época); o poder obtido pelo modo de vida correto e virtuoso; o poder obtido pela meditação e pelo cultivo da mente (é sabido que o quarto nível de Dhyana, a concentração meditativa profunda, pode servir para gerar paranormalidade); ou ainda a evocação de espíritos, gênios, semideuses etc. Sobre essa última possibilidade, o Buda censurou particularmente a prática de sacrifícios animais visando agradar espíritos, divindades etc., que segundo ele, seria punida com um renascimento como animal correspondente ao sacrificado. Por praticarem a meditação, muitos monges ou leigos dedicados desenvolvem a paranormalidade. Assim, o Buda Sakyamuni recomenda discrição com relação a esses poderes, evitando contar vantagem sobre eles, como a conduta verdadeiramente virtuosa nesses casos.

Existência do Deus Criador – quando o Buda Sakyamuni foi perguntado sobre a existência ou não de Deus, ele respondeu com a seguinte pergunta: "Ao levarmos uma flechada no peito, qual seria nossa prioridade: retirar a flecha ou descobrir quem a disparou?". Para o Buda, não há uma prova satisfatória da existência de um Deus Criador, assim como é igualmente impossível comprovar sua inexistência. Por isso, o Buda foi considerado por muitos um ateu, e foi inclusive elogiado por lideranças comunistas russas. Mas o fato é que o Buda preferiu não lançar teorias infundadas sobre o assunto, baseadas unicamente nos seus anseios ou na fé particular de um grupo religioso. Ele permite que cada um acredite no que quiser, alertando sempre para a necessidade de buscar a iluminação em primeiríssimo lugar, deixando de lado discussões intermináveis sobre aquilo que é incompreensível para o homem. Porque o mundo material e o nascimento em um corpo humano nos fornecem a oportunidade de aprender muito sobre a vida e a natureza da nossa forma de existência, e, fincando nossas mentes no aqui e no agora neste mundo de intenso sofrimento aprenderemos muito mais que simplesmente nos deixando viajar pelas nossas conjecturas sobre a criação do Universo. Assim, o Buda formulou 14 perguntas para as quais não há resposta, como: "O que existia antes do início do Universo?"; "Quando surgem as consciências e qual sua duração?"; ou "O que acontece com aqueles que entram no Nirvana?"; "O que acontecerá após o colapso deste Universo?" etc., onde a indagação sobre a natureza, intenções ou poderes de um Deus Criador também se mostram igualmente impossíveis de serem respondidas.

O Budismo é uma religião? – essa questão é muito controversa. Há aqueles que creem que sim, outros que não. Podemos pensar que o Budismo NÃO é uma religião, se pensarmos que se trata mais de um sistema filosófico. Um sistema filosófico, inclusive, que prescinde a fé em um Deus Criador ou muitos deuses criadores. Do ponto de vista do Judaísmo, do Cristianismo e do Islamismo, o Budismo não é religião, pois não *religa* o homem ao Criador. Então o Budismo seria mais algo como um tipo de ioga, algo como o Tao ou os ensinamentos de Confúcio, algo que visa ajudar-nos a viver mais sabiamente. Esse é o modo como o indivíduo ocidental normalmente se aproxima do Budismo, buscando um alívio para sua vida estressada e cheia de temor e frustração. Assim, muitos dizem que o Budismo entrará para o Ocidente como uma forma de psicologia, um método de autocura mental. Por outro lado, podemos dizer que o Budismo é sim uma religião, se pensarmos que 700 milhões de pessoas se declaram budistas, o que faz do Budismo a quinta maior religião do mundo e muito predominante no extremo Oriente. Essas pessoas em geral desenvolveram um vínculo devocional com o Budismo, principalmente os que seguem a terra pura, o Budismo de Nichiren, o shingon, o vajrayana etc., mas também os seguidores leigos do zen, do *ch'an* e do theravada. Essas pessoas confiam nos seus respectivos mestres para sua salvação, através de preces fervorosas, ou de ritos funerários complexos e, por vezes, custosos. Elas pedem aos monges que os abençoem, bem como suas famílias, negócios, casa, animais etc. Eles pedem aos monges que exorcizem pessoas possuídas por um mau espírito. A partir desse ponto de vista, o Budismo é certamente uma religião, com seus templos, clero, seguidores, rituais etc. Assim, cada um pode tirar suas conclusões.

Existe um Budismo ocidental? – atualmente, vem-se falando muito, especialmente nos Estados Unidos de um "novo Budismo ocidental". De fato existem sociedades que visam tornar o Budismo mais palatável para o Ocidente, como a Western Buddhist Organization (WBO), criada por um inglês que desejava implementar reformas no Budismo a partir do que observou no Oriente. Essa nova linhagem se empenha em atividades até então incomuns no Budismo tradicional, como converter os párias (intocáveis) do sistema de castas na Índia ao Budismo, visando a libertá-los de seu estigma. Ainda assim, a maioria dos seguidores ocidentais do Budismo afiliou-se a formas tradicionais do Budismo, embora nem tudo o que se pratica na Ásia pareça adequado no Ocidente. A ideia de monges totalmente dependentes dos leigos até para se servir de refeições parece pouco prática no Ocidente, assim como certos costumes asiáticos, como o de não comer depois do meio-dia, ou dormir voltado para o lado direito, para os monges theravada. Do mesmo modo, os meios de arrecadação de recursos e afiliação tendem a ser diferentes nas sociedades ocidentais. Talvez uma série de regras do vinaya (regulamentos para monges) possa vir a ser relaxada no futuro, mas até hoje ninguém se dispôs a alterar as Quatro Nobres Verdades ou o Nobre Caminho Óctuplo, por exemplo. Assim como ocorreu devido à transmissão do Budismo de país a país no Oriente, sempre houve adaptações locais, mas há um limite do quanto se pode alterar e ainda se considerar Budismo.

É o Budismo uma religião?
(Por Ajhan Sumedho)[353]

Se pensarmos em religião como uma crença em divindades, o Budismo não é de maneira nenhuma uma religião. Não há nada relacionado com qualquer tipo de ser superior.

353 *The Mind and the Way – Buddhist Reflections on Life* – casa de dharma (Tradução: Márcia Reverdosa).

Budismo é um caminho que guia o ser a uma perfeita paz mental, mesmo nesta vida. Rituais, ritos, cerimônias, orações, confissões, adoração a Deus (ou deuses) e coisas dessa ordem nada tem a ver com o estilo de vida budista. Budismo não possui um salvador externo. Em vez disso, cada indivíduo pode praticar para se tornar seu próprio salvador. Buda disse: "Os Budas só lhe mostram o caminho, você tem de fazer o esforço por si próprio".

Se todas as pessoas seguirem esse caminho, a Terra se tornará um lugar mais elevado que o céu. Ainda que a maioria das pessoas experimente distúrbios, o peregrino ao longo do caminho budista é cheio de paz, alegria e calma. O caminho para a paz e liberdade interior tem sido exposto por Buda em seus muitos ensinamentos. Existem muitos mestres; há os discípulos de Buda, que já trilharam esse sagrado caminho, e há aqueles que ainda o trilham, podendo guiar os demais. Um bom e experiente mestre é uma boa companhia àqueles que seguem o caminho. É tentador acharmos que entendemos de religião pelo fato de ela estar enraizada em nossa cultura. Entretanto, é de grande valia contemplar e refletir sobre a verdadeira intenção, meta ou proposta da religião.

Por vezes, as pessoas consideram religião como a crença em um Deus ou deuses, passando então a religião a ser identificada pela postura teísta de uma religião particular. Muitas vezes, Budismo é considerado tanto religião ateísta como teísta, ou nem sequer como uma religião. Parece ser uma filosofia ou psicologia porque Budismo não vem de uma posição teísta. Não é baseado em uma posição metafísica ou doutrinária, mas na experiência comum de toda a Humanidade – a experiência do sofrimento. A premissa budista é a de que refletindo, contemplando e entendendo essa experiência humana comum, poderemos transcender todas as desilusões da mente que criam o sofrimento humano.

A palavra religião vem do latim *religio*, que significa "ligar". Isso sugestiona uma ligação ao divino que engloba todo o ser. Ser verdadeiramente religioso significa que você deve se vincular ao divino, ou à realidade última, e comprometer-se totalmente a esse vínculo, até o ponto onde essa realização última é atingida. Todas as religiões possuem palavras como "libertação" e "salvação". Palavras dessa natureza conduzem-nos à libertação da desilusão, completa e absoluta liberdade, e total entendimento da realidade última. No Budismo chamamos isso de iluminação.

Entendendo a natureza do sofrimento

A abordagem budista é a de meditar sobre a experiência do sofrimento, pois é isso o que todos os seres humanos têm em comum. Sofrimento não necessariamente significa uma grande tragédia ou uma terrível má sorte. Quer somente dizer o tipo de descontentamento, infelicidade e desapontamento que todos os seres humanos vivenciam em várias épocas de suas vidas. Sofrimento é comum a todos, homens e mulheres, ricos e pobres. Qualquer que seja sua raça ou nacionalidade, esse é o vínculo comum.

Então, no Budismo, sofrimento é chamado de *a nobre verdade*. Não é, porém, a verdade última. Quando Buda ensinou sofrimento como uma nobre verdade, não era sua intenção que nos prendêssemos ao sofrimento e acreditássemos nele cegamente como a última verdade. Em vez disso, ele nos ensinou a usar o sofrimento como uma nobre verdade para reflexão. Nós contemplamos: o que é sofrimento? Qual sua natureza? Sofro por que e sobre o quê?

Um entendimento sobre a natureza do sofrimento é um importante *insight*. Agora contemple isso em sua própria experiência de vida. Quanto tempo de vida é gasto tentando afastar ou ficar longe de coisas desagradáveis e não desejáveis? Quanta energia em nossa sociedade é dedicada à felicidade e ao prazer na tentativa de nos mantermos afastados das coisas desagradáveis e indesejáveis? Nós podemos ter instantes de felicidade, instantes em que nos dedicamos a algo, alguma coisa que chamamos não sofrimento: excitação, romance, aventura, prazeres sensuais, comer, ouvir música, ou qualquer que seja. Mas tudo isso é uma tentativa de nos mantermos afastados de nossos medos, descontentamentos, ansiedade e preocupação – coisas que assombram a obscura mente humana. A Humanidade será sempre assombrada e assustada pela vida enquanto se mantiver ignorante e não colocar adiante o esforço de olhar e entender a natureza do sofrimento.

Entender o sofrimento significa aceitá-lo em vez de afastá-lo ou negá-lo, ou ainda culpar alguém pela sua existência. Nós podemos notar que o sofrimento tem uma causa, que depende de condições criadas pela nossa mente, ou instiladas em nós através de nossa cultura e família. Nossa experiência de vida e os processos condicionantes começam no dia em que nascemos. A família, o grupo no qual convivemos, nossa educação, tudo instila em nossas mentes vários preconceitos, tendências e opiniões – alguns bons, outros nem tão bons.

Agora, se não olharmos realmente essas condições da mente e examiná-las pelo que realmente são, claro que nos causarão uma interpretação de nossa experiência de vida baseada nesses preconceitos. Mas, se olharmos a fundo a natureza do sofrimento, começaremos a examinar coisas como o medo e o desejo e, então, descobrimos que nossa verdadeira natureza não é medo, não é desejo. De maneira nenhuma nossa verdadeira natureza é condicionada.

O condicionado, o incondicionado e a consciência

Religiões sempre apontam para o relacionamento do mortal, ou do condicionado, com o incondicionado (absoluto, sem limitações). Isto é, se você despir profundamente qualquer religião até sua essência básica chegará a um ponto onde o mortal – o condicionado e de tempo limitado – cessa. Nessa cessação é que percebemos e entendemos o incondicional. Na terminologia budista é dito que "há o incondicionado; se não o houvesse, não haveria o condicionado". O condicionado surge e cessa no incondicionado, e por isso podemos apontar para o relacionamento entre o incondicionado e o condicionado. Tendo nascido em um corpo humano, temos de viver nossas vidas sobre as limitações e condições do mundo sensorial. Nascimento implica que viemos do incondicionado e o manifestamos em separado, na forma condicionada. E essa forma humana implica consciência.

A consciência sempre determina um relacionamento entre sujeito e objeto, e no Budismo, consciência é como uma função discriminativa da mente. Então, observe isso agora: você está sentado prestando atenção nessas palavras. Essa é a experiência de consciência. Você pode sentir o calor do ambiente onde está, ver o que está ao redor, ouvir sons. Tudo isso quer dizer que você nasceu em um corpo humano e pelo resto de sua vida, tanto quanto esse corpo dure, ele terá sentimentos, e a consciência estará surgindo. Essa consciência sempre cria a impressão de um sujeito e um objeto, então quando não investigamos, não olhamos a verdadeira natureza das coisas, ficamos presos a essa visão dualística de "Eu sou meu corpo, meus sentimentos, minha consciência".

Assim, a atitude dualística surge da consciência. E a partir da nossa capacidade de conceber, lembrar e perceber, com nossas mentes criamos uma personalidade. Às vezes nos divertimos com ela. Outras, sentimos medos irracionais, temos pontos de vista errados e ansiedades sobre ela.

A aspiração da mente humana

No presente momento, para qualquer sociedade neste mundo materialista, muito da angústia e desespero humano surge do fato de não nos relacionarmos usualmente com nada maior que o planeta no qual vivemos e o nosso corpo humano. A aspiração da mente humana em direção à realização última, à iluminação, não é realmente promovida ou encorajada na sociedade moderna. Na verdade, normalmente parece ser até desencorajada.

Sem esse relacionamento com uma verdade maior, nossas vidas passam a não ter sentido. Se não podemos nos relacionar com nada além de experiências em um corpo humano dentro de um planeta em um universo misterioso, tudo em nossa vida realmente se resumiria a gastar tempo desde o nascimento à morte. Então, claro, qual é o propósito, qual o significado disso? E por que nos importamos? Por que precisamos de um propósito? Por que deve haver um sentido para a vida? Por que temos palavras, conceitos e religiões? Por que temos lembrança ou aspiração em nossas mentes, se tudo que sempre foi ou pode ser é essa experiência baseada na visão do eu? Será que esse corpo humano, com seus processos condicionantes, simplesmente aterrissou em nós fortuitamente, dentro de um sistema universal que foge ao nosso controle?

Vivemos em um universo incompreensível. Podemos apenas divagar a respeito. Podemos intuir e prestar atenção, mas não podemos colocá-lo em uma pequena cápsula. Não podemos transformá-lo em nossa mente. Por essa razão, tendências materialistas em nossas mentes não nos encorajam sequer a levantarmos esses tipos de questões. Ao contrário, essas tendências nos fazem interpretar todas as experiências da vida lógica ou racionalmente, baseados nos valores do materialismo e da ciência empírica.

A experiência do despertar

O Budismo aponta para a experiência universal ou comum de todos os seres sencientes, o sofrimento. Também aponta os caminhos para que possamos sair dele. Sofrer é uma experiência de despertar. Quando sofremos, começamos a nos questionar. Tendemos a olhar, investigar, supor e tentar achar respostas.

A história do príncipe Sidarta (o nome de Buda antes de sua iluminação) diz respeito à vida de um príncipe em um ambiente onde somente prazer, beleza, conforto, vantagens sociais – tudo de melhor que a vida podia oferecer – existia. Então, no decorrer da história, aos vinte e nove anos, Sidarta deixa o palácio para ver o que havia lá fora, e se conscientiza dos mensageiros da velhice, da doença e da morte.

Agora, alguém diria que ele já deveria ter o conhecimento sobre a velhice, a doença e a morte aos vinte e nove anos. Na nossa maneira de pensar é bastante óbvio sabermos desde cedo que todo mundo envelhece, adoece e morre. Entretanto, o príncipe foi protegido dessas experiências e sua consciência não foi despertada até que as experimentou diretamente.

Similarmente, podemos viver toda a nossa vida com a presunção de que tudo está certo. Mesmo as infelicidades ou os desapontamentos que provavelmente experimentaremos não necessariamente nos acordarão. Podemos querer saber um pouco a respeito, mas há tantas oportunidades para que não olhemos, não notemos. É fácil culpar alguém por nossa infelicidade, não é? Podemos culpar o governo, nossa mãe e nosso pai, amigos ou inimigos, forças externas. Mas o despertar da mente à velhice, doença e morte acontece quando percebemos que acontecerá conosco. E essa conscientização não vem somente como uma ideia abstrata, mas como um verdadeiro sentimento de destruição, um verdadeiro *insight* de que isso acontece com todos os seres humanos. O que nasce, envelhece, degenera e morre.

O quarto mensageiro com o qual Buda se deparou foi um *samana*. Trata-se de um monge, ou um peregrino religioso, alguém que se devota solitariamente à busca da realidade última, da verdade. O *samana,* como retratado na lenda, era um monge de cabeça raspada vestindo um manto.

Essas foram as quatro mensagens do simbolismo budista: velhice, doença, morte e o *samana*. Elas significam o despertar da mente humana a uma meta religiosa, para a aspiração do coração humano em direção à percepção da realidade última, que liberta de toda a desilusão e sofrimento.

Prática budista

Por vezes, atitudes mais modernas em relação à meditação budista, tendem a retratá-la como um deixar o mundo e desenvolver um profundo estado de concentração da mente, o qual depende de um cuidadoso controle das condições. Nos Estados Unidos e em outros países onde a meditação budista tem se tornado cada vez mais popular, as pessoas tendem a desenvolver fortes pontos de vista sobre o que é estar em um estado mental concentrado, no qual técnica e controle são muito importantes.

Essa técnica é aceitável e boa, mas se começar a desenvolver as capacidades reflexivas de sua mente, não será então necessário, nem sequer aconselhável, gastar seu tempo tentando refinar sua mente onde o grosseiro e o desagradável são suprimidos. É melhor abrir a mente para sua capacidade e sensibilidade totais, para assim saber que neste momento, as condições às quais você está atento – o que está sentindo, vendo, ouvindo, cheirando, saboreando, tocando, pensando – são impermanentes.

Impermanência é uma característica comum de todos os fenômenos, seja sua crença em Deus ou uma lembrança do passado; seja um pensamento de raiva ou de amor; seja alto ou baixo, rude, refinado, bom, mal, prazeroso ou doloroso. Qualquer que seja sua qualidade, você está olhando isto como um objeto. Tudo que surge, cessa. É impermanente. Agora o que uma mente aberta faz, como um caminho de prática e reflexão na vida, é permitir que você tenha alguma perspectiva sobre suas emoções, sobre a natureza de seu próprio corpo, como também sobre os objetos dos sentidos.

Voltando novamente à consciência: a ciência moderna – ciência empírica – considera mundo real aquele no qual vemos, ouvimos e sentimos; um objeto para os nossos sentidos. Então, o mundo dos objetos é chamado de realidade. Podemos ver o mundo material, concordar com o que ele é, ouvi-lo, cheirá-lo, saboreá-lo, tocá-lo, ou mesmo concordar com sua percepção ou em um nome para isso. Mas a percepção continua sendo um objeto, não é? Por criar a impressão de sujeito e objeto, a consciência nos faz crer que estamos observando algo que é separado de nós.

O Buda, através de seus ensinamentos, levou o relacionamento sujeito-objeto até o último ponto. Ele ensinou que todas as percepções, emoções e condições que passam por nossas mentes, todos os sentimentos e objetos do mundo material que vemos e ouvimos são impermanentes. Ele disse: "O que surge, cessa". E isso foi o que Buda manteve indicando sempre em seus ensinamentos, essa importante revelação que nos liberta de todos os tipos de desilusões: o que surge, cessa.

A consciência pode também ser definida como a capacidade de saber, a experiência do conhecimento. O sujeito conhecendo o objeto. Quando olhamos os objetos e o nomeamos, pensamos conhecê-lo. Achamos que conhecemos essa ou aquela pessoa porque nós sabemos seu nome, ou temos uma lembrança delas. Achamos que conhecemos todas as coisas porque nos lembramos delas. Nossa capacidade de saber, às vezes, é de um tipo condicionado – saber a respeito em vez de saber diretamente.

A prática Budista nos faz permanecer em um estado de pura atenção plena, na qual há o conhecimento introspectivo, ou o conhecimento direto. Esse é um conhecimento que não é baseado em percepção, ideia, posição ou doutrina, e pode somente ser alcançado através da plena atenção. O que queremos dizer com plena atenção é a capacidade de não se apegar a nenhum objeto, seja de domínio material ou mental. Quando não há apego, a mente está no estado puro de consciência, inteligência e clareza. Isso é plena atenção. A mente pura e receptiva, sensível às condições existentes, não é mais, de forma alguma, aquela condicionada que somente reage a prazer e dor, exaltação e culpa, felicidade e sofrimento.

Por exemplo, se neste momento ficar bravo, pode seguir esse sentimento. Pode acreditar e continuar criando essa emoção em particular, ou pode suprimi-la e tentar pará-la por medo ou aversão. Entretanto, em vez de fazer uma ou outra, você pode refletir sobre o estado de estar bravo como algo observável. Agora, se estar bravo é seu verdadeiro eu, não seríamos capazes de observar; isso é o que queremos dizer com "reflexão". O que é isso que pode observar e refletir o sentimento de estar bravo? O que é isso que pode investigar o sentimento, o calor do corpo, ou o estado mental? Aquilo que observa e investiga é o que nós chamamos mente reflexiva. A mente humana é uma mente reflexiva.

A revelação da verdade comum a todas as religiões

Podemos questionar: quem sou eu? Por que nasci? O que é a vida? O que acontece quando morro? Existe algum significado ou propósito para a vida? Mas por tendermos a pensar que outras pessoas sabem e nós não, constantemente procuramos as respostas nos outros, em vez de abrirmos a mente e assistir, através de um alerta paciente, à verdade a ser revelada. Através de plena atenção e da verdadeira consciência, a revelação é possível. Essa revelação da verdade, da realidade última, é o propósito de toda a experiência religiosa. Quando nos vinculamos ao divino, e comprometemo-nos integralmente com esse vínculo, permitimos essa revelação da verdade, o qual chamamos *insight* – profunda e verdadeira introspecção – dentro da natureza das coisas. Revelação é inefável também. Palavras não são suficientemente capazes de expressá-la. Esse é o motivo pelo qual revelações podem ser bem diferentes. Como são declaradas, como são produzidas através do discurso, podem ser infinitamente variadas.

Então revelações budistas soam bastante budistas, e cristãs, bastante cristãs, e isso é muito justo. Não há nada de errado. Mas necessitamos reconhecer a limitação da linguagem convencional. Precisamos entender que linguagem não é a verdade última ou o real definitivo; é a tentativa de comunicar essa inefável verdade aos outros.

É interessante ver o número de pessoas que agora procuram uma meta religiosa. Um país como a Inglaterra é predominantemente cristão, mas agora tem muitas outras religiões. Há muitos encontros inter-religiosos e tentativas dentro do país para entender cada um, a religião do próximo. Podemos ficar em um nível simples e saber somente que os mulçumanos acreditam em Alá, os cristãos em Jesus Cristo, e os budistas em Buda. Mas o que estamos interessados é ir além das convenções para um verdadeiro entendimento, para aquele profundo entendimento da verdade. Esse é o que o caminho budista diz.

Hoje nós temos a oportunidade de trabalharmos rumo a uma verdade comum em meio a todas as religiões. Não é, de forma alguma, o tempo em que converter pessoas ou competir entre si pareça ser de qualquer utilidade ou valor. Melhor que tentar converter os outros, a religião apresenta a oportunidade de nos fazer despertar para nossa verdadeira natureza e liberdade, para o amor e a compaixão. É um caminho de vida cheio de sensibilidade, com total receptividade, assim então poderemos nos deleitar e nos abrir para o misterioso e maravilhoso do Universo, para o resto de nossas vidas.

Questões

Pergunta: Budismo é principalmente uma religião/filosofia de olhar para o interior?

Resposta: À primeira vista é o que parece, porque na meditação budista você se senta, fecha seus olhos e olha interiormente. Mas na verdade, meditar permite entender a verdadeira natureza das coisas, a natureza de tudo. Como ser humano você está em uma forma bastante sensível. Esse corpo é bastante vulnerável, e existe em um sistema universal vasto e impossível de ser entendido. É fácil cair na armadilha de ver o mundo como algo exterior. Quando pensamos assim, em termos de interior, exterior, interiorizar-se parece menos importante. O que está dentro parece pequeno em comparação ao externo, ao vasto sistema universal.

Mas deixando as percepções, o estado condicionado da sua mente, você começa a sentir o Universo em um novo caminho. Transforma-se em algo diferente dessa aparente divisa entre sujeito e objeto. Quase não temos palavras para descrever esse sentimento, exceto que você "se apercebe". A melhor comparação que posso fazer é com um rádio receptor. Nossos corpos são formas sensíveis, como rádios ou televisões. Coisas vão através deles e tendem a se manifestar de acordo com nossas atitudes em particular, medos e desejos. Quando libertamos a mente dessas limitações, desses estados condicionados, começamos a sentir que essas formas humanas são receptoras para sabedoria e compaixão.

Pergunta: Então, se há alguma coisa, em que o Budismo acredita?

Resposta: Esta é uma questão comum que não é fácil de ser respondida. Se dissermos que não temos crenças, as pessoas dirão: "Então vocês creem no nada". E então diremos: "Não, não é isso. Não acreditamos no nada também". E eles dizem: "Então você acredita em algo, você acredita em Deus?". E respondemos que não sentimos necessidade de acreditar em Deus. E eles dizem: "Então você acredita que Deus não existe". E podemos dar voltas como essas, porque ter crenças é algo que as pessoas consideram religião: crença em doutrinas e posturas teístas, ou crenças em posturas ateístas. Esses são dois extremos da mente – crendo no externo ou crendo na aniquilação.

Mas, em se tratando de Budismo, não se pode usar todas as concepções que seriam usadas sobre as outras religiões, porque não se aplicam. A abordagem budista vem de um ângulo diferente. Não desejamos acreditar em doutrinas, ensinamentos ou coisas que partem de outrem. Nós queremos procurar verdades por nós mesmos.

A verdade das coisas deve estar disponível a nós. Caso contrário, estamos somente perdidos e carentes de ajuda em um misterioso universo, sem qualquer caminho de entendimento sobre o que acontece conosco, ou porque as coisas são como são. Somos somente algum tipo de acidente cósmico, ou existe algo mais? Seres humanos sentem que há algo além da aparência do mundo sensorial. Em sociedades primitivas e modernas, encontramos o sentimento religioso, a sensação de um movimento em direção a algo, ou um crescimento para alguma coisa. Estamos todos envolvidos nesse vasto mistério, e queremos saber como nos relacionarmos com ele.

Então, o que podemos fazer na posição na qual nos encontramos – encarcerados em um corpo por sessenta, setenta, oitenta, noventa anos? Se existe verdade, com certeza devemos ser capazes de abri-la e conhecê-la. Caso contrário, se nos mantivermos somente em ilusões todo o tempo, a existência se torna sem propósito e desesperada. Sem a verdade, a vida não significa nada, e não importa o que você faça; a vida não tem valor algum. Mas mesmo que opte por escolher aceitar uma visão niilista na qual a vida não tem sentido algum, ainda não está certo, está? Você deve preferir acreditar que não há sentido, do que acreditar que há, mas continuar sem sabê-lo. O que pode saber agora é que não sabe, e é assim que é agora.

Há conhecimento, não? Há uma tendência para o bem e o bonito. Há um desejo de ficar longe do doloroso e do feio. Seres humanos têm sempre aspirações. Odiamos nós mesmos quando vivemos na inferioridade, indulgentes, vidas feias. Há um senso de vergonha quando fazemos coisas cruéis ou medíocres: esperamos que ninguém saiba algumas das coisas que fazemos. Se a vida fosse totalmente sem sentido, não haveria necessidade de sentir vergonha, não é mesmo? Poderíamos fazer qualquer coisa fora de contexto que não importaria. Mas porque existe um senso, algumas coisas que fazemos não são louváveis ou sábias, aspiramos elevar-nos sobre os instintos do corpo e da mente.

Somos providos de inteligência humana; podemos pensar os mais altos conceitos, podemos concebê-los em nossas mentes, o que é ainda melhor. Democracia, socialismo e comunismo vem desse pensamento nos mais altos caminhos sobre o qual é a mais justa forma de governo. Isso não quer dizer que nossos governos realizem muito, mas certamente tentam. Há também nossa apreciação sobre o que é esteticamente refinado: beleza na música, arte e uso da linguagem. Tudo indica a aspiração humana em direção ao fino e melhor. Podemos aspirar uma visão de mundo maior e universal: um só planeta, um só tipo de sistema ecológico, uma única família humana. Todas essas percepções vêm se tornando bastante comuns agora. De muitas formas, Humanidade é agora uma família global, o que acontece na Mongólia ou na Argentina afeta a todos.

Podemos expandir nossa capacidade de perceber, movimentando-nos do ponto de vista individual, no qual só olhamos para nós mesmos, para aquela visão globalizada. Com ela, incluímos todos os seres humanos em nossa família, melhor que só nossa família imediata, ou a nacional. Tanto quanto expandimos nossa consciência, podemos formar percepções e conceitos mais amáveis e de compaixão, para além de somente cuidarmos de nós mesmos como indivíduos. Podemos ir além de só cuidarmos de nossa família, grupo, classe, ou raça. Podemos expandir nossa consciência para incluir todos os seres humanos, e então todos os seres, tornando universal.

6.6 Xintoísmo (caminho dos deuses)

Antes de o Japão assumir uma identidade eminentemente Budista como religião oficial do Estado, existia naquele solo (desde seus primórdios) uma religião nativa de nome xinto, com sua própria filosofia, dogmas e cosmogonia. Tal pensamento religioso só recebeu esse nome no século VI da nossa era, para se diferenciar das práticas budistas legitimadas como religião oficial.

> *O Xintoísmo destaca a importância da pureza e, visto que a morte e uma*
> *série de outras impurezas devem ser evitadas, preocupa-se em primeiro lu-*
> *gar com a vida e os benefícios deste mundo, visto como dádivas divinas.*[354]

É uma sacralidade marcada por divindades e cultos aos diversos deuses ou hierofanias como kamis (todo objeto ou ente natural – especialmente poderoso): Hachiman (deus dos lavradores e pescadores); Amaterasu (deusa do sol – considerada a principal kamis); Tenjin ou Tenman (deus do saber); Shichi Fukujin (sete deuses da fortuna) e Inari (deus do arroz – associado à fertilidade e à prosperidade).[355]

Quando o Budismo chegou ao Japão por volta de 600 E.C., havia naquele solo uma religiosidade milenar emergente, o xinto, que representava para a cultura japonesa o que o Hinduísmo, o Bramanismo, o Judaísmo, o Islamismo, o Cristianismo ou outros pensares sagrados representam para os povos que os cultuam. Isso significa a possibilidade de transcender e perpetuar a memória dos antepassados pela busca hierofânica do sagrado, com seus ritos, mitos, orações, sacrifícios, renúncias e oferendas de comida, frutas etc.[356] Com o passar dos séculos, o Budismo foi primeiramente permeado e depois incorporado à identidade japonesa do xinto, fazendo parte atuante desse culto milenar. Como o pensamento filosófico Budista sempre se mostrou complacente, pacífico, tranquilo e tolerante perante outras formas de busca do sagrado, foi aceito, incorporado e mesclado junto às práticas xintoístas. Nos dias de hoje é possível afirmarmos que o Japão desenvolveu e possui seu "próprio" Budismo (ou Budismos), revalorizado dos cultos e práticas do sistema xinto.

> *Os rituais xintoístas servem para louvar e reverenciar os kamis, assegu-*
> *rando a ajuda e apoio da divindade. Normalmente, o culto no templo,*
> *presidido por um sacerdote, consiste em quatro estágios: purificação, ofe-*
> *renda e culto, preces e uma festa sagrada.*[357]

Buda jamais instituiu ou pregou qualquer tipo de prática de orações, reverências ou veneração em altares, invocações, ladainhas ou mesmo qualquer tipo de oferendas, a quem quer que seja. Buda não é deus e muito

---

354 HINNELS, J. *Dicionário das religiões*, p. 286.
355 PYE, M. Uma tapeçaria de tradições: As religiões japonesas. Em: *As religiões do mundo*, p. 255.
356 WACH, J. *Sociologia da religião*, pp. 122-123.
357 WILKINSON, P. *O livro ilustrado das religiões*, p. 73.

menos um deva enviado pelos deuses para salvar ou redimir a Humanidade. O Budismo busca e ensina acima de tudo a compreensão do pensar diferente através do darma, a quietude mental através da meditação e o desenvolvimento contínuo para se livrar dos grandes males da sensualidade, das ilusões, egoísmos e incertezas. O que os adeptos budistas japoneses e chineses têm, mostram e ensinam hoje sobre os ensinos de Sakyamuni é um Budismo confuso, especificamente desenvolvido, revalorizado, amalgamado e incorporado das antigas práticas e ideologias xintoísta e zen desses países. Pressupomos que o Japão, como a China, nos dias de hoje, possua mais de mil correntes filosóficas budistas, cada qual defendendo, ensinando, promovendo e propondo para os adeptos o seu modo de pensar o sagrado, bem diferente daquele ensinado e pregado pelo grande sábio silencioso.

6.7 Jainismo

Pensamento filosófico-ético-religioso e ascético desenvolvido entre os séculos VII e V A.E.C. por Vardhamana Mahavira (*Maha*: grande e *Vira*: herói: O Grande Herói), ensina que o Universo é animado por inúmeras almas individuais. Podemos dizer que cada alma habita um corpo material, sendo como uma prisão, seu objetivo de existência é libertar-se de Maya.[358] O Jainismo, assim como o Budismo, é ateu, no sentido de "não deus" e não no sentido de "não espiritualidade", como é pregado no Ocidente. Ser ateu no sentido de "não deus", não quer dizer que a pessoa seja materialista ou simplesmente ignore e não aceite espiritualidade. Essa visão de ateu como não espiritualidade e não religiosidade começou com o culto marxista e se propagou no Ocidente, com a pressuposição de ateísmo como negação absoluta de algo sagrado. A citação a seguir é de um ateu e se encaixa perfeitamente no pensamento jainista:

> *"Quem fez Deus?" Essa simples sentença me mostrou, como ainda hoje penso, a falácia do argumento da Causa Primeira. Se tudo tem de ter uma causa, então Deus deve ter uma causa. Se pode haver alguma coisa sem uma causa, pode muito bem ser tanto o mundo como Deus, de modo que não pode haver validade alguma em tal argumento. Esse, é exatamente da mesma natureza que o ponto de vista hindu, de que o mundo se apoiava sobre um*

---

358 PÁNIKER, A. *El Jainismo*, cap. I.

elefante e este sobre uma tartaruga, e quando alguém perguntava: "E a tartaruga?", o indiano respondia: "Que tal se mudássemos de assunto?". O argumento, na verdade, não é melhor que esse. Não há razão pela qual o mundo não pudesse vir a ser sem uma causa; por outro lado, tampouco há qualquer razão pela qual não devesse ter sempre existido. Não há razão, de modo algum, para se supor que o mundo teve um começo. A ideia de que as coisas devem ter um começo é devido, realmente, à pobreza de nossa imaginação. Por conseguinte, eu talvez não precise desperdiçar mais tempo com o argumento acerca da Causa Primeira.[359]

O pensamento filosófico-ético-religioso conhecido como Jainismo não teve início com Mahavira, contemporâneo de Buda, como acreditam alguns historiadores e filósofos. Segundo conta a história sagrada desse pensamento, ele é muito mais antigo do que se possa imaginar, com raízes anteriores à época emergente do Bramanismo. O Jainismo (do sânscrito *jina*, "vencedor ou conquistador") "remonta às crenças pré-arianas do nordeste da Índia, as quais nunca foram totalmente erradicadas pelos brâmanes",[360] ou seja, em conformidade com as Escrituras, a religião jainista é eterna e tem sido revelada de tempos em tempos pelos tirthankaras (autores da travessia do rio). Segundo a religião, estamos sujeitos a dois ciclos temporais infinitamente repetidos, o ascendente (*utsarpini*) e o descendente (*avasapini*).[361] Não temos provas históricas de que o jainismo teve seu início com os vinte e três tirthankaras que antecederam mahavira. Ao lermos sobre esses fundadores da filosofia jainista, suas figuras aparecem muito mais como histórias lendárias, fundadores míticos, que reais. Não é muito diferente quando nos damos conta da literatura dos pensamentos de filósofos e escritores pré-socráticos, principalmente os que não nos deixaram uma biografia histórica como é o caso de Homero que "escreveu" duas grandes epopeias: *Ilíada* e *Odisseia*. Não há certeza de que Homero existiu realmente como um indivíduo ou se sua figura é apenas um mito, ou se o nome do autor das obras era Homero.

As escrituras jainistas nos recordam várias vezes que esses oniscientes (tirthankaras) foram completamente humanos. Não se trata de deuses ou encarnações divinas, senão de humanos virtuosos que, graças a seus esforços

359 RUSSEL, B. *Porque não sou cristão e outros ensaios sobre religião e assuntos correlatos*, p. 11.
360 ZIMMER, H. *Filosofias da Índia*, parte III cap. 1.
361 JAIN, J.C. *Jainismo*, pp. 24-25.

> *prolongados durante múltiplas vidas, alcançaram a condição de juna (vencedores ou libertos).*[362]

Entre todos os tirthankaras, o único que possui uma "história" é Parshva, que antecedeu Mahavira cerca de duzentos e cinquenta anos, ou seja, no ano 770 A.E.C., cujos pais e o próprio Mahavira foram seguidores de seus ensinamentos. Segundo a tradição jainista, existe apenas uma diferença entre a prática pregada por Parshva e Mahavira. O primeiro teve sua iluminação aos 70 anos, após peregrinar e renunciar ao mundo, tendo como meta a abstinência de injúrias, mentiras, roubos e de posses materiais, já o segundo acrescentou o celibato às suas metas e teve sua iluminação aos 30 anos. Parshva não foi simplesmente tocado por um Deus e "viu" a verdade; a liberação aconteceu em suas diversas existências e pelo seu próprio esforço. Aqui, como em tudo na filosofia indiana, não há privilegiados, mas seres conscientes de sua existência e necessidade de iluminação. Todos os grandes mestres indianos possuem uma longa biografia reencarnacionista que os precede, desde aquela que os mostra ainda em estágio de animal àquela que os levou ao estado nirvânico.

> *As espécies inferiores de vida não são realmente adequadas para cumprir o propósito da Criação. Na forma humana de vida, a alma é plenamente dotada de inteligência para compreender o conhecimento espiritual. Assim, na vida humana a alma pode falar de conhecimento com compreensão prática, ver a verdade, conhecer o futuro e também entender a realidade tanto deste mundo quanto do próximo. Aproveitando-se da experiência da vida mortal, a alma na forma humana pode esforçar-se por atingir a imortalidade e o corpo humano é plenamente equipado para atingir esse fim.*[363]

Para um ocidental acostumado a ouvir que fomos criados perfeitos, bonitos e acabados, segundo a imagem e semelhança de Deus,[364] fica difícil admitir a possibilidade de se ter habitado, no início de sua evolução, um corpo animal. Para um indiano acostumado a pensar em transformação como progresso e ascendência, a samsara é uma forma justa e honesta de todos começarmos do mesmo ponto, sem privilégios, podendo cada um caminhar com suas próprias pernas e conquistar, com seus esforços, sua liberação (Moksa). Talvez seja por esse motivo que a evolução darwiniana foi mais bem aceita entre alguns reencarnacionistas do que os unicistas.

362 PÁNIKER, A. *El Jainismo*, p. 40.
363 GOSMANI, H. D. *Iluminação pelo caminho natural*, p. 50.
364 Gênesis, 4:26.

Para aqueles que acreditam na palingenesia, o pensamento de Darwin nada mais fez que explicar os primeiros estágios do atman do homem em um corpo mais rude.

Existe uma enorme diferença entre a filosofia religiosa ocidental e a indiana acerca da existência e sofrimento. Para a primeira, que se baseia no Cristianismo, e este, no Judaísmo, nossa existência de sofrimento se deve à queda de dois humanos (Adão e Eva) no início dos tempos. Já no Cristianismo, costuma-se frisar e atribuir culpa e pecado a todos e vender a graça. Por isso, nele a situação é um pouco mais drástica, pois a queda juntou-se à teoria essencialista de Tertuliano, e aceita posteriormente por Agostinho, sobre o Pecado Original, que diz que todo humano traz consigo ao nascer a mancha (marca) do pecado e da maldade por precisar da relação sexual de seus pais para vir ao mundo. Segundo esse pensamento cristianizado, o indivíduo possui apenas uma única chance de existência para redimir essa marca (estigma), mesmo não tendo nada a ver com ela, a não ser por ter nascido e participado da Humanidade. Ainda, sobre a queda do homem (Judaísmo) e o Pecado Original (Cristianismo), discutiremos mais à frente e no momento adequado.

Para as filosofias indianas que acreditam na *samsara*, a vida é apenas uma passagem de grande aprendizagem, o sofrimento se transforma em algo corriqueiro e serve como trampolim para alcançar a liberação final. Para um ocidental educado em um pensamento unicista de existência, fica quase impossível compreender o pensamento onde o indivíduo precise renascer várias vezes para alcançar Moksa. Os ocidentais não querem voltar à Terra por ser ela o próprio sofrimento. Um indiano responderia que o sofrimento depende dos olhos de quem o vê, tudo está dentro de si mesmo e até a existência mais miserável guarda dentro de si a própria forma de evolução, bastando ao humano modificar seu olhar perante o mundo.

Um americano em viagem à Índia, passeando por um bairro e em visita a algumas casas, percebeu que a de um senhor já de idade avançada não possuía nada, a não ser um trapo no chão estendido como forma de cama. Curioso com o fato, perguntou a esse senhor onde estavam seus móveis. O homem olhando o americano que esperava espectante uma resposta disse: "Onde estão os seus?". O rapaz não entendendo a devolutiva da pergunta disse: "Mas eu estou apenas de passagem pela Índia. Seria muito ilógico e bastante absurdo carregar minha mobília; ela apenas atrapalharia minha excursão". O indiano, olhando-o, então, disse: "Todos estamos apenas de passagem".

Estátua do Bahubali, alvo de homenagem a cada doze anos pelos jainas

A preocupação fundamental das filosofias indianas, em contraste notável com os interesses dos modernos filósofos ocidentais, foi sempre a transformação; uma mudança radical da natureza humana e, com isso, uma renovação na sua compreensão não só do mundo, mas também de sua própria existência: uma transformação tão completa quanto possível que, ao ser coroada pelo êxito, leva a uma total conversão ou renascimento.[365]

Estudando-as, percebemos que o Bramanismo, o Samkhya, o Krishnamismo e o Vedanta concordam, apoiam e ensinam as tradições dos vedas. Em contrapartida, o Hinduísmo, o Budismo, o Jainismo e o Sikhismo, apesar de todos terem sido marcados e vindo de uma possível influência de identidade védica, são heterodoxos, ou seja, são contrários às opiniões, padrões, ensinos e autoridades que apontam os vedas como Verdade Absoluta. O pensamento e a filosofia da ioga que não são necessariamente religiosos dependem da escola que os estiver utilizando. Os pensamentos chamados heterodoxos representam o pensamento do

---

365 ZIMMER, H. *Filosofias da Índia*, p. 19.

povo não ariano da Índia, o qual foi dominado, desprezado e humilhado pelos brâmanes durante milhares de anos, podendo agora orgulhar-se de ter desenvolvido, ao longo dos séculos, tradições, pensamentos e filosofias de extrema beleza e sutileza.

O Jainismo se diferenciou e distanciou do Budismo e do Bramanismo justamente no ponto de fuga da alma ensinado por Mahavira. No Bramanismo ainda existe em algumas localidades a questão do sacrifício de animais e rituais de oferendas a deuses locais, situação condenada por uma filosofia que abomina a ingestão de carnes e seus derivados. Acreditando que todo ser vivo é habitado por uma alma, o Jainismo proíbe a matança de animais. Com referência ao Budismo, existem sete diferenças capitais:[366]

1. *Universo* – para o Budismo, não há nada permanente no Universo, e tudo muda de momento para momento, sem nenhum tipo de estabilidade: tudo é um eterno fluir. Para os jainistas, as transformações e permanências são reais, pois acreditam que a doutrina de que tudo é transitório é unilateral.

2. *Alma* – os budistas negam a existência de uma alma (atman) permanente e individual. Consideram-na um agregado de estados mentais que aparecem no fluxo da consciência. De acordo com os jainistas, a alma é eterna por natureza e se manifesta tomando a forma em questão. "Na concepção jaina, as almas, uma vez que se purgaram totalmente do seu karman e recuperaram sua onisciência e pureza originais, sobem literalmente ao cume do Universo, como bolhas, para aí fruírem eternamente de uma perfeita bem-aventurança".[367]

3. *Nirvana* – para os budistas, é a extinção absoluta, ou aniquilamento da existência ou de todos os desejos e paixões. É comparado à chama de uma candeia que se extingue pela falta de óleo e pavio. No pensamento jainista, o Nirvana constitui uma condição eterna e abençoada da alma em sua perfeição.

4. *Filosofia* – Buda negou ou não acreditava ser importante responder perguntas relacionadas à metafísica, como: o mundo é ou não eterno? Alma e corpo são idênticos ou diferentes? A alma existe, ou não, depois da morte? Existe ou não um Deus supremo? Mahavira, entretanto, expressou ideias definidas sobre o mundo, a alma (atman), a transmigração, a existência ou não de Deus e a existência dos acharyas – guias espirituais que formam o

366 JAIN, J. C. *Jainismo*, pp. 17-18.
367 HULIN, M. Jainismo. Em: DELUMEAU, J. *As grandes religiões do mundo*, pp. 416-417.

terceiro nível dos seres supremos. Os jainistas recorrem a estes "guias" nos templos ou em suas casas quando precisam de ajuda ou mesmo de conselhos em situações difíceis ou de conflito. Para boa parte dos jainistas, o culto tem como objetivo principal a concentração em uma das imagens de um dos tirthankaras, para acelerar o progresso espiritual. Aqui, como em muitas religiões, filosofias e pensamentos científicos, os tirthankaras servem de modelo a ser seguido.

5. *Ascetismo* – no Budismo, as práticas ascéticas não são essenciais para se alcançar a meta suprema. Buda visualiza o Caminho do Meio (o Nobre Caminho Óctuplo), exortando seus discípulos a evitarem os dois extremos: a entrega a desejos e prazeres, e a busca da dor e da miséria. O Jainismo valoriza e incentiva um ascetismo quase absoluto. O Budismo não poderia escolher outro caminho se quisesse conquistar a vida laica como o fez. O Budismo "sempre" dependeu da comunidade fiel leiga para sobreviver. "Os leigos sabem qual é o papel do verdadeiro monge budista e, portanto, não permitem a eleição de monges para as instituições legislativas ou sua nomeação para lugares administrativos. Afirmam a supremacia dos monges como renunciantes e veneram-nos naturalmente. Mas se há monges que tentam entrar em domínios que não convêm aos renunciantes, os leigos criticam-nos baseando-se nos sermões do Buda".[368]

6. *Vegetarianismo* – Buda permitiu, em certas circunstâncias, que seus monges "quebrassem" a dieta vegetariana. O Jainismo prega adesão radical ao vegetarianismo. Essa adesão é muito comum em quase todo pensamento indiano, exceto no Bramanismo, e se tornou tão séria nesses dois pensamentos que se em algum momento um monge budista comesse fiapos de carne inadvertidamente, seria perdoado, por não ser intencional. Porém, se ocorrer a um monge jainista, mesmo sem intenção, ele provocará vômitos até ter certeza de que não existe nenhum tipo de impureza em seu corpo.

7. *Influências de outros cultos* – a doutrina budista acabou sendo com o tempo permeada por outras formas religiosas e práticas populares como: culto aos deuses, aos antepassados; orações e recitações de ladainhas; práticas tântricas e em algumas localidades transformaram deuses hindus em auxiliares e devotos de Buda etc. Em cada país, o Budismo "assumiu" e desenvolveu características de identidade local junto às religiões. Não

---

368 *Ibid.*, p. 464.

existe nas religiões indianas uma lei iconoclasta como em muitas outras religiões fundamentalistas e hegemônicas. Nesse e em muitos outros pontos o Budismo se mostra tolerante "para aqueles que têm outras necessidades religiosas. Essa atitude de nenhum modo contradiz os fundamentos de uma religião que sempre aceitou coexistir com outros modos de vida e outras crenças".[19] O Jainismo, no entanto, conseguiu permanecer livre de tais "adaptações" e práticas.

O Jainismo, como o Budismo, dividiu-se em dois: os digambaras (vestidos de céu), ou seja, filósofos nus; e os vegambaras (vestidos de branco), em oposição ao primeiro. Nessa época, a Índia passava por fortes transformações estruturais, era um país pastoril que, devido às forças das invasões e às necessidades sociais, transformara-se em país agrário. Nesse contexto de transformações e busca de uma nova identidade, na qual a força física ainda falava mais alto que a filosofia, é que surgiram as figuras de Buda e Mahavira, que acreditava que a salvação começa com as três grandes joias: conhecimento justo, fé correta e boa conduta. Alguns teóricos costumam afirmar que Mahavira teria sido inicialmente um discípulo de Buda que, dissidente deste em algumas de suas ideias acerca do mundo e do viver, revolveu criar sua própria ordem. Não sabemos ao certo se essa ideia é real ou apenas uma forma de as escolas budistas valorizarem a figura de Buda como iniciador de Mahavira. É provável que esses dois grandes mestres religiosos nunca tenham se encontrado. Se isso tivesse ocorrido, os dois com certeza teriam se entendido acerca de suas doutrinas, tendo em vista que as duas partem do respeito mútuo pelo humano. A única afirmação possível que se pode fazer é a de que os ensinamentos de Mahavira surgiram na mesma época que os de Sidarta. Apesar de todo o desentendimento e supostas diferenças entre essas duas filosofias, ambas enfatizam muitas coisas em comum por meio de mandamentos que se aplicam a todos os seres vivos, como a não violência (ahimsa); a veracidade (sathya); a castidade (brahmachârya); o desapego (vairagya); não roubar (asteya); não cobiçar (aparigraha) e não matar (yama). O maior sonho de um historiador das religiões é possivelmente reunir, em um chá de confraternização, todos os grandes fundadores de religiões do mundo e deixar que vejam e expliquem por si mesmo os pontos de semelhanças entre suas religiões e filosofias e o quanto seus pensamentos e ensinos foram e são distorcidos e mal interpretados pelos que se dizem seus seguidores.

Segundo o pensamento jainista, não temos a necessidade de um Deus criador, onipotente, onipresente e onisciente ou mesmo de uma causa primária de todas as coisas. É muito mais lógico e sensato "admitir que o Universo existe eternamente e que suas infinitas mudanças e revoluções são devidas aos inerentes poderes da natureza e não à intervenção de deidades".[369] Não aceitando-se nenhum criador para o Universo, valeria então perguntarmos para que erigir tantos templos como foi feito após a morte de Mahavira. Se não existe uma deidade que precise ser adorada ou reverenciada, não são necessários templos, ou, na melhor das hipóteses, segundo alguns ocidentais, seria uma perda de tempo.

> Se o Deus Supremo ainda é recordado, é porque se sabe que criou o mundo e o homem, mas quase só isso. Um Deus Supremo desse tipo parece ter terminado seu papel ao realizar a obra da Criação. Quase não desempenha qualquer papel no culto, seus mitos são poucos e algo banais, quando não completamente esquecido, é invocado apenas em casos de extrema aflição, quando todos os outros seres divinos se mostram completamente ineficazes.[370]

Os templos, como as montanhas, afirmam os jainistas, servem apenas como referência ao asceta e ao leigo para a busca da iluminação e liberação (Moksa), que não depende de outra pessoa a não ser do próprio indivíduo. A explicação referente às construções de templos e sua importância para os cultos religiosos já foi feita em outro capítulo. Mas vale lembrar que todo templo constitui uma *imago mundi*, ou seja, qualquer local, em qualquer tempo, pode se transformar em templo sagrado por ter participado do início primordial. Pensemos um momento na dialética do sagrado: se Deus ou os deuses criaram o mundo, este mundo é sagrado por natureza, assim tudo o que Nele existe é revestido de sacralidade, podendo transformar-se em Templo Sagrado a qualquer momento. Mas não pense o leitor que esse templo ou local sagrado (montanha, pedra, árvore etc.) é escolhido arbitrariamente; sempre existe o auxílio de alguma hierofania, quando não é o local escolhido ou indicado pela mesma.[371]

---

369 DURANT, W. *Nossa herança oriental*, cap. 15, item 12.
370 ELIADE, M. *Origens*, p. 103.
371 ELIADE, M. *Tratado da história das religiões*, cap. 10.

A estrutura cosmológica do Templo permite uma nova valorização religiosa: lugar sagrado por excelência, casa dos deuses, o Templo ressantifica continuamente o Mundo, porque o representa e o contém ao mesmo tempo. No fim das contas, é graças ao Templo que o Mundo é ressantificado na sua totalidade. Seja qual for seu grau de impureza, o Mundo é continuamente purificado pela santidade dos santuários.[372]

Para o homem religioso, não importa onde nos reunimos ou nos encontramos; tudo está dentro do Mundo que, como obra dos deuses, é sagrado. A busca fundamental do Jainismo, que se tornou com o tempo a bandeira de Gandhi, é o ahimsa (não violência) e o esforço para suportar e destruir a avidya (ignorância), o moha (apego) e o karma (carma), que seriam, segundo os monges jainas, os obscurecedores do conhecimento. Em um mundo onde o Ter é muito mais valorizado e importante do que o Ser, fica difícil a qualquer teoria, religiosa ou não, ensinar uma disciplina onde o objetivo central é a pessoa – o Ser – e não o Ter.[373]

Estátua de Tirthankara

É o Jainismo uma filosofia? No sentido real do termo, não. Porém, tudo depende do que entendemos por filosofia, ou se acreditamos que a filosofia correta é a ocidental, então o Jainismo e toda a filosofia indiana jamais serão filosofias, como afirmado pelo próprio Hegel.[374] Se

372 ELIADE, M. *O sagrado e o profano*, p. 71.
373 JAIN, J.C. *Jainismo*, p. 84.
374 TOLA, F.; DRAGONETTI, C.*Filosofía de la India*, parte I: El origem del mito.

acreditamos que filosofia é a forma de agir, ver, interpretar e estar no mundo, o Jainismo, bem como o Budismo, são filosóficos. No entanto, são religiões por estarem repletos de rituais em seus cultos. É a consagração do ritual que faz com que busquemos no passado como realmente as "coisas aconteceram". Um ato ritual para o aspecto religioso é sempre envolto em mistérios e busca imitar ou executar como foi praticado pela primeira vez pelo seu fundador. Fazendo dessa forma, o crente acredita estar "voltando" no tempo primordial, no local ou mesmo na circunstâcia em que foi realizado pela primeira vez. Assim,

> [...] a reatualização periódica dos atos criadores efetuados pelos seres divinos no illo tempore constitui o calendário sagrado, o conjunto das festas. Uma festa desenrola-se sempre no tempo original. É justamente a reintegração desse tempo original e sagrado que diferencia o comportamento humano durante a festa daquele de antes ou depois. Em muitos casos, realizam-se durante a festa os mesmos atos dos intervalos não festivos, mas o homem religioso crê que vive então em um outro tempo, que conseguiu reencontrar o illud tempus mítico.[375]

Os principais festivais do Jainismo são:

• *Mahavira Jayanti* – decorre em março ou abril e celebra a data do nascimento do Mahavira, quando suas estátuas são levadas em procissões pelas ruas e os jainas reúnem-se nos templos para ouvir a leitura dos seus ensinamentos.

• *Paryushana* – durante o mês de Bhadrapada (agosto-setembro), os jainas svetambara celebram esse que é um dos seus festivais mais importantes. É dedicado ao perdão e consiste na prática do jejum por oito dias. No último dia do festival (samvatsari), os jainas pedem perdão uns aos outros por ofensas que possam ter causado; aqueles que conseguiram jejuar durante os oito dias seguidos são levados para os templos em procissão. O festival equivalente na tradição digambara denomina-se Dashalakshanaparvan, e para além da prática do jejum, é lido nos templos um importante texto, o Tattvartha-Sutra.

• *Divali* (festa das luzes) – celebração comum a toda a Índia, é para os jainas a comemoração da altura em que o Mahavira deu seus últimos

---

375 ELIADE, M. *O sagrado e o profano*, p. 46.

ensinamentos e alcançou a libertação. Ocorre no mês de Kaartika, que corresponde no calendário gregoriano a outubro-novembro.

• *Kartik Purnima* – no dia de lua cheia do mês de Kaartika. Após permanecerem em determinado local durante os meses da monção, os monges e freiras jainas regressam à vida errante, sendo por vezes acompanhados por leigos no percurso para outro local. Nesse dia muitos jainas realizam a peregrinação aos Templos de Palitana, no estado indiano do Gujarate.

• *Mastakabhisheka* – a cada doze anos, os jainas (principalmente os digambara) reúnem-se no Santuário de Shravana Belgola no estado de Karnataka, onde há uma estátua de dezessete metros de Bahubali, e que é alvo de libações com água, mel, leite, flores, preparados de ervas e especiarias.

O Jainismo
(Por Annie Besant)[376]

Irmãos, vamos nos encontrar esta manhã em uma atmosfera muito diferente da que estivemos ontem, e da que estaremos amanhã. Não teremos agora em nosso redor uma atmosfera de romance e cavalheirismo que encontramos tanto na fé do Islã como na dos sikhis. Pelo contrário, estaremos em uma atmosfera calma, filosófica, tranquila. Nos encontraremos considerando os problemas da existência humana do ponto de vista de um filósofo (ou com olhar filosófico), do metafísico e por outro lado a questão da conduta vai ocupar grande parte de nosso pensamento; como deveria viver o homem: sua relação com as criaturas inferiores que o rodeiam; como deveria guiar sua vida, suas ações, que não pode lastimar, que não pode destruir. Poderia se resumir a atmosfera do Jainismo em uma frase, que encontramos no Sutra-Kritanga, III, 20: "O homem que não lastima nenhuma criatura viva alcança o Nirvana, que é a paz". Essa é uma frase que parece carregar todo o pensamento do Jainismo: paz entre o homem e o homem, paz entre o homem e o animal, paz em todo lugar e em todas as coisas, uma perfeita irmandade de tudo o que existe. Tal é o ideal do Jainismo, tal é o pensamento que procura levar a cabo na Terra.

Agora os jainas são comparativamente um pequeno corpo: só ascendem entre um e dois milhões de homens, uma comunidade

376 La Sociedad Teosófica – Centenary Printing 1974 – The Theosophical Publishing House, Adyar. Chennai 600 020 Índia. Tradução do Espanhol: Emília dos Santos Coutinho.

poderosa não por seus números, mas por sua pureza de vida, e também pela riqueza de seus membros-mercadores e comerciantes em sua maioria. As quatro castas dos hindus são reconhecidas pelos jainas, mas não encontrarão muitos brâmanes entre eles; também poucos kshatriyas, cuja casta parece totalmente incompatível com os ideais atuais dos jainas, ainda que sejam todos kshatriyas. Sua vasta massa é composta de vaishyas-comerciantes, mercadores e fabricantes – e os encontramos em sua maioria reunidos em Rajputana, em Guzerat, em Kathiawar; disseminados certamente também em outras partes, mas se pode dizer que as grandes comunidades jainas estão confinadas nessas regiões da Índia. Verdadeiramente não era assim no passado, já que encontraremos que logo disseminaram, especialmente durante a Era Cristã, assim como também antes e depois dela, através de todo o sul da Índia: mas se os considerarmos como estão hoje, pode-se dizer que as províncias mencionadas praticamente incluem a massa dos jainas.

Existe um ponto a respeito das castas que os separa do Hinduísmo. O sannyasi do jaina pode provir de qualquer casta. Não está restrito, como no Hinduísmo ortodoxo, comum na casta brâmane. O yati pode provir de qualquer casta, e por suposição como regra vem do vaishya, enormemente predominante entre os jainas.

Tem os mesmos enormes ciclos de tempo com os que estamos familiarizados no Hinduísmo; e se deve recordar que o jaina, como o budista, é fundamentalmente ramo do Hinduísmo antigo; e haveria sido melhor se os homens não estivessem estado inclinados a dividir, e colocar ênfase nas diferenças em lugar das semelhanças, se esses dois grandes ramos tivessem permanecido como darshana[377] do Hinduísmo, em lugar de ter se separado em diferentes religiões e como rivais. Por muito tempo entre os eruditos ocidentais se via o Jainismo como derivado do Budismo. Admite-se agora que era um erro e que ambos igualmente derivam da fé hindu mais antiga; e em verdade existem grandes diferenças entre o jaina e o budista, ainda que haja semelhanças no ensinamento. Não existe dúvida, se permitem falar positivamente, que o Jainismo na Índia é muito mais antigo que o Budismo. O último

---

377 A palavra em sânscrito é formada pela raiz *dr̥ś*, "visão" ou "olhar". De forma geral, seria o ponto de vista de alguém sobre determinado assunto, mais particularmente sobre a filosofia ou conhecimento.

de grandes profetas foi contemporâneo de Sakya Muni, o Senhor Buda; mas foi o último de uma grande sucessão, e simplesmente deu ao Jainismo sua última forma. Disse que havia grandes ciclos de tempos nos quais acreditavam os jainas e os hindus; e encontramos que em cada vasto ciclo que se parece ao dia e à noite de Brahma – vinte e quatro grandes profetas veem o mundo, de alguma maneira, ainda que não completamente, com a natureza dos avatares, sempre que se elevam desde o estado adulto. Em alguns casos, o hindu é contrário a admitir que um avatar é um homem aperfeiçoado. O jaina não tem dúvida sobre esse ponto. Seus vinte e quatro grandes mestres, os tirthmkaras, como eram chamados, eram homens aperfeiçoados. A eles se hão dado muitos nomes, aplicados no Budismo, com sentido um tanto diferentes. Fala-se deles como arhats, buddhas, tathagatas etc., mas sobretudo como jinas (o jina, o conquistador, o homem feito perfeito, que conquistou sua natureza interior, que alcançou a divindade), nos quais Jiva afirma seus poderes supremos e aperfeiçoados: ele e o Isvara, desde o ponto de vista do jaina.

Vinte e quatro apareceram em cada ciclo, e se tornaram o Kalpa-Sutra dos jainas. A vida do único que se dá ali totalmente – e a totalidade é de uma descrição muito limitada – é a do vigésimo quarto e último, que é chamado de Mahavira, o poderoso herói. Ele se ergue diante de jaina como o último representante dos mestres do mundo; como disse, é contemporâneo de Sakhya Muni, e alguns dizem que é seu parente. Sua vida era simples, aparentemente com poucos incidentes, mas com grandes ensinamentos. Baixando das mais elevadas regiões em sua última encarnação, aquela na qual obteria iluminação, ele, a princípio, guiava seu rumo dentro da família brâmane, na qual parecia, segundo o relato dado, que havia planejado nascer; mas Indra, o Rei dos Devas, vendo a chegada de Jina, disse que não era correto que Ele nascesse entre os brâmanes, porque sempre o Jina era um kshatriya e devia nascer em uma casa real. Portanto, Indra enviou um dos devas para guiar o nascimento de Jina na família do rei Sidarta, na qual finalmente nasceu. Seu nascimento esteve rodeado por sinais de gozo e prazer que alguma vez anunciaram a chegada de um dos grandes profetas da raça: as canções dos devas, a música de Gandharvas, a disseminação das flores do céu são sempre os acompanhamentos do nascimento de um dos sábios do mundo. O Filho nasce entre esses regozijos, e já que, depois de Sua concepção na família, ela prosperou, incrementando riqueza e poder, eles o chamaram Vardhamana – o acrescentador da prosperidade de sua família. Cresceu como um menino, um jovem, amoroso e obediente a seus pais, mas sempre em seu coração o voto que Ele tomou, muitas vidas antes, de renunciar a tudo, de alcançar a iluminação, de converter-se em Salvador do mundo. Espera até que seu pai e sua mãe estejam mortos, para que não possa entristecer seus corações por sua partida e então, com a permissão de seu irmão maior e os conselheiros reais, corta o cabelo; se veste com as roupas de asceta, envia de regresso a procissão real que o seguiu, e se aventura só na selva. Ali, por doze anos, pratica grandes austeridades, lutando para se realizar e dar-se conta do nada de todas as coisas, exceto o próprio eu; e no décimo terceiro ano a iluminação desce sobre Ele, e a luz do Eu brilha sobre Ele, e o conhecimento do Supremo se converte em seu. Libera-se dos laços de *avidya* e se converte no onisciente, o que tudo sabe, e depois aparece como mestre ao mundo, ensinando durante quarenta e dois anos de vida perfeita.

Dos ensinamentos, aqui não nos diz praticamente nada, dão-se os nomes de alguns discípulos, mas a vida, os incidentes, todos são omitidos, é como se o sentimento de que tudo é ilusão, é nada, zero, tivesse passado aos registros do mestre, do modo como fazer os ensinamentos externos a nada, do mesmo mestre, nada. E depois de quarenta e dois anos de trabalho, morre em Pawapuri, 526 anos antes do nascimento de Cristo. Não existe muito, como veem, para dizer sobre o Senhor Mahavira, mas sua vida e trabalho se mostram na filosofia que deixou, naquilo que deu ao mundo, ainda que a personalidade seja praticamente ignorada.

Mil e duzentos anos antes dele, diz, esteve o vigésimo terceiro dos tirthamkaras, e 84.000 anos antes que ele, o vigésimo segundo e assim até atrás no longo rolo do tempo, até que finalmente chegamos ao primeiro: Rishabhadeva, o pai do rei Bharata, que deu seu nome à Índia. Ali, as duas religiões, o Jainismo e o Hinduísmo, se unem, e o hindu e o jaina juntos reverenciam ao Grande que, dando nascimento a uma linha de reis, converteu-se no rishi e no mestre.

Quando observamos o ensinamento de fora – analisaremos o interior a seguir –, encontramos determinadas escrituras canônicas como as que chamamos análogas às pitakas dos budistas, quarenta e cinco em

número; são o siddhanta, e foram recolhidos por Bhadrabaka, e convertidos à escritura, entre os séculos III e IV a.C. Anteriormente, como era
comum na Índia, eram entregues de boca em boca com essa maravilhosa
precisão da memória característica da transmissão das escrituras hindus.
Cerca de 300 a.C., foram postas por escrito, reduzidas, diria o mundo
ocidental, a uma forma fixa. Mas sabemos bem que não estavam mais fixas que nas memórias fiéis dos alunos que as tomaram do mestre; e agora como nos diz Max Muller, se se perdessem todos os vedas poderiam
ser reproduzidos textualmente por aqueles que aprenderam a repeti-los.
Portanto, as escrituras, as siddhanta, permaneceram escritas, recolhidas
por bhadrabaka; nesse período, em 54 a.C. um concílio foi celebrado: o
Concílio de Valabhi, no qual se realizou uma revisão crítica dessas escrituras, sob devarddigamin, o buddhaghosha dos jainas. Existem quarenta
e cinco livros, como observado; 11 angas, 22 upangas, 10 pakinnakas, 6
chedas, 4 mula-sutras, e outros 2 sutras. Isso constitui o cânon da religião
jaina, a escritura autorizada da fé. Parece ter havido obras mais antigas,
que se perderam completamente, das que se fala como as purvas, mas
sobre elas, como se disse, não se sabe nada. Não creio que seja necessariamente certo. Os jainas são particularmente reservados com respeito a
seus livros sagrados, e existem obras mestras da literatura, entre a seita
de digambaras, as que se lhes negou totalmente sua publicação: e não
se surpreenderia se nos anos por vir muitos desses livros, que se supõe
estarem totalmente perdidos, forem publicados quando os digambaras
aprenderem que, exceto em casos especiais, está correto divulgar as
verdades ao exterior, que os homens podem tê-las. A reserva pode ser
levada tão longe que pode transformar-se em um vício que ultrapassa os
limites da discrição e da sabedoria.

Então, fora das escrituras canônicas, existe uma enorme quantidade
de literatura de purunas e itihasas que se parecem muito com as purunas e itihasas (poesia épica indiana) dos hindus. Diz-se, não sei se verdadeiramente ou não, que são mais sistematizadas que as versões hindus;
o que é claro é que em muitas histórias existem variações e seria uma
tarefa interessante compará-las lado a lado, rastreá-las e encontrar as
razões que as produziram.

Até aqui podemos chamar sua literatura de especial; mas quando a revisamos, encontramos que, todavia, estamos enfrentando uma

vasta massa de livros, que, ainda que de origem na comunidade jaina, converteu-se em propriedade comum de toda a Índia – gramáticas, léxicos, livros sobre retórica e medicina –, sendo largamente adotada neste país. O bem conhecido Amarakosha, por exemplo, é uma obra jaina que todo estudante de sânscrito aprende do princípio ao fim.

Diz-se que os jainas provêm do sul da Índia [...] nós os encontramos dando reis a Madurai, a Trichinópolis (hoje Tiruchiarapalli), e a muitas outras cidades no sul da Índia. Não só lhes deram governantes, mas são os fundadores da literatura tâmil, cuja gramática se diz ser a mais científica que existe. A gramática popular, namal, por Paavanandi, é jaina, como o é a naladiyar. O famoso *Kural*, do poeta Tiruvalluvar, conhecido por todo sulista, diz que é um trabalho jaina, assim como os termos que usa. Fala dos arthats, usa os termos técnicos da religião jaina, é portanto, considerado, pertencente à fé jaina.

O mesmo é verdade na literatura canaresa; e se diz que do primeiro ao duodécimo século da Era Cristã, toda a literatura de Canará é dominada pelos jainas. Então, chegou um grande movimento através do sul da Índia, no qual os seguidores de Mahadeva, Shiva, vieram predicando e cantando através do país, apelando a essa emoção profunda do coração humano, bhakti, que o jaina havia ignorado tanto. Vieram cantando estrofes a Mahadeva, coreando suas homenagens, especialmente trabalhando a cura das enfermidades em seu nome, e ante essas maravilhosas curas e a torrente de devoção que se despertou com seus cânticos e prédicas, muitos dos mesmos jainas se converteram; o resto foi separado e desapareceu de tal forma que no sul da Índia eles praticamente se extinguiram.

Sem dúvida, permaneceram em Raiputana, e eram tão respeitados que Akbar, o magnânimo imperador muçulmano, emitiu um édito que não se deveria matar nenhum animal nos arredores dos templos jainas. Eles podem ser agregados em duas grandes seitas: os digambaras, conhecidos no século IV a.C., mencionados em um dos éditos de Asoka; e os svetambaras, aparentemente mais modernos. Esses últimos não são agora os mais numerosos, mas se diz que os digambaras possuem bibliotecas muito mais vastas de literatura antiga que a seita rival.

Deixemos esse lado histórico; detenhamo-nos em seus ensinamentos filosóficos. Eles afirmam duas existências fundamentais, a raiz, a origem de tudo o que é, de samsara; não criadas una e jiva ou atma (consciência pura, conhecimento, o conhecedor), e quando o jiva transcendeu *avidya* (a ignorância), então, dá-se conta de si mesmo como o conhecimento puro por natureza e se manifesta como conhecedor de tudo o que é. Por outro lado, dravya (a substância), o conhecido: o conhecedor e o conhecido, um oposto ao outro; jiva é dravya, mas tem que ser pensada como sempre conectada à guna (a qualidade). Supomos que todas essas ideias são suficientemente familiares, mas devemos segui-las uma por uma. Com dravya, não somente em guna, (a qualidade), mas em paryaya (a modificação).

> *Substância é o substrato das qualidades: as qualidades são inerentes a uma substância; mas a característica dos desenvolvimentos (no sentido de evolução) é que são inerentes a qualquer* (sic). *Darma, adharma, espaço, tempo, material e almas (são as seis classes de sustâncias), constituem este mundo, como ensinado pelos jainas, os quais possuem o maior conhecimento.* (Uttaradhyayana, XXVIII, 6, 7. Traduzido do prakrit, por Hermann Jacobi)

Aqui está a base de todo o samsara; o conhecedor e o conhecido, jiva e dravya com suas qualidades e modificações. Isso constitui tudo. Desses princípios, existem muitas deduções, nas quais não podemos nos ater, talvez uma, tomada de um Gatha de Kundacarya, poderá lhes mostrar uma linha de pensamento que não é alheia ao hindu. De todo, dizem e podem declarar que é, que não é, que é e não é. Tomo seu próprio exemplo, o familiar canto. Se pensam no canto como paryaya (modificação), então antes de que se produza o cantar, dirão: "Syannasti" não é. Mas se pensam nele como substância, como dravya, então é sempre existente, e dirão dele: "Syadasti" é; mas podem referir-se a ele como dravya e paryaya, não é e é, e para resumi-lo todo em uma só frase: "Syadasti nasti" é e não é (informe da busca do sânscrito MSS pelo Dr. Bhandarkar, p. 95). Uma linha de pensamento suficientemente familiar. Podemos encontrar dezenas, vintenas e centenas de ilustrações dessa maneira de ver o Universo, tediosa, talvez, para muitos homens, mas iluminativa para o metafísico e o filosófico (Uttaradhyayana, III, 2, 3 e 5).

Então, chegamos ao crescimento e desenvolvimento do jiva. Ensina-se que o jiva evoluciona por reencarnação e por carma; todavia, como veem, estamos em um terreno muito familiar. O Universo está habitado por criaturas diversas neste samsara, nascidos em famílias e castas diferentes por terem realizado várias ações. Às vezes, vão ao mundo dos deuses, às vezes aos infernos, às vezes se convertem em asuras, de acordo com suas ações. Assim, os seres viventes de ações pecaminosas que nascem uma e outra vez sempre recorrentemente, não estão incomodados com samsara (Uttaradhyayana, III, 2, 3 e 5)... e ensina exatamente como o leem no Bhagavad-Gita que o ser humano desce por más ações; por boas e más misturadas nascerá como homem, ou se é purificado, nascerá como deva.

O jaina ensina exatamente sobre essas linhas. E, por muitos nascimentos, por inumeráveis experiências, o jiva começa a se liberar dos laços da ação. Se nos diz que existem três joias, como as três ratnas que tão frequentemente escutamos entre os budistas; e se diz que são o conhecimento, a fé e a conduta corretas, uma quarta agregada pelos ascetas:

> Aprende o caminho verdadeiro que conduz à liberação final, a que os jinas ensinaram; depende de quatro causas: I. Conhecimento correto; II. Fé; III. Conduta; IV. Austeridades. Esse é o caminho ensinado pelos jainas que possuem o melhor conhecimento. (ibid., XXXIII, 1, 2)

> O conhecimento, a fé e a conduta corretas evolucionam o jiva, e nas etapas posteriores, a elas se agregaram as austeridades, pelas quais ele finalmente se libera dos laços do renascimento. O conhecimento correto se define como aquele que acabamos de dizer a respeito do samsara e da diferença de jiva, dravya e as seis classes de substâncias: darma, adharma, espaço, tempo, matéria e alma: ele também deve conhecer as nove verdades: jiva (alma); ajiva (as coisas inanimadas); bandha (a atadura da alma pelo carma); punya (mérito);[378] pãpa (demérito); asrava (aquilo que faz com que a alma seja afetada pelos pecados);[379] samsara (a prevenção de Asrava pela vigilância); a aniquilação do carma; e a liberação final, essas são as nove verdades. (Uttaradhyayana, XXVIII, 14)

---

378 Mérito (em sânscrito, *punya*; em pali, *punna*). É o que se acumula como resultado das boas ações, atos ou pensamentos e que se leva para toda a vida ou para as outras vidas através da reencarnação.

379 Asava: afluente mental, poluente ou fermentação. Usado figurativamente na psicologia budista para as quatro tendências de mente que a impregnam e impedem que se chegue às coisas mais elevadas. São elas: sensualidade, cobiça pela vida, aderir a visões, especulações e ignorância – que fluem para fora da mente e criam uma inundação na roda da morte e renascimento. Moral intoxicante, propensões (*Pequeno dicionário de termos budistas pali*, em português – www.salves.com.br/dicpaliport.htm).

Então, encontramos uma definição para a conduta correta, saraga, que com desejo, conduz à svarga e, assim, o conduz a se converter em deva, depois à soberania dos devas, asuras e homens, mas não à liberação. Porém, é a conduta correta, vitaraga, livre do desejo, só isso, conduzirá à liberação final. Como ainda seguimos o curso do jiva, nós o encontramos desejando o moha (o engano) e raga (o desejo). Dvesha (o ódio) e por suposição seus opostos, porque o uno não pode ser dissimulado sem o outro; até que ao final se converta no jiva completo e perfeito, purificado de todo mal, onisciente, onipotente e onipresente, o Universo completo refletido em si mesmo como um espelho, consciência pura, "com os poderes dos sentidos, ainda que sem os sentidos", o conhecedor, o Supremo.

Tal é então um breve resumo dos pontos de vista, os filosóficos dos jainas, aceitáveis seguramente a todos os hindus, porque em quase todos os pontos vão encontrar praticamente a mesma ideia, ainda que de maneira diferente. Miremos mais atentamente a conduta correta, porque aqui a prática jaina se faz especialmente interessante; e sábia são suas formas, ao tratar especialmente da vida do laico. Os jainas estão divididos em dois grandes corpos: o laico, que se chama sravaka, e o asceta, o yati. Eles possuem diferentes regras de conduta nesse sentido somente, que o yati leva à perfeição, para a qual o laico somente está se preparando em futuros nascimentos, os cinco votos do yati a tratar no momento, também são vinculados ao laico até certo ponto. Para tomar um só exemplo: o voto de Brahmacarya, que sobre o yati impõe supostamente celibato absoluto, no laico significa somente temperância e castidade apropriada na vida de um Grhastha. Dessa maneira, os votos, podemos dizer, correm lado a lado, de *ahimsa* (não violência), *sunriti* (veracidade), *asteya* (não tomar aquilo que não nos pertence), brahmacarya (honradez, honestidade), e finalmente *aparigraha* (não tomar nada, ausência de cobiça – no caso do laico, significa que não há de ser cobiçoso, pleno de desejo; no caso do yati significa supostamente que renuncia a tudo e não conhece nada como seu próprio). Esses cinco votos, então, regem a vida real do jaina. Muito marcada é sua tradução da palavra *ahimsa* (inocência): não matarás. Tão longe leva sua vida, a tal extremo, que às vezes passa quase mais além dos limites da virtude; passa, poderia dizer de um crítico duro ao absurdo; mas não estou disposto a dizer, senão que preferiria ver nele o protesto contra o descuido da vida animal e o sofrimento animal estendido entre os homens: um protesto, admito, elevado ao excesso, perdendo-se todo sentido de proporção, a vida do inseto, o gnat,[380] às vezes tratado como superior à vida de um ser humano. Mas ainda assim, talvez, isso pode ser perdoado, quando pensamos nos extremos de crueldade que se permite incursionar. E, ainda que às vezes possa brotar um sorriso quando escutamos a respiração através de uma tela, como faz o yati, respirando continuamente tocando os lábios para que nada vivente possa ingressar aos pulmões, escorrendo toda a água e a maioria não cientificamente fervendo-a – o que realmente "mata as criaturas", que se a água permanecesse sem ferver, permaneceriam vivas –, o sorriso será carinhoso, porque a ternura é bonita. Escutem por um momento o que um jina disse, e diria a Deus que todos os homens o tomariam como uma regra de vida:

> O Venerável declarou... Assim como é minha dor quando me golpeiam, com um pau, arco, punho, torrão de terra, ou panela; ou ameaçam, golpeiam, queimam, atormentam, ou privam da vida; é assim como sinto todas as dores e agonia, desde a morte até o fio de um cabelo; da mesma maneira, estejam seguros disso, todas as classes de seres sentem a mesma dor e agonia etc. que eu, quando vivem são maltratados da mesma maneira. Por essa razão, nenhuma classe de ser vivo deveria ser golpeada, nem tratada com violência, nem abusada, nem atormentada, nem privada da vida. Digo que os arhats e bhagavats do passado, presente e futuro, todos dizem assim, falam, declaram e explicam assim: nenhuma classe de ser vivo deveria ser assassinada, nem tratada com violência, nem maltratada, nem atormentada, nem desprezada. Essa lei constante, permanente, eterna, verdadeira tem sido ensinada por homens sábios que compreendem todas as coisas. (Uttaradhyayana, BK II, I, 48, 49)

Se fosse a regra para todos, que diferente seria a Índia; sem animais golpeados ou maltratados; sem criaturas que lutam, que sofrem; e por minha parte, posso olhar quase com compreensão até na exageração do jaina, que tem uma base tão nobre, tão compassiva; e veria que o sentimento de amor, ainda que não a exageração, deveria reger todos os corações da Índia de todas as religiões hoje.

---

380 NT: tipo de mosquito.

Depois temos a regra estrita de que não se pode tocar nenhuma droga ou bebida intoxicante; nada como o haxixe, ópio, álcool; supostamente não se permite nada dessa classe; até o mel e a manteiga chega a lei dos alimentos proibidos, porque na obtenção do mel muitas vezes são sacrificadas as vidas das abelhas etc. Então, encontramos na vida diária do jaina regras estabelecidas para o laico sobre como começar e finalizar cada dia.

> *Deve levantar bem cedo na manhã e logo deve repetir silenciosamente seus mantras, contando sua repetição com seus dedos; e depois tem que dizer a si mesmo, quem sou, quem é meu Ishatedeva, quem é meu Gurudeva, qual a minha religião, o que deveria fazer, o que não deveria fazer. Esse é o começo de cada dia, a avaliação da vida como se fosse um reconhecimento de vida cuidadoso, autoconsciente. Então, há de pensar nos tithamkaras, e depois fazer os votos característicos dos jainas, os quais devem ser úteis e dignos de elogio. Um homem em sua própria discrição faz algum pequeno voto em algo absolutamente pouco importante. Ele vai decidir na manhã: Durante este dia não vou me sentar mais que um determinado número de vezes.*

Ou ele vai dizer: durante uma semana não vou comer tal verdura; ou vai dizer: por uma semana ou dez dias, ou um mês, vou guardar uma hora de silêncio durante o dia. Vocês podem perguntar: por quê? Para que o homem possa sempre ser autoconsciente e nunca perder seu controle sobre o corpo. Essa é a razão que me deu meu amigo jaina, e me pareceu extremamente sensata. Desde a mais terna infância, é ensinado ao menino fazer certas promessas, e o resultado é que controla a imprudência, controla a excitação, controla esse contínuo descuido, que é uma das grandes causas da ruína da vida humana. Um menino que é educado assim não é descuidado, sempre pensa antes de falar ou atuar; é ensinado ao seu corpo seguir sua mente e não à mente seguir o corpo, como se faz com demasiada frequência. Com que frequência a gente diz: "Se tivesse pensado, não teria feito; se tivesse considerado nunca teria atuado assim; se não tivesse pronunciado esse discurso tão duro, nunca teria levado a cabo essa ação tão descortês". Se treina desde a infância a nunca falar sem pensar, nunca atuar sem pensar, vejam como inconscientemente o corpo aprenderia a seguir a mente, e sem luta e esforço, destruiria o descuido. Supostamente existem votos muito mais sérios que aqueles tomados pelos laicos com respeito ao jejum, estrito e severo, cada detalhe estabelecido cuidadosamente nas regras, nos livros, pelo que sei e o que me parece que é característico e útil. Permita-me agregar que, quando conhecerem os jainas, encontrarão, geralmente, o que poderiam esperar desse treinamento – pessoas calmas, autocontroladas, sérias, caladas e reservadas. Os detalhes proporcionados aqui provêm em sua maioria de Jainatattvadarsha, de Muni Atmaramji, e foram traduzidos do prakrit pela amiga Govinda Dasa.

Passemos do laico ao asceta, o yati. Suas regras são muito restritas. Muito jejum levado ao ponto extraordinário, como aquele dos grandes ascetas dos hindus. Existem ascetas tanto homens como mulheres na seita svetambaras; entre os digambaras não existem ascetas femininos e seus pontos de vista das mulheres não são em geral muito elogiosos. Entre os svetambaras, sem embargo, existem ascetas femininos, assim como masculinos, sob as mesmas regras de pedir esmola e renunciar à propriedade; mas uma regra muito sábia é que o asceta não deve renunciar a coisas sem as quais não pode progredir. Em consequência, não deve renunciar ao corpo, deve mendigar suficiente alimento para mantê-lo, porque somente no corpo humano pode obter a liberação. Não deve renunciar ao Guru, porque sem o ensinamento do Guru não pode caminhar pelo estreito sendeiro da navalha; nem à disciplina, porque se renuncia a isso, seria impossível o progresso; nem ao estudo dos sutras, porque isso também se necessita para sua evolução; mas fora destas quatro coisas – o corpo, o Guru, a disciplina e o estudo – não deve falar sem que seja perguntado, e se o pergunta não deve dizer mentiras, não deve ceder a seu agravo, e tolerar com indiferença acontecimentos agradáveis e desagradáveis. Submete seu ego, porque é difícil de submeter, se teu ego se submete, será mais feliz neste mundo e no próximo (Uttaradhyayana, I, 14, 15).

Os ascetas femininos, que vivem sob as mesmas regras estritas de conduta, têm um dever que me parece ser a disposição mais sábia: é dever dos ascetas femininos visitar todos os lares jainas e verificar se as mulheres jainas, as esposas e as filhas, estão sendo apropriadamente educadas e instruídas. Os jainas colocam grande ênfase na educação das mulheres, e um grande trabalho do asceta feminino é participar dessa educação e acompanhar seu andamento. Existe um ponto que acredito que o hindu bem poderia tomar emprestado do jaina, de maneira que poderiam ensinar as mulheres hindus sem a possibilidade de perder sua fé ancestral, ou sofrer a interferência de sua própria religião, tarefa que poderia levar-se a cabo por ascetas de seu próprio credo. Seguramente não pode haver vocação mais nobre, com certeza seria uma vantagem para o Hinduísmo.

E, então, como há de morrer o asceta? Por inanição não há de esperar até que a morte o toque, senão quando alcançar o ponto em que nesse corpo não pode fazer mais progressos. Quando alcançado esse limite do corpo, há de deixá-lo e sair do mundo com a morte por inanição voluntária.

Tal é uma breve e sumamente imperfeita descrição de uma nobre religião, de uma grande fé que praticamente podemos dizer, em quase todos os pontos, coincide com a hindu; e em tão grande medida é esse o caso que no norte da Índia os jainas e os vaishyas hindus se casam entre si e se convidam a comer. Não se consideram distintas religiões, e na Universidade Hindu há estudantes jainas, pensionistas jainas, que vivem com seus irmãos hindus, e assim estão desde a infância ajudando a estreitar mais e mais os laços de amor e de irmandade. Ontem lhes falei da construção da nação, e lhes recordei que aqui na Índia devemos construir nossa nação de homens de muitas religiões. Com os jainas não pode surgir nenhuma dificuldade, salvo o fanatismo que encontramos por igual entre os menos instruídos de todos os credos, o que é o dever dos mais sábios, mais considerados, mais religiosos, mais espirituais, gradualmente diminuir. Permitam que todos os homens em sua própria fé ensinem o ignorante a amar e a não odiar. Permitam pôr ênfase nos pontos que nos unem, e nos pontos que separam. Nunca permitam que nenhum homem em sua vida diária diga uma palavra de dureza de nenhuma fé, se não palavras de amor para todos. Porque ao fazer assim não só estamos servindo a Deus, como também ao homem, não só estamos servindo à religião, também estamos servindo à Índia, a pátria comum a todos, todos são hindus, todos filhos da Índia, todos devem ter seu lugar na nação indiana do futuro. Então, permitamos a qualquer irmão esforçar-se para fazer sua parte na edificação, seja trazendo um pequeno ladrilho de amor ao poderoso edifício da irmandade, e não permitamos que nenhum homem que tome o nome de Teósofo, amante da Sabedoria Divina, alguma vez se atreva a dizer uma palavra de dureza com respeito a uma fé que Deus deu ao homem, porque todos vêm Dele, a Ele regressam.

6.8 Krishnamismo ou Vaishnavismo

Hare Krishna Hare Krishna, Krishna Krishna Hare Hare/
Hare Rama Hare Rama, Rama Rama Hare Hare.

(Significado: HARE é uma invocação à Energia Divina. KRISHNA,
o nome de Deus que significa "O todo-atrativo". RAMA se refere à
bem-aventurança que provém da misericórdia de Deus, é a força espiritual).[381]

A meta do pensamento indiano é atingir a verdade (GOSWAMI, 1994). As angústias do mundo não podem ser curadas através apenas do auxílio físico, enquanto a natureza do homem não se modificar, essas carências físicas se apresentarão sempre, angústias serão sempre sentidas, e não haverá quantidade de auxílio físico que as cure completamente. A única solução para esse problema é fazer a Humanidade pura. A ignorância é a mãe de todo o mal e de toda a angústia que vemos. Que os homens tenham luz, que sejam puros, e espiritualmente fortes e instruídos. Só então a angústia cessará neste mundo, não antes. Podemos converter cada casa do país em uma casa de caridade, podemos encher a Terra com hospitais, mas a miséria do homem continuará a existir enquanto seu caráter não se modificar.[382]

• Segundo os Puranas, Krishna, a Suprema Personalidade de Deus, fez seu aparecimento na Terra em aproximadamente 3220 A.E.C., e deixou-a em 3102.[383] Entretanto, reapareceu muitas outras vezes como afirma o próprio Bhagavad-Gita: "Em cada milênio, apareço sob a forma transcendental original" (6:4). Uma delas foi possivelmente no século V A.E.C., como o humilde cocheiro de Arjuna e herói de Kuruskheta na epopeia do Mahabharata. Se meus estudos

---

381 Srimad-Bhagavatam, canto 2, livro 1; 1:11.
382 VIVEKANANDA, S. *Quatro yogas de autorrealização*, p. 38.
383 Srimad-Bhagavatam, canto 1, livro 1; 3:1.

não me trouxeram Maya (ilusão) aos sentidos, podemos considerar o Krishnamismo ou tradição vaishnava (Vaishnavismo, Vaishnava – um devoto do Supremo Senhor Krishna – O todo atrativo reservatório de prazer), como a parte monoteísta do Hinduísmo. Talvez alguns se posicionem e digam que fazem referência a muitos outros deuses. Referência sim. Devoção nunca. Deus (Sri Krishna) é único e suas manifestações, imensas.

> *Eu sou o único desfrutador e Senhor de todos os sacrifícios. Portanto, aqueles que não reconhecem Minha verdadeira natureza transcendental acabam caindo. Eu é que sou o ritual, sou o sacrifício, a oferenda aos ancestrais, a erva medicinal, o canto transcendental. Sou a manteiga, o fogo e a oferenda. (Gita, 9:16 e 24)*

Nunca se esqueça ou se confunda com isto: Krishna e Vishnu (como Narayana, Nrsimha, Rama etc.) são as mesmas e únicas pessoas. Apenas são manifestações diferentes dessa mesma pessoa, da mesma forma que tem um Leonardo em casa, que a mãe conhece, há um Leonardo que trabalha e estuda e um que vai ao supermercado fazer compras. Diferentes aspectos ou papéis revelam diferentes níveis de intimidade e é apenas isso que se tem quando falamos em Vishnu (menos intimidade e doçura) e Krishna (máxima intimidade e doçura). Ignorar os semideuses seria desrespeitar a própria Suprema Personalidade de Deus, Sri Krishna.

> *Eles (semideuses) não devem ser considerados iguais ou maiores que Vishnu, ou Krishna. Eles estão sob Ele, e são inferiores a Ele. Eles recebem tarefas do Senhor Supremo, Krishna, e têm que desempenhar seus deveres de acordo com Sua ordem. Eles nunca são iguais ou superiores a Krishna.[384]*

Toda devoção aqui é para Krishna e não aos semideuses, conhecer os múltiplos aspectos de Deus ou saber de suas existências, não quer dizer que precisemos adorá-los e sim respeitá-los em seus diversos aspectos da própria personalidade do Supremo Krishna. Uma das encarnações da Suprema Personalidade de Deus, Krishna, foi o próprio Chaitanya (lê-se Cheitânya) Mahaprabhu, que apareceu neste mundo em 1486, na Índia, revolucionando os quatro aspectos:

---

384 SRILA SRIDHARA MAHARAJA. *A busca de Sri Krsna, a realidade, o belo*, p. 57.

1. Filosófico, por confrontar, derrotar e converter os maiores filósofos e pensadores de sua época com o conhecimento acerca do amor à Suprema Personalidade de Deus;

2. Religioso, por organizar o maior e mais difundido movimento teísta da história da Índia;

3. Social, por seus enérgicos desafios e discursos filosóficos contra o predeterminismo pseudorreligioso do sistema de castas por nascimento;

4. Político, por organizar um maciço movimento de desobediência civil na região de Bengala, 450 anos antes de Mahatma Gandhi.

Em uma época na qual o antropocentrismo ganhava força no Ocidente, Chaitanya Mahaprabhu e seus seguidores difundiam o movimento de Sankirtana, glorificando a Suprema Personalidade de Deus através do canto e da dança, método especialmente indicado para esta era em que vivemos, por ser simples e fácil de se executar. Como mostram os próprios ensinamentos de Chaitanya, apenas por cantar e ouvir os santos nomes de Krishna (Hare Krishna Hare Krishna Krishna Krishna Hare Hare Hare Rama Hare Rama Rama Rama Hare Hare) a pessoa pode redescobrir o seu eterno relacionamento com Deus, "adormecido" neste mundo material.[385] Chaitanya também nos ensinou que qualquer nome referente a Deus (Jeová, Alá, Krishna, Rama etc.) é completamente puro e qualquer pessoa, seja qual for sua religião, filosofia, cultura ou tradição, pode praticar esse processo de cantar os santos nomes de Deus e assim obter todos os benefícios decorrentes desta prática de meditação.

Segundo o movimento Hare Krishna, essa é a única biografia completa e autorizada de Sri Chaitanya Mahaprabhu, a figura do século XVI que revolucionou a Índia medieval – intelectualmente, apresentando a filosofia de que a Verdade Absoluta é pessoal; religiosamente, fundando um prodigioso movimento teísta; socialmente, desmascarando e reformando o sistema de castas; e, politicamente, lançando um movimento de desobediência civil em massa, 450 anos antes de Gandhi. Sri Chaitanya Caritamrita (o caráter da força viva na imortalidade) é a obra que descreve os ensinamentos e o modo de ver a vida de Sri Chaitanya. Em uma época em que, no Ocidente, o homem dirigia seu espírito explorador para a investigação do mundo exterior e descobria novos oceanos e continentes, Sri Chaitanya explorou o

---

385 PRABHUPADA, A.C.B. *Ensinamentos do Senhor Chaitanya*, cap. 5.

mistério do eu interior, da mais elevada perfeição espiritual da Humanidade. Seus ensinamentos estão contidos em sete volumes com 6.000 páginas.

Na véspera da batalha de Kuruskheta, Arjuna, angustiado por ter que defender suas terras e causar a morte de muitos, descobre que seu cocheiro era na verdade a Suprema Personalidade de Deus – Sir Krishna. Como consta nos primeiros capítulos do Bhagavad-Gita, Krishna instrui Arjuna quanto à vida e à morte, postulando que estamos na Terra de passagem e todos aqueles que ali estão terão novas oportunidades renascendo em novos corpos.[386] Esse pensamento não é um discurso novo, mas milenar, tem suas raízes e origens na filosofia profunda e arcaica dos ensinamentos dos vedas e não em um novo modo de pensar filosófico religioso, como o fez Buda e Mahavira.

Da mesma forma que Meca para os islâmicos, Jerusalém para os judeus e cristãos, Vrindavan (Vrindaban, Brindavan, Brindavana ou Brundavan) passou a ser o local de peregrinação para os devotos desse culto. A História não conta como Krishna nasceu,[387] mas se aceita que

386 Bhagavad-Gita, 2:11, 12, 16 e 18.
387 *Ibid.*, 4:6 a 8.

veio ao mundo milagrosamente, escondido na casa de alguns guardadores de vaca em Mathura, para não ser morto por Kansas, seu inimigo, que renasceu com a tarefa de impedir seu ensino. Tal qual a história e a natureza de Buda, Mahavira, Zaratustra e a mais conhecida: de Jesus, toda baseada no Novo Testamento, contada por outras pessoas, a história e o pensamento de Krishna estão baseados no Bhagavad-Gita, livro encontrado no Mahabharata. Não sabemos qual a veracidade desses fatos. Alguns autores atribuem a história de Krishna a um conto acoplado ao Mahabharata alguns séculos antes de Cristo.[388] No entanto, para a história das religiões da visão eliadiana, não interessa a veracidade historicista deste ou daquele documento sagrado, nem se foi ou não o fundador que o ditou ou escreveu. Quando julgamos algo através de um suposto historicismo, estamos compactuando com nossas supostas verdades históricas atuais. O que interessa realmente na visão eliadiana é de quanto poder sagrado os documentos religiosos estão revestidos ou o quanto apresentam de história sagrada e seu impacto como sacralidade hierofânica no momento histórico-social em que apareceu e a força de sua autoridade para as pessoas que o têm como verdade.

O Livro da Perfeição, também chamado Bhagavad-Gita, é traduzido como Canto ao Senhor, tendo como nome completo Srimad-Bhagavad--Gita-Upanishad: "Os Ensinamentos Proferidos na Canção do Sublime Exaltado".[389] O Gita faz parte da grande epopeia do poema Mahabharata, contém 18 capítulos e 700 versos, que podem ser datados do período entre os séculos V A.E.C. e II E.C. "Para a maioria dos hindus, o livro representa a essência da sua religião, com a mensagem segundo a qual existem muitos caminhos para a salvação, todos válidos, mas nem todos universalmente apropriados".[390] A palavra Bhagavad é uma variação de Bhagavat ou Bhagavan que aparece nas traduções como "Senhor" ou "bendito", e é aquele a quem é oferecida a devoção (bhakti). Qual a verdadeira essência do Bhagavad-Gita? Todo pensamento do Gita está relacionado e voltado à devoção a Krishna, a Suprema Personalidade de Deus (15:19 e 20).

Pureza é a disciplina absolutamente básica, a rocha em que se assenta todo o edifício de bhakti. Limpar o corpo externamente e selecionar

388 HINNELS, J. *Dicionário das religiões*, pp. 150-151.
389 ZIMMER, H. *Filosofias da Índia*, p. 315, item 56.
390 HINNELS, J. *Dicionário das religiões*, p. 41.

o alimento são coisas fáceis, mas sem a limpeza e pureza internas, as práticas externas não têm valor. Na lista de qualidades que conduzem à pureza, como foi dada por Rãmanuia, estão enumeradas a veracidade; a sinceridade; fazer o bem a outros, sem qualquer ganho pessoal; não ofender ninguém por pensamento, palavra ou ação; não cobiçar posses alheias; não manter pensamentos vãos; e não ruminar injúrias recebidas de outrem.[391]

Na juventude, Krishna envolveu-se amorosamente com as gopis (guardadoras de vaca) e essa história é tida como alegoria do amor dos devotos ao seu divino senhor. Sabe-se que a única mulher a acompanhá-lo foi Rhada, existindo um culto em sua homenagem. Quando os gregos invadiram o norte da Índia no século IV A.E.C., descobriram que naquela região havia um ser adorado como um semideus, igualando-se a Héracles,[392] sendo seu culto espalhado por quase toda a Índia. Com o tempo, Krishna passou a ser considerado uma hierofania, um avatar (literalmente descendente), do Deus Supremo Vishnu.[393] Essa confusão ainda é feita nos dias de hoje, mesmo por alguns estudiosos e historiadores ocidentais. Porém, é necessário esclarecer que "embora Vishnu seja igual à Krishna, Krishna é a fonte original. Vishnu é uma parte, mas Krishna é o todo".[394]

---

391 VIVEKANANDA, S. *Quatro yogas de autorrealização*, p. 61

392 Herácles/Hércules (grego). Herácles era considerado um herói grego ou semideus, era o mesmo Hércules em Roma e quem sabe Sansão no Judaísmo. "Estes eram os valentes que houve na Antiguidade, os homens de fama (heróis)" (Gên, 6:4). Hércules (Héracles) era Filho de Alcmena (uma mortal) e de Zeus ou Júpiter. Este se disfarçou como seu legítimo esposo, Anfitrião, que se achava ausente na guerra de Tebas. Ao nascer, Zeus, para torná-lo imortal, pediu a Hermes que o levasse para junto do seio de Hera, quando esta dormia, e o fizesse mamar. A criança sugou com tal violência que, mesmo após Hércules ter terminado, o leite da deusa continuou a correr e as gotas caídas formaram no céu a via-láctea e na Terra, a flor-de-lis. Foi Hércules o mais célebre dos heróis da mitologia, símbolo do homem em luta contra as torças da natureza. Desde que nasceu teve de vencer as perseguições de Hera. Tanto é que, com oito meses de vida estrangulou com as mãos duas serpentes que a deusa mandou ao seu berço para o matarem. Quando adulto, sobressaiu-se pela sua enorme força. A sua primeira façanha deu-se quando se dirigiu a Beócia, cidade próxima de Tebas, e perseguiu e matou apenas com as mãos um enorme leão que devorava os rebanhos de Anfitrião e de Téspio. A caçada durou cinquenta dias consecutivos, no período que Hércules foi hóspede de Téspio, que aproveitou para unir cada uma das suas cinquenta filhas com ele, de maneira a criar uma aguerrida descendência, conhecidos pelos Tespíadas, que se espalharam até a Sardenha. Por livrar a cidade de Tebas de um tributo que tinha de pagar à Orcómeno, Creonte (filho de Meneceu), casou-o com a sua filha mais velha, Mégara. Em um acesso de loucura provocado por Hera, Hércules matou os filhos tidos com Mégara. Após recuperar a sanidade, Hércules foi a Delfos consultar um oráculo sobre o meio de se redimir desse crime e poder continuar com uma vida normal. O oráculo ordenou-lhe que servisse, durante doze anos, seu primo Euristeu, rei de Micenas e de Tirinte. Apresentando-se ao serviço, o rei, simpatizante de Hera, que não cessava de perseguir os filhos adulterinos de Zeus, impôs-lhe, com a oculta intenção de eliminá-lo, doze perigosíssimos trabalhos, dos quais o herói saiu vitorioso.

393 LING, T. *História das religiões*, 3.37.

394 PRABHUPADA, A.C.B. *Ensinamentos do Senhor Chaitanya*, p. 77.

Quem é Krishna (Krsna)?

> *Impelidos por Mim (Krishna), todos esses elementos se combinaram para funcionar de maneira ordenada e, juntos, deram nascimento ao ovo universal, que é Meu excelente lugar de residência. Eu próprio apareci dentro desse ovo, que flutuava na água causal, e de Meu umbigo (omphalos) surgiu o lótus universal, o lugar de nascimento do autógeno Brahma. O senhor Brahma, a alma do Universo, sendo dotado com o modo da paixão, executou grandes austeridades devido à Minha misericórdia e, então, criou as três divisões planetárias Bhur, Bhuvar e Svar, bem como as deidades que as governam. O Senhor Brahma criou a região abaixo da Terra para os demônios e as cobras nagas. Desse modo, planejaram-se os destinos dos três mundos conforme as reações correspondentes para diferentes espécies de trabalho executados dentro dos três modos da natureza.*[395]

Segundo o teísmo ou, melhor dizendo, o monoteísmo Vaishinava, apesar de possuir muitos nomes e formas, Deus é um só, manifestando-se de forma diferente de acordo com o tempo, lugar e circunstâncias. Sri Krishna é o Bhagavan primário de todas as encarnações, a Suprema Personalidade de Deus, a Verdade Absoluta, a fonte primária de tudo e a causa de todas as causas. "Krishna é o nome original de Deus, dado nos vedas antigos. Ele é todo atrativo e possuidor de todas as potências, é indivisível e único. Todos os outros nomes como Superalma, Buda, Alá e Deus, estão incluídos n'Ele".[396] Para esse pensamento, Deus assume muitas formas, mas a forma original é Sri Krishna. Nas escrituras, existem explicações detalhadas de Sua morada, Sua aparência, Seus passatempos, Suas expansões, Suas energias etc.[397] Bhagavan é dotado de seis opulências, todas ao grau infinito: beleza, força, sabedoria, riqueza, fama e renúncia. Sabe tudo o que aconteceu, tudo que está acontecendo e tudo o que vai acontecer e é infinitamente misericordioso. Por isso, não há diferença entre o "Deus Krishna", o "Deus Cristão", o "Deus Muçulmano", ou qualquer outro nome que se possa dar à Suprema Personalidade. Deus é sempre um, mesmo sendo chamado por Krishna, Javé, Jeová, Marduk, Zeus, Alá, Odin, Ahura-Masda, Olodumaré, entre outros milhões de nomes que

---

395 Srimad-Bhagavatam, canto 11, livro 2; 24:9 a 11 e 13.
396 MAHAJA, B.N. *O caminho do amor*, p. 7 e p. 11.
397 Srimad-Bhagavatam, canto 1, livro 1, cap. 3.

lhe são atribuídos. Assim como uma pessoa comum pode ser conhecida por várias denominações e possuir muitos papéis sociais e pessoas famosas recebem ainda mais adjetivos, como artistas e esportistas, passando a ser reverenciado por eles e não deixar de ter sua própria identidade. Sri Krishna (Deus) possui infinitos nomes, ontologias, transcendências, pois é ilimitado. Portanto, cada nome revela um aspecto divino, sendo que Krishna é um dos principais nomes de Deus e quer dizer "O Todo-atrativo". Nas escrituras, uma das expansões de Krishna (o Senhor Sesa) aparece com cem bocas, descrevendo as glórias de Krishna desde tempos imemoriais, e mesmo assim não consegue nunca chegar ao final. Outra passagem do Srimad Bhagavatam explica que mesmo se pudéssemos contar todos os átomos no universo, ainda assim não poderíamos enumerar todas as qualidades transcendentais do Senhor Krishna.

Podemos também compreender Deus como Brahman, uma energia espiritual amorfa e onipenetrante; como Paramatma, a Superalma situada nos corações de todos os seres vivos; e, enfim, como Bhagavan, a pessoa Suprema. As três estariam corretas, pois Deus existe em todas elas.

> "Deus" é uma palavra ambígua, em nossa língua, pois parece referir alguma coisa conhecida. Mas o transcendente é desconhecido e incognoscível. Deus, em suma, transcende qualquer coisa, mesmo o nome "Deus". Deus está além de nomes e formas. Mestre Eckhart disse que a suprema e mais alta renúncia é abandonar Deus por Deus, abandonar a noção de Deus por uma experiência daquilo que transcende a todas as noções. O mistério da vida está além de toda concepção humana. Tudo o que conhecemos é limitado pela terminologia dos conceitos de ser e não ser, plural e singular, verdadeiro e falso. Sempre pensamos em termos de opostos. Mas Deus, o Supremo, está além dos pares de opostos, já contém em si tudo.[398]

Bhagavan, de acordo com os vedas, seria a compreensão mais elevada, é o beneficiário de todos os sacrifícios e austeridades, o Senhor Supremo de todos os planetas e semideuses e o benfeitor e bem-querente de todas as entidades vivas. Nessa forma pessoal, em que a pessoa pode desfrutar de uma comunhão íntima com o Supremo, Krishna (o Bhagavan) é a fonte original de onde vem todos os demais avatares, como Buda, Brahma, Shiva, Rama, Jesus, Maomé, os orixás etc. Krishna, a Suprema Personalidade de

398 CAMPBELL, J. *O poder do mito*, p. 51.

Deus, é descrito detalhadamente nas escrituras védicas e esteve neste mundo há cerca de 5.000 anos, realizando inúmeras atividades inconcebíveis, se analisadas com o nosso parâmetro material. Eternamente, Krishna reside em Goloka Vrindavana, o mundo espiritual, realizando diversos passatempos com seus associados mais íntimos. Os vedas ensinam que na atual era, o meio mais acessível e efetivo de nos aproximarmos do nível máximo de conhecimento sobre Deus é cantar os Seus santos nomes na forma do mantra Hare Krishna.[399] Não esqueçamos de que os krishnamitas utilizam a filosofia dos vedas e não a interpretação dos brâmanes sobre a filosofia dos vedas.[400]

Apesar de a história não nos deixar claro como Krishna morreu, a tradição védica conta que, chegando o momento da sua morte, Krishna abandonou seu corpo material e o desintegrou através do seu pensamento transcendental. Voltou, dessa forma, à sua verdadeira pátria espiritual (Krishnaloka), consagrada por Brahma e alguns semideuses.

> Vendo diante de Si Brahma (avô do Universo) e os semideuses (que são todos suas poderosas expansões pessoais), o Senhor Onipotente (Krishna) fechou os olhos de lótus e fixou a mente em Si mesmo, a Suprema Personalidade de Deus. Sem empregar a meditação mística agney para incinerar Seu corpo transcendental, que é o todo atrativo lugar de repouso para todos os mundos e o objeto de toda contemplação e meditação, o Senhor Krishna entrou em Sua Morada. Logo que o senhor Krishna deixou a Terra, a verdade, a religião, a felicidade, a glória e a beleza o seguiram. Timbales ressoaram nos céus e houve chuva de flores. A maioria dos semideuses e outros seres superiores liberados pelo senhor Brahma não pôde ver o Senhor Krishna entrar em Sua própria morada, pois Ele não revelou Seu movimento. Mas aqueles que tiveram essa visão ficaram muito maravilhados. Assim como os homens comuns não são capazes de determinar o caminho que o relâmpago trilha ao deixar uma nuvem, os semideuses não puderam traçar o curso dos movimentos do Senhor Krishna em seu retorno ao lar. Todavia, alguns dos semideuses – em especial o Senhor Brahma e o Senhor Shiva – puderam verificar a atuação do poder místico do senhor e, por isso, ficaram atônitos. Todos os semideuses louvaram o poder místico do Senhor e então regressaram a seus próprios planetas. Embora o Senhor Krishna, o possuidor de poderes infinitos, seja a única causa da Criação, manutenção e destruição de inumeráveis seres vivos, ele simplesmente não desejou manter Seu corpo neste mundo por mais tempo. Dessa maneira,

399 PRABHUPADA, A.C.B. Krsna, a suprema personalidade de Deus, vol. 1 e 2.
400 Bhagavad-Gita, 9:25.

Ele revelou o destino que está fixo no eu e demonstrou que este mundo mortal não tem nenhum valor intrínseco. (Srimad-Bhagavatam, canto 11, livro 2; 31:5 a 9 e 13)

Shiva é representado como destruidor do Universo na época da aniquilação. Em relação ao seu poder de aspecto feminino, dinâmico e criador, é chamado por muitos nomes: Sakti, Parvati, Kali ou Durga etc. Shiva é o Absoluto, o Supremo, transcendente no seu aspecto paterno. Seus adoradores, no entanto, são os mais "caídos", e entre eles estão os "fantasmas" e os "demônios", que apenas o adoram em troca de bens materiais, limitados e temporários.

Homens de pouca inteligência adoram os semideuses, e seus frutos são limitados e temporários. Aqueles que adoram os semideuses vão para os planetas dos semideuses, mas Meus devotos acabam alcançando Meu planeta supremo. (Gita, 7:23)

Entre seus vários, nomes contam-se: Mahadeva, Rudra, Shambhu, Shankara, Ishana, Vishvanath, Kedarnath. Seu símbolo é o linga (pilar de topo arredondado, representando órgãos genitais masculinos, símbolos do poder genésico, geralmente de pedra, que significa uma transição da forma antropomórfica para a concepção sem forma da divindade). Shiva também é representado como Nataraja (Shiva dançando em um círculo de fogo com quatro braços); como Senhor do Universo, cavalgando nandi, o touro do darma; como o iogui supremo, sentado absorto em eterna meditação. Shiva é venerado como o guru de todos os gurus – destruidor da mundanidade, doador da sabedoria e personificação da renúncia e compaixão. Shiva também está encarregado do modo da ignorância *(tamo-guna)*, mas não se conclui dessa premissa menor que seja ignorante. Apesar de todos esses tributos a Shiva, apenas Vishnu é representado através do modo da bondade. Esse é o único modo que nos leva à Verdade Suprema e à Absoluta Compreensão do conhecimento ao Transcendental Bhagavatam (Krishna). "No início do dia de Brahma, todos os seres vivos se manifestam a partir do estado imanifesto, e depois, quando cai à noite, voltam a se fundir no imanifesto" (8:18).

Kali-yuga – a degradação da civilização humana

Kali-yuga é considerado pelo pensamento indiano a última de quatro mahayuga (grandes eras) que se repetem perpetuamente e sofrem degradação progressiva. Kali-yuga representa a era das desavenças e hipocrisias, em que o homem esquecido do caminho do bem, das boas qualidades, do amor e da religiosidade (dharma) se fixa em *kama* e *artha*. Segundo a escatologia apocalíptica védica, essa yuga caracteriza-se por um declínio progressivo do conhecimento espiritual e, por conseguinte, pela degradação da civilização humana. Possui um total de 432.000 anos,[401] dos quais já decorreram cerca de 5.000 anos, é a mais cruel e danosa para a Humanidade e existe em razão da incompreensão do homem acerca da bondade e veracidade. Transformou-se em um torvelino para o homem moderno que, apegado ao falso ego, apenas vê e se mantém dentro de um materialismo aniquilador e cheio de facilidades e prisões. Se cada homem rico e os responsáveis pelos governos dedicassem pequena parte de suas riquezas para desfazer a ignorância e a miséria, o mundo voltaria rapidamente às eras anteriores e viveria o começo da Era Satya[402] com o aparecimento de Kalki, a encarnação de Deus, e não haveria inveja entre as grandes personalidades. As encarnações do Senhor Krishna ou suas emanações em cada yuga são de cores diferentes. As cores são branca, vermelha, preta (vista como azul) e amarela; na Era Kali o Senhor Chaitanya aparecerá na cor amarela.[403] Em cada

401 Srimad-Bhagavatam, canto 1, livro 1, 16:31.
402 *Ibid.*, canto 11, livro 1; 5:21 e 22.
403 *Ibid.*, canto 1, livro 1; 3:5.

era a vida do homem apresenta durações diferentes: na Satya-yuga é de 100.000 anos; na Treta-yuga, 10.000 anos; Dvapara-yuga, 1000 anos; e na grande Era de Kali-yuga os homens vivem no máximo cem anos. O falso apego aos gozos dos sentidos transforma o homem do mundo para o mundo; os excessos de todas as facilidades e prazeres o afastam da Era da bem-aventurada Satya. Para os indianos, o progresso material e as riquezas não trazem a paz ou a felicidade que muitos almejam, mas a prática das quatros virtudes de Satya: verdade, austeridade, limpeza e misericórdia com todos os seres. "Habito o coração de todos e de Mim provêm a memória, o conhecimento e a provação de ambos. Sou o que se deve conhecer em todos os vedas; sou o autor da Vedanta e o conhecedor dos vedas" (Gita, 15:15). Apenas cumprindo fielmente as virtudes de Satya-yuga corrigiremos a sociedade e retornaremos à Era da Bem-Aventurança, abandonadas pelas falsas facilidades apresentadas por Maya no mundo.[404] Treta-yuga se mostra como a Era da Adoração. Nela, mesmo sendo o humano um ser evoluído, foi pouco a pouco contaminado pela materialidade do mundo, que o laçou de forma sutil e indelével.[405] Apesar disso, o homem ainda se manteve na Era do Darma com a introdução da adoração às deidades no templo. Como a sociedade estava a caminho da "contaminação material" (mais valor à materialidade como sentido de existência do que à verdade, austeridade, limpeza e misericórdia), os grandes devotos fizeram uma suposta inversão para que a Humanidade não se perdesse de uma vez por todas. Assim, a todos aqueles que não conseguiam apreciar o Supremo de forma espiritual, o condicionamento ao templo e às deidades menores foi preciso e enfaticamente recomendado.

> *No entanto, a recompensa obtida por esses homens de pequeno entendimento é limitada. Quem adora os semideuses vai aos planetas dos semideuses; quem Me adora vem a Mim. Os ignorantes, desconhecendo minha natureza de ser supremo e imperecível, pensam que Eu, imanifesto como sou, tenho forma visível e manifesta.*[406]

---

404 *Ibid.*, canto 1, livro 1; 16:5 e 17:24 – canto 3, livro 1; 11:18 e 20.
405 Srimad-Bhagavatam, canto 11, livro 1, 5:23 e 28.
406 Bhagavad-Gita, 7:23 e 24.

Enquanto o homem estiver preso a sua era de sofrimento e ao seu carma, coletivo ou individual, seus sentidos estarão presos ao falso ego (gozos dos sentidos) e precisará, então, direcionar suas atividades ao templo, semideuses e à religião. Quando aprender a controlar esse influxo de energias que lhe consome o cerne, estará pronto para a adoração no próprio templo da natureza como faziam os ancestrais, ou seja, estará pronto para a Era Satya. Mas esse sofrimento que nos acompanha da Era Kali ainda perdurará por 427.000 anos. Dvapara-yuga – opulência:

> Antigamente, o conceito de opulência mundana baseava-se principalmente em recursos naturais, como joias, mármores, seda, marfim, ouro e prata. O avanço do desenvolvimento econômico não se baseava em grandes automóveis. O avanço da civilização humana não depende de empreendimentos industriais, mas da posse de riqueza natural e alimentos naturais, os quais são supridos pela Suprema Personalidade de Deus para que possamos poupar tempo para a autorrealização e o sucesso neste corpo de forma humana.[407]

Movimento Hare Krishna
(Por Purushatraya Swami)[408]

Tradição religiosa

O popularmente conhecido Movimento Hare Krishna tem suas origens na Índia e é parte de um contexto muito amplo e diversificado chamado Hinduísmo, que por sua vez é constituído de múltiplas tradições religiosas. No caso particular, o Movimento Hare Krishna está inserido na tradição vaishnava (Vaishnavismo). O termo *vaishnava* deriva-se de "Vishnu", que é o aspecto imanente de Deus, presente na criação material.

O Vaishnavismo é a linha estritamente monoteísta do Hinduísmo. Embora lide com múltiplos aspectos de Deus e hierarquias subordinadas a Ele, que atuam nos diferentes aspectos de Sua Criação, a ideia central da religião é estabelecer a relação com o Deus Uno. Dessa forma, a consciência do devoto transmuta-se de "consciência de ego" para "consciência de Deus", e ele se torna um recipiente da graça divina. Só

---

407 Srimad-Bhagavatam, canto 4, livro 1, 9:62.
408 Baseado em uma enquete feita pelo órgão ASSINTEC – Associação Interconfessional de Educação de Curitiba (PR) –, que assessora a Secretaria de Educação de Curitiba nos assuntos referentes à educação religiosa e aos diálogos inter-religiosos.

pela graça do Senhor a pessoa pode obter a salvação, o que significa liberação da existência condicionada neste mundo material e ingresso definitivo no reino de Deus.

Opostamente a este mundo relativo e sujeito às dualidades – bom/mal, prazer/dor, luz/escuridão, frio/calor etc. – o reino de Deus é um estado de existência absoluta, perfeita, pura, eterna e plena de bem-aventurança. Enquanto persiste a consciência material condicionada, centrada no ego, a pessoa fica presa ao contínuo ciclo de nascimentos e mortes neste mundo, e aqui experimenta suas delícias e inconvenientes de acordo com seus méritos e culpa. Cada vida lhe dá uma nova oportunidade para se purificar e desenvolver a consciência de Deus. A mudança de paradigma, do ego para Deus, dá-se quando, pelo contato com o conhecimento revelado, pela misericórdia divina que chega ao indivíduo por diversos meios, é acendida no coração a chama da fé.

Origem histórica

O subcontinente indiano é o cenário para um leque de tradições religiosas, a maioria com suas origens em épocas muito remotas. O Vaishnavismo, em particular, não tem um registro de início. Os textos sagrados, muitos compilados em datas que remontam à Era Védica de 5.000 anos atrás, já oferecem o delineamento da doutrina, que antes era praticada e transmitida oralmente. Já na Era Cristã, o Vaishnavismo institucionalizou-se e associou-se ao sistema vedanta de filosofia. Surgiram grandes filósofos teístas, como Ramanuja, Madhva, Nimbarka e Vishnuswami e foi, assim, formatado em quatro linhas principais, chamadas sampradayas. O sistema de filosofia vedanta tem duas linhas: uma estritamente filosófica e outra teísta. O Vaishanavismo, obviamente, é a linha teísta. O Movimento Hare Krishna é filiado à linha vaishnava chamada Brahma-madhva-sampradaya.

O Movimento Hare Krishna teve início há 500 anos, exatamente na virada do século, na época dos descobrimentos. O responsável por sua difusão foi o santo Sri Chaitanya (lê-se Cheitânya) Mahaprabhu. Sua vida foi amplamente registrada em biografias, algumas contemporâneas a ele. Chaitanya, um acadêmico e intelectual sem rival em sua juventude, teve uma reviravolta radical em sua vida, passando a manifestar uma natureza mística sem precedentes, certamente, na história da Humanidade. Mais da metade dos 48 anos de sua existência foram passados, na maior parte do tempo, em um êxtase místico de amor a Deus. A mensagem de Chaitanya resume-se basicamente ao entendimento de que o método mais eficaz para reestabelecermos nossa conexão com Deus é pelo canto e pela meditação de Seus santos nomes. Esses santos nomes, diz Chaitanya, possuem energias espirituais que vão atuar na consciência, tornando-a cada vez mais espiritualizada. Com a prática, obtém-se purificação, autoconhecimento, desapego, renúncia, santidade, paz interior e amor puro por Deus. Embora todos os nomes referentes a Deus tenham esse poder, Chaitanya recomendava o canto e a meditação no maha-mantra Hare Krishna (explicaremos mais à frente). Seu movimento teve um grande impacto social, pois desestruturava um rígido sistema de castas que prevalecia no país naquela época. Ele atingiu tanto as camadas populares quanto a classe intelectual, e até membros da realeza. Começou na região de Bengala (leste da Índia, cuja capital é Calcutá) e, a seguir, espalhou-se pelo estado vizinho, Orissa. Na sequência, permeou o país. Chaitanya, inclusive, profetizou que esse canto espalhar-se-ia pelo planeta, o que, mais ou menos, podemos, hoje em dia, presenciar.

Em 1965, um sannyasi (renunciado) da linha de Chaitanya, A. C. Bhaktivedanta Swami Prabhupada, trouxe esse conhecimento para o Ocidente. Aos 70 anos, sem recursos e qualquer apoio institucional, Swami Prabhupada desembarcou em Boston, nos Estados Unidos. Logo a seguir, radicou-se em Nova Iorque e, por arranjo do destino, seu público foi, quase que exclusivamente, o mundo hippie, que naquela época, estava em seu auge. Sua mensagem era estritamente ortodoxa e apresentava valores praticamente diametrais aos cultivados pelos hippies. Mas, mesmo assim, surpreendentemente, sua mensagem teve grande eco, certamente devido à genuína postura espiritual de Prabhupada. Em 1966, fundou a Sociedade Internacional para a Consciência de Krishna (ISKCON). De Nova Iorque estabeleceu-se uma ramificação no oeste, em São Francisco; depois, em Montreal e em Londres. De lá, na medida em que seus discípulos espalhavam centros nos diversos continentes, Prabhupada voltou à sua terra natal e estabeleceu alguns importantes centros de adoração a Deus.

Ideia e representação do Transcendente (Deus)

Como já afirmamos, a tradição vaishnava é monoteísta por excelência. Outra característica marcante do Vaishnavismo é que, baseado na revelação, está a noção de Deus como Pessoa, a Suprema Personalidade de Deus (Krishna). Logicamente, não uma pessoa como nós – corporificada, condicionada, falível, efêmera, limitada, ignorante e sofrida –, mas uma Personalidade infinitamente superior a qualquer referencial humano – possuidor de qualidades ilimitadas e perfeitas, e destituído de qualquer indício de imperfeição ou limitação.

O conhecimento vaishnava aceita que "tudo provém de Deus." Não existe uma dicotomia original de Bem e Mal, ou Deus e Satanás. Essas dualidades estão presentes no estado de existência em que ora vivemos. Em geral, o aspecto negativo da realidade é a ausência da contraparte positiva, assim como o fenômeno "escuridão" se dá quando a luz é bloqueada ou está inativa. O sofrimento, tido muitas vezes como uma imperfeição na Criação de Deus, tem com certeza seu papel no teatro da vida e, muitas vezes, é aquilo que purifica e nos faz ver a realidade e nos traz conhecimento e realizações mais profundas.

A morada do Senhor é o reino absoluto. O termo sânscrito que traduz isso é *sat cit ananda*, que significa existência plena e eternidade (*sat*), consciência infinita (*cit*) e bem-aventurança plena (*ananda*). A forma do Senhor é igualmente *sat cit ananda*. Assim como na revelação cristã, a tradição vaishnava aceita que "Deus tem muitas moradas." Além de muitas moradas, Ele possui muitas formas. Apesar de possuir inúmeras manifestações, Ele não perde Seu caráter de Ser único e Uno.

De acordo com a revelação vaishnava, Deus tem, basicamente, três aspectos:

a) o aspecto impessoal (Brahman) – a energia cósmica, o somatório de todas energias, a Consciência Suprema, o Espírito Supremo;
b) o aspecto imanente (Paramatma) – que participa intimamente na manifestação cósmica material;
c) o Deus Transcendente (Bhagavan), a Suprema Personalidade de Deus – que atua em um meio ambiente puramente espiritual.

Brahman é o suporte de tudo. Muitas religiões dão primazia a esse aspecto impessoal de Deus. A doutrina vaishnava, apesar de considerar esse aspecto do Divino, enfatiza o aspecto pessoal de Deus, pois só assim pode-se desenvolver uma relação estritamente pessoal com Deus. Paramatma ou Superalma é o Deus Todo-Penetrante ou Onipresente, ciente, se isso for Seu desejo, da caída de uma mera folha seca ao chão em qualquer parte de Sua Criação. Ele está presente no coração de todos. Ele é a Testemunha e o Sancionador. Para aqueles indiferentes à Sua presença, fazendo mau uso de seu livre-arbítrio, Ele simplesmente garante que haja justiça na hora da colheita do semeado. Mas aqueles que refugiam-se n'Ele, o Senhor no coração conduz a pessoa com segurança através do oceano da existência.

O Deus Trancendente, conforme se descreve nas Escrituras, manifesta-se, por sua vez, em diferentes formas – Rama, Krishna, Narayana etc. Algumas dessas manifestações de Deus vêm a este mundo e aqui exibem certas atividades (lilas) cuja única finalidade é atrair as almas condicionadas para a realidade transcendental eterna. Esses são chamados de avataras. Embora convivendo por um período de tempo no seio da sociedade humana, esses avataras, como Rama e Krishna, não estão sujeitos às leis da natureza material e suas formas são imateriais e divinas.

Embora com múltiplas formas, todas são manifestações do Deus Uno, como já dissemos. O devoto vaishnava escolhe a forma de Deus que mais lhe inspire e, então, desenvolve sua devoção baseado nos preceitos das Escrituras. Cada manifestação de Deus tem características e humores diferentes e, consequentemente, a forma de devoção também varia em termos de sentimento e em seu aspecto formal e ritualístico.

Podemos classificar a devoção a Deus de duas formas: asvarya e madhurya. O Deus no aspecto asvarya é o Deus Todo-Poderoso, o Criador, o Senhor com opulências inconcebíveis. Ele é o Senhor Supremo Absoluto e diante dele, o devoto é um ser insignificante. Essa magnitude de Deus inspira respeito profundo e até temor. A devoção é solene, formal e ritualística. Já o aspecto madhurya permite intimidade entre o devoto e Deus. No caso da devoção à Krishna, o devoto pode desenvolver ambos os tipos de devoção. Chaitanya Mahaprabhu foi um dos seres iluminados deste mundo que revelaram a devoção em intimidade, e esse tipo de devoção é dirigida a específicos aspectos de Krishna.

Entre diferentes tipos de relações, essas três são as mais íntimas: amizade, amor da mãe pelo bebê e amor conjugal. O Senhor Krishna aceita esses três tipos de relacionamentos amorosos, que devem ser, definitivamente, destituídos de qualquer conotação material e só é atingido em um estado de consciência pura. O relacionamento amoroso conjugal é o mais rico e íntimo. Com base no princípio de que "tudo vem de Deus", este também deve estar necessariamente em Deus.

Essas manifestações de Deus na categoria de Deus Transcendente Pessoal possuem a contraparte feminina. A consorte de Krishna chama-se Radha, que é a personificação de Sua energia interna de prazer. Conhecer e apreciar os intercâmbios amorosos do Casal Supremo e desenvolver um sentimento e atitude devocional puramente espiritual constituem os aspectos mais confidenciais da devoção religiosa chamada Consciência de Krishna, que nos foi revelada por Sri Chaitanya Mahaprabhu.

Textos sagrados

A cultura religiosa indiana é, sem dúvida, a mais fecunda em textos sagrados, e é composta de centenas de textos. É dito que há 5.000 anos o conhecimento que era transmitido via oral começou a tomar a forma escrita. Os textos são escritos em sânscrito, considerada a língua original da Humanidade. A escritura original chama-se Veda, que significa "conhecimento." Ao ser posto em linguagem escrita, o Veda foi desmembrado em quatro: Rig, Yajur, Sama e Atharva. São escrituras ritualísticas por excelência, essencialmente filosóficas. Outra classe de escrituras são os Upanishads, de número impreciso, mas considera-se que existem 108 principais.

Existem, também, os sutras, que são as referências dos principais sistemas filosóficos. Entre eles, está o Vedanta-Sutras, composto pelo sábio Vyasadeva, que é o compilador da maioria desses textos sagrados. Os livros de lei, como Manu-Samhita, formam outra categoria especial. Há os épicos, Itihasas, cujos exemplos mais significativos são o famoso Ramayana, que descreve a história do avatara Rama, e o não menos famoso Mahabharata, que descreve a história da dinastia a qual pertencia o Senhor Krishna. Um dos capítulos do Mahabharata é sobre os ensinamentos de Krishna conhecido como Bhagavad-Gita. O famoso

Bhagavad-Gita é considerado o mais conciso e sistemático livro de religião, ética, filosofia e metafísica jamais escrito.

> *A verdadeira solução, porém, é encontrada no Bhagavad-Gita. É a teoria do desapego: não sermos apegados a coisa alguma enquanto fazemos nosso trabalho na vida. Saber que sois inteiramente separados do mundo, que estais no mundo, mas que, seja o que for que nele façais, não o faz por amor de vós próprios. Qualquer ação que realizeis por vós próprios pesará sobre vós seus efeitos. Se a ação é boa, tereis bom efeito, e se é má, tereis de aceitar o mau efeito. Mas qualquer ação sem amor, seja qual for, não terá efeito sobre vós. Nas escrituras hinduístas se encontra uma sentença muito expressiva, que envolve esta ideia: "Mesmo que ele mate todo o universo, ou seja, ele próprio morto, não é o matador nem o morto, quando sabe que não está agindo absolutamente por si próprio."* [409]

Outra importante classe literária são os Puranas, contando dezoito ao todo. Eles narram histórias dos avataras e de grandes santos, aliadas a ensinamentos filosóficos profundos. O mais famoso e importante Purana chama-se Srimad-Bhagavatam, escrito pelo compilador dos vedas, Vyasadeva. A maior parte das histórias sobre a passagem do Senhor Krishna por este mundo está descrita nesse livro, publicado em português em dezoito volumes.

Além dessas categorias de literatura sagrada, existem outras que não cabem serem descritas aqui por questão de concisão. No caso da Consciência de Krishna, apesar de todas serem fontes de referência, as escrituras básicas que definem a doutrina são as seguintes: Bhagavad-Gita, Srimad-Bhagavatam, Sri Isha Upanishad, a biografia de Chaitanya Mahaprabhu, chamada *Sri Chaitanya-charitamrta*, e outras obras de autores da linha.

Ritos

A tradição vaishnava é caracterizada pelo uso de imagens, chamadas murtis ou deidades, para a adoração, seja no templo ou privadamente. Essas formas de diferentes aspectos da Divindade, como Krishna, Rama, Vishnu, Nrsimha etc., são detalhadamente descritos nas Escrituras. Adorar

---

409 VIEKANANDA, S. *Quatro yogas de autorrealização*, p. 48.

a Deus através de imagens é, muitas vezes, tido como idolatria. Contudo, a diferença entre a idolatria e a adoração das deidades é que, no primeiro caso, concebe-se uma forma e ritual para se adorar a um Deus imaginário; no segundo caso, segue-se estritamente o procedimento estabelecido nas Escrituras para esse fim, procedimentos incrivelmente elaborados, exigindo muitos cuidados e um especial estado de consciência para lidar com os objetos de adoração. A ideia subjacente dessa forma de adoração é que Deus está presente naquela forma particular. Ele é Onipresente. Ele, certamente, está presente na deidade, principalmente, considerando o fato de que essa imagem está sendo cuidada e venerada com consciência espiritual. Deus é invisível a nossos olhos, mas, por Sua misericórdia, torna-se acessível para aceitar nossa adoração neste mundo. Devido ao ritual regulado, constante, e a atitude devocional tanto dos sacerdotes quanto dos devotos em geral, a deidade torna-se um foco de energia espiritual poderosíssima, bálsamo capaz de aliviar nossos sofrimentos.

Num templo Hare Krishna, a primeira cerimônia começa bem cedo, às quatro e trinta da madrugada. A ideia é que, ao acordar, toma-se logo um banho e, imediatamente, como a primeira coisa de cada dia do devoto, ele recepciona o Senhor no templo. Essa cerimônia, que também acontecerá em certas horas ao longo do dia, chama-se arati. Oferecem-se, no altar, preparações comestíveis especificamente elaboradas para as diferentes horas do dia, e, também, outros artigos como incenso, flores com perfume, lamparina e outros. Cada arati tem seu canto específico e deve acontecer em horários estritamente estabelecidos.

O ritual é uma maneira formal e externa de oferecer nossa devoção a Deus. Ele não é um fim em si, mas um instrumento a nosso dispor para elevarmos nossa consciência material, normalmente aferrada nas atividades mundanas do dia a dia, à consciência de Deus. A ideia da oferenda é que o devoto aproxima-se de Deus não somente para pedir, mas para oferecer seu amor. Deus não precisa de nada, mas temos que demonstrar nosso amor a Ele, aproximando-nos d'Ele com uma atitude adequada. Quando o amor a Deus já é parte da natureza do devoto, o ritual é, inclusive, dispensável. Sua vida, na totalidade, já é um oferecimento de amor a Deus.

Existe, também, o ritual de iniciação que é a formalização da conexão do devoto com a linha de conhecimento, que descende de mestre em mestre até tempos imemoriais. O devoto faz votos (explicaremos adiante) e torna-se um representante da Tradição. Nessa ocasião é feita uma cerimônia chamada agni-hotra, sacrifício de fogo, que visa à purificação e espiritualização.

Principais celebrações

a) Sri Krishna Janmastami – aparecimento do Senhor Krishna neste mundo (Astami significa oitavo, isso quer dizer o oitavo dia da lua do mês de Hrsikesha: agosto/setembro. O calendário védico é lunar e não solar como o do Ocidente. Devido a isso as datas mudam de ano para ano, mas são sempre comemoradas na exata fase da lua do dia original).

b) Radhastami – aparecimento da consorte do Senhor Krishna, Sri Radha (Quinze dias depois do Janmastami).

c) Goura-Purnima – aparecimento de Sri Chaitanya Mahaprabhu (Purnima significa lua cheia; em fevereiro/março).

d) Aparecimento e desaparecimento do fundador da Sociedade Internacional da Consciência de Krishna, Sua Divina Graça A.E.C. Bhaktivedanta Swami Prabhupada.

Essas são as celebrações mais importantes. Além dessas, existem várias outras celebrações referentes a diferentes aspectos das divindades e dos mestres espirituais da linha. Nessas comemorações é, em diversos casos, prescrito o jejum em determinada parte do dia – às vezes até o meio-dia, e outras vezes até o pôr do sol ou nascer da lua. Os devotos realizam duas vezes ao mês, no ekadasi, décimo primeiro dia da lua, jejum de grãos e cereais. Alguns fazem, inclusive, jejum completo. É dito que esse específico dia é especialmente auspicioso para o cultivo de vida espiritual.

Organização hierárquica ou estrutura da instituição

Como já foi dito, a Sociedade Internacional da Consciência de Krishna (ISKCON) foi fundada em 1966 por Srila Prabhupada. Ele é o acharya fundador. Acharya significa "aquele que ensina pelo próprio exemplo". Prabhupada faleceu em 1977. Ele não instituiu um sucessor. Para dirigir a Sociedade, Prabhupada formou um Corpo Governamental (GBC). Como a sociedade está presente em muitos países, cada área geográfica tem um, ou em certos casos, mais de um, representante do GBC. Os membros do GBC certificam se as coisas seguem na linha, sem desvios, e, por serem devotos experientes, dão assessoria e aconselhamento.

A administração em si é descentralizada. Não existe sede administrativa nacional nem mundial. Cada projeto desenvolve-se com o potencial local. Aparentemente isso pode dar a noção de certa fragilidade institucional, mas é a forma de cada projeto adquirir sua própria identidade e crescer em proporção à sua maturidade.

Os projetos da ISKCON são, basicamente, de dois tipos: a) os templos e centros culturais urbanos, e b) as comunidades rurais. Existem dois tipos de devotos: os monges dedicados exclusivamente à instituição, vivendo em comunidades, e a congregação, que frequenta o templo e oferece algum serviço voluntário.

Os devotos recebem uma primeira iniciação quando, já familiarizados com a doutrina, estão aptos a seguir os votos sob a guia de um mestre espiritual. A segunda iniciação se dá quando existe mais amadurecimento e o devoto está qualificado para funções sacerdotais. Tanto internos quanto externos, homem ou mulher, casado ou solteiro, qualquer um pode receber a iniciação.

Uma terceira iniciação, de grau mais elevado, é uma prerrogativa para aqueles que estão livres do envolvimento familiar, seja por opção pessoal ou por idade. A qualificação é ter atingido a maestria no processo e total absorção na causa. Essa é a ordem renunciada ou sannyasi.

Um outro tipo de liderança é a espiritual. Um devoto maduro e comprovadamente experiente em conhecimento das escrituras e no processo devocional é indicado para servir a sociedade como guru ou mestre espiritual. Sua função é liderar espiritualmente a congregação dos devotos e dar abrigo espiritual, orientação e iniciação aos mais neófitos. O mestre espiritual pode ser da ordem de vida renunciada ou, mesmo, chefe de família.

Espiritualidades: métodos e técnicas utilizados

Existem certos aspectos da Consciência de Krishna que fogem às características normalmente vistas em certas religiões. Isto porque a Consciência de Krishna, além do aspecto religioso, propõe-se a oferecer um processo de autoaperfeiçoamento ou, como é dito também, autorrealização. A palavra em sânscrito que denota isso é ioga. Existem na tradição filosófica-religiosa da Índia diferentes processos de ioga. A ioga da Consciência de Krishna chama-se Bhakti-Yoga, a ioga da devoção, que consiste no processo de tirar o foco de consciência do envolvimento material e mundano e transferi-lo a uma dimensão espiritual. Em outras palavras, consiste em trabalhar a energia de amor, que todos possuem no coração, mas, normalmente, está focada nas coisas e relações materiais, e canalizá-la e focá-la em Deus.

Como já citamos, Chaitanya Mahaprabhu sugere o método da meditação e canto do maha-mantra Hare Krishna, que nas palavras dos textos sagrados é a panaceia para a situação espiritual doentia do homem de nossa época. O maha-mantra – *Hare Krishna, Hare Krishna, Krishna Krishna, Hare Hare, Hare Rama, Hare Rama, Rama Rama, Hare Hare* – é composto de três palavras que estão no caso vocativo: Hare refere-se à energia divina, Krishna à Personalidade Suprema mais atrativa e Rama à fonte original do prazer, Deus. Este mantra é encontrado em uma escritura chamada Kalisantarana Upanishad.

Os devotos estão sempre sintonizados com o mantra, que é um som espiritual puro destituído de qualquer conotação secular. Sua vibração sonora ou mental carrega em si uma série de potências espirituais que agem a nível interno: purifica e acalma a mente, abre os canais da consciência para a espiritualidade e conecta o ser mortal com a Divindade. O maha-mantra Hare Krishna, especificamente, faz manifestar no coração a energia espiritual bhakti, cuja essência é a devoção e o puro amor a Deus.

As duas formas de praticar o mantra são: meditação individual (japa) e/ou canto congregacional (kirtana).

Espaços sagrados: templos e lugares de peregrinação

O território indiano é repleto de templos antigos e lugares sagrados de peregrinação. Todos possuem uma tradição milenar. Por séculos, milhões de pessoas visitam esses lugares e procuram sintonizar-se com a energia espiritual que deles emana. Aliás, pode-se afirmar que os mais secretos mistérios do planeta estão encerrados nas quatro paredes de muitos templos da Índia. Lá aconteceram inúmeros milagres e manifestações supranaturais. Consideremos, por exemplo, um templo de milhares de anos, e ao longo de todo esse tempo, um minucioso ritual vem acontecendo sistematicamente dia após dia. Qualquer pessoa pode sentir a sacralização do local. A energia espiritual fica presente de forma tangível.

Com relação ao Movimento Hare Krishna, os locais mais sagrados na Índia são os seguintes:

a) Vrindavana – local onde Krishna viveu Sua infância e adolescência. Situa-se a 150km ao sul da capital Nova Delhi.
b) Mayapur – local de aparecimento de Sri Chaitanya Mahaprabhu. Situa-se a mais ou menos 200km ao norte de Calcutá, Bengala Ocidental.

No Brasil, o templo mais importante situa-se na Comunidade Nova Gokula, no município de Pindamonhangaba, São Paulo.

Dez limites éticos: principais mandamentos, regras de conduta e valores humanos

Na iniciação, o devoto faz votos de seguir certos princípios que irão nortear sua vida espiritual daí para frente. Uma observação quanto a isso é que esses princípios não devem ser considerados como meras "proibições". Esses princípios estão diretamente relacionados com a prática da Bhakti-Yoga, e visam possibilitar a elevação da consciência individual até o estado de "consciência de Krishna" ou consciência de Deus. É, portanto, uma prática de autorrealização e o devoto que aspira se autoaperfeiçoar assume esses votos consciente e voluntariamente. Os quatro princípios regulativos básicos são:

a) Não comer carne, peixe e ovos – estrito vegetarianismo. Esse princípio baseia-se na misericórdia pelos demais seres vivos e no conceito de ahimsa, não violência. Não devemos cometer violência desnecessária. Uma grande carga de violência deste mundo pode ser evitada ao adotarmos a dieta vegetariana, além de ser mais saudável e natural.
b) Não se intoxicar – princípio de austeridade. A pessoa que busca a autorrealização não deve usar substâncias que provocam alteração no

estado de consciência. Não deve fugir à realidade e deve, com paciência e determinação, trabalhar sua consciência no sentido de purificação e expansão.

c) Não praticar jogos de azar – princípio da veracidade. A expectativa de ganho fácil nos jogos provoca agitação na mente e abre espaço para o caráter dúbio.
d) Sexo destinado à procriação – princípio de limpeza. A função natural do sexo é a procriação. O fato de o sexo produzir prazer sensual não deve ser o sinal verde para explorá-lo irrestritamente.

Outro voto que o devoto faz na iniciação é determinar-se em praticar o processo de meditação, japa, diariamente. Essa meditação prescreve a repetição em voz baixa do maha-mantra Hare Krishna. Durante essa meditação, manuseia-se um rosário de 108 contas, conta por conta, pelo menos 16 vezes, o que representa 1.728 repetições do mantra. Essa prática deve ser feita bem cedo, antes do sol nascer, e dura aproximadamente uma hora e meia.

Vida além da morte: que resposta norteadora do sentido da vida além morte representa?

Um dos conceitos fundamentais do conhecimento védico é que, primeiro, a vida é eterna e, segundo, tudo neste mundo é cíclico. O princípio da vida eterna está relacionado com a alma, e o princípio cíclico refere-se ao corpo. Para a alma não faz sentido as designações do corpo: masculino/feminino, preto/branco, brasileiro ou chinês etc. Essas são designações circunstanciais. Enquanto a alma não atingir seu estado natural de pureza e consciência plena e, assim se estabelecer definitivamente no reino absoluto de Deus, no qual a existência é eterna, a consciência é total e plena em bem-aventurança. A alma tem que estar associada a um corpo material para, gradualmente, evoluir e encontrar sua verdadeira natureza. Isso requer muitas vidas. Os grandes obstáculos para o aperfeiçoamento da alma neste mundo são: os apegos materiais, a exploração do prazer sensual e a ignorância. Aceitamos, portanto, o conceito de "transmigração da alma". Evitamos o termo "reencarnação" para não incorrer nas muitas confusões e mal-entendidos que esse termo geralmente tem acarretado.

Outro princípio que está diretamente relacionado a esse tema é o de "causa e efeito" ou "ação e reação". Consideramos que o "colhemos o que semeamos" é o que o conhecimento védico chama de "lei do carma". Esta vida já é, efetivamente, uma colheita; e agora temos a oportunidade de semear para colher na próxima safra. A morte marca o fim do ciclo em um corpo específico. As impressões e tendências de toda a vida ficam registradas na consciência. Elas determinarão a próxima situação de vida, a fim de que a alma tenha a oportunidade de retificar erros do passado e continuar sua trajetória rumo à perfeição. Atingindo o estado de "consciência de Deus", a alma livra-se do enredamento material e passa a existir em seu *habitat* natural, face a face com Deus.

Na doutrina vaishnava, céu e inferno são situações temporárias. Boas ações e vida piedosa (mas, em consciência material) produzem, como reação, a transferência da pessoa, após a morte, para regiões celestiais, onde desfrutará de seus méritos. Quando tais méritos se esgotam, ela volta, outra vez, a esse plano de existência terrena, que é a região onde o carma é produzido.

Da mesma forma, atividades pecaminosas, contrárias às leis de Deus, geram consequente punição. Uma vez expiada, chances para retificação são oferecidas repetidamente. É um fato que se livrar da condição de pecado é realmente muito difícil, pois a tendência é, normalmente, degradar-se cada vez mais. Somente personalidades santas e divinas, por onde flui a misericórdia de Deus, têm o poder de livrar a alma condicionada dessa condição.

A liberação permanente e o ingresso definitivo no reino de Deus se dá quando a pessoa atinge a consciência de Deus e encerra-se o ciclo de ações e reações. Rendição a Deus é condição *sine qua non*.

Cosmogênese: como sua tradição explica a origem da vida e do Universo

Aqui, também, está presente o caráter cíclico da natureza material. Este mundo é criado, permanece por certo tempo e é aniquilado; depois de certo período, é criado novamente, e assim por diante, em ciclos cósmicos que se repetem indefinidamente.

Tudo referente a Deus é eterno, consequentemente, Suas energias são, igualmente, eternas. Não existe, portanto, a ideia de criação *ex nihilo*, isto é, "do nada", pois a natureza material, sendo eterna, não tem princípio nem fim. Ela é, não obstante, temporária – aparece e desaparece, alternadamente. Isso significa que a criação material tem dois estados: manifestado e não manifestado (imaterial). No estado não manifestado, toda essa vasta criação material perde sua característica de "massa" e reduz-se ao estado energético ou irradiação. Em suma, a matéria vem de Deus e, a seguir, volta para Ele, para, novamente, manifestar-se, manter-se por algum tempo, para, a seguir, ser aniquilada, em um ciclo sem fim. Em linguagem dos textos sagrados, esta é a eterna "respiração de Deus". Ao "exalar", os Universos materiais manifestam-se, e ao "inspirar", a matéria volta ao estado imaterial não manifesto, e até o próximo ciclo de manifestação, permanece "em Deus."

Outra informação obtida nos textos sagrados é que existem dois estágios na Criação: o primário e o secundário. Na criação primária são produzidos os elementos materiais e na secundária as formas são produzidas. Por exemplo, para a criação de uma casa, precisamos de materiais – tijolo, cimento, areia etc. Essa seria a criação primária. A partir daí, o engenheiro usa esse material para criar a forma da casa (criação secundária).

Na manifestação do mundo, a criação primária acontece a partir da substância material total, que se encontra no estado energético, ou não manifesto. Essa substância vai se desdobrando, no sentido do mais sutil para o físico, sendo assim, gradualmente manifestada a multiplicidade dos elementos e fenômenos materiais. Nesse desdobramento, o fator tempo manifesta-se, a seguir, os gunas (qualidades da matéria, a saber, impulso criativo, destrutivo e equilíbrio), as energias sutis da matéria (mente, intelecto etc.), a capacidade de a alma interagir no meio ambiente material (sentidos) e os cinco elementos físicos: éter, ar, fogo, água e terra (elementos sólidos), tudo o mais. Essa é, então, a criação primária, que ocorre sistemática e automaticamente pela vontade divina.

O seguinte passo é a criação secundária das formas deste mundo – desde os seres vivos unicelulares, reino vegetal, reino animal, seres humanos e culminando nas hierarquias celestiais. Essas são as entidades com vida. Paralelamente, existem as formas insensíveis, desde o grão de areia às galáxias. O responsável por essa fase da criação é a entidade semidivina Brahma, que junto com Vishnu e Shiva, formam a trindade responsável pela criação, manutenção e aniquilação da manifestação cósmica.

Que ações de solidariedade e de construção da paz sua tradição religiosa tem promovido em nossa comunidade e no mundo?

O Movimento Hare Krishna está sempre presente, tanto aqui no Brasil quanto em qualquer parte do mundo, em qualquer iniciativa para promover a paz neste mundo. Não existe nenhum fator que faça restringir o diálogo inter-religioso e a participação lado a lado com outros grupos que comungam os mesmos ideais.

Um programa, no entanto, vem sendo desenvolvido pelo movimento com incrível sucesso. Trata-se do *Food for Life* (*Alimentos para a vida*). Esse programa mundial está provendo alimentação para milhões de pessoas. Tem estado presente nas grandes catástrofes, como as enchentes de Bengala e Bangladesh, terremoto no Gujarat, e outros acontecimentos sinistros pelo mundo. Outra grande atuação do *Food for Life* tem sido em diversos conflitos recentes. Durante a guerra na Iugoslávia, em Sarajevo, Kosovo etc., assim como em várias repúblicas que antes eram partes da União Soviética, como Chechênia, Geórgia etc., os devotos locais arriscaram suas vidas, em plena área dos bombardeios, para levar alimentos para uma população totalmente desamparada e dependente, exclusivamente, desse alimento. Foi registrado que as milícias de ambos os lados respeitavam sobremaneira esse serviço humanitário e poupavam as instalações dos devotos de bombardeios ocasionais.

Srila Prabhupada, o querido fundador do movimento, expressou um desejo que, hoje em dia, os devotos tentam pôr em prática. Ele disse que em um diâmetro de pelo menos dez milhas em volta de um templo de Krishna não deveria ter a possibilidade de fome. Srila Prabhupada também escreveu um livro que vem sendo amplamente distribuído, intitulado *A fórmula* da *paz*.

A sucessão discipular

Além da devoção total a Suprema Personalidade de Deus (Krishna), a sucessão discipular é de suma importância não apenas para entender o movimento, mas para compreender profundamente suas raízes.

Começo da Criação – Antes da Era Cristã (A.E.C.)

Krishna – Segundo conta a história dos Puranas, A Suprema Personalidade de Deus fez um aparecimento na Terra em aproximadamente 3.220 anos, e deixou este planeta em 3.102 anos. Entretanto, porque Ele é a Suprema Personalidade de Deus, a causa de todas as causas, Ele permanece existindo eternamente. Portanto, essas datas são simplesmente um registro da Sua encarnação em Dvapara-yuga (a era antes da presente Era de Kali). Ele falou o Bhagavad-Gita a Arjuna em Dvapara-yuga, mas o período das Suas atividades não limita a posição Dele como o Adi-purusha (a Pessoa Suprema original) e o Adi-guru (o Mestre Original). Na literatura védica, o Senhor Krishna é descrito como a fonte última de todo o conhecimento; consequentemente, Ele é a fonte mais segura de conhecimento. O guru-parampara inteiro – a sucessão discipular – começa com Ele porque Ele é o original e principal preceptor.

Brahma – Do *trimurtis* – Brahma, Vishnu e Shiva – o Senhor Brahma é o controlador do modo da paixão e aquele que, sob a direção da Suprema Personalidade de Deus, Krishna, cria o universo material. Dele descendem todas as espécies de vida dentro do Universo. Além disso, como o primeiro ser criado, o Senhor Brahma foi pessoalmente iniciado em realização espiritual pelo próprio Senhor Krishna, que revelou o conhecimento védico no coração de Brahma no início da Criação. O Senhor Brahma escreveu o Brahma-samhita, um poema que glorifica Krishna. O quinto capítulo desse livro foi descoberto pelo Senhor Chaitanya Mahaprabhu no Sul da Índia. O poema conta vários aspectos do Senhor Krishna e descreve Sua forma espiritual, características, passatempos e morada em detalhes.

Narada – Filho do Senhor Brahma, apareceu neste planeta há cerca de 3.000 anos, e é uma das doze autoridades em consciência de Krishna conhecidas como mahajanas. Ele estava presente na época do aparecimento do Senhor Krishna. É um mendicante viajante, um preceptor espiritual que dá conhecimento em todo o Universo até a grandes personalidades como Prahlada, Dhruva, e Vyasadeva. Narada escreveu o Narada-Pancaratra, uma exposição do serviço devocional que oferece sabedoria prática no servir ao Senhor, e o Narada-Bhakti-Sutra (84 provérbios preciosos sobre devoção que revelam os segredos do amor a Deus).

Vyasa – Também chamado Krishna Dvaipayana, Badarayana, e Vedavyasa, apareceu na Terra há cerca de 3.000 anos, é o filho de Mahamuni Parasara e discípulo de Narada. Era o guru dos Pandavas e dos Kauravas. De acordo com o Vayu Purana, esse Vyasa é a vigésima oitava encarnação de Vyasa, e reside em Uttara Badri, uma morada transcendental nos Himalaias, acompanhado por Madhvacharya e muitos outros grandes devotos religiosos. Vyasadeva é conhecido como a encarnação literária do Senhor Krishna porque deu a sabedoria védica ao mundo compilando os vedas, os Puranas (do qual o *Srimad-Bhagavatam* é a principal), o épico Mahabharata e o Vedanta-Sutra.

Apesar da distância que se observa no discipulado nesse momento, os devotos afirmam que Krishna jamais desamparou a Humanidade, enviando sempre avatares como Budas, Thirtankaras, Zaratustra, Moisés, Jesus, Maomé, Confúcio e tantos outros que a história esqueceu ou simplesmente ignora por seu orgulho e materialismo.

Era Cristã (E.C.)

Madhva – Apareceu neste mundo em 1238 na Pajaksetra, Karnataka, sul da Índia. Quando menino era chamado Vasudeva, e depois de sua iniciação ficou conhecido como Purna Prajna. Com 10 ou 12 anos, aceitou sannyasa (a ordem renunciada de vida) e ficou conhecido como Ananda Tirtha. Madhva propôs a doutrina de tattva-vada, ou suddha-dvaita-vada (dualismo purificado), que se opõe fortemente a todas as doutrinas do monismo. Sua doutrina discerne cinco diferenças: entre (1) a alma e Deus, (2) a alma e a alma, (3) a alma e a matéria, (4) Deus e a matéria, e (5) matéria e matéria. Madhva escreveu 42 livros, inclusive um comentário do Bhagavad-Gita que explicou diante de Vyasadeva em Badarikasrama. Madhva deixou o mundo em Udupi no templo de Antanta-sayana em 1319.

Padmanabha Tirtha – Apareceu neste mundo em 1199 em Uttara--Karnataka, era um renomado e distinto estudante, mas sua proficiência em quatorze ramos de conhecimento foi silenciada em quatorze segundos por Madhvacarya quando se encontraram em 1265. Por conseguinte, Padmanabha tomou iniciação de sannyasa de Madhvacarya e logo se tornou um dos seus mais sinceros discípulos. Padmanabha Tirtha deixou este mundo em 1324 em Nava-vrndavana, no sagrado Rio Tungabhadra.

Narahari (ou Narahari Tirtha) – Nascido em 1206, tornou-se rei em Kalinga, Orissa, e foi glorificado por sua diplomacia e cavalheirismo. Entretanto, até mesmo enquanto executava seus deveres reais, pregava o Vaishnavismo e fez muitos devotos entre a nobreza de Orissa e Andhra Pradesh. Sri Narahari escreveu quinze livros, mas só sobreviveram vestígios dos seus Gita Bhasya e Bhavaprakasika.

Madhava (ou Madhava Tirtha) – Viveu por volta de 1215 a 1350 e foi reconhecido como preceptor espiritual. Diz-se que entre 1333 e 1350 foi ministro de Vijayanagar, a cidade que fundou. Antes de sua iniciação de sannyasa, era conhecido como Visnu Sastri. Madhava escreveu um comentário no Parashara Smriti chamado Parasara Madhva-vijaya.

Akshobhya (ou Akshobhya Tirtha) – Apareceu neste mundo entre 1238 e 1317 em Uttara-Karnataka. Antes da sua iniciação de sannyasa, era chamado Govinda Sastri. Aksobhya era conhecido por refutar com êxito a filosofia não dualista advaita. Em um encontro histórico em Mulbagal, Karnataka, derrotou em debate Vidysranya, um estudante e descendente da linha advaita sankaracarya, o explanador mais importante da escola advaita vedanta. Aksobhya Tirtha deixou o mundo em 1365.

Jaya Tirtha (Tikacharya) – Apareceu neste mundo em 1348 como filho de um militar de elevada posição. Em 1368, aos 20 anos, Jaya Tirtha foi iniciado e recebeu sannyasa de Akshobhya Tirtha que mudou o nome do discípulo de Dhondo Pantraya Raghunatha para Jaya Tirtha. Filosoficamente um gênio, Jaya Tirtha viajou pela Índia para refutar a filosofia Advaita Vedanta. Jaya Tirtha escreveu aproximadamente 20 livros, inclusive comentários dos trabalhos de Ramanujacarya. Seu samadhi (tumba) está ao lado de Padmanabha Tirtha, em Karnataka. Deixou este mundo em 1388.

Nana-Sindhu; Daya-Nidhi; Purushottama (século XIII-XV) – Não há informação disponível sobre esses discípulos.

Vidyanidhi (Vidyadhiraja) Tirtha – Viveu em 1348 e antes de se tornar discípulo de Jaya Tirtha, seu nome era Krsnabhatta. No tempo devido, tornou-se o sucessor ao Vedanta pitha, o assento, através do qual se é reconhecido preceptor espiritual. Os únicos trabalhos escritos atribuídos a Vidyanidhi Tirtha são um comentário do Bhagavad-Gita e um comentário do Visnu-Sahasra-Nama que é o primeiro comentário registrado sobre isso do ponto de vista da filosofia Dvaita (dualismo). Deixou este mundo em 1412.

Rajendra (Rajendra Tirtha) – Apareceu neste mundo antes de 1375 e foi o primeiro discípulo de Vidyanidhi, que o iniciou em Hevilambi. Por sua antiguidade, erudição e compreensão devocional, Rajendra também se tornou sucessor ao Pitha, ou Pithadhipati, de 1388 a 1412. Diz-se que fez muitos discípulos no norte da Índia. Deixou este mundo em 1440.

Ayadharma (Jaya-dharma Tirtha ou Vijayadhvaja Tirtha) – Apareceu antes de 1420. Como um menino, tomou sannyasa, viajou e pregou incessantemente. Assim em seu devido tempo, tornou-se o sétimo herdeiro do assento preceptorial. Jaya-dharma escreveu em 1434 um comentário no Srimad-Bhagavatam chamado Bhakti-ratnavali no qual ele esclareceu os significados aparentemente ocultos do comentarista original, Sridhara Svami, expondo o ponto de vista dualístico. Até hoje, seguidores de Madhva se atêm a este trabalho devocional como uma referência padrão. Seu samadhi está em Kanya Tirtha, Vrndavana. Deixou este mundo em 1448.

Brahmanya Tirtha (Purusottama) – Apareceu por volta de 1460 e foi o terceiro descendente de Rajendra Tirtha na linha de discípulos seniores de Vidyadhiraja Tirtha. Purusottama viveu principalmente em Cannapatna ou Abbur em Karnataka. E tinha seu próprio monastério, o qual ele confiou depois ao seu discípulo Sridhara Tirtha. Esse monastério sobrevive até hoje e é chamado de Kundapura Mutt. O trabalho literário atribuído a Purusottama (estudante fiel dos textos de Caitanya Mahaprabhu) é uma luz no Tatparya (assunto envolvido) sobre o popular Shripad Jaya Tirtha, que parece ter escrito aproximadamente vinte livros, superando seus precursores, tais como Trivikrama Panditacharya, Padmanabha Tirtha e Narahari Tirtha. Apesar da "fama" de santo que lhe atribuíam, sempre se mostrou humilde, dando todo o crédito de seus trabalhos e obras para Akshobia Tirtha, o servo de Shripad Madhvacharya. Ele partiu deste mundo em 1476 ou 1478.

Vyasa Tirtha – Apareceu entre 1460 a 1478, ao redor de Yati-raja Sumati, em Bannur, uma aldeia em Mysore. Ele se tornou discípulo de Brahmanya Tirtha. No sul da Índia estabeleceu 732 templos de Hanuman e Rama. Era muito instruído e derrotou muitos eruditos principais. Suas contribuições literárias incluem o Nyayamrta (trabalho em filosofia sobre o Vedanta), Sri Visnu Samhita, e numerosos poemas e canções baseadas no Srimad--Bhagavatam, Mahabharata e Ramayana. Ele partiu deste mundo em 1539.

Laksmipati (1420-1487) – Era discípulo de Vyasa Tirtha e recebeu o nome Laksmipati Tirtha. Acredita-se que Madhavendra Puri, o discípulo de Laksmipati Tirtha, seja o mestre espiritual do Senhor Nityananda. Sua Divina Graça A. C. Bhaktivedanta Swami Prabhupada escreve no seu comentário no Chaitanya-caritamrta (Madhya-lila 3.8.128): "Sri Nityananda Prabhu foi iniciado por Madhavendra Puri, um sannyasi. De acordo com outros, entretanto, foi iniciado por Laksmipati Tirtha".

Madhavendra Puri (c. século XV-XVI) – Tomou iniciação na sampradaya de Madhvacarya e teve discípulos como Advaita Acharya e Ishvara Puri. Foi Madhavendra Puri que introduziu a concepção de madhurya-bhava (amor conjugal) na sampradaya. Nessa concepção, a adoração de Radha e Krishna em separação representa o nível mais elevado de serviço devocional. Portanto, de acordo com os Gaudiya Vaishnavismos, Madhavendra Puri esteve no começo do movimento do Senhor Chaitanya, o qual espalhou o amor de Deus nesse humor. O samadhi de Madhavendra Puri está em Remuna, Orissa.

Isvara Puri (c. século XV-XVI) – Apareceu em Kamarhatta, onde é agora Bengala Ocidental. Foi um dos principais discípulos de Madhavendra Puri, a quem humildemente serviu durante os últimos dias de Madhavendra Puri. Srila Bhaktisiddhanta Sarasvati Thakura escreve que Isvara Puri foi o melhor dos sannyasis. Para honrar Isvara Puri, o Senhor Chaitanya Mahaprabhu o aceitou como mestre espiritual. Isvara Puri escreveu o Krishna-lilamrta, *O néctar dos passatempos de Krishna.*

Senhor Nityananda (Nitai) – Considerado o irmão mais velho do Senhor Chaitanya, apareceu em 1474, na aldeia de Ekacakra, agora Bengala Ocidental. À medida que atingia a juventude, só brincava de imitar as atividades que o Senhor Krishna tinha realizado. É considerado idêntico a Balarama, o irmão mais velho do Senhor Krishna. O Senhor Nityananda sempre serviu ao Senhor Chaitanya de qualquer forma. Sua beleza era encantadora, e era tão pleno de amor extático por Krishna que, onde quer que fosse, multidões de pessoas seguiam e se tornavam amantes de Deus.

Advaita Prabhu (Advaitacarya) (c. século XV-XVI) – Apareceu cerca de 50 anos antes do próprio advento do Senhor Chaitanya. Ele foi o primeiro entre os associados do Senhor Chaitanya a aparecer no mundo material para libertar as almas condicionadas. Foi Advaitacarya que pediu ao Senhor Chaitanya que descesse. Antes do advento do Senhor Chaitanya, Advaitacarya já tinha começado a cantar os nomes de Krishna nas ruas com devotos e a discutir as escrituras sobre serviço devocional a Krishna.

O nome de Advaitacarya indica que é advaita – isto é, não diferente – do Senhor Hari (Krishna), e Ele é chamado acarya (mestre espiritual) porque Ele ensinou bhakti em todas as direções. Advaitacarya viveu em Santipura e Mayapura, onde é agora Bengala Ocidental, e era o cabeça da comunidade de Vaishnavismo de Nadia.

Chaitanya (1486-1534) – Até mesmo na Sua infância, era renomado como grande santo. Além disso, depois de renunciar ao mundo com 24 anos, viajou ao longo da Índia para ensinar a essência esquecida da sabedoria védica antiga. Ele começou uma revolução em consciência espiritual inaugurando o canto do maha-mantra: Hare Krishna, Hare Krishna, Krishna Krishna, Hare Hare / Hare Rama, Hare Rama, Rama Rama, Hare Hare. Ele predisse que esse mantra se espalharia por todas as cidades e aldeias. Ele é conhecido como a encarnação disfarçada da Suprema Personalidade de Deus, Krishna, porque apareceu como devoto do Senhor, ensinando todo o mundo a desenvolver o amor por Deus. O Senhor Chaitanya escreveu o Siksastakam, oito versos que glorificam o canto dos santos nomes do Senhor.

Rupa Goswami (1489-1564) – É considerado o mais proeminente de todos os Goswamis. Os devotos atuais na linha do Senhor Chaitanya são chamados rupanugas, ou seguidores de Rupa Goswami. Tinha sido ministro no governo muçulmano, e assim excluído da sociedade hindu. Mas depois de conhecer o Senhor Chaitanya, deixou seu serviço do governo para se unir à missão do Senhor. Na cidade santa de Allahabad, o Senhor Chaitanya o instruiu na ciência da consciência de Krishna durante dez dias. Depois, Rupa se mudou para Vrindavana e escreveu muitos livros, o principal é Bhakti-rasamrta-sindhu que está disponível como estudo sumário em *O néctar da devoção*.

Svarupa Damodara Goswami (c. século XV-XVI) – Foi um dos associados mais íntimos do Senhor Chaitanya, também era conhecido como Purusottama Acarya (Svarupa); depois, o próprio Senhor Chaitanya acrescentou o nome Damodara ao seu nome. Sempre que qualquer devoto escrevia um verso, canção ou livro, era Svarupa Damodara que pessoalmente verificava os aspectos filosóficos e linguísticos antes de apresentar a obra ao Senhor Chaitanya. Escreveu um livro de música, o Sangita-Damodara, e suas memórias foram compiladas por Krishnadasa Kaviraja Goswami no Chaitanya-caritamrta, uma biografia do Senhor Chaitanya.

Sanatana Goswami (1488-1558) – Irmão mais velho de Rupa Goswami, era o mais velho dos Goswamis. Também tinha sido ministro no governo, mas quando tentou abandonar sua posição, o rei o prendeu. Sanatana conseguiu escapar, e em Varanasi o Senhor Chaitanya o instruiu durante dois meses. Baseado nas instruções recebidas d'Ele, Sanatana também escreveu muitos livros. Proeminentes estão o Hari Bhakti Vilasa que descreve todos os rituais a serem executados pelos devotos e Brihad-bhagavatamrta que ilumina o caminho do progresso devocional.

Raghunatha Dasa Goswami (1495-1571) – Era o filho de Tapan Mishra, um dos primeiros seguidores do Senhor Chaitanya. Em uma idade precoce, Raghunatha Bhatta serviu ao Senhor Chaitanya, e satisfez especialmente o Senhor com sua arte culinária. Depois que seus pais morreram, enviou Raghunatha a Vrindavana onde ficou aos cuidados de Rupa Goswami. Raghunatha se tornou especialmente conhecido pela sua recitação melodiosa do Bhagavatam em diferentes melodias e por nunca criticar qualquer devoto. Ele escreveu três livros: *Stavavali, Muktacharita,* e *Dana-charita.*

Jiva Goswami (1513-1598) – Sobrinho de Rupa Goswami e Sanatana Goswami. Seu pai morreu quando era jovem, e então Jiva deixou a casa e foi em peregrinação à cidade natal do Senhor Chaitanya, Navadvipa. Depois estudou filosofia em Varanasi, e em seguida se uniu aos seus tios em Vrindavana. É particularmente notável pela sua grande erudição. Escreveu e editou 25 livros – pelo menos 400.000 versos sânscritos ao todo. Seu *Sabath-Sandarbhas (Seis tratados)* dá uma apresentação filosófica sistemática da filosofia vaishnava. Entre os Goswamis, também foi o pregador mais sistemático; organizou o movimento iniciado pelos outros.

Krsnadasa Kaviraja Gosvami (c. século XVII-XVIII) – Apareceu perto de Katwa, Bengala Ocidental, mas partiu para Vrndavana. Ele tomou iniciação de Raghunatha Dasa Goswami, e por causa do seu *Govinda-lilamrta,* uma obra-prima poética, Srila Jiva Gosvami lhe deu o título Kaviraja (o rei dos poetas). Escreveu o *Chaitanya-caritamrta,* uma biografia filosoficamente profunda do Senhor Chaitanya. Apesar da sua posição exaltada e vasta aprendizagem, sempre permaneceu como símbolo de humildade. Seu samadhi foi nas margens do Radhakunda, Vrndavana.

Narottama Dasa Thakura (c. século XVII-XVIII) – Tomou iniciação de Lokanatha Gosvami e foi um brahmacari (celibatário) vitalício. Ele organizou o famoso festival de Kheturi, no qual narrou as conclusões dos seis Gosvamis de Vrndavana a todos os devotos reunidos do Senhor Krishna. Isso resultou no estabelecimento de uma doutrina canônica para as gerações futuras dos Gaudiya Vaishnavismos. Narottama escreveu muitas coleções de canções devocionais, como Prarthana e Prema-bhakti-candrika. Seu samadhi se localizou no pátio do templo de Radha-Gokulananda em Vrndavana.

Visvanatha Cakravarti Thakura (c. século XVII-XVIII) – Apareceu em 1662 na aldeia de Devagram, Bengala. Ele recebeu iniciação de Ramana Cakravarti, seu nome depois de se tomar sannyasa passou a ser Hari Vallabha Gosvami. Srila Bhaktisiddhanta Sarasvati Thakura, um acarya posterior na sucessão de discipular, escreveu: "Servir aos pés de Narottama Dasa Thakura era o único desejo de Visvanatha Cakravarti Thakura que foi o quarto acarya na sucessão discipular de Narottama Dasa. Srila Visvanatha Cakravarti Thakura escreveu mais de quarenta comentários em sânscrito, inclusive do Bhagavad-Gita, Srimad-Bhagavatam, e os escritos dos seis Gosvamis de Vrndavana".

Baladeva Vidyabhusana (1600-1768) – Apareceu perto de Remuna, Orissa, e também era conhecido como Govinda Dasa. Em uma idade muito jovem, dominava sânscrito, gramática, poesia e lógica, e tomou iniciação e sannyasa na sucessão discipular de Madhvacarya. Depois se converteu ao Vaishnavismo Gaudiya e serviu como assistente de Visvanatha Cakravarti Thakura, que lhe ensinou o Srimad-Bhagavatam. Ele se tornou um grande erudito, derrotou muitos estudantes e escreveu mais de 24 livros, como o comentário Govinda-bhasya do Vedanta-Sutra.

Jagannatha Dasa Babaji (1750- 1894) – Nasceu em um remoto vilarejo de Tangail, Mayaman Singh (atual Bengala Ocidental). Viveu 144 anos. Em 1880 recebeu a visita de Srila Bhaktivinoda Thakura, a quem deu valiosas instruções acerca da vida espiritual. Srila Bhaktivinoda Thakura considerava Jagannatha o comandante em chefe dos vaishnavas. Ele confirmou a descoberta de Srila Bhaktivinoda Thakura do local de nascimento do Senhor Chaitanya. Ao chegar ao local, Jagannatha Dasa Babaji Maharaja, embora cego e aleijado, saltou bem alto no ar e começou a cantar os nomes de Krishna e a dançar.

Bhaktivinoda Thakura (1838-1914) – Nasceu em Birnagar, atual Bengala Ocidental, como Kedaranatha Datta. Depois da iniciação espiritual, recebeu instruções espirituais de Jagannatha Dasa Babaji. Sua Divina Graça A. C. Bhaktivedanta Swami Prabhupada escreveu: "Ele tinha um cargo importante no governo (como juiz do tribunal superior), manteve uma família consciente de Krishna e escreveu quase cem livros sobre a consciência de Krishna. Ao mesmo tempo, prestou serviço ao Supremo de muitas maneiras. Essa é a beleza de sua vida". Escreveu muitos livros de poesia e filosofia, como Sharanagati e Jaya-dharma, e também comentários do Bhagavad-Gita e Chaitanya-charitamrita. Em 1896 mandou seu livro *Sri Chaitanya Mahaprabhu: sua vida e ensinamentos* para universidades mundo afora. Srila Bhaktivinoda Thakura descobriu o local de nascimento do Senhor Chaitanya em Mayapur em 1888.

Gaurakisora Dasa Babaji (1830-1915) – Abandonou sua vida familiar depois da morte da sua esposa e se mudou para Vrndavana, onde ficou por mais de 30 anos. Em Vrndavana, vagava pelas florestas e cantava 2.000.000 de nomes de Krishna diariamente. Gaurakisora Dasa Babaji Maharaja foi o símbolo de renúncia e humildade. Ele mendigava por alimento e levava apenas dois livros escritos por Narottama Dasa Thakura. Srila Gaurakisora Dasa Babaji não tinha desejo de fazer discípulos; entretanto, vendo a verdadeira humildade e profundo apego espiritual do filho de Bhaktivinoda Thakura, aceitou aquele filho, Srila Bhaktisiddhanta Sarasvati Thakura, como seu único discípulo.

Bhaktisiddhanta Sarasvati Thakura (1874-1937) – Nasceu em Jagannatha Puri como Bimala Prasad Datta, filho de Bhaktivinoda Thakura. Era intelectualmente precoce e ficou conhecido como enciclopédia viva. Aos sete anos já tinha memorizado os 700 versos em sânscrito do Bhagavad-Gita, sua tradução, e explicava cada um. Depois de sua iniciação por Gaurakishora Dasa Babaji, ficou conhecido como Varshabhanavi--dayita Dasa. Bhaktisiddhanta Sarasvati Thakura foi seu nome de sannyasa. Era destemido e invencível nos debates, ficando conhecido como o "guru--leão". Ele foi um pregador revolucionário: em vez de renunciar aos avanços da Modernidade, ele a usou para atrair as pessoas à consciência de Krishna. Publicou muitos livros e revistas com os escritos dos acharyas vaishnavas antecessores. Escavou o local de nascimento do Senhor Chaitanya em Mayapur e lá construiu um templo. Estabeleceu 64 templos e iniciou muitos discípulos, o mais proeminente Sua Divina Graça A. C. Bhaktivedanta Swami Prabhupada.

Abhay Charanaravinda Bhaktivedanta Swami Prabhupada – A. C. é a abreviatura para Abhay Charanaravinda, nome de iniciação dado por seu mestre espiritual e significa "aquele destemido aos pés de lótus de Krishna". O título Bhaktivedanta lhe foi concedido mais tarde em virtude de sua devoção (bhakti) e sua profunda compreensão das conclusões finais do conhecimento espiritual dos ensinamentos vedanta. Recebeu o título Swami em 1959 quando aceitou a ordem renunciada de vida de sannyasa e significa "controlador dos sentidos". O título Prabhupada é honorífico e significa "aquele que serve aos pés de Deus". Alguns acadêmicos às vezes se referem a ele como Bhaktivedanta Swami, e outros acadêmicos e devotos como Srila Prabhupada, o termo Srila é um título de honra que significa "eminente". Mais conhecido como Sua Divina Graça A. C. Bhaktivedanta Swami Prabhupada nasceu em 1º de setembro de 1896 em Calcutá (Índia), e deixou este mundo em 14 de novembro de 1977. Em sua iniciação, em 1933, seu mestre espiritual, Srila Bhaktisiddhanta Sarasvati Thakura, deu-lhe o nome de Abhay Charanaravinda Dasa. Depois de se aposentar de sua vida familiar em 1950, estudou profundamente e traduziu a literatura védica, recebendo o título honorífico de Bhaktivedanta. Em 1965, sob a ordem de seu mestre espiritual, foi ao Ocidente para difundir a consciência de Krishna. Ele fundou a Sociedade Internacional para Consciência de Krishna (ISKCON) em Nova Iorque em 1966. Abriu 108 templos, escolas e comunidades rurais. Também organizou grandes festivais mundo afora. Sua contribuição mais importante são seus livros, incluindo as traduções e comentários do Bhagavad-Gita, Srimad-Bhagavatam e Chaitanya-charitamrita. Em 1972 fundou a Bhaktivedanta Book Trust (BBT) para publicar seus livros.

O que faz a mulher Hare Krishna?
(Por Karuna Dharini Devi Dasi)[410]

Moro há 25 anos em uma comunidade Hare Krishna, devotando toda a minha vida aos projetos e atividades do templo. De tempos em tempos, alguém me pergunta: "Como é a vida de uma mulher Hare Krishna? O que vocês fazem?".

---

410 Artigo originalmente publicado em *Back to Godhead* (*Volta ao Supremo*) – Revista fundada por Sua Divina Graça Srila Prabhupada no ano de 1944 e traduzido do inglês por Bhagavan Dasa.

As pessoas que perguntavam, provavelmente pensavam nos devotos homens, com suas vestes e cabeças raspadas, dançando pelas ruas e tocando tambores. Deve ser difícil incluir mulheres nessa imagem mental. Mas, de qualquer maneira, as mulheres da comunidade onde vivo se dedicam à missão de Srila Prabhupada com a mesma seriedade que seus colegas do sexo masculino. Gostaria, assim, de falar um pouco sobre algumas delas, para lançar alguma luz sobre a posição da mulher no movimento e me beneficiar glorificando minhas irmãs espirituais. Também ofereço este artigo à minha mãe.

Milhares de mulheres seguem os ensinamentos e práticas do Movimento Hare Krishna em diversos países no mundo. Algumas vivem próximas a templos e outras não, assim, suas vidas são um pouco diferentes. Na Índia, em especial, milhões de mulheres mantêm um altar em casa e ao mesmo tempo servem suas famílias.

Eu vivo em Los Angeles, onde a comunidade da ISKCON se chama New Dwarka. Passarei a reportar como as mulheres daqui levam suas vidas de forma consciente de Krishna.

Gunavati Devi Dasi desenha as roupas das deidades do templo (Rukmini-Dvarakadhisa, Gaura-Nitai, Jagannatha, Baladeva e Subhadra) e organiza as devotas que as costuram e, por fim, vestem as deidades. Em sete diferentes festivais ao longo de cada ano, novas roupas de seda, com ricos bordados, são oferecidas às deidades. Gunavati também veste e cozinha para elas. E vem oferecendo esse serviço de costura por 27 anos.

Tadit Devi Dasi é gerente da bem-sucedida loja de presentes Govinda, anexa ao templo. Desde que começou a administrar a loja em 1986, o lucro mais do que quadruplicou, o que tornou possível a realização de vários projetos da comunidade. Várias celebridades e *designers* visitam a loja. Para atender à demanda dos mais diversificados artigos e roupas devocionais, ela viaja para a Índia cinco vezes ao ano. É formada em moda e é esposa do presidente do templo, Svavasa Dasa.

Kriya Shakti Devi Dasi é responsável pela preservação dos quartos em que Srila Prabhupada morou no templo de Los Angeles. Ela aumentou a coleção de objetos pessoais de Srila Prabhupada e aprimorou sua preservação. É guia das inspiradoras visitas aos quartos de Sua Divina Graça e também organiza eventos ali em dias de festival, além de lecionar no templo, é líder do ashram das mulheres solteiras.

Narayani Devi Dasi mudou-se para o templo de Los Angeles em 1980, e, desde então, todos os dias projeta as cores e formatos e, então, começa a fazer cerca de 32 guirlandas para a adoração diária das deidades. Ela recebe os visitantes que ficarão na casa de hóspedes e organiza tudo para a estadia. Está sempre usando um sari da mesma cor da roupa que as deidades estiverem vestindo no dia – uma prática que, segundo ela, ajuda a lembrar das deidades ao longo do dia.

Divya Drsti Devi Dasi administra a Escola Dominical de New Dwarka, que recebe cerca de cinquenta empolgadas crianças divididas em quatro graus de instrução. Todos os anos, obtém todos os papéis e autorizações necessários para a execução do Rathayatra na praia de Venice. Ela e seu esposo, Bhagavata Akincina Dasa, organizam o festival de Rathayatra há pelo menos vinte anos. Também atua como parteira e já ajudou no nascimento de mais de duzentos bebês. Muitas das crianças que ajudou a nascer frequentam agora sua Escola Dominical.

Rambhoru Devi Dasi é doutoranda na Claremont Graduate School of Religion, onde faz um estudo comparativo entre Vaishnavismo e Cristianismo. Ela traz ao templo estudiosos do Vaishnavismo de todo o mundo, juntamente com seus respectivos orientadores. Recentemente, um grupo de jesuítas noviços da arquidiocese de Los Angeles veio ao templo com o Dr. Francis X. Clooney, padre e professor da Faculdade de Boston. De 2001 a 2004, Dr. Clooney trabalhou com os devotos da ISKCON como diretor acadêmico do Centro Oxford de Estudos Hinduístas. Um dos maiores eruditos do mundo na área de teologias comparadas, Dr. Clooney se tornaria professor titular das disciplinas Divindade e Estudos de Teologia Comparada na Harvard Divinity School, com efetivação prevista para os próximos meses. Também nesse grupo estava o Dr. Christopher Key Chapple, diretor do departamento de religião da Universidade de Loyola Marymount e autor de diversos livros famosos sobre Hinduísmo. Rambhoru considera estar na universidade um desafio que a faz refletir em como a mensagem de Prabhupada pode ser apresentada para que as pessoas a entendam e não encontrem dificuldades em aplicá-la de forma prática em suas vidas.

Isana Devi Dasi cuida de Tulasi, a planta favorita do Senhor Krishna, cujas folhas e flores são diariamente usadas em Sua adoração. É doutora em botânica e publicou um livro intitulado *The Art of Caring for Srimat Tulasi Devi* (sem tradução para o português). Isana faz estonteantes vestes de flores para as deidades usarem em dias de festival. Ela ajuda seu esposo, Ratna Bushana Dasa, a cozinhar para o Festival de Domingo. Isana também ajudou nos arranjos necessários para que fosse esculpida e instalada uma bela deidade nova de Vrnda Devi no templo da ISKCON situado a beira do Vrnda Kunda, próximo a Vrndavana, Índia.

Vaijayanti Devi Dasi é formada em letras, com foco em sânscrito. Ajudou na nova edição do *Bhagavad-Gita como ele é,* de Srila Prabhupada, publicado pela Bhaktivedanta Book Trust (BBT).

Theresa, de quase 70 anos, faz há quinze o buquê de flores colocado na mão da deidade de Rukmini Devi. Ela seleciona cuidadosamente cada flor para que combinem com o vestido de Rukmini Devi. Porque as deidades são vestidas com roupas novas de manhã e à tarde, ela faz quatorze buquês por semana.

Mahalaksmi Devi Dasi é vocalista do grupo de bhajan do templo de New Dwarka. O grupo se apresenta todos os finais de semana em escolas de ioga, feiras, encontros inter-religiosos, festivais variados, e até mesmo em aniversários e festas. Nandarani Devi Dasi trabalha como contadora do Buffet Govinda e faz guirlandas.

Algumas devotas solteiras que vivem no ashrama saem regularmente para distribuir livros de Srila Prabhupada, especialmente em faculdades. Elas armam uma banquinha no campus, e estudantes param para ouvir sobre tópicos espirituais como Bhakti-Yoga e reencarnação. Elas desfrutam de poder falar sobre a filosofia da consciência de Krishna, e muitos estudantes ficam ávidos por ouvir mais. Outras vestem as deidades, oferecem-lhes aratik, e cozinham para elas há anos, como Vidya, Deva Didhiti, Navina, Paurnamasi e Parijata.

Isso foi apenas um indício do que fazem as mulheres dentro do Movimento Hare Krishna. A maior parte das que descrevi servem a Krishna morando no templo. Mas o serviço não é limitado às atividades do templo. Milhares de mulheres ao redor do mundo, enquanto ocupadas em suas profissões e afazeres, mantêm Krishna como o centro de suas vidas. Essas mulheres – que podem viver dentro ou fora do templo – são grandes exemplos. Elas me fazem entender o significado de amor puro por Krishna.

Krishna ao centro e suas quatro expansões plenárias

Diferença entre religião e o processo da autorrealização
(Por Param Gati Swami)

A religião é um detalhe, por isso existem diferentes tipos para diferentes tipos de povos, diferentes métodos de acordo com eras. Mas o processo da autorrealização vai além de uma mera prática religiosa. Sem dúvida quando uma pessoa torna-se avançada espiritualmente, também desenvolve boas qualidades de uma pessoa religiosa como: veracidade, honestidade, transparência, perdão, humildade, limpeza, tolerância e entusiasmo. Essas qualidades supostamente devem ser desenvolvidas por uma pessoa que pratica uma religião. Krishna diz no Bhagavad-Gita que essas e outras qualidades também se desenvolvem em um praticante da autorrealização. Qual a diferença entre autorrealização e religião? A religião procura dar a pessoa certa piedade na vida dela. A expiação, por exemplo, cometer um ato horrível e logo depois vem um sentimento de culpa. Há, então, o desejo de expiar aquilo, de pedir perdão ou fazer alguma caridade. É um método que alivia sua consciência.

Ao passo que a verdadeira espiritualidade, a autorrealização, vai além disso tudo, implica em a pessoa conhecer sua verdadeira identidade, além desse corpo material, e não apenas pensar: "Eu sou católico, sou hindu, judeu etc.". Essa compreensão ainda é material. Agora entender que não sou este corpo, que sou eterno e possuo uma relação eterna com Deus é uma compreensão universal sem importar se a pessoa é cristã, muçulmana ou hindu. Somos almas espirituais. Krishna enfatiza esse ponto que nos livra das designações materiais. Há tantas guerras religiosas no mundo. Há guerra na Iugoslávia, na Irlanda, na Indonésia, na Índia com o Paquistão, muitas de fundo religioso. "Eu sou assim e não aceito outro tipo de coisa" – compreensão material. "Eu não sou este corpo, eu sou eterno" – compreensão espiritual. Assim, a pessoa aceita de uma forma muito mais ampla as outras práticas religiosas, ou místicas, esotéricas... Vai entender a posição de cada um, o porquê de a pessoa agir assim ou de outra forma, pois está trabalhando no processo da autorrealização que ultrapassa conceitos religiosos. A religião é benéfica assim como a dança, a terapia, uma ginástica, a psicanálise, sem dúvida nesse campo material é assim. A verdadeira compreensão espiritual também nos dá esses benefícios. A prática da autorrealização deve ser correta. O método deve ser praticado como ele é. Talvez haja a pretensão de obter o resultado praticando incorretamente e depois não se deve culpar o processo. Se um estudante não segue corretamente e, apesar disso, ele consegue um diploma pode ser que venha a criticar a universidade, mas foi sua culpa. A religião pode ser a novela de todos os dias, ou o cigarro, a cocaína, o sexo, o consumismo, o *shopping center*. Existem diferentes tipos de religião, de opção. O ponto mais importante é a autorrealização, pois não é necessário que a pessoa esteja miserável materialmente, doente, fraca psicologicamente para adotar a autorrealização, pois é um princípio aplicado a todos. Quanto mais uma pessoa é lúcida, mais vai entender a autorrealização. Vejamos, por exemplo, o fato de não matarmos os animais. Os vedas dizem que não precisamos matá-los para manter o corpo saudável. Isso é parte da autorrealização. Porém, há vegetarianos que não são espiritualistas, mas estão praticando um pouco de piedade em não matar os animais. Ser vegetariano não é o requisito mais importante para ser espiritualista. Existem muitos vegetarianos que cometem violência seja física, mental, verbal.

A autorrealização implica compreender aspectos de nossa vida, não é um mero aceitar de dogmas ou ameaças. "Olha, se você não aceitar, vai para o inferno". Não é esse tipo de coação. Por isso o Movimento para Consciência de Krishna propaga o cantar do maha-mantra, mas enfatiza o estudo. Srila Prabhupada dizia que o maior inimigo é a ignorância. Por ignorância não se compreende realmente Deus ou aproxima-se de Deus simplesmente pedindo coisas materiais. Pelo menos estão à procura de Deus. Sri Chaitanya Mahaprabhu dizia que o amor por Krishna já está no coração de todos e é apenas questão de ouvir a respeito de Krishna para que esse amor seja desperto e compreendido. Ao mesmo tempo o devoto quer fazer algo para Krishna e ajudar esse movimento que é repleto de atividades. Adoramos Radha-Krishna no altar, temos distribuição de alimentos... e todos podem fazer algo para Krishna e isso é benéfico para a pessoa. Krishna não precisa de nossos serviços.

Buscar uma religião porque está com problemas também é bom, melhor do que buscar refúgio nas drogas, por exemplo. Porém o ideal é compreender nossa relação de amor com Krishna.

Há um grupo de filósofos franceses contemporâneos que está escrevendo livros sobre o excessivo consumismo, a banalização de tudo, do sexo, da violência... De tudo. É uma loucura e ninguém ousa dizer nada porque estão presos em um mecanismo. Quem diz algo é tachado de careta, de radical. As pessoas ficam entregues. Os líderes religiosos devem ser uma fonte de inspiração. A autorrealização é um ponto de vista inteligente, prático, científico. Esta é a proposta dos vedas: dar essa compreensão e a perfeição desse processo é desenvolvermos amor puro por Krishna.

> *Simplesmente pedimos aos leitores de todas as nações que aceitem essa ciência de Krishna para o seu próprio bem, para o bem da sociedade e para o bem dos povos de todo o mundo.* (Srimad-Bhagavatam. Canto 1, livro 1, p. 3)

6.9 Egito Antigo – religião e civilização (Por Emília Santos Coutinho)

A antiguidade da religião egípcia explica por si mesma sua complexidade. A aparição de monumentos escritos no Vale do Nilo, datados aproximadamente de 3100 a.C, dá condições de precisar uma a uma as divindades pelas quais os romanos e egípcios construíram ou reconstruíram os templos egípcios 3.000 anos mais tarde. O fato mais notável da religião egípcia é certamente sua continuidade. Nas civilizações chamadas nagara, badariana, tasiana, perpetram as crenças mais primitivas assimiladas de geração a geração e transmitidas até os egípcios contemporâneos dos césares. A religião evoluiu tanto que passou a desempenhar na civilização egípcia um papel primordial. A afirmação de Heródoto de que os egípcios "são os povos mais escrupulosamente religiosos de todos", denota claramente a importância dada aos deuses do mais além.[411]

Apesar dessa religiosidade, tão rica em rituais e hinos, faltam textos de reflexão. Alguns textos sapienciais esclarecem sobre suas crenças. Poucos textos egípcios – para os quais a fragilidade dos papiros é fatal – chegaram a nós e os que refletem o pensamento profundo não são suficientes para preencher a lacuna.

Uma característica da religião egípcia é seu aspecto local. Existem, portanto, deuses principais de acordo com cada província. São 42 deuses principais, acompanhados de suas "esposas, companheiras" e de um deus criança, ou seja, mais ou menos 126 divindades para o conjunto de províncias, às quais é preciso juntar os deuses ou deusas adoradas nos outros santuários. Esse politeísmo de base é corrigido pelo fato de um mesmo deus poder ser adorado com diferentes nomes, embora cada um se distingua do outro, além do nome, por aspectos diferentes. Essa multiplicidade de deuses remonta à Pré-história, quando cada um tinha sua divindade particular que aparecia sobre os primeiros monumentos sob forma de planta, animal ou objeto. Entre essas representações figuram os falcões, nos quais é difícil não ver o deus Hórus. Em seguida aparece o touro, a vaca, a árvore, o cetro e essas insígnias são carregadas na cabeça nas guerras ou cerimônias.

As lutas que precederam a unificação do Egito modificaram a repartição das divindades primitivas: o deus de nome vencedor poderia se impor como divindade principal ao nome vencido. Ocorreram, então, no início da religião egípcia, influências que se podem classificar de políticas e que tiveram resultado duradouro sobre o caráter divino do rei. Isso sempre deixará um deus sobre a Terra, um Hórus vivo do qual se dirá, quando de sua morte, que "ele está voando para o céu"; ele será sempre designado sob o título de "Deus bom".

---

411 DUNAN, F. *Dieux et Hommes en Égypte*. Arman Colin, 1991.

Todas as concepções filosóficas e religiosas repousam sobre MAAT, em que se via um símbolo da Verdade e da Justiça, mas ela é muito mais que isso. Representada materialmente por uma deusa com uma pluma de avestruz na cabeça, ela representa a ideia típica que os reis fazem dos deuses. Ela é também e, principalmente, o símbolo da ordem universal desejada pelo Demiurgo da Criação. Essa ordem é precária, ameaçada permanentemente pelas forças do caos. Não obedecer a MAAT, não seguir a tradição que ela representa, é colocar em perigo todo o equilíbrio do mundo; e também arriscar o equilíbrio dos fenômenos que asseguram a vida no Egito; o despertar e o entardecer do sol, retorno periódico da inundação. Para que essa harmonia indispensável à vida seja mantida, é necessário que os homens e o faraó respeitem a ordem concebida pelos deuses e, entre outros, a piedade em relação às divindades e à justiça social, a verdadeira moral.

Os deuses do Egito

Quando o Cristianismo se expandiu no Vale do Nilo foi necessário traduzir para a língua do povo os textos revelados. Depois do século III de nossa era, os egípcios adquiriram o hábito de escrever sua língua em caracteres gregos, o que recebeu o nome de copto. Sabe-se muito bem que é muito difícil traduzir para a linguagem popular textos religiosos que utilizam concepções abstratas como a de deus único. Para o copto, não houve nenhuma dificuldade: naturalmente os tradutores coptos designaram Deus pela palavra *nute*, do egípcio antigo *neter*, que aparecia nos primeiros textos hieroglíficos. Como explicar que uma religião aparentemente politeísta, tivesse tido também, desde sua origem, uma concepçao abstrata, que se pode classificar de monoteísmo, da divindade?

Com efeito, para muitos, é necessário considerar os deuses do Egito, divindades, deuses locais e de grandes capitais como deuses de formas diversas: homem, mulher, gato, leão, chacal, falcão, abutre, touro, vaca, carneiro, escorpião, cobra, figueira (sicômoro), lótus, flechas etc. Todas essas divindades, apesar de seu aspecto animal, têm um aspecto humano. O antropomorfismo apareceu mais tarde e os artistas egípcios adaptaram harmoniosamente uma cabeça animal a um corpo masculino ou feminino. Quando a dificuldade se tornou maior, passaram a colocar o símbolo acima da cabeça, o que à primeira vista a distinguia: um feixe de flechas, para a deusa Neith, por exemplo; ou uma flor ou um botão de lótus, para Nefertoum.

À essa "humanização" geral das divindades corresponde, em profundidade, uma força divina indeterminada, impessoal, abstrata, aquela justamente que traduz a palavra *neter*, e que se reencontra entre todos. Quando se analisa os caracteres individuais de um deus, percebe-se que pertencem igualmente a outros deuses: o nome e o aspecto da divindade podem mudar de um santuário para outro, mas suas características divinas permanecem iguais. Existe, de fato, unidade de crenças; politeístas de forma, a religião dos egípcios tende ao monoteísmo de fundo, na qual a dificuldade a qual se detém todo bom tradutor, quando encontra o nome *neter*: deve compreender Deus (em maiúsculo), uma abstração, ou interpretar o "deus local", o deus pessoal do autor do texto? As duas traduções são frequentemente possíveis.

Cosmogonia

Os grandes conjuntos são as eneadas.

A tríade é um grupo imutável: pai, mãe, filho, a imagem da família humana. O exemplo mais conhecido é a tríade tebana composta de Amon, o deus pai, Mut, a deusa mãe e Khonsu, o deus criança. Esse agrupamento de base é, talvez, obra de teólogos, destinado a ligar os cultos frequentes de uma divindade ou de uma vila. Na Baixa Época, o nascimento do deus filho é comemorado sob a forma de "mistério" em um edifício especial, construído na proximidade do santuário principal, o Mammisi.

Os Pesedjet se apresentam como os mais antigos dos panteões egípcios. Segundo algumas lendas, esse panteão surgiu há mais de 7.000 anos, além da margem do Rio Nilo, próximo do nordeste da África e sincretizou-se com os pensamentos posteriores das religiões egípcias que conhecemos. Esse agrupamento, indiscutivelmente obra dos teólogos, é destinado à criação e organização do mundo, e mais às eneadas que aos grandes centros religiosos. O mais antigo é o Heliópolis, centro do culto do sol sob diversos aspectos, o sol levante (Khepri), o sol do meio-dia (Rá), o sol escondido (Atum). A eneada heliopolitana compreende: Atum, o demiurgo, suas crianças Shu (a atmosfera) e Tefnut (umidade), procriando Geb (terra) e Nut (o céu), dos quais saíram dois novos pares: Osíris/Ísis e Seth/Neftis.

Os teólogos de Heliópolis supõem que na origem do mundo existia o caos, massa líquida inerte, ou oceano primitivo, o Nun. O sol, Atum, saído do Nun por sua própria vontade, coloca-se sobre uma colina, a Colina Primitiva, e eleva-se em Heliópolis, sobre a pedra Benben que servirá de modelo aos futuros obeliscos. Masturbando-se ou cuspindo, Atum tira de sua própria substância o par divino, Shu e Tefnut, de onde sairão as outras famílias de eneada.

O capítulo novo, na mentalidade egípcia, é o símbolo da universalidade: os novos deuses primordiais correspondem aos nove arcos, agrupados o Egito e os países estrangeiros que constituem o universo humano.

Em Heliópolis, a eneada não foi suficiente para agrupar a totalidade das divindades adoradas no santuário, assim, criam ao lado da Grande Eneada saída de Atum uma secundária para as divindades menores. Por outro lado, nas outras cidades, o clero não conseguiu reunir senão nove deuses. Em Hermópolis, os sacerdotes imaginaram uma ogdoda, grupo de quatro pares simbolizando os elementos do caos inicial: oito deuses, representados com cabeça de rã (deuses) e com cabeça de serpente (deusas) habitam o oceano primordial e criam um ovo que depositaram sobre um monte, em Hermópolis, de onde saiu o sol que cria o mundo atual.

Como cada deus da capital tende à universalidade, todos os grandes centros políticos do Egito terão sua eneada, ou um sistema cosmogônico elaborado pelos teólogos do santuário da cidade. Em Mênfis, o demiurgo é o deus Ptah que, pelo pensamento e o verbo criador, suscita outras oito divindades universais.

Como se vê, todas essas cosmogonias compartilham a crença em um caos primordial líquido, de onde sai o universo organizado pela intervenção do demiurgo e segundo as modalidades próprias a cada sistema. Pergunta-se se essa concepção de base, de um oceano primitivo de onde saiu a Terra, não tinha senão uma origem material na visão que tiveram os habitantes do Vale do Nilo da Terra emergindo pouco a pouco de extensão líquida devido à inundação. Qualquer que seja, essas cosmogonias são criações abstratas que tentam colocar em ordem o mundo complexo dos deuses locais.

Lendas

Paralelamente a essas criações teológicas, existiam outras correntes de pensamento, de tendência sincrética entre eles e que se encontram condensadas naquilo a que se chama de lendas ou mitos. Essas lendas se apoiam sobre crenças populares e permitem se aproximar mais e mais da religião real do Egito. As lendas não são conhecidas senão nos textos de Baixa Época; elas refletem, entretanto, crenças mais antigas, o que se prova nas alusões feitas e relatadas nos textos religiosos dos períodos anteriores. Elas são mais numerosas, mas podem se classificar em três ciclos: as lendas do ciclo solar, as do ciclo horiano e as do osiriano.

Ciclo solar – as lendas solares se ligam à teologia heliopolitana que deu nascimento à grande eneada de Heliópolis. Um, entre outros, Rá, o deus sol, tornou-se velho, e está exposto a um complô de homens. Sob o conselho de sua eneada, Rá decide se dirigir contra aquele seu "olho", que toma a forma da deusa Hathor sob o aspecto de uma leoa que massacra os rebeldes refugiados no deserto. Quando Rá julga que a matança havia terminado, aproveita o sonho da leoa divina para espalhar um líquido inebriante, cor de sangue. Hathor prova o líquido, inebria-se e esquece a perseguição. Rá, desgostoso da Humanidade, recusa doravante se ocupar de sua conduta. Seus sucessores, Shu e Geb, vão então conhecer as dificuldades que a lenda projeta.

Ciclo horiano – as lendas do ciclo horiano se mesclam estreitamente com as do ciclo solar e as do ciclo osiriano. Originalmente, Hórus, deus do céu, sem dúvida o mais antigo deus do Egito, era distinto do sol, mas ele foi "agarrado" por um lado pelos teólogos de Heliópolis que o subordinaram a Atum-Rá, e por outro lado o confundiram com um outro Hórus, filho de Osíris. A mistura dos três ciclos fornece resultados desconcertantes. É assim que na Lenda do Olho de Hórus, este procura seu inimigo Seth, assassino de Osíris, mas não por seu olho, o olho Oudjat que Seth havia arrancado, mas pelo de seu pai, Rá. No mesmo Mito de Hórus contado no templo de Edfou, a luta entre Hórus e Seth é mantida por Hórus, não em seu benefício, mas por Rá.

Ciclo osiriano – as lendas do ciclo osiriano mesclam com frequência as divindades dos dois ciclos precedentes, sendo mais próximas da história que do mito. O esboço é simples: Osíris é um rei que é assassinado por seu irmão Seth. A esposa de Osíris, hábil mágica, obtém um filho póstumo de seu esposo, a quem chama de Hórus, filho de Ísis, para que seja distinguido de Hórus celeste, ou Hórus, o ancião. Então, o filho de Ísis torna-se adulto e empreende uma luta contra seu tio Seth. Após muitas peripécias, vence e toma a herança de seu pai Osíris, ou seja, toma a soberania do Egito. Nesse caso, Hórus é o antepassado de todos os faraós históricos como indica o nome sob o qual estes são frequentemente designados: Cheops, por exemplo, chama-se Hórus Ouser-ib (o Hórus "poderoso de coração") e Sesóstris II, o Hórus "Seshemou-Taouy" (o Hórus "condutor do Egito").

Como deus, Osíris é desde a mais alta época reconhecido como uma das grandes divindades do Egito, mas também é o deus local de Busiris, no Delta, sendo sempre, em ambos os casos, representado sob a forma humana. Vê-se no mito uma "fábula" religiosa de eventos históricos que seriam produtos anteriores à unificação do Egito pelo primeiro faraó conhecido, mais ou menos no ano 3200 a.C.[412]

O Egito teria sido dividido em dois reinos, ou duas federações de províncias, uma governada por Seth, (sul) e a outra (norte) por Osíris. No primeiro episódio, as lutas entre reis teriam terminado com a vitória de Seth, que a lenda representa como irmão de Osíris, deus civilizador, ciumento do sucesso. Com a ajuda de aliados fiéis a seu pai, Hórus, filho de Osíris, teria em uma segunda fase reconquistado seu próprio reino, e no decorrer da luta, derrota Seth, no Sul, tornando-se assim o primeiro rei de um Egito unificado. Seth é expulso das fronteiras do país e torna-se o deus do deserto e dos países estrangeiros: nessa época seria assimilado ao Baal asiático.

Qualquer que seja a explicação racional do mito, a lenda de Osíris desempenha grande papel na religião do Egito. Osíris e sua esposa Ísis tornaram-se os deuses mais populares, e sabe-se que seu culto se expandiria, na Antiguidade Clássica, para além das fronteiras do Egito. A popularidade de Ísis no Império Romano deve ser assinalada além do mito osiriano. Plutarco, no século I de nossa era, lhe consagra um tratado completo, o *De Iside et Osiride*, no qual reúne todos os conhecimentos que pôde excluir sobre a lenda de Osíris. A autenticidade de seu relato é confirmada por numerosas alusões aos textos antigos,

412 PIRENNE, J. *Histoire de la Civilization de l'Égypte Ancienne*, vol. 3, Neuchâtel-Paris, 1961-1963.

tirados também dos Textos das Pirâmides, muito mais que dos relatos mais recentes.

Osíris é filho de Nut, deusa do Céu condenada à esterilidade por Rá, mas graças a Thoth, que burla a maldição e inventa cinco dias "a mais" no ano, não previstos por Rá em sua condenação, é permitido a Nut colocar no mundo cinco crianças, uma por dia: Osíris, o primogênito, Haroeris (Hórus, o Ancião), Seth, Ísis e Nephtis (Neftis). Adulto, Osíris sucede seu pai Geb. Ajudado por sua irmã e esposa Ísis, ensina aos homens a respeito dos deuses, da agricultura e da ordem universal (MAAT). Thoth, por sua vez, o deus de Hermópolis, torna-se seguidor de Osíris, que inicia a Humanidade nas artes e letras. Seth, irmão zeloso de Osíris, convida-o para um banquete onde, com a ajuda de seguidores, consegue colocar Osíris em um cofre e lançá-lo ao mar. Ísis parte em busca de seu esposo. Esta é a primeira conquista de Ísis, que encontra o cadáver de Osíris na corte fenícia, onde uma árvore (sicômoro, figueira) protegeu-o, segurando o cofre.

Com a ajuda do rei de Biblos, Ísis consegue o cadáver de Osíris e o leva para o Egito. Plutarco para o relato. Sabe-se (ou supõe-se) que, graças à magia, Ísis por um momento consegue reanimar o corpo do marido. Dessa união póstuma nasce Hórus, a criança, e Ísis se refugia com seu filho no Delta em Chemnis. Seth encontra o cofre, separa o corpo do irmão em quatorze partes e as distribui por vários lugares. Ísis parte novamente em busca dos membros de seu esposo e, em sua segunda conquista, ela os encontra, exceto a parte que havia sido devorada por um peixe. Hórus, o filho, nessa época já estava em idade de combate e desafia seu tio Seth. Após uma longa luta, vence e faz com que os outros deuses reconheçam a herança de seu pai.

Além das cosmogonias e dos mitos

Cosmogonias e mitos colocam em cena os principais deuses do Egito e procuram, de maneira arbitrária, agrupá-los e uni-los por laços familiares. Contudo, certas divindades, até mesmo as mais importantes, desempenham papel que poderíamos situar como secundário nas histórias e nos textos.

Amon – o maior santuário do Egito, o templo de Karnak é dedicado a ele. Figura entre os deuses da Ogdóade de Hermópolis e aparece tardiamente (2000 a.C) entre os grandes do Egito. Deve seu lugar na religião egípcia ao sucesso político dos soberanos de origem tebana, aos faraós da XII dinastia e aos da XVIII. É representado sob a forma humana, algumas vezes com a cabeça de carneiro. Seu clero, que no Novo Império é o mais poderoso do Egito e o assimila ao deus Rá, sob a forma sintética de Amon-Rá, rei dos deuses. Na medida em que se afirmou no poder de Thebas, adquire caráter solar ao ponto de tomar o nome de Amon-Rá e de se apropriar da maior parte dos símbolos de poder supremo do deus solar.

Amon-Rá – foi um grande deus dinástico do Egito no Novo Império (1570 a.C). Com o passar do tempo, as crenças religiosas egípcias foram sofrendo sincretismos e modificações pelos sacerdotes de Helió-polis que atribuíram ao culto de Rá mais um ingrediente. Daí surge uma combinação entre os dois deuses mais importantes do império egípcio que ficou denominada como Amon-Rá, protetor dos faraós. A junção de Amon-Rá traz o significado de culto ao sol (Amon = culto, e Rá = sol). Entre as crenças egípcias, o culto ao deus Sol se sobressaiu, pois teve durabilidade de vinte séculos como culto oficial durante a monarquia faraônica.[413]

Anúbis – o ciclo osiriano o associa a Ísis em suas "conquistas", é um deus muito antigo, deus cachorro, que foi, antes de Osíris, o deus funerário por excelência. Enquanto Osíris se tornou o patrono dos mortos e das necrópoles, Anúbis é o dos embalsadores. Ele é que mumifica o cadáver de Osíris e é também o guardião dos túmulos.

Aton – o disco solar, é a mais velha palavra hieroglífica. Ele designa aquele que se tornou deus desde a regência de Amenophis II, o deus principal do Egito sob Amenofis IV, que toma o nome de Akhenaton e constroi para ele uma capital no Médio Egito, Tell El (atual Amarna). Durante 20 anos, o que chamou de "cisma" atoniano, suplanta o deus Amon-Rá. Independente do que seja dito, a doutrina atoniana não foi monoteísta após as especulações dos teólogos de Heliópolis e de Hermópolis; outros deuses continuaram a ser adorados com a morte de Akenaton. Um pouco antes disso, o culto de Amon de Karnak foi restaurado.

413 ARRUDA, J. J. de A. "O Egito Antigo: organização social, religiosa e cultural". Em: *História integrada: da pré-história ao fim do império romano*. 4 ed. São Paulo: Ática, 1996, pp. 40-47.

A ideia expressa no Hino de Aton criou uma fé verdadeira e entusiasta nos habitantes do país. A religião de Aton não acreditava na ideia de vida eterna após a morte. Era uma religião de reconforto. A propagação do deus único teve por consequência, ordenada pelo rei, o fechamento dos outros templos em todo o país, e Amon, que sob os predecessores de Akhenaton havia sido elevado ao nível de rei dos deuses, foi objeto de uma perseguição fanática, expandindo-se por todo o país. O clero destituído não fez nada para atenuar. Os historiadores têm evidentemente tentado explicar a ação revolucionária ou "reformadora" de Akhenaton. A opinião mais aceita diz que teria atraído as consequências de uma crise encoberta entre a família real e os sacerdotes de Amon e o clero. Perseguindo Amon, teria dado uma nova liberdade ao movimento real. Não possuímos informação da vida de Akhneton após 17 anos de reinado. Ignoramos como morreu Nefertite, sua esposa. Com Toutankhamon, os nomes de Aton e Akhenaton desapareceram de todos os monumentos.

Trata-se de uma bela história como um conto que se desenvolveu durante 36 séculos. Esse homem ousa afrontar os deuses ancestrais para impor um deus único. Foi uma história de amor e enfim um drama político. Dessa aventura, o Egito saiu enfraquecido. Akhenaton foi um rei visionário, mas mais preocupado com o misticismo do que com perseguir a obra de conquista de seus pais. Faraó, místico e poeta, sua revolução deveria marcar o início da decadência do Egito Antigo, que teve um breve sobressalto de glória sob Seth I e Ramsés II, depois sob Ramsés III, antes de ser tributado pelos estrangeiros.

Outras divindades que de início tiveram um culto regional e depois passaram a ser cultuadas nacionalmente foram os protetores dos faraós, tais como Khonsu, deus da lua, filho de Amon e Mut que representava a origem, a placenta do faraó; Mut, deusa mãe e abutre, esposa de Amon; Bastet, onde o fetiche primitivo era o gato doméstico; e finalmente Neith, divindade com arco e flechas cruzadas.

Bastet – deusa gata que apareceu tardiamente. É a matrona de Bubastis e ganha importância sob o reino dos faraós da XXII dinastia, originários desta vila. Nos mitos, era considerada a hipóstase (união do verbo com a natureza divina – substância única – teologia) do olho do sol, filha de Rá, a temível leoa. Apaziguada por Onuris, será transformada em Bastet.

Bés – mais gênio que deus, é representado sob a aparência de um anão disforme. Protege os homens contra o mal e cuida das grávidas. Associada à deusa Hathor, conhecida desde a época predinástica. Adorada em inúmeras províncias, onde é representada como a deusa com cabeça de vaca ou simplesmente como uma vaca. Ela aparece em numerosas lendas, nas quais é frequentemente identificada como Ísis.

Hathor – deusa da alegria e do amor, é também a patrona da Montanha dos Mortos e desempenha um papel cósmico. Vê-se também como a patrona dos países longínquos, entre eles do Sinai, onde teve um templo. Seu santuário principal é em Dendera, ao norte de Thebas.[414]

Hórus – designa vários deuses. É, em sua origem, deus celeste representado sob a forma de um falcão de "plumas de cores variadas", cujos olhos são o sol e a lua. Aparece tarde na iconografia egípcia. Senhor de Hierakonpolis, ele aproveita, utiliza o papel político dos reis dessa vila, a aurora da história, tornando-se o deus dinástico. Incluso no ciclo osiriano, é identificado com o filho de Osíris, Hórus, a criança, a qual os deuses tornaram Harpócrates, deus popular na Baixa Época, representado sob o título de criança com um dedo na boca.

Khnum – homem de cabeça de carneiro, é também um deus muito antigo, adorado em numerosas vilas. Deus ceramista, é aquele que modela toda a Criação, e que modela sobre seu turno a criança real e seu ka (princípio de energia vital). Ele é, como todos os deuses, associado a Rá sob a forma de Khnum – Rá. Enfim, é em Elefantina o guardião dos "recursos" da inundação.

Min – deus dos coptos, é representado sob a forma humana itifálica; sua existência é atestada desde a mais alta época. De cor negra, símbolo de renascimento, é o deus da procriação. Seu animal é um touro branco. No Novo Império, ele é assimilado a Amon sob a forma de Amon-Min. Ele protege as rotas do deserto de coptos em direção ao Mar Vermelho. Sua festa, uma das mais antigas do Egito, é associada à realeza e abre o Tempo das Monções.

Montu – deus falcão, parece ter precedido Amon em Tebas; foi adorado em Hermonthis. Patrono da XI dinastia, de origem tebana, seu animal sagrado era o touro Boukhis. É essencialmente um deus da guerra.

---

414 SAUNERON, S. *Les Prêtes de l'Ancienne Égipte*, Paris, 1957, ed. rev. Persea, 1988.

Mut – deusa abutre, esposa de Amon e divindade local de Isherou depois de Karnak, compartilha a fortuna de seu esposo divino e torna-se a deusa protetora dos reinos.

Nekbet – também é deusa abutre, mas muito mais antiga. Patrona de El Kab, presidiu os destinos monárquicos desde a pré-dinastia e, sob esse título, é com Quadjet, a deusa cobra do Delta, a deusa protetora do faraó.

Neftis – irmã de Osíris e de Ísis, esposa de Seth, é associada ao culto funerário como protetora da morte. Apesar de ser "esposa" de Seth, toma partido de Osíris e seu nome muda para Nebhet, que poderia ser traduzido por "A Dama da Casa", se referindo sem dúvida ao palácio de Osíris. Como esposa de Seth, não tem nenhuma descendência oficial. Mas a lenda conta que queria inebriar Osíris e se disfarçar de Ísis, a fim de o seduzir. O fruto dessa união foi Anúbis, mas temendo Seth, abandona a criança. Após ter deixado seu esposo que havia matado Osíris, junta-se a Ísis e lhe revela o segredo sobre o nascimento de Anúbis. Ísis encontra a criança às margens do Delta e o adota. Como irmã de Ísis, tem reputação de proteger os mortos.

Upuaut – deus cachorro, mestre de Assiut, foi associado aos ciclos solar e osiriano. É o que guia o barco de Osíris, enquanto dos mistérios de Abydos. Estritamente ligado a Anúbis e algumas vezes confundido com ele. Seu nome significa "abridor de caminhos". Fazia parte dos deuses que acompanhavam Auf-Re fora de seu curso através do mundo do lado de lá: em cima da proa de embarcação. Mas era principalmente conhecido por ser "abridor de caminhos" do Ocidente, ou seja, indicando aos mortos o caminho em direção a outro mundo.

Sekhmet – deusa leoa, teve numerosos santuários, sendo o principal em Mênfis. Esposa de Ptah e mãe de Nefertum, associado ao culto solar, portanto, a hipóstase do olho de Rá; é uma deusa sanguinária, mas que sabe também guerrear, ainda que seus sacerdotes fossem médicos e veterinários.

Sobek – deus crocodilho, mestre de Fayoum, adorado em numerosas vilas. Assimilado a Rá, tornou-se Sobek-Rá.

Sokaris – deus local da região menfita, assim como Ptah, com que foi associado. É visto como um deus dos mortos e também foi assimilado a Osíris.

Culto dos animais

Além dos deuses antropomórficos, a religião egípcia se carateriza pelo culto dos animais, que tem muito dos antigos. Diodore notava com estupefação que mesmo em época de fome, os egípcios preferem se devorar entre eles que comer os animais sagrados.

Esse culto remonta à mais alta Antiguidade: encontram-se cemitérios de gatos, touros, carneiros e gazelas que datam dos badarianos, anteriores às primeiras dinastias. Nesse culto, temos que distinguir os animais sagrados simplesmente associados aos deuses locais: os gatos, por exemplo, em Cynipolis e Assiut, ou os cachorros em Bubastis e os verdadeiros animais sagrados, receptáculos da alma de um deus, como o touro Ápis representando Ptah na Terra. Os primeiros reverenciados em um nome dado, e os outros clássicos notaram com destaque que um animal protegido e venerado em uma província poderia ser comido impunemente em outra província vizinha.

O verdadeiro animal sagrado é o próprio deus vivo, ele não existe senão no templo, escolhido pelos sacerdotes segundo as características imutáveis: pelagem, forma dos chifres etc. Quando morria, o clero procura outro animal no qual o deus reencarnou. É o caso dos touros sagrados: Boukhis em Hermonthis, Mnevis em Heliópolis, Ápis em Mênfis, ou as vacas de Atfieh (Afroditópolis) e de Dendera. Mortos, esses animais são enterrados com o mesmo cerimonial que os humanos, acompanhados de ritos funerários e se tornam Osíris; vivos, recebem o mesmo culto que a estátua do deus principal do santuário. A propósito de um verdadeiro animal divino, Heródoto notou um crocodilo domesticado que usava joias.

Toda a fauna viva no Egito foi considerada sagrada, aqui ou lá, e seria mais fácil enumerar os que não foram consagrados do que os que foram. O culto aos animais sagrados teve um sucesso extraordinário na Baixa Época.

Para terminar o estudo dos deuses egípcios, é preciso mencionar alguns homens que foram divinizados após sua morte. O fato é raro, mas, notadamente, Imhotep, favorito do rei Djeser da III dinastia, tornou-se um deus guerreiro, conhecido como Imuthes pelos gregos. Era representado na forma de um homem jovem, sentado em um papiro aberto sobre os joelhos. Nessa mesma linha, Amenófis, filho de Hapu, vizir e arquiteto de Amenófis III, foi divinizado e um templo lhe foi consagrado.

O clero

O clero comporta toda uma hierarquia, composta pelo grande sacerdote, ou Primeiro Profeta, até o mais simples sacerdote purificador, passando pelo sacerdote leitor, os segundos e terceiros "servidores do deus", ou os "pais divinos". Esse clero forma uma casta à parte, e pode--se acumular uma função civil com a do serviço religioso. Agrupados em quatro classes, ou Phylé, os sacerdotes oficiavam cada um durante um mês. Cada sacerdote, então, não oficiava mais que três meses por ano.

A obrigação mais estrita do sacerdote é a pureza corporal. Tinha a obrigação de fazer abluções duas vezes de dia e duas vezes à noite. Ele deve estar barbeado e ser circuncidado. Durante seu período de serviço, deve abster-se de relações sexuais e respeitar as regras alimentares ou religiosas de seu Deus. Heródoto assinala que eles deviam vestir-se somente com tecido de linho puro; a lã e o couro não eram permitidos. Além dos atributos mencionados, deveriam também possuir os conhecimentos necessários para o exercício da função.

No Egito, era costume o filho seguir a profissão do pai e com os sacerdotes isso também acontecia. Algumas vezes, o cargo também poderia ser comprado, e o Faraó tinha o direito de colocar, não importava em que templo, quem desejasse. O poder do rei resultava do fato que o culto divino é sempre acompanhado pelo rei mesmo, o sacerdote não é mais que seu representante e de seu deus.

Efetivamente, a harmonia do mundo (MAAT) repousa em grande parte sobre o faraó, que é encarregado de manter a paz mundial. Sob esse ponto de vista, o templo é um microcosmo à imagem do mundo: seu sol é a terra, seu teto ornado de estrelas é o céu, o deus que o habita é o demiurgo indispensável à permanência da Criação sempre ameaçada pelas poderosas forças destrutivas do caos inicial. Isso explica porque o culto diário é sempre o mesmo, qualquer que seja a divindade. Trata-se de manter em boa saúde o deus que habita física e materialmente o santuário, em sua estátua e sob a forma de animal.

Culto

Na aurora, os sacerdotes abrem o templo, casa de deus, e preparam a comida destinada à divindade. Depois, o sacerdote mais elevado em grau abre o nous ou tabernáculo, no qual se encontram as estátuas do culto, geralmente em ouro. O ritual é acompanhado de cantos e recitações. As oferendas não utilizadas pelo deus são transferidas aos deuses secundários, algumas vezes diante da estátua do rei ou de particulares que obtiveram, por favor real ou por um contrato com o clero, o privilégio de colocar uma estátua pessoal no interior do santuário. Ao meio-dia, a estátua divina recebe libações, fumigações de incensos e aspersões. À noite, quando o sol se esconde, o serviço da manhã se repete. Em seguida, a estátua do deus é recolocada no fundo do naos que é trancado e selado até o dia seguinte.

Nos dias de festa, a liturgia comporta um serviço acompanhado com frequência pela "saída" do deus. A estátua divina é então depositada no naos sob um modelo de barco, que os sacerdotes carregam sob um palanque. O cortejo faz um circuito no interior do recinto, fora do santuário propriamente dito, e a multidão é então admitida e pode fazer os pedidos ao deus, que responde através dos sacerdotes.

O culto tem por objetivo principal proteger o deus, mantê-lo em perfeita saúde e permitir-lhe cumprir sua missão na Terra, ou seja, não somente bem cuidado e assegurado pelos homens que o adoram, mas também de participar da manutenção de MAAT, a ordem universal. Para conseguir esse resultado, é necessário que o ritual se realize no momento exato previsto pelos textos. Também, os sacerdotes encarregados das horas, sacerdotes-horários, determinavam a hora precisa das cerimônias observando a saída e a entrada das estrelas e dos astros.

Os maiores santuários egípcios são os de Abydos, do rei Osíris, Heliópolis, do deus Rá, Hermópolis, para Thoth, Karnak para Amon e Mênfis para Ptah. Outros santuários não menos importantes são os da deusa Hathor, em Dendera, Hórus em Edfou, Nekhbet em El Kab, de Khnum em Esneb e Elefantina, Sobek e Haroeris (Hórus Antigo) em Kom Ombo, Ísis em Philac. Muitos desses santuários foram aumentados e inteiramente reconstruídos na época ptolomaica.

Religião egípcia

Os egípcios sempre acreditaram na sobrevivência da alma após a morte. Desde o neolítico os cadáveres eram enterrados perto das casas. Eram alimentados e possuíam mobiliário funerário, porque continuavam a pertencer ao mundo dos vivos, e possuíam as mesmas necessidades que os vivos. Essas práticas se perpetuaram até que os túmulos fossem retirados da Vila para serem agrupados em cemitérios nas vizinhanças.

Na época histórica, os tetos fazem menção à mais antiga religião funerária que parece ter sido, por sua vez, ctônica e estelar. Os corpos continuavam a viver no sol, onde havia necessidade de provisões e mobiliários, e um princípio espiritual (ou vários) liberado pela morte continuava com uma vida eterna nas estrelas fixas onde fazia parte do séquito do rei morto, que era unido ao sol.

A concepção da personalidade

A complexidade da religião funerária resulta da concepção egípcia da personalidade humana, e embora essa concepção tenha evoluído no curso dos séculos, jamais as crenças novas obstruíram completamente as antigas. A personalidade humana, no Egito, compreende, associados ao corpo, não um, mas vários princípios espirituais. Em certa medida, alguns são liberados pela morte, guardando laços com o cadáver que continua a viver no mundo subterrâneo. Essa crença em uma pluralidade de almas é totalmente ancorada no espírito do Egito que, no momento da penetração do Cristianismo, não encontraram palavra na sua língua para traduzir o conceito de alma segundo a nova religião. Eles usaram então o nome grego para designar algum dos princípios espirituais que conheciam. Nós sentimos, em sentido inverso, a mesma dificuldade para entender a significação real das diversas entidades que compõem a personalidade egípcia. Todo egípcio possuía mais que um corpo material (Djet):

Akh – princípio imortal que, após a morte, é espírito, no sentido de fantasma. Os coptos viam o "demon", sem dúvida, no sentido grego. O Akh é também a força divina, e é representado por um íbis.

Originalmente, somente os reis e os deuses possuíam Akh, e pela evolução os simples mortais também foram sendo dotados.

Ba – princípio espiritual que consegue sua liberdade após a morte. Ele é simbolizado por um pássaro com cabeça humana. É o mais independente dos princípios espirituais em relação ao suporte material que é o corpo.

Ka – Princípio mais difícil de se definir. Descrito como a energia vital ou a força que mantém a vida. A expressão "passar a seu Ka", que significa morrer, parecia indicar que este princípio conduz, leva a uma existência independente durante a sua vida na Terra. Ainda que, segundo a iconografia, ele seja elaborado e formatado ao mesmo tempo que o corpo (djet), é ao Ka que são dirigidas as oferendas alimentares. Os sacerdotes funerários são chamados de "servidores do Ka". Para se perpetuar o Ka é necessário um suporte e sua imagem gravada ou pintada.

Além do Akh, Ba, e do Ka, a personalidade comporta ainda o Shouyt, uma sombra que possuía igualmente os deuses. Enfim, o nome do indivíduo é vivo. É suficiente o pronunciar ou evocar após a morte, para perpetuar a existência daquele que o carrega. Outros aspectos a considerar:

A mumificação, a instalação do túmulo e o fornecimento de móveis e alimentação para manter a vida após a morte não são mais do que aspectos do culto funerário. É preciso também colocar à disposição do morto os meios de se defender dos perigos que existem do lado de lá que o possibilitam morrer pela segunda vez, morte essa que não tem recurso. Essa proteção é assegurada pelo conjunto de Textos Funerários. Compostos inicialmente para uso exclusivo dos reis, eles foram progressivamente adaptados para o vulgar, seguindo um processo que foi chamado de democratização dos ritos funerários. Deviam em sua origem real misturar, com frequência de maneira inextrincável, duas concepções diferentes do lado de lá, uma ctônica ligada a Osíris, a outra celeste ligada a Rá.

Osíris ressuscitado torna-se o soberano dos mortos, o chefe dos ocidentais. Seu reinado subterrâneo é a imagem do Egito: ele compreende os campos onde é preciso irrigar, cultivar, adubar; os mortos estão encarregados desse trabalho. Faraó morto não estava isento dessas funções, assim como os textos funerários reais preferem lhes referir

a uma outra concepção do lado de lá, que admite que as almas se juntam no barco do sol no seu curso celeste: o rei, filho de Rá, nascerá como
homem, ou será purificado junto a seu pai. Os rituais lhe fornecem vários
meios para fazer isso, notadamente, a pirâmide fornece uma escada
para atingir o céu; quando as verdadeiras pirâmides figuram um raio
solar, permitem ao faraó se juntar ao astro rei.

As duas concepções aparecem, não sem conflito, nos mais antigos
textos funerários conhecidos, os Textos das Pirâmides, gravados sobre
as paredes das câmaras sepulcrais dos reis do fim da V e depois da VI
dinastia. Esses textos constituem um conjunto de receitas mágicas que
permitem ao rei se proteger de todos os perigos do outro mundo e participar eternamente da gloriosa navegação do barco solar. Para conciliar
as concepções solar e ctônica, admite-se que, no crepúsculo, a barca
solar desce no outro mundo onde percorre o reino de Osíris sobre o Nilo
Baixo. Múltiplos perigos ameaçam o curso dessa navegação noturna, e o
texto fornece os encantamentos necessários para os suplantar.[415]

Destinados de início ao rei somente, essas fórmulas foram usur-
padas pelos mortos ordinários e passaram aos Textos dos Sarcófagos,
pintados sobre as paredes dos caixões do Médio Império, depois no
Livro dos Mortos, que a partir do Novo Império é depositado na cova
dos mortos que o poderiam adquirir. O Livro dos Mortos recolheu não
somente um grande número de fórmulas elaboradas no Texto das Pirâmides e o Texto dos Sarcófagos, mas também muitas das receitas mágicas de origem diversa, destinadas a facilitar a vida no outro mundo.
Entre as mais características estão as fórmulas ditas de "sair do dia"
que deviam procurar o defunto para se libertar na possibilidade de sair
de seu túmulo para se dirigir ao exterior.

Vocabulário:

Nous (morada dos deuses) – santuário ou tabernáculo onde está localizada a estátua de uma divindade fabricada geralmente de madeira ou
pedra dura. Era colocado no templo ou nos túmulos. Fixavam as datas
das diferentes cerimônias.

Hemerologia – estudo dos dias nefastos e dos propícios.

---

415 Fonte: universalis.fr/encyclopedie/egipte_antique-civilisation-la-re

Djet – designa o envoltório carnal do homem. Sua integridade deve ser preservada após a morte, o que explica os ritos de mumificação. Está na composição do ser. Estudavam e aprofundavam os escritos estabelecidos pelos escribas da "casa da vida". Escritos relativos a: estrelas, movimentos da lua, planetas, os infatigáveis (Júpiter, Saturno, Mercúrio, Vênus, Marte), os indestrutíveis (Ikhémou-Sek). Determinam os aspectos positivos e negativos de diferentes momentos do ano. Qualquer época é sempre questão de interpretação.

6.10 Judaísmo

Bereshit (Gênesis): 1(*)

Os deuses são mitos simbolicamente divinizados. (MARQUES, 2011)

Deus assiste na congregação divina; no meio dos deuses, estabelece seu julgamento. (Salmos, 82:1)

---

* É importante notar que a palavra Elohin quando aparece no Antigo Testamento e está associada ao Deus Judeu, para alguns estudiosos e a própria cultura judaica atual, é singular e trata-se de um dos nomes de Deus. Quando esta mesma palavra aparece no texto bíblico associada às outras culturas, é lida e interpretada em conotação plural para designar os vários deuses cultuados por estes. Essa explicação está mais para justificar o monoteísmo judaico, mesmo que para isso seja preciso "inventar" saídas, afirmando ser o mesmo um dos nomes para Deus, negando desta forma a pluralidade de deuses existentes no movimento judaico antigo. Essa mesma mascaração monoteísta aparece quando afirma-se que Deus possuía 72 nomes, em vez de ser os 72 deuses das tribos judaicas antigas.

Os filósofos e pensadores religiosos antigos do Judaísmo, antes da construção do primeiro templo por Salomão, não acreditavam que seu Deus pudesse habitar templos feitos por mãos humanas.

> *Assim diz o Senhor: O Céu é o meu trono, e a Terra, o estrado dos meus pés; que casa me edificareis vós? E qual é o lugar do meu repouso?* (Isaías, 66:1)

> *No entanto, quem seria capaz de lhe edificar a casa, visto que os céus e até os céus dos céus o não podem conter? E quem sou eu para lhe edificar a casa, se não para queimar incenso perante ele?* (2 Crônicas, 2:6)

> *Mas, de fato, habitaria Deus na Terra? Eis que os céus e até o céu dos céus não te podem conter, quanto menos essa casa que eu edifiquei.* (1 Reis, 8:27)

Não raras vezes observamos pessoas afirmando serem monoteístas ao mesmo tempo em que acreditam em uma força intermediária diabólica como oponente ao seu deus criador e onipotente. Essas pessoas não sabem, mas não são monoteístas e sim monopoliteístas. O monoteísmo é eminentemente a força e o poder de *um único* deus no Universo e nada mais, transformando-se com o tempo em monismo ou absolutismo. Essa mesma tensão entre *monoteísmo* e *dualismo implícito* tornou-se marcante nas religiosidades posteriores da religião judaica e cristã, religião de salvação. O único pensamento "monoteísta" que escapou um pouco a esse emaranhado de dualismos foi a religião islâmica, que diz claramente:

> *[...] se houvesse nos céus e na Terra outras divindades, além de Deus (ambos), já se teriam desordenado. Deus não teve filho algum, nem jamais nenhum outro deus compartilhou com Ele a divindade! Porque se assim fosse, cada deus ter-se-ia apropriado da sua criação e teriam prevalecido uns sobre os outros.* (Alcorão, 21:22 e 23:91)

Observamos os próprios textos bíblicos se expressarem e se referirem aos deuses quando falam de Elohim. "Bereshit Bará Elohîm" (*No princípio deuses* – Gn, 1:1). O termo Elohim, em vez de apenas El, quer dizer "senhores" ou "deuses". Não é um nome ou apenas apelido para deus como querem alguns.

> *O Eloísta e o documento sacerdotal manifestam essa ruptura na história da revelação ao designar o Deus que se comunica com os pais por Elohim,*

> *só utilizando o nome de Javé depois de sua revelação pessoal, respectivamente, a partir de Êxodo 3 e de Êxodo 6.*[416]

O termo *Elohîm* do hebraico não comporta singular, é como a palavra óculos em português, ou seja, só existe em pares. Assim: "Elohim diz a Moshé: *Éhié ashér éhié!* Eu Serei o que serei" (Êxodo, 3:14). A serpente do livro do Gênesis que está hoje associada de forma indevida ao diabo pelas Igrejas Cristãs, não tinha inicialmente essa personificação diabólica dada pela configuração teológica cristã posterior, graças possivelmente a Tertuliano, Agostinho, Aquino e outros teólogos da Idade Média. O texto bíblico deixa claro em primeiro momento que o homem e a mulher morreriam se comessem da fruta do conhecimento, porém, quando comeram observaram que apenas tiveram conhecimento do bem e do mal. No decorrer dos séculos a morte que era apanágio do Deus YHWH (Adonai) ou dos Elohim (deuses), foi tirada das mãos dos deuses e atribuída ao Diabo – "Ora, Adonai criou o homem para a imortalidade, e o fez à imagem de sua própria natureza. É por inveja do demônio que a morte entrou no mundo, e os que pertencem ao demônio prová-la-ão" (Sabedoria, 2:23 e 24). Tanto o homem quanto a mulher não morreriam ao comer a fruta, mas tornar-se-iam deuses (Elohim) (Gênesis, 3:5), como o próprio deus. "Eis que o homem se tornou como um de nós, conhecedor do bem e do mal; assim, que não estenda a mão, e tome também da árvore da vida, e coma, e viva eternamente" (Gênesis, 3:22).

A serpente foi tirada das tradições antigas zoroastrinas ou muito provavelmente da mesopotâmia onde Tiamat (serpente ou dragão) foi morto e seu corpo dividido.[417] Com o tempo, essa mesma serpente foi posta no texto hebraico como o lado obscuro de Deus, ou o aspecto mau de Deus que com o tempo tornou-se "o Diabo", para a referência tardia do Judaísmo e Cristianismo. Fica claro que esse Deus que fala no Gênesis estava cercado de muitos outros deuses (Elohim), pois assevera que "o homem se tornou um de nós". Não deveria ter dito: *tornar-se-á igual a mim*? Com quem ele conversava acerca do homem ter a possibilidade de ser também um deus? Alguns inocentemente acreditam que Deus falava com o Espírito Santo da Trindade. Porém, os teólogos sabem que a construção social do Espírito

416 RAD, G. von. *Teologia do Antigo Testamento*, vol. 1 e 2, p. 26.
417 ELIADE, M. *História das crenças e das ideias religiosas*, vol. I, cap. II.

Santo trinitariano é bem posterior à construção social do Antigo Testamento e em nenhum momento é citada no Antigo Testamento a presença de um Espírito Santo. E como o Espírito Santo é três em um só, estaria Deus conversando com ele mesmo?

Gênesis em uma Bíblia de Tamil, 1723

O maior problema que percebemos nos pensamentos monoteístas é a iconoclastia, o absolutismo e a aversão de conviver com mais de um poder. O deus único nas tribos de Israel só foi possível na constituição judaica a partir da construção social da monarquia patriarcal iniciada por Saul e instituída definitivamente por Davi e com muito mais ênfase no reinado de Salomão que acreditava, como seu pai, *havendo apenas um rei*, deveria haver apenas um deus. Para isso, Davi e posteriormente Salomão escolheram Javé, um dos possíveis filhos de Baal. A escolha de Javé se deu justamente por se apresentar como um deus guerreiro, sanguinário, homicida, vingador e tudo o que tinha de pior em um deus local, tacanho e agressivo. Baal aparecia perto de Javé como uma figura meiga, representava o deus da agricultura e das chuvas e Belit, sua esposa, a deusa da fertilidade. Aos olhos de Davi e Salomão, Baal ou qualquer outro deus jamais poderia liderar e guiar seu povo a grandes conquistas. Por isso, a rejeição de Baal e de muitos profetas e sacerdotes baalinos é tão intensa nos textos bíblicos. Javé foi uma escolha política na era das tribos e não uma eleição religiosa.

A religião hebraica foi fortemente permeada pelas culturas existentes na Mesopotâmia e muito mais pela egípcia, a iraniana (persa), a greco-romana da qual saiu o Cristianismo, apresentando características de vários deuses que vieram do panteão desses pensamentos, bem como o desejo de um deus único como o queria Akhenaton (Akhenaton, filho do faraó Amenófis III, nasce em Tebas cerca de 1362 A.E.C. Casou-se com Nefertite, que o auxilia no governo do Egito e na reforma religiosa. Rompe com o esoterismo dos seguidores de Amon e de outros deuses menores. Tenta implantar um culto imperial monoteísta. Aton, o sol, será o Deus único – veja a relação posterior de Jesus ser considerado o deus Sol ou a "luz do mundo" – João, 8:12). Há um divisor de águas do pensamento judaico antigo onde o próprio Deus era e fazia o mal – "o Senhor vigiou sobre o mal, e o trouxe sobre nós"; "Até que se desvie de nós o ardor da ira do nosso Deus" (Daniel, 9:14 e 10:14) – para o chamado período apocalíptico, onde há uma mudança de conceitos e estrutura a partir dos textos de Esdras, Ezequiel, Daniel, Habacuque, Neemias, Isaías[418] e outros.

As monarquias que precederam Salomão, mesmo no chamado reino dividido (Reino do Sul, Jerusalém, e Reino do Norte, Samaria), são percebidas como um alargamento para um suposto monoteísmo (monismo), deixando de lado os *Elohim*. Com essa adesão ao deus único entraria em cena a questão de quem praticaria o mal, já que não poderia mais ser atributo direto do Deus Javé "que não tenho prazer na morte do ímpio, mas em que o ímpio se converta do seu caminho, e viva" (Ezequiel, 33:11). Com essa mudança de estrutura na personalidade de Javé e sua ambivalência, surge novamente a grande pergunta: *Pothen ton kakon?* (De onde vem o mal?). Para responder a essa pergunta, os autores apocalípticos (c. 600 A.E.C.) criaram a figura (ou figuras) que hoje entendemos como o famoso Diabo – do grego *diábolos*, do latim eclesiástico *diabolu*. Claro que esse tipo de conversão não foi automática ou rápida e sim veio acompanhando a história dos conceitos. Esses supostos "diabos" faziam parte da chamada corte celestial, tendo em vista que Deus não governava sozinho. Os livros do Antigo Testamento fazem alusão direta aos chamados Elohim quando pedem e ordenam obediência. Com o tempo esses "deuses" se converteram e se transmutaram na nova teologia judaica com os querubins e na cristã com os santos e anjos do senhor (Espírito Santo), outros ainda foram identificados com os "anjos" caídos e se converteram em Satãs ou Satanás

---

418 As pesquisas mais recentes mostram que a primeira parte deste livro (1 ao 39) foi escrita em Judá, no século VIII (740 a 701 A.E.C.), os capítulos 40 a 55 por volta de 550 a 540 A.E.C., pelo Dêutero-Isaías ou Isaías Júnior, e o restante dos capítulos 56 a 66, por volta dos anos 520 a 400 A.E.C. e é tido como as profecias do pós-exílio que retratam a exploração aos mais pobres pela elite religiosa judaica e pelo império persa.

(opositores – em hebraico a referência está voltada a um oponente humano – Números, 22:22-35; Zacarias, 3:1-2). Os Salmos também fazem saber da existência dos Elohim (deuses) e não apenas de um deus.

> *Deus assiste na congregação divina; no meio dos deuses, estabelece seu julgamento. Até quando julgareis injustamente e tomareis partido pela causa dos ímpios? Fazei justiça ao fraco e ao órfão, procedei retamente com o aflito e o desamparado. Socorrei o fraco e o necessitado; tirai-os das mãos dos ímpios. Eles nada sabem, nem entendem; vagueiam em trevas; vacilam todos os fundamentos da Terra. Eu disse: sois deuses, sois todos filhos do Altíssimo. Todavia, como homens, morrereis e, como qualquer dos príncipes, haveis de sucumbir. Levanta-te, ó Deus, julga a Terra, pois a ti compete a herança de todas as nações.* (Salmos, 82: 1-8)

> *Shemá Jisroel Adonai Elohenu Adonai Echod.*
> *Escuta, Israel! O Eterno, é o nosso Deus, o Eterno é um.*[419]

Essa é o Shemá, proclamação de fé judaica utilizada por todos os profetas e judeus, ortodoxos ou não. Outra palavra utilizada com frequência na religião judaica é *Shalom,* que significa paz, verdade e justiça. Para os judeus, esta palavra constitui os três pilares sobre os quais se estabelece o mundo. Para efeito didático, podemos dividir o Judaísmo em:

Ortodoxo – baseia-se estritamente na observância das leis da Torá ou Pentateuco.

Conservador – termo utilizado nos Estados Unidos para o culto judaico que "modifica" a lei para satisfazer necessidades atuais, ao evitar grandes mudanças no Judaísmo da Reforma.

Reformista – tem como ponto principal mudar, ou melhor, adequar as leis do Pentateuco com as leis atuais para satisfazer e não confrontar demasiadamente essas leis com a realidade. Um exemplo clássico desse pensamento é o apedrejamento da adúltera ou adúltero que não é utilizado mais no Judaísmo. Quando perguntado a um rabino por que não mais se utiliza essa lei e muitas outras, ele possivelmente responderá que elas foram boas e criadas para a sociedade da época, não cabendo mais nesse século esse tipo de atitude. Porém, o adultério é proibido com todas as letras no Judaísmo; não se apedreja mais o infrator, mas ele ainda pode sofrer

---

419 Deuteronômio, 6:4 (Melamed).

o herem. Um dos piores castigos para um judeu ou judia é a expulsão não só da sinagoga como da própria comunidade judaica. Sofrendo o herem, ele se torna *gói* (não judeu) ou pior, um judeu expulso – que o Eterno tenha piedade de sua alma. Podemos pensar nessa atitude de reformulação de leis como uma revalorização do sagrado – "experiência do sagrado" como entendimento. Religião supostamente monoteísta, organizada e difundida supostamente por Moisés por volta de 1300 A.E.C. Moisés, cujo significado é "salvo das águas", era filho de Anrão e Joquebete da tribo de Levi. Conta-nos a história bíblica que Moisés nasceu na época em que o Faraó (Ramsés?) mandou matar todas as crianças recém-nascidas do sexo masculino e de linhagem hebraica.[420] Sua mãe, desesperada, o coloca em um cesto e o deixa ir rio abaixo, onde se banhava a princesa, filha do Faraó. Vendo o cesto flutuando, pediu que o pegassem e, para sua surpresa, havia uma criança dentro. Levou-o ao palácio, criou-o e educou-o dentro dos costumes egípcios. Todo indivíduo que vem como salvador ou herói-mítico, apresenta em sua biografia o sofrimento, a perseguição, a calúnia, a suposta morte-renascimento e todo sofrimento mítico-heroico que conseguir suportar. Essa é uma característica interessante apresentada em todos os supostos salvadores, deuses e heróis-míticos de qualquer composição religiosa.

Existem autores querendo desprestigiar a figura do legislador hebreu Moisés, que o acusam de egípcio, outros chegam a afirmar que Moisés foi expulso do Egito com um séquito de leprosos. Mesmo Freud, apesar de ser judeu, aderiu à história de Maneto atribuindo a Moisés uma identidade egípcia e não hebraica.[421] Independente de tudo que se tem dito e escrito, se realmente existiu um Moisés, ele era um legislador hábil e brilhante. Não existiu na história da Humanidade nenhum legislador que possuísse a coragem de afirmar que era "pesado de boca e pesado de língua" (Êxodo, 4:10), ou seja, não possuía jeito em discurso, possivelmente por ser fanhoso ou gago, ficando esse trabalho ao encargo de Arão. Para um legislador, o discurso e a fala são de suma importância, para guiar e controlar as massas.[422] Na opinião de Maneto, bem como de alguns outros pensadores

420 Veja a cópia e a valorização religiosa que fizeram desse trecho para o texto seguinte: "Então Herodes mandou matar todos os meninos que havia em Belém, e em todos os seus contornos, de dois anos para baixo, segundo o tempo que diligentemente inquirira dos magos" (Mateus, 2:16).
421 FREUD, S. *Moisés e o monoteísmo*, pp. 9-49.
422 JOHNSON, P. *História dos judeus*, p. 37.

e mesmo historiadores sobre a figura do legislador, lendário ou não, Moisés às vezes não passa de puro preconceito disfarçado de teoria. Infelizmente mesmo alguns pensadores e autores consagrados, como Freud, acabaram de forma inocente e talvez inconsciente, dando vazão a esses escritos e teorias que hoje chamamos de antissemitismo. Mas isso é história para tratarmos mais adiante.

A história sagrada judaica conta que Moisés vivia no palácio e, presenciando os maus tratos de um egípcio a um hebreu, foi em defesa do compatriota e matou, por acidente, o guarda egípcio. Será que o próprio Moisés sabia que era hebreu? Para escapar à pena de Talião, fugiu e abrigou-se no país de Midiã, onde permaneceu durante 40 anos a serviço do sacerdote Jetro, da tribo dos midianitas, com cuja filha Séfora ou Zipora veio a se casar, tendo dois filhos: Gerson e Eliezer. Não precisamos e nem é do interesse deste livro repetir toda a história sagrada desse importante legislador para o seu povo, que se encontra no Livro do Êxodo e em vários outros livros e filmes. Aqui talvez caberia perguntar se Moisés realmente fugiu do palácio por ter matado um guarda egípcio, pois como sabemos, um filho, sobrinho ou mesmo enteado de um rei naquela época poderia fazer várias barbaridades e não seria condenado ou sequer advertido. Não sabemos e talvez nunca conheceremos ao certo porque Moisés deixou o palácio, a história sagrada conta que foi por causa da morte do guarda egípcio, mas essa não deve ser toda a história.

> Moisés morreu no dia de seu aniversário, 7 de Adar (fevereiro ou março), aos 120 anos em todo o seu vigor. Foi enterrado por Deus e pelos anjos num túmulo desconhecido no monte Nebo, para que os judeus não fizessem de sua sepultura um lugar de peregrinação e os gentios não o transformassem num santuário idólatra. O dia de sua morte é guardado como dia especial pelos membros das sociedades funerárias judaicas (Chevra Kadisha).[423]

Apesar de a história sagrada dos hebreus ou habirus começar com Abraão, com o passar do tempo foi Jacó que se tornou mais influente e importante para esse povo. Observamos que passou a ser chamado de pai Jacó, e Abraão é lembrado apenas como um bom homem. Talvez seja estranho para as pessoas habituadas à leitura bíblica afirmarmos que a história bíblica começa com Abraão e não com Adão e Eva ou com o

---

423 UNTERMAN, A. *Dicionário judaico de lendas e tradições*, p. 181.

próprio *ex nihilo*. Isso tem um motivo claro! Antes de Abraão é impossível datar ou sequer pensar em possíveis datas ou história. Não que não se possa estudar estes mitos, contos e possíveis hierofanias, o que estamos tentando dizer é que a história social e cultural ou, se quisermos ser mais técnicos, a mudança da vida nômade para pastoril e depois agrária (início da vida privada), para os habirus iniciou-se com Abraão após sua saída de Ur, com seu pai Terã, sua prima Sara e seu sobrinho Ló, tendo-se estabelecido provisoriamente nas terras de Harã, partido para Canaã e fixando-se na planície de Moré, nos montes Ebal e Gerezim. Desposou Sara, mulher de grande beleza. Ela, porém, era estéril[424] e o patriarca, para ter descendentes, amancebou-se, a pedido de Sara, com sua escrava Agar, com a qual teve Ismael, antepassado dos árabes. Depois de 13 anos, Sara concebeu e deu à luz Isaac. Havendo desentendimento entre as duas mulheres, o resultado foi a expulsão de Agar e seu filho. Durante algum tempo esteve Abraão no Egito, onde Sara se passou por sua irmã, sendo com isso incorporada ao harém do Faraó. O Deus de Abraão, porém, manifestou-se em sonho a Abimeleque e mandou que restituísse a mulher a seu marido, para que o faraó e seu povo não viessem a sofrer a morte. Abraão, retornando a Canaã, residiu em diversos lugares no sul da Palestina: Siquém, Betel, Hebron e Berseba. Após a morte de Sara – em Hebron – casou-se com Cetura ou Quetura, nascendo dessa união Zinrã, Jocsã, Medã, Midiã, Jisbaque e Suá. Homem piedoso e temente ao seu Deus, era também valente guerreiro; viveu, segundo os relatos bíblicos, 175 anos, sendo sepultado na gruta de Macpela, que adquiriu para túmulo da família.

Todo pensamento judaico ou, mais precisamente o Judaísmo, está baseado na Torá ou Livro das Leis, que compreende o Pentateuco – Gênesis; Êxodo; Levítico; Números e Deuteronômio. As tradições judaicas são muito fortes e se refletem dentro do Cristianismo por meio de suas leis, lendas, contos e rituais. Não sabemos ao certo em que reinado ocorreu o Êxodo, se no de Ramsés II ou no de Menepthar. Uma estola, descoberta por volta de 1940, diz que o Faraó Menepthar guerreou fora de suas terras com alguns fugitivos e ganhou a batalha. Para alguns, essa é a

---

424 Veja a semelhança de acontecimentos: "Mas o anjo lhe disse: Zacarias, não temas, porque a tua oração foi ouvida, e Isabel, tua mulher, dará à luz um filho, e lhe porás o nome de João. Disse então Zacarias ao anjo: como saberei isto? Pois eu já sou velho, e minha mulher avançada em idade (estéril)" (Lucas, 1:13 e 18).

prova máxima de que o Êxodo ocorreu no reinado desse faraó, para outros, trata-se de alguma outra guerra e não a mostrada no Êxodo, que ocorreu no reinado de Ramsés. Parece-nos que o Êxodo começou realmente no reinado de Ramsés II e teve seu fim com Menepthar, que possivelmente assumiu seu lugar.

O problema na história sagrada ou profana é que não existe uma sequência lógica dos fatos na qual possamos confiar. Cada autor, bíblico ou não, conta a história dentro de seu referencial cultural e com seu colorido. Mesmo Flávio Josefo, que podemos considerar o primeiro historiador judeu do século I, defendeu, na *História dos hebreus*, suas verdades e seus compatriotas como pôde. Para comprovar isso, é só pegar por um momento a história de Elias (1 Reis, 18:20-40). Ela diz que Elias combateu os sacerdotes de Baal fazendo descer fogo do céu e queimando a oferenda dedicada ao seu deus, enquanto Baal, o deus das chuvas, das tempestades e dos trovões, e Belit, a deusa da fertilidade, nada fizeram para auxiliar seus seguidores. Se nos apegarmos à fé, acreditaremos nesse episódio da forma como está relatado. Se formos historiadores das religiões – como é o nosso caso –, partiremos dos seguintes pontos: quem escreveu a história foi um hebreu, assim contou-a de forma a valorizar seu culto e o poder esbanjado pelo seu deus. Não existe a versão dos baalinos para confrontarmos com a história bíblica (talvez os sacerdotes de Baal tenham sido os verdadeiros vencedores, por isso foram mortos).[425] Em terceiro lugar, como podemos saber se o deus pregado por Elias é o verdadeiro, já que ambos exigiam holocaustos de animais para se apaziguar? O que Elias fez foi invadir terras alheias e transgredir o quinto mandamento: "Não matar", impondo aos povos vizinhos um deus desconhecido, brutal e sanguinário, "o deus dos exércitos".

Infelizmente, temos na história judaica tanta destruição e sofrimento quanto alegrias. O deus judeu jamais permitiu ídolos, situação tolerada pelas religiões estrangeiras. O problema era a intransigência do Judaísmo com relação a outros cultos ou de alguns libertadores, ou uma expressão mais correta, como "chefes carismáticos", dado a Josué e os Juízes de Israel. O texto é claro:

> [...] *derrubareis seus altares, quebrareis suas colunas e cortareis seus postes-ídolos (porque não adorarás outro deus; pois o nome do Senhor é zeloso; sim, Deus zeloso é ele); para que não faças aliança com os moradores da Terra; não suceda que, em se prostituindo eles com os deuses*

---

425 RAD, G. Von. *Teologia do Antigo Testamento*, vol. 1 e 2, p. 44.

e lhes sacrificando, alguém te convide, e comas dos seus sacrifícios e tomes
mulheres das suas filhas para seus filhos e suas filhas, prostituindo-se com
seus deuses, façam que também seus filhos se prostituam com seus deuses.
(Êxodo, 34:13-16)

Com isso, a religião judaica tornou-se iconoclasta e odiada por muitos. A eles era proibido zelar por imagens; isso não queria dizer ignorar a fé dos outros. Se o Judaísmo e o Cristianismo não pretendessem ser tão intransigentes em suas leis e verdades e se seus chefes fossem mais democráticos, possivelmente o mundo teria se curvado aos seus pés. Se suas leis fossem usadas para auxiliar o indivíduo em sua busca espiritual e não em sua condenação, apenas esses dois sistemas religiosos teriam conquistado o mundo e sido muito mais eficazes.

Josué foi um dos mais sangrentos conquistadores que observamos nos textos bíblicos. Não mediu esforços para reconquistar, por meio das invasões e a guerra, a "Terra Prometida"; derramou tanto sangue quanto pôde para provar o poder e a destruição que seu deus possuía.

> *A matança, diz a Bíblia, era por ordem divina e causou prazer aos matadores;*
> *Gideão, na captura de duas cidades, destruiu 120.000 homens. Só nos anais*
> *da Assíria encontramos chacinas semelhantes. Moisés era um estadista, mas*
> *Josué não passava de um guerreiro brutal; Moisés governou sem sangue,*
> *inventando entrevistas com Deus, mas Josué governou de acordo com a lei*
> *da floresta – o que mata mais é o que sobrevive. E foi dessa maneira nada*
> *sentimental que os judeus se apossaram da Terra Prometida. As páginas*
> *desse livro precisam ser lidas com muito cuidado para que não respingue ou*
> *manche nossas mãos com sangue.*[426]

Alguns religiosos, para justificar a matança de outros povos e defenderem uma autoridade bíblica como a palavra de Deus, dizem que naquela época as leis eram feitas com a espada. Como pode um Deus ser zeloso com Seu povo e massacrar, afogar e destruir os demais? Não somos todos Seus filhos, Suas criaturas, feitas do pó da terra? Criados à Sua imagem e semelhança, independentemente de nacionalidade? Os religiosos podem defender como quiserem, pois as grandes guerras também foram e ainda são defendidas por muitos como necessárias e úteis para o desenvolvimento da Humanidade. Defendam como quiserem, o mal não se justifica em tempo nenhum!

---

426 DURANT, W. *Nossa herança oriental*, p. 204.

Acharam que eram o Povo Eleito? Tinham entendido totalmente errado a natureza da Aliança, que significava responsabilidade, não privilégio. A Aliança significava que todo o povo de Israel era eleito de Deus, e tinha, portanto, de ser tratado com decência. Deus não intervinha na história apenas para glorificar Israel e, se necessário fosse, usaria o exército assírio para impor a justiça em sua própria terra.[427]

Os juízes de Israel aparecem nos escritos bíblicos como homens "corajosos" e "prestigiosos", que se sobressaíam pelos seus feitos contra os adversários após o estabelecimento das tribos de Israel nas terras de Canaã. No período que se segue à fixação da confederação tribal de Israel, todo o poder de decisão estava nas mãos dos chamados juízes, que decidiam como um rei. Nos tempos difíceis ou quando alguma resolução envolvia a comunidade, a eles recorriam seus compatriotas. Isso lhes conferiria autoridade suficiente para ajuizar sobre as causas, de onde lhes fora atribuído o nome de juízes (Esdras, 7:25). Os próprios reis acabavam tornando-se uma espécie de juiz-sacerdote, quando precisavam decidir sobre a vida e a atitude civil da sociedade comum. Possivelmente, todos se recordam da passagem na qual Salomão é visitado por duas mulheres, e uma acusa a outra de lhe ter roubado o filho recém-nascido. Salomão, em sua decisão, pediu que lhe apresentassem a criança e, com sua espada, fez um gesto de cortá-la ao meio, dando a cada uma a sua parte. Uma disse que se fosse para a criança morrer, preferiria que fosse criada por outra mulher. Salomão pegou a criança e colocou nos seus braços, afirmando que somente a mãe verdadeira seria capaz de renunciar à sua própria felicidade pela do filho.

É indiscutível a importância que a tradição atribui a esses chefes, homens "criados" por Javé de tempos em tempos, homens sobre os quais recaiu o espírito de Javé. O fato de aqueles que interpretavam e aplicavam a lei divina serem as figuras mais importantes da comunidade constitui uma indicação de que a liga tribal era verdadeiramente uma teocracia. Um cultus comum era a força unificadora prática, estando associada a esses cultos à lei sagrada e por trás de ambos se encontrava a aliança entre as tribos de Javé. Cultus, lei e carisma, todos parecem ter estado, neste período, intimamente integrados e inter-relacionados.[428]

427 ARMSTRONG, K. *Uma história de Deus*, p. 57.
428 LING, T. *História das religiões*, 1.42.

Não existe certeza do autor do Livro dos Juízes, mas presume-se que tenha sido escrito por Samuel. Como parece datar do reinado de Davi e Salomão, alguns críticos acreditam que Natã e Gade tenham sido seus autores.[429] Pairam muitas dúvidas sobre a quantidade de juízes em Canaã naquele período. Alguns historiadores e críticos afirmam ter existido apenas doze juízes: seis menores e seis maiores – e outros afirmam ter havido quinze. Como essa briga é para gigantes do conhecimento e nós somos apenas formiguinhas nessa área, decidimos optar por ficar com a proposta que afirma ter havido quinze juízes.

Abdom – filho de Hilel, o piratonita, teve, segundo os relatos bíblicos, 40 filhos, sendo juiz de Israel após a morte de Elom, o zebulonista, "julgou Israel oito anos, sendo sepultado em Piratom, na terra de Efraim, no monte amalequita" (Juízes, 12:11-15).

Abimeleque – nome comum, pelo que parece, no Antigo Testamento, aparece muitas vezes em diferentes livros, sendo quase todos reis. Esse Abimeleque era filho de Gideão com sua concubina de Siquém. Morrendo Gideão, Abimeleque assassinou seus 70 irmãos e declarou-se rei. Morreu atingido por uma mó (pedra de moinho) na cabeça por uma mulher. Para escapar da vergonha de ser morto por ela, pediu a seu escudeiro que o matasse (Juízes, 8:31-32, 9:1-57).

Baraque – filho de Abinoão de Quedes, amigo e secretário do profeta Jeremias, chefe militar da tribo de Naftali, herói da batalha de Tanaac contra os Cananeus, no que foi incentivado pela profetisa Débora (Juízes, 4:4-17 e 5:1-32).

Eli – descendente de Abraão por Itamar. Samuel ainda era uma criança quando Eli assumiu o cargo de sacerdote e juiz. Foi nessa idade que Samuel teve um sonho profético: "Porque já lhe fiz saber que julgarei sua casa sempre, pela iniquidade que ele bem conhecia, porque, fazendo-se seus filhos execráveis, não repreendeu" (1 Samuel, 2-3).

Elom – "o zebulonista; julgou em Israel por dez anos, faleceu e foi sepultado em Aijolon, na terra de Zebulom" (Juízes, 12:11-12).

Eúde – responsável pelo golpe e a morte do rei Eglom de Moabes em Jericó.

---

429 BUCKLAND, A.R. *Dicionário Bíblico Universal*, p. 225.

Eúde entrou num cenário fresco, que o rei tinha para si só, onde estava
assentado, e disse Eúde: Tenho para ti uma palavra de Deus. E levantou-
-se da cadeira, estendendo sua mão, e lançou mão da espada da sua coxa
direita, e lha cravou no ventre. De tal maneira que entrou até a empunha-
dura após a folha, e a gordura encerrou a folha (porque não tirou a espada
do ventre); e sai-lhe excremento. Então tomaram a chave, e abriram a
porta, e eis que seu senhor estendido morto em terra. (Juízes, 3:15-31)

Gideão – filho de Joás e pai de Abimeleque, que foi rei de Siquém. Teve várias esposas e gerou, segundo o relato bíblico, 70 filhos (Juízes, 8:30).
Ibsã – "tinha trinta filhos e trinta filhas, que casou fora e trouxe trinta
mulheres para seus filhos. Julgou em Israel por sete anos" (Juízes, 12: 8-10).
Jair – não sabemos por que, mas existe uma confusão acerca desse nome nos
relatos bíblicos. Algumas vezes aparece como Jael (Juízes, 5:6), outras vezes
como Jair. "E depois de Tola levantou-se Jair, gileadita, e julgou a Israel vinte e dois anos e tinha trinta filhos, que cavalgaram sobre trinta jumentos; e
tinham trinta cidades – a que chamaram Havote –Jair –, até o dia de hoje, as
quais estão nas terras de Gileade. Morreu Jair e foi sepultado em Camom"
(Juízes, 10: 1-5). Talvez em algumas Bíblias revistas já tenham sido feitas
essas pequenas correções, para não haver confusão entre Jael, considerado
Jair, o juiz de Israel, e Jael, mulher de Heber, o queneu que matou Sísera,
general do exército de Jabim, rei de Canaã (Juízes, 4:17-24).
Jefté – filho de Gileade e de uma concubina, considerado invasor por
seus irmãos, foi expulso de sua casa (Juízes, 11:1-2). "Jefté, o gileadita,
julgou a Israel seis anos; faleceu e foi sepultado nas cidades de Gileade"
(Juízes, 12:7). Defendeu seu clã contra os ataques dos moabitas e amoni-
tas, tornando-se famoso pelo voto que fez de sacrificar quem primeiro
encontrasse à sua frente de volta da guerra, e essa foi sua própria filha,
que não vacilou em oferecer em holocausto.
Otniel – filho de Quenaz, irmão mais novo de Calebe, cuja filha, Acsa,
veio a se casar por recompensa de ter tomado Quiriate-Séfer (Juízes, 1:12-
14; 3:8-11).
Samuel – filho de Elcana e Ana. Foi o primeiro profeta de Israel, ungiu
Saul, o primeiro rei, e Davi, o segundo (1 Samuel, 1:9-28; 9:10; 16:1-13).
Julgou Samuel a Israel todos os dias de sua vida, quando "faleceu, todos os
filhos de Israel se ajuntaram, e o prantearam, e o sepultaram na sua casa,
em Ramá" (Juízes, 25:1; 28:3).

Sangar – filho de Anate, libertou Israel dos Filisteus, ferindo, segundo o relato bíblico, 600 homens com uma aguilhada de bois (Juízes, 3:31).

Sansão – aparece como herói mítico-lendário do século XII A.E.C. Era filho de Manoá, oriundo da tribo de Dã, tendo exercido a judicatura durante vinte anos. Combateu, segundo os relatos sagrados, incessantemente os filisteus, que por fim o aprisionaram, com o auxílio de Dalila. Em toda a história antiga da Humanidade (e até atualmente) sempre ou quase sempre se espera um herói-salvador com poder suficiente para lutar e combater os inimigos ou o mal existente. Primeiro o herói, depois o Mito. Ao morrer, o herói civilizador é transformado em santo, gênio, guardião, espírito ou divindade tutelar da comunidade, protegendo-a de invasões, doenças, secas, falta de alimentos e todo agouro lançado por divindades do mal sobre ela.

Tola – após Abimeleque, levantou-se para livrar e governar Israel, o filho de Puva, o filho de Dodó, homem de Issacar; habitante em Samir, junto a montanha de Efraim (Juízes, 10:1-2).

Jeová, Javé ou Iavé (YHWH) – segundo os "relatos" bíblicos seria o nome de deus em Israel. Esse deus fora visualizado por Abraão, Jacó e Moisés. O deus de Abraão mais parece um deus desconhecido que propriamente Iavé.

> *Disse Moisés a Deus: eis que, quando eu vier aos filhos de Israel e lhes disser: o Deus de vossos pais me enviou a vós outros; e eles me perguntarem: qual é seu nome? Que lhes direi? Disse Deus a Moisés: EU SOU O QUE SOU. Disse mais: assim dirás aos filhos de Israel: EU SOU me enviou a vós outros.* (Êxodo, 3:13-14)

No texto hebraico traduzido por Melamed, Deus diz: "Serei o que serei. Assim dirá aos filhos de Israel: serei, enviou-me a vós" (3:14). Essa diferença, que à primeira vista parece quimérica, não o é. Seguindo o pensamento judaico, quando digo "Serei", refiro-me a um Deus inominável, e quando digo "Eu sou", estamos dando-lhe uma identidade meio antropomórfica, situação abominada pelos judeus. Jeová aparece nos relatos bíblicos muito mais como um deus do trovão morando nas montanhas, próximo em personalidade de Marduk, o deus nacional de Babel, e dos deuses do Egito, Assíria, Síria e Pérsia que faziam parte das crenças populares. O deus que Moisés apresentou ao povo não era, sobre nenhum aspecto, proeminente, bom e carismático. Sempre apresentou-se tacanho, local, violento e sedento de sangue, que oferecia uma *terra que mana leite e mel* (3:8,17), desde que essa fosse conquistada, invadida e saqueada, e seus habitantes (infiéis) cortados ao fio da espada (Josué, 6:21).

> *É improvável que Javé diferisse muito em caráter dos deuses dos povos e tribos circunvizinhos. É verdade que combateu com eles, assim como o próprio povo lutou uns com os outros, mas não podemos supor que viesse à cabeça de um adorador de Javé daqueles dias a existência dos deuses de Canaã, Moab ou Amalek; e assim por diante, mais do que negar a existência dos povos que neles acreditavam. Sem dúvida, Javé era mais apropriado a um povo que estava começando a ocupar novas pátrias pela força. E tudo no Deus mosaico que mereceria admiração estava muito além da compreensão das massas primitivas.*[430]

Jeová se apresenta como deus tribal, brutal, assassino e imparcial, um deus da guerra e dos exércitos, que não possui nenhuma misericórdia nem com os favoritos. "Se Javé continuasse a ser esse Deus selvagem, quanto mais cedo desaparecesse, melhor teria sido para todo mundo".[431]

> *Feri-vos com o crestamento e a ferrugem; a multidão das vossas hortas, e das vossas vinhas, e das vossas figueiras, e das vossas oliveiras, devorou-a o gafanhoto; contudo, não vos convertestes a mim, disse o SENHOR. Enviei a peste contra vós outros à maneira do Egito; os vossos jovens, matei-os à espada, e os vossos cavalos, deixei-os levar presos, e o mau cheiro dos vossos arraiais fiz subir aos vossos narizes; contudo, não vos convertestes a mim, disse o Senhor.* (Amós, 4:9-10)

Seria realmente Jeová o nome de Deus no Judaísmo? "O nome divino Javé, o tetragrama, suscita inúmeros problemas. Em matéria de etimologia, cumpre-nos ter presente no espírito que, para Israel, Javé é unicamente um nome, de sorte que o problema etimológico não considera – ou quase não considera – a determinação do alcance teológico do nome".[432] Para começarmos essa discussão, em primeiro lugar teríamos que descobrir por que o tetragrama *YHWH* foi traduzido de forma distorcida para Jeová. Ele acabou assumindo, no decorrer do tempo, um significado, em que suas consoantes YHWH transformaram-se ou mesmo foram traduzidas de forma latinizada para Iavá, Iavé, depois Javé e com o tempo a palavra foi convertida para Jeová.

---

430 FREUD, S. *Moisés e o monoteísmo*, p. 56.
431 ARMSTRONG, K. *Uma história de Deus*, p. 31.
432 RAD, G. von. *Teologia do Antigo Testamento*, p. 29.

> *De todos os vários nomes de Deus, só o tetragrama é considerado um nome*
> *verdadeiro, sendo os outros apenas descrição. O nome é tão sagrado que*
> *até mesmo Adonai só é utilizado em oração; de outras maneiras, Deus*
> *é referido com Há-Shem (O Nome), por causa da proibição de tomar o*
> *nome de Deus em vão.*[433]

Alguns religiosos, querendo demonstrar que o nome de deus no Judaísmo é Jeová, apresentam a tese de que Ele disse Seu nome aos primeiros hebreus. Devido aos pecados e orgulho desse povo, o nome de deus foi esquecido por quase quatro séculos, vindo a ser lembrado tempos depois, com os novos profetas. Esse argumento, apesar de poético e bastante hierofanizado, não é histórico e sim teológico. Essa afirmação se apega à parte do Livro do Êxodo (6:2), quando Deus "fala" a Moisés: "Eu sou Yhwh". Na tradução do hebraico por Melamed, esse tetragrama é traduzido por "Eterno". Na Bíblia revista e atualizada de Almeida, utilizada pela maioria dos religiosos cristãos, é traduzida por "Senhor". Se existisse uma tradução (mas não há) para esse tetragrama, seria Adonai e não Jeová.

Acredita-se que na literatura rabínica não exista a necessidade de traduzir ou dar um suposto nome ao Eterno.

> *Nas narrativas do Gênesis fala-se muito do "Deus de teu pai Abraão"*
> *(Gn, 26:24, 28:13, 32:10). Na convenção entre Labão e Jacó, o Deus de*
> *Naor e o de Abraão são invocados como testemunhas e confrontados entre*
> *si (Gn, 31:53), a que se prendem também outras designações antigas como*
> *"o Terror de Isaque" (pahad yizhâk, Gn, 31:42) e "o Poderoso de Jacó"*
> *(avîr ya'akov, Gn, 49:24).*[434]

Mesmo na literatura judaica mais recente como a de Maimônides, a Cabala, o Zohar ou o Talmude, não encontramos um nome para Deus e sim a designação de Eterno. Não é preciso muito para demonstrar que cada profeta ou escritor bíblico caracteriza Deus segundo bem entende. Josué mostra um deus tribal, brutal, criminoso e assassino, que não tem misericórdia com os infiéis. Jó nos apresenta um deus reflexivo, parcimonioso e ao mesmo tempo punitivo. Isaías, do capítulo 1 ao 39, fala de um

---

433 UNTERMAN, A. *Dicionário judaico de lendas e tradições*, p. 262.
434 RAD, G. von. *Teologia do Antigo Testamento*, p. 26.

deus zangado, que punia os filhos de Israel por causa de sua nação pecaminosa. O Dêutero-Isaías, que começa nos capítulos 40 a 66, escritos
possivelmente nos séculos VI ou V A.E.C., relatam um deus compassivo,
que não mais punia seus eleitos, mas prometia a consolação e abundância
a Eretz Israel – "Consolai, consolai meu povo, diz vosso Deus". Jeremias
apresenta um deus choroso, ressentido e lamentoso com os acontecimentos do cativeiro e a perda do rei Josias, que era considerado um dos melhores reis de Israel. Possivelmente Javé foi muito lembrado quando Davi
impôs sua monarquia e a escolha política desse deus guerreiro, tribal e
assassino. Josias, séculos depois, retomou essa mesma monarquia e o projeto de obediência ao rei como representante direto de deus, devendo ser
obedecido. Assim, cada um dos escritores bíblicos conta como sente, entende e obedece a esse deus.

O Pentateuco, em hebraico, *Chumash*, os cinco livros da Torá (*cha-
mishá chumshei Torah*) ou *humash, hamishá, humshé Torah* ou simplesmente *Torá*, é o máximo da consagração dentro do pensamento judaico.
Esse compêndio de leis, que compreende os cinco primeiros livros bíblicos, contém 613 mandamentos que estruturam a constituição judaica.
O Pentateuco foi alvo de vários estudos, críticas e questionamentos de
muitos filósofos, cabalistas, talmudistas etc. No entanto, nenhum se em-
penhou em explicar a lei como maimônides o fez, por meio de escritos e
estudos durante sua vida. Esse filósofo reuniu em seu livro *As 613 mitsvot*
(mandamentos) e dividiu-as em preceitos, sendo 248 positivos e 365 negativos. A primeira parte relaciona os preceitos ou leis que agradam Deus,
ou "farás", e a segunda, os que desagradam Deus, ou "não farás".

> *O Pentateuco, portanto, não é uma obra homogênea. Mas tampouco
> é, como acreditam alguns eruditos na tradição crítica alemã, uma
> falsificação deliberada de sacerdotes do pós-Exílio, procurando
> impingir suas crenças religiosas egoístas às pessoas, atribuindo-
> as a Moisés e sua época. Não devemos permitir que os preconceitos
> acadêmicos criados pela ideologia hegeliana, anticlericalismo,
> antissemitismo e modelos intelectuais do século XIX distorçam
> nossa opinião sobre esses textos. Toda a evidência interna mostra que
> aqueles que anotaram e fundiram esses escritos, e os escribas que os
> compilaram quando o cânon foi reunido depois do Exílio, acreditavam
> plenamente na inspiração divina dos antigos textos e os transcreveram*

com veneração e seguindo padrões de exatidão mais elevados possíveis,
incluindo muitas passagens que manifestamente não compreendiam.[435]

Todas as leis que aparecem na Torá, da circuncisão a lavar as mãos, só possuíam um objetivo: diferenciar o povo hebreu – os eleitos – dos circunvizinhos. Apenas salientamos ao leitor que todas as vezes que utilizamos termos como *dividiu, reuniu, elaborou, escreveu, explicou* etc., em relação à Torá, estamos apenas tentando deixar as explicações mais acessíveis aos não afeiçoados a leituras do pensamento judaico. Não existe divisão, resumo, muito menos um pensamento que possa qualificar, explicar ou demonstrar a dimensão hierofânica desse livro, que possui o sagrado em todos os pontos e em cada linha. A Torá para os judeus e posteriormente para o judeu-cristão é Uno, como o seu deus, indivisível e absoluto. Não existe Torá pela metade. Ou se considera a Torá um todo ou não teremos Torá, mas apenas fragmentos de leis que não nos servem para nada. Segundo o pensamento sagrado judaico, tal qual posteriormente o islâmico, seu livro sempre esteve presente no próprio alicerce do Universo; são suas leis que estabelecem e harmonizam todo o cosmos, sem ele não existiriam o Universo, a Terra e a vida. Antes da existência escrita da Torá na Terra, o Eterno o tinha em suas próprias mãos, organizando, estruturando e sacralizando todo o cosmos. Confiou ao povo eleito através da Aliança (Gn, 15; Êx, 19) a responsabilidade de restabelecer a harmonia antes quebrada por Adão através de seu descuido, que culminou em sua queda.

O primeiro livro que aparece no Pentateuco, o Gênesis – em hebraico *Bereshit*: princípio ou origem – também o é da Bíblia, com 53 capítulos e 1.534 versículos. Para melhor compreendê-lo, podemos de forma didática dividi-lo em três partes. A primeira é sobre a formação do Universo, da Terra, do homem, da mulher, dos animais e plantas.

> *Um Universo origina-se a partir do seu Centro, estende-se a partir de um ponto central que é como o seu "umbigo". É assim que, segundo o Rig Veda (X, 149), nasce e se desenvolve o Universo: a partir de um núcleo, de um ponto central. A tradição judaica é ainda mais explícita: "O Santíssimo criou o mundo como um embrião. Tal como o embrião cresce a partir do umbigo, do mesmo modo Deus começou a criar o mundo pelo umbigo e a partir daí difundiu-se em todas as direções". E visto que o umbigo da*

---

435 JOHNSON, P. *História dos judeus*, p. 94.

> Terra, o Centro do Mundo é a Terra Santa, Yoma afirma: "O mundo foi
> criado a começar por Sion". Rabbi bin Gorion disse do rochedo de Jerusa-
> lém que "ele se chama a Pedra angular da Terra, quer dizer, o umbigo da
> Terra, pois foi a partir dali que toda a Terra se desenvolveu". Por outro
> lado, uma vez que a criação do homem é uma réplica da cosmogonia, daí
> resulta que o primeiro homem foi fabricado no "umbigo da Terra" (tradi-
> ção mesopotâmica), no Centro do Mundo (tradição iraniana), no Paraíso
> situado no "umbigo da Terra" ou em Jerusalém (tradições judaico-cristãs).
> E nem podia ser de outra forma, aliás, pois o Centro é justamente o lugar
> onde se efetua uma rotura de nível, onde o espaço se torna sagrado, real
> por excelência. Uma criação implica superabundância de realidade, ou,
> em outras palavras, uma irrupção do sagrado no mundo.[436]

A segunda é dedicada quase exclusivamente à história de Abraão, Isaque e Jacó. A última está pressuposta na história de José e seus irmãos.

Não há certeza sobre qual a participação de Moisés neste e nos outros livros do *Pentateuco*. Essa dúvida está demonstrada nos discursos dos capítulos 1 e 2, em que observamos ideias, convicções e explicações diferentes acerca do mundo e de Deus. O primeiro capítulo demonstra um Deus "jeovita", a criação da mulher e dos animais é apresentada ao mesmo tempo que a do homem. O segundo relato começa no capítulo 2:4, demonstrando um Deus "eloinista", com a criação da mulher em segundo plano.

Talvez poucas pessoas conheçam a história de Lilith por ela fazer parte da tradição judaica, e não da judaico-cristã. Segundo as lendas judaicas, ela teria sido a primeira mulher de Adão, que aparece na primeira criação bíblica (1:27-28). Mas como Lilith fora criada ao mesmo tempo que Adão, exigiu os mesmos direitos que ele e não aceitou a submissão. Para alguns, Lilith representa a primeira feminista que fez valer seus direitos, tanto que Deus, ouvindo as reclamações de Adão acerca de sua mulher, que o abandonou, fugindo para o Mar Vermelho, julgou necessário lhe providenciar outra que lhe fosse um pouco mais subserviente (2:21-24). Lilith passou a ser considerada na tradição judaica como uma

> [...] figura sedutora com longos cabelos, que voa como uma coruja notur-
> na para atacar aqueles que dormem sozinhos, para ter filhos demônios dos
> homens por meio de suas poluções noturnas, para roubar crianças e para
> fazer mal a bebês recém-nascidos.[437]

436 ELIADE, M. *O sagrado e o profano*, pp. 27-28.
437 UNTERMAN, A. *Dicionário judaico de lendas e tradições*, p. 153.

É importante notar como os comportamentos humanos se repetem ao longo da história. Essa mesma figura folclórica foi procurada na Inquisição em forma de bruxas e feiticeiras que voavam em vassouras e apoderavam-se de homens e mulheres, para juntos fazerem orgias e rezarem a missa direcionada ao diabo. Essa crença que possuía um pequeno manual de bolso (*Malleus Maleficarum* – Martelo das feiticeiras), era a famosa "bíblia" dos inquisidores e ajudava a identificar e qualificar a melhor maneira de punir e arrancar uma confissão das bruxas, e fez com que a Igreja caçasse milhares de pessoas, tendo a maioria sido queimada ou torturada até a morte.[438]

Grande parte das histórias contidas no Antigo Testamento aparece em outras civilizações mais antigas, como na Suméria, no Egito, na Babilônia, na Assíria, na Pérsia e mesmo na Índia. Possivelmente, essa miscigenação de ideias tenha começado com o cativeiro no Egito, antes de Moisés, e estendendo-se depois do Egito na dispersão das dez tribos perdidas (2 Crônicas, 10), e o cativeiro, nos séculos VIII e VI A.E.C., iniciado por Nabucodonosor (2 Reis, 21-25). Se fosse possível contabilizar em séculos os cativeiros e sofrimento desse povo, diríamos que viveram cerca de 430 anos sob a influência de outras culturas, sem contar o tempo que ficaram sob o domínio egípcio (Êxodo, 1-12). Os judeus, como qualquer outro povo dominado, escravizado e vassalado, sofreu influência da cultura de seus dominadores. Não estamos nos referindo aqui à expatriação ocorrida após o século V de nossa Era, nem muito menos aos guetos ou problemas e às dificuldades que essa gente enfrentou em outros países, como o preconceito e o antissemitismo. Essa é outra história que esse povo passou e superou até a reconstrução do Estado de Israel, em 1948, após a Segunda Guerra Mundial e o genocidio realizado por Hitler e sua equipe.

> *A promessa do Eterno foi cumprida, a Nova Jerusalém está de pé, seus inimigos não te reconhecerão, seus detratores serão derribados, deitados ao chão, e tu, ó Israel, lhes porás o pé no pescoço. Que o Eterno – que seu nome seja louvado – abençoe e proteja a Eretz Israel.*
>
> *Ó inimiga minha, não se alegres a meu respeito; ainda que eu tenha caído, levantar-me-ei; se morar nas trevas, o Eterno será a minha luz. Sofrerei a ira do Eterno, porque pequei contra ele, até que julgue a minha causa e*

---

438 MELO, M.C.A.S. Feiticeiras ou feiticeiros? Em: NOVINSKY, A.; CARNEIRO, M. L. T. *Inquisição, ensaio sobre mentalidade, heresia e arte*, p. 750.

execute meu direito; ele me tirará para a luz, e eu verei sua justiça. Minha inimiga verá isso, e a ela cobrirá a vergonha, a ela que me diz: Onde está o Eterno, seu Deus? Os meus olhos a contemplarão; agora, será pisada aos pés como a lama das ruas. No dia da reedificação dos seus muros, nesse dia, serão seus limites rompidos para mais longe. Nesse dia, virão a ti, desde a Assíria até as cidades do Egito, e do Egito até o Rio Eufrates, e do mar até o mar, e da montanha até a montanha. Todavia, a Terra será posta em desolação, por causa dos seus moradores, por causa do fruto das suas obras. Apascenta seu povo com sua vara, o rebanho da sua herança, que mora a sós no bosque, no meio da terra fértil; apascentem-se em Basã e Gileade, como nos dias de outrora. Eu lhe mostrarei maravilhas, como nos dias da sua saída da terra do Egito. As nações verão isso e se envergonharão de todo o seu poder; porão a mão sobre a boca, e seus ouvidos ficarão surdos. Lamberão o pó como serpentes; como répteis da terra, tremendo, sairão dos seus esconderijos e, tremendo, virão ao Eterno, nosso Deus; e terão medo de ti. Quem, ó Deus, é semelhante a ti, que perdoas a iniquidade e te esqueces da transgressão do restante da tua herança? O Eterno não retém sua ira para sempre, porque tem prazer na misericórdia. Tornará a ter compaixão de nós; pisará aos pés as nossas iniquidades e lançará todos os nossos pecados nas profundezas do mar. Mostrará a Jacó a fidelidade e a Abraão, a misericórdia, as quais juraste a nossos pais, desde os dias dos antigos. (Miqueias, 7:8-20)

Muitas das histórias contadas no Antigo Testamento são compilações melhoradas, adaptadas ou aumentadas de outros saberes e culturas, principalmente do Egito e da Mesopotâmia. Como é o caso de Jó, o babilônico, que se aproxima em ideias, angústias e questionamentos sobre a vida e a morte do Jó bíblico, sendo o primeiro muito mais antigo.[439] O próprio "Adão" aparece em outras culturas como o primeiro ancestral e criação de Rá (Egito). O mesmo se dá com a história da Torre de Babel, chamada de E-Sangila ou Casa do Levantamento da Cabeça, que aparece na história antiga da Babilônia como o Templo do Sol, com sete andares, construída por Bel – segundo os Caldeus – e restaurada por Hammurabi, para reunir os povos.

Quase todas as lendas, contos e mitos foram compilados e acrescidos de histórias mirabolantes e fantásticas pelas mentes férteis de nossos antepassados,[440] mas nenhuma impressiona mais nossos cérebros que a da grande inundação (Gênesis, 6-10).

---

439 DURANT, W. *Nossa herança oriental*, cap. 9, item 9.
440 ELIADE, M. *Tratado da história das religiões*, cap. 12-13.

Por meio de sondagens consegue-se estabelecer a extensão geral da enorme inundação. Segundo a opinião de Woolley, a catástrofe cobriu, ao nordeste do Golfo Pérsico, uma extensão de 630 quilômetros de comprimento por 160 quilômetros de largura. Visto no mapa (vai do Golfo Pérsico até Bagdá), foi apenas um "acontecimento local", como diríamos hoje.... Mas para os habitantes daquelas bacias essa região era todo o seu mundo.[441]

Conta-nos a epopeia babilônica que Marduk, ao combater Tiamat e suas hostes de demônios que causavam o caos, estabeleceu a harmonia do Universo e criou o homem através do barro para o serviço dos deuses e para reverenciá-lo como "rei para sempre". O homem vivia bem no Paraíso, onde a simplicidade e a ignorância faziam parte de sua existência, até que um dia, Oannes, um semideus representado como meio peixe, meio filósofo, tirou o homem das trevas e lhe deu o conhecimento do "bem e do mal", das artes, das ciências, das construções de cidades e das leis. Os deuses desaprovaram tal atitude e resolveram matar o homem com uma grande inundação. Mas Ea, o deus da sabedoria, da magia e das águas,[442] apiedando-se do gênero humano, resolve salvar pelo menos um da espécie. Diz então Ea a Shamash: "A inundação vem e o mar encher-se-á de homens, como ovos de peixe". Após a grande inundação que devastou toda a Humanidade, os deuses arrependeram-se e choraram diante da própria loucura, perguntando-se: "Quem agora nos proporcionará sacrifícios?". Os únicos que escaparam ilesos da grande inundação foram Shamash-napishtim e sua família, que construíram uma grande arca a pedido de Ea. Navegaram meses a fio até finalmente atracarem na ponta da montanha de Nisir, o pico mais "alto" da Terra, onde Shamash soltou uma pomba para inspeção do local. Depois de vários dias de espera e muita angústia, a pomba volta com um ramo seco no bico demonstrando que as águas haviam baixado e o local poderia ser habitado com segurança. Shamash, em agradecimento por ter conseguido salvar-se, sacrificou a pomba aos deuses, os quais se sentiram cheios de surpresa e gratidão. "Os deuses cheiraram o fumo do sacrifício e juntaram-se como mosca ao redor da oferenda".[443]

---

441 KELLER, W. *E a Bíblia tinha razão*, p. 44.
442 "Na concepção sumerina, supunha-se que a Terra estava assentada sobre o oceano." (ELIADE, M. *Historia de las Creencias y de las Ideas Religiosas* I, p. 91)
443 DURANT, W. *Nossa herança oriental*, p. 162.

Quando Layard encontrou, em 1845, algumas tábuas com escritas cuneiformes na biblioteca do palácio de Senaqueribe, rei da Assíria, sobre uma possível inundação, o mundo se escandalizou colocando a verdade bíblica em discussão. Alguns acreditaram que esse seria um plágio histórico para difamar o texto bíblico e suas verdades. Porém, a mesma inundação foi confirmada quando encontraram novas tábuas nas ruínas da biblioteca de Assurbanipal, em Nínive, do século VII A.E.C., mas datando de 1.000 anos antes do rei Hammurabi. Se as tábuas encontradas na biblioteca de Assurbanipal datavam cerca de 3200 A.E.C. e o dilúvio apresentado no primeiro livro bíblico só foi "escrito" por Moisés em aproximadamente 1220 A.E.C., isso prova que o escritor ou escritores do Gênesis compilaram este e muitos outros relatos da Mesopotâmia. A prova definitiva desse fato ocorreu em 1920, quando Woolley desenterrou a cidade de Ur, encontrando neste local tábuas com escrita cuneiforme, relatando uma história sobre uma grande inundação, contada por Gilgamesh, rei semilendário de Uruck ou Erech, em aproximadamente 3000 A.E.C. Ele era descendente de Shamash-napishtim, rei de Shurupak, que segundo a mitologia tornou-se imortal. Conta-nos a lenda que a grande alquimia de Gilgamesh era a busca existencial da imortalidade.[444] Como Napishtim foi salvo pelo deus Ea, contou a história a Gilgamesh e ele a escreveu para a posteridade.

> O mito do dilúvio, com todas as suas implicações, revela como a vida pode ser valorizada por uma outra "consciência" diferente da consciência humana; "vista" do nível netuniano, a vida humana aparece como algo frágil que é preciso reabsorver periodicamente, pois o destino de todas as formas é se dissolver a fim de poder reaparecer. Se as "formas" não fossem regeneradas pela reabsorção periódica nas águas, desfazer-se-iam, esgotariam suas possibilidades e extinguir-se-iam definitivamente. Os "atos maus" acabariam por desfigurar a Humanidade; esvaziada dos germes e das forças criadoras a Humanidade estiolaria, decrépita e estéril. Em vez da regressão lenta às formas submarinas, o dilúvio conduz à reabsorção instantânea nas águas, nas quais os "pecados" são purificados e das quais nascerá a Humanidade nova, regenerada.[445]

Em 1965, o Museu Britânico fez novas descobertas e trouxe à luz duas tábuas escritas em Sippar, Babilônia, no século XVII A.E.C. no reinado

---

444 ELIADE, M. *Historia de las Creencias y de las Ideas Religiosas*, vol. I, p. 114.
445 ELIADE, M. *Tratada da história das religiões*, item 72.

de Ammisaduqa. Elas se referem a Ziusudra, um possível rei-sacerdote de Shuruppak, por volta de 2900 A.E.C., aparecendo como uma das figuras mais antigas da lista de reis sumerianos. Quando Deus resolveu afogar a Humanidade, Enki (Ea), o deus que dominava as águas, chamou Ziusudra, homem piedoso e honesto, e contou-lhe sobre o plano catastrófico de Deus de destruir o gênero humano, afogando-o. Ziusudra, a pedido do deus Ea, construiu um imenso barco, salvou a si, sua esposa e filhos do grande dilúvio que transformou toda a Humanidade em lodo.

Ea ou Eä (Babilônia) – "deus das águas". Ea, sabendo do plano de Apsu, "deus da água doce" e Tiamat, sua esposa, "deusa do mar e do caos" de assassinar os deuses mais novos, matou Apsu. Tiamat, enraivecida pelo assassinato de seu marido jura vingança e, para executá-la, cria onze monstros. Tiamat casa com Kingu e coloca-o à frente de seu novo exército. Tiamat possuía as Tábuas do Destino e na batalha decisiva as deu a Kingu, que se tornou, então, o líder dos exércitos. Os deuses ficaram desesperados quando descobriram que o cruel Kingu era o novo líder dos exércitos. Reportaram-se rapidamente a Marduk, filho de Ea, que fez uma promessa a todos os deuses de que seria reverenciado como "rei dos deuses". Armado com as flechas do Vento, uma rede, um cajado e sua Lança Invencível, enfrentou Tiamat em uma batalha mortal.

> *As forças que Tiamat reuniu preparam-se para a vingança. Entretanto, Ea descobre o plano e confronta-a. Numa zona danificada da tábua é aparente a derrota de Ea. Anu a desafia, mas tem o mesmo destino. Os deuses começam a temer que ninguém será capaz de deter Tiamat. Gaga, ministro de Anshar, é encarregado de vigiar as atividades de Tiamat e informá-los da vontade de Marduk de enfrentá-la. O conselho dos deuses testa os poderes de Marduk. Depois de passar pelos testes, o conselho entrega o trono a Marduk e encarrega-o de lutar com Tiamat. Com a autoridade do conselho, reúne as armas, os quatro ventos e ainda os sete ventos da destruição, e segue para o confronto. Depois de prender Tiamat numa rede, liberta o Vento do Mal contra ela. Incapacitada, Marduk mata-a com uma seta no coração, capturando os deuses e monstros aliados. Marduk divide o corpo de Tiamat, usando metade para criar a Terra e a outra metade para criar o céu. Marduk cria residências para os outros deuses. À medida que vão ocupando seu lugar vão sendo criados os dias, meses e estações do ano. As fases da lua determinam o ciclo dos meses. Da saliva de Tiamat, Marduk cria a chuva. A cidade*

> *da Babilônia é criada sob a proteção do Rei Marduk, que decide criar os seres humanos, mas precisa de sangue para criá-los. Então apenas um dos deuses poderá morrer, o culpado de lançar o mal sobre os deuses. Marduk consulta o conselho e descobre que quem incitou a revolta de Tiamat foi seu marido, Kingu. Então o mata e usa seu sangue para criar a Humanidade, de forma a que sirva de criado dos deuses. Em honra a Marduk, os deuses constroem-lhe uma casa na Babilônia, havendo um grande festim para eles, quando terminada. Há continuação do louvor a Marduk como chefe da Babilônia e pelo seu papel na Criação – instruções às pessoas para relembrarem os feitos de Marduk.[446]*

Lendo vagarosamente o texto bíblico sobre o dilúvio, percebemos uma diferença acentuada dos relatos do dilúvio babilônicos e sumerianos para o judaico. Noé, diferentemente de Ziusudra, aparece como uma figura moral, obediente e determinada pela sua fé em seu Deus. Não foi um "outro" deus que disse a Noé que deus afogaria a Humanidade por causa de seus "pecados", mas a própria hierofania. Na história de Gilgamesh, os episódios aparecem fragmentados e isolados de um contexto histórico e moral. A versão judaica recontada do dilúvio

> *[...] vê cada evento encerando questões morais e, coletivamente, dando testemunho de um projeto providencial. É a diferença entre a literatura secular e a religiosa e entre os escritos de um simples folclore e uma história consciente e determinada.[447]*

Êxodo (*Shemot*) – Em hebraico, *ietsiat Mitsraim* significa *saída do Egito*. Aparece como o segundo livro do Pentateuco, com 40 capítulos e 1209 versículos divididos em duas partes. A primeira conta o nascimento de Moisés, sua infância e adolescência no palácio, a fuga do Egito para o deserto para escapar da lei de talião após ter assassinado o feitor egípcio, o encontro com Jetro, seu futuro sogro, o casamento com Séfora, o nascimento de seus dois filhos, o aparecimento do Eterno em forma de sarça ardente, as dez pragas lançadas sobre o Egito, a saída do Egito com o povo "eleito" e a peregrinação pelo deserto por quase quarenta anos. A segunda parte é toda legislativa, apresenta uma série de leis civis, morais e religiosas, principalmente o Decálogo ou Dez Mandamentos, que se tornaram

---

446 Enuma Elish – Tábuas II-VII.
447 JOHNSON, P. *História dos judeus*, p. 21.

para o judeu-cristianismo leis universais. Esse livro versa quase exclusivamente sobre os cuidados e a proteção que Deus provê aos israelitas, um povo cansado e humilhado ao longo de quase 450 anos de cativeiro no Egito e que não abandonou sua fé no Eterno e na descoberta da Terra Prometida. Apesar de todo o esforço de Moisés para conduzir o povo à Terra da Promessa, não conseguiu devido ao Eterno tê-lo castigado por seu pecado.

> *E agora rogo que se engrandeça a tua força oh! Eterno, como falaste, dizendo: "O Eterno é tardio em irar-se e grande em misericórdia; que perdoa iniquidade e rebelião, e não livra o culpado que não faz penitência; visita o delito dos pais nos filhos, sobre terceiras e quartas gerações"; perdoa, rogo-te, a iniquidade desse povo, segundo a grandeza de tua benignidade, como tens perdoado a este povo, desde o Egito até aqui. E disse o Eterno: perdoei, conforme a tua palavra.* (Números, 14:17-20 – tradução Melamed)

Foi Josué, seu sucessor, quem conquistou, matou, trucidou e tomou através da guerra a Terra Santa.

Levítico (*Vaikrá*) – Em hebraico *cohanim* significa sacerdotes. Terceiro livro bíblico com 27 capítulos e 859 versículos.

> *A versão dos Setentas deu-lhe o título de "Levítico", porém essa denominação não está de acordo com seu conteúdo, pois o livro só trata dos Levitas esporadicamente, dedicando a maior parte aos Cohanim (sacerdotes) e ao culto em geral. Chamaram-no assim, talvez porque Arão e seus filhos, os sacerdotes, pertenciam à tribo de Levi.*[448]

Para um melhor entendimento, esse livro ou rolo pode ser "dividido" em cinco partes. Do capítulo 1 ao 7 estão as leis do sacrifício; do 8 ao 10, a consagração ao sacrifício; do 11 ao 16 as leis de higiene alimentar, a purificação e a preparação para o "dia da expiação"; do 17 ao 26 as leis de pureza (santidade), os ritos (cerimôniais e morais) e o sacrifício de animais (puros e impuros); e no capítulo 27 aparecem votos e a avaliação do Eterno para os homens. Se existe uma busca de transcendência em toda a literatura e nos livros da Torá, ela pode ser observada no seguinte discurso: "Santos sereis, pois santo sou Eu, o Eterno vosso Deus" (19:2). Mesmo para um cabalista, acostumado a exaltar o Eterno como

---

448 MELAMED, M.M. *As leis de Moisés*, p. 176.

342

incognoscível, jamais entenderia essas palavras como absolutas. Para os estudiosos do Judaísmo, todas as vezes que lemos características humanas nas leis do Eterno, por exemplo: as mãos, os pés, os olhos, a ira, o orgulho etc., nunca devem ser entendidas como reais, apenas figurativas.

> Seja em que domínio for, a perfeição assusta, e é nesse valor sagrado ou mágico da perfeição que será necessário procurar a explicação do receio que até a mais civilizada das sociedades manifesta perante o santo ou o gênio. A perfeição não pertence a este mundo. É uma coisa diferente deste mundo, embora venha até ele.[449]

Nesse livro também encontramos a "promessa" do Eterno de fazer com que toda a Israel fosse reconhecida, e seu templo consagrado (26:11-12). O Levítico é um livro essencialmente legislativo. As leis nele contidas não obedecem à ordem alguma, de forma que ele pode ser dividido em muitas partes, a depender do argumento que queremos defender, como no caso da perfeição citada.

Números (*Bemidbar*) – Em hebraico significa *deserto*. Compreende o quarto livro do Pentateuco com 36 capítulos e 1228 versículos. Esse nome foi dado, como foi o caso do Levítico, à tradução dos Setenta, por estar ligado aos dois censos realizados após a saída do Egito. O primeiro (Números 1 ao 4), quando os judeus chegaram ao Sinai, e o segundo, trinta e oito anos depois, quando as tribos israelitas estavam próximas às terras de Canaã. O conteúdo existente nesse livro pode ser dividido em três partes. A primeira está relacionada ao recenseamento das tribos antes da viagem para o deserto, às leis comuns, como a infidelidade da mulher, o serviço do tabernáculo, a lei de restituição, o nazirato e outros acontecimentos que antecederam a partida para o Sinai. A segunda conta o sofrimento enfrentado por este povo, como a fome, a sede, as doenças, os exploradores e todo tipo de problemas que um povo considerado nômade enfrenta na busca de novas terras para se fixar. Como todo e qualquer indivíduo em situação de angústia e sofrimento acredita que o que ele passa será sanado por um herói mítico que lhe trará a justiça que este não consegue sozinho, o povo judeu e muitos outros povos da época acreditavam que seu deus ou salvadores viriam tirá-los do sofrimento.

---

449 ELIADE, M. *Tratado da história das religiões*, p. 20.

Porém, tão certo como Eu vivo, e como toda a Terra se encherá da glória do Eterno, que todos os homens que têm visto minha glória e os sinais que fiz no Egito e no deserto, e me puseram à prova já dez vezes, e não obedeceram a minha voz, nenhum verá a terra que jurei a seus pais. E todos meus irritadores não a verão (14:21-23).

Aqui não só o povo foi proibido de conhecer e entrar na Terra Santa, como o próprio Moisés e Arão. A última parte trata da chegada do povo às margens do rio Jordão, da morte de Miriam (irmã de Moisés) e de Arão, da derrota do rei de Aude, da serpente de Bronze, da vitória sobre Seom, rei de Hebrom e Ogue, rei de Basã, do tratamento nada amável com os cativos (31:13-18) e outros relatos. Esses censos eram feitos com o intuito de contar e separar os homens mais aptos para guerrear e defender as mulheres, as crianças e o povoado de possíveis invasões.

Deuteronômio – Em hebraico, *devarim* significa "palavras". É o quinto livro bíblico e o último do Pentateuco com 34 capítulos e 955 versículos, de "autoria" de Moisés, segundo as primeiras linhas que iniciam o livro: "Essas são as palavras que falou Moisés a Israel". Não há provas históricas de que esse livro tenha sido escrito por Moisés. Até onde sabemos e conta a história sagrada, esse rolo ou livro fora encontrado no templo por volta de 650 A.E.C. pelo sumo sacerdote Hilquias, que o entregou ao escrivão Safã, ambos responsáveis por cuidar e gerenciar o Templo. O livro foi encontrado no reinado de Josias, considerado um dos últimos reis de Judá (2 Reis, 22:8-20).

Apresenta-se de modo geral em forma de discurso, pronunciado por Moisés ao povo israelita, em que o repreende por suas faltas, exorta-o a observar as leis divinas, indicando o castigo aos que transgredirem e as promessas de Deus aos que escolherem a senda da vida.[450]

É provável que esses rolos tenham sidos compilados e sintetizados de outros escritos e colocados no templo secretamente pelos próprios autores do achado, com a ajuda da profetisa Hulda, a quem Josias havia consultado alguns dias antes sobre uma possível reforma no templo.

Esse livro nunca foi citado ou sequer temos notícias de que existisse um quinto livro escrito por Moisés que tenha se perdido no decorrer dos

---

450 MELAMED, M.M. *As leis de Moisés*, p. 303.

séculos. Se o autor desse livro tivesse realmente sido Moisés, mesmo sem ser apresentado ao povo naquela época por ser considerado muito acima de suas capacidades de entendimento, existiria alguma anotação, citação ou mesmo relato da existência desse quinto livro, que possivelmente seria guardado para a posteridade. Uma outra questão se levanta. Moisés não conheceu a Terra Prometida, nem sonhava com um Templo próprio para seu Deus, que só fora levantado por Salomão cerca de 250 anos após a morte de Moisés. Mas o rei Josias só aparece na história 580 anos após Moisés e 330 anos após Salomão. Como esse livro foi parar no Templo? A quem o Deus de Moisés responsabilizou por guardar tão sagrado tesouro por todos esses séculos? Por que não existia nenhum tipo de referência sobre tal livro, nos outros livros de Moisés? Por que seu aparecimento justamente nessa época da reforma do Templo? Essas e muitas outras questões talvez nunca sejam respondidas historicamente. Mas a fé diz ser esse livro de Moisés. É esse o movimento dialético que possui a fé.

> Para o homem religioso, o espaço não é homogêneo: o espaço apresenta roturas, quebras; há porções de espaço qualitativamente diferentes das outras. "E disse: Não te chegues para cá; tira os teus sapatos de teus pés; porque o lugar em que tu estás é Terra Santa." (Êxodo, 3:5). Há, portanto, um espaço sagrado, e por consequência "forte", significativo, e há outros espaços não sagrados, e por consequência sem estrutura nem consistência, em suma, amorfos. Mais ainda: para o homem religioso essa não homogeneidade espacial traduz-se pela experiência de uma oposição entre o espaço sagrado – o único que é real, que existe realmente – e todo o resto, a extensão informe, que o cerca. Quando o sagrado se manifesta por uma hierofania qualquer, não só há rotura na homogeneidade do espaço, como também revelação de uma realidade absoluta, que se opõe à não realidade da imensa extensão envolvente. A manifestação do sagrado funda ontologicamente o mundo.[451]

Esse livro apenas repete as leis que já haviam sido escritas nas obras precedentes, acrescentando em algumas passagens explicações mais extensas, admoestação e o temor que os filhos de Israel devem ter, caso desobedeçam as leis impostas por seu Deus. A "Versão dos Setenta" ou *Sepituaginta*, em latim, citado anteriormente, é a primeira tradução do Pentateuco do hebraico para o grego no século III A.E.C. Foi o faraó

---

451 ELIADE, M. *O sagrado e o profano*, p. 17.

Ptolomeu Filadelfo que pediu ao sumo sacerdote Eleazar de Jerusalém que enviasse alguns sábios para traduzir os textos da Torá para o grego. Foram enviados 72 sábios da Palestina, seis de cada tribo, e, segundo conta a história talmúdica, cada um ficou confinado em uma cela para realizar em separado as traduções.

> A princípio traduziram apenas o Pentateuco. Os demais livros foram vertidos gradativamente, a partir de 250 A.E.C. As citações do Antigo Testamento no Novo Testamento são feitas pelos Setenta e não pelo texto hebreu. A versão generalizou-se por todo o Oriente e pelo mundo mediterrâneo.[452]

Livros e escritores do Antigo Testamento

Os escritos e os profetas podem ser divididos da seguinte forma: livros narrativos e históricos são os de Josué, Juízes, Reis e Samuel. Entre os profetas temos os quatro maiores ou principais e os doze menores. A palavra menor significa, em muitos casos, o tempo de pregação e a extensão do livro e não a maior ou menor importância deste ou daquele profeta. Todos tiveram sua participação e foram importantes de uma forma ou de outra. Os menores são: Ageu, Amós, Habacuque, Joel, Jonas, Malaquias, Miqueias, Naum, Obadias, Oseias, Sofonias e Zacarias. Os maiores ou principais são: Daniel, Ezequiel, Isaías e Jeremias. Temos ainda uma outra divisão que podemos chamar de hagiógrafos (Escritores Sagrados) ou ketuvim (Sagradas Escrituras), composta de 11 livros, contendo em sua estrutura a meguilá (rolo) que compreende cinco livros: Cânticos dos Cânticos, Eclesiastes, Ester, Lamentações e Rute; os últimos são Crônicas, Esdras, Jó, Neemias, Provérbios e Salmos.

Em alguns escritores o livro de Daniel é posto entre os profetas maiores, outras vezes é colocado nos hagiógrafos. Apesar de não ser a práxis, na dúvida optamos em deixá-lo como o quarto profeta maior, pela influência que teve em todo o exílio e na literatura judaica.

Ageu (Festivo) – pouco se sabe desse profeta. Seu nascimento talvez tenha sido durante o cativeiro na Babilônia, onde veio com Zorobabel para

---

452 SCHIAVO, J. Novo *Dicionário de personagens bíblicos*, p. 102.

Jerusalém em aproximadamente 536 A.E.C. Foi ele que incentivou Zorobabel e Josué a recomeçar a reconstrução do templo, que só vieram a se estabelecer entre os Judeus em 516 a 520 A.E.C., ou seja, 16 a 20 anos após a volta do cativeiro. O Livro de Ageu teve grande importância para os Judeus, e veio com a finalidade de exortar, remover as dúvidas e levantar as energias enfraquecidas do povo. Também é considerado um dos três profetas da restauração (1:14).

Amós (carregador de Fardos) – é considerado autor do livro que leva seu nome. Natural, provavelmente da cidade de Tecoa, localizada a cerca de 10 km ao sul de Belém. Parece ter escrito seu livro nos reinados de Jeroboão e Uzias, e teve possivelmente como contemporâneo Oseias. Seu livro está na coleção dos Doze Profetas ou Profetas Menores, sendo provavelmente a profecia mais antiga dos profetas.

Cânticos dos Cânticos ou Cantares – escrito possivelmente por Salomão, versa sobre respeito, afeição mútua e ternura que deve existir entre marido e mulher. Esse livro parece um poema de alguém muito apaixonado, está dividido em forma de diálogos: "os principais interlocutores são o rei Salomão e sua noiva, havendo, também, um coro de virgens, e manifestando-se outros espectadores".[453]

Crônicas 1 e 2 – trata-se de uma narração histórica de um fato ou possivelmente das genealogias do povo judeu: "com o alvo de ajudar o povo a colonizar novamente a Terra, cada família com direito às terras ocupadas anteriormente ao cativeiro".[454]Na versão dos Setenta de Paralipômenos, encontrada até hoje em algumas bíblias antigas, e talvez também na própria tradução ou escrita grega, eram dois livros chamados de "Palavras dos Dias". Coube a Jerônimo, na tradução da *Vulgata* latina, em aproximadamente 400 E.C., e revisada por Clemente VIII, intitulá-los como "Primeiro e Segundo Livro das Crônicas". Não existe data determinada para esses e outros livros bíblicos, mas acredita-se que tenha sido Esdras seu autor, pois parte do livro são cópias idênticas dos livros dos Reis. "Se foi Esdras seu autor principal, houve, provavelmente, um acréscimo feito por outro escritor".[455]

Daniel (Deus é meu Juiz) – pouco se sabe da vida do profeta Daniel, a não ser o que se encontra no livro intitulado com seu nome. Existem dois

453 BUCKLAND, A.R. *Dicionário bíblico universal*, p. 81.
454 BOYER, O. S. *Pequena enciclopédia bíblica*, p. 173.
455 BUCKLAND, A. R. *Dicionário bíblico universal*, p. 103.

acontecimentos que o tornaram conhecido e lhe deram grande prestígio e reconhecimento heroico. O primeiro foi por ter revelado aquele famoso sonho de Nabucodonosor, o que ocorreu no segundo ano do reinado desse monarca, em 603 A.E.C. (4:1-37), e o segundo, por ter escapado e sobrevivido magicamente à cova dos leões (6:1-28). É considerado o último dos quatro profetas "maiores", possivelmente tenha sido contemporâneo de Jeremias, Ezequiel, Amós, Oseias, Isaías, Esdras, Zorobabel e de Josué, sacerdote da restauração. Suas últimas profecias só apareceram dois anos mais tarde no terceiro ano do reinado de Ciro.

> *É interessante notar que o homem religioso assume uma Humanidade que tem um modelo transumano, transcendente. Ele só se reconhece verdadeiramente homem quando imita os deuses, os heróis civilizadores ou os antepassados míticos. Em resumo, o homem religioso se quer diferente do que acha que é no plano de sua existência profana. O homem religioso não é dado: faz-se a si próprio ao aproximar-se dos modelos divinos. Esses modelos, como dissemos, são conservados pelos mitos, pela história das gestas divinas. Por conseguinte, o homem religioso também se considera feito pela História, tal qual o homem profano. Mas a única que interessa a ele é a história sagrada revelada pelos mitos, quer dizer, a história dos deuses, ao passo que o homem profano se pretende constituído unicamente pela história humana – portanto, justamente pela soma de atos que, para o homem religioso, não apresentam nenhum interesse, visto lhes faltarem os modelos divinos.*[456]

Eclesiastes (*cohélet* – Líder da Congregação) – o autor deste livro é desconhecido – sendo apresentado algumas vezes como obra de Salomão –, caracteriza-se como orador e moralista, viveu provavelmente entre o fim do II e III século A.E.C. Este livro é um desmoronamento e crítica severa do sistema de retribuições.[457] Seu livro deixa-nos a impressão de um filósofo pessimista imbuído de um ceticismo onde a vida espiritual não tem lugar, mais parece um existencialista Sartreano que um escritor "religioso". Tudo em seu livro leva-nos a certo pessimismo, ao estoicismo grego e à descoberta da finitude como realidade última, nada adianta ser feito, o lado espiritual é relegado e esquecido, "no além, para onde tu vais, não há obra, nem projetos, nem conhecimento, nem sabedoria alguma" (9:10), tudo é *vaidade*, é correr atrás do vento. Não devemos confundir Eclesiástico (Sirácida), obra

456 ELIADE, M. *O sagrado e o profano*, p. 52.
457 MARQUES e COUTINHO. *Compêndio de religiões e espiritualidades*, p. 517.

atribuída a Ben Sira e tida como apócrifa, incluída na bíblia católica, com o Eclesiastes aceito por todos como obra canônica, mesmo sendo o autor desconhecido e parecendo em seus textos não acreditar em uma outra vida, privilegiando e estimando a vida terrena e os bens materiais.

Esdras (Auxílio) – escriba e sacerdote da época do exílio babilônico, nascera cerca de 500 A.E.C. e retornou a Jerusalém na segunda leva de expatriados, recebendo permissão de Artaxerxes Longímano para voltar em 445 ou 458 A.E.C. às terras de seu pai Seraías (7 e 8). Esforçou-se por preservar os antigos usos e costumes da religião judaica, combatendo os casamentos mistos. Reconstituiu sob "inspiração divina" os livros sagrados desaparecidos na ruína do templo. Atribui-se-lhe a autoria do livro que tem seu nome e também a determinação do cânon bíblico, todavia só definitivamente fixado no ano de 95 E.C.

> Nada mais se diz acerca de Esdras, até que, passados treze anos, o encontramos de novo em Jerusalém com Neemias, naquele ato solene em que foi lida a lei diante do povo, repetindo-se a leitura todos os dias durante a festa do Tabernáculo.[458]

Ester (Estrela) – Na tradição judaica, o livro de Ester é uma meguilá, nome dado a cinco livros da bíblia judaica: Rute, Cânticos dos Cânticos, Lamentações, Eclesiastes e Ester. O livro de Ester é o único em rolo que ainda nos dias de hoje é lido na maioria das sinagogas e comunidades judias em dias de festas, para lembrar-lhes a fé, a determinação e a confiança que devemos ter no Eterno.

> Prima de Mardocai, tronada rainha no reinado de Assuero (Xerxes), de quem se tornara concubina após o divórcio do rei com a rainha Vasthi. Com o primo salvou seus compatriotas do massacre planejado por Hamã para exterminar os judeus da Pérsia. Os modernos críticos têm seu livro como ficção engendrada para justificar a "festa do purim" (sortes). Teria havido transposição do nome da deusa babilônia Ishtar para a judia Ester (hebraico Hadassa), assim como de Marduk para Mordecai, de Ahsuero para Assuero. Hamã e Vasthi seriam nomes de divindades elamíticas.[459]

Ezequiel (Deus fortalece) – é considerado um dos quatro grandes profetas. Criou-se possivelmente em Jerusalém, sendo, provavelmente, um dos discípulos de Jeremias. Fez parte da leva de dez mil cativos que

458 BUCKLAND, A.R. Dicionário bíblico universal, p. 141.
459 SCHIAVO, J. Novo dicionário de personagens bíblicos, p.42.

Nabucodonosor mandou para o exílio na Babilônia que durou setenta anos, dez anos antes da destruição de Jerusalém em 587 A.E.C. É possivelmente o autor do livro que leva seu nome, tendo sido escrito em aproximadamente 592 A.E.C. O livro trata de algumas profecias e, entre outras coisas, da morte de sua mulher e de seu sofrimento diante da proibição de Deus em colocar luto por ela. Ezequiel apresentava comportamentos excêntricos: mímicas, cacoetes, euforias etc. Em outra ocasião de sua vida foi obrigado por Deus a comer excremento para provar sua fé (4:12-17).

> *O ponto central das predições de Ezequiel é a destruição de Jerusalém. Depois desse fato, seu principal cuidado era dirigir palavras de consolação aos exilados judeus, anunciando-lhes seu futuro livramento e a volta à pátria. Foi morto por um dos seus companheiros de exílio, que era entre os cativos homem de posição.*[460]

Habacuque (O que abraça) – existem pouquíssimas referências sobre este personagem ou o livro que leva seu nome. Provavelmente tenha sido um levita e cantor no templo, como indica sua obra no capítulo 3. Suas profecias eram direcionadas ao povo e à cidade de Judá e foram escritas possivelmente no governo de Joaquim, pouco antes da invasão de Nabucodonosor e a destruição do Templo de Jerusalém (586 A.E.C.). Existe a possibilidade desse personagem ter sido contemporâneo de Jeremias.

Isaías (Salvação do Senhor) – profetas dos séculos VIII a V A.E.C. e possivelmente contemporâneos de Oseias, Amós, Ezequiel e Miqueias. Seus livros são considerados os maiores em profecias.

> *No ano da morte do rei Uzias, eu vi o Senhor assentado sobre um alto e sublime trono, e as abas de suas vestes enchiam o templo. Serafins estavam por cima dele; cada um tinha seis asas: com duas cobria o rosto, com duas cobria seus pés e com duas voava. E clamavam uns para os outros, dizendo: Santo, santo, santo é o Senhor dos Exércitos; toda a Terra está cheia da sua glória. As bases do limiar se moveram à voz do que clamava, e a casa se encheu de fumaça. Então, disse eu: ai de mim! Estou perdido! Porque sou homem de lábios impuros, habito no meio de um povo de impuros lábios, e os meus olhos viram o Rei, o Senhor dos Exércitos! Então, um dos serafins voou para mim, trazendo na mão uma brasa viva, que tirara do altar com uma tenaz; com a brasa tocou minha boca e disse: eis que ela tocou teus lábios; tua iniquidade foi tirada, e perdoado, teu*

460 ARMSTRONG, K. *Uma história de Deus*, p. 51.

pecado. Depois disso, ouvi a voz do Senhor, que dizia: a quem enviarei, e quem há de ir por nós? Disse eu: eis-me aqui, envia-me a mim. Então, disse ele: vai e dize a esse povo: ouvi, ouvi e não entendais; vede, vede, mas não percebais. Torna insensível o coração desse povo, endurece-lhe os ouvidos e fecha-lhe os olhos, para que não venha ele a ver com os olhos, a ouvir com os ouvidos e a entender com o coração, e se converta, e seja salvo. Então, disse eu: até quando, Senhor? Ele respondeu: até que sejam desoladas as cidades e fiquem sem habitantes, as casas fiquem sem mora-dores, e a Terra seja de todo assolada, e o Senhor afaste dela os homens, e no meio da Terra seja grande o desamparo. Mas, se ainda ficar a décima parte dela, tornará a ser destruída. Como terebinto e como carvalho, dos quais, depois de derribados, ainda fica o toco, assim a santa semente é seu toco. (6:1-13)

As pesquisas mais recentes mostram que a primeira parte desse livro (1 ao 39) foi escrita em Judá, no século VIII (740 a 701 A.E.C.); os capítulos 44 ao 55 por volta de 550 a 540 A.E.C., por Dêutero Isaías ou Isaías Júnior; e o restante dos capítulos, de 56 ao 66, por volta dos anos 520 a 400 A.E.C. São tidos como as profecias do pós-exílio, pois retratam a exploração dos mais pobres pela elite religiosa judaica e pelo império persa. Parece-nos que a grande tarefa dos Isaías (3:12-15) foi lutar por aquilo que acreditavam, ou seja, pela casa de Javé, Jerusalém, cidade santa, restaurando a verdadeira monarquia davídica (2 Samuel, 7 e 1 Samuel, 7:13), bem como a indepen-dência de Israel de todo reino estranho (8:23; 9:6; 16:5 e 31:8-9).

Das vidas desses Isaías nada sabemos, a não ser que o primeiro casou e sua mulher teve dois filhos, conhecidos apenas por nomes simbólicos e não aparecem em seus livros. O segundo e terceiro Isaías nos lembram nossos amigos "sindicalistas", protestando contra os poderosos, pois seus avisos estavam mais diretamente ligados à exploração, opressão e ganân-cia econômica que o povo vinha sofrendo do que a uma realidade propria-mente espiritual. Apesar de um aparente ar protetor, do capítulo 1 ao 39, o primeiro Isaías não se cansava de dizer que Deus estava zangado e que punia os filhos de Israel por sua "nação pecaminosa".

O segundo Isaías (40 ao 55) não mais relata um Deus zangado e que pune seus filhos, mas um Deus compassivo que promete a consolação e abundância aos seus eleitos e à nova Eretz Israel – "Consolai, consolai o meu povo, diz o vosso Deus". Aqui já aparece o gênero literário apocalíp-tico e a característica clara do rei messiânico.

Pelo que lhe darei o seu quinhão com os grandes, e com os poderosos repar-
tirá ele o despojo; porquanto derramou sua alma até a morte, e foi contado
com os transgressores; mas levou sobre si o pecado de muitos, e pelos trans-
gressores intercedeu. (53:12)

Exemplos desse gênero literário aparecem também em Ezequiel (38-39); Zacarias ou Dêutero-Zacarias (9-14). Porém, esse tipo de literatura será amplamente usado no livro de Daniel, no Apocalipse e na literatura apócrifa judaica e cristã.

O terceiro Isaías, ou mesmo os vários dêuteros Isaías que apareceram após o século V, ajudaram a compor os trechos que vão até o final do livro. Deixam entrever não mais uma preocupação no conjunto (66:3-4), a salvação do povo de Deus, mas o homem "pagará a cada um segundo suas obras" (59:18), sendo o responsável pela sua salvação através da justiça e solidariedade com quem necessita (66:2). Uma nova Jerusalém não será obra dos ricos e poderosos, mas virá a partir dos pobres (65:17), tendo como primeiro passo restabelecer as relações igualitárias, entre todas as classes (65:25).[461]

O homem religioso só pode viver num mundo sagrado porque somente um tal
mundo participa do ser, existe realmente. Essa necessidade religiosa exprime
uma inextinguível sede ontológica. O homem religioso é sedento do ser. O terror
diante do "caos" que envolve seu mundo habitado corresponde ao seu terror
diante do nada. O espaço desconhecido que se estende para além do seu "mun-
do", espaço não cosmizado porque não consagrado, simples extensão amorfa
onde nenhuma orientatio *foi ainda projetada e, portanto, nenhuma estrutura*
se esclareceu ainda – esse espaço profano representa para o homem religioso o
não ser absoluto. Se, por desventura, o homem se perde em seu interior, sente-se
esvaziado de sua substância "ôntica", como se se dissolvesse no Caos, e acaba
por se extinguir. Em resumo, cada homem religioso situa-se ao mesmo tempo no
Centro do Mundo e na origem da mesma da realidade absoluta, muito perto da
"abertura" que lhe assegura a comunicação com os deuses.[462]

Jeremias (Jeová estabelece) – profeta de Judá no século VII A.E.C., contemporâneo de Sofonias, Habacuque, Ezequiel e Daniel. Jeremias foi um incansável pregador das leis de Deus no reinado de Josias.

---

461 MARQUES e COUTINHO. *Compêndio de religiões e espiritualidades.* Verbete: Isaías.
462 ELIADE, M. *O sagrado e o profano,* pp. 36-37.

Durante o reinado de Josias não há dúvida de que Jeremias o auxiliou na reforma religiosa do povo. Mas, ao fim de 18 anos a invasão do Faraó--Neco trouxe a morte do bom rei, e o cativeiro no Egito, do seu filho e sucessor Salum ou Joacás.[463]

Quando o Livro do Deuteronômio foi descoberto no reinado de Josias, Jeremias foi o primeiro entusiasta a demonstrá-lo e chamar o povo à obediência e ao cumprimento das leis nele inscritas (2 Reis, 22:1-20), leis que apenas repetiam e insistiam no cumprimento dos *mitsvot* já falados nos rolos de livros anteriores. Após a morte do rei Josias, uma profunda melancolia abateu-se n'alma de Jeremias, as profecias saíam de sua boca com grande dificuldade e sofreram ao longo do tempo largas perseguições. Apesar de todo esse sofrimento interno, Jeremias continuou ao lado de seu povo advertindo-os e ao rei Zedequias, que governava no pequeno reinado de Joaquim, sobre o cuidado com os falsos profetas (26:1-24).

Não deis ouvidos às palavras dos profetas, que vos profetizam a vós, ensinando-vos vaidades; falam da visão do seu coração, não da boca do Eterno. Dizem continuamente aos que desprezam a palavra do Eterno: Paz tereis; e a todo o que anda na teimosia do seu coração, dizem: Não virá mal sobre vós. (23:16-17)

Jó (Voltando sempre para Deus) – aparece no texto bíblico como homem reto e piedoso, típico do herói exemplar, sofredor e resignado, originário de Hus, possivelmente na região da Arábia. Historiadores recentes datam esse livro do período do pós-exílio, possivelmente da chamada era apocalíptica. O gênero literário apocalíptico foi amplamente difundido no Judaísmo do século II A.E.C. ao II E.C., como exposto. Os discursos contidos no livro de Jó são próprios da literatura religiosa exemplar, seus discursos são considerados os mais belos e antigos dos escritos judaicos, tendo como prova disso sua paciência e fé frente às dificuldades e problemas que enfrentava com doenças e misérias. Alguns alegam que essas dores foram dadas a Jó por ter ficado em silêncio quando Balaão instruiu o Faraó para que se jogassem as crianças israelitas no Nilo. O ponto alto de seu livro são as discussões e dúvidas que promove com seus pensamentos, demonstrando que a reflexão é um método natural.

---

463 BUCKLAND, A.R. *Dicionário bíblico universal*, pp. 211-213.

[...] esperança para a árvore, que, se for cortada, ainda se renovará, e não cessarão seus renovos. Se envelhecer na terra sua raiz, e morrer seu tronco no pó, ao cheiro das águas brotará, e dará ramos como a planta nova. Mas morto o homem, é consumido; sim, rendendo o homem seu espírito, então onde está? Oxalá me escondesse na sepultura, e me ocultasse até que sua ira se desviasse, e me pusesse um limite, e te lembrasses de mim! Morrendo o homem, porventura tornará a viver? Todos os dias de meu combate esperaria, até que viesse a minha mudança.[123]

Jó mais parece um filósofo que um profeta, viveu a vida argumentando sobre a vida e a morte, seus dissabores, renúncias, dificuldades de relacionamento com o próximo e problemas de entendimento com Deus. Segundo alguns escritores, o livro de Jó é uma adaptação do conto babilônico "O justo sofredor".

Os mitos preservam e transmitem os paradigmas, os modelos exemplares para todas as atividades responsáveis a que o homem se dedica. Em razão desses modelos paradigmáticos, revelados ao homem em tempos míticos, o Cosmo e a sociedade são regenerados de maneira periódica.[464]

Joel (Jeová é Deus) – pouco se sabe a respeito desse profeta ou do livro que leva seu nome. Era filho de Petuel, e contemporâneo de Oseias e Amós. Seu livro é escrito elegantemente, nele demonstram-se claramente as profecias contra os fenícios e as calamidades contra um povo agrícola, que mais nos parece uma simples advertência que algo real.

Jonas (Pompa) – apesar de aparecer como um personagem ou profeta, Jonas não possui roteiro histórico e o que sabemos a seu respeito foi relatado em seu livro escrito possivelmente na época de Jeoacaz, rei de Israel por dezessete anos (2 Reis, 13:1-9). Filho de Amitai, e natural de Gate-Hefer, foi ressuscitado, segundo as lendas judaicas, pelo profeta Elias (1 Reis, 17:19-24). O Livro de Jonas é mais conhecido através do conto no qual se recusa a pregar em Nínive e foge para Társis, sendo surpreendido por uma tempestade, lançado ao mar e engolido por um grande peixe, permanecendo no ventre do animal por três dias, sendo lançado fora a pedido de Deus (2:10). Levantou-se Jonas, e foi a Nínive, segundo a palavra do Senhor. Era, pois, Nínive uma grande cidade, de três dias de caminho. E começou Jonas a entrar pela cidade no caminho de

464 ELIADE, M. *O mito do eterno retorno*, p. 9.

um dia, e pregava, e dizia: "Ainda quarenta dias e Nínive será subvertida" (3:3-4).

> *O simbolismo e o ritual iniciáticos que comportam ser engolidos por um monstro desempenharam um papel considerável tanto nas iniciações como nos mitos heroicos e nas mitologias da morte. O simbolismo do regresso ao ventre tem sempre uma valência cosmológica. É o mundo inteiro que, simbolicamente, regressa com o neófito à Noite cósmica para poder ser criado de novo, regenerado. Penetrar no ventre do monstro – ou ser simbolicamente "enterrado" ou fechado na cabana iniciática – equivale a uma regressão ao indistinto primordial, à Noite cósmica. Sair do ventre, ou da cabana tenebrosa, ou da "tumba" iniciática, equivale a uma cosmogonia. A morte iniciática reitera o retorno exemplar ao Caos para tornar possível a repetição da cosmogonia, ou seja, para preparar o novo nascimento. A regressão ao Caos verifica-se às vezes literalmente: é o caso, por exemplo, das doenças iniciáticas dos futuros xamãs, consideradas inúmeras vezes verdadeiras loucuras. Assiste-se, com efeito, a uma crise total, que conduz muitas vezes à desintegração da personalidade. O "caos psíquico" é o sinal de que o homem profano se encontra prestes a "dissolver-se" e que uma nova personalidade está prestes a nascer.[465]*

Josué (Jeová é salvação) – sucessor de Moisés na chefia das tribos Israelitas existentes no Egito na época do Êxodo. Seu nome anterior era Oseias. Contornando Edom e Moab, assediou Jericó e atravessou o Jordão. O livro que traz seu nome é como uma continuação do Pentateuco (Torá), classificado como Hexateuco (rolo de seis livros). Alguns críticos o consideram o verdadeiro criador da nação judaica (14:1-15), sob a égide de um deus nacional, irascível, cruel e sanguinário – O Senhor dos Exércitos. Contraiu matrimônio com a meretriz Rahab, após converter-se ao Judaísmo e ajudar os israelitas a conquistar Jericó. Dirigiu a confederação tribal durante 40 anos, morrendo, segundo o relato bíblico, com 110 anos, sendo sepultado nas proximidades de Timnate-Será. Além do livro que traz seu nome, "de acordo com certa opinião, escreveu também os oitos últimos versículos do Pentateuco, que descrevem a morte de Moisés".[466]

Lamentações – livro possivelmente escrito por Jeremias, ou qualquer pessoa que estivesse no cativeiro no tempo de Nabucodonosor, é atribuído a Jeremias por causa dos lamentos e o espírito depreciativo apresentado. Suas

465 ELIADE, M. *O sagrado e o profano*, p. 94.
466 UNTERMAN, A. *Dicionário judaico de lendas e tradições*, p. 136.

palavras estão voltadas diretamente à cidade de Jerusalém e ao rei Josias, que era considerado o "Ungido do Senhor" (4:20).

Malaquias (Mensageiros de Deus) – não se sabe nada da vida desse personagem, nem mesmo se foi real ou apenas mais uma compilação dos cultos das antigas crenças da Mesopotâmia. Malaquias não é um nome e sim um título que significa "mensageiro ou profeta". Sendo o último livro da série do Velho Testamento, isso levou o povo judeu a acreditar (tal qual os cristãos com o Apocalipse e a morte do último profeta do Novo Testamento) que as profecias haviam chegado ao fim. "A profecia chegou ao fim com o profeta Malaquias, e desde o tempo da destruição do Primeiro Templo a profecia só é encontrada nas palavras dos tolos e das crianças" (3:1-18; 4:5-6). Nada podemos afirmar da personalidade do escritor do livro de Malaquias, a não ser o que se encontra na própria obra. Existem duas profecias fundamentais nele que nos dão base para "observar" que fora escrito na Era Messiânica, onde promete a vinda do rei herói e o "retorno" de Elias, também como herói messiânico (3:1-18; 4:5-6).

Miqueias (Quem é semelhante a Jeová) – contemporâneo de Amós, Oseias e de algum dos Isaías, natural de Morasete-Gate, povoação residente mais ou menos a 35km ao sudoeste de Jerusalém. Enquanto os Isaías eram profetas da cidade, Miqueias era do campo como Amós. [467] Seu livro é considerado o sexto livro dos profetas menores e possui semelhança com as profecias de Isaías em referência à destruição do templo e às censuras tanto a Israel como a Judá.

> *Por isso farei Samaria um montão de pedras do campo, uma terra de plantar vinhas, e farei reboar suas pedras no vale, e descobrirei seus fundamentos. Portanto, por causa de vós, Sião será lavrada como campo, e Jerusalém se tornará em montões de pedra, e o monte dessa casa em lugares altos de um bosque. (1:6; 3:12)*

Miqueias foi um dos muitos profetas que predisse sobre a vinda do rei messiânico (5:4) e outras muitas profecias que aconteceram antes de sua morte (3:1-4). Existe uma dúvida acerca de sua morte, pois é confundido com Micaías, filho de Inlá. Apesar de os nomes terem a mesma forma de pronúncia, não existe prova de que Micaías, considerado profeta de Acabe pelo ano de 890 A.E.C., seja Miqueias. Acabe era um daqueles reis que adoravam

---

467 NAKANOSE, S.; PEDRO, E. de P. *O primeiro Isaías*, p. 95.

massageadores de ego. Quando pediu a Micaías que profetizasse sua ida a Ramote de Gileade e sua próspera conquista, Micaías disse:

> [...] vi Israel todo disperso pelos montes como ovelhas que não têm pastor; e disse o senhor: Esses não têm senhor; torne cada um em paz para sua casa. Então o rei de Israel (Acabe), disse a Josafá: não te disse eu, que nunca profetizará de mim bem, senão o mal? Então disse o rei de Israel: tomai Micaías, e tornai a trazê-lo a Amom, o chefe da cidade, e a Joás filho do rei. Metei esse homem (Micaías) na casa do cárcere, e sustentai-o com o pão de angústia, e com a água de amargura, até que eu venha em paz. (1 Reis, 22:1-40)

Essa é a diferença entre Micaías que morreu no cárcere por profetizar a morte de Acabe e Miqueias, que segundo conta a história judaica, sofreu o martírio, como todo bom herói exemplar.

Naum (Consolação) – profeta do reinado de Ezequias, rei de Judá entre 726 a 697 A.E.C. É difícil falar de um profeta cujos paradeiro e genealogia nada se sabe ao certo; a única referência que temos é o livro que leva seu nome, *Livro da visão de Naum, o Eclosita*. O livro mostra-se sob a forma de simples poema com solenes descrições dos atributos e operações do Eterno.

Neemias (Jeová conforta) – nada sabemos ao certo sobre esse profeta, a não ser o que está escrito no livro que leva seu nome. Era filho de Hacalias, copeiro-mor do rei da Pérsia e da tribo de Judá, possivelmente da casa de Davi. Governou Jerusalém durante o domínio persa (539 – 533 A.E.C.) na Palestina. Contribuiu para a restauração da cidade e do Templo, malgrado as supostas sabotagens dos Samaritanos.

> Da reconstrução do Judaísmo pós-exílio na terra de Israel fazia parte também a organização dos tributos religiosos. Eles estavam centrados no templo e no culto, mas abrangiam também o sustento dos sacerdotes e levitas em toda a Palestina. Ne 10.33-40 menciona como obrigação autoimposta um tributo anual para o serviço do templo: um terço de ciclo (sheqel), uma contribuição em lenha para queimar, as oferendas de primícias (primeiros frutos, primogênitos e resgates do primogênito masculino de pessoas), bem como os dízimos para o pessoal do culto (a parte retida da massa, a parte retida para o sacerdote, o dízimo do levita e a parte retida do dízimo) e outros dízimos.[468]

---

468 STEGEMANN, E. W. e STEGEMANN, W. *História social do protocristianismo*, p. 145.

Procurou reativar as tradições de seu povo que já estavam, nesse tempo, sendo esquecidas.

> *Limpei-os, pois, de toda estrangeirice e designei o serviço dos sacerdotes e dos levitas, cada um no seu mister, como também o fornecimento de lenha em tempos determinados, bem como as primícias. Lembra-te de mim, Deus meu, para o meu bem.* (13:30-31)

Obadias (Que adora a Jeová) – não há referências claras acerca desse profeta ou do livro que aparece como o trigésimo sétimo do Antigo Testamento, com apenas um único capítulo e vinte e um versículos; relatando sobre *Os pecados e os castigos de Edom* e *A restauração e felicidades de Israel*. Seguindo as referências dos livros e autores a seguir, podemos aventar a possibilidade desse opúsculo ter sido escrito entre os anos 500 a 458 A.E.C. Há quinze referências no Antigo Testamento sobre um Obadias, que não sabemos ser ou não o profeta que escreveu o livro que leva seu nome. Nos dois Livros de Crônicas existem nove referências. No primeiro aparece como filho de Ananias, filho de Uzias, filho de Azel, filho de Semaías, filho de Galal, filho de Azel, um guerreiro que se juntou a Davi em Ziclague e pai de Ismaías (3:21; 7:3; 8:38; 9:16-44; 12:9 e 27:19). No segundo, aparece como auxiliar e professor de Josafá e superintendente das obras de restauração do templo no reinado de Josias (Crônicas, 17:7 e 34:12). No livro de Esdras aparece uma única vez como um dos homens da lista que voltou com Esdras em 445 ou 458 A.E.C. do exílio da Babilônia (8:9) para a reconstrução do Templo com a autorização e recursos cedidos pelo governante persa Artaxerxes I. No Livro de Neemias aparecem três citações: um dos responsáveis em guardar aliança com a lei, Abda, filho de Samua e um dos que vieram habitar as terras de Jerusalém, repetindo-se a lista dos sacerdotes que vieram da Babilônia (10:5; 11:17 e 12:25). Nos Livros dos Reis encontramos apenas uma única referência em cada livro. No primeiro, aparece como mordomo de Acabe, sétimo rei de Israel (18:3-16), e no segundo livro como o capitão de cinquenta enviados ao encontro de Elias (1:13). Nada se sabe a respeito da sua vida. No tempo de Jerônimo era algo corrente a identificação do profeta com o servo de Acabe, ou o terceiro "capitão de cinquenta".[469]

---

469 BUCKLAND, A.R. *Dicionário bíblico universal*, p. 309.

Oseias (Salvação) – profeta do século VIII A.E.C. Era "filho de Beeri, nos dias de Uzias, Jotão, Acaz e Ezequias, reis de Judá, e nos dias de Jeroboão, filho de Joás, rei de Israel" (1:1). Da vida de Oseias nada se sabe, a não ser o que se encontra em seu livro. É importante notar que tanto Oseias quanto Amós (seu contemporâneo), lutavam acirradamente contra o politeísmo que invadia Israel. A crença em Baal, como na maioria aos deuses antigos, como é o caso do próprio Javé, requeriam sacrifícios de animais e em alguns casos humanos (Gênesis, 22:2-7). No texto bíblico Oseias casou-se com uma prostituta (1:2-11), o texto mais inspira um símbolo que uma condição.

> Oseias via Javé como um marido traído que continuava sentindo anelante ternura pela esposa. Seu casamento foi, portanto, um símbolo do relacionamento de Javé com o infiel Israel. Oseias e Gomer tiveram três filhos, que receberam nomes fatídicos e simbólicos. O mais velho chamou-se Jezreel, nome de um famoso campo de batalha, a filha era Lo-Ruhamah – (Não Amada) (ou Desfavorecida, como aparece na Bíblia revista), e o caçula Lo Ammi (Não Meu-Povo). No seu nascimento, Javé anulou a aliança com Israel: não sois meu povo, nem eu serei vosso Deus (1:9). O texto deixa claro que Gomer só se tornou uma esheth zeuunim (literalmente "uma esposa de prostituição") depois do nascimento dos filhos. Só em retrospectiva pareceu a Oseias que seu casamento fora inspirado por Deus. A perda da esposa foi uma experiência dilacerante, que deu a Oseias uma intuição de como Javé devia sentir-se quando seu povo o desertava e se prostituía em busca de deuses como Baal.[470]

Com tudo o que Gomer fez, o profeta de início podia denunciá-la e pedir-lhe o divórcio, mas parece disposto a reconquistá-la e comprá-la de seu novo amo (3:1-4). Da mesma forma que Oseias deu uma nova chance a Gomer, pedia uma nova chance a Deus para Israel: "Volta, ó Israel, para o Senhor, teu Deus, porque, pelos teus pecados estás caído. Eu te ouvirei e cuidarei de ti; sou como o cipreste verde; de mim procede teu fruto" (14:1, 8). Oseias baseava-se na antiga lei da iconoclastia e, como todos os profetas de Israel, possuía um horror exagerado acerca da idolatria, era obcecado em acabar e destruir com todo o tipo de crença que não fosse a de seu Deus: "Agora, pecam mais e mais, e da sua prata fazem imagens de fundição, ídolos segundo seu conceito, todos obra de artífices, e dizem: sacrificai-os. Homens até beijam bezerros!" (13:2).

470 ARMSTRONG, K. *Uma história de Deus*, p. 58.

Provérbios (Em hebraico, *Mishlei*) – em sua acepção literal quer dizer "sentenças morais", máximas e vigorosas comparações tiradas da vida cotidiana. Foi escrito possivelmente por Salomão, em sua meia-idade, para ensinar, redarguir e louvar as leis da *Torá*, que representa, na verdade, o plano da Criação.

> *O coração do homem pode fazer planos, mas a resposta vem do eterno. Todos os caminhos do homem são puros aos seus olhos, mas o Senhor pesa o espírito. Confia ao Eterno tuas obras, e teus desígnios serão estabelecidos. A sorte se lança no regaço, mas do Eterno procede toda decisão.* (16:1-3, 33)

Reis – não há referências de quem possa ter escrito ou compilado esses dois livros que aparecem como primeiro e segundo Livro dos Reis, após a *Vulgata*. Nela e em algumas bíblias católicas mais antigas, esses dois volumes eram conhecidos como o terceiro e quarto Livro dos Reis, sendo o primeiro e o segundo os que hoje aparecem com o nome de Samuel. Após a divisão, os livros foram separados, sendo cada um posto da forma como os encontramos nas bíblias atuais. Nos livros dos Reis encontramos uma série de registros e fatos envolvendo os reinos do Sul (Judá) e os do Norte (Israel).

Rute – a tradição atribui a Samuel a suposta autoria desse livro, mas não há provas. Segundo conta a história bíblica, Rute foi viver com sua sogra Noemi, após a morte de seu marido. Como sempre se mostrou prestativa, gentil e sincera com Noemi, tratando-a como mãe, Deus a abençoou com um casamento próspero com um dos descendentes da família de Boaz. Como em todo aspecto religioso, o mágico-religioso prevalece. Boaz aparece do nada na história como parente de Noemi e futuro esposo de Rute. Após esses fatos, nada mais é relatado nos textos sagrados sobre Noemi, Rute e esse homem de caráter. Segundo alguns críticos e eruditos de assuntos hermenêuticos, esse e alguns outros livros foram compostos com o intuito de justificar as pretensões da nobreza sobre as terras de Moab, localizadas na Transjordânia. As figuras de Rute, Noemi e Boaz aparecem no texto do livro como possuidoras de grandes virtudes e obediência ao Eterno.

Sabedoria – "tudo isso inquiri com sabedoria e disse: Sabedoria adquirirei; mas ela ainda estava longe de mim" (Eclesiastes, 7:23). A sabedoria é considerada como uma participação da sabedoria divina, manifestada no temor de Deus e na observância da Lei (Pr, 15, 16:33; 16:6; Ecl, 3:12s; 9, 7:9; Sb, 1:1-5; Eclo, 15:1-6; 24:23s; Br, 3:9-4,4). Esse livro foi intitulado Sabedoria de Salomão porque os capítulos 7-9 dão a palavra a esse rei que a tradição judaica considerava o sábio por excelência. Salomão destacava-se como o grande sábio de Israel (1 Rs, 5:9-14; Eclo, 47:12-17; Pr, 1:1; Ecl, 1:1; Sb, 8:19; 1 Rs, 3:4-15). Trata-se, entretanto, de um artifício literário destinado a respaldar, com uma autoridade unanimemente reconhecida, um pensamento novo. Essa mesma condição de sabedoria, nos tempos greco-romanos era dada em muitos casos à deusa Minerva ou Atena, como sendo a deusa da sabedoria. O livro é uma produção do Judaísmo alexandrino e foi redigido por um autor que permaneceu no anonimato. A data de seu aparecimento é incerta. Vários indícios levam-nos a não ir além dos anos 50 A.E.C. e até mesmo a aceitar data mais próxima, já no período romano, depois da tomada de Alexandria por Augusto (30 A.E.C.). As aproximações que se podem fazer com a obra de Fílon de Alexandria (nascido por volta de 20 A.E.C.), fazem pensar que os dois autores não estão muito distanciados no tempo. Com uso constante desse texto – sabedoria de Deus no meio do povo – passa-se à personificação da sabedoria divina (Pr, 8:23-31; Jó, 28; Eclo, 24; Sb, 7:22-8,1) (Bíblia TEB, pp. 1104-1106).

> *Mas que é a Sabedoria e qual sua origem? Vou anunciá-lo, sem esconder seus mistérios. Remontarei ao princípio de sua existência, e exporei à luz do dia o conhecimento de sua realidade; não me desviarei da verdade e jamais caminharei com a inveja que devora, pois exclui a participação na Sabedoria. A multidão dos sábios, ao contrário, assegura a salvação do mundo e um rei sensato, a prosperidade de um povo. Deixai-vos educar por minhas palavras, e delas tirareis proveito.* (6:22-25)

Salmos (*psaltérion* ou *psalmoi*) – o Saltério é um livro de piedade popular que apresenta: Louvores; Orações de Pedido de Socorro; Orações de Confiança; Orações de Ação de Graça e os Salmos de Instrução. Os versos nesse livro são algumas vezes atribuídos a Davi. Porém, estudos mais recentes observaram a inserção de muitos outros autores no livro composto de forma gradual, tendo seu término possivelmente no século III A.E.C. Em alguns momentos os Salmos tentam reconfortar a alma como é o caso do Salmo 23 (em outras traduções aparece como 24), outras vezes questiona a própria providência divina e seus atos: "Levanta-te, Senhor" (10:12). "Pois eu tinha inveja dos néscios, quando via a prosperidade dos ímpios" (73:3).

O Livro dos Salmos é o livro bíblico mais amplamente usado na liturgia, e se aconselham às pessoas a recitarem Salmos quando enfrentam doenças, penúria ou alguma crise na vida. Sonhar com o Livro dos Salmos é sinal de que se está crescendo em devoção.[471]

Samuel – considerado o primeiro profeta de Israel; ungiu Saul e Davi. Era auxiliar de Heli no santuário de Siló.[472] Era um menino quando recebeu a revelação de Deus que ajuizaria a Israel até sua morte. Foi um dos mais respeitados profetas do Antigo Testamento, após sua morte fez com que toda Israel chorasse e apareceu a Saul para adverti-lo do que aconteceria se continuasse na guerra contra os Filisteus: "E o Senhor te entregará, a ti e a Israel, na mão dos filisteus. Amanhã, tu e teus filhos estareis comigo, e o Senhor entregará também o exército de Israel na mão dos filisteus" (1 Sm, 28:19).

Sofonias – nada sabemos a respeito desse escritor, que pode ser tetraneto do rei Ezequias. Esse livro relata apenas ameaças contra outras nações e povos, tendo no final o desfecho da "nova" Jerusalém.

> *Supondo que seu ministério começou por volta de 630 A.E.C., é provável que tenha presenciado a queda de Nínive em 612 e até mesmo os dois cercos a Jerusalém (597 e 587-586) e a tomada da cidade santa (por Nabucodonosor). A deportação dos habitantes para a Babilônia explicaria por que, após tantos profetas de desgraça, Sofonias tenha podido pronunciar oráculos que apregoavam aos exilados retorno e restauração.*[473]

> *Eis que naquele tempo procederei contra todos os que te afligem; e salvarei a que coxeia, e recolherei a que foi expulsa; e deles farei um louvor e um nome em toda a Terra em que têm sido envergonhados. Naquele tempo vos trarei, naquele tempo vos recolherei; porque farei de vós um nome e um louvor entre todos os povos da Terra, quando eu tornar o vosso cativeiro diante dos vossos olhos, diz o Senhor.* (Bíblia TEB, p. 676)

Zacarias (Lembrado de Deus) – esse nome é muito comum nos escritos bíblicos, aparece diversas vezes e em muitos livros. No texto bíblico há três personagens com esse nome: um profeta assassinado no templo (2 Cr,

---

471 UNTERMAN, A. *Dicionário judaico de lendas e tradições*, p. 226.
472 SCHIAVO, J. *Novo dicionário de personagens bíblicos*, p. 97.
473 Bíblia TEB, p. 676.

24:20-22; Mt, 23:35); um profeta que exortou os judeus a reconstruir o templo (Esd, 5:1); e um sacerdote da classe de Abias, esposo de Isabel e pai de João Batista (Lc, 1:5-67; 3,2). O livro Zacarias que aparece no Antigo Testamento possui 14 capítulos. Os capítulos 1-8 (520 a 515 A.E.C.) são de um Zacarias que exerceu influência em sua época, ainda que dele nada saibamos ao certo. Do capítulo 9-14 (330 a 300 A.E.C.) é considerado como o segundo Zacarias ou Deutero-Zacarias. Essa parte do livro se mostra diferente dos primeiros oito capítulos.[474] "A situação histórica é bem diferente; os personagens históricos dessa época, Zorobabel e Josué, cedem lugar a figuras não identificadas: rei-messias pobre (9:9-10), o bom pastor rejeitado (11:4, 14) e o misterioso 'Transpassado' (12:1, 13:1)" (Bíblia TEB, p. 682).

Macabeus (Martelo)

A repetição ritual da cosmogonia, subsequente ao aniquilamento simbólico do velho mundo, regenera o tempo em sua totalidade.[475]

Aqui vale uma pausa e um parêntesis para contarmos de forma rápida uma história que poucos leitores da Bíblia conhecem: a ascensão e a queda dos Macabeus. A história dos Macabeus encontra-se na bíblia católica e como apócrifa nas literaturas protestante e judaica, está dividida em dois livros e conta a revolta hasmoneana contra os selêucidas[476] e a recuperação de Jerusalém de 164 a 76 A.E.C., com a morte do último Macabeu: Alexandre Janeu. Os Macabeus eram uma comunidade forte e "subversiva" à ordem que não fosse a judaica (Deuteronômio, 33:28-29). Preferiam morrer em combate a se deixar abater por um governo que não estivesse obedecendo aos rituais e às leis judaicas.

Tomai vossas armas, e sede homens de valor e estai prontos para, pela manhã, a fim de pelejardes contra essas nações que se ajuntaram contra nós para nos perderem e destruírem nossa santa religião. Porque melhor nos é morrer combatendo em campo de batalha, que ver os males da nossa gente e a destruição de todas as coisas santas. Mas cumpra-se o que for da vontade de Deus no céu. (1 Macabeus, 3:58-60)

474 MARQUES e COUTINHO. *Compêndio de religiões e espiritualidades*, verbete: Zacarias.
475 ELIADE, M. *Mefistófeles e o andrógino*, p. 159.
476 O reino dos selêucidas fundiu as culturas helênica e asiática e teve papel fundamental na Anatólia por quase 300 anos antes de ser destruído por Pompeu, que transformou os territórios em província romana. Fundada por Seleucos I Nicator (o Vencedor), a dinastia dos selêucidas reinou na Ásia de 312 a 64 A.E.C.

A história dos Macabeus está marcada não somente pela reconquista de Jerusalém, mas acima de tudo pela crueldade que Alexandre Janeu cometeu contra seus patrícios. No Antigo Testamento, não observamos nenhum rei, governador ou profeta judeu massacrar ou mandar exterminar de forma brutal e perversa seus compatriotas, como fizeram alguns dominadores macabeanos. Saul, Davi, Salomão, Gideão e todos os outros reis e juízes de Israel e Judá tiveram seus desafetos e intrigas, mas nenhum deles massacrou, humilhou e condenou seu próprio povo como ocorreu nos governos dos Macabeus. Na época dos governos, era comum exilar ou providenciar a morte de alguns subversivos ou simplesmente proibi-los de entrar na cidade ou participar das festas do Templo.

> No ano, os judeus celebram cinco grandes festivais: a Páscoa (Pessach – sete dias), o Pentecostes (Shavuot – aproximadamente 15 dias), o Tabernáculo (Sukot – 15 dias), associados às três festas da peregrinação ou colheita, em lembrança ao Êxodo do Egito, e às festas de Ano-Novo (Rosh Ha-Shaná – cabeça de ano, dois dias) e o dia da Grande Expiação (Iom Kippur – jejum de dez dias), associados às grandes festas chamadas penitenciais.

Mesmo com as invasões e cativeiros que as cidades de Israel e Judá enfrentaram, não percebemos nesses fatos um massacre ou despotismo propriamente dito. Os dominadores, de uma forma ou de outra, acabavam auxiliando e permitindo que os conquistados (judeus) continuassem com seus cultos e acreditando em seu Deus, apesar de não entenderem tal submissão. Na melhor das hipóteses, ajudavam na reconstrução de suas casas e templos como ocorreu na época de Artaxerxes. Enquanto Judas Macabeu lutou para "salvar" e livrar Jerusalém das mãos dos selêucidas, alguns de seus predecessores massacraram seus próprios compatriotas. O mais cruel e déspota de todos foi Alexandre Janeu, que governou por 28 anos, neto de Simão e filho de João Hircano que governou Israel por 30 anos. Janeu foi o último e mais cruel governante judeu helenizado que Jerusalém já possuiu. Sua crueldade e frieza só podem ser comparados ao holocausto de Hitler e seus aliados. Janeu enfrentou um levante civil de quase seis anos entre seu próprio povo, que não aceitava a forma como governava, o que custou a vida de pelo menos 50.000 israelitas. Quando voltou jubiloso de ter vencido a rebelião pelo massacre, trouxe muitos fariseus como prisioneiros e escravos. Enquanto se regalava com suas concubinas, mandou crucificar por volta de 800 cativos *perushim* (fariseus) que trouxera, e cortar a garganta de suas esposas e filhos diante dos olhos daqueles que ainda sobreviviam pendurados. Outro escândalo causado por esse ditador facínora foi a morte de pelo menos 6 mil judeus piedosos ou hassidins.[477] Isso se deu devido a Janeu ter se recusado a realizar a festa do Tabernáculo segundo a lei, e eles protestaram tacando-lhe limões. Como todo ditador e inconsequente, Janeu não suportava a oposição e sempre que podia esmagava ou mandava seus fiéis guardas massacrarem os "diferentes", mais parecendo um antissemita que um judeu. Apesar disso:

> [...] bem-aventurado és tu, ó Israel, quem é como tu, povo cuja salvação vem do Eterno, que é o escudo de tua ajuda e a espada de tua glória; pelo que teus inimigos falsearão de medo, e te serão sujeitos, e tu sobre suas alturas pisarás. (Deuteronômio, 33:29)

Após a morte de Janeu, Salomé, mulher de Alexandre, o Grande, assumiu o reinado, tentando restabelecer o caos causado por ele. Como tudo o que é bom dura pouco, morreu pouco tempo depois, e um dos seus filhos, Hircano, assumiu o governo. Ele fez um acordo com Roma, e Antipater, seu fiel procurador, conseguiu transformar a Judeia em um estado vassalo. Assim, em 63 A.E.C., a Judeia passou aos domínios romanos até 70 d.C., com a destruição do "terceiro" templo por Tito.

Talvez o leitor tenha se perguntado porque utilizei a expressão "filosofia religiosa" para os pensamentos indianos e para o judaísmo apenas "religião". Isso não é apenas semântica, mas um fato observável. Existe uma diferença bem acentuada entre a religião e a filosofia. Quando falamos em filosofia estamos nos reportando a um pensamento mais contemplativo

---

477 *Fariseu* – em hebraico, *perushim;* em grego, *pharisaîos* e em latim tardio, *pharisaeu:* "separatista", "intérprete". Membro de um grupo interno do Judaísmo no fim do período do Segundo Templo (516 A.E.C.) que se opunha ao liberalismo bíblico dos mais aristocráticos e sacerdotes Saduceus e o ascetismo dos essênios. Existem três fontes que podem fornecer informações a respeito dos fariseus, a saber: a) a literatura rabínica, composta após a extinção do movimento judaico por judeus que julgavam ser herdeiros do farisaísmo; b) a literatura do Novo Testamento, da qual possuímos poucas referências históricas e c) Flávio Josefo, escritor e historiador Judeu do século I E.C. que defendeu suas verdades e seus compatriotas como pôde em sua *História dos hebreus* (MARQUES e COUTINHO. *Compêndio de religiões e espiritualidades.* Verbete: Fariseus).

do fenômeno, onde as perguntas são mais importantes que as respostas. Na religião, principalmente na judaica, cristã e islâmica, existem verdades postas e consumadas, a *teologia é normativa*. Não que essas religiões não possuam seus momentos filosóficos, isso acontece, mas descentralizado do contexto central, o culto. Observando as filosofias religiosas indianas, por si só, vemos que são contemplativas, não existe uma imposição como "não matarás", mas uma explicação toda reflexiva sobre porque não matar (ahimsa). O "não matar" transforma-se em não interferir na obra do Universo e no progresso do ser que seria morto, envolvendo sua situação cármica. Os sacrifícios constituíam o elemento central da maioria das religiões da Antiguidade.

> *Deve dizer-se que o veda ignora a doutrina do ahimsa, apenas proposta por volta do século VI antes da Era Cristã por Mahavira, o Jina, e Sidarta Gautama, o Buda, depois progressivamente aceito pelos renunciantes, mais tarde pelos hindus de casta elevada, e finalmente pelas massas. Matar por ocasião dos sacrifícios não é matar (no Bramanismo), e é permitido comer a carne sacrificial. Não é pois de espantar que se descubra que a vaca faz parte da lista das cinco vítimas dignas de ser imoladas nos sacrifícios solenes védicos, ou ainda que os sacerdotes oficiantes brâmanes, assim como o sacrificante, consomem a carne desse animal depois de oferecida.*[478]

O Judaísmo, o Cristianismo e o Islamismo possuem, como disse, seus momentos filosóficos, mas descentralizados da religião, formando capítulos à parte, tais como o Talmude, a cabala, o sufismo, a falsafa e a filosofia cristã. Essas filosofias são estudadas por alguns e não por todos. Na Índia, todos que se envolvem com um processo religioso acabam estudando um processo filosófico. O pensamento, a religiosidade e a filosofia indiana estão voltados à questão do comportamento e não tanto do discurso: *diga-me seu comportamento e te direi quem és*. Por isso, o problema ocasionado muitas vezes pelos cristãos e muçulmanos, no qual o Evangelho prega paz e benevolência sobre os bem-aventurados e humildes de espírito, aos pacificadores, aos mansos, aos misericordiosos e limpos de coração (Mateus, 5:1-24). e o Alcorão prega a prática do bem, do amor e a tolerância para os diferentes: "Praticai o bem, porque Deus aprecia os benfeitores. Procura, com aquilo que Deus te tem agraciado,

---

478 KAPANI, L. Especificidade da religião hindu. Em: DELUMEAU, J. *As grandes religiões do mundo*, p. 367.

a morada no outro mundo, não te esqueça (porém) da tua porção neste mundo..." (2:195; 28:77). O indiano e os não religiosos não entendem como uma filosofia, uma religiosidade, ou uma religião pode pregar a paz no discurso e na prática fomentar a guerra e a condenação dos que pensam diferente.

O Cristianismo poderia, se o quisesse, ter-se transformado em uma das filosofias mais poderosas do mundo, mas o clero preferiu ficar na legitimidade do dogma e nas verdades absolutas sobre a salvação do que na contemplação. Não estou me referindo aqui a uma contemplação extática e imanente, mas a uma contemplação que busque a transcendência. A Igreja foi a maior descristianizadora que existiu em todos os tempos, seu alicerce se baseia até os dias de hoje apenas na *culpa e no pecado*. "Todo o que comete pecado é escravo do pecado" (João, 8:34). Mas o que é o pecado? Como saberemos distingui-lo? Será pecado amar quem pecou? Não amou Jesus os pecadores? Como pôde Adão cometer o primeiro pecado, se não possuía o conhecimento do bem e do mal? Condenar Adão ou toda a Humanidade por um "crime" sem conhecimento não seria o mesmo que enviarmos para prisão perpétua uma criança de dois anos, apenas por olhar no buraco de uma fechadura? Por que Adão escolheu a árvore do conhecimento e não a da vida eterna? Seria a árvore do conhecimento mais importante que a árvore da vida eterna?

Talmude

A filosofia judaica baseia-se no Talmude, que em hebraico significa "estudo". Depois dos *mitsvot* (mandamentos), é a obra mais importante da Torá oral para os judeus. Existem, segundo a história judaica, duas versões do Talmude: a primeira apareceu na Palestina (Jerusalém) no fim do século IV E.C., e a outra, na Babilônia em meados do século V, ambas redigidas em aramaico, cada uma refletindo as experiências dos judeus nessas cidades. Para nós, ocidentais que pouco estamos afeiçoados nos estudos de filosofias e possuímos pouco "tempo" para filosofar, o Talmude parece algo complicado (não deixando de ser quando o conhecemos), desinteressante e cansativo, pois discute pontos da lei (Torá) até a exaustão, para que o judeu praticante e estudioso das leis não arrume desculpas para seu descumprimento. Para os judeus que viviam na Babilônia (heterodoxos), a discussão do *Mitsvá* às vezes durava horas, dias e semanas. Para o leitor desatento, esse tipo de comportamento pode parecer desperdício de tempo – já que tempo é dinheiro em uma sociedade consumista –, mas para os que estudam e compreendem a importância dos *mitsvot*, essa discussão só tende a aumentar a fé, a confiança e fidelidade nos caminhos do Eterno (Deuteronômio, 28:9). Segundo a filosofia talmudista, nunca devemos estudar os mandamentos ou qualquer forma de religiosidade ou de grandeza espiritual pensando em recompensas futuras ou privilégios do Eterno. Se o estudante orgulhar-se dizendo:

> *Eis que cumpro os preceitos da Torá e me ocupo de sua sabedoria para receber todas as bênçãos nelas inscritas, ou para que faça jus ao mundo vindouro. Não é apropriado servir a Deus dessa maneira, serve por temor, e não serve a Deus desse modo a não ser os ignorantes, as "mulheres" e as crianças, que são ensinadas a servir por temor até aumentar seu conhecimento e então sirvam por amor. Disseram os antigos sábios: eis que estudarei a Torá para ficar rico, para que me chamem de rabino, para que receba recompensa no mundo vindouro. Não se estuda dessa maneira, mas se estuda: de amar ao Eterno vosso Deus, e servi-lo com todo o vosso coração e com toda a vossa alma, e tudo o que fizesses não o faça a não ser por amor.* (Maimônides, 1180)

Apesar de não ser nada fácil para um ocidental acostumado com nossa filosofia normatizada ideologicamente como correta, verdadeira e sintetizadora da razão, tentarei exemplificar como o Talmude levanta dúvidas acerca das leis, e como ele as explica. "Se encontrares desgarrado o boi de teu amigo ou seu jumento, reconduzirá-lho. Se vires prostrado debaixo da sua carga o jumento daquele que te aborrece, não o abandonarás, mas ajudá-lo-ás a erguê-lo" (Êxodo, 23:4-5; Deuteronômio, 22:1-4). Nessas leis expostas está o caráter da honestidade e da bondade em relação ao próximo. Se estivéssemos estudando ou participando de um grupo de talmudistas, perguntaríamos:

> *Como sabemos que o boi ou o asno está realmente perdido? Qual o sinal que seu dono deve apresentar para recuperá-lo? E se o animal não possuir marcas? Se ao devolvê-los ao meu inimigo, ele não me acusará de ladrão? Se acaso eu recolher os animais e eles vierem a morrer, e o dono me pedir indenização, como proceder? Estando os animais doentes, sou obrigado a recolhê-los, com o perigo de contaminarem os meus?*

Parecem-nos estranhas tais perguntas aos não afeiçoados aos costumes judaicos, mas para os judeus talmudistas que pretendiam entender a lei, ficavam horas com os estudantes tentando chegar o mais próximo possível de uma resposta plausível a um impasse. As discussões inscritas nas leis e revisadas no Talmude

> [...] *não são uma conversa ociosa – nada é gratuito aqui. Por trás da questão legal, observa-se que a busca da verdade corresponde ao cumprimento da Torá no limite. Quando, enfim, alguém pode se apossar de um objeto sem o menor risco de se transformar em gatuno e sem ferir seu próximo. Talvez seja o caso de se observar que mais do que ao cumprimento da Torá no seu limite, a discussão esteja voltada para a compreensão da Torá até onde for possível, pois nisso reside o fundamento para a prática.*[479]

Cabala – Kabala – Qabbalah[480] (Tradição Recebida)

Do misticismo judaico, seriam particularmente as formas de ensinamento místico desenvolvido por Isaac Luria, durante a Idade Média no sudoeste da Europa e, mais tarde, na cidade Galileia de Safed, na Palestina. Um dos livros mais importantes para a Cabala é o Zohar, escrito possivelmente no ano de 1275 por Moisés de Leon. Diferentemente de Maimônides que tinha em vista a explicação filosófica e não a exploração "mística" ou a crença na essência divina, a teosofia cabalística preocupa-se em abordar, explorar e explicar as atividades "interiores" da Divindade em seu relacionamento com o homem e a influência teúrgica das ações do homem sobre Deus. Os cabalistas alegavam que a tradição havia sido dada originalmente a Moisés no Sinai junto da Torá.

> *Luria logrou sua influência inicial ensinando a seus discípulos como conseguir intensos estados de meditação concentrando-se intensamente nas letras dos Nomes Divinos. Como a maioria dos cabalistas, acreditava que as letras da Torá, e os números que simbolizavam, ofereciam meios de um acesso direto a Deus. Era uma bebida muito poderosa uma vez ingerida. Contudo, Luria também tinha uma teoria cósmica que possuía*

---

479 AMÂNCIO, M. *O Talmud*, p. 34.
480 Nota do editor: O nome *cabala* é por vezes romanizado como *Kabala, Kabalah, Kabbala, Kabbalah, Qabbâlâ* e diversas outras formas. Transliterações diferentes às vezes denotam tradições alternativas (judaica, cristã, ocultista) ou esforços para reproduzir a pronúncia correta em hebraico. Assim, usaremos esta grafia: cabala.

uma relação direta e imediata com a crença no Messias, e que permanece como a mais influente de todas as ideias místicas judaicas. A cabala relacionava as várias camadas do cosmo. Luria postulava o pensamento de que as misérias judaicas eram um sintoma do colapso do cosmo. Suas cascas fragmentadas, ou klippot, que são o mal, não obstante contém minúsculas centelhas, tikkim, da luz divina. A luz aprisionada é o Exílio dos Judeus. Mesmo o próprio Shekhiná ("moradia" – presença numinosa de Deus no mundo) é parte da luz presa, sujeita a más influências. O povo judeu tem uma significação dual nesse cosmo partido, como símbolos e como agentes ativos. Como símbolo, as injúrias infligidas a ele pelos gentios mostram como o mal maltrata a luz. Porém, como agentes, ele tem a missão de restaurar o cosmo. Através da mais estrita observância da Lei, ele pode libertar as centelhas de luz nas cascas cósmicas. Quando essa restituição tiver sido feita, o Exílio da luz terminará, o Messias chegará e a Redenção será realizada.[481]

É bastante difícil para um historiador das religiões não se encantar com o lado poético do pensamento cabalista, ou de outras formas mágico-religiosas ou espiritualidades existentes no mundo. Mas aqui, como em tudo, é preciso deixar claro o que o autor disse, o que disseram ou falaram que ele falou, pregou, ou foi inserido em suas obras como aconteceu com o Novo Testamento e muitos outros relatos religiosos ou filosóficos. A única *certeza* que podemos ter com a história (sagrada e profana) e a verdade é a *certeza* de não existir nenhum tipo de certeza ou verdade absoluta (*summum bonum*). Conhecendo um pouco mais profundamente a mística judaica, entenderemos a preocupação de Maimônides com esse pensamento e o porquê de nunca se envolver ou divulgar esse saber. A principal preocupação de Maimônides era com o pensar judaico leigo, a parte não intelectualizada do Judaísmo. Essas pouco tinham acesso ou pouco se interessavam pela reflexão filosófica do *Mitsvá* e sim pelos conhecimentos e práticas da agadá (contos, folclores, lendas e magia-religiosa). Se esses conhecimentos fossem disseminados de forma indiscriminada, poderiam levar à degeneração e má interpretação da Lei. Por isso, Maimônides se comprometeu a explicar as leis de forma clara e racional, sem esquecer o lado filosófico.

O problema enfrentado pela Cabala Luriana ao longo dos séculos, bem como quase tudo o que existe no mundo, foram os supersticiosos, excêntricos e os oportunistas, que utilizavam esse conhecimento para se promover

---

481 JOHNSON, P. *História dos judeus*, p. 262.

à custa da comunidade leiga. O próprio discípulo de Luria, Hayyim Vital, conta que em sonho ouviu uma voz dizendo ser Luria o Messias esperado, e que ele próprio teria que assim ser chamado por ter vivido e aprendido as lições diretamente do mestre. Se já não bastasse esse amontoado de problemas enfrentados pela Cabala Luriana, temos ainda a fértil imaginação popular que desenvolveu com o tempo uma série de superstições e pensamentos-mágico-religiosos (cabala do dinheiro, da sorte, da fortuna, da felicidade, dos números, da saúde etc.), fazendo-se desacreditar esse estudo e que poderia ter se tornado com o tempo uma filosofia tal qual ou mais importante que o Talmude. Infelizmente, a crendice popular, a qual Maimônides receava e tanto lutou para minimizar, encheu os ensinamentos da Cabala de demônios, anjos, feiticeiros, simpatias e um grande misticismo. Era justamente esse o problema que Maimônides quis evitar quando aconselhava as pessoas não afeiçoadas ao estudo filosófico a não estudarem profundamente esse e outros pensamentos da filosofia judaica, pedindo apenas para se aterem simplesmente às leis. O objetivo da Cabala era entender os desígnios do Eterno, bem como o desenvolvimento da consciência humana em relação ao Eterno. Como essa consciência apenas humana poderia entender algo tão Eterno e intrínseco como o Altíssimo? Essa consciência apenas humana pode ou não influenciar o Eterno?

Antissemitismo

Nomenclatura utilizada no século XIX para designar tudo o que se opunha aos judeus (literatura, filmes, pessoas, cartazes, autores de livros etc.). Infelizmente, o maior salto de popularidade dado pelo antissemitismo foi na Segunda Guerra Mundial, quando Hitler mandou massacrar em campos de concentração os judeus que moravam na Alemanha.

Aqueles que estudam e conhecem um pouco a história judaica sabem que o antissemitismo não começou no século XIX e tampouco acabou após a formação do estado de Israel em 1948. Desde os primeiros séculos do Cristianismo até a Segunda Guerra Mundial, os judeus foram perseguidos, massacrados e dispersos pelo mundo. Como pessoas influenciáveis, tomemos o máximo de cuidado para não darmos vazão ao nosso antissemitismo e preconceitos inconscientes. Lembro-me de que fui convidado por um amigo religioso (cristão) a assistir uma palestra sobre a origem e o objetivo do Cristianismo na virada do milênio. Esse amigo falou-me que o palestrante era uma das pessoas mais entendidas em matéria de religião e principalmente do Cristianismo e como eu estudava religiões, possivelmente a palestra me ajudaria a encontrar algumas respostas. Quando o palestrante disse tudo o que tinha de dizer sobre o Cristianismo (só as coisas boas, é claro), abriu-se para as perguntas. E como não poderia faltar, uma pessoa perguntou (como sempre perguntam): "Por que os judeus não aceitam o Cristianismo como a nova aliança de Deus?". O palestrante abriu um sorriso (meio de felicidade, talvez já esperando a pergunta) e disse: "Eles não aceitam Jesus, o Mestre dos Mestres como o Messias; apesar de conhecerem a verdade, negam-na, mas responderão a Deus sua omissão e não serão convidados na ressurreição dos justos e nem entrarão na Nova Jerusalém, porque somente entrarão 'os inscritos no livro da vida do Cordeiro'". A plateia delirou de entusiasmo e aplaudiu triunfante. Saí pensando que em momento algum os pensamentos sagrados das religiões ou religiosidades que cercam o mundo ou os seus fundadores dizem que os outros precisam acreditar em minhas meias verdades. Aprendemos com esses grandes mestres a tolerar, a respeitar e suportar as verdades dos outros, essa é a verdadeira motivação humana para a busca do entendimento, da subjetividade e do sagrado como hierofania. Entretanto, poucos conseguem conviver ou viver com apenas o subjetivo, o indefinido e com possibilidades de verdades, a maioria das pessoas precisa de verdades absolutas e concretas, nas quais o próximo passo acaba sendo a intolerância e o fanatismo.

Como historiador das religiões entendo que o problema não é tão simples e nem apenas esse exposto pelo palestrante. Possivelmente, os judeus e outros povos do Oriente e Extremo Oriente teriam aceitado o Cristianismo, se não tivesse se tornado tão intransigente e confuso em sua existência. O cristianismo transformou-se, ao longo do tempo, em uma das mais cruéis religiões estatais; de perseguida transformou-se, após 313, em cruel perseguidora dos infiéis e principalmente dos judeus. No período de maior crueldade, que se chama Idade das Trevas (Idade Média), as Cruzadas organizadas pela Igreja em "nome de Deus" massacraram e perseguiram milhares de infiéis, entre eles muitos judeus, e a Inquisição conseguiu condenar cerca de 341 mil pessoas, dentre as quais 20.221 eram judeus não conversos ou marranos (judeus conversos à força ao Cristianismo, mas que em segredo praticavam seu culto e quando descobertos eram condenados à fogueira ou à forca). Voltando à pergunta inicial, devemos em princípio de qualquer discussão ou tese tomarmos o máximo de cuidado possível para não disseminarmos um antissemitismo inconsciente como ocorreu a esse palestrante, que simplesmente repetiu a mesma frase utilizada nos séculos XI a XVI pela Igreja na perseguição e tortura de judeus que não reconheciam Jesus como o Messias.

Para historiadores das religiões acostumados a enfrentar perguntas e buscar possibilidades de respostas e não verdades *postas*, não fica difícil responder a essa pergunta. Existem muitas diferenças entre esses dois sistemas de pensamentos – mas duas são de extrema importância – que os separou (inclusive o Islamismo) definitivamente. A primeira é aquela questão que as Igrejas se atrapalham até hoje para responder, ou seja, a natureza de Jesus: Deus ou homem, ou um homem Deus? Os judeus, como os muçulmanos, até aceitam Jesus como "um mensageiro de Deus" (Alcorão, 4:171.), mas nunca como o próprio Deus como impõe a Igreja Cristã. Esse problema poderia ter sido sanado se a Igreja Católica no Concílio de Niceia não aceitasse a tese monofisista de Atanásio, transformando Jesus em um dos deuses da Trindade. Outras vezes, Jesus deixa de ser o próprio Deus encarnado, passando a ser chamado de filho direto de Deus. Para judeus e árabes é inconcebível o incognoscível e o misericordiosíssimo ter um filho direto com os mortais. Prática somente aceita para as religiões "pagãs", essa era a primeira questão levantada por judeus e muçulmanos, que conheciam a teoria da substância de Aristóteles. Aceitar, mesmo que em pensamento, uma teoria que "tripartisse" o Eterno se tornava uma heresia para judeus e muçulmanos que acreditam em Deus como o Uno.

Todos somos filhos de Deus a partir do momento que fomos criados a sua imagem e semelhança em espírito (Gênesis, 1:26 e Alcorão, 35:11). Dessa premissa, afirmar que Jesus era o próprio Deus encarnado feito homem ou filho direto do Eterno é loucura. A segunda é a questão da dicotomia entre corpo e alma pregada por quase todas as religiões que seguem a orientação cristã. Essa dicotomia afirmada por Paulo (Gálatas, 5:17) e aceita por Agostinho era o ponto que faltava para os judeus e muçulmanos afastarem-se de uma vez por todas do Cristianismo. Para a Igreja Cristã essa divisão é natural, muitas vezes o homem é tripartido em

corpo, alma e espírito (1 Tessalonicenses, 5:23). Para justificar essa dicotomia, a Igreja afirma: "O espírito é forte, mas a carne é fraca". No judaísmo e no islamismo não existe tal divisão, o indivíduo é um todo indivisível,
se falhou por causa de suas paixões não pode culpar o corpo que lhe serve
de instrumento, mas sua alma que é intrínseca com o corpo.

Freud era de origem judaica, trabalhou toda a sua vida provando que
não existe divisão no homem no sentido de alma e corpo, ambos são um
e a mesma pessoa. A única divisão que Freud aceita e demonstra em seus
escritos é a da satisfação do princípio do prazer e o impedimento através
do princípio da realidade. Esse posicionamento apenas demonstra ao leitor o quanto somos influenciados pela cultura e sociedade em que estamos
inseridos. Freud se dizia ateu, no entanto, passou toda a sua vida lutando
com os mesmos argumentos da religião judaica, ou seja, a derrubada da
dependência de todos os deuses (Êx, 20:3) e a prova de que o homem não
é corpo e alma separados, mas unidos.

Cronologia dos reis de Israel, Judá, Assíria, Babilônia, Pérsia, Grécia e Roma

Queda de Ur – c. 2003 A.E.C.
Abraão – c. 2000-1800 A.E.C.
Moisés – c. 1300 A.E.C.
Josué – e a fixação do povo nas terras de Israel – c. 1200 A.E.C.

Reino Unido	A.E.C.	Profetas
Saul	1050 a 1010	Samuel
Davi	1010 a 970	Samuel/Natã
Salomão	970 a 931	Natã

Cronologias

A.E.C.	Babilônia – reis e soberanos
1894-1881	Sumuabum – soberano árabe que não aceitando os domínios de Isin e Larsa (cidades da Mesopotâmia), começou sua conquista geográfica com as cidades de Kazalu e Dilbat.
1880-1845	Sumula'el – responsável pela construção do Grande Muro, que defendeu seus territórios, e pela consolidação definitiva da independência de Babel.
1844-1831	Sabium – construtor da famosa Esangila, célebre Ziqqurat (Torre) de Babel, dedicada ao deus Marduk.
1830-1813	Alpin-Sin – rei.
1813-1792	Sin-Mubalit – pai e antecessor de Hammurabi.
1792-1750	Hammurabi – o maior rei que a dinastia de Babel já conheceu, estendeu seus domínios a quase toda a extensão da Mesopotâmia.
1749-1712	Samsuiluna – sucessor de Hammurabi.
1750-1594	Foram quase 150 anos de império e conquistas.
1625-1594	Samsuditana – é considerado o último sucessor da dinastia de Babel, conquistada por Hammurabi, que morreu enfrentando o exército hitita de Mursilini I em Babel. "O espaço político deixado vazio (quase 1000 anos) com a queda da dinastia de Hammurabi foi preenchido pelos cassitas, que iniciaram um novo período da Babilônia".[482]
c. 625-590	Nabopolassar – pai de Nabucodonosor. Conquista da Assíria.

O reino dividido

Reino do sul (Jerusalém)		
Judá (reis)	A.E.C	Profetas
Roboão	931 a 913	1 Reis, 12:10; 14:30-31
Abias	913 a 911	–
Asa	911 a 870	1 Reis, 15:8
Josafá	870 a 848	1 Reis, 15:24
Jeorão	848 a 841	2 Reis, 22:51
Acazias	842	1 Reis, 22:40
Atalaia	841 a 835	2 Reis, 9:17
Joás	835 a 796	Joel
Amazias	796 a 781	2 Reis, 14:1-20
Uzias (Ozias)	781 a 740	Isaías
Joatão	740 a 736	Amós/Oseias
Acaz	736 a 716	Miqueias
Ezequias	716 a 687	Miqueias

482 BOUZON, E. *O código de Hammurabi*, p. 21.

Reino do norte (Samaria)		
Judá (reis)	A.E.C	Profetas
Jeroboão	931 a 910	1 Reis, 11:26
Nadade	910 a 909	1 Reis, 14:20
Baasa	909 a 886	1 Reis, 15:27-28
Elá	886 a 885	1 Reis, 4:18 1 Reis, 16:6-14
Zinri	885	1 Reis, 16:10-15
Onri	885 a 874	1 Reis, 16:23-28
Acabe	874 a 853	Micaías/Elias
Acazias	853 a 852	Eliseu
Jorão	852 a 841	2 Reis, 8:16
Jeú	841 a 814	2 Reis, 9;10
Jeocaz	814 a 798	2 Reis, 10:35; 23:31
Jeoás	798 a 783	2 Reis, 13:10-25
Jeroboão II	783 a 743	2 Reis, 14:23-24
Zacarias	743	Jonas
Salum	743	2 Reis, 15:10-14
Menaém	743 a 738	2 Reis, 15:14-22
Pecaías	738 a 737	2 Reis, 15:22
Faceia	736 a 732	–
Invasão de Judá por Israel	c.735	–
Peca	737 a 732	2 Reis, 15:25
Oseias	732 a 723	2 Reis, 15:30

Queda da Samaria 722 A.E.C.

As cidades de Aroer serão abandonadas; hão de ser para os rebanhos, que aí se deitarão sem quem os espante. A fortaleza de Efraim desaparecerá, como também o reino de Damasco e o restante da Síria; serão como a glória dos filhos de Israel, diz o Senhor dos Exércitos. Naquele dia, a glória de Jacó será apoucada, e a gordura da sua carne desaparecerá. Será quando o segador ajunta a cana do trigo e com o braço sega as espigas, como quem colhe espigas no Vale dos Refaim. Mas ainda ficarão alguns rabiscos, como no sacudir da oliveira; duas ou três azeitonas na ponta do ramo mais alto, e quatro ou cinco nos ramos mais exteriores de uma árvore frutífera, diz o Senhor, Deus de Israel (Isaías, 17:2-6).

Últimos anos do Reino de Judá			
Judá	A.E.C.	Profetas	Século
Manassés	687 a 642	Obadias	VII
Amon	642 a 640	Jeremias	VII
Josias	640 a 609	Sofonias	VII
Joacaz	609	Naum	VII
Jeoaquim	609 a 598	Daniel	VII/VI
Joaquim	598-597	Ezequiel	VI
Sedecias	597 a 587	Habacuque	VI

Cativeiros e domínios sobre os judeus

Domínio	Tempo (anos)	A. E.C.
Assírio/Babilônio	66	605 a 539.
Persa/Medos	209	539 a 330.
Gregos	270	333 a 63.
Romanos	133	63. a 70 E.C.

Feitos – Reis	A.E.C.	Domínio	Profeta
Teglat-Falasar III	745-727	Assírio	–
Salmanasar V	726-722	Assírio	–
Sargon II	721-705	Assírio	–
Senaquerib	704-681	Assírio	2 Reis, 18:13
Nabopolassar	c. 625-590	Babilônico	–
Nabucodonosor	605 a 562	Babilônico	2 Reis, 24:10-11
Destruição do Primeiro Templo	c.586	Babilônico	2 Reis, 25:8-10
Nabônido	555-539	Babilônico	–
Belsazar	539	Babilônico	Daniel, 5:22-29
Ciro	539-533	Persas/Medos	Daniel
Volta dos judeus e início da reconstrução do Segundo Templo	538-520	Persas/Medos	Daniel
Reconstrução da Muralha de Jerusalém (Xerxes I)	445 a 443	Persas/Medos	Daniel

Cambises	529 a 522	Persas/Medos	Filho de Ciro não mencionado na Bíblia
Dario I	521 a 485	Persas/Medos	Daniel
Xerxes I	485 a 464	Persas/Medos	Joel
Artaxerxes I	464 a 423	Persas/Medos	Esdras, 4:7-23 – 6:14 – 7:1-21
Reconstrução do Segundo Templo	444	Persas/Medos	Esdras
Dario II	423 a 404	Persas/Medos	Esdras
Artaxerxes II	404 a 359	Persas/Medos	Esdras
Ochus	359 a 338	Persas/Medos	Esdras/Neemias
Dario III	338 a 330	Persas/Medos	Neemias
Batalha do Granico; Alexandre entra em Jerusalém	334	Persas Macedônio	Neemias
Batalha do Rio Isso entre Alexandre e Dario III	333	Persas Macedônio	Neemias, 12:22
Alexandre conquista a Babilônia	331	Macedônio	–
Batalha de Arbela; o Oriente Próximo torna-se parte do Império de Alexandre.	330	Macedônio	–
Alexandre, o Grande (Imperador)	333 a 323	Macedônio	–
	323 a 198	Selêucidas	–
Macabeus	166 a 63	Asmoneus	–

Império greco-romano	A.E.C.	Título	Local
Pompeu	63	General romano	–
Júlio César	47	Imperador	Roma
Antipater	47	Procurador	Judeia
Augusto	29 a 14 E.C.	Imperador	–
Herodes Magno	39 a 4	Rei	Judeia
Arquelau	4 a 6 E.C.	Governador	Judeia Samaria Indulmeia
Nascimento de Jesus	4 A.E.C.	–	Nazaré ou Belém
Antipas	4 a 39 E.C.	Governador	Galileia Pereia

378

Filipe	4 a 34 E.C.	Governador	–
Tibério	14 a 37	Imperador	Roma
Pôncio Pilatos	26 a 36	Governador	Judeia
Calígula	37 a 41	Imperador	Roma
Agripa I	37 a 44	Governador	Judeia
Cláudio	41 a 54	Imperador	Roma
Félix	52 a 60	Governador	Judeia
Sérgio Paulo	54	Procônsul	Chipre
Nero	54 a 68	Imperador	Roma
Galba	68 e 69	Imperador	Roma
Oto	69	Imperador	Roma
Vitélio	69	Imperador	Roma
Vespasiano	69	Imperador	Roma
Agripa II	70	Governador	Judeia
Destruição do segundo templo ordenada por Tito	70	General	Judeia
Tito	79 a 81	Imperador	Roma
Domiciliano	81 a 96	Imperador	Roma
Nerva	96 a 98	Imperador	Roma
Trajano	98 a 117	Imperador	Roma

A queda de Roma se deu entre 395 a 455, na invasão e saques feitos por Alarico I, Átila e Genserico.

Religiosidade greco-romana

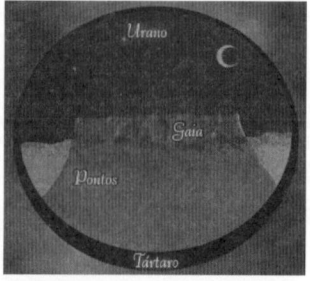

Uma das maiores descobertas do espírito humano foi singelamente pressentida no dia em que, através de certos símbolos religiosos, o homem adivinhou que as polaridades e os antagonismos podem ser articulados e integrados em uma unidade. Desde então, os aspectos negativos e sinistros

do cosmos e dos deuses não só encontraram justificação, como também se revelaram parte integrante de qualquer realidade ou sacralidade. [483]

É difícil falarmos de Cristianismos se antes não dermos uma olhada nos pensamentos atuantes na época. O Cristianismo absorveu boa parte das chamadas heresias, textos, artigos, símbolos, mitos, festas e boa parte da glória, do esplendor e do triunfo da Era Capitolina. [484]

No princípio havia o Caos, e em algum momento surgiu Érebo, o lugar desconhecido onde a morte mora, e Nix, a noite. Havia apenas silêncio e vazio. Então, Amor nasce produzindo um início de ordem, e se faz Luz e Dia, e a Terra (Gaia) aparece. Érebo e Noite copulam e dão nascimento a Éter, a luz celestial, e Dia, a luz terrena. Gaia, por si só, gera Urano, o céu. Urano torna-se o esposo de Gaia e a cobre por todos os lados. Dessa hierogamia divina nasceram seis Titãs do sexo masculino: Oceano, Céos (pai de Leto), Crio, Hipérion, Jápeto (pai de Prometeu) e Cronos; e seis do feminino: Teia, Reia (mãe dos deuses), Têmis (a justiça), Mnemósyne (a memória), Febe (a Lua) e Tétis (deusa do mar). Tinham por irmãos os três hecatonquiros, monstros de cem braços que presidiam os terremotos, e os três ciclopes, que forjavam os relâmpagos. Urano iniciou um conflito com os Titãs ao encarcerar os hecatonquiros e os ciclopes no Tártaro. Urano possuía, desde o início, grande aversão por seus filhos, pelo fato de o Livro do Destino lhe haver revelado que um deles o destronaria. Em vista disso, ao nascerem, eram encerrados no corpo de Gaia em profundo abismo. Gaia, cansada das atrocidades de Urano, reuniu seus filhos e lhes propôs um plano para pôr fim às barbáries desse furioso. Dos filhos de Gaia, apenas Cronos se propôs a ajudar a mãe a se livrar desse tormento. Com um metal tirado do seu seio, entregou a seu filho Cronos uma foice de grandes proporções, lhe confiando a tarefa de realizar a vingança. Quando Urano se acercou mais uma vez de Gaia ardendo de desejo de penetrar-lhe o corpo, Cronos tomando a si a tarefa, surpreendeu o pai e cortou-lhe os órgãos sexuais. Do sangue que espirrou sobre Gaia nasceram as Erínias, os gigantes, e as ninfas dos bosques. Os testículos cortados de Urano foram lançados ao mar e o sêmen que nele continha formou uma espuma branca, e dessa, nasceu Afrodite. [485] Urano continuou a deitar-se com Gaia todas as noites, mas agora não podia fecundá-la.

483 ELIADE, M. *Mefistófeles e o andrógino*, p. 226.
484 SCARPI, P. *Politeísmos: as religiões do mundo antigo*, cap. VII.
485 ELIADE, M. *Historia de las Creencias y las Ideas Religiosas I*, p. 322.

Mitologia grega

Deuses primordiais	Caos | Érebo | Gaia | Nix | Pontos | Tártaro | Urano
Titãs	Céos | Crio | Cronos | Febe | Hipérion | Jápeto | Mnemósyne| Oceano | Prometeu | Reia | Teia | Tétis | Têmis
Deuses olímpicos	Afrodite | Apolo | Ares | Ártemis | Atena |Deméter | Dionísio | Éolo | Eros | Hades | Hefesto | Hera |Hermes | Héstia | Poseidon | Zeus
Outros deuses	Anfitrite | Circe | Eos | Éris | Esculápio | Faetonte| Hebe | Hécate | Hélios | Hipnos | Io | Íris | Ismênia |Koré | Leto | Maya | Métis | Morfeu | Órion | Pan | Perséfone| Selene | Semele | Tânatos | Tífon

O mais velho da prole de Gaia foi Tifão, deus grego da seca (filho da deusa com Tártaro), simbolizava o elemento Ar em sua forma mais furiosa, os furacões. O mais moço da prole de Gaia e Urano era Cronos, que gozando das preferências de caçula, conseguiu que, em seu proveito, a mãe dissuadisse Tifão dos direitos da progenitura. Mas esse favor lhe foi concedido condicionalmente: ele deveria eliminar, devorando-os, todos os filhos varões que viesse a ter de Reia, assegurando destarte, aos descendentes de Tifão, o império do Universo. Quando Reia estava grávida de Zeus, aconselhada por Gaia, deu à luz em uma caverna e quando voltou ao reino trouxe enrolada em uma toalha uma pedra que Cronos engoliu acreditando ser seu filho. Cronos representa a passagem dos deuses antigos (ciclopes e titãs) para os deuses olímpicos (assim chamados por habitarem o Olimpo), liderados por seu filho Zeus.

> O símbolo religioso não revela apenas uma estrutura do real ou uma dimensão da existência, mas confere, ao mesmo tempo, significação à existência humana. É por isso que mesmo os símbolos que visam à realidade última constituem, conjuntamente, revelações existenciais para o homem que decifra sua mensagem.[486]

No começo de tudo dominava a Raça de Ouro, criada possivelmente por Cronos. Tudo ia bem naquele mundo mítico do bem, a paz era permanente, sem necessidade de armas ou soldados, a morte era como um profundo sono.

---

486 ELIADE, M. *Mefistófeles e o andrógino*, p. 226.

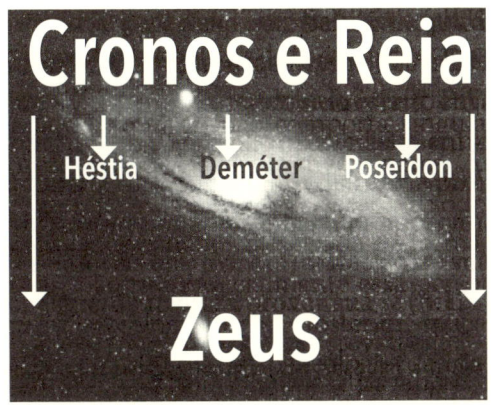

Depois da queda de Cronos e expulsão da Raça de Ouro, entramos na Idade dos Homens de Prata, civilização menos adiantada, mas consciente dos seus deveres perante os deuses. Porém, em determinado momento, sem sabermos porque pararam de fazer sacrifícios aos deuses. Zeus decide aniquilar essa Raça e formar outra.

Entramos chocados para a Idade do Bronze, com homens violentos, truculentos, selvagens que apenas queriam a guerra e o sangue em suas mãos. Não pensavam em outra coisa que não guerrear, destruir uns aos outros e se aniquilar. O que aconteceu com essa raça? Extinguiram-se. O que fez Zeus, para aplacar a infelicidade dos deuses? Formou uma raça quase perfeita.

Zeus criou a nova geração de heróis famosos que governaram a Terra por muitos séculos.[487] Muitos conheceram a morte honrosa, mas boa parte foi enviada para a ilha das Bem-Aventuranças, onde Cronos era o monarca. Nesse Universo paradisíaco os heróis encontraram a paz permanente, rios em que correm leite, nas árvores, pendurados, favos de mel, doces e pegajosos, depois disso, nunca mais tivemos notícias dos grandes heróis. Os gigantes e os heróis aparecem em quase todos os pensamentos religiosos da Antiguidade, transformando-se com o tempo em mitos, como é o caso de Sansão e Hércules. Temos uma passagem clara na Bíblia sobre esses heróis e gigantes. "Ora, naquele tempo havia gigantes na Terra; e também depois, quando os filhos de Deus possuíram as filhas dos homens, as quais lhes deram filhos; eles foram valentes, varões de renome, na Antiguidade" (Gênesis, 6:4). Para alguns, essa passagem bíblica pode

---

487 VILLAS-BOAS, M. *Olimpo – a saga dos deuses*, parte II.

parecer estranha e causar desconforto, porém, para o historiador das religiões habituado às pesquisas e leituras de pensamentos antigos, os heróis e gigantes se repetem em quase todos os pensamentos e aqui no contexto bíblico foi possivelmente compilado e melhorado de pensamentos ainda mais antigos da Mesopotâmia.

A Raça de Ferro é a última criada e ainda teima em viver nesse planeta de dores. Há dúvidas de quem a criou, alguns autores acreditam que foi Zeus. Tardiamente apareceu a formação do homem por Prometeu através do barro.[488] Nunca teremos certeza de quem realmente criou essa Humanidade, se foi Zeus ou Prometeu. O que sabemos é que todo sofrimento e toda dor ficou para essa raça que com o "suor do rosto comerás o teu pão, até que tornes à terra, pois dela foste formado; porque tu és pó e ao pó tornarás" (Gênesis, 3:19).

> O mito conta uma história sagrada; ele relata um acontecimento ocorrido no tempo primordial, o tempo fabuloso do "princípio". Em outros termos, o mito narra, graças às façanhas dos Entes Sobrenaturais, como uma realidade passou a existir, seja uma realidade total, o Cosmo, ou apenas um fragmento: uma ilha, uma espécie vegetal, um comportamento humano, uma instituição. É sempre, portanto, a narrativa de uma "criação": ele relata de que modo algo foi produzido e começou a ser. O mito fala apenas do que realmente ocorreu, do que se manifestou plenamente. Os personagens dos mitos são os Entes Sobrenaturais. Eles são conhecidos sobretudo pelo que fizeram no tempo prestigioso dos "primórdios". Os mitos revelam, portanto, sua atividade criadora e desvendam a sacralidade (ou simplesmente a "sobrenaturalidade") de suas obras. O mito se torna o modelo exemplar de todas as atividades humanas significativas. Em suma, os mitos descrevem as diversas, e algumas vezes dramáticas, irrupções do sagrado (ou do "sobrenatural") no Mundo. É essa irrupção do sagrado que realmente fundamenta o Mundo e o converte no que é hoje. E mais: é em razão das intervenções dos Entes Sobrenaturais que o homem é o que é hoje, um ser mortal, sexuado e cultural. O mito é considerado uma história sagrada e, portanto, uma "história verdadeira", porque se refere à realidade. O mito cosmogônico é "verdadeiro" porque a existência do Mundo aí está para prová-lo; o mito da origem da morte é igualmente "verdadeiro" porque é provado pela mortalidade do homem, e assim por diante.[489]

---

488 *Ibid.*, p. 29.
489 ELIADE, M. *Mito e realidade*, pp. 11-12.

Os deuses do pensamento greco-romano não diferentes dos da Antiguidade, representam forças e fenômenos da natureza e também impulsos e paixões humanas. Moram no Monte Olimpo e de lá controlam tudo o que se passa entre os mortais. O panteão grego inclui semideuses, heróis e inúmeras entidades, como os sátiros e ninfas, espíritos dos bosques, das águas ou das flores. Segundo a cosmogonia greco-romana, durante muito tempo quem governou a Terra foi o tirano Urano (o Céu), até que foi deposto por Cronos, seu filho. Então, Urano profetizou que Cronos também seria destronado por seu próprio filho. Zeus era senhor do céu e deus grego supremo. Filho mais novo de Cronos e Reia, nasceu no Monte Ida, em Creta. Após chegar ao Olimpo e se dispor com Cronos, Zeus, conhecido pelo nome romano de Júpiter, fez com que o mesmo vomitasse seus cinco irmãos: Poseidon, Hades, Deméter, Héstia e Hera. De Hera tornou-se marido, e pai de diversos deuses, como Atena, Ártemis e Apolo. As hierogamias de Zeus, segundo o panteão greco-romano, tinham propósitos políticos de unificação dos reinos dando à religião grega *status* e caráter específicos. Zeus é considerado na antiguidade greco-romana o pai de todos os deuses e dos humanos, e seus irmãos em agradecimento por serem libertados do estômago de Cronos, deram-lhe o trono e o raio para simbolizar o senhor dos céus e da Terra. Zeus sempre foi considerado um deus do tempo, com raios, trovões, chuvas e tempestades atribuídas a ele. Mais tarde, foi associado à justiça e à lei. Havia muitas estátuas erguidas em sua honra, sendo a mais magnífica aquela em Olímpia, uma das sete maravilhas do Mundo Antigo. Originalmente, os jogos olímpicos eram realizados em sua honra.[490]

Poseidon – assumiu o estatuto de deus supremo do mar, conhecido pelos romanos como Netuno e pelos etruscos como Nethuns. Tambem era conhecido como o deus dos terremotos e dos cavalos. Os símbolos associados a Poseidon com mais frequência eram o tridente e o golfinho. Alguns autores acreditam que seja um deus antigo e senhor do Universo.

> Poseidon se parece com Zeus pelo grande número de aventuras amorosas, o que revela sua estrutura original de "esposo da terra" e "perturbador do

490 SISSA, G. e Detienne, M. *Os deuses gregos,* cap. VII.

solo". Ao converter-se em um deus exclusivamente marítimo, Poseidon não pode conservar seus atributos originais, senão os relacionamentos com o mar: o poder caprichoso e o senhorio do destino e dos navegantes.[491]

Hades – Senhor do Mundo Inferior e das riquezas soberanas dos mortos. O nome Hades era usado para designar tanto o deus como seus domínios. Ele é também conhecido por ter raptado a deusa Perséfone ou Proserpina (no mundo subterrâneo), filha de Deméter. Hades era conhecido como o reino dos mortos ou simplesmente o submundo. Esse era um lugar onde imperava a tristeza. Hades era senhor do submundo e usa-se seu nome para designar também a região das profundezas, Érebo. A entrada da morada dos mortos é localizada por Vírgilio próxima ao Vesúvio, numa região vulcânica que sofre tremores e desprende um cheiro terrível vindo das profundezas. Virgílio também descreve a ida de Sibila com Eneias ao Hades: lá dentro, devem passar pelos pesares, as ansiedades, as enfermidades, a velhice, o medo, a fome, o cansaço, a miséria e a morte; depois, enfrentam as Fúrias, a Discórdia, Briareu de cem braços, as hidras e as quimeras. Após, chega-se ao negro rio Aqueronte, onde está o barqueiro Caronte, velho e esquálido. Em seu barco ele transporta as almas de todos, sejam heróis, jovens, velhos, virgens, homens ou mulheres. A outra margem do rio era guardada pelo feroz cão tricéfalo Cérbero, que deixava entrar as almas, mas nunca sair. Seguindo a estrada onde vagueiam as almas dos que não foram devidamente sepultados, mais à frente, existe um caminho que se divide. Um lado leva ao Elísio e outro às regiões dos condenados, onde corre o rio Flegeton. O abismo do Tártaro é onde habitam as almas desgraçadas que ali enfrentam todos os suplícios. Os Campos Elíseos eram um belo lugar, onde moravam as almas dos heróis, santos, sacerdotes e poetas. Também havia um vale por onde corria o rio Lete e onde as almas dos que iam voltar à Terra esperavam por um corpo, no momento devido. Plutão habitava um palácio circundado por um bosque de choupos e salgueiros estéreis. O solo era recoberto de asfódelo, planta das ruínas e dos cemitérios. Com o tempo, a cristandade confundiu e assimilou o conceito grego de Hades ao inferno, transformando o segundo em um lugar quente e inóspito.[492]

---

491 ELIADE, M. Historia de *las Creencias y las Ideas Religiosas* I, p. 342.
492 VILLAS-BOAS, M. *Olimpo – a saga dos deuses*, p. 88.

Deméter ou Demetra ("deusa mãe" ou talvez "mãe da distribuição")
– é o nome de Ceres na mitologia romana. Uma das doze divindades do
Olimpo, é filha de Cronos (Saturno) e Reia (Cibele) e deusa da terra culti-
vada, das colheitas e das estações do ano. É propiciadora do trigo, planta
símbolo da civilização. Na qualidade de deusa da agricultura, fez várias e
longas viagens com Dionísio, ensinando os homens a cuidar da terra e das
plantações. Em Roma, onde se chamava Ceres, seu festival era chamado
Cerélia e celebrado na primavera. Quando Hades raptou Perséfone[493] e a levou para seu reino subterrâneo, Deméter ficou desesperada, saiu como louca
terra afora sem comer e nem descansar. Decidiu não voltar para o Olimpo
enquanto sua filha não lhe fosse devolvida, e culpando a terra por ter aberto
a passagem para Hades levar sua amada filha, ela disse:

> *Ingrato solo que tornei fértil e cobri de ervas e grãos nutritivos, não
> mais gozará de meus favores! – Durante o tempo em que Deméter ficou
> fora do Olimpo a terra tornou-se estéril, o gado morreu, o arado quebrou,
> os grãos não germinaram. Sem comida a população sofria de fome e doen-
> ças. A fonte Aretusa então contou que a terra abriu-se de má vontade,
> obedecendo às ordens de Hades e que Perséfone estava no Érebo, tris-
> te, mas com pose de rainha, como esposa do monarca do mundo dos
> mortos.*

Com a situação caótica em que estava a terra estéril, Zeus pediu a
Hades que devolvesse Perséfone. Ele concordou, porém antes, fê-la comer um bago de romã e assim a prendeu para sempre aos infernos, pois
quem comesse qualquer alimento nessa região ficava obrigado a retornar.
Com isso, ficou estabelecido que Perséfone passasse um período do ano
com a mãe, e outro com Hades, quando é chamada Proserpina. O primeiro período corresponde à primavera, em que os grãos brotam, saindo da
terra assim como Proserpina. Nesse período Perséfone é chamada Core, a
moça. O segundo é o da semeadura de outono, quando os grãos são enterrados, da mesma forma que Perséfone volta a ser Proserpina no reino do
marido. Os Mistérios de Elêusis, celebrados no culto à deusa, na Grécia,
interpretam essa lenda como um símbolo contínuo de morte e ressurreição. Deméter pode ser representada sentada, com tochas ou uma serpente.
Seus atributos são a espiga e o narciso, seu pássaro é a grou, tem em uma

---

493 *Ibid.*, p. 84 e 100.

das mãos uma foice e na outra um punhado de espigas e papoulas, trazendo na cabeça uma coroa com esses mesmos elementos.

Héstia (ou Vesta, na mitologia romana) – é a deusa grega dos laços familiares, simbolizada pelo fogo da lareira. Filha de Saturno e Cibele (na mitologia romana), filha de Cronos e Reia para os gregos, era uma das doze divindades olímpicas. Cortejada por Poseidon e Apolo, jurou virgindade perante Zeus, e dele recebeu a honra de ser venerada em todos os lares, ser incluída em todos os sacrifícios e permanecer em paz, em seu palácio cercada do respeito de deuses e mortais. Embora não apareça com frequência nas histórias mitológicas, era admirada por todos os deuses. Era a personificação da moradia estável, onde as pessoas se reuniam para orar e oferecer sacrifícios aos deuses. Era adorada como protetora das cidades, das famílias e das colônias. Sua chama sagrada brilhava continuamente nos lares e templos. Todas as cidades possuíam o fogo de Héstia, colocado no palácio onde se reuniam as tribos. Esse fogo deveria ser conseguido direto do sol. Quando os gregos fundavam cidades fora da Grécia, levavam parte do fogo da lareira como símbolo da ligação com a terra materna e com ele acendiam a lareira onde seria o núcleo político da nova cidade. Sempre fixa e imutável, Héstia simbolizava a perenidade da civilização. Em Delfos, era conservada a chama perpétua com a qual se acendia a héstia em outros altares. Cada peregrino que chegava a uma cidade primeiro fazia um sacrifício à Héstia. Seu culto era muito simples: na família, era presidido pelo pai ou pela mãe; nas cidades, pelas maiores autoridades políticas. Em Roma era cultuada como Vesta e o fogo sagrado era o símbolo da perenidade do Império. Suas sacerdotisas eram chamadas vestais, faziam voto de castidade e deveriam servir à deusa durante trinta anos. Lá a deusa era cultuada por um sacerdote principal, além das vestais. Era representada como uma mulher jovem, com larga túnica e véu sobre a cabeça e os ombros. Havia imagens suas nas principais cidades, mas sua figura severa e simples não ofereceu muito material para os artistas.

Hera – era a deusa grega equivalente a Juno, no Panteão Romano. Deusa do casamento, irmã e esposa de Zeus. Ela era filha de Cronos e Reia, a Grande Mãe deusa titã e foi criada na Arcádia. Teve como ama as Horas, ou as Três Estações. Retratada como ciumenta e agressiva, odiava e perseguia as amantes de Zeus e os filhos de tais relacionamentos, tanto que tentou matar Hércules quando este era apenas um bebê. O único filho de Zeus que ela não odiava, antes gostava, era Hermes e sua mãe Maia, porque ficou surpresa com sua inteligência. Possuía sete templos na Grécia. Mostrava apenas seus olhos aos mortais e usava uma pena do seu pássaro para marcar os locais que protegia. Hércules destruiu seus sete templos e, antes de terminar sua vida mortal, aprisionou-a em um jarro de barro que entregou a Zeus. Depois disso, ele foi aceito como deus do Olimpo. Hera era muito vaidosa e sempre quis ser mais bonita que Afrodite, sua maior inimiga. A *Ilíada* a representa como orgulhosa, obstinada, ciumenta e rixosa. Na Guerra de Troia, por ódio dos troianos, devido ao julgamento de Páris, ajudou os gregos. É representada por um pavão e possui uma coroa de ouro.

Erínias (Fúrias, para os romanos) – eram personificações da vingança, semelhantes a Nêmesis, que punia os deuses, enquanto elas puniam os mortais. Eram Tisífone (Castigo), Megera (Rancor) e Alecto (Interminável). Viviam nas profundezas do Hades, onde torturavam as almas pecadoras julgadas por Hades e Perséfone. Nasceram das gotas do sangue que caíram sobre Gaia quando o deus Urano foi castrado por Cronos. Pavorosas, possuíam asas de morcego e cabelo de serpente. As Erínias, deusas encarregadas de castigar os crimes, especialmente os delitos de sangue, são também chamadas Eumênides, que em grego significa "as bondosas" ou "as Benevolentes", eufemismo usado para evitar pronunciar seu verdadeiro nome, por medo de atrair sobre si a sua cólera. Em Atenas, usava-se como eufemismo a expressão *semnai theai*, ou "deusas veneradas". Na versão de Ésquilo, as Erínias são filhas da deusa Nix, a Noite.

Júpiter (em latim, *Iuppiter*) – era o deus romano do dia, comumente identificado com o deus grego Zeus. Também era chamado de Jovis (Jove). Filho de Saturno e Cibele, foi dado por sua mãe às ninfas da floresta em que o havia parido. Os fados tinham comunicado seu pai, Saturno, que havia de ser afastado do trono por um filho que nascesse dele. Para evitar a concretização da ameaça do destino, Saturno devorava os filhos que mal acabavam de nascer. Quando Júpiter nasceu, a mãe, cansada de ver assim desaparecer todos os filhos, entregou a Saturno uma pedra, que o deus engoliu sem se dar conta do logro. Criado longe, na ilha de Creta, para não ter o mesmo destino cruel dos irmãos, ali cresceu alimentado pela cabra Amalteia. Quando ela morreu, Júpiter usou sua pele para fazer uma armadura que ficou conhecida por Égide. Quando chegou à idade adulta enfrentou o pai e, com a ajuda de uma droga, obrigou-o a vomitar todos os filhos que tinha devorado. Após libertar os irmãos do ventre paterno, empreendeu a revolta Titanomaquia. Saturno procurou seus irmãos para fazer frente ao jovem deus rebelde que, com seus irmãos, reuniram-se no Olimpo. Casou-se com Juno, sua irmã e filha preferida de Cibele. Júpiter teve muitos filhos, tanto de deusas como de mulheres. Marte, Minerva e Vênus são seus filhos divinos, entre outros. Quando se apaixonava por mortais, Júpiter assumia diversas formas para se aproximar delas. Baco era seu filho com a mortal Sêmele. Durante a gravidez, a jovem insistiu que queria ver o pai de seu filho em toda a glória. Júpiter tentou dissuadi--la, mas sem êxito. Quando o rei dos deuses se apresentou abertamente à sua amante, ela caiu fulminada. Júpiter tomou, então, o feto e colocou-o na barriga da sua perna, onde terminou a gestação. Para conquistar a princesa Europa, transformou-se em touro branco. A jovem aproximou-se e Júpiter mostrou-se meigo. Quando Europa montou sobre seu dorso, elevou-se nos ares e levou a princesa para a ilha de Creta, onde se uniu a ela. Dessa união nasceram Minos, Radamante e Sarpédon. Em outra altura apaixonou-se por Alcmena, esposa de Anfitrião. Para conquistá-la, assumiu a forma do próprio marido e contou com a ajuda de Mercúrio, que tomou a forma do criado Sósia. Dessa união nasceu o semideus Hércules.

No princípio do século IV A.E.C., o pensamento romano não tinha a mesma complexidade dos deuses do panteão grego, porém, ao final, o panteão romano prevaleceu, se adaptando às divindades gregas. Por que mesmo não tendo um panteão tão complexo, a religiosidade romana prevaleceu sobre a grega? Os romanos tinham algo que os gregos não tinham, ou seja, um sacerdócio extremamente organizado e presidido pelo *pontifex Maximus Juno*, que com o passar do tempo foi adotado pela Igreja Cristã. O pontifíce presidia o mais alto cargo abaixo do imperador, decidia sobre justiça, ordem, rituais, casamentos e ordenação dos sacerdócios. Quando o casamento ou qualquer outro tipo de aliança era realizado pelo *pontifex Maximus*, era para sempre, ou seja, "até que a morte os separe". Observe a semelhança da guerra divina grega descrita a seguir por Hesíodo em uma parte de seu livro *Teogonia*, com os textos tardios do Apocalipse:

> *Quando Tifão (deus grego da seca – filho de Tártaro e de Gaia – simbolizava o elemento Ar em sua forma mais furiosa, os furacões) levantou-se contra Zeus, de seus ombros saíam cem cabeças de serpente, de espantosos dragões, que faziam vibrar suas línguas negras; de seus olhos brotavam línguas de fogo.*

Então houve guerra no céu: Miguel e seus anjos batalhavam contra o dragão. E o dragão e os seus anjos batalhavam. (12:7)

Seus olhos como chama de fogo. (1:14)

E abriu a boca em blasfêmias contra Deus, para blasfemar do seu nome e do seu tabernáculo e dos que habitam no céu. (13:6)

Suas caudas eram semelhantes a serpentes, e tinham cabeças, e causavam dano. (9:19)

O símbolo religioso traduz uma situação humana em termos cosmológicos, e vice-versa; mais precisamente: revela o vínculo entre as estruturas da existência humana e as estruturas cósmicas. O homem não se sente "isolado" no cosmos; está "aberto" para um Mundo que, graças ao símbolo, torna-se "familiar". Por outro lado, as valências cosmológicas do simbolismo permitem-lhe sair da situação subjetiva e reconhecer a objetividade de suas experiências pessoais.[494]

Se existe uma proclamação de fé para o Judaísmo (*shemá*) e outra para o Islamismo (*shaadah – chahada*), podemos dizer que a profissão de fé do Cristianismo se tornou a seguinte:

6.11 Cristianismos

Só há um Deus verdadeiro, justo e todo-poderoso, e Jesus Cristo, seu filho unigênito, o único e exclusivo caminho para a salvação. (João, 14:6)

Entre a morte de Jesus e os ensinos escritos a seu respeito há um hiato de tempo de mais de 40 anos. Antes dessas informações escritas que temos hoje com o nome de Evangelhos, como eram passadas as informações sobre Jesus? Historicamente não havia ensinos ou informações escritas sobre Jesus, nem muito menos textos ou Evangelhos e sim contos folclóricos, mitos heroicos e histórias que circulavam entre o povo de nome *Aggadot*. Essas histórias folclóricas sempre foram as que mais agradaram a população comum, por serem fáceis de assimilar, entender e interpretar da forma que lhes convinha. Histórias mais elaboradas, como as *Halakhot*, aparecem sempre forradas de suposições filosóficas, ditos complexos, assuntos legais, éticos, históricos e máximas, o que não atraiu e ainda não atrai a

---

494 ELIADE, M. *Mefistófeles e o andrógino*, p. 226.

atenção popular. "O maior herói é aquele que faz do inimigo um amigo". "Não consideres o vaso, mas seu conteúdo". "Não escolhas para amigo um homem de mau caráter". "Uma palavra vale uma moeda. O silêncio, duas". Essas informações ficavam, na maioria das vezes, para os rabinos, estudantes da Torá ou doutores que conheciam as filosofias judaicas, bem como o Talmude.

Segundo a história cristã, Jesus teria nascido no reinado de Herodes, o Grande, que morrera, segundo a história oficial, seis anos antes de seu nascimento. Jesus não nasceu em dezembro. Não se sabe ao certo o dia exato de seu nascimento, mas as estimativas são dos meses de abril, maio, agosto ou mesmo setembro. O ano também não se sabe ao certo, mas estima-se que foi no ano 6 ou 7 A.E.C. e não no ano 0. Dia 21 de dezembro é (normalmente) o solstício de inverno (no hemisfério norte) e, assim, uma data importante que marca o início do retorno do sol.

Séculos antes do Cristianismo, outros cultos solares já faziam referência ao seu deus e um desses cultos era o de Mitra no dia 25 de dezembro, quando era celebrado seu nascimento. Mitra era considerado um deus e não humano, e sua festa de morte ou despedida dos humanos era celebrada em torno do dia 21 de março, como Jesus. Em todo caso, essas duas festas eram chaves em todos os cultos de todos os deuses solares. Ou seja, era uma tradicional festa comemorando o nascimento do sol, o que claramente era muito apreciado por sociedades agrícolas vivendo a escuridão de um inverno gelado. Por isso, o uso dos pinheiros e da neve. O evento central do pensamento mitraico era o sacrifício de um touro, símbolo do sacrifício original do touro da fecundidade, de cujo sangue brotava a vida e que proporcionava a imortalidade. Mitra era um pensamento ou religião de mistérios, acessíveis apenas aos iniciados que celebravam seus cultos em grutas sagradas. Lembramos que o Cristianismo, em seus primórdios, também realizava seus cultos em tumbas e grutas e era acessível apenas aos iniciados, imolando não um touro, mas o Cordeiro de Deus (João, 1:29). As origens de Mitra datam possivelmente de antigos cultos da Índia védica. Com o tempo, o mitraísmo difundiu-se gradualmente e passou por diversas transformações, até alcançar lugar proeminente na Pérsia e representar, no mundo romano, o principal oponente do Cristianismo nas primeiras etapas de sua expansão. Com a adoção do Cristianismo como religião oficial do Império Romano (c. século IV), o mitraísmo entrou rapidamente em declínio. O dualismo do perpétuo conflito entre o bem e o mal (maniqueísmo), ou entre a luz e as trevas, sobreviveu na doutrina maniqueísta cristã.

No pensamento védico, Mitra, cuja primeira menção é de aproximadamente 1400 A.E.C., como Brahma, assegurava o equilíbrio e a ordem no cosmo. Por volta do século V A.E.C., passou a integrar o panteão do zoroastrismo persa – primeiro, como senhor dos elementos; mais tarde, sob a forma definitiva de deus solar. Após a vitória de Alexandre, o Macedônio, os persas trouxeram aos judeus e greco-romanos o culto de Mitra, que com o tempo se estendeu por todo o mundo helenístico. Porém, como o pensamento greco-romano oferecia não apenas um panteão maior e uma estrutura sacerdotal mais elaborada, os romanos acabaram ficando com sua crença e com o tempo o Cristianismo evemerista[495] adotou vários pensamentos romanos. Nos séculos III e IV da Era Cristã, as legiões romanas, identificadas com o caráter viril e luminoso de Mitra, transformaram o culto na religião conhecida como mitraísmo. Os imperadores romanos Commodus[496] e Julianus,[497] o Apóstata, foram iniciados, e Diocletianus[498] consagrou, junto ao Danúbio, um templo a Mitra, "protetor do império". A religião mitraica tinha raízes no dualismo zoroastrino (oposição entre bem e mal, entre matéria e espírito) e nos cultos helenísticos, como os mistérios de Dionísio e de Elêusis. Mitra era um deus do bem, criador da luz, em luta permanente contra seu oposto, ou seja, as divindades obscuras do mal. Seu culto estava associado à crença na existência futura absolutamente espiritual e liberta da matéria – compatível com as ideias religiosas e filosóficas da época, como o gnosticismo e o neoplatonismo, bem como os pensamentos indianos de libertação (Moksa), capaz de oferecer uma esperança de salvação, como aconteceu posteriormente ao Cristianismo.

---

495 O evemerismo é uma teoria hermenêutica da interpretação dos mitos criada por Evêmero (cerca de IV A.E.C.) em sua obra *Hiera Anagrafe* (*História sagrada*), da qual somente restaram alguns resumos, e, segundo a qual, os deuses não são mais que personagens históricos de um passado obscuro, amplificados por uma tradição fantasiosa e lendária. O sentido oculto dos mitos é, pois, de natureza histórica e social. Essa teoria seria aceita pelo filósofo David Hume e por Voltaire, que escreveu *Diálogos com Evêmero*. Mas, a obra de Evêmero se perdeu e só é conhecida por seus comentaristas (particularmente Diodoro da Sicília). Na verdade, já o sofista Pródico de Ceos sustentava o mesmo: afirmava que os deuses são coisas ou homens que na Antiguidade foram importantes, pelo que passaram a ser endeusados. Cícero, em sua obra *Sobre a natureza dos deuses* (2, 24-25) e *Sobre a adivinhação* (2, 37), ao interpretar os mitos emprega tanto a alegoria como o evemerismo. Ambas as correntes também se encontram nas *Etimologias* (7, 11), uma enciclopédia medieval de São Isidoro de Sevilha. Os doutores da Igreja utilizaram o evemerismo e a teoria alegórica para desqualificar as crenças do paganismo, ainda que tenham se abstido de aplicar tal doutrina às suas próprias crenças.

496 Lvcivs Aelivs Avrelivs Commodvs – Marcvs Avrelivs Commodvs Antoninvs – Imperador – 180 a 192 E.C.

497 Flavivs Clavdivs Ivlianvs – Imperador – 361 a 363 E.C.

498 Caivs Avrelivs Valerivs Diocletianvs – Imperador do Oriente – 284 a 305 E.C.

Por que a cristandade quer inserir Jesus a todo custo nas antigas escrituras judaicas? Para justificar as antigas profecias sobre o verdadeiro rei messiânico, esperado e profetizado por ela (Miqueias, 5:2; Juízes, 13:5; Oseias, 11:1 a 5 e Isaías, 7:14-16), nem que para isso seja preciso negligenciar a história oficial. Jesus, como os fundadores (se podemos chamá-los assim) de outras religiões e religiosidades, nada escreveu sobre sua doutrina ou pensamento, ficando como "única" fonte de pesquisa os Evangelhos, escritos por indivíduos cuja procedência não sabemos quase nada. Jesus não fundou religião, nunca disse ser cristão ou mesmo fundou qualquer pensamento de nome Cristianismo como norma ou moral. Se pregou conceitos, foi como Sócrates, livres de qualquer pensamento dogmático.

Os Livros Sagrados

Quem olha, toca, cheira e sente a textura de um livro nos dias de hoje, não imagina como era difícil e complicada a missão de se ter ou mandar se compor um manuscrito na Antiguidade. O manuscrito é um documento escrito a mão sobre um papiro, pergaminho ou um papel com tinta de uma caneta, lápis etc. A Antiguidade é um fator determinante. Geralmente se refere aos escritos realizados por personagens famosos em qualquer área de conhecimento. Os escribas egípcios são os antigos produtores de manuscritos, assim como os monges da Idade Média. Podem ser encontrados em pedra (Pedra de Roseta), madeira e, no caso de folhas de papel, em livros ou códices. Um exemplo importante são os *Manuscritos do Mar Morto*. O *Codex Sinaiticus*, também conhecido como *Manuscrito Aleph* (primeiro algarismo do alfabeto hebraico), é um dos mais antigos (século IV) e importantes manuscritos gregos já descobertos, sendo o único codex que contém o Novo Testamento inteiro. Atualmente está no Museu Britânico. Com o *Codex Vaticanus*, é um dos mais importantes manuscritos gregos para a crítica textual, além do texto da Septuaginta. Se a formação e texturização de um manuscrito era algo tão complicado e complexo na Antiguidade, de onde foram tiradas as primeiras fontes sobre Jesus? Desde a morte de Jesus até mais ou menos 40 a 45 anos, todo ensino sobre Ele foi feito de forma oral.[499] Com o tempo, foram reunidos contos, histórias, parábolas, fábulas

---

499 STEGEMANN, E.W.; STEGEMANN, W. *História social do protocristianismo*, p. 219 – questões das fontes.

e todo tipo de informação popular para que os primeiros textos fossem escritos. Após isso, possivelmente vieram algumas cartas de Paulo e logo depois os textos de Marcos, a produção "literária" sobre Jesus não parou. Os textos eram escritos sem pontuação, parágrafo, vírgula ou mesmo separação entre uma palavra e outra. Tudo isso dificultava ao copista saber o que realmente era uma coisa ou outra. Sem falar dos copistas analfabetos que apenas copiavam os caracteres sem ter o mínimo de conhecimento sobre o texto copiado. Em uma população com 90% da população analfabeta, nem é preciso dizer que a produção e leitura desses manuscritos eram quase raras.

O material para escrita era de difícil acesso, quando não faltava material essencial, como peles, tintas, pincel etc. Quando tais circunstâncias ocorriam, e tudo dependia também do valor cobrado, esses materiais podiam ser substituídos por carvão ou mesmo substâncias corantes, como é o caso da amora. Quando se pagava para se ter um manuscrito, demorava cerca de 6 meses a um ano para ser entregue, pensando de forma otimista. A cópia era feita de forma bem rústica, o copista simplesmente copiava ou tentava copiar as letras como elas se apresentavam no texto que compilava. Quando não entendia a letra, inventava uma, ou simplesmente repetia as de cima, quando não, repetia na linha abaixo todo o parágrafo de cima. Mas, tudo isso tem que ser pensando da seguinte forma. O copista muitas vezes fazia esse tipo de cópia à noite sob a luz de uma lamparina que lhe fornecia luz atenuada sobre a pele que imprimia suas letras. Imaginemos por um momento alguém copiando algo que nem sequer tem noção do que eram as letras, como fazem as crianças que estão nos primeiros passos da

alfabetização. Copiam apenas, sem noção do que estão copiando, pois se perguntado o que copiaram apenas dirão que não sabem, mas copiaram as letras que formam frases. Assim era o copista não profissional ou analfabeto. Por outro lado, se conhecia as letras, como era o caso dos copistas profissionais contratados mais tarde pela Igreja, tentava-se dar sentido a algumas passagens aglomeradas nos textos que não conseguiam entender. Por isso, as incongruências textuais que muitas vezes observamos nos evangelhos e textos da bíblia hebraica. [500]

Um estudo adequado da Bíblia não pode ser feito sem uma consciência aguda das diferenças nas atitudes e estruturas políticas, culturais e religiosas que existem entre o Velho e o Novo Testamento. Supor-se-ia, logicamente, certo desenvolvimento durante os 400 anos que decorreram entre os dois livros; mas as várias mudanças observáveis devem ser explicadas. É necessário, portanto, voltar, na história, até o tempo entre os dois Testamentos, a fim de se apreciar mais completamente a situação pressuposta no Novo Testamento. [501]

Evangelhos

Os Evangelhos são lendas e podem conter histórias, mas certamente nem tudo ali é histórico (RENAN, Ernest. *Vida de Jesus – origens do cristianismo*). Do grego *evangélion*, em hebraico, *besoura* – significa "boa

500 EHRMAN, B. D. *O que Jesus disse? O que Jesus não disse?* Cap. II.
501 HALE, B. D. *Introdução ao estudo do Novo Testamento*, p. 7

nova", expressão encontrada algumas vezes nos textos evangélicos. Mais tarde passou a designar livros ou documentos que contavam a história das origens da religião cristã. Suas datas e autorias são incertas, por isso se usa o termo "Segundo" ao se designar o autor. O Evangelho Segundo Mateus[502] foi escrito possivelmente na Síria, entre os anos 55 e 70 de nossa época, com estilo hebraico e algumas partes em grego e aramaico.[503] Possui 28 capítulos e é um dos mais longos. Discorre sobre a genealogia de Jesus e é o único que fala da fuga de seus pais para o Egito. De onde esse escritor que usa o nome Mateus tirou essa história? Quem escreveu ou compilou os textos que hoje levam o nome de Evangelho Segundo Mateus fez vários entroncamentos e resumos de histórias antigas da bíblia hebraica. Veja a semelhança desses dois textos:

> *Disse também o Senhor a Moisés, em Midiã: Vai, torna para o Egito, porque são mortos todos os que procuravam tirar-te a vida. Tomou, pois, Moisés a sua mulher e os seus filhos; fê-los montar num jumento e voltou para a terra do Egito. Moisés levava na mão o bordão de Deus.* (Êxodo, 4:19-20)

> *Tendo Herodes morrido, eis que um anjo do Senhor apareceu em sonho a José, no Egito, e disse-lhe: Dispõe-te, toma o menino e sua mãe e vai para a terra de Israel; porque já morreram os que atentavam contra a vida do menino. Dispôs-se ele, tomou o menino e sua mãe e regressou para a terra de Israel.* (2:19-21)

Aqui faltou apenas o "levava na mão o bordão de Deus", para ser a mesma passagem. Claro que o autor que escreveu o texto não pegou ao acaso essa passagem. Lembremo-nos que todo o sofrimento dos judeus começou no exílio das terras do Egito, ou mais precisamente quando "saístes do Egito, da casa da servidão". O autor do evangelho quis deixar implícito certo ritual de passagem na volta de José e sua família a Israel, ou seja, ao mesmo tempo a reconstrução histórica – a lembrança da servidão – e o retorno triunfante à Terra Prometida – a libertação (Oseias, 11:1). "Mateus e Lucas construíram cada um a sua própria versão bem distinta das circunstâncias em torno do nascimento da criança divina, utilizando

---

502 KUMMEL, W.G. *Introdução ao Novo Testamento*, p. 121.
503 Reza a tradição que Jesus falava o hebraico ("idioma" materno), o grego (idioma do Império, usado extensivamente nos centros urbanos) e possivelmente o aramaico galileu, a língua de sua região natal só conhecida de alguns poucos lugares, para se comunicar com aldeias locais. Na época de Jesus eram falados sete dialetos diferentes do aramaico ocidental.

396

livremente textos do Antigo Testamento".[504] Mateus apossou-se de várias passagens dos textos antigos para compor seu Evangelho. Sobre a cidade de Belém, se valeu de Miqueias para reforçar a profecia (5:2), os detalhes do nascimento de uma virgem ficaram ao encargo do texto de Isaías (7:14); a manjedoura e os animais retirou do mesmo autor (1:3), e as faixas que cobriam o menino, que constam no Evangelho de Lucas (2:7), foram retiradas de Ezequiel (16:4). Sobre a ressurreição, que parece ser um texto bem tardio na tradição cristã, os evangelistas, e talvez a Igreja, para dar sansão ao texto, apoiaram-se no texto de Oseias: "Vinde, e tornemos para o Senhor, porque ele despedaçou e nos sarará, fez a ferida e a ligará. Depois de dois dias, dará-nos a vida; ao terceiro dia, Ele nos ressuscitará, e viveremos diante Dele" (6:1-2).

O Evangelho Segundo Marcos[505] apareceu no ano de 40-45, foi escrito em grego, possui 18 capítulos, sendo um dos menores, e não discorre sobre a genealogia de Jesus. Por que no Evangelho de Marcos, como nas Cartas de Paulo e na Didaqué (escritos ou ensinos dos primeiros seguidores), não aparece a genealogia e o nascimento miraculoso de Jesus, bem como as figuras de Maria e José? Marcos parece ter sido o primeiro texto a aparecer, e não versa sobre o nascimento, Maria e José por um motivo bem simples. O escritor que leva o nome Marcos simplesmente desconhecia a história sobre o nascimento miraculoso ("estando Maria, sua mãe, desposada com José, sem que tivessem antes coabitado"), ou Maria e José. Ora, o nascimento de Jesus Cristo foi assim: estando Maria, sua mãe, desposada com José, sem que tivessem antes coabitado, achou-se grávida pelo Espírito Santo. Mas José, seu esposo, sendo justo e não a querendo infamar, resolveu deixá-la secretamente. Enquanto ponderava nessas coisas, eis que lhe apareceu, em sonho, um anjo do Senhor, dizendo: José, filho de Davi, não temas receber Maria, tua mulher, porque o que nela foi gerado é do Espírito Santo (Mateus, 1:18-20). Toda essa história sobre nascimento ("achou-se grávida pelo Espírito Santo"), mãe virgem ("Eis que a virgem conceberá e dará à luz um filho"), pai supostamente idoso, apareceu posteriormente em escritos populares fora das terras de Israel e foram adaptados no Evangelho de Mateus e Lucas. "Foi calculado que os últimos cinco capítulos de Marcos contêm 57 citações do Antigo

504 ALTER, R.; KERMODE, F. *Guia literário da Bíblia*, p. 411.
505 KUMMEL, W.G. *Introdução ao Novo Testamento*, p. 93.

Testamento e 160 alusões a ele, sem mencionar 70 passagens em que há influência do Antigo Testamento".[506] Para escrever seu texto, Mateus (50-70 E.C.) recorreu aos textos da bíblia hebraica, como é o caso da invenção da saída do Egito que aparece em Êxodo, e implementou em seus textos todas as histórias populares que haviam surgido sobre Jesus, principalmente a do Jesus Messiânico que Paulo pregou fora das terras de Israel.

Onde Marcos arrumou suas fontes? As fontes de Marcos foram as histórias mirabolantes que os cristãos já contavam, contos folclóricos de *Aggadah*, mitos de salvadores e reis messiânicos como é o caso Melquisedeque (Melek-Sédeq: "Rei da Justiça"), que forneceu pão e vinho a Abraão e os abençoou, dando-lhe "Abraão, o dízimo de tudo" (Gn, 14:18-20). Os textos dos evangelhos que temos em mãos hoje e folheamos com facilidade e credulidade não eram assim nos tempos antigos dos seus escritores. Esses textos eram escritos ou rabiscados em peles de compreensão difícil e quase ilegíveis, tendo em vista que não existiam separações de vírgulas, pontos, acentos, parágrafos e todo o contexto linguístico que nos faz entendê-los atualmente. Os textos eram escritos de forma corrida, e, na maioria das vezes, suas letras coladas umas às outras para poupar espaços, pois o material era caro, difícil de encontrar e impossível de se ganhar. Talvez, as pessoas que hoje leem livros e discutem sobre os mesmos não façam a menor ideia de como era difícil (quase impossível) para as pessoas em épocas remotas obter um texto manuscrito. Agradeço sinceramente por ter nascido e fazer parte da Era Gutenberguiana, e que os deuses abençoem sempre Johann Gutenberg (c. 1398-1468), ele revolucionou o mundo.

Transgressão

Um mundo é ordenado e estruturado por suas fronteiras e é mudado quando essas fronteiras são cruzadas. Elas são ficções sociais, mitos que aguardam os desmistificadores. Uma narrativa pode traçar fronteiras ainda mais ordenadas do que as que existem no mundo, mas apenas para violá-las mais dramaticamente. Os cristãos foram herdeiros das transgressões dogmáticas de seu fundador, o proscrito Messias. Do ponto de vista do Judaísmo tradicional, elas eram blasfêmias. A blasfêmia, crime

---

506 ALTER, R.; KERMODE, F. *Guia literário da Bíblia*, p. 411.

pelo qual Jesus é condenado (14:64), é uma erupção de energia religiosa das profundezas das estruturas ortodoxas, que ela ameaça por sua força primal. Cabia aos cristãos mostrar que o que parecia, do ponto de vista tradicionalista, um mal destrutivo, era, na verdade, uma salvação divinamente autêntica dos perdidos. A história de Marcos começa e termina com uma transgressão importante e necessária para justificar o cristianismo, isto é, uma transgressão aprovada ou cometida por Deus: o céu se abriu no batismo de Jesus, o templo se velou em sua morte. Com a ruptura do véu que demarcava o santuário interno do templo e que apenas o sumo sacerdote penetrava uma vez por ano com o sangue sacrificial, uma profanação imensa ocorreu. Ao mesmo tempo (15:36-39), uma nova santidade apareceu com o centurião gentio, expressando a identidade divina de Jesus, previamente expressa pela voz divina. O templo e o Gólgota estavam bem distantes. Apenas o texto torna essas coisas simultâneas – aos olhos da mente. O maior choque de violação vem no fim. É o túmulo vazio, uma lacuna na fronteira supremamente importante entre mortos e vivos. Por meio dela, o poder divino, de um tipo extremamente suspeito e impróprio, é solto no mundo. Daí a fuga aterrorizada dos pranteadores.

Medo, espanto e assombro são reações frequentes às palavras e ações de Jesus por toda a narrativa irrequieta de Marcos. Cercam seu primeiro milagre, o exorcismo de um endemoninhado na sinagoga em Cafarnaum em 1:21-27. O exorcismo vem de forças que rompem limites. O ensinamento de Jesus na sinagoga é abalizado e não oficial, portanto, surpreendente. Assim que ele é ministrado, apresenta-se a nós uma brecha alarmante na norma religiosa como um *fait accompli*: "Estava na sinagoga deles um homem possuído de (Marcos diz 'em') um espírito impuro" (v. 23). Na casa pura há uma presença impura, e dela irrompe, em completa contradição de expectativas, a verdade sagrada: "Sei quem tu és: o santo de Deus" (v. 24). Esse estilhaçamento duplo da ordem convencional é seguido de uma ruptura culminante à medida que o espírito impuro lacera o homem e sai dele, gritando. A série rápida de irrupções tem o efeito de uma das cenas de "escândalo" de Dostoiévski: o embaraço com o diapasão do terror.

E assim continua: em 2:1-12, um teto é "aberto" para trazer um paralítico à presença de Jesus, que perdoa o sofredor, e os escribas ficam escandalizados pela blasfêmia de ele fazer o que só Deus deveria fazer. Mas o homem é curado e sai, e novamente os circunstantes estão "admirados". Em 2:15-17, há um escândalo adicional quando Jesus come com "muitos publicanos e pecadores". Em 2:18-22, Jesus dá a justificação parabólica de rasgar e romper: a peça nova rasga o vestido velho, o vinho novo estoura os odres velhos e as normas da existência cotidiana são subvertidas pela festa do dia do casamento. Jesus prossegue desconsiderando os regulamentos do sábado, tão fundamentais para a ordem tradicional. Pouco lhe importa que seus discípulos os contrariem, pois "o sábado foi feito para o homem, e não o homem para o sábado" e ele, o "filho do homem", é "senhor até do sábado" (2:27-28). Cura o homem até da mão atrofiada em uma sinagoga (aumentando o escândalo) no sábado, e os fariseus decidem vingar a subversão de sua ortodoxia, destruindo-o (3:6). As grandes rupturas que estão no clímax do Evangelho de Marcos são visíveis: a morte de Jesus e sua ressurreição. Na narrativa intermediária, o sagrado move-se decisivamente de seus lugares costumeiros para novos lugares, da sinagoga para a casa e, acima de tudo, da tradição para Jesus.[507]

Lucas não foi médico e muito menos historiador, e sim um grande contador de histórias. O nome Lucas é a abreviação de Lucano, encontrado em alguns autores, inferindo daí a identificação com Lúcio de Cirene. "Na igreja que estava em Antioquia, havia alguns profetas e doutores, a saber: Barnabé, Simeão, chamado Níger, Lúcio Cirene, Manaem, que fora criado com Herodes, o tetrarca, e Saulo" (Atos, 13:1). Seu Evangelho[508] possui 24 capítulos e versa sobre a genealogia de Jesus, inclusive é o único que relata o recenseamento não existente imposto por César Augusto. Esse texto é para justificar a profecia do suposto advento ou nascimento do príncipe messiânico em Belém. "E tu, Belém Efrata, posto que pequena entre milhares de Judá, de ti me sairá o que será Senhor em Israel, e cujas origens são desde os tempos antigos, desde os dias da eternidade" (Miqueias, 5:2). Esse escrito, que futuramente se tornou também um Evangelho, apareceu entre os anos 70-80, em grego, possivelmente na Europa ou Ásia. Lucas não apenas copiou os textos de Mateus, Marcos e de contos populares ensinados oralmente, mas os ampliou consideravelmente. Marcos começa seu evangelho a partir dos ensinamentos de João Batista, não relata nascimentos divinos, não diz nada sobre Maria ou José. Mateus escreve sobre João Batista, relata sobre o nascimento divino de Jesus e

---

507 DRURY, J. Em: ALTER, R.; KERMODE, F. *Guia literário da Bíblia*, p. 445.
508 KUMMEL, W. G. *Introdução ao Novo Testamento*, p. 149.

algumas outras peculiaridades que não apresentam os textos de Marcos e as passagens de Paulo. Lucas vai além dos relatos já existentes, não apenas fala de João Batista, mas dá a ele um nascimento também miraculoso. Lucas, mais que os outros evangelistas, está a todo tempo fazendo referências à tradição profética e aos textos antigos. Sobre o nascimento miraculoso de João, aproveitou os textos de Gênesis em que Sara, já idosa, "era estéril; não tinha filhos". "E o Senhor visitou a Sara, como tinha dito; e fez o Senhor a Sara como tinha prometido" (Gênesis, 21:1). Lucas apenas repetiu a história para demonstrar a genealogia entre Abraão e os pais de João Batista, seus descendentes, e complementar sua história com seu nascimento miraculoso, em que "não tinham filhos, porque Isabel era estéril, e ambos eram avançados em idade. E, depois daqueles dias, Isabel, sua mulher, concebeu, e por cinco meses se ocultou" (1:7, 24). A diferença entre esses três evangelhos é que para os dois primeiros, João Batista era Elias, para Lucas, Jesus era o próprio Elias. Não observamos na história judaica os profetas realizando milagres, Elias foi uma exceção. Elias ressuscitou o filho de uma viúva (1 Reis, 17: 18-24), "porque esse meu filho estava morto, e reviveu, tinha se perdido, e foi achado" (15:24), conhecemos agora que "Tu és o Cristo, o Filho de Deus". Elias ascendeu aos céus com seu corpo, "e sucedeu que, andando e falando, eis que um carro de fogo, com cavalos de fogo, separou-os um do outro; e Elias subiu ao céu em um redemoinho" (2 Reis, 2:11), Jesus foi "elevado aos céus" (24:51). Existe a promessa da volta de Elias: "eis que vos enviarei o profeta Elias antes que venha o grande e terrível dia do Senhor" (Malaquias, 4:5); e Jesus promete voltar: "e então verão vir o Filho do homem em uma nuvem, com poder e grande glória" (21:27).

Sabemos historicamente que os textos de Mateus e Lucas foram baseados no de Marcos, na Didaqué, contos e histórias populares e também no chamado Evangelho de Q. Porém, onde estão as fontes que inspiraram João a escrever seu Evangelho? "João foi, em larga medida, independente, embora possa ter conhecido Lucas".[509] O Evangelho Segundo João, o "Evangelista",[510] é o mais antigo e ao mesmo tempo o mais novo, tendo sido escrito nos anos 80, em grego, na cidade de Éfeso. Cada Evangelho destinava-se a uma Igreja ou a um público determinado, limitando sua esfera de ação a uma ou outra região. A

---

509 ALTER, R.; KERMODE, F. *Guia literário da Bíblia*, p. 406.
510 KUMMEL, W.G. *Introdução ao Novo Testamento*, p. 240.

inclusão desse Evangelho no cânone deu-se apenas após várias interpolações e escolhas dos textos mais autorizados aos olhos da Igreja e dos crentes.[511]

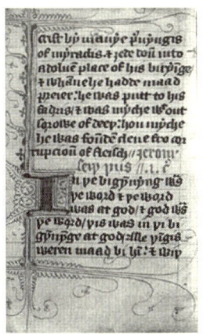

Início do Evangelho de João, em cópia da tradução para o
inglês da Bíblia de Wycliffe

O *Apocalipse* (do grego *apokálypsis*, "revelação", do latim *ecles, apocalypsis*) apareceu por volta do ano 100. É o último livro do Novo Testamento, traz uma linguagem muito obscura, compreensão difícil e enigmática, e contém revelações terrificantes acerca do destino da humanidade, como grandes cataclismos, flagelos terríveis, doenças, morte, fome, epidemias etc.

> *O apocalipse é sempre uma literatura de crise; o passado conhecido se encaminha para um fim catastrófico, o futuro desconhecido está sobre nós; estamos situados, como ninguém antes, precisamente no momento do tempo em que o passado pode ser visto como um padrão e o futuro, amplamente previsto nos números e imagens do texto, começa a assumir contornos exatos.*[512]

Os gêneros literários apocalípticos são escatológicos; foi um tipo de literatura amplamente difundido no Judaísmo do século II A.E.C. ao II E.C.[513] Tal literatura se caracterizou por uma fantasia exuberante e mesmo bizarra. Nela, animais simbolizam pessoas e povos; números têm valor simbólico e a revelação sobre a história futura é feita por meio de visões explicadas por anjos intérpretes, apresentadas como homens. Exemplos deste gênero literário já aparecem em Is, 24,27; Ez, 38-39; Zc, 9-14. É também amplamente utilizado no livro de Daniel, no Apocalipse e na literatura apócrifa judaica e cristã. Era literatura comum utilizada por quase todos os pensadores

---

511 LENTSMAN, I. *As origens do cristianismo*, p. 39.
512 ALTER, R.; KERMODE, F. *Guia literário da Bíblia*, p. 414.
513 KUMMEL, W.G. *Introdução ao Novo Testamento*, p. 594.

da época do Cristianismo, e profetizava a queda do Império Romano, o que no texto do Livro do Apocalipse aparece como a Grande Prostituta da Babilônia. O Livro do Apocalipse ou "Revelação" foi tido no seu aparecimento como suspeito por alguns pais da Igreja e questionado por Lutero e Calvino, por bem pouco não se tornou literatura apócrifa para os Protestantes, como os livros de Tobias, Judite, Macabeus 1 e 2, Baruque, Sabedoria, Eclesiástico (ou Ben Sira) e parte do Livro de Ester (10:4;16:24).

O Livro do Apocalipse só foi aceito como cânon muitos séculos depois de sua divulgação e utilização e após ter sofrido muitas interpolações e adaptações para o bem da comunidade cristã. As interpolações, modificações e acréscimos eram tão comuns na época que os copistas ou os próprios autores dos textos escreveram:

> [...] se alguém lhes fizer qualquer acréscimo, Deus lhe acrescentará os flagelos escritos neste livro; e, se alguém tirar qualquer coisa das palavras do livro dessa profecia, Deus tirará a sua parte da árvore da vida, da cidade santa e das coisas que se acham escritas neste livro. (Revelação, 22:18-19)

O livro *Atos dos Apóstolos* apareceu, segundo as datas mais prováveis, entre os anos 70 e 80. Essa novela fora escrita possivelmente por Lucas, fala de um Paulo que possivelmente nem Paulo conhecia. Atos conta particularmente a história do Cristianismo desde o início da vida pública de Jesus, até o início dos trabalhos de Paulo nos anos 57-62.[514] "Atos é o último dos livros inteiramente narrativos do Novo Testamento; obviamente, foi escrito depois do Evangelho de Lucas, e com toda probabilidade depois de todos os quatro Evangelhos".[515] Especula-se que Paulo não era da cidade de Tarso e nem muito menos cidadão de Roma. Alguns críticos situam os Atos no ano de 140 trazido a Roma por Márcion, contemporâneo de Justino e apenas aceito como texto canônico após o Concílio de Niceia, pois as citações sobre os Atos só apareceram em alguns pais da Igreja após o século II. Nos textos primitivos anteriores ao século II, não existe qualquer referência ou menção dos pais da Igreja ou dos escritores cristãos e não cristãos sobre este livro; antes do século II este livro simplesmente não existia.[516]

As cartas de Paulo, ou o que sabemos delas, "representam o documento

514 KUMMEL, W.G. *Introdução ao Novo Testamento*, p. 189.
515 ALTER, R.; KERMODE, F. *Guia literário da Bíblia*, p. 412.
516 DONINI, A. *História do cristianismo*, cap. 7.

mais antigo e mais importante da Igreja primitiva; refletem as mais graves crises do Cristianismo nascente, mas também a audácia criadora do primeiro teólogo cristão".[517] As epístolas de Tiago, Pedro, João e Judas, ou as atribuídas a esses supostos autores, apareceram possivelmente após o Evangelho de João, ou mais precisamente após o século II. Temos como fonte histórica (se assim podemos chamá-los) alguns evangelhos ou escritos tidos como Apócrifos pela Igreja, mas aceitos por muitos estudiosos como ferramentas de estudo para solucionar o problema do início da Era Cristã.

A Carta de Paulo aos Romanos[518] sugere que foi o próprio que a escreveu ou ditou para alguém escrever (1:1). Apareceu no ano de 57, na cidade de Corinto, Grécia, pouco antes da visita de Paulo a Jerusalém. A carta tinha por objetivo retificar algumas interpretações a respeito de suas pregações levadas à comunidade de Roma, provavelmente por judeus ou cristãos judaizantes. Foi estudando essa carta que Lutero chegou à conclusão da salvação pela graça, dada gratuitamente por Deus, fazendo-o insurgir-se contra as verdades da Igreja e principalmente sobre as vendas de indulgências que se disseminava entre a classe eclesiástica de então (1:17).

> *Erram, portanto, os pregadores de indulgências que afirmam que a pessoa é absolvida de toda pena e salva pelas indulgências do Papa. A verdadeira contrição procura e ama as penas, ao passo que a abundância das indulgências as afrouxa e faz odiá-las, pelo menos dando ocasião para tanto. Deve-se pregar com muita cautela sobre as indulgências apostólicas, para que o povo não as julgue erroneamente como preferíveis às demais boas obras do amor. A atitude do Papa é necessariamente esta: se as indulgências (que são o menos importante) são celebradas com um toque de sino, uma procissão e uma cerimônia, o Evangelho (que é o mais importante) deve ser anunciado com uma centena de sinos, procissões e cerimônias. Os tesouros da Igreja, dos quais o Papa concede as indulgências, não são suficientemente mencionados nem conhecidos entre o povo de Cristo.* (Teses de Lutero, itens 21, 40, 41, 55 e 56)

> *A Igreja ensina e ordena que o uso das indulgências, particularmente salutar ao povo cristão e aprovado pela autoridade dos santos concílios, seja conservado na Igreja, e fere com o anátema aos que afirmam serem inúteis as indulgências e negam à Igreja o poder de concedê-las.* (Decreto sobre as Indulgências)

---

517 MIRCEA, E. *História das crenças e das ideias religiosas*, p. 114.
518 BARTH, K. *Carta aos romanos*; KUMMEL, E.W.G. *Introdução ao Novo Testamento*, p. 395.

Segundo a Carta aos Romanos, a salvação que Deus proporciona à Humanidade não vem através de pagamentos, mas é dado gratuitamente através do sacrifício de seu filho Jesus Cristo, na cruz do Calvário. "Sendo, pois, justificados pela fé, temos paz com Deus por nosso Senhor Jesus Cristo; pelo qual também temos entrada pela fé a esta graça, na qual estamos firmes; e nos gloriamos na esperança da glória de Deus" (5:1-2). O que fica realmente forte nessa carta é que Paulo deixa claro tanto para os cristãos como para os judeus que a salvação é somente pela fé em Jesus Cristo, e não em uma religião, pensamento, nacionalidade, nem em qualquer obra do homem. Paulo em outro momento já havia dito que a antiga aliança[519] havia envelhecido e estava prestes a expirar, dando lugar a outra nova. "Dizendo novo concerto, envelheceu o primeiro. Ora, o que foi tornado velho e se envelhece perto está de acabar" (Hebreus, 8:13). Os cristãos acreditam em Deus e que Jesus Cristo veio ao mundo como homem e morreu na cruz para pagar nossos pecados; acreditam que devemos aceitar a Jesus Cristo como nosso único salvador e acreditam que Jesus Cristo é o único caminho entre Deus e o homem. O estudo deste livro é considerado pelos cristãos necessário para compreensão espiritual e também para compreensão da justificação pela fé e a graça de Deus através de Jesus Cristo. "Mas não é assim o dom gratuito como a ofensa; porque, se, pela ofensa de um, morreram muitos, muito mais a graça de Deus e o dom pela graça, que é de um só homem, Jesus Cristo, abundou sobre muitos" (5:15).

Apócrifos, do grego *apokryphos*, pelo latim *apokryplu*, significa literalmente algo "oculto", "secreto". Com o tempo e o poder temporal da Igreja aumentando através da imposição estatal, esses escritos passaram a ser considerados como obras ou fatos sem autenticidade, ou cuja autenticidade não se provou. No início da Era Cristã, essas mesmas obras eram lidas e estudadas por "todos" os cristãos e místicos sem nenhuma distinção.

---

519 A história salvífica, desde a Criação até à época de Moisés, é uma sucessão de alianças divinas. Após o dilúvio, Deus faz com Noé uma aliança de caráter universal, que tem como preceito a proibição de comer sangue (Gn, 9:1-17). Após a dispersão de Babel, Deus faz aliança com Abraão, restringindo seu plano salvífico aos descendentes do patriarca, que são obrigados a praticar a circuncisão (Gn, 17:3-14). Essa aliança inclui a promessa de descendência e de uma terra (Gn, 12:3-7; 15, 1s; 22, 16-18; 50, 24; Sl, 105:8-11). Depois da opressão do Egito, Deus sela com Israel a aliança do Sinai (Êx, 24:3-8), por meio do rito de sangue. Assim, Israel nasceu como povo livre (Lv, 26:42-45; Dt, 4:31; Eclo, 44:21-23) e comprometido em observar os mandamentos e a Lei (Êx, 20:1; 20:22-23,33; Dt, 5:1-21). Em contrapartida, Deus promete fazê-lo seu povo particular (Êx, 19:4-8) e cercá-lo com sua proteção (Dt, 11:22-25; 28:1-14).

Com a imposição da legitimidade atribuída aos concílios e ao Papa como santidade infalível, essas mesmas obras passaram a ser consideradas de origem duvidosa. Com o passar do tempo, o termo "apócrifo" passou a ser usado para distinguir não só os livros de "autenticidade duvidosa", mas principalmente os "espúrios" ou "suspeitos de heresia".[520] Segundo conta a história sagrada relatada no Novo Testamento, o nome "cristãos" foi empregado pela primeira vez em Antioquia. "Em Antioquia foram os discípulos (de Jesus), pela primeira vez, chamados cristãos" (Atos, 11:26). Sabe-se que o Cristianismo é de formação social e cultural judaica, entretanto, podemos aventar a possibilidade de que no início de sua caminhada tenha sido pregado e divulgado por não judeus (*goim*). Daí aquela expressão bastante utilizada no meio cristão afirmando ser Paulo o apóstolo da gentilidade (Rom, 11:13).

Este texto deixa entrever adeptos do Cristianismo fora da Palestina.

> *Ainda tenho outras ovelhas que não são deste aprisco; também me convém agregar estas, e elas ouvirão a minha voz, e haverá um rebanho e um Pastor.* (João, 10:16)

Para aqueles que acreditam não haver mulheres como "discípulas" no seguimento de Jesus, deem uma olhada nestas passagens dos Evangelhos e tirem suas próprias conclusões.

> *Também ali estavam algumas mulheres, olhando de longe, entre as quais também Maria Madalena, e Maria, mãe de Tiago, o menor, e de José, e Salomé. As quais também o seguiam, e o serviam, quando estava na Galileia; e muitas outras, que tinham subido com ele a Jerusalém.* (Marcos, 15:40-41)

> *E algumas mulheres que haviam sido curadas de espíritos malignos e de enfermidades: Maria, chamada Madalena, da qual saíram sete demônios; e Joana, mulher de Cuza, procurador de Herodes, e Suzana, e muitas outras que o serviam com seus bens.* (Lucas, 8:2-3)

> *E todos os seus conhecidos, e as mulheres que juntamente o haviam seguido desde a Galileia, estavam de longe vendo estas coisas.* (Lucas, 23:49)

> *E estavam ali, olhando de longe, muitas mulheres que tinham seguido Jesus desde a Galileia, para o servir; entre as quais estavam Maria*

---

520 LIÃO, Irineu de. *Contra as heresias.*

Madalena, e Maria, mãe de Tiago e de José, e a mãe dos filhos de Zebedeu. (Mateus, 27:55-56)

Se pensarmos que "Simão, a quem pôs o nome de Pedro, e a Tiago, filho de Zebedeu, e a João, irmão de Tiago, aos quais pôs o nome de Boanerges, que significa: Filhos do trovão; e a André, e a Filipe, e a Bartolomeu, e a Mateus, e a Tomé, e a Tiago, filho de Alfeu, e a Tadeu, e a Simão o Zelote e a Judas Iscariotes" (Marcos, 3:16-19) eram homens que seguiam e serviam a Jesus, podemos entender que as mulheres que aparecem nos textos evangélicos, apesar da distância que parecem ficar (olhando de longe), também faziam parte do grupo dos discípulos. Para isso precisamos pensar aqui que seguir e servir não são apenas verbos, mas uma posição de prestar serviço à causa do seguimento de Jesus nas terras de Israel.[521] Existe uma discussão acirrada sobre a existência real (histórica) ou não de Jesus. Essa existência real (carnal) que estou falando, e que isto fique muito bem claro, não é a situação de saber se Jesus tinha um corpo de carne ou "vaporoso" (fantasma) como acreditavam os *Docetas* ("aparentar") e alguns pensamentos anteriores e mesmo após os séculos I e II de nossa era.[522]

No século X (927 – 969) tivemos o Bogomilismo, que se caracterizou como um pensamento místico-gnóstico-cristão dualista fundado pelo búlgaro Bogomil. Este acreditava e pregava que Jesus não teve um corpo carnal, mas um corpo completamente divino (espiritual), e por isso, não sofreu, não morreu e nem sentiu o martírio da cruz. A essência do bogomilismo é a dualidade na criação do mundo. Bogomil explicou a vida terrena pecaminosa corpórea como uma criação de Satanael, um anjo que foi enviado para a Terra após ter sido expulso dos céus.[523] Essa dualidade apregoada por Bogomil prejudicava a hierarquia da Igreja, por isso, foi condenada como heresia. Seus seguidores se recusavam a pagar impostos, a trabalhar em servidão, a alistar-se no exército ou a lutar por seu Estado. Apesar de todas as medidas de repressão, manteve-se forte e popular até a queda da Bulgária no final do século 14. Nos dias de hoje temos um pensamento religioso que revive e prega os pensamentos docetista e bogomilista acerca da crença aparente do corpo de Jesus: o *Roustainguismo*.[524] Fundado pelo advogado Jean Baptista

---

521 STEGEMANN, E. W.; STEGEMANN, W. *História social do protocristianismo*, p. 422.
522 ELIADE, M. *Mito e realidade*, cap. IX.
523 RUSSEL, J.B. *Lúcifer – o diabo na Idade Média*, pp. 42-43.
524 ROUSTAING, J.B. *Os quatro evangelhos*, tomo IV, cap. I.

Roustaing em 1865, na França, tem como obra principal *Os Quatro Evangelhos: Espiritismo Cristão ou Revelação da Revelação.*

Uma dessas muitas crenças, que discutia a divindade de Jesus (homem ou Deus) e logo depois fora abafado pela Igreja do Império, foi o pensamento *Ebionista* dos séculos I e II, liderado por Ebion, que acreditava que Jesus havia nascido de forma natural entre José e Maria e fora depois adotado por Deus na hora do seu batismo. Negavam a divindade de Jesus e achavam que o Cristianismo só deveria ser pregado para os judeus, não para os gentios. Só aceitavam como verdadeiro o Evangelhos de Mateus, que denominavam como Evangelho Segundo os Hebreus. Apesar de aceitarem Jesus como o Messias, não o cultuavam como um Deus ou divindade, apenas o aceitavam como um homem poderoso em palavras e atos.

Outro pensamento de relevância significativa no passado do Cristianismo foi o Maniqueísta, que teve o próprio Agostinho como participante por longo tempo de suas atividades. O Maniqueísmo é um pensamento religioso fundado por Manés no século III, que procurava, como os gnósticos, solucionar ou amenizar as dúvidas sobre os problemas referentes à existência e o possível desaparecimento do mundo, assim como a Teodiceia (*théos* – Deus, e *dikke* – justiça) e a redenção. Baseava-se, como outros cultos, na eterna luta entre o bem e o mal, a luz e as trevas.[525]

> *Cristo apareceu como espírito luminoso, que vem do homem primitivo para remir os elementos da Luz aprisionados nas trevas. Como culto era de grande simplicidade, sem altares ou ritos. Havia iniciação, e batizava-se com azeite. Eram ascetas e prometiam a sabedoria superior e mantinham suas práticas em segredos.*[526]

Os gnósticos, por sua vez, eram considerados uma seita de cristãos basicamente esotérica, surgida possivelmente no Cristianismo dos primeiros séculos. Seus adeptos formulavam uma outra ideia de Cristo, viam-no como uma emanação da essência, do *pneuma* ou *espírito do Pai*, e o chamavam de *Ophis* ou símbolo da sabedoria divina manifesta na matéria. Os gnósticos acreditavam que, quando Jesus nasceu, *Kristos*, o perfeito, uniu-se à *Sophia*, sabedoria e espiritualidade, e desceu sucessivamente a sete planos, assumindo em cada um a forma dos anjos que ali

525 ELIADE, M. *História das crenças e das ideias religiosas.* Tomo II, p. 92.
526 TRICCA, M.H.O. *Os apócrifos I*, pp. 16-17.

habitavam. Conseguiu, assim, camuflar-se e entrar em Jesus no momento em que João Batista o batizava.

> *João Batista deu origem a um movimento profético-escatológico de penitência sui generis. Diferentemente dos movimentos carismáticos-proféticos, destruídos pouco tempo após seu surgimento e cujo impulso carismático "entrou em colapso", João Batista, pelo visto, não só atuou por um tempo maior, como tampouco o fogo carismático se extinguiu com seu martírio. Pois, aparentemente, o carismatismo joanino continuou a existir, por um lado, em grupos batistas e, por outro, sobretudo em seu adepto Jesus de Nazaré.[527]*

Para os gnósticos, a partir desse instante é que Jesus teria reconhecido sua missão. Muitos dos adeptos e discípulos que vieram integrar o seguimento de Jesus participaram do movimento gnóstico-carismático de João Batista (Mateus, 11:2). Os ofitas ou ophnitas parecem-nos pensamentos religiosos derivados do Maniqueísmo.

> *Uma facção dessa seita cultuava a serpente dos Gênesis e Caim. Para estes, Caim era o representante do princípio espiritual mais elevado. Diziam que a morte de Jesus, o Deus-Homem, fora o maior crime do Universo, mas que havia sido necessária para a Humanidade. Dentro desse mesmo princípio, Judas Iscariotes tinha a verdadeira gnose, pois provocou a morte de Jesus. Eram tidos como satanistas.[528]*

Os *essênios, esseus,* ou mais popularmente *hessadim* ou *hassideus*, "piedosos", cujo nome se derivou para *essenói* em grego, e *esseni* em latim, constituíam um sistema rígido, do tipo monástico, existente desde o ano de 150 A.E.C. (1 Macabeus, 7:13). A palavra "piedosos" usada no contexto bíblico, mais particularmente nos *Livros de Macabeus*, para os *hassideus* não tinha a ver com "pena dos males alheios; compaixão, dó ou comiseração" e sim com devoção ou apego a "todo aquele que se dedica à Lei" (1 Macabeus, 2:42 e 2 Macabeus, 14:6). Segundo alguns historiadores os hassideus eram um grupo farisaico ou dissidente deste, eram guerreiros como os hasmoneus e defendiam a lei da Torá com a espada.[529] Os essênios, por sua vez, possuíam seus livros sagrados e comunidades em vários pontos

---

527 UNTERMANN, A. *Dicionário judaico de lendas e tradições*, p. 196.
528 TRICCA, M.H. O. *Os apócrifos I*, p. 17.
529 UNTERMAN, A. *Dicionário judaico de lendas e tradições*, p. 113.

da Palestina,[530] sempre longe das cidades, onde se dedicavam quase exclusivamente à agricultura. Eram celibatários, condenavam a escravidão e a guerra, seus bens eram comunitários e algumas das organizações essênias permitiam o casamento de seus integrantes. Acreditavam na ressurreição, na oração e na imortalidade da alma com castigos ou recompensas futuras. "Ora, a imortalidade faz habitar junto de Deus" (Sabedoria, 6:19). Eram deístas providencialistas: tinham confiança absoluta na providência de Deus e na sua intervenção no mundo. Oposto aos saduceus, que negavam a imortalidade, e aos fariseus, para os quais a virtude nada significava, acreditando mais em suas práticas e cultos exteriores. Eram neutros em relação a esses dois pensamentos e não se envolviam em contendas religiosas e sectárias. Possuíam uma vida em comum, quase uma espécie de comunismo "primitivo".

> Os essênios acreditavam que o Templo se tornara venal e corrupto; haviam-se retirado para viver em comunidades isoladas e monásticas, como a que havia juntado ao mar Morto (seita do Qumran). Acreditavam que estavam construindo um novo Templo, mas não feito de pedras. O deles seria um Templo do Espírito; em vez de antigos sacrifícios de animais, purificavam-se e buscavam o perdão dos pecados com cerimônias batismais e refeições comunais. Deus viveria em uma irmandade de amor, não num templo de pedra.[531]

A conduta dos essênios[532] se assemelhava a dos primeiros seguidores do culto de Jesus, no sentido escatológico, e do rei messiânico, ou o Mestre de Justiça, daí a tese de alguns escritores de ter o Cristianismo suas origens nesse pensamento. Os essênios, como desviantes do Judaísmo tradicional, conservavam grande temor a Deus e respeito à Torá, pautando uma vida virtuosa, austera e metódica, fazendo supor que Jesus fizera parte desse pensamento antes do início de sua missão pública. O certo, segundo os escritos e estudos "históricos", é que Jesus possivelmente conhecesse a comunidade essênia e muitas outras comunidades quiliastas de sua época, o que o levou possivelmente a afirmar o seguinte: "E, respondendo João, disse: Mestre, vimos um que em teu nome expulsava os demônios, e lho proibimos, porque não te segue conosco. E Jesus lhes disse: Não o proibais, porque quem não é contra nós é por nós" (Lucas, 9:49 e 50).

530 STEGEMANN, E.W.; STEGEMANN, W. *História social do protocristianismo*, p. 185.
531 ARMSTRONG, K. *Uma história de Deus*, p. 81.
532 STEGEMANN, E.W.; STEGEMANN, W. *História social do protocristianismo*, pp. 177-179.

Porém, não existe nenhuma prova de que fosse filiado a alguma delas, e tudo quanto se tem escrito a respeito é hipotético (como tudo na história).

> O essenismo e o Cristianismo primitivo apresentam estruturas distintas e colimam objetivos divergentes. A escatologia essênia deriva da tradição sacerdotal; a escatologia cristã mergulha suas raízes no profetismo do Antigo Testamento. Os essênios conservavam e fortaleciam o separatismo sacerdotal; os cristãos, em contrapartida, forcejavam por atingir todas as camadas sociais. Os essênios excluíam do seu banquete messiânico todos os que eram impuros e deformados física ou espiritualmente: para os cristãos, um dos sinais do Reino era justamente a cura dos inválidos (os cegos que veem, os mudos que falam etc.) e a ressurreição dos mortos. Por fim, a ressurreição de Jesus e o dom do Espírito Santo, a liberdade espiritual que sucedeu à disciplina da Lei, constituem o "acontecimento" central que distingue essas duas comunidades messiânicas.[533]

A comunidade essênia sobreviveu possivelmente até a destruição do Segundo Templo, em 70 E.C., quando os exércitos do novo imperador Vespasiano invadiram e conquistaram Jerusalém, destruindo o Templo, incendiando e saqueando as cidades e transformando-as na Aelia Capitolina.

> Presume-se que os judeus do Qumran, em cuja biblioteca acharam-se os remanescentes que constituem os rolos do Mar Morto, pertenciam à comunidade essênia. Não há referências explícitas a eles na literatura rabínica ou no Novo Testamento, o que pode indicar que não estiveram diretamente envolvidos na vida religiosa de Jerusalém no Século I.[534]

O Estoicismo fazia parte da cultura romana e influenciou de forma marcante a formação do pensamento e da opinião dos primeiros seguidores de Jesus e, posteriormente, cristãos do final do século I. O Estoicismo chegou em Roma no século II A.E.C., tendo como líderes Panécio e Posidônio, que exerceram grande influência sobre as ideias dos nobres romanos a respeito da moral, do governo e do Império,

> [...] oferecendo-lhes um meio de combinar a tradição politeísta com a concepção de um Universo guiado e estruturado pela razão (logos), vista como se fosse divina, incluindo os outros deuses na qualidade de aspectos do Logos.[535]

---

533 ELIADE, M. História das crenças e das ideias religiosas. Tomo II, p. 126.
534 UNTERMAN, A. Dicionário judaico de lendas e tradições, p. 93.
535 HINNELS, J. Dicionário das religiões, p. 94.

O verdadeiro fundador do Estoicismo foi o filósofo Zenão de Cítio (Chipre). Este sistema filosófico aconselha a indiferença e o desprezo pelos males físicos e morais e possui rigidez e austeridade quanto aos princípios morais dos discípulos e seguidores. Foi nesse emaranhado de pensamentos e crenças que o Cristianismo deu seus primeiros passos. Claro que não estamos citando nestas páginas nem uma décima parte das crenças e pensamentos existentes na época que permearam e formaram a estrutura da crença que hoje possui o nome de Cristianismo. Como temos pouca coisa escrita sobre estes pensamentos que antecederam o Cristianismo, fica difícil falarmos deles, a não ser através dos próprios escritores cristãos que os tentaram difamar como seitas hereges.

> Em breve, a Igreja, que começara a vida como uma seita perseguida implorando tolerância, ia exigir conformidade a suas leis e credos. Os motivos para o triunfo do Cristianismo são obscuros; com certeza não teria vencido sem o apoio do Império Romano, embora isso inevitavelmente trouxesse seus próprios problemas. Sobretudo religião de adversidade, jamais esteve em sua melhor forma na prosperidade. Um dos primeiros problemas que tinham de ser solucionados era a doutrina de Deus (Trindade): assim que Constantino trouxe paz à Igreja, um novo perigo surgiu de dentro, dividindo os cristãos em campos acirradamente inimigos (Cristologia).[536]

Alguns críticos e historiadores dizem ser Jesus apenas um mito ou uma invenção da classe burguesa, tendo seu maior destaque de desenvolvimento e repercussão na classe pobre e escravista. Outros afirmam que os evangelhos são material suficiente para provar a existência de Jesus entre os homens. Para o historiador das religiões, os dois pontos de vista citados são importantes, no entanto, normativos em suas bases. O primeiro por apoiar-se exclusivamente na história e derivar de um pressuposto essencialmente marxista do homem situado. O segundo por ser escrito por teólogos ou simpatizantes do Cristianismo. Não é do interesse do historiador das religiões tomar partido ou abraçar qualquer um desses pensamentos como referencial de estudo ou possíveis verdades. Se nos apegarmos ao primeiro, cairemos em um historicismo absoluto onde não conseguiremos "provar" a existência "real" de nenhum fundador de religião. Apoiando o segundo, teremos em nossos estudos uma normatização muito mais acentuada, por partir de estudos

---

536 ARMSTRONG, K. *Uma história de Deus*, p. 170.

teológicos, onde os textos evangélicos passariam a ser a verdade e não a possibilidade. O historiador das religiões não deve preocupar-se com esta busca da "verdade" no sentido de desvendar se Jesus ou qualquer outro fundador de religião existiu realmente ou não.

O mito é sempre a narrativa de uma criação.[537]

O problema de provar (desmistificar) a existência histórica desse ou daquele fundador da religião não vai mudar a questão da crença popular, que *revalorizará* o conteúdo religioso de acordo com a "necessidade" existencial vigente. A fé lógica ou raciocinada vai até o ponto em que descobrimos que para a fé não existe qualquer raciocínio "lógico". A historicidade dialética, como a fé, vai até o ponto onde descobrimos que a história sempre começa pelo meio. Para o historiador das religiões, o que importa é como essas crenças se desenvolveram no sentido hierofânico, "na medida em que exprime à sua maneira uma modalidade do sagrado e um momento da sua história, isto é, uma experiência do sagrado entre as inumeráveis variedades existentes".[538]

É o mito, não nos esqueçamos, que explica como uma realidade veio a existir. Portanto, um mito não é algo enganoso, simples ou supérfluo, mas um *sentido* (quase real) da própria existência. Tudo ou quase tudo em nossas vidas começa com algum tipo de mito. Quando falamos em mito, estamos nos referindo a todas as lendas, tradições, conhecimentos populares (folclore) em que estão incorporados a visão do mundo (cosmogonia) e o ponto de vista de um grupo ou tradição, ou o trabalho científico de coligir e estudar a matéria. Para exemplificar um pouco o poder que as estórias ou histórias possuem em nossas vidas, é só lembrarmos que a ciência passou vários séculos provando que os bebês não são trazidos pelas cegonhas. Hoje temos consciência desse fato, mas não deixamos de lembrá-lo, ou mesmo de assistir um desenho ou ler, para os nossos filhos, um livro infantil com esse tema. O problema não é a explicação racional (positivista), mas como os bebês vieram a existir. Toda teoria, seja ela científica ou não, possui seus *mitos* para explicar como as coisas vieram ou vêm a existir.

---

537 ELIADE, M. *Mito e realidade*, pp. 11-12.
538 ELIADE, M. *Tratado de história das religiões*, p. 8.

Assim nasceu o Cristianismo

O Cristianismo primitivo não continha em si nenhum componente filosófico, mas uma alienação específica, conformando o homem a sofrer resignadamente neste mundo, sem vontade política de modificá-lo.[539]

A história religiosa sagrada de todos os povos sempre ou quase sempre tenta demonstrar que seus fundadores ou seguidores tiveram algum tipo de morte trágica ou faleceram como mártires. A morte trágica do herói não impede que ele se transforme no modelo exemplar carismático, esperado, adorado e seguido. A morte como mártir (herói) impressiona mais que a comum ou aquela por causas naturais. Após a morte do herói, sua história comum transforma-se em mito (hierofania ou história sagrada). O personagem histórico (real) é transfigurado inicialmente em herói exemplar e seus acontecimentos históricos (vida comum) convertidos em categoria mítica. *Primeiro temos o herói, depois o mito.* Após a metamorfose do herói em mito, ninguém toca, encosta, discute ou mesmo duvida de que tenha realmente praticado ou falado tudo o que dizem sobre ele.

Em termos da história religiosa e social, o seguimento de Jesus deve ser compreendido no contexto do pluralismo religioso e do antagonismo econômico e social do povo judaico na terra de Israel. Isso vale para o seguimento de Jesus no sentido estrito, ou seja, para o assim chamado movimento de Jesus, e para as comunidades da Judeia. Uma situação diferente em muitos aspectos deve-se presumir, no entanto, para as comunidades messiânicas pressupostas pelos Evangelhos de Mateus e de João.[540]

Existe uma confusão generalizada entre os cristãos acerca do Cristianismo e da Igreja no início (c. século I e II) da Era Cristã. Quando estudamos os primórdios do Cristianismo ou cristianismos, percebemos logo de imediato a confusão que se tornou esse pensamento e o papel da Igreja. A crítica que a maioria dos filósofos e estudantes de religiões faz é a esse Cristianismo confeccionado ao longo dos séculos pela Igreja através dos chamados concílios ecumênicos. O Cristianismo atual tem bem pouco, ou quase nada, daquilo que pregavam os seguidores de

---

539 CHIAVENTO, J.J. *Religião da origem à ideologia*, p. 12.
540 STEGEMANN, E.W.; STEGEMANN, W. *História social do protocristianismo*, p. 218.

Jesus ou seus ensinamentos. Ao longo da história, a Igreja, que se dizia cristã ou católica (nomenclatura estendida a todos os pensadores cristãos a partir do século III), passou de dominada à dominadora e desta à serva do Estado Romano. Com o apoio do Estado, a Igreja começou sua perseguição aos chamados hereges, ou àqueles que não acreditavam em suas supostas verdades, determinadas pelos seus concílios ditos cristãos. Infelizmente prevaleceu a lei da floresta, na qual o mais forte engole sem piedade o mais fraco, sem lhe dar a mínima chance de pelo menos se defender. Com o apoio do Estado Romano, a Igreja passou a ser a dona da verdade, dominando o povo por aproximadamente 12 séculos por decretos inquestionáveis e concílios contraditórios. Nesse tempo a Igreja também se apoderou da filosofia grega e a utilizou a seu favor. A filosofia grega oferecia justamente aquilo que a Igreja precisava para impor sua fé em seu deus, ou seja, ela é assentada sobre os conceitos de causalidade e de substância.

> *O pensamento cristão substituiu o princípio segundo o qual do nada não advém nada pelo princípio segundo o qual do nada advém o ser criado. A concepção de que Deus criou o mundo do nada transformou inteiramente as bases da especulação filosófica e teve grande influência na filosofia moderna.* [541]

Para a Igreja, era necessário deixar filosoficamente claro que tudo era precedido por uma substância e vinha de algum lugar e iria para algum lugar. Por isso, a partir do século IV, todos os filósofos que surgiram eram cristãos ou traziam em si uma carga acentuada de dogmatismo cristão.

> *A mensagem central do Cristianismo consiste, por consequência, em dizer que Jesus é o Cristo, o enviado de Deus, o que revela a vontade e a obra de salvação de Deus. A revelação única entre Deus e Cristo exprime-se nos termos Pai e Filho.* [542]

Com o tempo, o Cristianismo deixou de ser o legado máximo de consolação, passando a ser o mais cruel, dominador e intransigente de todos os credos já existentes, tendo como chanceler de ferro a Igreja. Hoje, apesar dos séculos, percebemos ainda o forte domínio que o legado ideológico que a Igreja Católica produziu ao longo do tempo em outras Igrejas Cristãs, pois elas, apesar de não aceitarem a Igreja Católica (e até mesmo criticá-la), seguem os evangelhos, o batismo, o casamento, a trindade, o pecado

---

541 FERRATER, M.J. *Dicionário de filosofia*, p. 199.
542 BAUBÉROT, J. Bíblia e cristianismo. Em: DELUMEAU, J. *As grandes religiões do mundo*, p. 66.

original, a moral, os preceitos e boa parte dos sacramentos formulados em seus diversos concílios. Se a Igreja Católica deixasse hoje de existir, sua influência, bem como seu legado doutrinário já está posto e sedimentado em todas as outras Igrejas Cristãs, mesmo aquelas que com o tempo criaram livros e estudos próprios, como é o caso dos Mórmons, do Espiritismo, das Testemunhas de Jeová e dos Adventistas. Mesmos esses, com tudo o que dizem sobre a Igreja Católica, seguem a ideologia e os textos sagrados estabelecidos por vários séculos. Um desses postulados é colocar Jesus como o maior homem do Mundo (semideus), esquecendo-se de que existem outros milhares de profetas, deuses, semideuses e formadores de religiões, tão importantes ou muitas vezes até mais importantes que o próprio Jesus. Tudo depende pura e simplesmente da ideologia dominante que se acredita.

> *Cada civilização possui uma forma que lhe é peculiar de atribuir à divindade a paternidade das suas primeiras obras. Para os muçulmanos, o Alcorão é a réplica precisa e literal de um arquétipo conservado no céu de toda a eternidade. Maomé foi apenas um instrumento passivo da revelação; por isso o livro é a forma perfeita da palavra divina. Para os hindus, os vedas teriam sido "ouvidos", do próprio Brahma, pelos rsi (antigos videntes hindus da verdade espiritual), que os transmitiram sem alteração. Para os cristãos, a Bíblia foi inspirada pelo Espírito Santo e, por isso não contém qualquer erro de ordem religiosa, mas os autores humanos dos diferentes textos foram, nas mãos de Deus, instrumentos livres e inteligentes. Para outros, enfim, os livros que entram no cânon das suas Escrituras são obras muito antigas, muitas vezes atribuídas aos fundadores ou personagens ilustres, e têm valor normativo para suas religiões. Assim, numerosas civilizações possuem seus livros sagrados: ou para ler neles o futuro (os Livros Sibilinos) ou para obter a proteção de poderes misteriosos (os vedas), para ouvir a vontade da divindade (a Torá) ou para se integrar em uma história de salvação (a Bíblia), para fortalecer sua ligação ao divino (o Alcorão), ou para cumprir um ritual religioso (O Livro dos Mortos Tibetano). Tudo aí está inscrito das expectativas extraordinárias dos homens, desde a prática supersticiosa mais irracional até ao misticismo mais autêntico. Tudo está lá, mas nem tudo é exposto nos mesmos termos. A fé do fiel estrutura o livro, dá-lhe sua autoridade e por vezes mesmo seu sentido.*[543]

---

543 COMTE, F. *Os Livros Sagrados*, pp. 7-8.

Bíblia impressa de 1665

Os 45 livros do Antigo Testamento são os livros sagrados dos hebreus, o povo eleito com quem Iavé, o Senhor, havia concertado a Antiga Aliança. Por serem eles o prelúdio do advento de Jesus e o anúncio profético de sua vinda, estão necessariamente relacionados com a aparição terrestre do Messias, com sua Paixão e Ressurreição. A Igreja fundada por Cristo não podia ignorar as profecias feitas nos tempos precedentes, desde os albores da Humanidade, e no transcurso dos séculos aos patriarcas e profetas. A numeração do Antigo Testamento não é a mesma entre os hebreus e entre os cristãos. Para a Igreja Católica, especialmente depois do Concílio de Trento (1546), o número dos livros foi fixado em 45, compreendendo as Lamentações de Jeremias no livro dos profetas. O Novo Testamento consta de 27 livros, número aceito desde o ano 393 pelo Concílio de Hipona. Por conseguinte, todos os livros contidos nas bíblias católicas eram, já naquela época, considerados divinamente inspirados. Os concílios posteriores, de Florença (1441), de Trento (1546), e do Vaticano, confirmaram o mesmo número e a mesma lista. Os 27 livros compreendem 260 capítulos e 7.959 versículos e têm por autores sete escritores sacros, dos quais cinco foram apóstolos, a saber: Mateus, Pedro, João, Judas e Paulo, e os restantes, Lucas e Marcos, discípulos dos apóstolos.[544]

Para as igrejas cristãs, a *Bíblia* é a suprema autoridade, a expressão da "Palavra de Deus". Apesar de o Cristianismo nos parecer totalmente complexo em suas divisões, podemos, para efeito didático, dividi-lo como se segue.

---

[544] Texto compilado da bíblia católica – tradução da Vulgata latina por Antônio Pereira de Figueiredo.

6.11.1 Catolicismo

Foi o responsável pela organização exegética e hermenêutica dos Evangelhos, forma estrutural, filosófica e muitas das características que o Cristianismo apresenta hoje, como o pecado original, a trindade, o batismo, a escatologia bíblica, a soteriologia, os sacramentos e o casamento, que foram pensamentos paganizados e adaptados a este culto, seguidos pela maior parte dos que se dizem cristãos, independente de sua ramificação. O Cristianismo iniciou sua caminhada como religião oficial do Estado Romano em 313,[545] com a aprovação de Constantino. Existem poucas informações referentes à pessoa de Constantino nos livros históricos e nada nos sagrados. O que é informado nesses livros é sua "conversão" ao Cristianismo em 312, após a batalha da Ponte de Milviano, a liberação do culto cristão em 313 e sua influência decisiva no Concílio de Niceia em 325. A dúvida em saber se Constantino fora realmente convertido ao Cristianismo, morrendo em 337, como um verdadeiro cristão, despojado de seu paganismo, pode ter várias respostas. Segundo conta a história sagrada, existem três opiniões sobre o assunto. A primeira seria liderada pelos otimistas, que defendem uma conversão verdadeira, desde a época de sua "visão da cruz" no céu, após a batalha da ponte de Milviano. O argumento utilizado pelos otimistas pode ser resumido da seguinte forma: se Paulo converteu-se ao ver Jesus na estrada de Damasco, por que Constantino não poderia converter-se ao presenciar o sinal que Jesus ter-lhe-ia enviado através da visão da cruz? A cruz que antes simbolizava a morte e a degradação, passou a ser vista como algo sagrado.

> Certamente a cruz tornara-se então o símbolo da Igreja do Império, mas há uma possibilidade de suas associações serem tanto com o culto do sol como com o Cristianismo (o símbolo usado pelos cristãos primitivos fora o peixe, visto que as letras da palavra grega ichthus (peixe) eram também as iniciais da frase Iesous Christos Theou Uios Soter – *Jesus Cristo, Filho de Deus, Salvador*); registre-se também o fato de o dia dedicado ao culto ser denominado pelo nome pagão, em honra ao deus do sol, Domingo. Constantino continuou certamente a atuar como pontifex maximus (pontifício máximo) da religião de Estado pagão; recebeu o batismo cristão no seu leito de morte, mas outros cristãos também assim

545 WACH, J. *Sociologia da religião*, cap. VI, item 7 B e cap. VII, item 12 C.

procediam para reduzir a hipótese de pecado após o batismo, pelo que isso só por si não é conclusivo.[546]

Os otimistas acreditavam que Constantino ao morrer fora direto para o céu, visto ter se convertido antes de sua morte. A segunda era formada pelos idealistas, que não viam na figura de Constantino um converso, mas um estadista muito bem-intencionado, que queria ganhar a confiança do seu povo apoiando o movimento cristão. Eles ficavam sempre com um pé atrás em tudo o que Constantino fazia ou falava, mas "torciam" inocentemente para ser verdadeira sua conversão. Por último, tínhamos os pessimistas ou realistas, que nunca acreditaram que Constantino teria realmente se convertido. Para esses, tudo não passava de estratégia política e de conspiração do Império contra o povo, para conquistar os cristãos que vinham ganhando cada vez mais força e popularidade por todos os lados, até mesmo da classe burguesa. Nesse período, Roma estava em descrédito com o povo e passava por sérios problemas políticos, desde algumas pequenas invasões em suas cidades e até mesmo o assédio dos reis egípcios e dos chamados "bárbaros". Como Constantino precisava aumentar sua popularidade devido aos problemas que vinha enfrentando, resolveu liberar (desde que fosse o chefe) o culto cristão e dizer-se um converso, para que, quando precisasse, o povo o apoiasse. Os pessimistas diziam que Constantino só conseguia trazer desordem e dividir os cristãos com seus decretos e supostos concílios, impondo seus homens de confiança (delegados), como bispos e papas. Como Constantino acreditava que o futuro residia na religião cristã e não na antiga religião de estado pagão, decidiu conquistar o apoio dos cidadãos cristãos, para que, quando morresse, a divisão que havia planejado para seus quatro filhos e dois sobrinhos fosse aceita como ordem divina e de um verdadeiro imperador cristão.[547] Os pessimistas diziam que se existisse um lugar para Constantino, só poderia ser o inferno e não o céu, como pretendiam os otimistas.

O Concílio de Niceia pode ser considerado o primeiro a normatizar e legitimar o pensamento cristão e a atitude dos delegados de Constantino, que com o tempo seriam chamados de padres, bispos e papas. Esse concílio

546 LING, T. *História das religiões*, 4.17.
547 DURANT, W. *A idade da fé*, cap. 1.

foi uma reunião com aproximadamente 300 representantes, realizada em 20 de maio de 325 na cidade de Niceia (hoje Turquia), em que se deu a primeira separação (escolha) dos textos chamados cristãos, que no futuro teriam o nome de *Evangelhos Canônicos*, e os outros, não aprovados, viriam a se chamar *Espúrios* ou *Apócrifos*. A palavra "canônico" vem do hebraico *qãneh*; do grego *kanoni* e do latim *canon*, que literalmente quer dizer *regra*. Primitivamente esse termo designava uma linha ou régua utilizada pelos pedreiros. Com o tempo, o sentido da palavra designou o que "dirige, rege ou governa", passando à posteridade por intermédio dos concílios como a lista dos livros sagrados admitidos pela Igreja.

> Um autor anônimo apresenta uma das versões de como se deu o "milagre" da sua eleição: "estando os bispos em oração, os Evangelhos "inspirados" foram por si só colocar-se em um altar". Outra versão nos diz que todos os Evangelhos foram colocados no altar e os "Apócrifos caíram". Uma outra ainda afirma que o "Espírito Santo" entrou em forma de pomba no recinto do concílio, através de uma vidraça – sem parti-la –, ia pousando a mão direita no ombro de cada bispo e cochichando ao seu ouvido, quais os Evangelhos que Ele – "Espírito Santo" – havia inspirado.[548]

Quem decidiu quais evangelhos foram inspirados? Quem autorizou esse ou aquele bispo dizer quais Evangelhos foram inspirados pelo Espírito Santo? Quem é apto o bastante para afirmar que o Espírito Santo inspirou apenas os canônicos e não os apócrifos? O que torna um livro ou texto mais importante ou sagrado que outro depende pura e exclusivamente do ponto de vista e do modo que se encara a sacralidade investidas nesses livros. Além da questão da autoridade ou não dos evangelhos, existiam e ainda persistem nos dias de hoje opiniões que dividem os ânimos dos adeptos do Cristianismo, como as fontes das provas sobre a natureza do Cristo,[549] a Trindade, o pecado, a moral, o celibato, e o *filioque*. No início da formação da doutrina cristã, a Igreja conviveu com duas teses bem distintas sobre a natureza do Cristo, uma de Atanásio e a outra de Ário.[550] Atanásio afirmava que para Jesus ter salvo a Humanidade era preciso ter sido o próprio Deus encarnado, porque só Deus teria a possibilidade de criar, destruir e redimir os seres que O adoram. Para

548 TRICCA, M.H.O. *Os apócrifos* I, p. 13.
549 KARDEC, A. A gênese; 15:2 – obras póstumas, pp. 121-153 – *Revista espírita* 1867, p. 278.
550 DONINI, A. *História do cristianismo*, cap. 8 e ARMSTRONG, K. *Uma história de Deus*, cap. 4.

dar autenticidade a sua tese discutida no concílio e formar a Trindade, Atanásio apegou-se ao Evangelho de João, que diz: "No princípio era o verbo, e o verbo estava com Deus, e o verbo era Deus" (1:1), com isso, afirmava ser Jesus o próprio *Logos* (sabedoria de Deus) encarnado.

> *Inúmeras acepções incluem as seguintes: palavra (correspondendo ao ver-bum, lato), o que fica além do que se pode falar, do indizível, do inefável, inteligência, espírito, pensamento, revelação divina – "o princípio era o Logos" – e também supremo ato, lei, relação, tratado (logia, na composição de vários termos), ciência, estudos, razão, razão íntima das coisas, seu fundamento, exercício da razão, do juízo, razão divina etc. "No princípio era o Logos e o Logos era o princípio" (Evangelho de João), porque o princípio de todas as coisas é o Logos, e as coisas principiam a partir de seu Logos ou de um Logos, fonte e origem de todas as coisas. A essência de uma coisa é aquela pela qual uma coisa é o que ela é. Quando se pergunta o que é uma coisa, a resposta refere-se à sua essência, porque se esse objeto é um vaso é porque há nele algo pelo qual é classificável como vaso, que é a sua essência.*[551]

O interessante é que o autor do Evangelho de João reproduz o termo *Logos* apenas mais uma vez, em 1:14, e em nenhuma outra passagem desse e de outros evangelhos canônicos é lido o termo *Verbo*. Essa, como muitas outras passagens do Novo Testamento, deve ter sido acrescida posteriormente, por copistas cristãos querendo defender seu ponto de vista frente aos opositores.

A opinião de Ário era a de que Jesus, apesar de apresentar-se com todas as características de superioridade moral e espiritual, não poderia, de forma alguma, ser confundido com o próprio Deus. Segundo Ário, fora o "próprio" Jesus quem afirmara segundo os Evangelhos: "meu Pai", "meu Deus, vosso Deus", "meu Pai me preparou", "vi junto de meu Pai", e tantas outras citações referindo-se a Deus como o pai.[552] Para os arianos, o ultimato de sabermos se Jesus era realmente o próprio Deus encarnado foi o momento do batismo, no qual os céus abriram-se e a voz disse: "Este é meu filho amado, em quem me comprazo" (Mateus, 3:17); "Tu és o meu filho amado em quem me comprazo" (Marcos, 1:11); "Tu és meu filho amado, em ti me tenho comprazido" (Lucas, 3:22), ou "E

---

551 SANTOS, M.F. dos. *Dicionário de filosofia e ciências culturais*, pp. 901-903.
552 Mateus, 22:41 a 45; Marcos, 9:37; Lucas, 9:48 e 22:28 a 30 e João, 8:42.

eu vi, e tenho testificado que este é o filho de Deus" (João, 1:34). Nesses relatos verdadeiros do Evangelho percebe-se, claramente – afirmava Ário no discurso feito em Niceia –, que se fala do *filho de Deus* e não do próprio Deus. Apesar de todo o esforço feito por Ário e seus delegados, no sentido de não deixar que se mitologizasse demasiadamente a figura de Jesus e o colocassem em um patamar de idealização inacessível aos pobres mortais,

> *Atanásio conseguiu impor sua teologia aos delegados e, com o Imperador Constantino em cima deles, só Ário e dois de seus bravos companheiros recusaram-se a assinar seu credo. Este tornava, pela primeira vez, doutrina oficial cristã a criação – do mundo – ex nihilo (do nada), insistindo que Cristo não era simples criatura ou éon (Espírito de Luz ou Anjo). O Criador (Deus) e Redentor eram os mesmos.*[553]

Ário e seus delegados foram excomungados pela Igreja e perseguidos pelos cristãos como hereges. Como judeu, Jesus jamais poderia ter se considerado ou mesmo ter pedido para ser confundido com um deus ou deuses, porém ele disse em dado momento: "Não está escrito na vossa lei: eu disse: vós sois deuses?" (João, 10:34).

> *Eu disse: Vós sois deuses, e todos vós filhos do Altíssimo.* (Salmos, 82:6)

> *Anunciai-nos as coisas que ainda hão de vir, para que saibamos que sois deuses; ou fazei bem, ou fazei mal, para que nos assombremos, e juntamente o vejamos.* (Isaías, 41:23)

Sabemos que o alicerce da Igreja Cristã é a moral ensinada pelos Evangelhos. Antes de adentrarmos a próxima discussão, primeiro precisamos definir e entender o que é moral no sentido social e laico. A palavra moral deriva do termo "costumes" (*mores*) e, na sua estrutura, moralidade quer dizer tão somente adesão aos costumes "considerados essenciais à sua saúde e à preservação da sociedade".[554] Existem termos de difícil discussão, pela modificação e plasticidade, conforme a cultura e os costumes vigentes. O termo "moral" é justamente um desses. Ficaríamos horas discutindo e não chegaríamos à conclusão nenhuma, sobre uma possível moral universal. Esse desenvolvimento

553 ARMSTRONG, K. *Uma história de Deus*, p. 119.
554 DURANT, W. *Filosofia da vida*, p. 88.

que o homem atravessa é um processo de hominização, ou seja, ele não é somente produtor da cultura, mas produto dela. Assim, "fora de nós há a opinião que nos julga; mas, além disso, como a sociedade está representada em nós, ela se opõe do interior de nós mesmos a essas veleidades (leviandade) revolucionárias; temos a impressão de que não podemos nos abandonar a isso sem que o nosso pensamento deixe de ser pensamento verdadeiramente humano".[555] É a sociedade que "determina" a maneira de pensarmos, é essa maneira a condição *sine qua non* de toda ação humana. As necessidades morais são impostas. Não são simples hábitos que nós despojamos como uma roupa usada, muito menos através de uma simples vontade física ou metafísica. Essas necessidades são transformadas em algo real (quase lógico), uma espécie de necessidade moral, indispensável à vida e à estruturação do intelecto. Por isso, ouvimos, por intermédio dos discursos religiosos, a defesa racionalizada da necessidade do aspecto religioso na vida das pessoas. Para os religiosos, a ideologia religiosa dominante, no caso do Ocidente, é o Cristianismo, é uma necessidade intrínseca como a própria água (água da vida) ou a própria respiração. As condições existenciais do homem mudam conforme as épocas e os lugares, e disso resultam para ele necessidades diferentes e posições sociais correspondentes. A moral se adapta às épocas, aos lugares e costumes pela determinação da força social e cultural do povo, modificando-se com o tempo e a necessidade desse povo. O humano, por meio do trabalho, modifica a natureza e adapta-se a ela e à nova realidade, de acordo com suas necessidades.

> Certos costumes não passam de meras convenções sem nenhum aspecto moral, como o modo de usar a faca e o garfo à mesa. Mas certos costumes, como a monogamia, a poligamia, a endogamia ou a exogamia, o não matar na tribo e o matar fora dela, acabam por se tornar vitais para o bem comum do grupo: desenvolve-se em imperativos categóricos – dos obedecidos sem exame – e não sustentado por meio de proibições, de exortações e excomunhões.[556]

O maior problema enfrentado pela Igreja nos primórdios do Cristianismo era tentar explicar e justificar sua fé perante as teorias expostas

555 DURKHEIM, E. *Formas elementares da vida religiosa*, p. 47.
556 DURANT, W. *Filosofia da vida*, p. 88.

pelos pais da Igreja. Uma dessas teorias que causou e ainda causa certo desconforto para a Igreja foi a aceitação do pecado original proposto por Agostinho. A exposição do pecado original deu-se no livro *A Cidade de Deus*, escrito entre os anos de 426 a 432 da nossa era. Quando Agostinho acabou de escrever o último volume, de uma série de três livros, não se lembrava de quase nada do primeiro volume, tal era a extensão e a angústia vivida por ele em sua época. A teoria exposta por ele e aceita pela Igreja tenta justificar a questão da moral e do sofrimento.[557] Para Agostinho, o pecado de Adão (ato sexual com Eva) condenou toda a Humanidade ao sofrimento e à dor. Agostinho não foi o único a defender o pecado original, antes dele temos Paulo, Tertuliano, Cipriano e Ambrosio. O que ele fez foi simplesmente escrever e defender a ideia que acreditavam os "doutores da Igreja".[558] Para entendermos um pouco como Agostinho conseguiu escrever essa teoria do mal e pregar que, devido ao pecado de Adão, todos nascemos manchados dessa culpa, precisamos pensar que, na época, Roma passava por intrincadas transformações sociais e grandes invasões. O problema da queda de Roma influenciava Agostinho, que acreditava ser aquela a cidade santa, escolhida por Deus para a pregação e divulgação da verdade cristã. A concupiscência afirmada por Paulo é a base da tese de Agostinho, que acreditava, tal qual os "doutores da Igreja", que a culpa do pecado é passada para nossos descendentes através do ato sexual. Seria esse também um dos motivos do celibato? Ou seja, a não proliferação do suposto pecado?

> *A concupiscência era o desejo irracional de extrair prazer de simples criaturas, e não de Deus; era sentida de forma mais aguda no ato sexual, quando nossa racionalidade é inteiramente inundada pela paixão e a emoção, quando Deus é de todo esquecido e as criaturas refocilam vergonhosamente umas nas outras. Essa imagem da razão arrastada para baixo pelo caos das sensações e paixões ilícitas era perturbadoramente semelhante a Roma, fonte de racionalidade, lei e ordem no Ocidente, rebaixada pelas tribos bárbaras.*[559]

Com o tempo a Igreja Romana se deparou com outro problema que causa discussões e mal-entendidos até hoje: o celibato. Enquanto as Igrejas Ortodoxas e Evangélicas aceitam o casamento entre os dirigentes de

---

557 DONINI, A. *História do cristianismo*, p. 80.
558 DURANT, W. *A idade da fé*, pp. 61-62.
559 ARMSTRONG, K. *Uma história de Deus*, p. 131.

suas comunidades e casamentos de divorciados, a Igreja Romana o recusa terminantemente. A discussão se dá segundo a leitura do texto bíblico: "multiplicai-vos, e enchei toda a Terra" (Gênesis, 1:28). Como poderia o humano encher toda a Terra, se não conhecesse o suposto pecado? Como pretenderia Deus essa proeza? Se Adão não tivesse pecado, comido da ár- vore do conhecimento, teria conhecido Eva? Pelo texto, Adão só reconhe- ceu Eva como uma mulher após ter comido o fruto proibido pelo próprio Deus. Nesse caso, como poderia ter enchido toda a Terra se não tivesse comido o fruto? Sendo Deus onipotente e onipresente, já sabia antecipa- damente que Adão comeria o fruto proibido. Por que então Deus colocou o fruto no Paraíso?

Voltemos à discussão sobre o celibato. A história diz que, na Idade Média, o casamento de seus membros era proibido por causa das propriedades dela. Ou seja, quando um padre se encarregava de uma paróquia, assumia também as terras e sua família ficava com toda a propriedade após sua morte. Para evitar a descentralização do poder da Igreja, esta resolveu "criar" o celibato como uma forma de controlar as terras e as propriedades da Igreja. Dessa maneira, o padre ou qualquer membro do clero fica a serviço da Igreja e não teria quaisquer direitos sobre as terras. Claro que isso é só a metade da história. No início do estabelecimento da Igreja Católica, ela recrutou boa parte de seus membros dos mosteiros. É sabido que os monges (*monachus:* que vive por si só) têm como princípio ético o celibato absoluto. Como esses monges eram integrados ao corpo da Igreja, traziam dentro de si uma identidade celibatária que com o tempo foi incorporada à estrutura ideológica do Catolicismo Romano. O celibato não foi apenas uma imposição da Igreja Romana para preservar seu futuro econômico, mas algo incorporado de forma subliminar ou inconsciente às suas estruturas devido à aceitação de monges em suas fileiras. No princípio, o celibato não era uma obrigatoriedade e sim uma escolha e necessidade, em que o indivíduo sentia-se mais livre para o serviço divino. Em um primeiro momento da história cristã, foi proposto por Paulo e, em época posterior, imposto de forma radical por Agostinho. Ambos acreditavam na concupiscência e no "horror à carne". A maioria dos pais e doutores da Igreja, Atanásio, Agostinho, Aquino, Jerônimo e outros apresentam em sua biografia, confissões, um perfil bem acentuado de como incorporaram essa identidade dos monges e os tentavam imitar através da vida monacal.

Conseguimos identificar bem mais claramente essa influência dos monges, mosteiros, celibatos, monaquismo (Antônio, Pacômio, Basílio e Teodoro)[560] e frades com o nascimento das comunidades franciscanas (Francisco de Assis), dominicanas (Domingos) e jesuítas (Inácio de Loyola) no seio da Igreja Católica.[561]

A palavra "católico" tinha no princípio uma enorme elasticidade. Falava-se em Catolicismo ou catolicidade no sentido geral de toda Igreja que comungassem o Cristianismo ou que confessasse as práticas cristãs. Com o tempo, os cismas, as divisões, os concílios e as divergências no seio da Igreja fizeram com que a palavra representasse apenas aqueles que seguem, professam e obedecem aos postulados de Roma.

> *O Catolicismo é, portanto, concretamente, o conjunto dos cristãos e das comunidades cristãs que reconhecem a jurisdição do bispo de Roma, a quem chamam Papa. Assim entendido, ele constitui no seio da realidade cristã uma história e, ao mesmo tempo, uma maneira de compreender o Cristianismo: a história da instituição chamada Igreja Católica e a maneira de compreender o Cristianismo constituída por reflexões doutrinais características, relativamente às quais as outras famílias cristãs guardam, em maior ou menor grau, suas distâncias.*[562]

Cânon católico romano das Escrituras

• Parece-nos bom que, fora das escrituras canônicas, nada deva ser lido na Igreja sob o nome "Divinas Escrituras". E as escrituras canônicas são as seguintes: Gênese, Êxodo, Levítico, Números, Deuteronômio, Josué, Juízes, Rute, quatro livros dos reinos – dois livros de Samuel (1Rs/2Rs) e dois de Reis (3Rs/4Rs) –, dois livros dos Paralipômenos – Crônicas (1Cr/2Cr) –, Jó, Saltério de Davi, cinco livros de Salomão (Provérbios, Eclesiastes, Cântico dos Cânticos, Sabedoria e Eclesiástico), doze livros dos profetas (Oseías, Joel, Amos, Obadias, Jonas, Miqueias, Naum, Habacuque, Sofonias, Ageu, Zacarias e Malaquias), Isaías, Jeremias (incluindo as "Lamentações" e "Baruque", segundo a Septuaginta), Daniel, Ezequiel, Tobias, Judite, Ester,

---

560 Monasticismo – do grego *monachos*, pessoa solitária. Prática da abdicação dos objetivos comuns dos homens em prol da prática religiosa. Várias religiões têm elementos monásticos, embora usando expressões diferentes: Budismo, Cristianismo, Hinduísmo e Islamismo. Assim, os indivíduos que praticam o monasticismo são classificados como monges (homens) e monjas (mulheres). Ambos podem ser referidos como monásticos.
561 FRANZEN, A. *Breve história da igreja*, p. 31.
562 ROGUES, J. O catolicismo. Em: DELUMEAU, J. *As grandes religiões do mundo*, p. 127.

dois livros de Esdras e Neemias e dois (livros) dos Macabeus. E do Novo Testamento: quatro livros dos evangelhos (Mateus, Marcos, Lucas e João), um (livro de) Atos dos Apóstolos, treze epístolas de Paulo (aos Romanos, duas aos Coríntios, aos Gálatas, aos Efésios, aos Filipenses, aos Colossenses, duas aos Tessalonicenses, duas a Timóteo, a Tito e a Filemon), uma do mesmo aos Hebreus (curiosa distinção resultada, provavelmente, dos escrúpulos que a Igreja Africana tinha a respeito da autenticidade literária paulina dessa epístola), duas de Pedro, três de João, uma de Tiago, uma de Judas e o Apocalipse de João. Sobre a confirmação desse cânon se consultará a Igreja do outro lado do mar (Igreja de Roma). É também permitida a leitura das paixões dos mártires na celebração de seus respectivos aniversários (alusão ao culto dos santos mártires) (Cânon 36 – Concílio de Hipona, 8 de outubro de 393).

• Parece-nos bom que, fora das escrituras canônicas, nada deva ser lido na Igreja sob o nome "Divinas Escrituras". E as escrituras canônicas são as seguintes: Gênese, Êxodo, Levítico, Números, Deuteronômio, Josué, Juízes, Rute, quatro livros dos Reinos, dois dos Paralipômenos, Jó, Saltério de Davi, cinco livros de Salomão, doze dos profetas, Isaías, Jeremias, Daniel, Ezequiel, Tobias, Judite, Ester, dois livros de Esdras e de Macabeus. E do Novo Testamento: quatro livros dos evangelhos, um Atos dos Apóstolos,- treze epístolas de Paulo, uma do mesmo aos Hebreus, duas de Pedro, três de João, uma de Tiago, uma de Judas e o Apocalipse de João. Isso se fará saber também ao nosso santo irmão e sacerdote, Bonifácio, bispo da cidade de Roma, ou a outros bispos daquela região, para que esse cânon seja confirmado, pois foi isso que recebemos dos padres como lícito para ler na Igreja (Concílio de Cartago III [397] e Concílio de Cartago IV [419]).

• Tratemos agora sobre o que sente a Igreja Católica universal, bem como o que se deve ter como sagradas escrituras: um livro do Gênese, um do Êxodo, do Levítico, um do Números, um do Deuteronômio; de Josué, dos Juízes, de Rute; quatro livros dos Reis (os Concílios regionais de Cartago simplesmente repetem, com as mesmas palavras, o conteúdo do cânon 36 do Concílio regional de Hipona, a diferença está somente na conclusão), dois dos Paralipômenos; um do Saltério; três de Salomão: um dos Provérbios, um do Eclesiastes e um do Cântico dos Cânticos; outros: um da Sabedoria, um do Eclesiástico. Um de Isaías, um de Jeremias com um de Baruc e mais suas Lamentações. Também um livro de cada um destes: Ezequiel, Daniel, Joel,

Abdias, Oseias, Amós, Miqueias, Jonas, Naum, Habacuc, Sofonias, Ageu, Zacarias, Malaquias, Jó, Tobias, Judite, Ester. Ainda, dois de Esdras e de Macabeus. Um evangelho segundo Mateus, um segundo Marcos, um segundo Lucas e um segundo João. Epístolas: uma dos Romanos, duas dos Coríntios, uma dos Efésios, duas dos Tessalonicenses, uma dos Gálatas, uma dos Filipenses, uma dos Colossences, duas de Timóteo, uma de Tito, de Filemon e dos Hebreus. Um Apocalipse de João apóstolo; um Ato dos Apóstolos (Outras epístolas), duas de Pedro apóstolo, uma de Tiago apóstolo, uma de João apóstolo, duas do outro João presbítero (interessante distinção, já que a antiquíssima tradição de Éfeso distinguia João Apóstolo de um João Presbítero, da mesma região); e uma de Judas, o zelota (Catálogo dos livros sagrados, composto durante o pontificado de São Dâmaso [366-384], no Concílio de Roma de 382).

• Quais os livros aceitos no cânon das escrituras: cinco livros de Moisés, isto é, Gênese, Êxodo, Levítico, Números e Deuteronômio. Um livro de Josué, filho de Num; um Livro dos Juízes; quatro livros dos Reinos; e Rute. Dezesseis livros dos Profetas; cinco de Salomão; o Saltério. Livros históricos: um de Jó, de Tobias, de Ester, de Judite, dois dos Macabeus, dois de Esdras e dos Paralipômenos. Do Novo Testamento: quatro livros dos Evangelhos; quatorze epístolas do apóstolo Paulo, três de João, duas de Pedro, uma de Judas, uma de Tiago; os Atos dos Apóstolos; e o Apocalipse de João (Papa Inocêncio I, 20.02.405; Carta Consulenti Tibi a Exupério, bispo de Tolosa).

• Devemos agora tratar das Escrituras Divinas. Vejamos o que a Igreja Católica universalmente aceita e o que deve ser evitado:

(1) Começa a ordem do Antigo Testamento: 1 livro da Gênese, 1 do Êxodo, 1 do Levítico, 1 dos Números, 1 do Deuteronômio, 1 de Josué (filho de Nun), 1 dos Juízes, 1 de Rute, 4 livros dos Reis, 2 dos Paralipômenos, 1 livro de 150 Salmos, 3 livros de Salomão (1 dos Provérbios, 1 do Eclesiastes, e 1 do Cântico dos Cânticos). Ainda um livro da Sabedoria e um do Eclesiástico.

(2) A ordem dos Profetas, um livro de cada um destes: Isaías, Jeremias com Cinoth (isto é, suas Lamentações), Ezequiel, Daniel, Oseias, Amós, Miqueias, Joel, Abdias, Jonas, Naum, Habacuc, Sofonias, Ageu, Zacarias e de Malaquias.

(3) A ordem dos livros históricos: um de Jó, Tobias, dois de Esdras, um de Ester, de Judite e dois dos Macabeus.

(4) A ordem das escrituras do Novo Testamento, que a Santa e Católica Igreja Romana aceita e venera são: 4 livros dos Evangelhos (um segundo Mateus, um segundo Marcos, um segundo Lucas e um segundo João). Ainda 1 livro dos Atos dos Apóstolos. As 14 epístolas de Paulo Apóstolo: 1 aos Romanos, 2 aos Coríntios, 1 aos Efésios, 2 aos Tessalonicenses, 1 aos Gálatas, 1 aos Filipenses, 1 aos Colossenses, 2 a Timóteo, 1 a Tito, 1 a Filemon e 1 aos Hebreus. Ainda um livro do Apocalipse de João. Ainda 7 epístolas canônicas: 2 do Apóstolo Pedro, 1 do Apóstolo Tiago, 1 de João Apóstolo, 2 epístolas do outro João (presbítero) e 1 de Judas Apóstolo (o zelota) (Papa S. Gelásio, ~495; Decreto Gelasiano; repetido em 520 pelo Papa S. Hormisdas. Seguido também pelo Concílio Ecumênico de Florença (1438-1445), e novamente ratificado pelos Concílios de Trento (1546-1563) e Vaticano I (1870) – Decreto sobre o Cânon (sessão IV, de 08.04.1546).

• Decreto Pro Iacobitis (da Bula Cantate Domino, de 04.02.1441): O Sacrossanto Concílio professa que um e o mesmo Deus é o autor do Antigo e do Novo Testamento, isto é, da Lei, dos Profetas e do Evangelho, pois os santos de ambos os Testamentos falaram sob a inspiração do mesmo Espírito Santo. Esse concílio aceita e venera seus livros que vêm indicados pelos títulos seguintes: 5 livros de Moisés (Gênese, Êxodo, Levítico, Números e Deuteronômio), Josué, Juízes, Rute, 4 livros dos Reis, 2 dos Paralipômenos, Esdras, Neemias, Tobias, Judite, Ester, Jó, o Saltério de Davi, as Parábolas (Provérbios), Eclesiastes, Cântico dos Cânticos, Sabedoria, Eclesiástico, Isaías, Jeremias, Baruc, Ezequiel, Daniel, os 12 Profetas menores (Oseias, Joel, Amós, Abdias, Jonas, Miqueias, Naum, Habacuc, Sofonias, Ageu, Zacarias, Malaquias) e 2 livros dos Macabeus, 4 Evangelhos (Mateus, Marcos, Lucas e João), 14 epístolas de Paulo (1 aos Romanos, 2 aos Coríntios, 1 aos Gálatas, 1 aos Efésios, 1 aos Filipenses, 1 aos Colossenses, 2 aos Tessalonicenses, 2 a Timóteo, 1 a Tito, Filemon e aos Hebreus), 2 epístolas de Pedro, 3 de João, 1 de Tiago, de Judas, os Atos dos Apóstolos e o Apocalipse de João.

Como em qualquer outro agrupamento humano, no seio da Igreja sempre existiu e existiram os cismas e os problemas internos sobre verdades. Entretanto, foi a partir de 1054 que a Igreja Católica começou a perceber o que é realmente ter dissidentes. Há tempos já existia um problema de comunicação entre os líderes de Roma e Constantinopla.

Com a decisão radical da infalibilidade papal e da não aceitação dos protestos de Constantinopla sobre alguns pontos duvidosos da Igreja Romana, o rompimento foi inevitável. De 1095 em diante, passamos a ter duas Igrejas defendendo o mesmo credo, cada uma apresentando à sua maneira o que entendem como verdade sobre o Cristianismo. As duas seguem os Evangelhos escolhidos em Niceia, a trindade, o credo cristão promulgado entre os séculos II e III por Tertuliano e a famosa *Vulgata Latina* composta por Jerônimo nos séculos III e IV e votada como cânon no Concílio de Trento em 1546. O cisma e a separação definitiva entre essas duas vertentes (Ocidente/Oriente) de interpretação do credo cristão caracterizaram um longo processo que se estabilizou definitivamente no meio cristão nos séculos XI e XII.

> *Em 1054 fracassa uma tentativa de aproximação que redunda numa troca de anátemas entre um legado pontifício e um patriarca de Constantinopla. Em 1204, a Quarta Cruzada (ambiguidades bizantinas por ocasião da passagem das cruzadas anteriores, perseguição dos cristãos ortodoxos e não calcedônios nos estados latinos do Oriente) acaba no saque de Constantinopla, num frenesi de profanação. O Papa designa autoritariamente um patriarca latino e favorece a latinização do precário império latino não constituído.*[563]

Quatro séculos após a dissidência, quando o exército turco-muçulmano ameaçava invadir os domínios de Constantinopla, o papado, vendo-se acuado frente a uma força poderosa, resolve negociar (juntar forças) com a Igreja do Oriente, tentando estabelecer convergências diante das diferenças entre essas duas importantes potências religiosas.

Ocidente (apostólico)	Oriente (ortodoxo)
Justificação do homem.	*Divinização* do homem (Deus fez-se homem para que o homem se possa fazer Deus).
Culpa original.	Bondade potencial humana.
Dualismo entre corpo e espírito (o espírito é forte, mas a carne é fraca), mesma dicotomia apresentada por Agostinho e Descartes.	Unidade de matéria (corpo) e do espírito (interdependência).

---

563 CLÉMENT, O. A igreja ortodoxa. Em: DELUMEAU, J. *As grandes religiões do mundo*, p. 154.

Dogmas são indiscutíveis e defendidos com ardor. Cristo é visto como vítima.	Louvor correto – culto correto e verdadeira experiência da adoração. Os dogmas são menos importantes.
O sacrifício de Deus que tirou o pecado do homem e o "libertou", através da morte na cruz. Enfatiza a morte de Jesus como redenção.	Cristo é o vencedor das forças do mal. Sua morte foi a consequência da ignorância do homem frente à luz.
Poder eclesiástico – é um sistema monárquico e autoritário, com foco no papado e sua infalibilidade pontifícia.	Poder eclesiástico – tem sua autoridade investida na congregação dos fiéis. Não existe na Igreja Ortodoxa nenhum foco visível, nenhum indivíduo revestido de infalibilidade e considerado o vigário de Cristo, ou o sucessor de Pedro.

A trindade e a "possessão" pelo Espírito Santo são seguidas por quase todas as Igrejas Cristãs, principalmente as de ramificações católicas, ortodoxas, protestantes e as ditas pentecostais (emotivas). A defesa da trindade pode ser encontrada antes de Agostinho, nos pensamentos defendidos e votados no Concílio de Niceia expostos nas páginas anteriores. A trindade é uma doutrina da encarnação *posta* e *normatizada* pelo Concílio de Niceia. Foi exposta e explicada por Agostinho por volta dos anos 399 e 422 em seu livro *A trindade*, demonstrando que Deus, filho e Espírito Santo são as mesmas pessoas, dando ideias de que Jesus é o próprio Deus encarnado. Segundo alguns, a trindade é um pensamento lógico e coerente da encarnação do *Logos*. Para outros, uma invenção totalmente humana, "que alienou as mentes dos homens do conhecimento do verdadeiro Cristo e nos presenteou com um Deus tripartido" (Servet, 1553). Outros mais radicais afirmavam que a invenção da trindade não passava de uma monstruosidade repugnante à razão e de uma imitação barata que herdamos dos princípios do paganismo incorporados a raízes do Cristianismo.

A escatologia é considerada pelas Igrejas Cristãs como a doutrina das últimas coisas – a morte, o juízo final, o céu e o inferno.[564] Essa crença foi possivelmente adaptada à fé cristã, a partir do século II. O pensamento escatológico e maniqueísta é notado na maioria, para não falarmos em todas, as religiões anteriores ao século I,[565] principalmente o Zoroastrismo, do qual o Judaísmo e o Cristianismo adotaram boa parte dos pensamentos. Chega-se a essa conclusão quando observamos que esses pensamentos e a maioria das outras religiões, ditas "hereges" pelo

---

564 Mateus, 24:15 a 51; Tiago, 5:8; 1 João, 2:18 e Judas, 1:18.
565 ELIADE, M. *Mito e realidade*, cap. IV.

Cristianismo, descrevem as pegadas do Messias como um tempo em que a arrogância recrudescerá. O Império Romano aceitou de bom grado a doutrina escatológica, porque nunca ameaçou ou colocou em xeque o poder dos dominantes. Pelo contrário, a escatologia reforçava o estabelecimento escravista pedindo aos homens paciência e resignação com seus opressores (1 Pedro, 2:17-20), oferecendo aos justos, no fim dos tempos, um paraíso de esperança e felicidade.[566] Os cristãos herdaram e adaptaram a escatologia a suas fileiras, afirmando ser essa a primeira fase alcançada por Jesus quando ressuscitou e subiu aos céus. O segundo momento acontecerá obviamente com a sua volta, resplandecente de toda a sua glória, onde julgará (arrebatará) os humanos e separará o joio do trigo. Os bons terão como recompensa um lugar garantido no Reino dos Céus "para uma herança incorruptível, incontaminável e imarcescível..." (1 Pedro, 1:4), e os maus "sofrerão, como castigo, a perdição eterna, banidos da face do senhor e da glória do seu poder..." (2 Tessalonicenses, 1:9), sendo lançados para o inferno eterno ou sofrendo a verdadeira morte (segunda morte).

> *O que vencer não receberá o dano da segunda morte.* (Apocalipse, 2:11)

> *Bem-aventurado e santo aquele que tem parte na primeira ressurreição; sobre esses não tem poder a segunda morte; mas serão sacerdotes de Deus e de Cristo, e reinarão com ele 1000 anos.* (Apocalipse, 20:6)

> *Mas, quanto aos tímidos, e aos incrédulos, e aos abomináveis, e aos homicidas, e aos fornicadores, e aos feiticeiros, e aos idólatras e a todos os mentirosos, a sua parte será no lago que arde com fogo e enxofre; o que é a segunda morte.* (Apocalipse, 21:8)

Segundo a história, existem dois pontos fundamentais que separam as Igrejas Cristãs do Ocidente e do Oriente. A "infalibilidade pontifícia" e a "possessão" pelo Espírito Santo (*Filioque*). A primeira dá ao Papa o poder de decidir o que é certo e errado na estrutura da ideologia católica. Para os ortodoxos, o único que possui a infalibilidade de julgar e dizer o que é certo ou errado é Deus, através das escrituras. Procedendo dessa forma, a Igreja Católica cede ao Papa um poder igual ou maior que o dos primeiros apóstolos.

---

566 LENTSMAN, I. *As origens do cristianismo*, p. 210.

> *A controvérsia acerca da "possessão" do Espírito Santo gira em torno da fórmula do Filioque, porque o Ocidente, apesar de nenhum concílio ecumênico ter alguma vez examinado o problema, acrescentou à fórmula joânica, retomada pelo segundo concílio ecumênico, "o Espírito procede do Pai", a expressão "e do Filho", em latim Filioque. Para os ortodoxos, o Filioque compromete a "monarquia" do Pai; além disso, a dependência unilateral do espírito relativamente ao filho iria traduzir-se em uma dependência análoga da liberdade profética segundo o espírito relativamente à presença sacramental e hierárquica de Cristo.*[567]

Apesar de todas as controvérsias apresentadas pelas igrejas que pregam a doutrina cristã, existe uma sentença determinada no século IV, mais precisamente no Concílio de Niceia como a *doutrina correta*, aceita e completada pelo Concílio de Niceia-Constantinopla (com alguns pontos acrescidos nos séculos precedentes pela Igreja Católica) que ninguém discute, o *Credo Cristão*:

> *Cremos num Deus único, pai todo-poderoso, criador do céu e da terra e de todas as coisas, visíveis e invisíveis, que tirou do nada com sua palavra gerada antes dos séculos. Cremos em nosso Senhor Jesus Cristo, filho de Deus, o único concebido pelo Pai, nascido do Pai antes de todos os séculos, Deus vindo de Deus, luz da luz concebido e não feito, gerado, não criado da mesma substância do Pai, por quem tudo foi criado, o qual, por amor de nós, os homens, e para nossa salvação desceu dos céus; e encarnou por obra do Espírito Santo, no seio da Maria Virgem e se fez homem; também por amor de nós, foi crucificado, ressuscitou no terceiro dia, subiu aos Céus de onde virá para julgar os vivos e os mortos. E cremos no Espírito Santo. Senhor e vivificador, que procede do Pai (e do filho, segundo a Igreja do Ocidente e do Pai através do filho, segundo a Igreja do Oriente); o qual é, com o Pai e o Filho, adorado pela boca dos profetas; (creio) na Igreja una, santa, católica e apostólica; reconheço um só batismo para a remissão dos pecados; espero a ressurreição dos mortos e a vida no século futuro. Amém.*

As Guerras ditas "Santas" (Cruzadas)

Tiveram início em aproximadamente 1095, no papado de Urbano II, com o auxílio do Monge Pedro, O Eremita, em Clement-Ferrant, na França, e terminaram em aproximadamente 1291, com a derrota dos cristãos. As Cruzadas foram abertas com o seguinte discurso de Urbano II.

---

567 CLÉMENT, O. A igreja ortodoxa. Em: DELUMEAU, J. *As grandes religiões do mundo*, p. 155.

*Ó raça dos francos! Raça amada e eleita de Deus! Dos confins de Jeru-
salém e de Constantinopla chegou uma notícia dolorosa, a qual diz que
uma raça amaldiçoada, inteiramente afastada de Deus, invadira violen-
tamente as terras desses cristãos e as despovoara com pilhagem e fogo.
Essa raça levou uma parte dos cativos para sua própria terra e matou a
outra por meio de cruéis torturas. Eles destroem os altares, depois de os
profanarem com sua impureza. O reino dos gregos está agora desmembrado
e privado de um território tão vasto que poderia ser atravessado em dois
meses. Sobre quem repousa então a tarefa de vingar essas afrontas e de
reconquistar esses territórios se não vós – a quem, acima de todos, Deus
conferiu uma notável glória em armas, grande bravura e força a fim de
humilhar as cabeças daqueles que vos resistem? Que os freios de vossos ancestrais vos encorajem – a glória e a grandeza de um Carlos Magno e outros
monarcas vossos. Que o Santo Sepulcro de Nosso Senhor, o Salvador,
agora na posse de nações impuras, vos faça erguer-vos e aos santos lugares que se acham agora manchados com poluição. Deixai os que outrora
estavam acostumados a se baterem, impiedosamente, contra os infiéis, em
guerras particulares, lutarem contra os infiéis... Deixais os que aqui foram
ladrões tornarem-se soldados. Deixai aqueles que outrora se bateram contra seus irmãos e parentes lutarem agora contra os bárbaros, como devem.
Deixais os que outrora foram mercenários, a baixos salários, receberem
agora a recompensa eterna. Que nenhuma de vossas posses vos atenha,
nem a ansiedade pelos vossos assuntos familiares. Pois essa terra onde
habitais, cercada de todos os lados pelo mar e pelas montanhas, é agora
demasiado pequena para a vossa grande população, mal fornece suficiente alimento para seus cultivadores. Eis porque vós matais e devorais uns
aos outros, porque desencadeais guerras e muitos de vós pereceis em lutas
intestinais. Façamos, portanto, com que o ódio vos abandone; que vossas
disputas terminem. Entrai no caminho para o Santo Sepulcro; arrebatai
aquela terra de uma raça perversa e submetei-la a vós próprios. Jerusalém
é uma terra mais frutuosa do que todas as outras, um paraíso de delícias,
"terra que mana leite e mel" (Jeremias, 32:22), dada por Deus aos filhos
de Israel. Aquela cidade real (Jerusalém), situada no centro (umbigo) da
Terra, implora que vades em seu socorro. Empreendei essa viagem seria-
mente para a remissão de vossos pecados e estejais certos da recompensa,
da glória imperecível no Reino do Céu.*[568]

As Cruzadas foram expedições militares europeias com características
eminentemente messiânicas e escatológicas, organizadas com o apoio da
Igreja, a fim de reconquistar os chamados lugares santos ou sagrados,

---

568 Citado por DURANT, W., em: *A idade da fé*, pp. 520-521.

como a Terra Santa e o Santo Sepulcro.[569] Essa expedição atraiu milhares de pessoas de todas as classes e lugares. Quando nos perguntam porque as Cruzadas aconteceram, podemos dar várias respostas e apontar muitos fatores, tais como socioculturais, psicológicos, políticos e religiosos, mas três se destacam de forma nitidamente histórica. A primeira situação que observamos nessa época, e que deu grande impulso às Cruzadas, foi o avanço muito rápido dos turcos selêucidas por todos os países.

> *O mundo havia se ajustado ao controle muçulmano do Oriente Médio; os fatimitas do Egito tinham governado com brandura na Palestina; e, com algumas exceções as seitas cristãs dali gozavam de ampla liberdade de culto.*[570]

A segunda foi o enfraquecimento que o Império Bizantino vinha mostrando há algum tempo. A terceira pode ser conceituada como a ambição desmedida das cidades italianas de estender seus domínios através do poder comercial. Essas guerras eram vistas como um verdadeiro ascetismo, que absolvia os participantes de todos os pecados cometidos até o momento e em algumas ocasiões a realizar. Os participantes das Cruzadas largavam tudo o que tinham e se diziam o Exército do Senhor. Costuravam nas roupas uma cruz (daí o nome em espanhol *cruzado*: "marcado com a cruz"), e saíam, abençoados pela Igreja e "guiados" pela sacrossanta mão de Deus, para estraçalhar e destruir os inimigos: "E tudo quanto havia na cidade destruíram totalmente ao fio da espada, desde o homem até a mulher, desde o menino até o velho, e até o boi e gado miúdo, e o jumento" (Josué, 6:21), afirmando e gritando em uníssono: "*Dieu te veut*" (Deus o quer). Entre 1095 a 1291 houve nove cruzadas, sendo uma não oficial.[571]

• *Cruzada dos mendigos* (1096): não foi oficial, comandada por Pedro, O Eremita. Realizada antes da primeira oficial, foram todos massacrados pelos turcos.
• *Primeira cruzada ou Cruzada dos nobres* (1095-1099): comandada por Godofredo de Bulhão, Raimundo de Toulouse e Boemundo, atingiu seu objetivo, pois Jerusalém foi tomada das mãos dos turcos. Nesse momento,

---

569 ELIADE, M. *Mito e realidade*, p. 16.
570 DURANT, W. *A idade da fé*, cap. XXIII.
571 ORDOÑEZ, M. e QUEVEDO, J. *História*, cap. 9.

formaram-se os Estados latinos no Oriente. Trouxe como resultado também a criação de ordens monásticas, como a dos hospitaleiros e a dos templários.

• *Segunda cruzada* (1147-1149): organizada em função da contraofensiva dos turcos aos estados latinos do Oriente, os quais haviam recuperado vários territórios perdidos, fato que determinou a cruzada chefiada por Luís VII (Rei da França) e Conrado III (Imperador do Sacro Império Romano--Germânico). Os cruzados atingiram Constantinopla, passaram a Ásia Menor, onde sofreram sucessivos fracassos, enquanto os turcos dominaram a maior parte do Principado de Antioquia.

• *Terceira cruzada ou Cruzada dos reis* (1189-1192): na segunda metade do século XII, agravou-se a situação dos estados latinos no Oriente, além disso, o sultão Saladino retomou Jerusalém. O Papa Inocêncio III passou a pregar uma nova Cruzada, da qual participaram os reis: Ricardo Coração de Leão, da Inglaterra; Filipe Augusto, da França; e Frederico Barbarruiva, imperador do Sacro Império. Quem obteve vitória sobre os turcos foi o Rei da Inglaterra que assinou com o Sultão Saladino um armistício, o qual permitia aos cristãos peregrinarem à Terra Santa. Além disso, a Inglaterra recebeu possessões entre Tiro e Jaffa.

• *Quarta cruzada* (1202-1204): o Papa Inocêncio III convocou os cristãos para outra Cruzada. O objetivo nessa empreitada era atacar o Egito, país mais rico dos muçulmanos. Ficou ao encargo da burguesia veneziana providenciar as armas e o transporte. Dândalo, o governador de Veneza, forneceu os navios com o objetivo de conquistar Zara e o mercado do Mar Negro. Nesse ínterim, o príncipe bizantino, Aleixo, propôs a Dândalo que o ajudasse na tomada do trono imperial e, em troca, os venezianos ficariam com o monopólio comercial de Constantinopla. Assim, em vez de os cruzados irem para o Egito, foram primeiro para Constantinopla e, em 1204, guerrearam com a população e colocaram no trono Aleixo, que se tornou Aleixo IV. Como todo "bom" ditador e déspota, Aleixo não cumpriu sua parte no acordo, fazendo com que os cruzados se revoltassem e saqueassem a cidade, colocando Balduíno de Flandres em seu lugar. A partir de então surge o Império Latino de Constantinopla, que durou até a metade do século XIII.

• *Quinta cruzada* (1217-1221): Jerusalém continuava nas mãos dos turcos, por isso, os bispos católicos se reuniram em um concílio e decidiram organizar uma nova cruzada à Terra Santa. Os cruzados atravessaram o Mediterrâneo na direção do Egito, para depois atingir Jerusalém.

Conseguiram ocupar apenas a importante cidade de Damieta, não atingindo seu objetivo, pois foram derrotados pelos muçulmanos.

• *Sexta cruzada* (1228-1229): chefiada por Frederico II, Imperador do Sacro Império, que acreditava possuir direito ao trono de Jerusalém. Ele organizou a Cruzada, mesmo excomungado pelo Papa (devido a um choque de interesses), o que não lhe permitia contar com o apoio dos católicos do Oriente. Ao chegar à Palestina tratou com o Sultão Medelin a entrega de Jerusalém, com a condição de manutenção da Mesquita de Omar e do culto muçulmano, resultando, assim, no tratado de Jaffa (1229), que devolvia a cidade aos cristãos. Frederico, receoso de perder seu trono no Sacro Império, regressou à Europa.

• *Sétima e oitava cruzada*: ocorreram por iniciativa do soberano francês Luís IX. Na sétima (1248-1250), ele seguiu para o Egito, onde conquistou Damieta, base de operação para a conquista da Palestina. Após alguns êxitos militares, o exército foi dizimado por uma epidemia de tifo. O rei foi feito prisioneiro e, após resgate, foi posto em liberdade. Em 1270, o Rei Luís IX organizou a oitava cruzada, rumando para Túnis, ao norte da África. Uma nova epidemia matou centenas de cruzados, inclusive o rei.

Noite de São Bartolomeu

O casamento de Margot e Henrique se deu na manhã de uma segunda-feira, e, no domingo seguinte (24 de agosto de 1572) acontecia a tradicional festa de São Bartolomeu, que iniciaria o maior massacre que a França já vira, com a morte de aproximadamente 30 mil franceses. O genocídio ficou conhecido nas páginas da História com esse nome por ter sido iniciado na madrugada do dia em que os católicos comemoravam a festa desse santo. Entre os anos de 1562 e 1598, a França enfrentou oito guerras religiosas, mas nenhuma de tão grande proporção e crueldade. É sabido que o casamento entre Margot (Valois), "católica", e Henrique (Bourbon), "protestante", foi uma manipulação de Catarina, mãe de Margot, e Jeanne, mãe de Henrique, para estabelecer uma aliança entre os Valois e os Bourbon. Os otimistas afirmam que essa união seria para tentar uma consolidação e uma trégua entre os católicos e protestantes, mas isso não é verdade. A verdade – se é que existe alguma verdade nesse imenso mar de mentiras – é que os Valois detinham a coroa da França há mais de dois séculos e estavam perdendo terreno. Após a morte de Henrique II, em 1559, parece que uma praga assolou a família real, pois nenhum de seus filhos conseguiu ficar no poder por muito tempo. Francisco, o filho mais velho de Henrique, tinha apenas 16 anos quando assumiu o poder, mas sobreviveu por pouco tempo. Carlos assumiu o poder com 10 anos, logo após a morte do irmão, reinou até os 24 anos, mas não deixou descendente: ambos morreram de tuberculose. Por seu lado, os Bourbon eram da linhagem de Luís IX, que nunca tinham chegado realmente ao trono. Para evitar que os Guise, outra família sedenta de poder que vivia em Lorena, chegasse ao poder, Catarina, que sempre governou a França como uma chanceler de ferro, decidiu então unir as duas famílias para que não perdesse o trono. O problema é que Catarina de Médici não percebeu uma coisa muito importante na arte da guerra: o comprometimento do casal. Essa fragilidade que o casal apresentava foi um combustível para os opositores, que aumentaram quando Henrique e seus familiares aderiram definitivamente às fileiras do Protestantismo. Assim, o partido protestante estava mais próximo do poder, mas os Guise, que eram Católicos, como 90% da população, ameaçavam os domínios de Catarina. Ela nunca se preocupou realmente com a questão religiosa de seu povo. Sua maior preocupação era a perda do poder para os Guise. Sempre usou a tática da guerra de filiar-se ou apoiar o partido que estivesse ganhando. Com o casamento de Margot, Catarina pretendia resolver um outro problema: o crescimento dos protestantes na França. Como "pressentiu" perder o controle da situação, principalmente com o Almirante Coligny pressionando o Rei Henrique a invadir Flandres, usou seu amante, o duque de Guise, para assassinar de surpresa o pivô na noite de São Bartolomeu, o almirante Coligny. Com sua morte, Catarina perdeu o controle da situação e uma onda de guerras, saques e mortes assolou o solo da França por 15 dias. Com a arte de dividir para governar, Catarina conseguiu manter a coroa na família por mais 30 anos. Devido a todos esses conflitos e disputas de poder, o país pagou um preço altíssimo. Além das mortes pelas guerras religiosas entre católicos e protestantes, a França sofreu inúmeros conflitos civis que quase a levaram à beira do caos.[572]

---

572 *Revista Superinteressante*, ano 9 – nº 2, fevereiro 1995, pp. 56-64.

Inquisição: O poder através do "Fogo Santo"

Apenas o verdadeiro fogo, o conhecimento, é capaz de aniliquilar a ignorância. (MARQUES, 2005)

A pior crueldade da Igreja depois das Cruzadas foi a criação do Santo Ofício[573] para julgar as pessoas consideradas diferentes ou que se rebelavam contra o clero. O Santo Ofício era o Santo Tribunal da Inquisição, constituído por uma mesa de representantes oficiais: três inquisidores, "deputados", funcionários de natureza variável (seria o chamado júri comum), promotores, procuradores, meirinhos, oficiais da justiça, guardas, porteiros e toda população que podemos imaginar. Talvez o leitor esteja pensando que esquecemos de citar nossos amigos advogados. Não! Não esquecemos, o clero não admitia qualquer tipo de defesa. Desculpe, admitia sim, desde que essa suposta defesa falasse contra a vítima. Qualquer oposição contra a Igreja ou a favor das vítimas era obra do diabo, querendo confundir o Santo Ofício, organizado pelos santos homens inspirados por Deus, para procurar o mal que havia escapado de sua prisão de 1000 anos e assolava o mundo com suas perversidades e hostes de demônios. (Apocalipse, 20:7)

Galileu sendo interrogado pela inquisição.

O Santo Ofício se tornou uma festa para o populacho. Reuniam-se todos para ouvir e gritar, em coro, a condenação da vítima. Quando uma "bruxa", um "bruxo", uma "feiticeira" ou um "feiticeiro" eram encaminhados ao Santo Ofício, só escapariam de serem queimados vivos, afogados ou enforcados por obra de Deus. Porém, como Deus estava sempre ao

---

573 BAEZ, F. *História universal da destruição do livro*, cap. 8.

lado do Santo Ofício, todos eram condenados a morrer para livrarem suas almas do inferno eterno. Aqueles que confessassem estar compactuando com o maligno eram absolvidos da fogueira, tendo uma pena mais branda (graças ao bom Deus do Santo Ofício): morriam esquecidos nos calabouços. "O fanatismo é, com efeito, a única 'força de vontade' a que também se podem levar os fracos e inseguros, com uma espécie de hipnotização de todo o sistema sensório-intelectual [...] de um único ponto de vista e de sentimento".[574]

O Santo Ofício criado pela Santa Inquisição tinha seus próprios meios de tirar e arrancar a verdade das vítimas. No ano de 1225, o Papa Inocêncio IV autorizou aos inquisidores a liberdade do uso da força em determinadas circunstâncias para forçar a confissão, mediante tortura. Assim, quando a vítima não confessava – diretamente e de livre e espontânea vontade – que compactuava com o maligno, era levada gentilmente para a sala de tortura (confessionário). Mas não se preocupe, leitor, porque tudo isso era feito segundo a permissão do bom Deus do Santo Ofício, para livrar a pobre criatura e sua alma das garras do demônio e do inferno. Com o "maravilhoso", "sensacional" e "estupendo" manual de bolso, o *Malles Maleficarum*, a vítima era levada para a câmara de tortura, amarrada em uma roda e esticada até não suportar mais. Não bastasse isso, era perfurada com ganchos e queimada aos poucos, com pontas de lança e ferros em brasa. Para não haver dúvidas e erros nesse trabalho tão ditoso e beatificante, esclarece o *Malles*: "Se no momento da tortura as vítimas murmurassem palavras ininteligíveis (como se fossem orações desconhecidas) aos torturadores, estava constatado em fatos seu pacto com o demônio". Se não falasse ou se mostrasse indiferente à dor causada pelos oficiais, estava provado que compactuava com o maligno pelo pensamento e esse livrava sua vítima da dor. Na maioria dos casos, as vítimas eram pessoas que sofriam algum distúrbio ou enfermidade ainda desconhecida, como epilepsia, psicoses, déficit de inteligência com hiperatividade, labirintite e vários tipos de histerias. Outro tipo muito comum na época eram as vítimas de vinganças e de interesse sobre terras. Não esqueçamos que a Santa Inquisição (que Deus a proteja sempre muito longe de nós) não queimava todas as suas vítimas, havia as que eram enforcadas ou afogadas para sua própria libertação.

---

574 NIETZSCHE, F.W. *Os pensadores*, livro V, item 347.

440

Na Península Ibérica, a Inquisição apresentou peculiaridades bastante específicas, e suas intenções foram, durante séculos, imutáveis. O fato de ter sido elemento essencial no aparelho de Estado centralizador não exclui o de ter sido também um Tribunal da Igreja, lançado na Itália, no Concílio de Verona, no papado de Lúcio III, em aproximadamente 1221. As razões para a criação de um aparelho ideológico-religioso dessa proporção são diversas,

> [...] mas um aspecto é significativo e merece nossa reflexão: a Inquisição, como o nazismo, deve seu sucesso fundamentalmente ao seu caráter sagrado. Ambos os fenômenos revestiram-se de uma missão sagrada. Hitler, tanto em sua política como no Mein Kampf (Minha luta), definiu o nazismo como um artigo político de fé, e Heinrich Himmler repetiu a doutrina básica dessa fé quando disse: "esse Reich será agora um mito sagrado". A Inquisição, como o nazismo, deu um caráter redentor à perseguição. Os Inquisidores eram os mensageiros da redenção, que só poderia vir através deles, e muniu-se de qualidades supra-humanas. A redenção divina tornou-se política.[575]

Martelo das feiticeiras (Males Maleficarum)

Não pense o leitor que a Inquisição era feita através de improvisos de leis. Muito ao contrário, essa luta sagrada contra as trevas possuía sua própria literatura e livros de direito hierofânico. A Santa Inquisição, que de santa nunca teve nada, possuía um livro redigido (encontrado até os dias de hoje em qualquer livraria) pelos monges dominicanos James Sprenger e Heinrich Kramer em 1486. Era considerada a Bíblia do Santo Ofício, acompanhada pela bula laudatória do Papa Inocêncio VIII, que reitera sua

575 NOVINSKY, A. Em: *Inquisição. Ensaio sobre mentalidade, heresia e arte*, p. 8.

adesão ao documento ao chamar os dois empenhados escritores de "nossos filhos".

> *Tal manual, que consistia no aprimoramento de um outro escrito por Nicolas Eymirick, 100 anos antes, fora consultado durante mais de três séculos, pelos religiosos católicos, depois por protestantes, médicos, juízes e magistrados, desejosos de caçar bruxas. Seu sucesso foi imenso, com traduções na maioria das línguas europeias; as sucessivas reedições incluíram formatos em miniatura para poder caber no bolso dos inquisidores e permitir a esses, consultas, com o canto do olho debaixo da mesa, durante os inquéritos e julgamentos. O livro é dividido em três partes: Na primeira, demonstra-se a existência das bruxas e dos demônios, com fundamentos nos padres da Igreja, entre os quais Agostinho e Aquino. Na segunda, são descritos os malefícios das feiticeiras, a partir dos relatos e bisbilhotices populares, de autoridade mais culta e das interpretações fantasiosas daqueles que estavam inquirindo. A terceira traz orientações a respeito de como conseguir informações, de como iniciar um processo no Tribunal da Inquisição e de como punir quem pactua com o diabo.*[576]

Após o aparecimento desse pequeno manual, Torquemada foi designado como o grande inquisidor da Espanha, passava azeite no corpo dos supostos culpados e ateava fogo aos olhos da multidão expectante e eufórica. Aliou-se aos fanáticos reis Ferdinando e Isabel para perseguir hereges e feiticeiras. Não devemos, por conta disso, acreditar que as religiões sejam totalmente responsáveis pelo retrocesso cultural. Os verdadeiros causadores do retrocesso, do barbarismo e das guerras santas, foram sempre as torrentes humanas, que se aproveitaram dos grandes ideais e utilizaram suas ideias, apoiadas em um pseudoprincípio religioso para causar o caos e a intolerância religiosa.

Heresias

> *Todos os homens estão destinados por natureza, i.e. pelo Criador, à verdade divina. Foi através da revelação do Cristo, como Logos, que essa verdade divina se desenvolveu na última e suprema manifestação. O Cristianismo é a filosofia verdadeira; é a realização do desejo humano de conhecer as conexões últimas e mais profundas, a verdadeira gnosis.*[577]

---

576 PICCINI, A.M. Visão psicanalista do imaginário dos inquisidores. Em: NOVINSKY, A.; CARNEIRO, M.L.T. *Inquisição. Ensaio sobre mentalidade, heresia e arte*, p. 72.
577 FRANZEN, A. *Breve história da igreja*, p. 42.

442

Ao estudarmos o pensamento cristão, observamos que as palavras "heresia" e "seita" são utilizadas de forma abundante e indiscriminada quando se referem à verdade dos outros. Essa observação fica mais clara quando percebemos que aqueles que se diferenciavam do "pacote" proposto pela Igreja Cristã eram banidos do seu seio como hereges, fundavam com o tempo suas próprias seitas e defendiam com a vida suas verdades.

Heresia vem do grego *haíresis,* do latim *haeresis,* "escolha", "escola filosófica". Mais tarde, a palavra *seita* passou a designar um pensamento contrário aos ensinamentos oficialmente reconhecidos de uma Igreja, ou seja, aos seus dogmas ou verdades reveladas pelos seus santos. Para a Igreja, heresia é todo pensamento que coloque suas verdades em dúvida ou em risco, surgindo dessa premissa uma "falsa" interpretação das santas escrituras, um "contrassenso" dos dogmas verdadeiros estabelecidos pelos "santos" concílios. O problema no decorrer dos séculos foi tentar estabelecer uma diferença entre os chamados dogmas verdadeiros e os falsos. Muitas das chamadas heresias que a Igreja criticava e condenava acabaram, com o tempo, se tornando parte dos seus dogmas e ensinamentos. O maior problema e dificuldade enfrentados pela Igreja no início de sua estruturação foi estabelecer ou tentar pelo menos diferenciar o que era dogma verdadeiro de uma pura e simples heresia, tendo em vista que seus dogmas, para os conhecimentos ditos não cristãos, também eram considerados heresias. Com o passar do tempo a Igreja se viu obrigada

> [...] a preservar sua catolicidade, que consiste no princípio de ter de levar a salvação divina, segundo a missão que Cristo a incumbiu, a todos os homens kat'holon, e não apenas a uma pequena seita haresis de eleitos e santos.[578]

Foi bastante complicado e difícil para uma Igreja que começava a engatinhar e que há pouco havia se constituído em uma pequena e simples seita primitiva de adoração a um Deus salvador, estabelecer ou diferenciar as verdades cristãs das chamadas "heresias", pois Jesus não estabeleceu, escreveu ou deixou teoria ou texto que pudesse ser tomado como exemplo ou metodologia. Dessa forma, o que nos autoriza a classificar uma cultura como primitiva ou pensamentos como seitas? Nada. Não existem padrões sociológicos, históricos, antropológicos, psicológicos ou filosóficos para essa finalidade e quando o fazemos é baseado na visão "evoluída" que

---

578 *Ibid.*, p. 66.

acreditamos possuir nossa cultura. Como se estabeleceu então a ortodoxia? A ortodoxia cristã foi estabelecida a partir do que escreveram sobre Jesus ou sua doutrina, daí toda a problemática sobre o assunto. A Igreja Cristã afirma que a ortodoxia foi instituída por homens inspirados por Deus, para fundamentar e diferenciar a verdadeira doutrina pregada por Jesus das imposturas existentes na época (Hebreus, 13:9 e 2 Pedro, 2:1). Mas alguns desses homens inspirados acabavam decepcionando-se com o Cristianismo e suas verdades, vindo com o tempo a abraçar outras doutrinas.[579] Eles, que antes defendiam o Cristianismo, passavam a criticar a Igreja, que se dizia defensora da verdade do Cristo. Os que se afastavam desse Cristianismo imperial e dogmático alegavam que a Igreja traíra sua vocação originária, passando a cometer um dos mais graves crimes: deixou de ser a Igreja dos Ensinamentos do carpinteiro humilde, *filho de Deus* (Marcos, 1:1), e passou a ser a igreja do evangelho dos homens, interpretando de forma literal e dogmática a palavra do apóstolo que diz: todo aquele que vai além do ensino de Cristo e não permanece nele, não tem a Deus; quem permanece nesse ensino, esse tem tanto ao Pai como ao Filho (2 João, 1:9).

A Igreja Cristã primitiva era uma instituição humana e como tal tentou o máximo possível se defender e se afastar das chamadas heresias. Algumas acabaram, com o tempo, fazendo parte ou mesmo sendo incorporadas às suas fileiras de forma subliminar. Saturnino, Basílides e Valentim foram alguns dos mais renomados hereges, e acabaram sendo vistos como participantes do próprio processo ideológico cristão. Um dos sistemas de grande importância herética no início dos séculos I e II foi o Marcionismo, fundado por Márcion, no início do século I. Esse sistema pregava um severo e rigoroso sistema ético e ascético, negava o Deus do Antigo Testamento e dizia que ele amaldiçoava o mal, sendo os judeus os responsáveis pela perseguição e "morte" do Deus do Novo Testamento. Pregava, como os *docetas,* que Jesus assumiu na Terra apenas um corpo fluídico, sendo sua morte e sofrimentos apenas aparentes.[580] Outro sistema que por muito tempo acabou como uma grande pedra no sapato da Igreja, tendo em vista que um dos seus grandes mestres (Tertuliano) aderiu a ele, foi o Montanismo. Montano foi sacerdote em Cibele e, após criticar severamente a Igreja primitiva,

579 FRANZEN, A. *Breve história da igreja*, p. 44 e § 7, itens 3 a 6.
580 MARQUES e COUTINHO. *Compêndio de religiões e espiritualidades*. Verbete: Docetas.

afastou-se do cargo de sacerdote e fundou seu próprio sistema de pensamento, nada ortodoxo aos olhos da Igreja, por volta da metade do século II (c. 172). Os participantes desse movimento eram chamados de encratitas (abstinentes). Montano exigia que os cristãos não só se oferecessem voluntariamente ao martírio, como também o provocassem para provar sua fé em Jesus. Ele se dizia assessorado diretamente pelo Espírito Santo, recebendo mensagens juntamente com duas "médiuns", Priscila e Maximila, que afirmavam receber mensagens proféticas e ver rostos de espíritos. Montano e muitos dos outros "heréticos" criticavam severamente a Igreja por causa de sua suposta frouxidão e pouca moral. Esses dois líderes iam tão longe em suas exigências que não apenas pediam, mas exigiam, uma renúncia absoluta à carne, ao vinho e ao casamento. Algumas dessas exigências apresentadas por essas e muitas outras "heresias" foram adaptadas e melhoradas, entrando na vida da Igreja através do Monaquismo, ordem revalorizada das comunidades eremitas, seitas "hereges", por Bento, por volta do século V. O monasticista[581] tem como meta principal a busca da salvação pessoal, por meio de uma vida controlada por regras especiais, inclusive voto de pobreza, santidade e obediência. Com o tempo, os monges perceberam que podiam e deviam auxiliar e orientar, com sua iluminação, aqueles que possuíam uma vida social comum.[582]

> Do século XII em diante, desenvolveram-se as ordens dos frades. Em contraste com os monges, os frades levavam uma existência ativa no mundo, pregando e ensinando, mas à diferença do clero comum, viviam debaixo da regra autorizada para sua ordem.[583]

Para a Igreja Cristã, como para qualquer outro pensamento religioso, é um problema diferenciar o que é seita do que é religião. No pensamento cristão é muito comum encontrarmos teorias e discursos sobre as chamadas seitas (outros cultos). A Igreja Cristã se preocupou demasiadamente

---

581 Monasticismo (do grego *monachos*, uma pessoa solitária) é a prática da abdicação dos objetivos comuns dos homens em prol da prática religiosa. Várias religiões têm elementos monásticos, embora usando expressões diferentes: Budismo, Cristianismo, Hinduísmo, e Islamismo. Assim, os indivíduos que praticam o monasticismo são classificados como monges (homens) e monjas (mulheres). Ambos podem ser referidos como monásticos.
582 FRANZEN, A. *Breve história da igreja*, § 12.
583 HINNELLS, J. *Dicionário das religiões*, p. 176.

com elas, pois, ao se colocar como verdade absoluta da salvação,[584] precisou defender-se como pode das outras verdades. "E em nenhum outro há salvação; porque debaixo do céu nenhum outro nome há, dado entre os homens, em que devamos ser salvos" (Atos, 4:12).

Mas o que é uma seita, afinal? Para um historiador das religiões, as seitas são tão importantes em suas teorias e complexidade de busca do sagrado como as religiões estruturadas. A maior dificuldade para um estudioso das religiões e mesmo para os teólogos é estabelecer a diferença (se é que existe alguma), o fio tênue que separa a religião de uma seita, tendo em vista que muitas começaram como uma simples seita, como o próprio Cristianismo (Atos; 24:5; 14; 26:5; 28:22). Como estabelecer então a diferença? Esse sempre foi e será o grande problema das hegemonias e verdades absolutas, querendo ser e ter a posse exclusiva do conhecimento último. Se não tomarmos o devido cuidado nessa e em qualquer área do conhecimento humano ou espiritual, sempre usaremos nossas meias-verdades como referencial e diferencial. Se formos cristãos, estabeleceremos a ortodoxia cristã como a verdade última, esquecendo--nos das outras muitas verdades existentes neste mundo "por causa da esperança que vos está reservada nos céus, da qual antes ouvistes pela palavra da verdade do Evangelho" (Col, 1:5), "no qual também vós, tendo ouvido a palavra da verdade, o Evangelho da vossa salvação" (Efes, 1:13). As respostas que procuramos estarão de acordo com o nosso referencial sociocultural de estudo e verdades adotadas, pois encontraremos respostas nas mais diversas teorias possíveis, na teologia, na filosofia, nas ciências, na história e em todos os campos de estudo que abordarem tal assunto. No entanto, serão apenas opiniões e não verdades absolutas ou últimas, porque estão condicionadas aos saberes socioculturais dos pesquisadores estudados. Uma resposta simplificada e utilizada por alguns pregadores cristãos do século XX e XXI para diferenciar uma seita de uma religião é o objetivo (busca) de cada uma delas. A religião busca ou identifica-se com um Deus, um ser supremo, e a seita não busca necessariamente isso, mas a luz, a paz etc., não havendo nesse caso uma identificação direta com um ser superior. Claro que nem todas as chamadas seitas apresentam essas características peculiares.

584 ROGUES, J. Existência cristã e esperança da salvação. Em: DELUMEAU, J. *As grandes religiões do mundo*, p. 97.

O que não podemos fazer é perder de vista qual a teoria e as seitas analisadas pelo autor que estamos estudando. Nunca devemos, como pesquisadores, generalizar em uma frase ou clichê uma religião, religiosidade, espiritualidade ou mesmo uma suposta seita. Como visto anteriormente, algumas das religiosidades indianas, os místicos, os filósofos e mesmo a mística judaica[585] não buscam necessariamente um Deus, mas o Absoluto, a Paz, a Transcendência e a possibilidade da não necessidade da *samsara*.[586] A maioria das chamadas grandes religiões do mundo começou como uma simples seita, relegada e desprezada pelas outras religiões existentes. Quando possuímos uma crença ou verdade estabelecida, todos os outros pensamentos e verdades que desconhecemos, ignoramos conhecer ou simplesmente não os compreendemos devido à nossa fé (verdade), transformam-se aos nossos olhos em seitas ou semiverdades destituídas de sentido ontológico. Alguns teólogos afirmam que o diferencial entre seita e religião (cristã) é a epistemologia. Aqueles que pensam dessa forma talvez nunca tenham lido um texto dos gnósticos, dos místicos ou de qualquer outro pensamento religioso a não ser o próprio. Algumas chamadas seitas possuem uma epistemologia tão complexa que não conseguimos diferenciá-la de uma religião "oficial", se é que isso é realmente importante. Se pegarmos um texto dos gnósticos[587] que fala dos éons (seres da luz) e a ressurreição de Jesus apresentada nos Evangelhos (Mateus, 28; Marcos, 16; Lucas, 24 e João, 20), não veremos muita diferença de epistemologia. Não conseguimos provar a existência real dos éons dos gnósticos, muito menos a ressurreição de Jesus que aparece nos Evangelhos como o alicerce da crença cristã (Atos, 4:33, 26:23; 1 Pedro, 1:3, 3:21). O que identificamos em ambas as crenças (religião e seita) é a defesa de suas ideias baseadas em suas supostas verdades. Para os estudiosos da história das religiões, a "verdade" não é o mais importante, o que realmente importa é como essas verdades hierofânicas se manifestaram e como se transformam nas verdades sagradas desses povos.[588]

---

585 ARMSTRONG, K. *Uma história de Deus*, capítulos 6 e 7.
586 MARQUES e COUTINHO. *Compêndio de religiões e espiritualidades*. Verbete: reencarnação.
587 HOELLER, S. *A gnose de Jung*, p. 45.
588 ELIADE, M. *Origens*, cap. 1.

Concílios ecumênicos

São os 21 concílios aceitos pela fé católica nos anos de formação da Igreja. Esses concílios formam a estrutura e o alicerce da história da Igreja e dos papas. Não podemos entender o desenvolvimento histórico-social e político do Cristianismo se não estudarmos também a história dos concílios, bem como a dos papas.[589]

1. Niceia I – 325 [Papa: Silvestre I, 314-335] – doutrina da Trindade, cristologia, contra o arianismo, a doutrina da justificação, sobre o batismo dos hereges e o viático dos moribundos. Jesus é Deus de Deus, Luz da Luz, Deus verdadeiro de Deus verdadeiro, gerado, não criado, consubstancial ao Pai. Fixação da data da Páscoa a ser celebrada no primeiro domingo após a primeira lua cheia da primavera (hemisfério norte). Estabelecimento da ordem de dignidade dos patriarcados: Roma, Alexandria, Antioquia, Jerusalém.

2. Constantinopla I – 381 [Papa: Dâmaso I, 366-384] – discussão e fim do arianismo. Confissão da divindade do Espírito Santo, condenação do macedonismo de Macedônio, patriarca de Constantinopla. Condenação de todos os defensores do arianismo (de Ário) sob quaisquer das suas modalidades. A sede de Constantinopla ou Bizâncio (segunda Roma), recebeu uma preeminência sobre as sedes de Jerusalém, Alexandria e Antioquia. "Cremos no Espírito Santo, Senhor e fonte de vida, que procede do Pai, que é adorado e glorificado com o Pai e o Filho e que falou pelos profetas. Com o Pai e o Filho, ele recebe a mesma adoração e a mesma glória".

3. Eféso – 431 [Papa: Celestino I, 422-432] – Maria parturiente (Thoetókos) mãe de Deus. Cristo é uma só pessoa e duas naturezas. Definição do dogma da maternidade divina de Maria, contra Nestório, patriarca de Constantinopla, que foi deposto. Maria é mãe de Deus não porque o Verbo de Deus tirou dela a sua natureza divina, mas porque é dela que Ele tem o corpo sagrado dotado de uma alma racional, unido ao qual, na sua pessoa, diz-se que o Verbo nasceu segundo a carne. Condenação de Pelágio, fundador do Pelagianismo, que negava os efeitos do Pecado Original e a condenação do messalinismo que pregava uma total apatia ou moral indiferentista.

---

589 MARQUES e COUTINHO. *Compêndio de religiões e espiritualidades.* Verbete: concílios.

4. Calcedônia – 451 [Papa: Leão I, O Grande 440-461] – doutrina das *duas* naturezas do Cristo. Condenação da *simonia* (tráfico de coisas sagradas ou espirituais, como sacramentos, dignidades, benefícios eclesiásticos etc.), dos casamentos mistos e das ordenações absolutas realizadas, sem que o novo clérigo tivesse determinada função pastoral. Combate às duas mais fortes contendas existentes na época entre Alexandria e Constantinopla. Cirilo e Êutiques (Constantinopla) defendem a tese de *uma natureza divino-humana* (uma natureza do *Logos* tornada carne – uma "fusão" da natureza humana e da natureza divina, que com o tempo transformou-se em monofisismo) e Nestório sobre o Christotókos (Maria parturiente de Cristo). Na teoria de Nestório (Alexandria) temos uma dicotomia, na qual a pessoa humana de Jesus é apresentada com grande ênfase, ou seja, Maria deu à luz um homem, Jesus e Cristo só "apareceria" tempos mais tarde. Essas duas teses são recusadas pelo concílio e o Papa Leão I afirma o conceito de hipóstase: *Existem em Cristo duas naturezas puras e não separadas, que se encontram unidas em uma pessoa.* "É nessa ligação que se baseia toda a obra redentora de Cristo. As afirmações sobre a pessoa de Cristo (cristologia) constituem simultaneamente a base para a doutrina da redenção (soteriologia) e são, por isso, de importância central para a fé cristã".[590]

5. Constantinopla II – 553 [Papa: Virgílio, 537-555] – fixação da Trindade na *hipóstase* (pessoa) do Cristo como ponto de fé e dogma. Concílio imposto inicialmente pelo Imperador Justiniano para condenar o monofisismo Oriental, em particular os Três Capítulos relacionados a Teodoro de Mopsuéstia, Teodoro de Ciro e Ibas de Edessa. Era considerado não oficial (heterodoxo), mas com a pressão do imperador acabou sendo divulgado e aceito principalmente no Ocidente. Hoje a Igreja precisa conviver com esse concílio arbitrário que lhe foi imposto de fora e por um imperador nada ortodoxo e bastante superficial no que tange à exegética, preocupado apenas com o crescimento de seu império. Toda a economia divina é obra comum das três pessoas divinas.

> *A Trindade não tem senão uma única e mesma natureza, assim também, não tem senão uma única e mesma operação. Um Deus e Pai criador de todas as coisas, um Senhor Jesus Cristo para quem são todas as coisas, um Espírito Santo em quem são todas as coisas.*

---

590 FRANZEN, A. *Breve história da igreja*, p. 93.

6. Constantinopla III – 680-681 [Papas: Ágato, 678-681 e Leão II, 662-663] – condenação do monotelitismo. Doutrina defendida pelo patriarca Sérgio de Constantinopla que ensinava haver só a vontade divina em Cristo. Esse concílio definiu e ensinou que Cristo possui duas vontades e duas operações naturais, divinas e humanas, não opostas, mas cooperantes, de sorte que o Verbo feito carne quis humanamente na obediência a seu Pai tudo o que decidiu divinamente com o Pai e o Espírito Santo para a nossa salvação. A vontade humana de Cristo segue a vontade divina, sem estar em resistência nem em oposição em relação a ela, mas antes sendo subordinada a essa vontade todo-poderosa.

7. Niceia II – 787 [Papa: Adriano, I 772-795] – legitimação na veneração (não adoração) das imagens. Esse concílio se posicionou contra todo tipo de iconoclastia bíblica, sem contudo ficar contra a "verdade bíblica".

> Destruirei os vossos altos, derrubarei as vossas (imagens) do sol, e lançarei os vossos cadáveres sobre os destroços dos vossos ídolos; e a minha alma vos abominará. Lançareis fora todos os habitantes da Terra de diante de vós, e destruireis todas as suas pedras em que há figuras; também destruireis todas as suas (imagens) de fundição, e desfareis todos os seus altos e derrubareis seus altares, quebrareis suas colunas, queimareis a fogo os seus aserins, abatereis as (imagens) esculpidas dos seus deuses e apagareis nome daquele lugar. Mas assim lhes fareis: derrubareis os seus altares, quebrareis as suas colunas, cortareis os seus aserins, e queimareis a fogo as suas (imagens) esculpidas. As imagens esculpidas de seus deuses queimarás a fogo; não cobiçarás a prata nem o ouro que estão sobre elas, nem deles te apropriarás, para que não te enlaces neles; pois são abominação ao Senhor teu Deus. (Levítico, 26:30; Números, 33:52; Deuteronômio, 7:5, 25, 12:3)

Para proferir sucintamente a nossa profissão de fé, conservamos todas as tradições da Igreja, escritas ou não escritas, que nos têm sido transmitidas sem alteração. Uma delas é a representação pictórica das imagens, que concorda com a pregação da história evangélica, crendo que, de verdade, e não na aparência, o Verbo de Deus se fez homem, o que é também útil e proveitoso, pois as coisas que se iluminam mutuamente têm, sem dúvida, um significado recíproco. Nós definimos com todo o rigor e cuidado que, à semelhança da representação da cruz preciosa e vivificante, assim as venerandas e sagradas imagens pintadas em mosaico, ou em qualquer outro material adaptado, devem ser expostas nas santas igrejas de Deus, nas alfaias sagradas, nos paramentos sagrados, nas paredes e mesas, nas casas e nas ruas; sejam elas as imagens do Senhor Deus, dos santos anjos, de todos os santos e justos.

Concílios da Igreja Romana: 867 e 1064
Cismas entre as Igrejas Romana e Ortodoxa

8. Constantinopla IV – 869-870 [Papas: Nicolau, I 858-867 e Adriano II, 867-872] – confirmação do culto e veneração das imagens. A paz entre o Leste e o Oeste com a extinção do cisma do patriarca de Constantinopla, Fócio, que foi condenado.

9. Latrão – 1123 [Papa: Calixto II, 1119-1124] – confirmação da Concordata de Worms, assegurando à Igreja plena liberdade na escolha e ordenação dos seus bispos. Fortalecimento da disciplina eclesiástica. Confirmação do celibato sacerdotal.

> *A Concordata de Worms é o compromisso firmado em setembro de 1122 pelo Papa Calixto II e o imperador Henrique V, mediante o qual se regulamentou a questão da "querela das investiduras" de acordo com as doutrinas já formuladas pelo canonista Ivo de Chartres. Ele separava nitidamente os dois tipos de investidura: a eclesiástica, que concedia a função espiritual ao bispo eleito pelo clero local, com a consignação do anel e do pastoral por parte do Papa ou de um enviado deste; e a laica, feita com a espada e o cetro, em que o imperador conferia ao bispo os poderes condais, ou seja, um governo de caráter temporal com os respectivos benefícios. Henrique V fez com que, na Alemanha, a investidura condal precedesse a consagração episcopal e fosse feita em sua presença. Em essência, com a Concordata de Worms, na função daqueles bispos que também eram condes, o ofício espiritual – que só a Igreja podia conceder mediante formas normais – pouco a pouco se separa do exercício de direitos e poderes públicos que a autoridade laica conferia mediante o título condal.*

10. Latrão II – 1139 [Papa: Inocêncio II, 1130-1143] – o cisma do antipapa Anacleto II. Vetou-se o exercício da medicina e da advocacia pelo clero e a rejeição da usura e o lucro.

11. Latrão III – 1179 [Papa: Alexandre III, 1159-1181] – fixação da necessidade de dois terços dos votos na eleição do Papa, ficando excluído qualquer recurso às autoridades leigas ou laicas para dirimir dúvidas do processo eleitoral. Rejeição do acúmulo de benefícios ou funções dentro da Igreja por parte de uma mesma pessoa. Recomendação da disciplina da regra aos monges e cavaleiros regulares, que interfeririam indevidamente no governo da Igreja. Condenação das heresias da época, de fundo dualista (catarismo) ou de pobreza mal-entendida (a *Pattária*, movimento dos pobres de Lião ou Valdenses).

12. Latrão IV – 1215 [Papa: Inocêncio III, 1189-1216] – contou com a presença de 1.200 pessoas, representando mais de 80 províncias eclesiásticas, não só do Ocidente, mas também da Europa Central e Oriental. Essa assembleia contou ainda com a presença de autoridades laicas da Sicília, Constantinopla, França, Inglaterra, Hungria, Jerusalém, Chipre e Aragão. Durante o concílio ocorreram três sessões plenárias, além de cerimônias litúrgicas de caráter popular. Desse concílio resultaram 70 cânones, cujas atas originais não foram preservadas. Esse concílio tinha por determinação o controle social e político através da disciplina e da exclusão dos rebeldes (todos aqueles que não concordassem com seus métodos) e a caça feroz às chamadas heresias: "Condenamos todos os hereges sob qualquer denominação com que se apresentem; embora seus rostos sejam diferentes, eles se encontram atados por uma cola, pois a vaidade os une" (Cânone 3). Condenação dos albigenses e valdenses; condenação dos erros de Joaquim de Fiore, que pregava o fim do mundo para breve, apoiando-se em falsa exegese bíblica; declaração da existência dos demônios como sendo anjos bons que abusaram do seu livre-arbítrio, pecando. Com efeito, o Diabo e outros demônios foram por Deus criados bons em sua natureza, mas se tornaram maus por sua própria iniciativa e livre-arbítrio. A realização da Quarta Cruzada (1202-1204) para "libertar" o Santo Sepulcro de Cristo, em Jerusalém, que se achava nas mãos dos muçulmanos; a profissão de fé na Eucaristia, tendo sido então usada a palavra "transubstanciação"; a obrigação da confissão e da comunhão anuais e a fixação de normas sobre a disciplina e a liturgia da Igreja.

13. Lyon (Lião) I – 1245 [Papa: Inocêncio IV, 1243-1254] – concílio promulgado para realizar a excomunhão e deposição do imperador Frederico II da Alemanha.

14. Lyon II – 1274 [Papa: Gregório X, 1271-1276] – procedimento referente ao conclave para a eleição do Papa em recinto fechado; união (não unificação) da Igreja latina com a Igreja grega (Constantinopla).

Constituição sobre a possessão do Espírito Santo. Profissão de fé de Miguel Paleólogo (pessoa versada em estudo das línguas antigas).

15. Viene (Viana, França) – 1311-1312 [Papa: Clemente V, 1305-1314] – supressão da Ordem dos Templários que se iniciou possivelmente a partir da Segunda Cruzada; contra o modo de viver e a pobreza dos franciscanos, chamados espirituais, que adotavam ideias heréticas sobre a pobreza e a condenação do franciscano Pedro João Olivi, que admitia existir no ser humano elementos intermediários entre a alma e o corpo.

16. Constança – 1414-1418 – fim da rivalidade entre os papas e supostos antipapas. Resignação do Papa Romano, Gregório XII (1405-1415), deposição do antipapa João XXIII (1410-1415) em 29/05/1415, deposição do antipapa avinhense, Benedito XIII (1394-1415) em 26/07/1417; eleição de Martinho V em 11/11/1417, extinção do Grande Cisma do Ocidente (1305-1378); condenação da doutrina de João Huss, João Wiclef e Jerônimo de Praga, precursores de Lutero. Decreto relativo à periodicidade dos Concílios; rejeição do conciliarismo (prevalência da autoridade dos concílios sobre o Papa).

17. Basileia/Ferrara/Florença/Roma (Lausana) – 1431-1445 [Papa: Eugênio IV, 1431-1447] – reforma e união com as Igrejas Orientais (gregos em 06/07/1439, armênios em 22/11/1439 e jacobistas em 04/02/1442), para resolver as questões doutrinárias referentes à Trindade:

> *O Espírito Santo tem sua essência e seu ser subsistente ao mesmo tempo do Pai e do Filho e procede eternamente de ambos como de um só princípio e por uma única expiração... E uma vez que tudo o que é do Pai, o Pai mesmo o deu ao seu Filho Único ao gerá-lo, excetuando seu ser de Pai, essa própria processão do Espírito Santo a partir do Filho, ele a tem eternamente de Seu Pai que o gerou eternamente. Tudo é uno (neles) lá onde não se encontra oposição de relação. Por causa dessa unidade o Pai está todo inteiro no Filho, todo inteiro no Espírito Santo; o Filho está todo inteiro no Pai, todo inteiro no Espírito Santo; o Espírito Santo todo inteiro no Pai, todo inteiro no Filho. O Pai, o Filho e o Espírito Santo não são três princípios das criaturas, mas um só princípio.*

18. Latrão V – 1512-1517 [Papas: Júlio II, 1503-1513 e Leão X, 1513-1521] – contra o Concílio Cismático de Pisa (1511-1512); decretos de reforma da formação do clero, sobre a pregação etc. Condenação à Sanção de Bourges, declaração que favorecia a criação de uma Igreja Nacional da França. Assinatura de uma concordata que regulamentava as relações entre a Santa Sé e a França. Condenação da tese da alma coletiva de Pietro Pomponazzi que asseverava que a alma humana é mortal e uma só para toda a Humanidade. Exigência do *Imprimatur* para os livros que versassem sobre a fé ou teologia. Erros de Lutero.

Concílios da Igreja Católica Romana 1517: Reforma e surgimento das Igrejas Protestantes

19. Trento – 1545-1563 [Papas: Paulo III, 1534-1549; Júlio III, 1550--1555; Paulo IV, 1555-1559 e Pio IV, 1559-1565] – ficou estabelecida a supremacia e a infabilidade dos Papas. Condenação da doutrina protestante da justificação pela fé, proibição à intervenção dos príncipes nos negócios eclesiásticos e a acumulação de benefícios. Definição do Pecado Original e como texto bíblico autêntico, a tradução de Jerônimo, denominada "Vulgata". Manteve-se os sete sacramentos: o batismo, a confirmação ou crisma, a eucaristia, a penitência ou confissão, a ordem, o matrimônio e a extrema-unção, hoje conhecida como a unção dos enfermos.

> *O Vaticano II voltou a chamar o sacramento de "unção dos enfermos", declarando explicitamente que "não é um sacramento reservado para os que estão prestes a morrer". Esse último sacramento agora é conhecido como viático, recebido durante a missa, se possível. Recomendou-se a criação de escolas para a preparação dos que quisessem ingressar no clero, denominadas seminários.* [591]

> *A Igreja ensina e ordena que o uso das indulgências, particularmente salutar ao povo cristão e aprovado pela autoridade dos santos concílios, seja conservado na Igreja, e fere com o anátema aos que afirmam serem inúteis as indulgências e negam à Igreja o poder de as conceder (Decreto sobre as Indulgências). Fiéis à doutrina das Sagradas Escrituras, às tradições apostólicas... e ao sentimento unânime dos padres, professamos que os sacramentos da nova lei foram todos instituídos por Nosso Senhor Jesus Cristo. No santíssimo sacramento da Eucaristia, estão contidos verdadeiramente, realmente e substancialmente, o Corpo e o Sangue com a alma e a divindade de Nosso Senhor Jesus Cristo e, por conseguinte, o Cristo todo.*

---

591 ELWELL, W. A. *Enciclopédia histórico-teológica da igreja cristã*, p. 258.

20. Vaticano – 1869-1870 [Papa: Pio IX, 1846-1878] – doutrina da infalibilidade papal. Constituição dogmática *Dei Filius*, sobre a fé católica. Constituição Dogmática Pastor Aeternus, sobre o primado e a infalibilidade do Papa quando se pronuncia *ex cathedra* em assuntos de fé e moral. Questões doutrinárias: Esse único e verdadeiro Deus, por sua bondade e virtude onipotente, não para adquirir nova felicidade ou para aumentá-la, mas a fim de manifestar sua perfeição pelos bens que prodigaliza às criaturas, com vontade plenamente livre, criou simultaneamente no início do tempo ambas as criaturas do nada (*ex nihilo*): a espiritual e a corporal. O mundo foi criado para a glória de Deus. Cremos que Deus não precisa de nada preexistente nem de nenhuma ajuda para criar. A Criação também não é uma emanação necessária da substância divina. Deus cria livremente do *ex nihilo*. Deus conserva e governa com sua providência tudo que criou, ela se estende com vigor de um extremo ao outro e governa o Universo com suavidade. A Santa Igreja, nossa mãe, sustenta e ensina que Deus, princípio e fim de todas as coisas, pode ser conhecido com certeza pela luz natural da razão humana a partir das coisas criadas.

21. Vaticano II – 1962-1965 [Papas: João XXIII, 1958-1963 e Paulo VI, 1963-1978] – *aggiornamento* da Igreja. Ações que realçam e/ou embelezam a Igreja.

> *Procuremos apresentar aos homens de nosso tempo, íntegra e pura, a verdade de Deus de tal maneira que eles a possam compreender e a ela espontaneamente assentir. Somos pastores, afirma João XXIII aos padres conciliares, em sua pregação em estilo familiar e quase coloquial sobre o Evangelho na abertura do Vaticano II. Sobre a importância do Concílio Vaticano II, disse o Papa João Paulo II, em 15/10/1995: Na história dos concílios, ele reveste uma fisionomia muito singular. Nos precedentes, com efeito, o tema e a ocasião da celebração tinham sido dados por particulares problemas doutrinais ou pastorais. O Concílio Ecumênico Vaticano II quis ser um momento de reflexão global da Igreja sobre si mesma e sobre suas relações com o mundo. A essa reflexão impelia a necessidade de uma fidelidade cada vez maior ao seu Senhor. Mas o impulso vinha também das grandes mudanças do mundo contemporâneo, que, como sinais dos tempos, exigiam ser decifradas à luz da Palavra de Deus. Foi mérito de João XXIII não só ter convocado o concílio, mas também ter lhe dado o tom da esperança, tomando as distâncias dos profetas de desventura e confirmando a própria e indômita confiança na ação de Deus. Graças ao*

sopro do Espírito Santo, o concílio lançou as bases de uma nova primavera da Igreja. Ele não marcou a ruptura com o passado, mas soube valorizar o patrimônio da inteira tradição eclesial, para orientar os fiéis na resposta aos desafios da nossa época. À distância de trinta anos, é mais do que nunca necessário retornar àquele momento de graça. Como pedi na Carta Apostólica Tertio Millennio Adveniente *(n. 36), entre os pontos de um irrenunciável exame de consciência, que deve envolver os componentes da Igreja, não pode deixar de haver a pergunta: quanto da mensagem conciliar passou para a vida, as instituições e o estilo da Igreja? Já no Sínodo dos Bispos de 1985 (sobre o Concílio) foi posto um análogo interrogativo. Ele continua válido ainda hoje, e obriga, antes de mais nada, a reler o concílio, para dele recolher integralmente as indicações e assimilar seu espírito... A história testemunha que os Concílios tiveram necessidade de tempo para produzir seus frutos. Contudo, muito depende de nós, com a ajuda da graça de Deus.* (L'Osservatore Romano, 15/10/95)

Documentos promulgados:

1. Constituição Dogmática sobre a Igreja (*Lumen Gentium*).

2. Constituição Dogmática sobre a Revelação Divina (*Dei Verbum*).

3. Constituição Pastoral sobre a Igreja e o mundo de hoje (*Gaudium et Spes*).

4. Constituição Dogmática Sobre a Sagrada Liturgia (*Sacrosanctum Concilium*).

5. Decreto sobre o Ecumenismo (*Unitatis Redintegratio*).

6. Decreto sobre as Igrejas Orientais Católicas (*Orientalium Ecclesiarum*).

7. Decreto sobre a Atividade Missionária da Igreja (*Ad Gentes*).

8. Decreto sobre o Múnus Pastoral dos Bispos na Igreja (*Christus Dominus*).

9. Decreto sobre o Ministério e a Vida dos Presbíteros (*Presbyterorum Ordinis*).

10. Decreto sobre a Atualização dos Religiosos (*Perfectae Caritatis*).

11. Decreto sobre a Formação Sacerdotal (*Optatam Totius*).

12. Decreto sobre o Apostolado dos Leigos (*Apostolicam Actuositatem*).

13. Decreto sobre os Meios de Comunicação Social (*Inter Mirifica*).

14. Declaração sobre a Educação Cristã (*Gravissimum Educationis*).

15. Declaração sobre a Liberdade Religiosa (*Dignitatis Humanae*).

16. Declaração sobre as Relações da Igreja com as Religiões Não Cristãs (*Nostra Aetate*).

Concílios não ecumênicos, sínodos
História dos papas e da Igreja

Os sínodos em alguns momentos parecem impor-se aos concílios, mas a determinação máxima sempre ficou ao encargo dos concílios ecumênicos. As datas anteriores ao século II são escritas, ensinadas e expostas pela história da Igreja e não aparecem na história oficial. Os sínodos, ou concílios não ecumênicos, podem ser considerados para efeito de entendimento, reuniões e encontros para a discussão de tópicos que seriam expostos, votados e aceitos ou não no concílio; seria mais ou menos como fazem hoje os sindicatos com suas pautas de reivindicações frente às empresas. Os mais exaltados sempre existiram na história da Humanidade, muitas vezes queriam impor seus pontos de vista como verdades irrefutáveis, sem a aprovação do concílio, mas eram recusados e algumas vezes banidos do seio da Igreja. Por isso, algumas ideias ou temas nem chegavam a ser cogitados nos concílios e seus autores revoltavam-se com essa atitude, pregando indistintamente suas ideias e verdades. Algumas ideias recusadas e perseguidas inicialmente por um determinado concílio, após alguns anos ou séculos eram aceitas, como foi o trabalho de Francisco de Assis e seu voto de pobreza, constituindo-se a ordem franciscana. Os mais preocupados não se exaltem ao perceberem o ponto de interrogação que aparece muitas vezes na frente da palavra Papa. Isso não quer dizer que não existia a ordem papal, mas que o pontífice não participava das ideias e discussões expostas nesses sínodos, ou mesmo, como é sabido, existia a dissensão entre o Ocidente e o Oriente. Muitas vezes na história da Igreja observamos a presença de dois papas, um do Ocidente e o outro do Oriente. O que um aceitava, o outro, não, daí o problema que tivemos com a aceitação de alguns concílios. Isso ocorreu até a separação final, no século X, em que cada igreja assumiu seu papel frente à sociedade.

Cronologia

48-49 – Concílio dos Apóstolos.
64-67 – Morte de Pedro e Paulo e a peregrinação cristã no reinado de Nero.
81-96 – Perseguição aos cristãos sob o reinado de Domiciano, sobretudo no ano de 95.

90-101 – [Papa: Clemente I]

110-113 – Inácio é feito mártir em Roma, foi nessa época que aconteceram as correspondências entre Plínio e o imperador Trajano.

142-155 – [Papa: Pio I]

156 – Martírio de Policarpo de Esmirna.

165 – Martírio de Justino.

177 – Perseguição aos cristãos em Lyon.

189-199 – [Papa: Vítor I]

217-222 – [Papa: Calisto I]

230-235 – [Papa: Ponciano]

236-250 – [Papa: Fabião]

250-251 – Perseguição aos Cristãos no reinado de Décio.

251-253 – [Papa: Cornélio]

251-258 (?) – [Papa: Novaciano]

253-254 – [Papa: Lúcio I]

254 – Orígenes é feito mártir.

254-257 – [Papa: Estêvão I]

257-258 – [Papa: Sisto II] – Perseguição aos cristãos no império de Valeriano. Cipriano é feito mártir.

> *Do século II em diante, a recusa em celebrar o culto imperial foi a causa mais notável das perseguições aos cristãos. No início, com exceção da carnificina ordenada por Nero, as medidas anticristãs foram encorajadas, sobretudo pela hostilidade da opinião pública. No decurso dos dois primeiros séculos, o Cristianismo foi considerado religio illicita; os cristãos eram perseguidos porque praticavam uma religião clandestina, que não contava com a autorização oficial.*[592]

259-260 – Disputa da festa pascal.

1. Elvira – 300-306 [Papa: Marcelino, 296-304] – a indissolubilidade do matrimônio; o celibato dos clérigos e sobre o batismo e a confirmação. Perseguição no reinado de Diocleciano.

2. Édito de Milão ou Édito de Tolerância – foi promulgado a 13 de junho de 313 pelo imperador Constantino (306-337), assegurando a tolerância e a liberdade de culto para todos os cristãos do Império Romano.

---

592 ELIADE, M. *História das crenças e das ideias religiosas.* Tomo II, p. 134-135.

458

3. Arles – 314 [Papa: Milcíades, 310-314] – discussão sobre o batismo dos hereges. Condenou formalmente a heresia donatista.[593]

4. Concílio de Niceia (1º Ecumênico).

5. Sárdica – 343-344 [Papa: Júlio I, 337-352] – primazia do Romano Pontífice.

6. Sínodo de Rimini [Papa?] – 359.

7. Concílio de Constantinopla – (2º Ecumênico).

8. Romano – 382 [Papa: Dâmaso I, 366-384] – Trindade e a Encarnação; o Espírito Santo e o Cânon da Sagrada Escritura.

9. Cartago III – 397 [Papa: Sirício, 384-399] – sobre o Cânon da Sagrada Escritura.

10. Milevi II – 416 [Papa: Inocêncio, I 402-417] – o Pecado e a graça, a primazia do Romano Pontífice e a infabilidade papal.

11. Cartago XVI – 418 [Papa?] – condenação de Pelágio, heresiarca inglês, e sua doutrina (século V), a qual nega o Pecado Original e a corrupção da natureza humana e, consequentemente, a necessidade do batismo. Era feroz combatente da teoria agostiniana, que afirma que todo humano já traz dentro de si a marca do Pecado Original.[594] Assim, segundo Agostinho, já nascemos com a marca do pecado, ou seja, todos nascemos maus, cabendo à religião cristã domar-nos. Esse pensamento choca-se com a teoria de Rousseau, que prega um homem essencialmente bom, tornado corrupto pela sociedade.

12. Concílio de Éfeso – (3º Ecumênico).

13. Papa: Leão, o Grande – 440-461.

14. Sínodo de Éfeso (Concílio dos Assaltantes) – 449.

15. Concílio de Calcedônia – (4º Ecumênico).

16. Arles 475 – [Papa?] – sobre a graça e a predestinação (questão monofisita).

17. Cisma Acaciano – 484ss.

18. Gelásio I – 492-496 – [Papa]

19. Batismo de Clodovedo por Remígio – 498.

20. Hormisdas – 514-523 – [Papa] três capítulos.

21. Orange II – 529 – [Papa?] Pecado Original, a graça e a predestinação.

---

593 Os donatistas eram rigorosos e sustentavam que a Igreja não devia perdoar e admitir pecadores, e que os sacramentos, como o batismo, administrados pelos traidores (cristãos que negaram sua fé durante a perseguição de Diocleciano em 303-305 e posteriormente foram perdoados e readmitidos na Igreja) eram inválidos. Os autores que mais influenciaram os donatistas em termos de doutrina religiosa foram Cipriano, Montano e Tertuliano.

594 MARQUES e COUTINHO. *Compêndio de religiões e espiritualidades*. Verbete: pecado original e trindade.

22. Concílio de Constantinopla II – (5º Ecumênico).

23. Vigílio – 537-555 – [Papa] – querela dos três capítulos (544).

24. Braga II – 561 – [Papa?] – anátemas (excomunhão) contra os hereges.

25. Pelágio II – 579-580 – [Papa]

26. Gregório I, o *Magno* – 590-604 – [Papa] missionarização dos anglo-saxões.

27. Questão monotelética – 622-680 (Do *monotelitismo*, do latim *monothelita*, calcado no grego *mónos*, "único" + *theletés*, "aquele que quer" + *ismo* = doutrina, escola, teoria ou princípio artístico, filosófico, político ou religioso). Derivação do monofisismo defendida no século VII, que sustenta a existência de "uma única vontade em Cristo".

28. Honório I – 625-638 – [Papa] (Concílios em Toledo – 633ss).

29. Latrão – 649 – [Papa: Martinho I 649-653] – Trindade, a encarnação e alguns outros tópicos.

30. Toledo XI – 675 – [Papa?] símbolo da fé, especialmente sobre a Trindade e a encarnação.

31. Romano – 680 – [Papa: Ágato 678-681] união hipostática (Do grego *hypóstasis*, do latim *hypostase*), na teologia filosófica, considerando-se *hypóstasis* as doutrinas que pregam a ficção ou abstração falsamente considerada como real.

32. Concílio de Constantinopla III – (6º Ecumênico).

33. Leão II – 682-683 – [Papa]

34. Toledo XV – 688 – [Papa?] Trindade e a encarnação.

35. Toledo XVI – 693 – [Papa?] profissão de fé sobre a Trindade.

36. Gregório II – [Papa] – 715-731 – disputa dos Ícones na Igreja (726-843). Na Igreja russa e na grega, o ícone é a representação em superfície plana da figura de Cristo, da Virgem ou de um santo.

37. Gregório III – 731-741 – [Papa]

38. Zacarias – 741-752 – [Papa]

39. Hierieira 754 – Estêvão II – 752-757 – [Papa] proibição da adoração das imagens e unção de Pepino.

40. Concílio de Niceia II – (7º Ecumênico).

41. Frankfurt – 794 – [Papa: Adriano I, 772-795] – Cristo, Filho de Deus, natural, não adotivo.

42. Friul – 796 – [Papa: Leão III, 795-816] – Leão III visita Paderborn. Coroação imperial de Carlos Magno.

43. Sínodo de Constantinopla – 843 – Tratado de Verdum.

44. Disputa sobre a Eucaristia – 844ss [Veja (72) Romano IV – 1079].

45. Disputa sobre a Predestinação – 848-868.

46. Paiva – 850 – [Papa: Leão IV, 847-855] – sacramento da Santa Unção (aplicar óleos consagrados). Decretos de Pseudo-Isidoro.

47. Quiersy – 853 – [Papa: Leão IV, 847-855] – redenção e graça.

48. Valence III – 855 – [Papa: Leão IV, 847-855] – predestinação (determinação formada por Deus de conduzir os justos à vida eterna).

49. Nicolau I – 858-867 – [Papa] – missões eslavas de Cirilo e Metódio. Cisma entre Roma e Constantinopla (cisma fócio).

50. Concílio Constantinopla IV – (8° Ecumênico).

51. João VIII – 872-882 – [Papa]

52. Formoso – 891-896 – [Papa]

53. Estêvão VI (VII) – 896-897 – [Papa]

54. Bento IV – 900-903 – [Papa]

55. Sérgio III – 904-911 – [Papa] fundação do Mosteiro de Cluny (Reforma Cluniacense).

56. Nova fundação do Mosteiro de Gorze – 933.

57. João XII – 955-963 [Papa] coroação de Otan, o Grande.

58. Leão VIII – 963-965 – [Papa]

59. Fundação do Mosteiro de Magdeburgo e do Mosteiro de Praga – 968-973.

60. Bento VII – 974-983 [Papa]

61. Bonifácio VII – 984-985 [Papa]

62. Romano II – 993 – [Papa?] sobre o culto dos santos, cânones contra Fócio, que acreditava que a história cristã não existia antes do ano 100, sendo possível apenas após o século II E.C.

63. Gregório V – 996-999 – [Papa]

64. Silvestre II – 999-1003 – [Papa] – criação dos bispados de Gnesen e de Gran.

65. Bento VIII – 1012-1024 – [Papa]

66. Bento IX – 1032-1045 – [Papa]

67. Gregório VI – 1045-1046 – [Papa] sínodo de Sutri.

68. Clemente II – 1046-1047 – [Papa]

69. Dâmaso II – 1048 – [Papa]

70. Leão IX – 1049-1054 – [Papa] reforma da Igreja; cisma entre as igrejas latina e grega.

71. Vitor II – 1055-1057 – [Papa]

72. Romano III – 1060 – [Papa: Nicolau II, 1058-1061] ordenações simoníacas (Do latim *simonia*, "ato de Simão", i. e., Simão, o Mago, que pretendeu comprar de Pedro o dom de conferir o Espírito Santo); tráfico de coisas sagradas ou espirituais, como sacramentos, dignidades, benefícios eclesiásticos etc.; decreto de eleição papal.

73. Romano IV – 1079 – [Papa: Gregório VII, 1073-1085] eucaristia (Do grego *eucharistía*, do latim *eucharistia*), um dos sete sacramentos da Igreja Católica, no qual, segundo o dogma, Jesus Cristo se acha presente, sob as aparências do pão e vinho, com seu corpo, sangue, alma e divindade. A disputa da Eucaristia vinha desde 1050, sendo encerrada aparentemente nesse concílio, ou mais precisamente em 1080. *Investiduras* (ato de investir ou dar posse). Sínodo Romano da Quaresma – os 40 dias que vão da quarta-feira de cinzas até domingo de Páscoa, destinados, pelos católicos e ortodoxos, à penitência; à quarentena. Proibição da investidura de leigos; Sínodo de Worms (Ver: *Latrão* – 1123), deposição de Gregório e Canossa – humilhar-se ante alguém depois de haver resistido.

74. Benevento – 1091 – [Papa: Urbano II 1088-1099] índole sacramental do diaconato, clérigo no segundo grau das ordens maiores, imediatamente inferior ao presbítero, ou padre, mas não menos importante que os primeiros na ordem espiritual. Sínodo de Clermont em 1095 e o início da primeira Cruzada que se iniciou neste mesmo ano.

75. Latrão – 1102 – [Papa: Pascoal II, 1099-1118] obediência à Igreja e seus sacramentos; término da primeira Cruzada em 1099. Tratado de Sutri.

76. Guastalla – 1106 – [Papa: Pascoal II, 1099-1118] ordenações heréticas e simoníacas.

77. Concílio de Latrão I – (9º Ecumênico).

78. Concílio de Latrão II – (10º Ecumênico).

79. Sens – 1140-1141 – [Papa: Inocêncio III, 1130-1143] erros de Pedro Abelardo.

80. 2º Cruzada – 1147ss.

81. Reims – 1148 – [Papa?] – profissão de fé sobre a Trindade.

82. Adriano IV – 1154-1159 [Papa] cisma em Roma.

83. Alexandre III – 1159-1181 [Papa]

84. Concílio de Latrão III – (11° Ecumênico).

85. Verona – 1184 – [Papa: Lúcio III, 1181-1185] são sete sacramentos: o batismo, a confirmação ou crisma, a eucaristia, a penitência ou confissão, a ordem, o matrimônio e a unção dos enfermos.

86. 3° Cruzada – 1189ss.

87. Celestino II – 1191-1198 – [Papa]

88. Inocêncio III – 1198-1216 – [Papa]

89. 4° Cruzada – 1202ss.

90. Concílio de Latrão IV – (12° Ecumênico).

91. Honório III – 1216-1227 – [Papa] 5° Cruzada.

92. Gregório IX – 1227-1241 – [Papa] 6° Cruzada.

93. 7° e 8° Cruzada – 1243-1254 – Inocêncio IV – [Papa] Perda de Jerusalém.

94. Concílio de Lyon I – (13° Ecumênico).

95. Gregório X – 1271-1276 – [Papa] Concílio de Lyon II (14° Ecumênico).

96. Bonifácio VIII – 1294-1303 – [Papa] 1° ano santo e bula *Unam Sanctam.*

97. Clemente V – 1305-1314 – [Papa] Exílio dos Papas de Avinhão; Concílio de Vienne (15° Ecumênico).

98. João XXII – 1316-1334 – [Papa]

99. Gregório XI – 1370-1378 – [Papa] Regresso dos Papas à Roma; Cisma do Ocidente.

100. Urbano VI – 1378-1389 – [Papa]

101. Clemente VII – 1378-1394 – [Papa]

102. Bento XIII – 1394-1423 – [Papa]

103. Gregório XII – 1406-1415 – [Papa] Concílio de Pisa.

104. Concílio de Constância – (16° Ecumênico).

105. Fim do Cisma – 1417.

106. Martinho V – 1417-1431 – [Papa] Concílio de Pavia-Siena; fim do cisma.

107. Eugênio VI – 1431-1447 – [Papa] Concílio de Basileia/Florença/Ferrara/Roma (17° Ecumênico). Transferência do Concílio para Ferrara-Florença. União Grega, Eleição de Félix V.

108. Nicolau V – 1447-1455 – [Papa] – Concordata de Viena; Conquista de Constantinopla.

109. Calisto III – 1455-1458 – [Papa]

110. Pio II – 1458-1464 – [Papa] – Bula *Exsecrabilis.*

111. Paulo II – 1464-1471 – [Papa]

112. Sisto IV – 1471-1848 – [Papa]

113. Inocêncio VIII – 1484-1492 – [Papa]

114. Alexandre VI – 1492-1503 – [Papa]

115. Júlio II – 1503-1513 – [Papa] Concílio de Pisa.

116. Concílio de Latrão V – (18º Ecumênico).

117. Leão X – 1513-1521 – [Papa] Concordata com França; publicações das teses de Lutero; Roma condena Lutero; Lutero é interrogado por Cajetan em Augsburgo; Disputa de Leipzig; Bula para banir Lutero; Lutero em Worms e Warturg e o Édito de Worms. Edição da versão grega do Novo Testamento por Erasmo.

118. Adriano VI – 1522-1523 – [Papa] Dieta em Nurnberg.

119. Clemete VII – 1523-1534 – [Papa] Revolta dos Camponeses; casamento de Lutero; 1ª Dieta em Speyer; *Sacco di Roma*; 2ª Dieta de Speyer; Discurso religioso de Marburg; Dieta de Augsburgo; *confessio Augustana, Confutatio;* o caso de Nurnberg; Roma não reconhece a separação matrimonial de Henrique III; os batistas em Munster e a separação da Igreja Inglesa de Roma.

120. Paulo III – 1534-1549 – [Papa] Artigo de Smalkalde; Convocação do Concílio de Mântua; confirmação de Ordem dos Jesuítas; Concílio de Trento (19º Ecumênico); Guerra de Smalkalde; transferência do concílio para Bolonha e dieta de Ausburgo.

121. Júlio III – 1150-1555 – [Papa] – 2ª Fase de reuniões do Tridentino; Fundação do *Collegium Germanicum* e a paz religiosa chega finalmente em Augsburgo.

122. Paulo IV – 1555-1559 – [Papa]

123. Pio IV – 1159-1565 – [Papa] 3º período de reuniões do Tridentino e seu encerramento.

124. Pio V – 1566-1572 – [Papa] *Catechismus Romanus*; novo breviário (livro das leituras e orações cotidianas, prescrito pela Igreja Católica a sacerdotes e religiosos) romano e a fundação da *Congregatio Germanica*.

125. Gregório VIII – 1572-1585 – [Papa]

126. Abertura de um seminário Jesuíta em Lucerna – 1577, marcando o começo da fase mais ativa da Contrarreforma, dirigida principalmente pelo cardeal Carlo Borromeo de Milão.

127. Molinismo – 1588 – Doutrina do jesuíta espanhol Luís de Molina (1535-1600), que visa conciliar o livre-arbítrio com a graça e a presciência divina.

128. Édito de Nantes, 1598 – foi um documento histórico de tolerância religiosa, assinado em Nantes em 13 de abril desse ano pelo rei Henrique IV da França. O édito concedia aos huguenotes a garantia de tolerância

religiosa após 36 anos de perseguição e massacres por todo o país, com destaque para o Massacre da Noite de São Bartolomeu de 1572. Com esse édito ficava estipulado que a religião católica permanecia a oficial do Estado, mas era agora oferecida aos calvinistas franceses a liberdade de praticarem seu próprio culto. Infelizmente, 87 anos mais tarde, em 23 de outubro de 1685, o rei Luis XIV da França, revoga o Édito de Nantes com o de Fontainebleau, contrariando a vontade do Papa Inocêncio XI e da Cúria Romana. Os huguenotes voltariam a ser perseguidos e muitos fugiram para a Prússia, para os EUA e para a África do Sul.

129. Fundação da União Evangélica, 1608 – aliança para a defesa dos príncipes e cidades protestantes, e da Santa liga Alemã (1609), organização similar formada por católicos.

130. Fundação da Liga Católica, 1609 – liderada por Maximiliano, Duque da Baviera e intensificação da Contrarreforma.

131. Inocêncio X, 1644-1655 – [Papa]

132. Artigos galicanos, 1682 – doutrina que defendia a interferência dos reis franceses nos negócios eclesiásticos, e mais tarde, após o século XVII, a autonomia dos bispos franceses (Igreja Galicana) em face da autoridade pontifícia romana.

133. Inocêncio XII, 1691-1700 – [Papa]

134. Condenação do Jansenismo, 1713 – Jansênio (1585-1638), teólogo holandês e Bispo de Ypres. Sua teoria versa sobre a graça, a predestinação e a capacidade moral do homem presente, adotada na abadia de Port-Royal por várias correntes espirituais com tendência ao rigorismo moral.

135. Inocêncio XIII,1721-1724 – [Papa]

136 Bento XIV, 1740-1758 – [Papa]

137. Josefismo ou Josefinismo, 1765ss – teoria política introduzida durante o reinado de José II que alterou as relações que existiam até então entre a Igreja Católica e o Estado. Foi o primeiro distanciamento feito pelo governo da Igreja. Ela só teria potestade moral sobre os fiéis, e, em consequência, as questões de caráter secular no território austríaco – incluída aí a administração da própria Igreja – deveriam ficar submetidas às leis e autoridades do Estado. Também se suprimiram as isenções e dispensas outorgadas pelo Papa no território austríaco porque se considerava que as mesmas afetavam a soberania do monarca.

138. Clemente XIV, 1769-1774 – [Papa] extinção da Companhia de Jesus.

139. Pio IV, 1775-1799 – [Papa] punctação (chapas de ferro com puas nas margens, onde os impressores colocam as folhas a fim de bem margeá-las) de Emse.

140. Pio VII, 1800-1823 – [Papa] concordata com Napoleão; Secularização (fenômeno histórico dos últimos séculos, pelo qual as crenças e instituições religiosas se converteram em doutrinas filosóficas e instituições leigas); extinção do Estado Pontifício; restauração da Ordem dos Jesuítas; Congresso de Viena; Concordata com a Baviera e a *De Salute Animarum*.

141. Gregório XVI, 1831-1846 – [Papa] Congresso de Colônia.

142. Pio IX, 1846-1878 – [Papa] 1ª Jornada Católica Alemã; 1ª Conferência Episcopal Alemã; Proclamação da Imaculada Conceição de Maria; Edição do Sílabo (lista de erros condenados pelo Papa); Concílio Vaticano I (20º Ecumênico); definição de Infalibilidade Papal; perseguição da Igreja Católica na Prússia; criação da igreja antiga alemã; criação das Leis de Maio contra a Igreja Católica na Alemanha.

143. Leão XIII, 1878-1903 – [Papa] fim da perseguição à Igreja Católica alemã e *Rerum novarum*.

144. Pio X, 1903-1914 – [Papa] separação da Igreja do Estado na França e o juramento antimodernista.

145. Bento XV, 1914-1922 – [Papa] abolição da proibição da Ordem dos Jesuítas e a promulgação do *Codex Luris Canonici*.

146. Pio XI, 1922-1939 – [Papa] concordata com a Baviera; Ano Santo; Concordata com a Prússia; Acordos de Latrão; *Quadragesimo Anno*; concordata com o III Reich e as Encíclicas (Carta Circular Pontifícia) contra os nacional-socialistas e os comunistas.

147. Pio XII, 1939-1958 – [Papa] encíclicas *Mystici Corporis; Divino Afflante Spiritu* e a *Mediator Dei*. Dogma da Assunçao de Maria; enciclica *Humani Generis*; festa da Maria Rainha do Céu.

148. Início do Concílio Vaticano II (21° Ecumênico) – João XXIII [Papa] – 1958-1963.

149. Fim do Concílio Vaticano II – Paulo VI [Papa] – 1963-1978; revogação da bula de excomunhão de 1054; abolição do cisma em Constantinopla e *Humanae Vitae*.

150. João Paulo I – 1978 – [Papa] – faleceu logo após ocupar a Cátedra.

151. João Paulo II – (1920-2005) – [Papa] – 1978, assume o pontificado; 1980, visita a Alemanha; 1981, sofre atentado que quase lhe tirou a vida, perdoa o

agressor; 1983, *Codex Iuris Canonici*; Encíclica social *Laborem exercens*; 1987, Papa visita novamente a Alemanha; 1987, Encíclica social *Sollicitudo Rei Socialis*; Ano Mariano (promoção do culto ou da devoção à Virgem Maria, na Igreja Católica). Teve o terceiro maior pontificado documentado da história; apenas o Papa Pedro reinou 34 anos, e Pio IX por 31 anos.

152. Bento XVI – [Papa] – eleito como o 266° Papa aos 78 anos, foi o escolhido para suceder o Papa João Paulo II no conclave de 2005 que terminou em 19 de abril.

153. Francisco – [Papa] – eleito como o 267° Papa, aos 77 anos, sucedendo a Bento XVI, que abdicou do papado em 28 de fevereiro de 2013. É o primeiro Papa nascido no continente americano, o primeiro pontífice não europeu em mais de 1.200 anos e também o primeiro Papa jesuíta da História. Tornou-se arcebispo de Buenos Aires em 28 de fevereiro de 1998 e cardeal-presbítero em 21 de fevereiro de 2001, foi eleito Papa em 13 de março de 2013, no segundo dia do conclave.

Formação e composição da Igreja Cristã			
Padres apostólicos	**Apologistas e exegetas**	**Pais da Igreja**	**Doutores da Igreja**
Aqueles a quem a história cristã atribui legitimidade direta, "conviveram" com os apóstolos, ou receberam deles o ensino dos Evangelhos. Segundo a Igreja, essa é a prova viva e histórica do início do Cristianismo. • Clemente de Roma • Inácio de Antioquia • Policarpo de Esmirna **Escritos neotestamentários** Segundo a exegética cristã, são os primeiros escritos de autenticidade histórica do Cristianismo: • Carta de Clemente (c. 95). • A Didaquê, Doutrina dos Doze Apóstolos (c. 95). • Carta de Inácio (115). • Carta de Barnabé (c. 130). • Apologia de Justino (c. 150). • Carta de Policarpo (c. 155). • O Pastor de Hermas (c. 150). • Carta de Diogneto (c. século II).	Segundo a tradição não são necessariamente os padres, diáconos ou bispos, mas pessoas comuns ou às vezes filósofos bem-intencionados na defesa e divulgação do Cristianismo. • Apolinário (Hierápolis) • Aristides (Atenas) • Ariston de Pela • Atenágoras (Atenas) • Hermias • Justino • Meliton (Sardes) • Milcíades • Quadrato • Taciano (Sírio) • Teófilo (Antioquia)	Aqueles que, além de defenderem o Cristianismo de outros filósofos, escreveram em seu favor, "denunciando" as possíveis heresias no seio da doutrina, formulando novos conceitos e aprofundando a herança da fé para a interpretação dos Evangelhos e da revelação. Muitos vieram de outras seitas consideradas hereges pela Igreja Primitiva, a elas voltando tempos depois ou aderindo às novas ou mesmos às que criticavam. Boa parte dos chamados Pais da Igreja defenderam o Cristianismo até o fim de suas vidas, tentando adaptar seus pensamentos, verdades e filosofias à apologética cristã. • Cipriano • Eusébio • Filon • Hipólito • Irineu de Lião • Orígenes • Tertuliano Segundo a Igreja Católica, são quatro as principais características que podemos identificar nos Pais da Igreja: 1. Ortodoxia na doutrina. 2. Santidade em vida. 3. Reconhecimento eclesiástico. 4. Pertença à antiguidade cristã entre os séculos I e III.	Aqueles que, não somente defenderam o Cristianismo, mas seus pensamentos são de grande importância na ideologia cristã. Seus trabalhos e textos foram desenvolvidos durante a Idade Média e possuem grande influência até hoje. • Hilário de Poitiers (+367) • Basílio Magno (+369) • Atanásio (+373) • Gregório Nazianzeno (+379) • Cirilo de Jerusalém (+386) • Ambrósio de Milão (+379) • João Crisóstomo (+407) • Jerônimo (+420) • Agostinho de Hipona (+430) • Cirilo de Alexandria (+444) • Pedro Crisólogo (+451) • Leão Magno (+461) • Gregório Magno (+604) • Isidoro de Sevilha (+636) • Beda (+735) • João Damasceno (+749) • Pedro Damiani (+1072) • Anselmo (+1109) • Bernardo de Claraval (+1153) • Antonio de Pádua (+1231) • Tomás de Aquino (+1274) • Boaventura (+1274) • Alberto Magno (+1280) • Catarina de Sena (+1380) • Teresa de Ávila (+1582) • João da Cruz (+1591) • Pedro Canísio (+1597) • Lourenço de Brindisi (+1619) • Roberto Belarmino (+1621) • Francisco de Sales (+1622) • Afonso M. de Liguori (+1787) • Teresinha de Lisieux (+1897) A determinação de Doutor da Igreja é muito mais uma determinação ou decisão papal e dos chamados concílios ecumênicos que propriamente histórica. No século XX, o Papa João Paulo II resolveu engordar a lista dos chamados Doutores da Igreja, nomeando assim a última Doutora da Igreja, Santa Terezinha.

6.11.2 Protestantismo (1517) – A Igreja precisa estar em constante transformação

Um dos pensadores que mais se dedicou ao estudo do Protestantismo foi Max Weber. Apesar dessa dedicação, Weber se limitou a explicá-lo dentro de um conceito sociológico e capitalista, e é sabido que qualquer fenômeno nunca deve ser olhado por apenas um ponto de vista, uma vez que a "ciência não descreve o mundo como é, apenas constrói um discurso coerente e puramente convencional sobre o mundo".[595]

O Protestantismo, como o Catolicismo, teve seus prós e contras, talvez no início da sua fundação mais contras do que prós, como qualquer pensamento emergente. Porém, para o religioso, isso é a prova clara da perseguição que sofrem os bons.

> *A imitação dos gestos paradigmáticos dos deuses, dos heróis e ancestrais míticos não se traduz numa "eterna repetição da mesma coisa", em uma total imobilidade cultural. A etnologia não conhece um único povo que não se tenha modificado no curso dos tempos, que não tenha tido uma "história". À primeira vista, o homem das sociedades arcaicas parece repetir indefinidamente o mesmo gesto arquetípico. Na realidade, ele conquista infatigavelmente o mundo, organiza-o, transforma a paisagem natural em meio cultural. Graças ao modelo exemplar revelado pelo mito cosmogônico, o homem se torna, por sua vez, criador. Embora pareçam destinados a paralisar a iniciativa humana, por se apresentarem como modelos intangíveis, os mitos na realidade incitam o homem a criar, e abrem continuamente novas perspectivas para seu espírito inventivo.[596]*

O Protestantismo, como poucos o conhecem, não surgiu como benção dos céus como acreditam os leigos, muito menos como reforma bela e pacífica, como pregam os otimistas.

> *A Reforma Protestante não foi de modo algum um assunto meramente religioso-eclesiástico. Martinho Lutero não se transformou no reformador protestante através das suas teses sobre as indulgências, mas pelo fato de ter tematizado, nos seus três grandes escritos reformadores do ano de 1520, a totalidade dos desejos de reforma existentes. Todos aqueles que estavam insatisfeitos com a ordem eclesiástica, política e social foram atraídos por ele.[597]*

---

595 JAPIASSÚ, H. e MARCONDES, D. *Dicionário de filosofia*, p. 196.
596 ELIADE, M. *Mito e realidade*, p. 101.
597 FRANZEN, A. *Breve história da igreja*, p. 269.

O Protestantismo, assim como o Catolicismo, teve seus excessos, caçou bruxas e carregou da Igreja Católica do século XVI o pior que ela tinha, a intolerância religiosa. Lutero, Calvino, Zwingli e todos os outros protestantes pediam clemência para sua crença, mas não perdoavam os chamados hereges ou aqueles que não cultuassem seus princípios ou que interpretassem as escrituras de forma diferente das suas cartilhas. Muitos foram banidos, outros queimados, como o caso de Servet (Serveto),[598] por discordar da forma como Calvino conduzia sua crença. Serveto foi o precursor de Harvey na descoberta da circulação sanguínea, foi quem primeiro descreveu a circulação pulmonar com exatidão. Acusado de heresia, Serveto foi preso e julgado em Lyon, na França. Conseguiu evadir-se da prisão e quando se dirigia para a Itália, através da Suíça, foi novamente preso em Genebra, julgado e condenado a morrer na fogueira, por decisão de um tribunal eclesiástico sob direção do próprio Calvino. A sentença foi cumprida em Champel, nas proximidades de Genebra, no dia 27 de outubro de 1553. Puseram-lhe na cabeça uma coroa de juncos impregnada de enxofre e foi queimado vivo em fogo lento com requintes de sadismo e crueldade.[599]

Nos séculos XV e XVI havia um surto de caça às bruxas por todos os lados. Tudo o que era desconhecido só poderia ser obra do demônio. Infelizmente, os protestantes não se comportaram de forma diferenciada diante dessa paranoia. Para validar sua fé perante um povo amedrontado e supersticioso, os chefes protestantes se utilizaram das mesmas ferramentas da Igreja de Roma, ou seja, procuraram desterrar e libertar os homens das garras do demônio, através do uso do Martelo. Nesse campo, essas duas igrejas queriam demonstrar serviço, validade e a necessidade de sua fé através da força, esquecendo-se, no entanto, de que uma ideia, por maior e mais bela que seja, jamais se impõe pela força, mas pelo efeito e pela influência que causa em toda a Humanidade (Tiago, 3:17). Quando a Igreja Católica descobria uma bruxa e queimava-a, os protestantes tentavam enforcar ou afogar duas. O próprio texto bíblico, segundo eles, foi nos dado por Deus como manancial dos céus para classificar, reconhecer e punir dentro das leis do Altíssimo todos aqueles que não acreditassem nas Santas Escrituras, ou que estavam possuídos pelo maligno.

598 DURANT, W. *A reforma*, cap. XXI, item VI.
599 BAEZ, F. *História universal da destruição dos livros*, p. 149.

Se no meio de ti, em alguma das tuas cidades que te dá o Senhor teu Deus, for encontrado algum homem ou mulher que tenha feito o que é mau aos olhos do Senhor teu Deus (blasfemar o nome do Senhor), transgredindo seu pacto, que tenha ido e servido a outros deuses, adorando-os, a eles, ou ao sol, ou à lua, ou a qualquer astro do exército do céu (o que não ordenei), e isso te for denunciado, e o ouvires, então o inquirirás bem; e eis que, sendo realmente verdade que se fez tal abominação em Israel, então levarás às tuas portas o homem, ou a mulher, que tiver cometido essa maldade, e apedrejarás o tal homem, ou mulher, até que morra. Ajuntarás todo o seu despojo no meio da sua praça; e a cidade e todo o seu despojo queimarás totalmente para o Senhor teu Deus. (Levítico, 24:16; Deuteronômio, 13:16, 17:2-5)

Existem algumas ideias vagas de como surgiu o Protestantismo. A história preocupa-se em mostrar as causas más e os adeptos da Igreja Protestante, movidos pelo afeto de sua fé em suas verdades, as boas. O Protestantismo nada mais é que uma *revalorização do sagrado* – experiência do sagrado como hierofania bíblica católica e do movimento nominalista do teólogo franciscano Ockham. Ele rejeitava o pensamento de Aquino reinante na Igreja da época, que procurava demonstrar a existência de Deus "mediante comparações de semelhança (*analogia entis*)".[600] Para Aquino, a existência de Deus poderia ser provada através de dedução "lógica" (racional), a partir da existência da própria natureza (causa e efeito). A existência de Deus ou de um ente superior estaria gravada na consciência do homem, bastando apenas refletir sobre seu próprio existir para prová-la. Segundo a argumentação de Aquino em seus textos teológicos, apenas a razão isolada é incapaz de desvendar ou mesmo apreender sobre a "substância ou a essência íntima de Deus".[601] Guilherme de Ockham recusava qualquer explicação lógica ou racional (se é que existe alguma) sobre Deus. Para ele, Deus e o homem estão separados por um abismo, sendo a consciência ou a existência incapaz de resolver apenas pela razão o mistério da Criação. Mas, querendo Deus, esse se manifesta ao homem através da revelação, sendo essa a única via confiável para esclarecermos os mistérios da vida. Assim, apenas a fé na revelação dada por Deus poderia conduzir-nos ao verdadeiro conhecimento d'Ele e à salvação. Nessa época, todos os grandes pensadores estavam envolvidos de uma forma ou de outra com o nominalismo, com

600 FRANZEN, A. *Breve história da igreja*, p. 171.
601 AQUINO, T. de. *Os pensadores*, p. 133.

os pensamentos wiclifianos, e Lutero, por mais liberal e livre pensador que fosse, era filho de sua época. Foi a partir do nominalismo de Ockham (*sola scriptura; sola fide e sola gratia*) que Lutero estruturou seus pensamentos e pôde montar as teses e ideias que originaram a chamada Reforma.

O pensamento cristão aparece sempre aureolado de uma suposta revelação. Todos que trouxeram alguma contribuição às fileiras do Cristianismo, ou construíram algo dentro dele, afirmam-se tocados de alguma forma por uma revelação do sagrado. O Cristianismo vive e sobrevive das chamadas revelações contidas nos Evangelhos. Ele é a própria revelação contida primeiro na pessoa de Jesus e depois nos apóstolos, que supostamente teriam escrito os livros que fazem parte do Novo Testamento. Com Lutero não foi diferente no que tange a esse tipo de revelação. Segundo conta a história eclesiástica luterana, ele estava em profunda meditação na seguinte passagem do Evangelho: "visto que a justiça de Deus se revela no evangelho, de fé em fé, como está escrito: O justo viverá por fé" (Romanos, 1:17). Essa é a chamada "experiência da torre" que ocorreu no convento de Wittenberg,[602] como retomada de consciência do que Lutero chamou de a "Justiça de Deus".

Sua maior angústia estava em descobrir se realmente Deus o perdoaria caso abandonasse a grande Madre Igreja. Como encontrou pela leitura e meditação do texto bíblico a resposta que procurava (perdão), começou sua caminhada em defesa do Cristianismo verdadeiro. "Toda inovação é concebida ou apresentada como um retorno à origem".[603] Após obter essa certeza, passou ao conflito direto com o poder eclesiástico de seu tempo.

Os leigos acreditam que Lutero elaborou todo o seu complexo sistema hierofânico apenas para lutar contra as indulgências impostas pela Igreja. Na realidade, o Protestantismo surgiu inicialmente dentro da Igreja, com uma proposta de reforma interna. Lutero questionava os métodos pouco ortodoxos utilizados por alguns clérigos, principalmente Tetzel, quando este conseguiu fama como coletor de indulgência.[604] Alguns menos avisados apenas repetem o discurso, possivelmente inventado por Melanchton,[605] para dar crédito e certo ar de supremacia e rebeldia às teses de Lutero, afirmando que, após escrever suas teses, pregou-as nas portas das Igrejas para provocar a

---

602 DURANT, W. *A reforma*, cap. XX, item III.
603 ELIADE, M. *Mito e realidade*, p. 157.
604 DURANT, W. *A reforma*, cap. XVI.
605 FRANZEN, A. *Breve história da igreja*, p. 282.

Igreja de Roma. Isso não é correto; tendo em vista que Lutero no início de seu pensamento queria apenas reformar internamente a Igreja, enviou suas teses a alguns amigos chegados e de confiança para análise. Elas acabaram chegando nas mãos dos Bispos e do Papa Leão X, que as leu e não se escandalizou, como conta a história sagrada Luterana. Na época em que Lutero propôs a reforma, existia no seio da Igreja muitas outras propostas de reforma analisadas, questionadas e em alguns (quase todos) casos rejeitadas e expulsas, junto com seus autores, como heréticas. Se o clero não se escandalizou com as teses de Lutero, por que não as analisou e aceitou de pronto? A Igreja estava se refazendo de um conflito (brigas internas pelo poder) e do assassinato de Huss pela Santa Inquisição, que causaram grande perda, antes do aparecimento dos 95 Protestos (teses) apresentados, em 1517, por Lutero. Organizar outro concílio para avaliar, analisar e validar a extensão das reformas propostas por ele naquele momento era totalmente inviável. Como Lutero ainda não havia virado suas teses contra a Igreja, não houve nenhuma manifestação de Roma em discutir a veracidade ou a possibilidade delas como uma reforma na Igreja. Como suas ideias não haviam necessariamente causado e atingido o efeito esperado, Lutero começou sua caminhada, não a favor de uma Igreja reformada, mas contra a Igreja Romana. "Os protestantes salientavam a autoridade da Bíblia e a justificação pela fé, contra o que consideravam os erros de Roma".[606] Foi desse momento em diante que o Protestantismo começou a ser uma reforma contra a Igreja. O Papa e a Igreja passavam a ser, aos olhos de Lutero, o próprio anticristo. Lutero fora educado dentro dos conceitos católicos, formou-se em colégio católico. Ele e Calvino não pretendiam ser pacificadores como um Huss, Assis ou Gandhi, mas mostravam-se irascíveis quando eram contrariados em suas supostas verdades. Lutero,

> *[...] no início de sua carreira como reformador, afirmava que renascia ao formular sua doutrina da absolvição, mas na verdade não parece que todas as suas angústias tinham sido dissipadas. Continuou um homem perturbado, raivoso e violento. Muitas de suas ideias eram defendidas por católicos ortodoxos, e podiam ter dado nova vitalidade à Igreja, mas as táticas agressivas de Lutero fizeram com que (essas ideias) fossem encaradas com desnecessárias suspeitas.*[607]

---

606 HINNELS, J. *Dicionário das religiões*, p. 208.
607 ARMSTRONG, K. *Uma história de Deus*, p. 281.

O grande diferencial apontado por ele em seus textos é a insistência nas palavras de ordem: "apenas Deus, apenas a Escritura e apenas a Graça". Essa última só é conseguida mediante a conscientização e fé nas duas anteriores. A justificação da fé move e alicerça o Protestantismo. Porém, essa "graça" nos vem de graça, é dada de forma gratuita por Deus, sem intermediários ou simonias. Para recebermos a salvação através da graça que vem apenas através do Senhor Jesus (Atos, 15:11 e Hebreus, 12:15 e 28), é preciso que haja sinceridade e absoluta confiança (devoção) em Deus e na Sagrada Escritura (Gálatas, 3:8). A graça "não vem de vós, é dom de Deus", é oferecida "pela fé", nas escrituras, porque seremos salvos na graça pela fé (Efésios, 2:8).

Quanto mais recheada de sagrado e sacralidade se mostra uma religião, ou pensamento religioso, mais atrai e aprisiona os homens, de forma menos evidente e, portanto, mais penetrante. Quando uma religião não consegue responder à determinada situação, fala-se que essa suposta resposta está nos mistérios de Deus, e o homem, simples mortal, não tem capacidade para entendê-la, a não ser, é claro, os predestinados (Efésios, 1:11) que terão acesso ao "mistério da sua vontade, segundo seu beneplácito, que nele propôs" (Efésios, 1:9).

Calvinismo – fora da Igreja não há salvação

O Calvinismo distingue-se por uma insistência na glória de Deus, que foi expressa, no século XVI, pela doutrina da predestinação de cada ser humano desde toda a eternidade para a salvação ou condenação.[608]

João Calvino fundou uma teocracia parcial do Estado acreditando que seria possível organizar e ter uma sociedade regida pelas leis de Deus. Para isso, bastava que a Igreja obrigasse e colocasse toda a sua fé em Jesus Cristo. O Estado seria como o chanceler da fé, teria como obrigação moral o dever de proteger e assessorar a Igreja no ajuizamento daqueles que não obedecessem à risca a fé cristã.[609]

A concepção da predestinação de Calvino é bem próxima do pensamento indiano do carma, em que tudo é determinado por vidas anteriores.

---

608 BAUBÉROT, J. O protestantismo. Em: DELUMEAU, J. *As grandes religiões do mundo*, p. 203.
609 DURANT, W. *A reforma*, cap. XIX.

A diferença é que o carma justifica-se por esse contexto porque se sofre. Para Calvino, não é necessário explicar nada: a determinação é feita por Deus e ao homem basta apenas aceitar. Apesar de alguns pensadores afirmarem que essa proposta de Calvino sobre a predestinação dos eleitos repugna a razão, o impacto de suas ideias e pensamentos em países como a França, a Suíça e muitos outros foi gigantesco e com o tempo sua teologia do controle teve melhor aceitação que as ideias de Lutero. Calvino, ao longo do tempo, tirou de sua doutrina toda a expectativa de salvação para o humano, deixando essa salvação apenas aos predestinados por Deus. O humano não pode e não irá mudar seu destino que já foi preparado por Deus "antes da fundação do mundo, para sermos santos e irrepreensíveis diante dele em amor" (Efésios, 1:4). Tudo é determinado pelo Criador, bastando ao humano obedecer e seguir esse caminho a que Deus nos predestinou "segundo o beneplácito de sua vontade" (Efésios, 1:5).

Essa salvação almejada por muitos *é totalmente independente do mérito humano*. Por isso, não adianta fazer caridade, justificar-se pela fé ou fazer orações, tudo já está determinado pelo pai (Gálatas, 4). Calvino caiu em um ceticismo gritante: se não adianta orar pelos mortos, se tudo está determinado antes mesmo de nascermos, se não existe o céu e o inferno dos católicos e nem muito menos o purgatório, aceito pelos protestantes luteranos como uma passagem e uma última dádiva de Deus ao pecador para que possa adentrar ao céu, para que frequentar a Igreja, fazer orações e devocionar-se a este Deus? Aqui Calvino utilizou sua influência e diz que, apesar de tudo estar determinado, podemos diminuir a nossa angústia e minorar o sofrimento sendo humilde, devoto e recorrendo a Deus através da prece em sua Igreja, que representa o próprio corpo de Cristo na Terra. Mas Deus terá de ser convencido que o arrependimento é real e suas preces e devoção são verdadeiras. Não pense que isso mudará seu destino, isso não, Deus, com Seu poder e Sua glória, poderá melhorar ou diminuir o sofrimento do indivíduo, mas nunca mudará o que já foi previsto antes da fundação do mundo. Para o leitor comum, acostumado com uma falsa liberdade de existência, essa predestinação e falta de liberdade imposta pela teoria teológica de Calvino podem, de início, parecer um entrave para sua divulgação, tendo em vista que o próprio Evangelho em alguns textos deixa claro que o homem é o responsável pelo seu próprio destino. Talvez Calvino tenha se "esquecido" ou ignorado algumas passagens bíblicas que afirmam categoricamente que a lei perfeita é a da liberdade (Tiago, 1:25) e que seremos justamente julgados por ela (Tiago, 2:12), que nos foi concedida segundo nossa própria consciência (Hebreus, 13:18). Até mesmo os textos de Paulo são claros quando dizem respeito a essa liberdade (Gálatas, 3:28), dada gratuitamente a nós por Deus e tirada por Calvino na sua teologia. Os textos bíblicos apenas nos alertam para que essa liberdade dada a nossa consciência por Deus não seja ela justamente o nosso tropeço e queda para a malícia (Gálatas, 5:1, 13 e 1 Pedro, 2:16). Para os convictos na teoria calvinista, essa predestinação do humano por Deus não é uma condenação, como acredita o leigo, mas uma benção, tendo em vista que ele (calvinista) acredita ser beneficiário e já está salvo, muito antes da fundação do mundo.

> *Em conformidade, pois, com a clara doutrina das Escrituras asseveramos que Deus, por um designo eterno e imutável, determinou de uma vez para sempre quais as criaturas que ele admitiria à salvação e quais as que condenariam à destruição. Afirmamos que esse desígnio, no que diz respeito ao escolhido, baseia-se em Sua bondade gratuita, totalmente independente do mérito humano, mas que, para os que ele destina à condenação, o portão da vida encontra--se fechado por uma decisão justa e irrepreensível, porém, incompreensível.*[610]

Apesar de parecer, em alguns momentos, que Calvino possivelmente tenha lido ou tido de alguma forma contato com as teses de Lutero e baseado uma parte de sua teologia em seus pensamentos, é provável que os dois jamais se encontraram. Calvino descartou totalmente e de forma bem radical a proposta de base de Lutero, que prega a salvação pela justificação da fé (*apenas em Deus e na Escritura*), que nos é dado "pela graça do Senhor Jesus e pela graça sois salvo" (Atos, 15:11 e Efésios, 2:5). Ele sonhava com uma teocracia perfeita na qual os eleitos do Senhor abundam a Terra e os maus ali já não têm mais lugar. Esse seu pensamento é baseado na mensagem do Apocalipse, que fala de uma nova terra da Jerusalém renovada e da obra de Agostinho, *A cidade de Deus*.

Calvino se mostrava, em sua vida e em seus textos, muito mais agressivo e obsessivo que Lutero no que se referia a suas verdades. Tinha um enorme delírio de grandeza e sempre se colocou na postura de defesa dos desígnios de Deus, como se fosse um predestinado para salvar o mundo.

---

610 CALVINO, citado por DURANT, W. *A reforma*, p. 387.

Porque não há monstruosidade, por absurda que seja, que os hereges não possam derivar da Escritura, caso lhes seja permitido objetar todas e quaisquer sutilezas para que deem sustentação a suas preferências.[611]

Não mediu esforços para enforcar, guilhotinar, queimar ou afogar os hereges que não concordavam com suas verdades. Não sabemos bem por que, no entanto, com seu radicalismo e postura fundamentalista acabou com o tempo sendo mais importante e influente em alguns países do que Lutero.[612] Calvino defendia suas ideias com um ardor de fascinar até mesmo ao Papa, que o considerou um verdadeiro pregador. Nunca se preocupou com o diferente, com o pensar e o existir do outro, tudo girava em torno de sua fé e suas verdades, expostas no livro *Princípios da religião cristã*. Seu ódio interno era imenso e às vezes não conseguia controlá-lo:

> *[...] até aqui meu propósito tem sido principalmente conduzir pela mão os que se deixam de bom grado ensinar, não propriamente travar da mão em luta com os obstinados e contenciosos. Mas agora se impõe defender de todas as investivas dos réprobos a verdade que tem sido pacificamente exposta, ainda que o esforço primordial se voltará a isto: a que todos quantos derem ouvidos ávidos e abertos à Palavra de Deus tenham como se manter de pé e firmeza.*[613]

Aqui valem algumas perguntas para os pensamentos ditos cristãos, forjados ao longo do tempo por meio da espada e do medo. Onde está o ensino de paz e esperança deixado por Jesus? O respeito pelo diferente? Jesus, pelo menos no que se tem escrito sobre ele, nunca disse que precisávamos agredir ou impor nossas verdades. Pediu que divulgasse suas verdades com o exemplo e não apenas com palavras, e que fôssemos cumpridores e não apenas ouvintes da palavra. Jesus, bem ao contrário dos discursos religiosos do século XV, pedia clemência e paciência a seus discípulos para que não cometessem as mesmas injustiças e absurdos que os radicais do sinédrio, quando se discutia a lei e punia, com bastonadas os que pensavam diferente. Mesmo Paulo, com todo o seu zelo e cuidado com a doutrina cristã (Hebreus, 13:9), jamais pediu ou ordenou que se punisse ou matasse aqueles que se diziam hereges, libertinos, que desacreditassem ou fossem contrários ao pensar cristão. Nos textos do Evangelho, pede-se paz

---

611 CALVINO, J. *As institutas ou Tratado da religião cristã*, vol. 4, p. 363 – edição clássica (latim).
612 DURANT, W. *A reforma*, cap. XXI, item VIII.
613 CALVINO, J. *As institutas ou Tratado da religião cristã*, vol. 1, p. 149 – edição clássica (latim).

e paciência mesmo para aqueles "os quais mataram o Senhor Jesus, bem como os profetas, e a nós nos perseguiram, e não agradam a Deus, e são contrários a todos os homens..." (1 Tessalonicenses, 2:15). Mesmo para esses imitadores das igrejas de Deus, Paulo apenas espera a ira da justiça divina (Romanos, 10:3). Imaginem, por um momento apenas, se Jesus tivesse renascido ou vindo visitar a Terra na Idade Média e fosse conversar com Lutero, Calvino e os papas sobre a existência de Deus, a alma, o futuro do homem nesta e na outra vida, bem como sobre as diversas verdades, a justiça e a injustiça segundo Deus. Na melhor das situações, eles o teriam expulsado da cidade e o estigmatizado de insano ou louco por defender o livre pensamento, o amor e a tolerância ao herege (diferente). O que esses religiosos não perceberam no decorrer de seus cultos e estudos sobre suas supostas verdades é que, com o tempo, fizeram o mesmo ou algo um pouco pior do que os romanos com Jesus 1.500 anos antes.

Para o império romano, Jesus não passava de um insuflador como tantos outros, para o sinédrio, era um herege e libertino, defendia prostitutas, alimentava-se ao lado de pecadores, pregava ao povo pensamentos de paciência, amor e tolerância ao próximo e afirma-se filho dileto de Deus (pecado mortal para o pensamento judaico), morreu como um dos maiores saltimbancos, crucificado – morte somente dada aos ímpios, ladrões e fornicadores.[614] Se vivesse na Idade Média e defendesse da mesma forma os diferentes, até porque pregava algo diverso da sociedade vigente em sua época, seria com boa dose de certeza crucificado, tendo seu Evangelho amarrado ao peito e sua cruz não estaria apenas exposta para os curiosos, mas em chamas, com uma plateia delirando de prazer e gritando: "Hosana nas alturas e morte ao ímpio, blasfemador e pecador".

Calvino recorria quase sempre às citações do Antigo Testamento para defender e validar sua ferocidade interna contra aqueles que não concordavam com suas ideias e verdades (Deuteronômio, 13:5-7, 17: 2-5

---

614 Jesus foi julgado e crucificado pelos romanos, e não pelos judeus como ensina a tradição cristã. Os judeus não possuíam influência sobre os romanos, eles eram os dominados e não os dominadores, estavam sobre o julgo dos romanos e obedeciam às suas leis. A lei judaica concebe como punição o apedrejamento e não a crucificação. "Tira o que tem blasfemado para fora do arraial; e todos os que o ouviram porão suas mãos sobre sua cabeça; então, toda a congregação o apedrejará" (Levítico, 24:14). Na história alguns foram os crucificadores. Um, que punia os "transgressores" com a crucificação, era o rei persa, depois esse costume passou aos gregos e tempos depois aos romanos. No livro dos Macabeus (1 e 2) a crucificação parece ser uma punição que antecede em alguns anos a dominação greco-romana. Alexandre Janeu foi o último e mais cruel governante judeu helenizado que Jerusalém já possuiu e que utilizou a crucificação como punição contra seus patrícios.

e Êxodo, 22:20). Possivelmente conhecia pouco a tolerância pregada pelo Novo Testamento. Se tinha noção, esqueceu-se ou simplesmente negou, de forma quase absoluta, várias passagens que falam da tolerância e respeito incondicional ao próximo, como é o caso de João que disse a Jesus: "Mestre, vimos um homem que em teu nome expulsava demônios, e nós lhe proibimos, porque não nos seguia". Jesus, porém, respondeu: "Não lho proibais; porque ninguém há que faça milagre em meu nome e possa logo depois falar mal de mim; pois quem não é contra nós, é por nós" (Marcos, 9:38-40). Na época de Lutero e Calvino (Idade Média), os perseguidos e mortos (fora os que apresentavam algum distúrbio psiquiátrico), na maioria das vezes, eram livres-pensadores que simplesmente não concordavam, ou discutiam a teoria da Alma, do Livre-arbítrio, da Trindade, do Batismo, do Pecado Original, da transubstanciação (verdadeira ou não) na missa e outros disparates acreditados como verdades. O interessante de toda essa discussão e briga é a seguinte: se morássemos em uma região católica e praticássemos esse culto e com o tempo viéssemos a mudar para uma região protestante, seríamos considerados hereges e perseguidos se não mudássemos de opinião e não aceitássemos a fé imposta naquela cidade, como era o caso de Genebra.

Genebra foi o sonho de Calvino. Tentou o máximo possível demonstrar o quanto a Cidade de Deus era possível na Terra, nem que para isso fosse preciso impor a lei cristã à base do bastão e da milícia armada de espada. O radicalismo chegava a ponto de se proibir um corte de cabelo diferenciado, um vestido de cor muito acentuada, um chapéu impróprio etc., tudo era motivo para o consistório investigar, reunir-se e enviar um pedido de prisão ou mesmo de expulsão da cidade à pessoa acusada de não respeitar os preceitos estabelecidos na cidade "santa". Tudo o que saía do Catecismo de Calvino e da Profissão de Fé editado por Farel, seu fiel amigo e seguidor, eram heresias e deviam ser punidos com o "fogo" de Deus: "morte a todo aquele que blasfemar contra o nome do Senhor" (Levítico, 24:16), ou o espancamento e a humilhação em praça pública, até retirar sua adesão à ideia contrária à de Calvino. A morte de Miguel Serveto foi um exemplo para o populacho.[615] Se Calvino o tivesse perdoado como queriam alguns de seus amigos, outros teriam tomado o mesmo caminho. Por isso, Calvino fez absoluta questão de participar de todo o julgamento e

---

615 CALVINO, J. *As institutas ou Tratado da religião cristã*, vol. 1, p. 150 e vol. 2, pp. 180, 238, 241-244, – edição clássica (latim).

condená-lo pelos seus escritos, principalmente pelo seu último livro que continha cartas enviadas ao próprio Calvino, em que fazia questão de afirmar que este (Calvino) não acreditava em um Deus de amor, mas no Deus Tripartido. Após a conclusão do julgamento, Calvino o sentenciou à morte na fogueira por discordar de seus princípios. Era bem fácil conviver com Lutero e Calvino, desde que não os contrariassem.

Cristo, o filho de Deus desde a eternidade, improcedência da Tese de Serveto
(Por João Calvino)[616]

Com efeito, também em nosso tempo surgiu um monstro não menos pernicioso, Miguel Serveto, que em lugar do Filho de Deus supôs uma ficção conflacionada da essência de Deus, de espírito, de carne e de três elementos não criados.[617] E, na verdade, nega ele, em primeiro lugar, que Cristo seja o Filho de Deus em outro aspecto, senão no sentido em que foi gerado do Espírito Santo no ventre da Virgem. Sua astúcia tende a que, destruída a distinção das duas naturezas, Cristo fica reduzido a uma espécie de mescla e de composição feita de Deus e de homem, e que, todavia, não é tido por Deus nem por homem.[618] Pois, no pleno desenvolvimento de sua tese, Serveto propende a isto: antes de Cristo se manifestar na carne, havia em Deus apenas figuras penumbrosas, das quais então, finalmente, fez-se patente a verdade ou efeito, quando aquela palavra, destinada a essa honra, começou realmente a ser o Filho de Deus. E de fato confessamos que o Mediador, que nasceu da Virgem, é propriamente o Filho de Deus. Nem, com efeito, Cristo homem seria o espelho da inestimável graça de Deus, a não ser que lhe fosse conferida esta dignidade: de ser e de chamar-se o Unigênito Filho de Deus. Contudo, a todo tempo permanece firme a definição da Igreja: que Cristo é contado por Filho de Deus, porquanto a palavra gerada do Pai, antes dos séculos, assumiu a natureza humana mediante uma união hipostática. Ora, os antigos chamaram de união hipostática aquela constituída de duas naturezas em uma só pessoa, expressão inventada para refutar

---

616 CALVINO, J. *As institutas ou Tratado da religião cristã*, vol. 2, pp. 241-243 – edição clássica (latim).
617 SERVET, M. *Christianismi Restitutio*, De Trinitate, dial. II.
618 Primeira edição: "Mas, a isto (lhe) tende à sutileza, que, subvertida a distinção da dupla natureza, Cristo seja algo misto de Deus e de homem, todavia, nem se conte (distintamente) por Deus e homem".

o delírio de Nestório, porquanto imaginava que o Filho de Deus de tal forma habitara na carne, que ele mesmo não era homem.

Serveto nos calunia dizendo que fazemos duplo o Filho de Deus, quando dizemos que a palavra eterna já era o Filho de Deus antes que se vestisse da carne, como se disséssemos algo mais, além de haver ele se manifestado na carne.[619] Ora, embora fosse Deus antes de ser homem, não se segue que daí começou a ser um novo Deus.[620] Tampouco é mais absurda nossa afirmação de que o Filho de Deus se manifestou na carne, embora com respeito à sua geração eterna ele sempre foi Filho.[621] Isto sublinham as palavras do Anjo a Maria: "O ente santo que haverá de nascer de ti chamar-se-á o Filho de Deus" (Lc, 1:35), como se estivesse a dizer que haveria de ser célebre e conhecido por toda parte o nome de Filho, o qual sob a lei tinha sido mais obscuro. Ao que se afina esta afirmação de Paulo: "porque, através de Cristo, agora somos filhos de Deus, livremente e com confiança, podemos clamar: Abba, Pai" (Rm, 8:14, 15; Gl, 4:6, 7). Não foram, porventura, também os santos patriarcas outrora tidos entre os filhos de Deus? Até pelo contrário, apoiados nesse direito, invocaram a Deus como Pai. Entretanto, visto que desde quando o Unigênito Filho de Deus foi introduzido no mundo, mais claramente conhecida se fez a paternidade celeste, Paulo como prescreve esse privilégio ao reino de Cristo.

Contudo, deve sustentar-se isto constantemente: que Deus jamais foi Pai, quer de anjos, quer de homens, senão em relação ao Filho Unigênito; e que, particularmente os homens, a quem a própria iniquidade os faz abomináveis a Deus, são filhos por adoção gratuita, porque ele o é por natureza. Tampouco há razão para Serveto vociferar, dizendo que isso depende de uma filiação que Deus decretara de si, porquanto aqui não se trata de figuras, da maneira em que a expiação foi representada no sangue de animais, mas, uma vez que não teriam podido ser filhos de Deus de fato, a não ser que no Cabeça a adoção lhes estivesse fundada, carece de razão subtrair à Cabeça o que foi comum aos membros. Vou além. A despeito de que os anjos na Escritura se chamem filhos de

---

619 Primeira edição: "como se estivéssemos a dizer (cousa) outra que haver-Se (Ele) manifestado na carne".
620 Primeira edição: "Ora, nem se foi (Ele) Deus antes que Se fizesse homem, começou a ser, por isso, um novo Deus!".
621 Primeira edição: "Em nada é mais absurdo haver-Se manifestado na carne o Filho de Deus, que, entretanto, por geração eterna, sempre teve isto: que fosse Filho".

Deus (Sl, 82:6), dos quais a tão grande dignidade não dependia da redenção vindoura, não obstante é necessário que Cristo se lhes sobreleve em ordem, o qual o Pai lhes predispõe. De novo o repetirei sucintamente, e o mesmo acrescentarei com relação ao gênero humano. Uma vez que, desde a origem primeira, tanto anjos quanto homens foram criados nessa condição, que para ambos Deus fosse o Pai comum, se é verdadeira essa declaração de Paulo, Cristo sempre foi o Cabeça e o primogênito de toda a Criação, para que em todas as coisas tivesse ele a primazia, a mim me parece concluir com acerto que Cristo foi o Filho de Deus igualmente antes da criação do mundo.

Zwingli
(Por Will Durant)[622]

Esse reformador não pode e não deve ser considerado um anabatista. Seus pensamentos são diferentes, com relação à interpretação e discussão das escrituras. Enquanto Zwingli tentou reformar a fé católica no colegiado da via antiga, objetivando algumas mudanças; os anabatistas eram radicalmente contra a Igreja e o papado. Seriam os anabatistas fruto da reforma protestante? Não. Quando Lutero pensou em reformar ou montar suas teses para uma nova visão do Catolicismo, os anabatistas já eram contra o papado há algum tempo. Como Lutero sempre olhou, observou e julgou tudo ao redor pelas suas lentes chamadas de verdade, considerava Zwingli e Manz, chefe dos anabatistas, como dois visionários que precisavam ser corrigidos. O interessante é que a Igreja Católica também acreditava ser Lutero visionário, precisando ser corrigido o mais rápido possível, antes que fosse tarde demais.

Desde o início da Reforma, Lutero e Zwingli divergiam acerca de alguns pontos de interpretação da sagrada escritura. Lutero teve sua identidade social formada dentro de uma educação católica nominalista de Ockham e Zwingli fora educado no humanismo e em um sistema católico considerado via antiga. Sua identidade social e cultural fora sempre dentro de um humanismo reinante na época, tendo como principal referencial teórico Erasmo de Rotterdam, o Humanista.[623] Lutero

---

622 *A reforma*, cap. XIV XVIII e XIX.
623 FRANZEN, A. *Breve história da igreja*, p. 38.

considerava a transubstanciação na missa uma heresia de marca maior, pregando sempre a presença de Cristo como real devido sua onisciência e onipresença, sem a necessidade de objetos materiais. Por sua vez, Zwingli interpretava esse e alguns outros feitos da Sagrada Escritura como meramente simbólicos. Como Lutero sempre pregou a interpretação da escritura como absoluta (*sola scriptura*, como os anabatistas já vinham fazendo há algum tempo), na qual "a *letra* é poderosa demais", não aceitava qualquer divergência acerca de seu pensamento. Como cada um via e interpretava o mundo por meio de suas lentes socioculturais, não houve qualquer interesse de ambas as partes em abrir mão de suas verdades. Essa divergência foi o suficiente para que Lutero odiasse seu "adversário" (Zwingli) até sua morte, que ocorreu no primeiro confronto entre católicos e protestantes, em 1531, com a vitória dos católicos.

Pensemos por um minuto no seguinte: quando somos supostamente injustiçados por alguém e nos sentimos impotentes frente a isso, deixamos que os deuses façam por nós a suposta justiça. Por outro lado, a pessoa que supostamente fez a agressão ou transgressão, também pede e deixa aos deuses a justiça, da qual também acredita ser merecedor. Nesse e em muitos outros casos gostaria de estar sentado no tribunal divino e assistir como os deuses ou mesmo o Deus cristão resolveriam tal situação, sendo que ambas se colocam como justas e muitas vezes o são, dentro de seus referenciais de existência. Essa brincadeira de justiça ilustra como Jesus e seu grupo se sentiam injustiçados em sua época por fazerem parte da maioria que sobrevivia com o mínimo, abaixo da linha da pobreza, quando não se tornavam mendicantes.[624] Por isso, o Sermão do Monte (Mateus, 5; Lucas, 6), no qual exalta os pobres, miseráveis e injustiçados socialmente (Lucas, 18:7-8). Em outras passagens pede justiça social e faz com seu grupo até alguns pequenos furtos, como é o caso das espigas (Mateus, 12:1). O texto sobre a *halakhá*[625] de lavar as mãos é importante para os judeus, porém, mais importante ainda é a lei: "Não furtarás".[626] Aqui alguns alegarão que eles estavam com fome. Admitimos que sim e justificaremos novamente o furto. A não ser que se apossar de algo que não seja nosso,

---

624 Mateus, 8:20; Marcos, 10:45; Lucas, 16: 20-22 e João, 9:8.
625 *Halakhá* – aquilo que é corrente, a lei rabínica de costumes que se desenvolveu ao lado da Torá, ou Lei de Moisés.
626 Êxodo, 20:15 e Deuteronômio, 5: 19.

não seja mais furto. O campo, como diz o texto bíblico, não era de Jesus ou de seus discípulos e muito menos de algum conhecido, tendo em vista que foi interrogado sobre a posse indevida das espigas. O texto que fala das mãos não lavadas possivelmente foi uma intervenção posterior dos evangelistas, escribas ou copistas para amenizar ou colorir o fato. Não esqueçamos que Pilatos também lavou as mãos. Lavar as mãos e abluções eram práticas também de não judeus?

As Igrejas Protestantes

Para efeito didático, apenas para entendermos a chamada "diferença" dentro dessas igrejas ditas evangélicas, podemos dividi-las em dois seguimentos: as Racionalistas, que seguem um colegiado teológico, em que se ensinam em formação acadêmica – filosofia, psicologia, história, antropologia, sociologia e ciências em geral – com uma visão teológica, em que a Bíblia passa a ser uma tensão permanente, não deixando de ser, é claro, a palavra de Deus. Em segundo, viriam as chamadas Emotivas, que não se preocupam com as questões propriamente filosóficas e preferem ater-se à forma emotiva, com maior presença do pensamento mágico, através de "descidas" do Espírito Santo, pessoas "caindo"; as chamadas unções; batismos, a confiança em poderes extra-humanos e as curas milagrosas através do poder da palavra.

> A palavra, ao ser pronunciada, desencadeava uma força difícil, quando não impossível de anular. A experiência exaltada da palavra como força mágico-religiosa, conduziu muitas vezes à certeza, a conclusão de que a linguagem é capaz de assegurar os resultados obtidos frente a ação ritual.[627]

As práticas mágico-religiosas são utilizadas por todos os aspectos religiosos, místicos e espiritualistas. Eles consistem em: evocações, exorcismos, orações, curas, unções, transes, rituais de iniciação, de consagração, projeção astral, rituais festivos de celebração, manipulação de símbolos (tarô, runas, vidências, búzios etc.) e outros com objetivos particulares (cruz, pé de coelho, alho, pimenta etc.). Em um processo mágico-religioso, acredita-se que o indivíduo é capaz de manipular (intervir) nas forças da natureza, como o vento, a luz, as águas, as chuvas, trovões, relâmpagos, furacões e todo fenômeno natural ou de ordem psicológica, "como é o caso das curas milagrosas".

---

627 ELIADE, M. *Historia de las Creencias y las Ideas Religiosas* I, p. 54.

Nas igrejas da relação a seguir não existe como determinar de maneira absoluta quais seguem a orientação teológica luterana e quais seguem a teológica calvinista. O que realmente existe é uma acentuação maior ou menor desse ou daquele reformador na ordem exegética de cada uma. O que observamos, apesar de algumas se apresentarem mais fundamentalistas que outras no que concerne à interpretação da Escritura, é que elas têm a tendência de fundir o pensamento desses dois reformadores.

• *Anglicanismo* – essa *enklesía* ou *ecclesia* é de orientação calvinista, com fortes "elementos católicos na liturgia e é conservado o princípio episcopal".[628] Seu início deu-se com a briga e dissidência do rei Henrique VIII com Roma.[629] Quando o soberano pediu para que o Papa Clemente VII anulasse seu casamento com Catarina de Aragão, para casar-se com Ana Bolena, o Papa não cedeu e proibiu todo o Parlamento de aceitar tal pedido. Desse dia em diante, Henrique VIII decidiu caminhar com suas próprias pernas e proclamar-se chefe supremo da Igreja. Para um rei que fora aclamado pelo Papa como defensor fiel dos princípios cristãos católicos contra Lutero, mudou bem rapidamente de ideia quando seus próprios princípios políticos e pessoais estavam em jogo. Como o Papa e a Igreja Católica não aceitam um segundo casamento em caso de separação ou divórcio, Henrique se filiou à teologia calvinista e casou-se com Ana, tendo uma filha de nome Izabel, a futura rainha. Essa Igreja divide-se em três correntes. A primeira (anglocatolicismo) prega e valoriza a tradição da Igreja Antiga, ou seja, insiste no episcopado e na sucessão apostólica. A segunda, chamada de *Low Church* (Baixa Igreja ou Igreja de baixo), prega a autoridade da Bíblia, uma funcionabilidade para um episcopado mais simples, insiste em caminhar na via da Reforma por ter saído justamente desse foco. Desconfia e não vê com bons olhos as tentativas da primeira de uma possível aproximação e entendimento com Roma. A terceira, mais "racional", chamada de *Broad Church* (Igreja Larga ou Larga Igreja), adaptou ao longo dos anos o método e a crítica científica da exegese bíblica.

• *Batistas* – a Igreja Batista Protestante (Luterana) não deve ser confundida com os anabatistas do século XVI, apesar de os dois apoiarem o batismo de adultos pela imersão. Essa Igreja é congregacionista, cada sede é governada por si mesma, apesar de filiadas à Associação Batista Mundial.

---

628 BAUBÉROT, J. *O protestantismo.* Em: DELUMEAU, J. *As grandes religiões do mundo,* p. 197.
629 FRANZEN, A. *Breve história da igreja,* p. 43.

• *Exército de Salvação* – entidade filantrópica fundada por William Boot no século XIX. Esse pensamento prega uma forma de assistencialismo por meio da caridade e não é considerado necessariamente uma Igreja, apesar de apresentar-se como entidade eclesiástica. Sempre preocupado com o lado miserável do ser humano (pobreza, alcoolismo, prostituição e drogas), o pastor William pregava e ensinava nos bairros pobres de Londres. Seu interesse sempre foi que todos pudessem ser assistidos e auxiliados pela Igreja, sem distinção de credo, cor ou nacionalidade. Sua proposta real era criar um assistencialismo "absoluto", no qual um exército de voluntariados levasse a cura das chagas a que chamamos miséria. Esse exército seria dividido em dois grupos: os *oficiais* – aqueles que se dedicam em tempo pleno ao trabalho de caridade aos aflitos, e os *soldados* – os que se dedicam em tempo parcial. Essa chaga a que chamamos miséria está espalhada por todos os países, encontrando sua principal moradia no coração da maioria dos homens. O objetivo principal do Exército de Salvação são as obras sociais, levando conforto, paz, esperança e, se possível, alimento para os necessitados. Apesar de partilhar e ter sua raiz no Metodismo, não exige que seus voluntários sejam seguidores desse pensamento, apenas aconselha que sigam uma das Igrejas para sua santificação ("O Exército de Salvação se preocupa particularmente com os excluídos e marginais, procura dar-lhes um mínimo material, a dignidade moral, e depois colocá-los perante a opção do Evangelho, progressão na ação simbolizada pelas palavras de ordem: sopa, sabão e salvação").[630]

• *Liberalismo* – termo bastante confundido na época de Calvino, pois ele utilizou-o para referir-se a todos os que não concordavam com seus pensamentos, chamados libertinos. Apesar de ser uma proposta polêmica e criticada por muitos, tem ganhado força e desenvolve-se com muita rapidez. Esse termo, muito diferentemente daquele que Calvino utilizou em seus sermões, tem por objetivo estudar e pesquisar a Bíblia dentro de um contexto científico do século XX. Os liberais possuem uma visão mais ampla (contextual) do que atualmente chamamos de legitimidade religiosa. Questionam o saber e a instituição eclesiástica; dedicam-se aos estudos de saberes profanos, ao sentido religioso e à consequência moral da fé etc. Esse movimento não é bem-visto pelas Igrejas Evangélicas fundamentalistas que pregam o "apenas" de forma absoluta. Para eles, esses liberais

---

630 BAUBÉROT, J. *O protestantismo*. Em: DELUMEAU, J. *As grandes religiões do mundo*, p. 198.

só fazem confundir os fiéis. Um exemplo clássico desse liberalismo são os cursos de ciências da religião espalhados por quase todos os países, dentro das próprias universidades religiosas.

• *Luteranismo* – esse pensamento advém da época da Reforma, apesar de apresentar-se mais sensível que os primeiros reformadores, na tolerância do uso do papel das imagens e do crucifixo sem imagem para recordar o sacrifício de Jesus pela Humanidade. O papel mais importante nesse referencial de fé não é necessariamente o de Lutero, que se encontrava expulso de Worms desde 1520 pela dieta imposta pelo imperador Carlos V, que defendia a antiga fé católica, mas a Confissão de fé (*Confessio Augustana*) redigida dez anos depois por Melanchton, em 25 de junho, e que perdura até os dias de hoje nas comunidades ditas protestantes.[631] Essa confissão trata da disciplina eclesiástica e dos pontos de fé da Reforma. "A disputa não dizia respeito à fé, mas apenas a algumas exigências de reforma, como a reintrodução da comunhão dos leigos sob as duas espécies, a abolição da missa remunerada ou por intenção, da confissão obrigatória, de mandamento do jejum, dos votos monásticos e da jurisdição episcopal".[632]

• *Mennonismo* – pensamento anabatista (rebatizadores) fundado no século XVI pelo padre Menno Simonsz, que aderiu, após alguns anos de batina, à Reforma. Eram tidos algumas vezes como radicais ou pacifistas no que se referia à aplicação de sua fé e moral. Pensando em construir uma comunidade cristã ideal afastada da falsa sociedade (feudos), os mennonistas mudavam-se para comunidades agrícolas, onde construíam suas residências e igrejas. Criticavam os defensores da Reforma por apresentarem-se muito laxistas no que se refere à fé e à moral.

• *Metodismo* – Igreja de referencial calvinista fundada por Wesley no século XIX. Ele pregava sobretudo a "religião do coração" e a necessidade de cada indivíduo passar pela conversão por meio de uma progressiva santificação. Esse método de pensamento foi muito eficaz no que se refere à propagação e à divulgação da evangelização. O pensamento metodista conservou ao longo do tempo algumas tradições fortes do Catolicismo, como o regime episcopal, o que lhe acarretou sérios problemas e discussões internas.

• *Pentecostalismo* – "de repente veio do céu um ruído, como que de um vento impetuoso, e encheu toda a casa onde estavam sentados. E lhes apareceram

---

631 DURANT, W. *A reforma*, cap. XX, item II.
632 FRANZEN, A. *Breve história da igreja*, p. 294.

umas línguas como que de fogo, que se distribuíam, e sobre cada um deles pousou uma. E todos ficaram cheios do Espírito Santo, e começaram a falar noutras línguas, conforme o espírito lhes concedia que falassem" (Atos, 2:2-4). Esse pensamento adveio do liberalismo e trouxe consigo uma carga emotiva maior que todos os outros pensamentos resultantes da Reforma. Longe de ser um conceito científico de crítica religiosa como queriam os liberalistas, transformou-se com o tempo em uma religião da emoção. Essa, mais que qualquer outro pensamento cristão, faz uso constante das emoções e do pensamento mágico. Curas milagrosas de todos os tipos de doenças, descidas do Espírito Santo, unções e as chamadas línguas de fogo que descem do céu e dão o poder de curas por meio da imposição das mãos (2 Timóteo, 1:6), a glossolalia[633] e muitos outros. Esse tipo de manifestação hierofânica do sagrado tem se multiplicado e espalhado rapidamente por todos os países, principalmente na América Latina e mais especialmente no Brasil, onde observamos um crescimento acentuado dessas manifestações nas igrejas. Dissemos anteriormente que as religiões ditas evangélicas dividiam-se em dois grupos: as Racionalistas, nas quais podemos incluir os liberalistas e algumas faculdades de teologia chamadas "livres"; e as Emotivas, que incluem as chamadas teologias libertárias, escatológicas, de prosperidade, carismáticas etc., nas quais se enquadra o pensamento pentecostalista. O texto bíblico é lido e entendido de forma quase que literal, salvas aquelas partes em que os pastores dizem ter Jesus modificado através do seu poder. Os fiéis possuem certa "liberdade" de espírito (controlada pelo pastor), para interpretar a palavra segundo a Igreja que frequenta ou para a manifestação do Espírito Santo, segundo o ministério de Deus (Atos, 20:24).

> *O carismático não é um pregador; para alcançar o reconhecimento social, ele precisa comprovar visivelmente a relação íntima com o divino; a estrutura de relação do conceito correspondente à necessidade do reconhecimento do carisma pelos "dominados" e de sua entrega efetiva e crente ao carismático.*[634]

---

633 Glossolalia – situação apresentada por alguns indivíduos em transe conscientes, semiconscientes, às vezes inconscientes ou em pacientes sonambúlicos que falam, escrevem ou balbuciam em "pseudolínguas inexistentes, elaboradas nos recessos de suas subconsciências, pseudolínguas que não raro se revelam orgânicas, por serem conformes às regras gramaticais" (BOZZANO, Ernesto. *Xenoglossia* – introdução).
634 STEGEMANN, E. W.; STEGEMANN, W. *História social do protocristianismo*, p. 224.

488

Todas as Igrejas Cristãs emotivas ou carismáticas trabalham com o *escaton:* o "século presente" é tido como o Reino de Satã (Rm, 12:2; 1 Cor, 10:11; Gl, 1:4; Hb, 9:26), nosso século vem sofrendo a última balada espiritual, a invasão do espírito demoníaco, a guerra aberta ao diabo:

> *[...] porque não temos que lutar contra carne e sangue, mas, contra os principados, contra as potestades, contra os príncipes das trevas deste século, contra as hostes espirituais da maldade, nos lugares celestiais. (Efésios, 6:12)*

> *[...] sede sóbrios, vigiai, porque o diabo, vosso adversário, anda em derredor, bramando como leão, buscando a quem possa tragar; ao qual resisti firmes na fé, sabendo que as mesmas aflições se cumprem entre os vossos irmãos no mundo. Movimento bem parecido com o que já observamos em outras épocas e lugares. (1 Pedro, 5:8-9)*

Essas igrejas que assim se apresentam, onde todas as outras religiões e igrejas que não participam de suas verdades são seitas, ou simplesmente igrejas da mentira, estão bem próximas dos Cristianismos apocalípticos, carismáticos e escatológicos desenvolvidos e pregados fora e algumas vezes dentro das terras de Israel.[635] "Em torno da figura do Mestre ressuscitado, cristalizou-se bem cedo toda uma mitologia, que lembra a dos deuses salvadores e do homem divinamente inspirado (*theîos ántrôpos)".[636] Paulo ou possivelmente suas "cartas" por estarem fora das terras da Palestina, longe dos seguidores de Jesus, também aderiram à Parusia[637] e ao Armagedon.[638] Ao contrário dos sintomas escatológicos (Marcos, 1:15), cataclismáticos (Marcos, 9:1, 13:30, 32), apresentados por esses pensamentos fora das terras de Israel (crentes em Cristo) e adotados pela maioria das Igrejas de cunho evangélico emotivo do nosso século, os seguidores dentro das terras de Israel que seguiam a filosofia de Jesus se manifestavam de forma discreta e diferenciada acerca do reino, evitando dessa forma serem confundidos com o messianismo judaico, com o radicalismo zelotiano ou mesmo com os pensamentos anti-helenistas. Para esses seguidores de Jesus que estavam dentro das terras de Israel,[639] o reino de Deus advém sem aparências exteriores, sem cataclismos apocalípticos, sem parusianismos,

635 STEGEMANN, E. W. e STEGEMANN, W. *História social do protocristianismo*, parte II, cap. 3.
636 MIRCEA, E. *História das crenças e das ideias religiosas*, p. 105.
637 1 Coríntios, 2:8-15 e 15:47-51; Gálatas, 4:3-9; 1 Tessalonicenses, 4:16-17 e Romanos, 13:11-12.
638 Cenário de uma batalha entre o Bem e o Mal que ocorreria no Juízo Final (Apocalipse, 16:14-16).
639 STEGEMANN, E. W.; STEGEMANN, W. *História social do protocristianismo*, parte II, cap. 4.

sem armagendons ou guerra contra o suposto demônio. O Reino de Deus tem busca interna:

> *[...] interrogado pelos fariseus sobre quando havia de vir o Reino de Deus, (Jesus) respondeu-lhes e disse: o Reino de Deus não vem com aparência exterior. Nem dirão: ei-lo aqui! Ou: ei-lo ali! Porque eis que o Reino de Deus está dentro de vós.* (Lucas, 17:20-21)

O Reino de Deus é comparado à semente que germina:

> *[...] o reino de Deus é assim como se um homem lançasse a semente à terra; depois, dormisse e se levantasse, de noite e de dia, e a semente germinasse e crescesse, não sabendo ele como. A terra por si mesma frutifica: primeiro a erva, depois, a espiga, e, por fim, o grão cheio na espiga. E, quando o fruto já está maduro, logo se lhe mete a foice, porque é chegada a ceifa.* (Marcos, 4:26-29)

O Reino de Deus é comparado ao grão jogado na terra e que cresce por si mesmo:

> *A que assemelharemos o reino de Deus? Ou com que parábola o apresentaremos? É como um grão de mostarda, que, quando semeado, é a menor de todas as sementes sobre a terra; mas, uma vez semeada, cresce e se torna maior do que todas as hortaliças e deita grandes ramos, a ponto de as aves do céu poderem aninhar-se à sua sombra.* (Marcos, 4:30-32)

O Reino de Deus é tão dinâmico e progressivo como o fermento que faz crescer o pão, sem escândalos:

> *[...] o reino dos céus é semelhante ao fermento que uma mulher tomou e escondeu em três medidas de farinha, até ficar tudo levedado.* (Mateus, 13:33)

• *Presbiterianismo* – essa Igreja tem todo o seu pensamento baseado na Reforma Calvinista. Não precisamos repetir aqui as diferenças existentes entre as reformas, principalmente no que se refere à liberdade, em que o Luteranismo prega o livre-arbítrio e a salvação por meio da graça obtida exclusivamente pela fé e o Calvinismo prega a insistência na glória de Deus pela predestinação eterna. Um ponto de divergência que devemos ressaltar entre esses dois e o pensamento católico é sobre a presença de Cristo na missa, por meio da ceia. No pensamento católico, a transubstanciação (eucaristia) do pão e do vinho acontece na ceia, estando esses representando Jesus com seu corpo, sangue, alma e divindade. No Luteranismo, Jesus está de forma real (corpo presente) na missa, independentemente do pão ou do vinho, devido à sua onisciência e onipresença. No Calvinismo, a presença de Jesus na missa ou no culto é toda espiritual. É observada pela estruturação da Igreja construída na terra, simbolizando o corpo de Cristo; essa, por sua vez, transmuta-se no canal de comunicação entre o céu e a terra. Por isso, a insistência dos calvinistas no "fora da Igreja não há salvação".

> *Todo espaço sagrado implica uma hierofania, uma irrupção do sagrado que tem como resultado destacar um território do meio cósmico que o envolve e o torna qualitativamente diferente. Quando, em Haran, Jacó viu em sonhos a escada que tocava os céus e pela qual os anjos subiam e desciam, e ouviu o Senhor, que dizia, no cimo: "Eu sou o Eterno, o Deus de Abraão!", acordou tomado de temor e gritou: "Quão terrível é este lugar! Em verdade é aqui a casa de Deus: é aqui a Porta dos Céus!". Agarrou a pedra de que fizera cabeceira, erigiu a em monumento e verteu azeite sobre ela. A este lugar chamou Betel, que quer dizer "Casa de Deus."* (Gênesis, 28: 12-19) [640]

• *Quaker (quacre – Tremente)* – pensamento religioso fundado no século XVII, na Inglaterra, por George Fox, mais conhecido como Sociedade de Amigos. Fox, diferentemente de alguns outros pensadores religiosos, admitia a possibilidade de Deus inspirar qualquer indivíduo, desde que mostrasse viver conforme o Evangelho. Como todos possuímos a centelha divina dada por Deus, "todos podereis profetizar, cada um por sua vez; para que todos aprendam e sejam consolados; pois os espíritos dos profetas estão sujeitos aos profetas; porque Deus não é Deus de confusão, mas de paz" (1 Coríntios, 14:31-33). Os quacres não aceitam nenhuma autoridade ou hierarquia eclesiástica ou qualquer um dos sete sacramentos: o batismo, a confirmação ou crisma, a eucaristia, a penitência ou confissão, a ordem, o matrimônio e a extrema-unção. Não prestam nenhum tipo de juramento perante a justiça, por serem, segundo eles, contra os princípios de Deus (Levítico, 19:12), não pegam em armas e pregam a paz absoluta (não violência).

---

640 ELIADE, M. *O sagrado e o profano*, pp. 19-20.

Algumas crenças de referencial cristão

Fora o Catolicismo Romano e Ortodoxo e o Protestantismo Luterano e Calvinista, existem dentro da filosofia cristã outras maneiras de pensar e sentir o sagrado, apesar de as Igrejas Católicas e Protestantes não aceitarem e afirmarem biblicamente "que em tempos posteriores alguns apostatarão da fé, dando ouvidos a espíritos enganadores e a doutrinas de demônios...".[641] Esses outros pensamentos existem, estão ganhando força e não são menos importantes que os primeiros. Como não estamos preocupados com verdades, em que cada um defenderá sua vertente de interpretação de fé como absoluta, verdadeira e revelada exclusivamente para trazer a salvação a todos os homens,[642] e sim com possibilidades de existência,[643] não nos deteremos na interpretação de verdades e valores. Como já dissemos, para um historiador das religiões o que importa é como os pensares religiosos vieram a fazer parte do sagrado e como o homem conseguiu revalorizar o sagrado dando-lhe uma interpretação e uma coloração diferente das impostas pelo clero.

Antes de iniciarmos o nosso pensamento, gostaria de contar um experimento científico que pode ajudar-nos a entender e fazer refletir sobre as nossas possíveis ideologias e verdades. Dois cientistas resolveram fazer um experimento sobre comportamento de massa repetitivo. Para isso, escolheram cinco macacos que se destacaram, em um grupo de vinte, como os melhores em uma bateria de testes feitos antes de colocá-los no experimento original. Com tudo pronto, os macacos que poderíamos considerar como os mais espertos foram colocados em uma jaula. No teto havia um cacho de bananas e abaixo do cacho, uma escada que facilmente daria acesso a elas. No início, como os macacos estavam alimentados, não deram muita importância para o cacho de bananas, que parecia apetitoso. Após algumas horas, um dos macacos, que seria considerado o mais eletrico e brincalhão, atreveu-se a subir à escada para pegar as bananas. Nisso, uma rajada de água fria foi lançada sobre os que ficaram no chão. E assim, todas as vezes que algum deles tentava subir a escada para pegar as frutas, a água era lançada nos que estavam no chão. Após alguns jatos de água fria, sempre que um deles

641 1 Timóteo, 4:1.
642 Tito, 2:11.
643 LING, T. *História das religiões*. Epílogo.

fazia algum movimento em direção a escada ou tentava subir os degraus, os outros quatro rapidamente o seguravam e o agrediam fisicamente. Passado algum tempo, um deles foi substituído por um macaco novo e sua primeira reação foi subir a escada para pegar as bananas, sendo obstado quase que automaticamente pelos outros quatro, que o agrediram fisicamente. Pasmem! Outro macaco foi substituído e novamente repetiu-se a situação com um agravante surpreendente: o que havia tomado a surra participou, como se também tivesse tomado o banho frio e, com prazer, ajudou a espancar o novato. Assim, foram substituídos todos os outros três macacos, ficando na jaula cinco macacos que nunca participaram de um único banho frio. No entanto, repetiam o mesmo comportamento condicionado anteriormente de espancar todos aqueles, novatos ou não, que tentavam aproximar-se ou subir a escada para pegar as bananas. Se tivéssemos a oportunidade de conversar com eles e perguntar-lhes por que faziam isso, possivelmente responderiam como muitos de nós: "não sei, sempre foi assim".

6.11.3 Mórmons (1830) ou a Igreja de Jesus Cristo dos Santos dos Últimos Dias

A voz do Senhor se dirige aos confins da Terra, para que todos os que quiserem, possam ouvir: Preparai-vos, preparai-vos para o que está por vir, pois o Senhor está perto.[644]

A Igreja de Jesus Cristo dos Santos dos Últimos Dias foi fundada por Joseph Smith, no século XIX (6 de abril de 1830), nos Estados Unidos. Smith dizia que a revelação por ele recebida no *Livro de Mórmon* – *outro testamento de Jesus Cristo* viera com a finalidade de preencher as falhas da Bíblia e reformar as Igrejas.

---

644 *Doutrina e convênios*, 1:11 e 12.

O Mormonismo é uma forma altamente americana de Milenarismo. Ensina que Jesus Cristo se revelou aos primeiros imigrantes na América onde fundara uma nova Jerusalém. A Igreja é dirigida por uma hierarquia complicada. O batismo e o casamento podem ser ajustados vicariamente (por outro) para os mortos a fim de "selá-los" na fé. Os Mórmons evitam estimulantes e prestam dois anos de serviço gratuito à Igreja.[645]

O Livro de Mórmon está dividido em quatro placas de metal: Placas de Néfi, Placas de Mórmon, Placas de Éter e Placas de Latão. No livro, essas placas têm quinze divisões principais que, com exceção de uma, são chamados livros, cada qual designado pelo nome de seu autor escrito nas placas ou revelados diretamente a Smith. Na Introdução do Livro de Mórmon, Joseph foi o profeta escolhido para restaurar a verdadeira Igreja de Jesus Cristo na Terra. Em 1820, Deus, o Pai, e Jesus Cristo apareceram a Joseph e ele ficou sabendo que nenhuma das Igrejas da Terra era verdadeira. Posteriormente, foi visitado pelo anjo Morôni, que revelou o lugar onde estavam escondidas as placas de ouro (metal) que continham o registro de povos antigos do continente americano. Smith traduziu os escritos das placas de ouro e, em 1830, publicou-os com o título de Livro de Mórmon. Em 1829, recebeu a autoridade do sacerdócio das mãos de João Batista, Pedro, Tiago e João, o Evangelista.

E isso é ainda muito mais evidente, quando, à semelhança de Melquisedeque, levanta-se outro sacerdote, constituído não conforme a lei de mandamento carnal, mas segundo o poder de vida indissolúvel. Porquanto se testifica: tu és sacerdote para sempre, segundo a ordem de Melquisedeque. (Hebreus, 7:15-17)

De acordo com a orientação de Deus, em 6 de abril de 1830, Joseph e vários outros organizaram a Igreja de Jesus Cristo Restaurada. Sob a liderança de Joseph, a Igreja cresceu no Canadá, Inglaterra e no leste dos Estados Unidos, especialmente em Ohio, Missouri e Illinois. Uma forte perseguição acompanhava Joseph e os santos onde quer que se estabelecessem. Em 27 de junho de 1844, Joseph e seu irmão Hyrum foram assassinados em Carthage, Illinois, nos Estados Unidos da América. Smith recebeu muitas outras revelações do Senhor, estabelecendo as doutrinas básicas e a organização da Igreja. Muitas dessas revelações

645 HINNELS, J. *Dicionário das religiões*, p. 177.

foram compiladas naquilo que é agora conhecido como *Doutrina e convê-nios*. Também foi responsável pelo surgimento da *Pérola de grande valor*, contendo tradução inspirada de alguns dos escritos de Moisés, Abraão, Mateus e trechos de treze declarações de doutrina e das crenças defi-nidas pela Igreja.

Segundo conta a história desse movimento, Smith traduziu as placas de um idioma antigo, possivelmente aparentado com o egípcios-coptas. Uma das primeiras perguntas que nos vem à cabeça é a seguinte: "Onde estão guardadas as placas traduzidas por Joseph Smith?". Sabemos que os livros que compõem o movimento da Igreja de Jesus Cristo dos Santos dos Últimos Dias são todos traduzidos da língua inglesa para outros idio-mas e não das línguas originais, como acontece com os *vedas* – sânscrito, a Bíblia – hebraico e grego, Alcorão – árabe, Tipitaca – páli etc. O Livro de Mórmon não é traduzido para línguas estrangeiras a partir do idioma "original" simplesmente porque não existe a possibilidade de se fazer isso. Apenas Joseph Smith e mais 11 homens, cujos testemunhos encontram-se escritos na introdução do Livro de Mórmon, atestam tê-las visto. Nenhu-ma outra pessoa jamais pôde declarar ter visto e muito menos ter tido a oportunidade de traduzir os documentos "originais". Unicamente Smith parece ter lidado com essas aparições das "placas de ouro" e, em tempo algum, nenhum linguista habilitado teve chance de estudá-las ou tradu-zi-las, como acontece com outras religiões. Segundo conta a tradição da doutrina, as placas reveladas foram tomadas de volta por Morôni e nem mesmo os profetas da Igreja da época tiveram acesso às mesmas. Ao que tudo indica, o Livro de Mórmon é o único documento cuja cópia mais antiga disponível é uma tradução inglesa feita no século XIX.

> Os primeiros exemplares do Livro de Mórmon foram colocados à venda na Livraria E. B. Grandin em 26 de março de 1830. Samuel Smith foi um dos primeiros missionários a usar o livro recém impresso. Em abril de 1830, ele visitou a Hospedaria Tomlinson, no município de Mendon, Estado de Nova Iorque, onde vendeu um exemplar do livro a um jovem chamado Phinehas Young, irmão de Brigham Young.[646]

Como todo material sagrado, o Livro de Mórmon, bem como todos os outros escritos sagrados de todas as religiões, não precisa de provas

---

646 *Nosso legado – resumo da história da igreja de Jesus Cristo dos Santos dos Últimos Dias*, p. 11.

materiais, físicas e históricas para existir ou ser validado. Basta ao fiel acreditar que em algum momento Joseph Smith teve essa revelação e traduziu as obras. A veracidade de um documento sagrado é dada pelo crente e não pela história.

Os Mórmons também são milenaristas, acreditam em uma segunda vinda de Jesus para julgar o justo e o injusto (3 Néfi, 27:14), e que este "habitará a Terra por 1000 anos" (*Doutrina e convênios*, 29:9 a 12). Antes disso, porém, teremos a ressurreição dos corpos, que será a junção da alma com o corpo já morto e eles, após a ressurreição, jamais se separarão e serão imortais. Mas aos impostores será reservada apenas a segunda morte e não farão parte dessa fase de bem-aventurança, não serão glorificados com a imortalidade e a ressurreição, ficando apenas com as cadeias da morte afrouxadas (Alma, 11:41). Aqui entendemos a segunda morte pregada por essa religião (Apocalipse, 2:11) como a morte verdadeira aos ímpios, e "aos medrosos, incrédulos, abomináveis, homicidas, adúlteros, feiticeiros, idólatras, e a todos os mentirosos..." (Apocalipse, 21:8), esses não verão a glória do Senhor. Mas para os que viverem como "sacerdotes de Deus e de Cristo" (Apocalipse, 20:6), para esses não existirá a morte (Alma, 36:28), mas a ressurreição completa ao lado do Salvador do mundo (1 Néfi, 13:38 a 40 e Ômni, 1:26), Jesus Cristo (Alma, 11:40). "Para os cristãos, o Fim do Mundo precederá a segunda vinda de Cristo e o Juízo Final. Mas, tanto para uns como para outros, o triunfo da Santa História – manifestado pelo Fim do Mundo – implica de algum modo a restauração do Paraíso".[647]

---

647 ELIADE, M. *Mito e realidade*, p. 62.

Os Mórmons, diferentemente das Testemunhas de Jeová que negam a Trindade, aceitam e seguem-na, acreditando que o Pai, o Filho e o Espírito Santo são um (2 Néfi, 11:27). Os Mórmons acreditam que Jesus é o Jeová (aqui Jeová não é Deus) que veio à Terra como filho de Maria para redimir e salvar os homens de boa vontade.

> E então Abinádi lhes disse: quisera que compreendêsseis que o próprio Deus descerá entre os filhos dos homens e redimirá seu povo. E porque ele habita na carne, será chamado o Filho de Deus; e havendo sujeitado a carne à vontade do Pai, sendo o Pai e o Filho. O Pai, porque foi concebido pelo poder de Deus; e o Filho, por causa da carne; tornando-se assim o Pai e o Filho. E eles são um Deus, sim, o próprio Pai. Eterno do céu e da terra. (Mosias, 15:1 a 4)

Como se percebe, os Mórmons utilizam em seus estudos e na estrutura da Igreja o Antigo e o Novo Testamento como a palavra de Deus – desde que reinterpretados –, bem como seus livros, como no *Livro de Mórmon* – *outro testamento de Jesus Cristo; Doutrina e convênios* e *Pérola de grande valor*, sendo que esses dois últimos só são passados e ensinados àqueles que realmente se mostrarem fiéis à doutrina da Igreja. Não batizam crianças menores de oito anos por acreditarem que Deus condena tal prática, pois até essa idade são isentas de pecados, não tendo Satanás nenhum poder sobre elas.

Outro ponto que nos parece bem forte entre os mormonistas é a caridade, exigida como mandamento de salvação. "Deu o Senhor Deus um mandamento de que todos os homens tenham caridade; e a caridade é amor. E se não têm caridade, nada são. Portanto, se tivesse caridade, não permitiriam que o trabalhador de Sião perecesse" (2 Néfi, 26:30). Quando o texto se refere a Sião nessa passagem, está demonstrando e lembrando duas possíveis cidades: uma construída por Enoque e que subiu aos céus com seus moradores, devido à honestidade desses, e a outra se refere possivelmente à cidade do Rei Davi. No entanto, o texto quer apenas ressaltar que a Igreja deve permanecer e ser igual a Sião, ou seja, verdadeira, honesta, casta e pura como todos os seus trabalhadores, representantes e missionários. Além disso, todos devem dedicar-se às obras da Igreja de forma gratuita,[648] "pois sabemos que é pela graça que somos salvos, depois de tudo o que pudermos fazer" (2 Néfi, 25:23).

---

648 Morôni, 7:5; 47, 48 e Alma, 41:3 e 4.

Por que Igreja de Jesus Cristo dos Santos dos Últimos Dias? Em primeiro plano, para distinguir a Igreja Verdadeira fundada e estabelecida por Jesus Cristo (Alma, 6), de todas as outras já existentes na Terra, e que estavam em abominação e erro (1 Néfi, 13 e 14). Em segundo plano para distinguir os chamados Santos Orgulhosos (Helamã, 3:33 a 37), que apenas afirmam da boca para fora seguir e obedecer às leis de Deus, dos Verdadeiros Santos (Alma, 7:22), que possuem sentidos de pureza – "torna-te modelo para os fiéis, no modo de falar e de viver, na caridade, na fé, na castidade" (1 Timóteo, 4:12), são castos de coração (1 Pedro, 3:4) e santidade (2 Coríntios, 1:12), cumprem e seguem fielmente as leis e os mandamentos de Deus (1 João, 3:24), deixados e estabelecidos pela Igreja Verdadeira (3 Néfi, 27). Quando se fala em "últimos dias" (2 Néfi, 26:14), eles se referem a uma última e derradeira chamada para a Igreja Verdadeira antes da segunda vinda do Senhor (Marcos, 12:9), que julgará a todos:

> E essas coisas foram-me manifestadas pelo espírito; portanto escrevo a todos vós. E por essa razão vos escrevo, para que saibais que deveis todos comparecer ante o tribunal de Cristo, sim, todas as almas que pertencem a toda a família humana de Adão; e deveis comparecer para serdes julgados por vossas obras, boas ou más. E também para que acrediteis no Evangelho de Jesus Cristo, que tereis no meio de vós; e também para que os judeus, o povo do convênio do Senhor, tenham outra testemunha, além daquele a quem viram e ouviram, de que Jesus, a quem mataram, era o próprio Cristo e o próprio Deus. E quisera persuadir a todos, confins da Terra, a vos arrependerdes e a vos prepararedes para comparecer perante o tribunal de Cristo. (Mórmon, 3:20-22)

Os Mórmons não ingerem, não recomendam e fazem propaganda contra qualquer substância que contenha cafeína ou cola.

Estrutura da Igreja

A Igreja de Jesus Cristo dos Santos dos Últimos Dias não possui na sua estrutura eclesiástica um clero profissional. Seus membros são pessoas comuns ou leigas escolhidas como oficiais locais e regionais e não são pagos por seus serviços. As Autoridades Gerais da Igreja têm seus escritórios centrais na Cidade do Lago Salgado. Eles são dirigidos pelo Presidente da Igreja, considerado pelos membros um profeta de Deus. A Primeira Presidência compreende o Presidente e seus dois conselheiros. Abaixo da Primeira Presidência em autoridade está o Quórum dos Doze Apóstolos.

Outras Autoridades Gerais incluem os membros do Primeiro e Segundo Quórum dos Setenta e um Bispado Presidente, composto por três homens que supervisionam os assuntos temporais da Igreja.

As principais subdivisões geográficas da Igreja são chamadas de áreas, com uma subdivisão em regiões e missões dentro delas, estacas, dentro das regiões, e distritos dentro das missões. As congregações são alas e ramos dentro de estacas, e ramos dentro de distritos. Um líder eclesiástico, membro do Quórum dos Setenta, preside cada área, auxiliado por dois conselheiros também escolhidos de um desses quóruns.

Os Representantes Regionais auxiliam as Autoridades Gerais da Igreja a treinar os oficiais da estaca. Um presidente e dois conselheiros dirigem cada estaca e distrito, e um bispo e dois conselheiros presidem cada ala. Cada ramo é liderado por um presidente e dois conselheiros. Um presidente, auxiliado por seus conselheiros e por sua esposa, dirige cada missão. Todo membro da Igreja tem o direito de votar em todos os oficiais e dar sugestões administrativas apresentadas pelas autoridades locais ou gerais.

A Igreja de Jesus Cristo dos Santos dos Últimos Dias aceita quatro livros como escrituras sagradas: a *Bíblia*, o *Livro de Mórmon, Doutrina e convênios* e *Pérola de grande valor*. Esses livros são chamados de obra-padrão da Igreja. As palavras inspiradas dos profetas vivos são aceitas como escrituras.

> *Mais tarde, Pedro, Tiago e João apareceram a Joseph e Oliver e conferiram-lhes o Sacerdócio de Melquisedeque, bem como as chaves do reino de Deus. (D&C, 27:12-13; 128:20) O Sacerdócio de Melquisedeque é a maior autoridade dada ao homem na Terra. Com essa autoridade, o Profeta Joseph Smith pôde organizar a Igreja de Jesus Cristo dos Santos dos Últimos Dias nessa dispensação e começar a formar os vários quóruns do sacerdócio como são conhecidos hoje na Igreja.*[649]

Sacerdócio

O sacerdote é a autoridade para agir em nome de Deus. Um membro do sexo masculino digno, com 12 anos ou mais, pode receber um ofício no sacerdócio.

As mulheres não são ordenadas ao sacerdócio na Igreja, mas são colocadas segundo o modelo do sacerdócio na organização de mulheres e trabalham nos conselhos de governo da Igreja. Elas servem como missionárias, proferem discursos e orações nos serviços de adoração e em outras reuniões, ocupam posições administrativas e de ensino em todos os níveis e trabalham de várias outras formas.

O sacerdócio tem duas subdivisões principais: *Melquisedeque,* ou Sacerdócio Maior, e *Anrônico,* ou Sacerdócio Menor. Os três quóruns, ou unidades, do Sacerdócio Anrônico são compostos de *diáconos, mestres* e *sacerdotes*. Os quóruns do Sacerdócio de Melquisedeque são compostos de *élderes* e *sumos sacerdotes*. Cada quórum do sacerdócio tem determinadas responsabilidades para servir aos membros da Igreja.

Regras de fé

1. Cremos em Deus, o Pai Eterno, em seu Filho Jesus Cristo e no Espírito Santo.
2. Cremos que os homens serão punidos pelos seus próprios pecados e não pela transgressão de Adão.

---

649 *Nosso legado – resumo da história da Igreja de Jesus Cristo dos Santos dos Últimos Dias*, p. 14.

3. Cremos que, por meio da Expiação de Cristo, toda a Humanidade pode ser salva por obediência às leis e ordenanças do Evangelho.

4. Cremos que os primeiros princípios e ordenanças do Evangelho são: *primeiro*, Fé no Senhor Jesus Cristo; *segundo*, Arrependimento; *terceiro*, Batismo por imersão para a remissão dos pecados; *quarto*, Imposição de mãos para o dom do Espírito Santo.

5. Cremos que um homem deve ser chamado por Deus, por profecia e pela imposição de mãos, por quem possua autoridade, para pregar o Evangelho e administrar suas ordenanças.

6. Cremos na mesma organização que existia na Igreja Primitiva, isto é, apóstolos, profetas, pastores, mestres, evangelistas etc.

7. Cremos no dom de línguas, profecia, revelação, visões, cura, interpretação de línguas etc.

8. Cremos ser a Bíblia a palavra de Deus, desde que esteja traduzida corretamente; também cremos ser o Livro de Mórmon a palavra de Deus.

9. Cremos em tudo o que Deus revelou, em tudo o que Ele revela agora e cremos que Ele ainda revelará muitas coisas grandiosas e importantes relativas ao Reino de Deus.

10. Cremos na coligação literal de Israel e na restauração das Dez Tribos; que Sião (a Nova Jerusalém) será construída no continente americano; que Cristo reinará pessoalmente na Terra; e que a Terra será renovada e receberá sua glória paradisíaca.

11. Pretendemos o privilégio de adorar a Deus, o Todo-Poderoso, de acordo com os ditames de nossa própria consciência; e concedemos a todos os homens o mesmo privilégio, deixando-os adorar como, onde ou o que desejarem.

12. Cremos na submissão a reis, presidentes, governantes e magistrados; na obediência, honra e manutenção da lei.

13. Cremos em ser honestos, verdadeiros, castos, benevolentes, virtuosos e em fazer o bem a todos os homens; na realidade, podemos dizer que seguimos a admoestação de Paulo: cremos em todas as coisas, confiamos em todas as coisas, suportamos muitas coisas e esperamos ter a capacidade de tudo suportar. Se houver qualquer coisa virtuosa, amável, de boa fama ou louvável, nós a procuraremos (Filipenses, 4:8).

Proclamação ao Mundo

NÓS, A PRIMEIRA PRESIDÊNCIA e o Conselho dos Doze Apóstolos de A Igreja de Jesus Cristo dos Santos dos Últimos Dias solenemente
proclamamos que o casamento entre homem e mulher foi ordenado por
Deus e que a família é essencial ao plano do Criador, para o destino eterno
de seus filhos.

TODOS OS SERES HUMANOS – homem e mulher – foram criados
à imagem de Deus. Cada indivíduo é um filho (ou filha) gerado em espírito, por pais celestiais que o amam e, como tal, possui natureza e destino
divinos. O sexo (masculino ou feminino) é uma característica essencial da
identidade e do propósito pré-mortal, mortal e eterno de cada um.

NA ESFERA PRÉ-MORTAL, os filhos e filhas que foram gerados em
espírito conheciam e adoravam a Deus como seu Pai Eterno e aceitaram
Seu plano, segundo o qual Seus filhos poderiam obter um corpo físico e
adquirir experiência terrena a fim de progredir rumo à perfeição, termi-
nando por alcançar seu destino divino como herdeiros da vida eterna.
O plano divino de felicidade permite que os relacionamentos familiares
sejam perpetuados além da morte. As ordenanças e os convênios sagrados
dos templos santos permitem que as pessoas retornem à presença de Deus
e que as famílias sejam unidas para sempre.

O PRIMEIRO MANDAMENTO dado a Adão e Eva por Deus referia-se ao potencial de tornarem-se pais, na condição de marido e mulher.
Declaramos que o mandamento dado por Deus a Seus filhos, de multi-
plicarem-se e encherem a Terra, continua em vigor. Declaramos também
que Deus ordenou que os poderes sagrados da procriação sejam empregados somente entre homem e mulher legalmente casados.

DECLARAMOS que o meio pelo qual a vida mortal é criada foi estabelecido por Deus. Afirmamos a santidade da vida e sua importância no
plano eterno de Deus.

O MARIDO E A MULHER têm a solene responsabilidade de
amar-se mutuamente e amar os filhos, e de cuidar um do outro e dos filhos. "Os filhos são a herança do Senhor" (Salmos, 127:3). Os pais têm
o sagrado dever de criar os filhos com amor e retidão, atender às suas necessidades físicas e espirituais, ensiná-los a amar e servir uns aos outros,
guardar os mandamentos de Deus e ser cidadãos cumpridores da lei, onde

quer que morem. O marido e a mulher – o pai e a mãe – serão considerados responsáveis perante Deus pelo cumprimento dessas obrigações.

A FAMÍLIA foi ordenada por Deus. O casamento entre o homem e a mulher é essencial para Seu plano eterno. Os filhos têm o direito de nascerem dentro dos laços do matrimônio e de serem criados por pai e mãe que honrem os votos matrimoniais com total fidelidade. A felicidade na vida familiar é mais provável de ser alcançada quando fundamentada nos ensinamentos do Senhor Jesus Cristo. O casamento e a família bem-sucedidos são estabelecidos e mantidos sob os princípios da fé, da oração, do arrependimento, do respeito, do amor, da compaixão, do trabalho e de atividades recreativas salutares. Segundo o modelo divino, o pai deve presidir a família com amor e retidão, tendo a responsabilidade de atender às necessidades de seus familiares e de protegê-los. A responsabilidade primordial da mãe é cuidar dos filhos. Nessas atribuições sagradas, o pai e a mãe têm a obrigação de ajudar-se mutuamente, como parceiros iguais. Enfermidades, falecimentos ou outras circunstâncias podem exigir adaptações específicas. Outros parentes devem oferecer ajuda quando necessário.

ADVERTIMOS que as pessoas que violam os convênios de castidade, que maltratam o cônjuge ou os filhos, ou que deixam de cumprir suas responsabilidades familiares, deverão um dia responder perante Deus pelo cumprimento dessas obrigações. Advertimos também que a desintegração da família fará recair sobre pessoas, comunidades e nações as calamidades preditas pelos profetas antigos e modernos.

CONCLAMAMOS os cidadãos e governantes responsáveis de todo o mundo a promoverem as medidas designadas para manter e fortalecer a família como a unidade fundamental da sociedade.

Examinai estes mandamentos, pois são verdadeiros e fiéis,
e as profecias e promessas nele contidas serão todas cumpridas.
(Doutrina e convênios, 1:37)

6.11.4 Espiritismo (1857)

Visão histórica: "Fora da caridade não há salvação"[650]

Allan Kardec (1804-1869) é considerado o fundador do Espiritismo, alguns escritores espíritas preferem classificá-lo como o codificador. Seu nome de batismo é Hippolyte Léon Denizard Rivail, nasceu em Lyon, França, no dia 3 de outubro de 1804, desencarnou em 31 de março de 1869, em Paris, vítima de uma ruptura de aneurisma no coração. Rivail fora pedagogo, aluno e fiel discípulo de Pestalozzi e este, de Rousseau. Após ter se formado na Suíça (Yverdon) no Instituto Pestalozzi,

> [...] publicou numerosos livros didáticos, apresentou planos, métodos e projetos aos deputados, aos governadores e às universidades, referentes à eterna reforma do ensino francês; desenvolve, em suma, atividade tal que não lhe deixa tempo para levar uma vida privada.[651]

Rivail era um homem de vasto poder intelectual e grande conhecimento, falava corretamente cinco idiomas fora a língua materna (inglês, holandês, espanhol, italiano e alemão), era versado em várias ciências e dominava com grande estilo, beleza e leveza quase todos os referenciais teóricos de filosofia, sociologia, história, psicologia, arte e muitos outros de sua época. Sua visão de mundo era do século XIX, por isso, como Mesmer, Freud, Jung e outros, acreditava em um humano energético: "Uma espécie de pilhas ou aparelhos elétricos".[652]

Pelas qualidades citadas, era Allan Kardec perfeito?

Não:

> [...] todo homem é prisioneiro de sua época, e por mais larga a visão que possua, sempre se podem notar elementos datados em suas ações e reflexões. O fundador do Espiritismo não passou incólume a essa regra. Esse aspecto da luta humanista dos iluministas, assim como determinadas reflexões sobre a questão do racismo – bem explícitas na obra de Jean-Jacques Rousseau – infelizmente não foram incorporadas por Kardec, mesmo

---

650 Atos, 11:29; Gálatas, 2:10; Romanos, 15:25-29; 1 Coríntios, 16:1-4 e 2 Coríntios, 8-9 e ESSE, 15:10.
651 MOREIL, A. *Vida e obra de Allan Kardec*, p. 29, item III.
652 KARDEC, A. *O livro dos espíritos*, perg. 70.

tendo sido ele muito influenciado pelas teses iluministas. (LARA, Eugênio. *Racismo e espiritismo*)

A Fenomenologia espiritista:

> [...] os fenômenos espiritistas são conhecidos desde os tempos antigos e têm sido diferentemente interpretados por várias culturas e religiões. Mas o elemento novo e importante no Espiritismo moderno é sua perspectiva materialista. Antes do mais, existem agora "provas positivas" da existência da alma, ou antes, da existência post-mortem de uma alma: pancadas, inclinações da mesa e, algum tempo depois, as chamadas materializações. O problema da sobrevivência e da imortalidade da alma obcecara o mundo ocidental desde Pitágoras, Empédocles e Platão. Mas se tratava de um problema filosófico ou teológico. Agora, numa Era Científica e Positivista, a imortalidade da alma era relacionada com o sucesso de uma experiência: para demonstrá-la "cientificamente", havia que apresentar provas "reais", isto é, físicas. Mais tarde, foram inventados complicados equipamentos e laboratórios com o fim de examinar as provas da sobrevivência da alma. É possível reconhecer o otimismo positivista em quase todas as investigações parapsicológicas: existe sempre a esperança de que a pós-existência da alma seja um dia cientificamente demonstrada.[653]

Filosofia espiritualista

O Espiritismo surgiu em meados 1857 na França com Hyppolite Léon Denizard Rivail, pseudônimo druida de Allan Kardec.

> O Espiritismo é a nova ciência que vem revelar aos homens, por meio de provas e fatos irrecusáveis, a existência e a natureza do mundo espiritual e a relação com o mundo material. Ele mostra este mundo, não mais como sobrenatural, mas, pelo contrário, como uma das forças vivas e incessantes da natureza, como a fonte de uma infinidade de fenômenos até então incompreendidos, e por essa razão relegados para o domínio do fantástico e do maravilhoso.[654]

Apesar de alguns escritores e religiosos mal-intencionados quererem demonstrar semelhanças entre o Espiritismo e as religiões afro-brasileiras

---

653 ELIADE. M. *Origens*, p. 61.
654 KARDEC, A. *Evangelho segundo o espiritismo*, 1:5.

de cunho espiritualistas[655] – Umbanda e Candomblé –, elas nada têm a ver com o Espiritismo.[656] O Espiritismo também não se enquadra no perfil de doutrina secreta, muito menos esotérica ou iniciática.[657] Infelizmente há um desejo, consciente ou inconsciente, por parte de alguns escritores e religiosos em querer que seus adeptos pensem dessa forma. Para os leigos, que não estudam religiões, pode parecer que existe algo em comum nessas crenças devido à fenomenologia girar em torno das chamadas manifestações espirituais. Não existem semelhanças entre o Espiritismo e os pensamentos ou a fé umbandista e candomblecista.[658] "Seguramente, a distância que separa o Espiritismo da Magia e da Feitiçaria é maior que a existente entre a Astronomia e a Astrologia, entre a Química e a Alquimia, querer confundi-las é provar que nem a primeira palavra é conhecida do assunto".[659] Segundo os expoentes do Espiritismo, somente deve ser considerado espírita aquele que segue os postulados e os preceitos deixados por Allan Kardec em seus livros, que formam os princípios básicos da Doutrina Espírita. Fora isso – afirmam eles –, o indivíduo pode ser espiritualista, mas nunca se congratular espírita, pois a mediunidade não é uma concepção ou privilégio espírita e sim uma "faculdade de fundo orgânico inerente ao homem" existente na parte extralemniscal do cérebro[660] e todos os seres humanos, sem distinção, a possuem.

> Por isso mesmo não constitui privilégio e são raras as pessoas que não possuem a mediunidade, pelo menos em estado rudimentar. Pode-se dizer, pois, que todos são mais ou menos médiuns. Usualmente, porém, essa qualificação se aplica somente aos que possuem uma faculdade mediúnica bem caracterizada, que se traduz por efeitos patentes de certa intensidade, o que depende de uma organização mais ou menos sensitiva.[661]

Portanto, o cristão, o islâmico, o judeu, o ateu, o gnóstico, o agnóstico, o hinduísta etc., todos possuem faculdades mediúnicas e podem manter, se quiserem, contato com espíritos ou como queiram chamar. Mas esse fato,

655 LALEYE, I.-P. As religiões da África Negra. Em: DELUMEAU, J. *As grandes religiões do mundo*, p. 613 e AMORIM, D. *O espiritismo e as doutrinas espiritualistas*, p. 165.
656 CHAMPION, F. Religiosidade flutuante, ecletismo e sincretismo. Em: DELUMEAU, J. *As grandes religiões do mundo*, p. 728.
657 RIFFARD, P.A. *O esoterismo*, p. 309.
658 MARQUES e COUTINHO. *Compêndio de religiões e espiritualidades*. Verbete: candomblé e umbanda.
659 KARDEC, A. *A gênese*, 1:19.
660 OLIVEIRA, S.F. As funções verticais do cérebro, p. 187. Em: *MEDINESP* – n. 10, ano 1995.
661 KARDEC, A. *O livro dos médiuns*, item 159.

afirma o próprio Allan Kardec, não os dá o direito de se proclamarem espíritas, pois não é isso que torna alguém espírita, mas sim seguir os postulados da doutrina através das seguintes obras: *O livro dos espíritos; O livro dos médiuns; O evangelho segundo o Espiritismo; O céu e o inferno; A gênese* e a coleção dos doze volumes da *Revista espírita* ou *Jornal de estudos psicológicos,* que se iniciou em 1858 e teve sua última edição em 1869, com a morte de Kardec. A codificação espírita possui 17 obras e não apenas cinco obras básicas como alardeiam alguns. Da mesma forma, é errôneo qualificar ou chamar os cinco livros de Kardec (*O livro dos espíritos; O livro dos médiuns; O evangelho segundo o Espiritismo; O céu e o inferno e A gênese*) de "Pentateuco espírita". Esse nome já é utilizado pelo pensamento judaico para se referir aos seus livros ou rolos; assim, não temos o direito de nos apropriar de nomes que não dizem respeito ao pensar espírita.

"Toda nova ideia tem contra si, necessariamente todos aqueles cujas opiniões e interesses ela contraria".[662] Assim foi com o Espiritismo, com a psicanálise, com o evolucionismo, com o marxismo, com a física mecânica e quântica e todo novo saber. No surgimento do Espiritismo, vários pensadores e cientistas aderiram às suas fileiras. Alguns converteram-se, outros, tocados pela experimentação ou sentido ético desse pensamento, ficaram no campo científico ou filosófico, auxiliando no entendimento e explicação dos fenômenos mediúnicos, tidos inicialmente como sobrenaturais ou incomuns. Entre esses filósofos e cientistas se destacam:

• Léon Denis, que se transformou ao longo do tempo em um filósofo da praticidade, fazendo uma análise da formação do ser e das diversidades religiosas existentes no mundo, em uma abordagem existencialista de cunho essencialista.
• Camille Flammarion, astrônomo e físico francês que aos 19 anos ganhou o Prêmio Nobel de física e foi o responsável por boa parte das psicografias que hoje compõem o livro *A gênese.*
• Ernesto Bozzano, metapsiquista e filósofo italiano, foi um pesquisador frio e severo no campo da experimentação mediúnica, possui mais de 20 livros já traduzidos para o português.
• Gabriel Delanne, engenheiro químico francês e renomado escritor espírita.

---

662 KARDEC, A. *Revista espírita* 1863, p. 167.

• Willian Crookes, químico inglês que ajudou no desenvolvimento da tabela periódica e estudou de perto os fenômenos espíritas; seu livro mais conhecido é *Fatos espíritas*.

• Alfred Russel Wallace, junto com Darwin, é autor da estruturação e elaboração da teoria da evolução das espécies. Wallace foi posto à margem da história do mundo científico pelo simples fato de ter se interessado pelo estudo e pesquisa do espiritualismo moderno, escrevendo o livro *O aspecto científico do sobrenatural*.

• Henri-Louis Bergson, filósofo francês que ganhou o Prêmio Nobel de Literatura com seu livro "inspirado" *A evolução criadora* e alguns outros trabalhos como *As duas fontes da moral e da religião*. Foi um dos primeiros filósofos a estudar a filosofia do Espiritismo e qualificá-la como uma "religião" dinâmica.

• William James, médico, filósofo e psicólogo inglês, iniciador do Funcionalismo, que estudou de perto os fenômenos religiosos e suas causas em seu livro *As variedades das experiências religiosas*.

• Gustavo Geley, médico, biólogo e pesquisador espírita francês.

• Arthur Conan Doyle, autor do imortal *Sherlock Holmes* e da consagrada *História do Espiritismo*.

• Alexandre Aksakof, cientista e pesquisador russo de renome internacional, cuja obra mais conhecida e divulgada ente os espíritas é *Animismo e Espiritismo*.

• Johann Karl Friedrich Zöllner, físico e astrônomo alemão que realizou vários trabalhos científicos no campo dos estudos psíquicos, provando a imortalidade e a chamada Quarta Dimensão na concepção da física atual.

• Victor Marie-Hugo, escritor francês e, segundo a história espírita, amigo pessoal de Allan Kardec.[663]

• Carl Gustavo Jung, psiquiatra suíço responsável pela estruturação da psicologia analítica ou de profundidade, que analisou os fenômenos mediúnicos[664] dentro de um referencial psicológico dos complexos autônomos e dos arquétipos.

• Josefh Banks Rhine, psicólogo americano e fundador da parapsicologia.

• Charles Robert Richet, cientista e fisiologista francês, fundador da ciência chamada metapsíquica e amigo pessoal de Bozzano.

663 ABREU, J.F. *Biografia de Allan Kardec*, p. 26.
664 JUNG, C.G. *Psicologia em transição*, item 172.

> *As sessões espíritas nos salões da Senhora de Girardin contaram com o que havia de mais fino nas letras, nas artes e na política: assistiram-nas Balzac, Lamartine, Chateaubriand, Théophile Gautier, para citar apenas alguns dos mais expressivos nomes das letras francesas e de renome mundial, à frente dos quais justo é colocar a figura magnífica de Alexandre Dumas, filho.*[665]

Nem todos esses pensadores e pesquisadores citados abraçaram o Espiritismo ou o defenderam como causa de fé ou verdade, mas, de uma forma ou de outra, todos acabaram pesquisando e escrevendo a seu respeito. Particularmente Rhine e Richet desenvolveram e estruturaram grande parte de suas teses e pensamentos após pesquisarem os fenômenos apresentados pelo Espiritismo, dando, na medida do possível, uma conformação científica aos fenômenos ditos mediúnicos.[666]

A parapsicologia é a ciência fundada por Rhine para estudar os chamados fenômenos incomuns do cotidiano.[667] Ela se detém muito mais no estudo das forças internas (animismo) do indivíduo do que a mediunidade. Para que exista mediunidade é necessário haver intervenção de espíritos, e, como a PES (Percepção Extrassensorial) é força interna da própria alma, a parapsicologia prefere deter-se nesse estudo. Não que desconheçam a faculdade mediúnica, mas como mediunidade é algo que depende de fatores externos, não existe como controlar os espíritos por terem vontade própria, o melhor a fazer é trabalhar com o que se tem.

> *O vocábulo "paranormal" deve ser considerado apenas no sentido de "além do normal", "inusitado", fora do conjunto dos fatos normais. Paranormal não deve ser confundido com "sobrenatural", pois a Ciência rejeita a possibilidade deste último, ao passo que aceita a realidade do primeiro, tornando-o objeto de suas investigações. Desse modo, aquilo que hoje consideramos fato paranormal deverá, no futuro, ser integrado no grupo dos fenômenos normais, tendo suas leis e implicações perfeitamente conhecidas.*[668]

Tanto a parapsicologia como a metapsíquica objetivam estudar esses fenômenos (mediúnicos e outros anímicos) com maior rigor científico.

---

665 ABREU, J.F. *Biografia de Allan Kardec*, p. 26.
666 PIRES, J.H. *Parapsicologia hoje e amanhã*, p. 201.
667 JUNG, C.G. *Dinâmica do inconsciente*, item 814.
668 ANDRADE, H.G. *Parapsicologia experimental*, p. 23.

> *A parapsicologia aparece no campo das investigações psicológicas como a consequência natural do desenvolvimento da chamada psicologia profunda, a partir de Freud, e da psicologia da forma ou Gestalt, a partir de Wertheimer. A psicanálise iniciou a investigação do inconsciente, que a parapsicologia aprofunda, e a Gestalt desenvolveu os estudos da percepção, que a parapsicologia amplia.*[669]

Quanto mais complexo é um fenômeno, menos respostas exatas teremos sobre ele. No campo de pesquisa da parapsicologia, há várias vertentes ou supostas verdades de seus estudiosos. Os ateus negam ou não acreditam na possibilidade de uma influência espiritual, relegando todos os fenômenos estudados a forças mentais e inconscientes, transformando o inconsciente em uma caixinha de Pandora. Do outro lado das pesquisas, temos os religiosos católicos e protestantes que acreditam em uma ação mental e também discursam sobre uma possível ação do mundo espiritual; no entanto, delegam essa ação ou força ao chamado demônio. Um dos parapsicólogos católicos mais conhecidos atualmente, pelo menos no Brasil, é o Padre Oscar Quevedo. Esse pesquisador observa e analisa todos os fenômenos dentro de sua formação (teólogo) e de suas supostas verdades. Tudo o que sai dessa ótica, que ele acredita chamar-se verdade (Que é a verdade? – como disse Pilatos), é mentira ou simplesmente não existe. O que não se explica dentro de uma ciência positivista de observação, pode-se fazê-lo por outras vias e outros tantos recursos oferecidos pela ciência atual e pela filosofia. A atitude de um verdadeiro cientista, quando não consegue explicar determinado fenômeno, deve ser de aguardar novas pesquisas e descobertas e não opinar, com suas lentes da verdade, o que não pode provar. Por fim, temos os espíritas que estudam os mesmos fenômenos parapsicológicos, tentando descobrir e explicar se a causa procede do próprio indivíduo (animismo), ou do chamado mundo espiritual. Dentro do referencial espírita, os parapsicólogos que mais se destacam são Hernani Guimarães e Andrade e João Teixeira de Paula, que escreveu *Dicionário enciclopédico ilustrado: Espiritismo, metapsíquica e parapsicologia*, infelizmente não mais editado.

A metapsíquica é a ciência fundada por Charles Robert Richet, em 1905, para "explicar os fenômenos mecânicos ou psicológicos, os quais são devido a forças que parecem ser inteligentes ou então a poderes que dormitam em

---

669 PIRES, J.H. *Parapsicologia hoje e amanhã*, p. 27.

nossa inteligência" (Richet, 1922).[670] Não devemos confundir Espiritismo com metapsíquica, apesar de Richet ter sido influenciado por Bozzano e escrito alguns livros sobre o Espiritismo, pois existem nessas ciências objetos de estudo diferentes. Assim podemos dizer que o Espiritismo é uma ciência experimental positiva[671] (Graças ao Espiritismo experimental, a individualidade da alma não é mais uma coisa vaga, porém o resultado da observação[672]), com aspectos filosóficos e fins éticos.[673] O Espiritismo prende-se a todos os ramos da filosofia, metafísica, psicologia e moral; é um campo imenso que não pode ser percorrido em algumas horas,[674] e a metapsíquica é uma ciência amoral, ou seja, sua preocupação é estudar os fenômenos e descobrir-lhes as causas por extensos e exaustivos experimentos, sem preocupar-se com aspectos subjetivos, religiosos, de crenças ou verdades.

> *A metapsíquica – deixando-se de lado, é claro, a psicologia, cujo objetivo é nitidamente limitado – é a única ciência que estuda as forças inteligentes. Todas as demais forças que os sábios, até o presente, estudaram e analisaram sob o ponto de vista de suas causas e efeitos, são forças cegas, que não têm consciência de si mesmas, são desprovidas não só de capricho mas também de personalidade e vontade.*

Observamos hoje que, devido à divulgação em massa que teve (no Brasil), o Espiritismo se tornou crença comum, perdendo seus métodos de pesquisa[675] e *status* de ciência que busca a compreensão dos fenômenos dentro de uma possível ciência dialética[676] e fenomenológica.[677]

A ciência do século XX transformou-se em um grande caleidoscópio.[678] Essa foi e é a oportunidade do Espiritismo de colocar (ou "impor-se") como ciência da espiritualidade, como fez a parapsicologia, que é estudada em algumas partes do mundo (França, Suíça, Inglaterra, Alemanha e outros países do Primeiro Mundo), como ciência objetiva de fenômenos incomuns, e a psicanálise como estudo do inconsciente.

---

670 Citado por PAULA, J.T de. *Dicionário de espiritismo, metapsíquica e parapsicologia*, p. 146.
671 KARDEC, A. *A gênese*, 1:7.
672 KARDEC, A. *O que é o espiritismo*, p. 210.
673 KARDEC, A. *O evangelho segundo o espiritismo*, 1:5.
674 KARDEC, A. *O que é o espiritismo*, p. 65.
675 KARDEC, A. *O livro dos médiuns*, cap. III.
676 GARAUDY, R. *Perspectiva do homem*, p. 297.
677 DARTINGUES, A. *O que é a fenomenologia?* – introdução.
678 KARDEC, A. *Revista espírita* 1868, p. 193.

O Espiritismo como fenômeno coletivo persegue, portanto, os mesmos fins que a psicologia médica, e, desse modo, produz, como nos indicam suas manifestações mais recentes, as mesmas ideias básicas – ainda que sob o rótulo de "ensinamento dos espíritos" – que são características da natureza do inconsciente. Por mais desconcertantes que sejam tais fatos, eles nada provam, nem a favor e nem contra a teoria dos espíritos. Mas a coisa muda inteiramente de aspecto quando se consegue provar casos de identidade. Não vou cometer a estupidez da moda que considera como embuste tudo aquilo que não consegue explicar.[679]

Com esse alargamento do que podemos chamar de ciência,[680] talvez, se o Espiritismo continuasse com a parte científica e "experimental das manifestações e a doutrina filosófica", como propôs o próprio Allan Kardec em *O que é o Espiritismo*, talvez tivesse maior crédito diante dos fenômenos hoje analisados pela filosofia, psicologia, psicanálise ou mesmo pela parapsicologia. Se tivesse se mantido na via do conhecimento científico-filosófico da proposta inicial, teríamos uma crítica social mais apurada, como nos deixaram Mariotti em seu livro *Espiritismo e materialismo dialético;* Manuel S. Porteiro, com seus livros de sociologia *Conceito espírita de sociologia, Espiritismo dialético, Livre-arbítrio e determinismo* e *Origem das ideias morais;* José Herculano Pires, com mais de vinte títulos; Jorge Rizzine e muitos outros bons pensadores em ciências e filosofias que dariam para encher um capítulo inteiro. Apesar de ser de origem francesa, do século XIX (1857), o Espiritismo alargou-se de forma gigantesca no Brasil. Após ter "deixado" o país de origem, o Espiritismo desembaraçou no Brasil e aqui ficou, mas não no sentido científico (experimental das manifestações), menos no filosófico (doutrina filosófica) como pretendeu seu seu fundador [681], mas um Espiritismo assistencialista, mesclado e permeado de rituais de outros cultos, estranhos aos conceitos espíritas originais e divididos em suas bases em espíritas científicos, místicos, kardecistas e roustainguistas.[682] O Espiritismo está hoje se tornando uma crença como qualquer outra, cheia de "não-me-toques". Não por causa da filosofia crítica espírita,[683] mas pelas

---

JUNG, C.G. *Dinâmica do inconsciente*, item 599.
680 DENIS, L. *O problema do ser do destino e da dor*, cap. I.
681 KARDEC, A. *O que é o espiritismo*, p. 119.
682 SANTOS, J.L. *Espiritismo – uma religião brasileira*, cap. III.
683 KARDEC, A. *Revista espírita* 1866, p. 20.

pessoas que aderem a essa ciência sem conhecimento prévio de sua dialética ou por causa de uma suposta mediunidade que precisa ser desenvolvida. O Espiritismo é uma filosofia espiritualista simples, sem rituais, cerimônias, iniciações ou sacramentos, mas isso não quer dizer que seja uma filosofia da ciência espírita fácil.

> *O Espiritismo nada tem a temer de sua aliança com a filosofia, porque repousa sobre fatos incontestáveis, que têm sua razão de ser nas leis da Criação. Cabe à Ciência estudar-lhe o alcance e coordenar os princípios gerais, consoante essa nova ordem de fenômenos. Pois é evidente que, desde que não tinha pressentido a existência necessária, no espaço que nos cerca, das almas dos mortos ou das destinadas a renascer, a Ciência deve compreender que sua filosofia primeira estava incompleta e que princípios primordiais lhe haviam escapado. A filosofia, ao contrário, tem tudo a ganhar ao considerar seriamente os fatos do Espiritismo. Primeiro, porque são a sanção solene de seu ensinamento moral; e depois porque tais fatos provarão, aos mais endurecidos, o alcance fatal de seu mau comportamento. Mas, por mais importante que seja essa justificação positiva de suas máximas, o estudo aprofundado das consequências, que se deduzem da constatação da existência sensível da alma no estado não encarnado, servir-lhe-á em seguida para determinar os elementos constitutivos da alma, sua origem, seus destinos, e para estabelecer a lei moral e a do progresso anímico sobre bases certas e inabaláveis.*[684]

Na maioria das vezes as pessoas que procuram o Espiritismo podem ser mal-orientadas por quem conhece pouco ou quase nada de mediunidade, essas pessoas buscam, por meio do Espiritismo, apenas "desenvolver" suas potencialidades mediúnicas, esquecendo-se de que mediunidade é trabalho para o bem, independente de sua qualificação. Outras procuram o Espiritismo apenas para obter as comunicações com parentes mortos, desconhecendo ser uma ciência de cunho filosófico e fundo ético (moral).[685] "O Espiritismo é, ao mesmo tempo, uma ciência de observação e uma doutrina filosófica. Como ciência prática, ele consiste nas relações que se estabelecem entre nós e os espíritos; como filosofia, compreende todas as consequências morais que dimanam dessas mesmas relações".[686] Diria que o Espiritismo de hoje pode, se não tomar cuidado, transformar-se

---

684 KARDEC, A. *Revista espírita* 1863 (setembro), União da Filosofia e do Espiritismo.
685 PORTEIRO, M.S. *Origem das ideias morais*, p. 6.
686 KARDEC, A. *O que é o espiritismo* – preâmbulo.

tão somente em mais uma religião, como o Catolicismo, o Protestantismo e os milhares de cultos no mundo como busca hierofânica do sagrado. Se tivesse apegado-se à ciência experimental,[687] como propôs seu fundador, talvez hoje estivesse fazendo parte dos corredores das universidades do Brasil e do mundo. Os pontos fundamentais do Espiritismo são: a humanização pela busca permanente de emancipação no amor e no conhecimento; a sobrevivência do espírito após a morte, com sua individualidade; a reencarnação como via de desenvolvimento contínuo e a comunicabilidade dos espíritos através dos médiuns.

> *Assim como a ciência propriamente dita tem por objeto o estudo das leis do princípio material, o objeto especial do Espiritismo é o conhecimento das leis do princípio espiritual. Ora, como esse último princípio é uma das forças da natureza, a reagir incessantemente sobre o princípio material e reciprocamente, segue-se que o conhecimento de um não pode estar completo sem o conhecimento do outro. O Espiritismo e a ciência se completam reciprocamente; a ciência, sem o Espiritismo, acha-se na impossibilidade de explicar certos fenômenos só pelas leis da matéria; ao Espiritismo, sem a ciência, faltariam apoio e comprovação. O estudo das leis da matéria tinha que preceder o da espiritualidade, porque a matéria é que primeiro fere os sentidos. Se o Espiritismo tivesse vindo antes das descobertas científicas, teria abortado, como tudo quanto surge antes do tempo.*[688]

O Espiritismo aportou no Brasil e saiu da mão dos pensadores e cientistas laicos (aqui laico quer dizer *independente* com relação à religião – oposição a eclesiástico) e alojou-se nas mãos de homens ainda agarrados e filiados a aspectos profundamente religiosos, místicos e dogmáticos, transformando o que era científico em apenas assistencialismo, em um centro de caridade,[689] em que se distribuíam alimentos para o corpo, e poucos se preocupavam com o conhecimento (maná) verdadeiro para alma. O Espiritismo tornou-se apenas uma filantropia em que a ajuda ao social ficou muito mais importante que a crítica social. Não existe um estudo crítico do contexto social da miséria, como fez Victor Hugo com *Os miseráveis* – que, segundo alguns, é uma obra inspirada dentro de sua mediunidade –, apenas se estende a mão e se oferece o pão ao desnutrido ou desvalido. O Espiritismo é hoje tão somente

687 KARDEC, A. *A gênese*, 1:14 e 39; Revista espírita, 1859, p. 222; 1861, p. 7; 1865, p. 40 e 1867, p. 266 itens 14, 39-40.
688 KARDEC, A. *A gênese*, 1:16.
689 KARDEC, A. *O evangelho segundo o espiritismo*, 15:10.

uma crença na imortalidade da alma, na reencarnação e na possibilidade do contato com os mortos por intermédio de um médium. O conhecimento como princípio básico da existência, ou seja, *"amai-vos, eis o primeiro ensinamento e instrui-vos, eis o segundo"*, é esquecido. A maioria dos espíritas do Brasil, diria uns 90%, aprende ainda Espiritismo nos livros romanceados. Poucos ou quase nenhum deles conhecem os clássicos ou os autores citados, se conhecem por nome, nunca leram. Eu seria petulante o bastante para afirmar que raros estudam as obras do fundador, aprendendo pela boca de outros, por romances ou páginas de jornal sensacionalistas. Não estamos afirmando que a parte assistencial não é importante, apenas que muitos se apegam mais a isso do que ao que o Espiritismo se propõe realmente a ensinar, ou seja, preparar o homem para a vida Espiritual pelo conhecimento. A caridade é uma decisão, e

> *[...] essa decisão, fazemos, (e ela se efetiva) na medida em que reconhecemos e amamos o "Deus Desconhecido" na intimidade do próximo que, sendo completamente diferente de nós, sintetiza todos os enigmas da existência e exige nossa resposta em forma de obras. A decisão se dá na medida em que, (no "próximo") ouvimos a voz daquele que é UM.* [690]

Uma vez uma amiga contou ao grupo GERME[691] uma história bem interessante sobre fazer caridade. Ela participava de um congresso espírita em Portugal e estava conversando com uma moradora de lá e contava sobre os inúmeros atendimentos que as casas espíritas fazem no Brasil, como a distribuição de alimentos, roupas, medicamentos, higiene pessoal etc., a pessoas necessitadas e moradores de rua. A moradora a olhou assustada e afirmou: "Nossa! Aqui em nosso país quem faz tudo isso é o governo, pagamos impostos para isso". Minha amiga, não convencida, afirmou: "E como então vocês fazem caridade?". Ela respondeu: "Doamos nosso tempo ensinando o espiritismo, dando passes, aconselhamentos fraternos a encarnados e desencarnados e tudo o que se faz no sentido de conhecimento".

---

690 BARTH, K. *Carta aos romanos*, p. 759.
691 Grupo de Estudo das Religiões Mircea Eliade (www.germe.net.br) que se dá uma vez por semana com duração de 2 horas. O grupo consiste em dissecar as obras do eminente pensador e historiador das religiões, Mircea Eliade. Não é necessária formação acadêmica, porém, muita vontade de estudar, ler, apreender, conhecer e buscar outras muitas verdades existentes sobre o assunto. O Grupo de Estudo não tem o objetivo de fazer análise ou interpretar os universos religiosos com visão religiosa, dogmática, cética, mística ou mesmo Espiritualista. Nosso enfoque é todo fenomenológico.

Possivelmente, o leitor já deve ter percebido que não é nada fácil encontrarmos alguns livros clássicos do Espiritismo e da filosofia nas livrarias comuns e mesmo nas especializadas das Federações Espíritas. Não é difícil responder ao leitor em um discurso meio marxista, o que é ou que se torna uma mercadoria no "valor de uso e valor de troca".

> *O valor de uso só tem valor para o uso, e se efetiva apenas no processo de consumo. O mesmo valor de uso pode ser utilizado de modos diversos. Contudo, a soma de suas possíveis utilidades está resumida em seu modo de existência como coisa com propriedades determinadas. Além disso, o valor de uso é determinado não só qualitativamente como quantitativamente.*[692]

Expondo de forma simplista, podemos dizer que uma caneta quando está à venda é uma mercadoria; quando compramos, transforma-se em um bem; querendo vendê-la, transforma-se novamente em uma mercadoria, ou seja, querendo ou não, a caneta não deixou de ser uma mercadoria de "valor de uso" e "valor de troca". No pensamento de Marx, "quase" tudo se transforma em mercadoria. Esse pensamento não está equivocado, mesmo se tratando das manifestações do sagrado. Não postulamos nessas linhas e nem é a nossa intenção ver mercadorias por toda a parte.[693] Seria muito inocente e infantil de nossa parte transformar os escritos e o trabalho de Marx apenas em estudo mercadológico, apesar de alguns autores e críticos contemporâneos se proporem a isso. O pensamento de Marx transcende a mercadoria e está *posto* na crítica ao capital, ao trabalho, ao homem (de forma *proposta* e não *posta*) e muitos outros. Porém, isso não nos impede de mostrar o quanto a posição de Marx está correta quando se trata de transformar o mundo do sagrado ou qualquer outro bem de ordem ou origem espiritual em apenas mercadoria. Assim, não é nada fácil encontrar muitos outros livros clássicos do Espiritismo, das filosofias e ciências nas livrarias comuns e especializadas pelo simples fato de vivermos em um país movido por um capitalismo que pensa em tudo (até mesmo no humano) como "uma mercadoria, e cada vez menos valorizada".[694] Só editam o que se vende, o que produz capital de giro, tornando-se o saber um monopólio de poucos. O que vende no Brasil? Romances fabulosos e de conteúdo mágico,

---

692 MARX, K. *Os pensadores*, cap. I – A mercadoria.
693 FAUSTO, R. *Marx: lógica e política*, p. 30.
694 NETTO, J.H. *Espiritismo e marxismo*, p. 8 (Carlos Antônio Fragoso Guimarães).

jornais e revistas sensacionalistas por serem mais baratos e de acordo com o perfil da maioria dos encarnados e quase sempre de acordo com seus salários.

> Mas a "saída do tempo" produzida pela leitura – particularmente dos romances – é o que mais aproxima a função da literatura da das mitologias. O tempo que se "vive" ao ler um romance não é, evidentemente, o tempo que o membro de uma sociedade tradicional reintegra, ao escutar um mito. Em ambos os casos, porém, há a "saída" do tempo histórico e pessoal, e o mergulho num tempo fabuloso, transistórico. O leitor é confrontado com um tempo estranho, imaginário, cujos ritmos variam indefinidamente, pois cada narrativa tem seu próprio tempo, específico e exclusivo. O romance não tem acesso ao tempo primordial dos mitos; mas, na medida em que conta uma história verossímil, o romancista utiliza um tempo aparentemente histórico e, não obstante, condensado ou dilatado, um tempo que dispõe, portanto, de todas as liberdades dos mundos imaginários.[695]

Tanto isso é verdade que algumas federações, detentoras de muitas obras científicas, esgotaram-nas e as poucas traduzidas estão engavetadas. O brasileiro ainda lê pouco, apesar dos avanços e das quantidades de livros vendidos e, desse pouco, raras exceções leem livros científicos e filosóficos. A maioria ainda prefere ler um romance ou livro mais *light*, que interprete e explique a ideia do autor. Essa explicação, quando é feita, passa pela ótica do autor que interpreta segundo suas lentes da verdade, logo, não estamos lendo na fonte que inspirou suas ideias, mas alguém interpretando-as de acordo com suas ideologias, o que por sinal é uma situação bem perigosa. Nenhum pensador (teórico) é fácil, gostoso de ler, explicativo ou *light*, todos são complicados, difíceis e precisam ser estudados de forma assídua. "Quem não tem tempo de aprender uma coisa não se mete a discorrer sobre ela e, ainda menos, a julgá-la, se não quiser que o acoimem de leviano. Ora, quanto mais elevada a posição que ocupamos na ciência, tanto menos escusável é que dizemos, levianamente, de um assunto que desconhecemos".[696] Espiritismo é Kardec. Se toda literatura espírita sincera espalhada pelo globo desaparecesse, ficando *apenas* as 17 obras de Kardec, nada estaria perdido. Porém, se as 17 obras desaparecessem da Terra e ficasse todo o restante, o Espiritismo não subsistiria.

---

695 ELIADE, M. *Mito e realidade*, p. 164.
696 KARDEC, A. *O livro dos médiuns*, item 13.

Ciência

As teorias completas não caem do céu e com toda razão devemos desconfiar se alguém nos apresentar, logo no início de suas observações, uma teoria sem falhas, otimamente rematada. Tal teoria certamente só poderá ser filha de sua especulação e nunca o fruto da pesquisa imparcial e desprevenida da realidade.[697]

Quando se diz que a Ciência confirma muito dos fatos espíritas, esclarecemos tratar-se da ciência espírita[698] e não das ciências comuns que possuem um domínio de múltiplas certezas, pois o "Espiritismo não é da alçada da Ciência". É sabido que o Espiritismo em seu aspecto científico e como ciência experimental[699] explica e expõe os fatos antes tidos como sobrenaturais ou metafísicos no sentido de inexplicados, abstratos e ininteligíveis.[700] Tivemos em suas fileiras ao longo do tempo homens de grande valor científico, que se dedicaram a esclarecer e explicar com seus experimentos os mesmos fenômenos espirituais expostos pela Ciência Espírita. Todos eles abordaram esses fenômenos no referencial da ciência espírita aos moldes de Kardec, ensinado metodicamente no *Livro dos médiuns*. O Espiritismo, como todas as outras ciências, e principalmente a psicanálise, possui suas próprias estruturas e métodos de investigação. Sabemos que existe em algumas universidades o estudo científico do Espiritismo, com o nome de psicobiofísica. No entanto, é preciso esclarecer que a fenomenologia espiritual se expressa de forma diferenciada dos fenômenos "comuns", por isso a ciência espírita possui seus próprios métodos de pesquisa e investigação. Não conseguiríamos ou no mínimo nos iludiríamos com a possibilidade de analisar a fenomenologia espírita com técnicas de outras ciências. Imagine Freud, em 1915, em um laboratório de química ou física, tentando explicar-lhes a seguinte situação:

[...] nosso direito de supor a existência de algo mental inconsciente, e de empregar tal suposição visando às finalidades do trabalho científico, têm sido vastamente contestados. A isso podemos responder que nossa suposição a respeito do inconsciente é necessária e legítima, e dispomos de numerosas provas de sua existência.[701]

697 FREUD, S. *Cinco lições de psicanálise* – volume XI, p. 18.
698 KARDEC, A. *O livro dos médiuns*, itens 9 e 74 – perg. 9.
699 *Ibid.*, itens 129 a 131.
700 JAPIASSÚ, H.; MARCONDES, D. *Dicionário de filosofia*, 180, item 4.
701 Volume XVI – Justificação do conceito de inconsciente.

Apesar da afirmativa de Freud de que existem provas incontestáveis da existência de conteúdo não consciente (o inconsciente), seria imensamente frustrante constatar que não o encontraríamos. Mas, se utilizarmos as ferramentas adequadas, propostas por Freud,[702] para a investigação do inconsciente, não só conseguiremos explicá-lo, como até mesmo provar sua existência.[703]

> As ciências comuns se apoiam nas propriedades da matéria, que pode ser experimentada e manipulada à vontade; os fenômenos espíritas se apoiam na ação de inteligências que têm vontade própria e nos provam a todo instante não estarem submetidas ao nosso capricho. As observações, portanto, não podem ser feitas da mesma maneira, em um e outro caso. No Espiritismo elas requerem condições especiais e outra maneira de encará-las: querer sujeitá-las aos processos ordinários de investigação, seria estabelecer analogias que não existem. A ciência propriamente dita, como ciência, é incompetente para se pronunciar sobre a questão do Espiritismo: não lhe cabe ocupar-se do assunto e seu pronunciamento a respeito, qualquer que seja, favorável ou não, nenhum peso teria.[704]

Muitos pesquisadores e cientistas conseguiram provar e evidenciar muitos dos fenômenos mediúnicos, mas, como dissemos: *dentro da ciência espírita*.[705] Cada ciência tem seu referencial, seu sistema e suas verdades de mundo, que são vertidos em estudos e métodos de aplicabilidade para os diversos campos de pesquisa material e fenômenos existentes. O que muitas vezes serve e se aplica a um determinado fenômeno não serve e não se aplica para os métodos de outras ciências, principalmente quando abordamos fenômenos de natureza espiritual.[706] Para explicá-los foi preciso uma nova ciência, o Espiritismo, com seus métodos, técnicas e estudo profundo da ontologia fenomenológica do espírito.[707] É possível que as ciências legitimadas academicamente, utilizando os mesmos métodos da

---

702 *Obras completas*, vol. XVIII, p. 287.
703 RIZZINI, C.T. *Psicologia e espiritismo – noção do inconsciente.*
704 KARDEC, A. *O livro dos espíritos*, introdução, item VII.
705 KARDEC, A. *O livro dos médiuns*, introdução e itens 18, 124, 125, 152, 158 e 326 – *O livro dos espíritos*, introdução – item XVI e conclusão, itens I, VI e VII – *O evangelho segundo o espiritismo*, 1:5, 11:15 e 21:7 – *O céu e o inferno*, 1ª parte, cap. 5. – *A gênese*, 4:17, *Revista espírita* 1858, pp. 2-6 e 216-224 – 1859, p. 35, 148 e 196 – 1863, p. 2 – 1864, pp. 319-326 e 1866, p. 19.
706 KARDEC, A. *O livro dos médiuns*, item 31 – A gênese, 1:39 – *Revista espírita*, 1861 – p. 7 – 1867, p. 276, itens 39 e 40.
707 KARDEC, A. *O livro dos espíritos*, perg. 76 a 83, 115, 144, 607, 613 – A gênese, 6:19, 11:7, 23 e 29 – *Revista espírita* 1860, p. 239 e *O evangelho segundo o espiritismo*, 1:5.

Ciência Espírita, cheguem aos mesmos resultados de Kardec.[708] Assim foi o caso de vários experimentos de Willians Crookes, Ernesto Bozzano, Gabriel Delanne, Camille Flammarion, Alexandre Aksakof, Alfred Wallace, Johan Carl Friedrich Zöllner, Hernani Guimarães de Andrade, Carlos Toledo Rizzini e muitos outros escritores e cientistas cujos trabalhos e livros estão à disposição de todos. Entre esses muitos cientistas, atualmente, temos Fritjof Capra e Amit Goswami que não são espíritas, mas seus trabalhos estão totalmente voltados ao estudo da espiritualidade e valem a leitura.

> *Nossa ciência não é uma ilusão. Ilusão seria imaginar que aquilo que a ciência não nos pode dar, podemos conseguir em outro lugar.* (FREUD, 1927)

> *Não há nenhuma ciência que tenha surgido completa, do cérebro do homem; todas, sem exceção, são produto de observações sucessivas, apoiando-se nas observações precedentes, como de um ponto conhecido para chegar ao desconhecido.* (KARDEC, 1868)

> *A ciência não deve procurar certezas absolutas ou "verdades" inabaláveis que são coisas totalmente estranhas a ela; no campo da ciência, o que deve haver são teorias (conjecturas) testáveis e corroboradas, independentemente de ser verdadeiras ou não; nunca se pode ter certeza de que uma teoria é verdadeira.* (POPPER, 1986)

Espiritismo dialético

> *[...] é que, apoiando-se em fatos, (a ciência espírita) tem que ser, e não pode deixar de ser, essencialmente progressiva, como todas as ciências de observação.[709]*

Concepção ontológica estruturada pelo argentino Manuel S. Portero.[710]

> *O espiritismo dialético é a concepção científica, dinamogenética da evolução, que explica as coisas, seres e fenômenos do Universo, em seu movimento causal e dinâmico e em suas necessárias contradições, sucedendo-se e transformando-se, lenta e gradualmente ou por mutações bruscas, em virtude de uma lei natural, seletiva e finalista, sob a ação*

---

708 KARDEC, A. *A gênese*, 1:16-18 e 55.
709 KARDEC, A. *A gênese*, 1:55.
710 Deixou para publicações póstumas, além de *Espiritismo dialético*, outras duas grandes obras, *Origem das ideias morais* (*Origen de Las Ideas Morales*) e *Conceito espírita de sociologia* (*Concepto Espirita de la Sociología*).

psicodinâmica do espírito, em suas diversas formas e manifestações. Não é, como poderia supor o leitor, uma inovação sistemática, fundamental, da filosofia espírita: é a mesma doutrina (pelo que respeita a seus princípios fundamentais), tratada dialeticamente à luz da ciência moderna e em concordância com os fenômenos da natureza e da vida e, muito especialmente, com os da psicologia e da história.[711]

Segundo sua visão, a concepção científica dinamogenética explica as coisas, os seres e os fenômenos do Universo, no seu movimento causal e dinâmico, bem como suas contradições necessárias, sucedendo-se e transformando-se, lenta e gradualmente, por mutações bruscas, em virtude de uma lei natural coletiva e finalista, sob a ação psicodinâmica do espírito, nas suas diversas formas e manifestações. Ter um conceito dinamogenético do Universo e da vida é pensar na evolução como critério dialético, considerando as coisas não em estado de repouso em que se apresentam, mas em movimento, como em realidade se encontram; não em um lugar fixo no espaço, nem movimentos determinados no tempo, mas vibrantes e atuantes como partículas e

> *[...] antipartículas que formam uma espécie de imagem espelhada das que compõem o nosso Universo. Em relação a elas, têm a mesma massa e o mesmo spin (movimento angular intrínseco), mas cargas opostas. O pósitron, por exemplo, tem a mesma massa e o mesmo spin do elétron, mas carga elétrica de sinal oposto.*[712]

Tudo isso em constante movimento e em perpétua transformação de forma e de qualidades, sem jamais serem coisas perfeitas.

Filosofia

> *Que a moral estabelecida pelos costumes e leis civis é uma moral de circunstâncias e interesses opostos, incapaz de traçar ao homem normas de conduta em concordância com o direito natural e com o verdadeiro objeto de sua vida – que não é certamente viver por viver – e dar-lhe uma lei uniforme e de preferência sobre as ações morais, é uma verdade que se evidencia por si mesma e seria atrevido quem pretendesse negá-la.*[713]

711 PORTEIRO, M.S. *Espiritismo dialético*, pp. 34-35.
712 BOURGUIGNON, A. *Histórias naturais do homem*, p. 250.
713 PORTEIRO, M.S. *Origem das ideias morais*, p. 17.

Nesse ponto é preciso fazer uma reflexão atenta, pois a filosofia se assenta sobre o pensamento e a linguagem. Kardec, quando elaborou o pensamento espírita, teve o máximo de cuidado com a parte da morfologia linguística. Criou novas palavras e neologismo para designar e diferenciar a nascente ciência filosófica das ciências e filosofias já existentes, bem como para apresentar ao mundo a filosofia espírita.

> *A filosofia espírita, fundada em observações e em experiências psicológicas e em uma lógica e dialética superiores, ensina que o espírito humano leva em si os princípios e a lei de sua evolução moral, identificados com sua essência e com a essência do ser infinito; que, ainda que finito e relativo, é infinito em sua perfectibilidade, assim como Deus é infinito em sua perfeição, e entre perfectibilidade e perfeição não pode haver contradição essencial, nem arbitrariedade, nem desarmonia.*[714]

Para que não houvesse confusão entre a filosofia espírita e as demais filosofias espiritualistas, Kardec cunhou termos próprios como: Espiritismo, espírita, perispírito e até mesmo a palavra médium, que acabou com o tempo entrando para a literatura geral. Kardec sabia que, se utilizasse palavras e conceitos comuns já utilizados em sua época, traria discordância e dúbia interpretação sobre a ciência e a filosofia espírita. Por isso, preferiu criar novas palavras para que fossem de uso exclusivo da doutrina espírita. Todo novo conceito em filosofia, seja apenas uma palavra, traz dentro de si muitas discussões, dúvidas e dialéticas. Quando escrevemos algo dentro do referencial ou pensamento espírita, devemos evitar utilizar logismos que não fazem parte da estrutura epistemológica do Espiritismo.

> *O kardecismo constitui, no novo desenvolvimento do espírito filosófico, o método racional pelo qual se poderá estabelecer, como já se vem fazendo, a realidade do espiritualismo espírita e positivo. O antigo espiritualismo está viciado, como se sabe, por crenças e supostos metafísicos que não se conformam com o pensamento científico dos novos tempos. Seu conteúdo é uma mixórdia de ideias sustentadas no passado, que não se apresentam harmônicas nem uniformes. A mentalidade moderna busca uma doutrina baseada na verdade, mas concorde e objetiva em relação ao mundo. O espiritualismo antigo foi apenas um desejo de conhecer o passado, mas nunca poderá aspirar a apresentar-se como real filosofia espiritualista, já que sua parte essencial está recoberta por uma carapaça impenetrável.*[715]

714 PORTEIRO, M.S. *Conceito espírita de sociologia*, p. 45.
715 MARIOTTI, H. *O homem e a sociedade numa nova civilização*, pp. 66-67.

Os escritores espíritas (encarnados e desencarnados), que escrevem sobre o Espiritismo, devem evitar o máximo possível utilizar expressões que não fazem parte da estrutura dialética do pensar espírita, para não criar confusão e dubiedade de interpretação. Muitos espíritos (encarnados e muitas vezes desencarnados), pensando estar contribuindo com o pensamento espírita, acrescentam e ensinam novas supostas técnicas, apresentando-as aos espíritas como se fossem parte integrante da estrutura morfológica do Espiritismo, ou "uma evolução desse pensamento". Porém, isso só traz confusão e transtornos, transformando o Espiritismo em mais uma grande Torre de Babel. Quando se traz algo novo no "sentido espírita", deve-se ater à linguagem e aos verbetes desse pensamento. Devemos evitar usar palavras já utilizadas por outros pensamentos espiritualistas, como: astral, astral superior, astral inferior, aura, chakras, carma etc.[716], como parte integrante do corpo do conhecimento da filosofia espírita. Esses termos nunca foram utilizados por Kardec; são próprios de outros pensamentos e quando usados de forma indiscriminada apenas trazem confusão e descrédito.

> *É preciso, pois, evitar o deixar-se seduzir pelas aparências, tanto da parte dos espíritos, quanto da dos homens; ora, eu o confesso, aí está uma das maiores dificuldades; mas, nunca se disse que o Espiritismo fosse uma ciência fácil; tem seus escolhos que não se podem evitar senão pela experiência.*[717]

Quem afirma que o Espiritismo precisa de novos termos e conceitos para ser aceito ou se mostrar atual desconhece totalmente o que significa uma estrutura metodológica de pesquisa no campo do pensamento filosófico e científico. Uma ciência, para se estabelecer, precisa de coerência e uma base forte.

> *Julgar a ciência espírita como "uma seita, misto de religião e filosofia ingênua" é desconhecer sua envergadura filosófica, seu movimento ideológico, seus homens mais representativos e, ainda, sua imensa bibliografia que, atualmente, constitui toda uma cultura nova sobre os problemas do espírito. A ciência espírita não é filosofia ingênua, desde que não apresenta noções ingênuas sobre a espiritualidade do homem; nem ingênuo é seu raciocínio filosófico, uma vez que, por seu caráter experimental, mais do que qualquer sistema metafísico, está em condições de inquirir cientificamente*

---

716 MARQUES e COUTINHO. *Compêndio de religiões e espiritualidades.* Verbetes: astral, aura, chakras e carma.
717 KARDEC, A. *O que é o espiritismo*, p. 30.

sobre o conhecimento do ser, que sempre foi tratado exclusivamente de maneira esquemática. É com razão que foi chamada, conjuntamente com a metapsíquica, a ciência da alma.[718]

Toda filosofia explica outras, mas dentro de seu pensar filosófico. O Espiritismo como ciência filosófica dialética, torna inteligível, claro, dá sentido de interpretação, ensina, expressa, manifesta, dá significado, compreende, expõe, explana, desenvolve e dá a conhecer a origem ou o motivo de nossas vidas e sentidos de existência. Elucida outras filosofias, ciências, religiões e religiosidades; todavia, não tomemos daí que deva adotar ou se apropriar de seus pensamentos, conceitos e logias como pensar e ética de vida.

> *A dialética espírita é um método discursivo, aplicado às coisas no processo indefinido de seu desenvolvimento ou, melhor dito, induzido desse processo indefinido; é uma lógica superior, para elevar-se à concepção dinamogenética da vida em todas as ordens e manifestações, do simples ao complexo, do particular ao geral e dos termos opostos à sua síntese, a fim de estabelecer a lei ou o princípio que rege cada ordem de coisas e o que é essencial em todas e em cada uma.*[719]

É sensato utilizar-se das ciências humanas que tratam dos aspectos humanos (indivíduo e ser social), como: sociologia, ciência política, antropologia, história, linguística, pedagogia, economia, geografia, direito, arqueologia, teologia, psicologia, psicanálise, química, física, astronomia, entre outras, sem prejuízo a essas teorias.[720] Não se deve utilizar no Espiritismo palavras, conceitos, técnicas e rótulos que causem confusão de ideias e divirjam do pensar espírita. O Espiritismo, como qualquer outra ciência ou filosofia que se preze, possui suas técnicas de pesquisa e estrutura metodológica que explicam a construção da realidade social. Mesmo os mais renomados pesquisadores quando traziam à tona novas pesquisas sempre se baseavam na linguagem espírita, sem precisar inventar novos nomes ou algo diferente para provar ou promover suas teses. Quem afirma que o Espiritismo precisa de novos conceitos e novas ciências para ser aceito está equivocado. Não se muda a estrutura epistemológica e morfológica de

---

718 MARIOTTI, H. *Dialética e metapsíquica*, p. 11 (itálicos do autor).
719 PORTEIRO, M.S. *Espiritismo dialético*, p. 35.
720 KARDEC, A. *Revista espírita* de 1866 – O espiritismo tem lugar reservado na filosofia e nos conhecimentos usuais.

uma ciência ou filosofia só para agradar a outros pensares ou simplesmente para ser aceito. Mesmo as supostas novas ciências que temos, como a TVP (Terapia de Vidas Passadas), a cromoterapia, a projeciologia e a apometria[721] não são conceitos, ciência, técnicas ou mesmo terapêutica espíritas. Esses autores não se detiveram na metodologia e pragmatismo da ciência espírita, "a ciência espírita não é filosofia ingênua; nem ingênuo é seu raciocínio filosófico". Em seus trabalhos, utilizaram, não poucas vezes, conceitos, palavras e técnicas esotéricas, espiritualistas e de ciências incomuns. Não afirmamos que com isso deixam de ter seu valor como técnica terapêutica, filosófica ou ciência espiritual, o que não se deve fazer é aceitar tudo o que aparece de novo no "mercado" e transformar, a fórceps, em ciência, filosofia ou mesmo terapêutica espírita.[722]

> O método dialético, mesmo com alguma diferença no modo de expressão, é que tem sido seguido pelos grandes filósofos espiritualistas, desde Sócrates e Platão, até Hegel, e empregado por alguns autores espíritas, ainda que sem uniformidade de critério e sem a precisão e extensão devidas. Daí que o Espiritismo se ressinta em seu valor filosófico e que sua interpretação doutrinária, no que concerne à evolução e ao modo em que se efetua, dê margem a opiniões diversas e contrapostas, a atitudes desde a mais revolucionária até a mais recalcitrante e conservadora, não obstante ser uma doutrina clara em seus postulados, quando estudados sem preconceitos.[723]

Nada impede que o indivíduo que crê que esses métodos terapêuticos funcionem filie-se a eles; entretanto, estes não devem ser intitulados como técnica e terapêutica espírita. O Espiritismo tem suas próprias técnicas, conceitos e métodos terapêuticos. Vamos dar um exemplo mais claro. Florais de Bach não é uma técnica terapêutica aceita pelo Conselho Regional de Psicologia, nem pelo de Medicina. Apenas a "proibição" não impede o profissional de utilizá-los como técnicas terapêuticas alternativas. Porém, se houver uma denúncia de que esteja utilizando tais terapias não recomendadas pelos conselhos, esse profissional enfrentará um processo administrativo por práticas não aconselhadas pelas ciências psicológicas e médicas. Uma nova técnica terapêutica, para

---

721 MARQUES e COUTINHO. *Compêndio de religiões e espiritualidades*. Verbete: apometria, cromoterapia, projeciologia, Terapia de Vidas Passadas e Terapêutica Espírita.
722 KARDEC, A. *Revista espírita* de 1866 – Introdução ao estudo dos fluidos espirituais.
723 PORTEIRO, M.S. *Espiritismo dialético*, p. 35.

ser incorporada em uma ciência ou filosofia, leva às vezes séculos, como a acupuntura na medicina. Isso não é intransigência, é método e técnica, para que a ciência, a filosofia ou qualquer outro saber pragmático não se transforme em um conhecimento banalizado ou desfigurado de sentido. O Espiritismo como filosofia espiritualista e ciência do espírito abrange o conceito do *Ser* como *Ser,* inserido no mundo físico[724] e fora dele.[725] Como filosofia, o Espiritismo pode ser posto "dentro" do Existencialismo, quando propõe o estudo da fenomenologia do espírito e da essência.

> *Mas acontece com o existencialismo o que Kardec assinalou no tocante às ciências materiais: o paralelismo com o Espiritismo vai até o limite da conceituação da "existência". Depois desse limite o Espiritismo prossegue sozinho, investigando e aprofundando o problema das relações interexistenciais, que abre as possibilidades de comprovação das antigas instruções sobre as existências múltiplas do ser. No Espiritismo, essas intuições, que desde a antiga metempsicose egípcia, adotada pelos pitagóricos, até a ressurreição judaica e a católica de ressurreição da carne se mantiveram no plano sobrenatural, transformam-se em conceitos racionais comprovados pela experiência e a investigação científica.[726]*

Deus, teologia e filosofia

O pensamento espírita segue e participa dos postulados éticos judaico-cristão ou cristãos e já conhecemos qual sua opinião sobre os deuses (Êxodo, 20:3; 23). Se para ser cristão for preciso participar da teologia e dos sacramentos (o batismo, a confirmação ou crisma, a eucaristia, a penitência ou confissão, a ordem, o matrimônio e a unção dos enfermos), nesse caso, o Espiritismo não é cristão, tendo em vista que não participa e nem aceita nenhum dos sacramentos.

> *O sistema sacramental [...] via os sacramentos basicamente como causas da graça que podia ser recebida independente do mérito do beneficiário. A teologia sacramental católica-romana enfatiza o exercício deles como sinais de fé. Declara-se que os sacramentos conferem graça à medida que*

---

724 KARDEC, A. *O livro dos espíritos*, perg. 366 e 785 – *O livro dos médiuns*, item 301 – *A gênese*, 4:17 – *Revista espírita* 1865, p. 155.
725 KARDEC, A. *O livro dos médiuns*, item 292 – *O evangelho segundo o espiritismo*, 1:6 e 2:3 – *O céu e o inferno*, 1ª Parte, 3:5 e 6 – *A gênese*, 4:17 e *O livro dos espíritos*, introdução, item VI.
726 PIRES, J.H. *Introdução à filosofia espírita*, p. 25.

*são sinais inteligíveis dela, e que o proveito do sacramento, distinto da sua
validez, depende da fé e da devoção do beneficiário.*[727]

Se acreditamos que a "filosofia" do Cristianismo não são os sacramentos
instituídos pela Igreja no decorrer dos séculos, mas os "ensinamentos" éticos
escritos por alguns em nome de Jesus,[728] o Espiritismo é cristão.

Já que a proposta aqui é filosofar, pensemos na primeira pergunta do
Livro dos espíritos: Que é Deus? – "Deus é a inteligência suprema, causa
primária de todas as coisas". Aqui talvez se inicie a filosofia espírita. Não
existe, propriamente dita, uma história da filosofia espírita, como existe a
história da filosofia grega ou moderna.[729] Porém, podemos arguir o seguinte:
inteligência de quem? Dos homens modernos ou das cavernas, de um Mao
Tsé-Tung ou de um Gandhi? Quando se afirma ser Deus a *causa primeira
de todas as coisas,* será também a causa do mal? Ou simplesmente em tornar
os seres *sencientes?* O problema sobre Deus e deuses é que os cristãos estão
voltados com os pensamentos e verdades para o panteão greco-romano,
onde Zeus (Deus? só mudou a letra) estava em constante confusão, conflitos e brigas homéricas (do grego *homerikós*) com os demais deuses, divindades, semideuses e humanos. No panteão greco-romano não existe a
harmonia de outros panteões, como é o caso dos deuses iorubás, indianos e
outros.[730] Assim, devido a essa suposta confusão do panteão greco-romano,
foi posto que se tivéssemos mais de um Deus, seria uma bagunça generalizada de ordens, mandos e desmandos. Sempre pensamos na desarmonia e
não na harmonia, como com o panteão dos orixás. Olorun criou tudo e os
orixás o representam como forma de espiritualidade. Quando necessário,
Olodumaré convoca uma assembleia e delega atribuições e funções a cada
orixá e diz o que eles precisam fazer para a evolução humana.

*Todas as expressões da alma e da sociologia do espírito foram tratadas
pela filosofia espírita ou pela cultura espírita. O que agora falta é que essa
cultura ou conhecimento do homem e do mundo se transforme em civilização*

---

727 ELWELL1, W. *Enciclopédia histórico-teológica da igreja cristã*, p. 258.
728 KARDEC, A. *O evangelho segundo o espiritismo* – introdução, item I.
729 MORENTE, M.G. *Fundamentos de filosofia* – lições preliminares, lição I.
730 "A palavra deus tinha, entre os antigos, acepção muito ampla. Não indicava, como presentemente,
uma personificação do Senhor da Natureza. Era uma qualificação genérica, que se dava a todo ser existente
fora das condições da Humanidade. Ora, tendo-lhes as manifestações espíritas revelado a existência de
seres incorpóreos a atuarem como potência da Natureza, a esses seres deram o nome de *deuses*, como lhes
damos atualmente o de *espíritos*." (*Livro dos espíritos*, perg. 668, grifos do autor).

ou em sociedade. Mas para isso é necessário que a filosofia espírita se entrose no processo histórico da Humanidade. Sem isso, o Espiritismo permanecerá desligado da história e, para que assuma tonalidades ideais, é preciso que a essência espírita impulsione a fenomenologia social com suas estruturas espirituais e materiais.[731]

Expressão filosófica do Espiritismo
(Por Deolindo Amorim)[732]

O lastro experimental, com a apresentação de fatos comprobatórios, ainda é uma necessidade, pois estamos muito longe, por enquanto, daquele estágio evolutivo em que a mediunidade ficará no puro domínio da intuição, como diz a própria doutrina. Será uma expressão muito elevada em função, porém, do tempo e do melhoramento espiritual do ser humano. Claro que a prática mediúnica, como geralmente falamos, precisa de condições básicas: honestidade pessoal, perseverança, lucidez e prudência do verdadeiro espírito científico. A mediunidade exercitada a esmo, embora bem-intencionada, como acontece muitas vezes, tem seus riscos.

Então, sem perder de vista o valor do estudo filosófico, a que Kardec atribui influência decisiva, é lógico entender que o aspecto mediúnico sempre teve e tem seu momento de necessidade e relevância, seja pelo consolo das mensagens, seja pelos elementos de estudo e reflexões que oferece. Mas o Espiritismo não se contém todo ele no campo mediúnico, conquanto lhe tenha servido de ponto de partida, como se sabe. O fenômeno por si não nos levaria a consequências profundas, ou seria apenas objeto de observação ou motivo de deslumbramento, sem a formulação filosófica. Justamente por isso – repetimos Kardec – "a força do Espiritismo está em sua filosofia". E por que não está no fato mediúnico? Porque o fato prova e convence objetivamente, não há dúvida, porém não elucida os problemas mais graves de nossa vida, por si mesmo, se não tomar a direção filosófica que conduz à inquirição das causas, dos porquês e das consequências.

A comunicação dos espíritos demonstra praticamente a sobrevivência da alma "após a morte". É o elemento básico. Mas é preciso

---

731 MARIOTII, H. *Dialética e metapsíquica*, pp. 22-23 (Itálicos do autor).
732 Último texto produzido em vida. Harmonia – *Revista espírita* n. 64 – fevereiro/2000.

partir daí para as indagações que compreendem essencialmente o destino humano e as consequências morais do Espiritismo. A essa altura, já é esfera da filosofia e a força do Espiritismo – não faz mal insistir neste ponto – está exatamente nesse corpo de princípios em cuja homogeneidade e coerência encontramos respostas às mais complexas questões de nossa vida: a existência de Deus, a justiça divina e as desigualdades morais, intelectuais e sociais, o livre-arbítrio e determinismo, a reparação do mal pelas provas e o reajuste de compromissos do passado através das experiências reencarnatórias. São temas de reflexão filosófica. Entretanto, a doutrina estaria incompleta se não decorressem daí as consequências morais com que nos defrontamos a cada passo.

Quem, por exemplo, gosta apenas de ver sessões mediúnicas, porque acha interessante ouvir os conselhos dos espíritos ou conversar com os médiuns, mas não vai além desse hábito, que se transforma em rotina com o decorrer do tempo, e naturalmente não tem uma visão global do ensino espírita, conhece o Espiritismo apenas pela parte fenomênica, que é muito rica de lições e sempre tem o que oferecer para estudo e meditação, porém não abre horizonte mais amplo a respeito das leis e causas a que o fenômeno está sujeito. Há pessoas, por exemplo, que se interessam muito pelo lado experimental do Espiritismo e fazem realmente estudos sérios, mas encaram o fenômeno do intercâmbio entre dois mundos com a mesma neutralidade ou frieza com que os especialistas lidam com os fenômenos da física ou da eletrônica, e assim por diante. A preocupação é exclusivamente com o fenômeno puro e simples. E daí? Que resulta de tudo isso? Sim, o fenômeno da comunicação entre vivos e mortos é neutro até certo ponto, uma vez que sempre ocorreu no mundo, muito antes das civilizações e, portanto, do Espiritismo. E pode ser observado e registrado em ambientes não espíritas como também pode ser discutido à luz de critérios diversos, nas áreas da parapsicologia, psiquiatria, antropologia etc., sem nenhuma cogitação quanto às causas e consequências. Se o psiquiatra se volta para a procura da anormalidade, já o antropólogo vê o fenômeno dentro de um contexto cultural sem implicações de ordem transcendental, como se costuma dizer.

Quando, porém, o fenômeno está situado no contexto espírita, já não é tão neutro, porque assume um valor moral muito especial e, por isso mesmo, não pode ser considerado indiferentemente, como se estivesse em laboratório de física ou química. O fato de o espírito entrar em comunicação com o nosso mundo pela via mediúnica já pressupõe muita responsabilidade para o médium e também para quantos tenham de lidar com esse tipo de trabalho. Há necessidade, portanto, de um preparo moral indispensável. Já se vê que a situação, agora, é bem diferente. E por que, finalmente, o Espiritismo engloba o fato mediúnico em uma contextura filosófica de consequências tão acentuadas? Exatamente porque a verificação de que os mortos continuam vivos e vêm até nós, identificando-se, interferindo-se, interferindo em nossos atos, "chorando suas mágoas" ou trazendo alegria e esperança, confirma a tese capital de que a vida continua no tempo e no espaço. Partimos daí, desse princípio essencial, para a especulação filosófica das origens e do chamado sobrenatural. O próprio impulso da sede de saber nos leva a propor questões dessa natureza: que significa esse intercâmbio em nossa vida? Qual o ponto inicial, a causa primária dessa força ou inteligência aparentemente misteriosa? Que benefício poderá esse tipo de conhecimento trazer para a Humanidade? Começamos a sentir o conteúdo ético e filosófico do Espiritismo desde o momento em que lhe avaliamos a profundidade e a integridade como doutrina capaz de corresponder às nossas preocupações com o desconhecido e o nosso destino.

Mas a especulação filosófica, embora necessária e valiosa, ainda não é suficiente para atender satisfatoriamente às necessidades do ser humano quando desperta para os problemas espirituais; torna-se necessário, se não indispensável, além desse passo no conhecimento, procurar as consequências dos princípios espíritas na vivência individual e coletiva. É aí, principalmente, que se sente a força do Espiritismo em sua filosofia.

Moral (religião?)

> A delinquência alcança todos os membros de uma sociedade em grau mais ou menos superlativo, segundo se escale as alturas do poder e da fortuna ou se desça aos últimos degraus da impotência e da miséria; o crime e a imoralidade tanto vestem black tie (gravata) ou avental, isto é verdade; mas também é uma verdade que a vara da justiça se deleita nos debaixo e poucas vezes chega aos de cima.[733]

733 PORTEIRO, M.S. *Origem das ideias morais*, p. 32.

É o Espiritismo uma religião? Allan Kardec responde:

> *[...] uma religião, em sua acepção nata e verdadeira, é um laço que religa os homens numa comunidade de sentimentos, de princípios e crenças. No sentido filosófico, o Espiritismo é uma religião, e nós nos glorificamos por isso, porque é a doutrina que funda os elos da fraternidade e da comunhão de pensamentos, não sobre uma simples convenção, mas sobre bases mais sólidas: as mesmas leis da natureza. Por que, então, declaramos que o Espiritismo não é uma religião? Porque não há uma palavra para exprimir duas ideias diferentes, e que, na opinião geral, a palavra religião é inseparável da de culto, desperta exclusivamente uma ideia de forma, que o Espiritismo não tem. Se o Espiritismo se dissesse uma religião, o público não veria aí senão uma nova edição, uma variante, se quiser, dos princípios absolutos em matéria de fé, uma casta sacerdotal com seu cortejo de hierarquias, de cerimônias e privilégios, não o separaria das ideias de misticismo e dos abusos contra os quais tantas vezes se levantou a opinião pública. Não tendo o Espiritismo nenhum dos caracteres de uma religião, na acepção usual do vocábulo, não podia nem devia enfeitar-se com um título sobre cujo valor inevitavelmente se teria equivocado. Eis porque simplesmente se diz: doutrina filosófica e moral. A religião, ou melhor, todas as religiões sofrem, malgrado seu, a influência do movimento progressivo das ideias. Uma necessidade fatal as obriga a se manter no movimento ascensional, sob pena de serem submersas. Assim, todas têm sido constrangidas, de tempos em tempos, a fazer concessões à ciência, fazer dobrar o sentido literal de certas crenças, ante a evidência dos fatos. A que repudiasse as descobertas da ciência e suas consequências, do ponto de vista religioso, mais cedo ou mais tarde perderia sua autoridade e seu crédito e aumentaria o número dos incrédulos. Se uma religião qualquer pode ser comprometida pela ciência, a falta não é da ciência, mas da religião fundada sobre dogmas absolutos, em contradição com as leis da natureza, que são as leis divinas. Repudiar a ciência é, pois, repudiar as leis da natureza e, por isso mesmo, renegar a obra de Deus. Fazê-lo em nome da religião seria pôr Deus em contradição consigo mesmo e fazê-lo dizer: "Eu estabeleci leis para reger o mundo; mas não acrediteis nessas leis".*[734]

Aqui existe uma confusão razoável entre os espíritas e muito mais entre os não espíritas. Alguns espíritas querem, de qualquer forma, enfiar o Espiritismo em uma religião posta.

No Brasil, considera-se o Espiritismo ao mesmo tempo uma ciência, filosofia e religião. Para um pesquisador e historiador, parece difícil entender como o Espiritismo no Brasil chegou a essa trindade doutrinária, sendo que

---

734 KARDEC, A. *Revista espírita* 1864, p. 203 e 1868, pp. 351-360.

o próprio Allan Kardec diz o contrário quando afirma: "o Espiritismo não é uma religião, não pretende sê-lo, e não possui nenhum dos caracteres de uma religião". Se considerarmos que religião não é aquele *religare* inventado para justificar queda-pecado-culpa, mas como *revelatione* (revelação), é possível propormos a todos os pensamentos e filosofias que tenham tido esse tipo de *experiência sagrada*, como religião. Assim, se considerarmos religião como Mircea a considera, experiência do sagrado, o Espiritismo também é uma religião no sentido proposto e não posto.

> *O Espiritismo, dando-nos a conhecer o mundo invisível que nos cerca e no meio do qual vivíamos sem o suspeitarmos, assim como as leis que o regem, suas relações com o mundo visível, a natureza e o estado dos seres que o habitam e, por conseguinte, o destino do homem depois da morte, é uma verdadeira revelação, na acepção científica da palavra.*[735]

Porém, se ficarmos flutuando na justificativa queda-culpa-pecado, apregoada pelas religiões cristãs, o Espiritismo não é uma religião, e sim, um aspecto de religiosidade em sentido filosófico. No entanto, não se deduz dessa premissa que seja ou aceite um rótulo erroneamente lhe empregado de religião.

> *Não tendo o Espiritismo nenhum dos caracteres de uma religião, na acepção usual do vocábulo, não podia nem devia enfeitar-se com um título sobre cujo valor inevitavelmente se teria equivocado. Eis porque simplesmente se diz: doutrina filosófica e moral.*[733]

Os amigos da América Latina, para desfazer esse mal-entendido do peso que carrega essa palavra, utilizam o aspecto seguinte: ciência, filosofia e ética (moral).

> *Muitos filósofos e escritores eminentes, ainda que admitindo a imanên cia das ideias e sentimentos morais, não fazem distinção entre a moral que deles depende e a que procede das relações sociais; eis que, depois de grandes e bem documentados trabalhos em prol da imanência, por temor de cair no que eles chamam "misticismo", vão dar corpo e alma ao "amoralismo" ou ao "fatalismo" que eles repudiam com todo o vigor e a lógica de seus argumentos.*[737]

735 KARDEC, A. *A gênese*, 1:12 e 13.
736 KARDEC, A. *Revista espírita* 1859, pp. 141-150 e 211-213.
737 PORTEIRO, M.S. *Origem das ideias morais*, p. 54.

Comentários
(Por Carlos Guimarães)[738]

O aspecto moral da doutrina, resultante da filosofia espírita, foi posteriormente confundido e amalgamado com um aspecto religioso. Por possibilitar, através de sua filosofia, uma *religação* efetiva com a dimensão espiritual do homem, o Espiritismo permite ao seu estudioso usufruir de um sentimento de *religiosidade*, no sentido latino do termo (*religare*, ou seja, de se religar com algo superior, transcendente) que vai muito além do sentido atual da palavra religião. A *religiosidade*, que é sentimento superior ao estreito rótulo da religião, é que preenche de fato a doutrina espírita.

É o próprio Kardec quem também nos fala que o Espiritismo, por ser uma *ciência e uma filosofia*, "é, pois, o *mais potente auxiliar da religião*" (KARDEC, A. *O livro dos espíritos*, p. 111 da FEB), sendo, pois, algo que, se não é uma religião em si, a não ser que se queira isso, respeita todas as religiões, pois são a expressão da ânsia humana pelo sublime e transcendente, e são válidas. Assim como cada teoria de personalidade, na psicologia, é válida de acordo com o posicionamento e maturação psicológica e emocional de cada indivíduo. Infelizmente, fizeram do Espiritismo o que bem quiseram, do mesmo modo como fizeram o que bem quiseram dos ensinos do Cristo, de Sócrates, e outros...

Um estudo realmente aprofundado e sistematizado da obra de Kardec esclareceria a todos sobre esses pontos, que acredito ser de fundamental importância para a maturação da tolerância entre as diferenças religiosas e uma vacina contra qualquer tipo de dogmatismo que, vez por outra, parece brotar no posicionamento *religioso* de alguns espíritas e dirigentes espíritas brasileiros. Esses, por força da tradição católica em nossa cultura, têm transformado alguns centros – que deveriam ser casas sérias de estudos psíquico-espirituais – em verdadeiras *igrejas* – e sem a competência dessas. Isso pois algumas pessoas passam a dar palestras sem o mínimo de aprofundamento na doutrina ou nas ciências

---

738 Carlos Antônio Fragoso Guimarães é formado em Psicologia Clínica pela UFPB, Universidade Federal da Paraíba, é mestre em sociologia pelo Programa de pós-graduação em sociologia da UFPB. Escreveu os Livros: *Percepção e consciência, Um estudo do psiquismo humano*, Ed. Persona, João Pessoa, outubro de 1996; *Evidências da sobrevivência, vencedor do Concurso Literário José Herculano Pires*, promovido pela Editora Madras e pela U.S.E. São Paulo, 2003 e *Carl Gustav Jung e os fenômenos psíquicos*, pela Editora Madras, São Paulo.

psíquicas, como em psicologia e psiquiatria, além das leituras básicas da codificação kardequiana, tirando conclusões apressadas e/ou equivocadas de alguns fenômenos psicológicos que incidem sobre parte de nossa população, taxando-os de obsessão e outras coisas mais. Ora, nem todos os problemas são causados por perturbações espirituais – isso é acusar os espíritos injustamente –, ou, se existe alguma parcela disso, foi por algum desajuste primeiro do encarnado, desajuste de cunho íntimo e pessoal que precisa de tratamento mais dirigido ao aspecto psicológico, mudando seus padrões de pensamento e hábitos mentais imediatos, que causam a atração do espírito desencarnado, por sintonia psíquica. Sendo assim, Kardec apontou para o fato de que muitos de nossos desajustes se devem a causas psicossomáticas e espirituais interligadas, pondo-se, portanto, bem à frente do desenvolvimento da psicologia de seu tempo, apontando para as teorias correntes agora, nos meios acadêmicos sobre o papel da medicina psicossomática na dinâmica das doenças e distúrbios mentais.

Kardec tinha plena consciência do fato de que os conhecimentos adquiridos em seus estudos eram apenas o primeiro passo de uma longa jornada, e, como nos fala o grande escritor Léon Denis em sua obra *Depois da morte*, no capítulo XX:

> [...] a doutrina de Allan Kardec, nascida – não será demasiado repeti-lo – da observação metódica, da experiência rigorosa, não se torna um sistema definido, imutável, fora e acima das conquistas futuras da ciência. Resultado combinado de conhecimentos dos dois mundos, de duas humanidades de planos paralelos penetrando-se uma na outra, ambas, porém, imperfeitas e a caminho do entendimento de verdades mais profundas, do desconhecido, a Doutrina dos Espíritos transforma-se sem cessar, pelo trabalho e progresso, e [...] acha-se aberta às retificações, aos esclarecimentos do futuro.

E é isso que tem de ficar bem claro para o movimento espírita brasileiro, com alguns setores cristalizados e dogmatizados. A verdade é muito ampla para estar contida apenas nas obras do primeiro período da codificação, e as ciências evoluem para uma compreensão mais holística do homem e do universo que deve estar presente também nas nossas casas de estudo espíritas. E se há ainda pessoas que se realizam apenas no aspecto religioso do movimento, há muitas outras, especialmente entre os jovens, que anseiam por ver novos horizontes onde possam se lançar a altos voos com as duas asas, como nos fala Emmanuel, a da razão e a do coração. Nesse sentido é bom relembrar mais algumas palavras do próprio Kardec:

> [...] o Espiritismo é uma doutrina filosófica de efeitos religiosos como qualquer filosofia espiritualista, pelo que forçosamente vai encontrar-se com as bases fundamentais de todas as religiões: Deus, alma e vida futura. Mas não é uma religião constituída, visto que não tem culto, nem rito, nem templos e que, entre seus adeptos reais, nenhum tomou o título de sacerdote ou de sumo sacerdote. [...] O Espiritismo proclama a liberdade de consciência como direito natural; proclama-a para seus adeptos assim como para todas as pessoas. Respeita todas as convicções sinceras e faz questão de reciprocidade. (KARDEC, A. Obras póstumas – ligeira resposta aos detratores do Espiritismo, pp. 260-261 da 21°, Editora FEB, com destaques meus)

Ora, é muito lamentável que algumas instituições que se dizem espíritas tenham em seu meio pessoas com a pseudossabedoria de se arvorarem donas de todo o conhecimento e evitarem o contato com outros sistemas de pensamento ou com as novas descobertas científicas. Esquecem-se, em nome do dogmatismo e da vaidade, dos dois mandamentos essenciais do Espiritismo: "Espíritas, amai-vos, eis o primeiro mandamento; instrui-vos, eis o segundo", e põem um limite quase intransponível entre a mesa, com seus dirigentes, e a assembleia, em um arremedo de hierarquia, arremate de um nível de poder político comum às religiões institucionalizadas. Ainda há tempo de retomar a seara da forma como foi planejada por Kardec, basta humildade e solidariedade, nada mais, e um sincero desejo de estudar e se instruir. Felizmente nas fileiras espíritas brasileiras existem lumiares de alto valor no aspecto científico e filosófico, como Hernani Guimarães Andrade, Henrique Rodrigues, Hermínio C. Miranda, Clovis Nunes, Jorge Andrea, Raul Teixeira, Divaldo P. Franco e, por meio de sua mediunidade maravilhosa, Francisco Cândido Xavier. De forma mais ou menos indireta, também temos a obra fantástica de Pietro Ubaldi que, com sua A grande síntese demonstrou algumas das temáticas só agora mais ou menos popularizadas ou divulgadas como consequência da evolução da Física Quântica ou da concepção holística da filosofia da ciência que foram divulgadas em grande parte nas obras de Fritjof Capra. Mas isso é outro assunto.

Acreditamos que o precioso trabalho de Allan Kardec ainda há de ser reconhecido pelas gerações vindouras. O sucesso que sua obra logrou a ter na segunda metade do século XIX, foi, de certa forma, ofuscada pelas crises e guerras sucessivas por que passou a Europa, que acabou por entrar em uma fase de descrença existencial, com a perda de seus ideais mais espirituais, bem exemplificada pelo niilismo e mecanicismo do século XX. Isso além de outras correntes espirituais mais *esotéricas*, de sabor fortemente ocultista e, por isso mesmo, mais atraentes para algumas pessoas às quais o mecanicismo de nossa época desagrada, como a Teosofia de H.P. Blavatsky, e outras. Mas só o tempo, como agora parece ocorrer, dirá o que de fato é a obra de um dos homens mais universais do século XIX.

Ética

> *Teoria do comportamento moral dos homens em sociedade ou a ciência de uma forma específica do comportamento humano. Toda ciência e filosofia possuem por base, seja ela religiosa ou não, a ética como um farol a iluminar os passos vacilantes do homem. Assim, ao pensarmos no Espiritismo como uma ciência filosófica de cunho ético, aventamos a ideia de que Kardec, após ter lançado as bases do Espiritismo no contexto filosófico com* O Livro dos espíritos *e a ciência experimental com* O livro dos médiuns, *deveria pensar em como as pessoas agiriam e reagiriam ante a essa nova ciência e filosofia. Assim, "surgiu" a ética espírita, com* O evangelho segundo o Espiritismo.[739]

Observamos esse mesmo sentido de ética (do latim: *ethica*; do grego: *ethiké*)[740] moral no sentido filosófico proposto por Kardec nas filosofias de Sócrates, Platão, Hegel, Espinosa, Bergson, Avicena, Descartes e muitos outros, não se inferindo desse sentido que sejam religiosidades ou religiões. Por que afirmamos ser o Espiritismo ético e não apenas moral? Porque,

> *[...] diferentemente da moral, a ética está mais preocupada em detectar os princípios de uma vida conforme a sabedoria filosófica, em elaborar uma reflexão sobre as razões de se desejar a justiça e a harmonia e sobre*

---

739 MARQUES e COUTINHO. Verbete: ética.
740 ARISTÓTELES. *A ética a nicômaco* – livro I.

*os meios de alcançá-las. A moral está mais preocupada com a construção
de um conjunto de prescrições destinadas a assegurar uma vida em comum
justa e harmoniosa.*[741]

A moral está estritamente ligada e amarrada à religião ou à religiosidade
de um povo; e a ética, à reflexão e à sabedoria filosófica. Por que alguns
espíritas gritam aos quatro ventos que o Espiritismo precisa ser uma religião em sentido do *religare:* queda-pecado-culpa? Por um motivo bem
simples: muitos ainda não conseguem entender que para ser espiritualista, não precisamos de uma religião ou qualquer rótulo religioso. Como a
maioria (90%) dos espíritas vem de uma formação de identidade cristã que
permeia o Catolicismo ou o Protestantismo e, como essas religiões, não
aceitam que uma ciência ou filosofia possa levar o homem à espiritualidade, pois afirmam categoricamente que as filosofias, como as ciências, são
dessacralizadas (destituídas de sentido de sagrado). Os espíritas, condicionados por milênios a esse sentido de religião posta (queda-pecado-culpa), não possuem uma ideia (reflexão filosófica) clara de que o Espiritismo
é uma ciência e, como qualquer ciência que trabalha para o melhoramento do próximo, nos aproxima da espiritualidade, como se uma ciência ou
uma filosofia não tivesse o mesmo valor de sacralidade de uma religião,
filosofia religiosa ou espiritualista.

Apesar de o Espiritismo vir de uma ideologia cristã, ele se diferencia subs-
tancialmente das demais Igrejas Cristãs: não aceita nenhum dos sacramentos
– o batismo, a confirmação ou crisma, a eucaristia, a penitência ou confissão, a
ordem, o matrimônio e a unção dos enfermos –, o Pecado Original, a queda do
homem no sentido bíblico, a absolvição dos pecados dos católicos, a predestinação dos calvinistas; a doutrina da graça dos luteranos, a divindade de Jesus, os anjos, os demônios, a Trindade, os concílios ecumênicos, a escatologia
bíblica, a unicidade da existência, a salvação ou condenação eterna. Ou seja,
o Espiritismo não participa do pensamento maniqueísta das religiões cristãs
tradicionais.[742] Kardec rompeu com toda ideologia religiosa posta, proposta
ou legitimada pelas Igrejas Cristãs do século XIX. Foram essas e muitas outras razões que levaram Kardec a afirmar claramente que o Espiritismo é uma
ciência de cunho filosófico com aspectos éticos (moral). Não existe em parte

---

741 JAPIASSÚ, H.; MARCONDES, D. *Dicionário básico de filosofia*, p. 93.
742 KARDEC, A. *O céu e o inferno*, primeira parte – cap. III-X.

alguma das obras de Kardec a afirmação ou sequer a possibilidade de o Espiritismo ser considerado uma religião posta ou proposta. Prega a existência de Deus como causa primeira de todas as coisas, a reencarnação ou palingenesia, a vida após a morte, a comunicabilidade entre vivos e mortos através de um médium, a evolução do espírito neste e no outro mundo (mundo espiritual)[743] e a moral (ética) cristã.[744] Outro diferencial de suma importância é que o Espiritismo não aceita a Bíblia como a palavra expressa de Deus, mas como um livro religioso, com algumas verdades históricas, ficções e contos mirabolantes adaptados de outras formas de culto ao sagrado.[745] Portanto, "o que se nela deve ver é uma compilação de narrativas históricas ou legendárias, de ensinamentos sublimes, de par com pormenores às vezes triviais".[746]

Os livros

Nenhuma coisa fica onde está, nenhuma coisa fica o que é.[747]

Dos doze anos dedicados ao estudo pelo pedagogo, filósofo e cientista Rivail, surgiu o pseudônimo de Allan Kardec[748] e as obras que compõem o estudo do Espiritismo ou Doutrina Espírita.

O livro dos espíritos – teve sua primeira edição em 1857, com aproximadamente 500 perguntas e respostas, o restante das questões foi editado na segunda edição e versa sobre a arte filosófica da doutrina. Ela se divide em quatro partes, a saber: a) as causas primeiras; b) mundo espírita ou dos espíritos; c) leis morais e d) esperanças e consolações.

O livro dos médiuns – parte científica e experimental, publicada em janeiro de 1861.

O evangelho segundo o Espiritismo – versa sobre a ética e a moral cristã e as aplicações espíritas dos ensinamentos de Jesus. Foi editado em 20 de agosto de 1864.

O céu e o inferno – editado em 1º de outubro de 1865, divide-se em duas partes. A primeira versa sobre as sacralidades, os mitos e a formação social do mal: céu e inferno, purgatório, penas eternas, anjos e demônios, bem como o

743 KARDEC, A. *A gênese*, 4:17.
744 KARDEC, A. *O evangelho segundo o espiritismo* – introdução, item I.
745 SANTOS, J.L. *Espiritismo – uma religião brasileira*, p. 37.
746 DENIS, L. *Cristianismo e espiritismo*, p. 263.
747 CHIAVENATO, J.J. *Religião da origem à ideologia*, p. 16.
748 JAPIASSÚ, H; MARCONDES, D. *Dicionário básico de filosofia*, p. 154.

problema da evocação dos mortos. A segunda parte classifica por categoria as inúmeras provas de sobrevivência obtidas por meio de comunicações.

A gênese – publicado em janeiro de 1868, constituindo mais um passo à frente nas aplicações do Espiritismo; tem por fim o estudo em três pontos que foram, até hoje, diversamente interpretados e comentados, a saber: A *Gênese mosaica*, os *Milagres e as predileções*, o *Antigo e o Novo Testamento segundo o Espiritismo*. É nessa obra que Allan Kardec corrobora as ideias de evolução das espécies de Charles Darwin.

Obras póstumas – como o nome diz, publicado após sua morte. É uma elaboração geral dos tópicos da doutrina espírita nos doze anos desde sua codificação. Segundo alguns historiadores, esse trabalho foi uma elaboração dos amigos próximos a Kardec, como Léon Denis e Camille Flammarion e outros. Para alguns estudiosos espíritas, existem textos nesse livro que com boa dose de certeza Kardec não publicaria. Eram textos e escritos engavetados esperando análises mais sérias, ou mesmo o descarte.

Revista espírita ou jornal de estudos psicológicos – sua publicação foi iniciada em 1º de janeiro de 1858, constituindo uma coleção de 12 volumes com aproximadamente 400 páginas cada, perfazendo assim um total aproximado de 4.800 folhas de estudo e aprendizado. Infelizmente poucos espíritas se dão ao trabalho de pesquisar e ler esse material, mantendo-se apenas nas supostas obras básicas.

As rupturas espíritas

O Espiritismo, apesar de ter sido ditado por "espíritos superiores", como afirma o próprio Allan Kardec em *O livro dos espíritos*, padeceu e ainda padece, como qualquer instituição humana, de rupturas, que começaram ainda na França com Jean Baptista Roustaing. Foi quando publicou aos franceses espíritas, em 1865, os três volumes de seu livro *Os quatro evangelhos – revelação da revelação*, publicado no Brasil em quatro volumosas unidades pela Federação Espírita Brasileira (FEB). Roustaing publicou esses livros que Kardec não "condenou", porém, também não aprovou como literatura espírita, pois traz em suas páginas muito daquilo que Kardec advertiu em seus textos, ou seja, o religiosismo e a magia exagerada sobre os feitos de Jesus, que Ernest Renan combateu com presteza em seu livro *A vida de Jesus.*[749] Se o Espiritismo fundado por Allan Kardec seguiu

749 KARDEC, A. *Revista espírita*, 1864, p. 134 e 161.

ou tentou seguir estritamente os ensinamentos (ética ou moral) de Jesus[750] explicados e seguidos na Palestina, o roustainguismo aderiu como outros pensamentos ao Cristianismo quiliatista, desenvolvido fora das terras de Israel e utilizado já na sua época por muitos que desenvolviam sistemas de pensamento iguais aos seus em outros países, como ocorreu com o Adventismo (Ellen White) e o Mormismo (Joseph Smith). Muito se tem dito e questionado sobre as obras coordenadas por Roustaing – *Os quatro evangelhos – revelação da revelação*. Como o objetivo aqui não é falar dessas obras e muito menos sobre a "Revelação da revelação", pois, se assim o fizéssemos, teríamos que escrever e opinar sobre boa parte dos autores e livros espíritas, assim como os não espíritas considerados relevantes para esse movimento. Como essa guerra é para titãs e nos consideramos apenas formiguinhas, deixemos o próprio Allan Kardec,[751] fundador desse pensamento, dar o recado que vale até os dias de hoje.

> *Esta obra (Os evangelhos explicados pelo Sr. Roustaing) compreende a explicação e a interpretação dos Evangelhos, artigo por artigo, com a ajuda de comunicações ditadas pelos espíritos. É um trabalho considerável e que tem, para os espíritas, o mérito de não estar, em nenhum ponto, em contradição com a doutrina ensinada por O livro dos espíritos e O livro dos médiuns. As partes correspondentes às que tratamos no Evangelho segundo o Espiritismo o são em sentido análogo. Aliás, como nos limitamos às máximas morais que, com raras exceções, são claras, elas não poderiam ser interpretadas de diversas maneiras; assim, jamais foram assunto para controvérsias religiosas. Por essa razão é que por aí começamos, a fim de ser aceito sem contestação, esperando, quanto ao resto, que a opinião geral estivesse mais familiarizada com a ideia espírita. O autor dessa nova obra julgou dever seguir um outro caminho. Em vez de proceder por gradação, quis atingir o fim de um salto. Assim, tratou certas questões que não tínhamos julgado oportuno abordar ainda e das quais, por consequência, deixamos-lhe a responsabilidade, como aos espíritos que as comentaram. Consequente com o nosso princípio, que consiste em regular nossa marcha pelo desenvolvimento da opinião, até nova ordem não daremos as suas teorias nem aprovação nem desaprovação, deixando ao tempo o trabalho de as sancionar ou as contraditar. Convém, pois, considerar essas explicações como opiniões pessoais dos espíritos que as formularam, opiniões que podem ser justas ou falsas e que, em todo o caso, necessitam da sanção*

750 KARDEC, A. *O evangelho segundo o espiritismo* – introdução.
751 KARDEC, A. *Revista espírita* 1866, pp. 188-190.

do controle universal, e, até mais ampla confirmação, não poderiam ser considerados partes integrantes da doutrina espírita. Quando tratarmos dessas questões fá-lo-emos decididamente. Mas é que então teremos recolhido documentos bastante numerosos nos ensaios dados "de todos os lados" pelos espíritos, a fim de poder falar afirmativamente e ter a certeza de estar "de acordo com a maioria". É assim que temos feito, todas as vezes que se trata de formular um princípio capital. Dissemo-lo cem vezes, para nós a opinião de um espírito, seja qual for o nome que traga, tem apenas o valor de uma opinião individual. Nosso critério está na concordância universal, corroborada por uma rigorosa lógica, para as coisas que não podemos controlar com os próprios olhos. De que nos serviria dar prematuramente uma doutrina como uma verdade absoluta se, mais tarde, devesse ser combatida pela generalidade dos espíritas?

[...]

Dissemos que o livro do Sr. Roustaing não se afasta dos princípios de O livro dos espíritos *e de* O livro dos médiuns. *Nossas observações são feitas sobre a aplicação desses mesmos princípios à interpretação de certos fatos. É assim, por exemplo, que dá ao Cristo, em vez de um corpo carnal, um corpo fluídico concretizado, com todas as aparências da materialidade e de fato um "agênere". Aos olhos dos homens que não tivessem então podido compreender sua natureza espiritual, deve ter passado "em aparência", expressão incessantemente repetida no curso de toda a obra, por todas as vicissitudes da Humanidade. Assim, seria explicado o mistério de seu nascimento: Maria teria tido todas as aparências da gravidez. Posto como premissa e pedra angular, esse ponto é a base em que se apoia para a explicação de todos os fatos extraordinários ou miraculosos da vida de Jesus.*

[...]

Nisso nada há de materialmente impossível para quem quer que conheça as propriedades do envoltório perispiritual. Sem nos pronunciarmos pró ou contra essa teoria, diremos que ela é, pelo menos, hipotética, e que se um dia fosse reconhecida errada, em falta de base todo o edifício desabaria. Esperamos, pois, os numerosos comentários que ela não deixará de provocar da parte dos espíritos, e que contribuirão para elucidar a questão. Sem a prejulgar, diremos que já foram feitas objeções sérias a essa teoria e que, em nossa opinião, os fatos podem perfeitamente ser explicados sem sair das condições da Humanidade corporal.

[...]

Essas observações, subordinadas à sanção do futuro, em nada diminuem a importância da obra que, ao lado de coisas duvidosas, em nosso ponto de vista, encerram outras incontestavelmente boas e verdadeiras, e será consultada com fruto pelos espíritas sérios. Se o fundo de um livro é o principal, a forma não é para desdenhar e contribui com algo para o sucesso. Achamos que certas partes são desenvolvidas muito extensamente, sem proveito para a clareza. A nosso ver, limitando-se ao estritamente necessário, a obra poderia ter sido reduzida a dois, ou mesmo a um só volume, e teria ganhado em popularidade.

Existem várias diferenças entre as ideias de Kardec e as de Roustaing. Porém, uma salta aos olhos daqueles que estudam o Espiritismo ou ainda leem sobre esses dois pensamentos. Apesar de agnóstico, fui estudioso, filósofo, escritor e instrutor do Espiritismo por muito tempo em casas espíritas e na minha opinião, para Kardec, a encarnação ou reencarnação da alma "é uma necessidade para o melhoramento progressivo da Humanidade".[752] O princípio inteligente (alma em seus primórdios – simples e sem conhecimento) precisa passar pela peneira da reencarnação em diversos reinos até chegar à Humanidade e, assim, através de seu aprendizado afetivo-intelectual progredir e melhorar-se através de seu próprio esforço com as diversas existências. Essa ideia de passar o princípio existencial por diversos reinos até a Humanidade não é de Kardec e muito menos de Léon Denis, e sim do poeta, místico e sufista islâmico Rumi.

Eu morri como um mineral e tornei-me uma planta,
Eu morri como uma planta e elevei-me a animal
Eu morri como animal e me tornei homem.
Por que devo temer?
Quando perdi algo ao morrer?[753]

Para o pensamento espírita é apenas através das múltiplas existências e da convivência no aspecto social que o espírito se desenvolverá e angariará progresso material, espiritual e ético (moral). A cada nova existência o espírito dá um passo na senda do progresso. Assim, para Allan Kardec, a reencarnação é uma necessidade ontológica para o desenvolvimento evolutivo do espírito, não existe evolução ou justiça sem reencarnação. Para Roustaing, a reencarnação ou encarnação do espírito no mundo material (físico) não é uma necessidade "progressiva", e sim um castigo devido à sua queda na ambição. A alma ou espírito apenas reencarna porque infringiu (pecou) na "vida espiritual" através dos ciúmes, da inveja ou do ateísmo.

752 *O livro dos espíritos*, perg. 330 e *Revista espírita* 1864, fevereiro, pp. 48-1865, março, pp. 68-677.
753 NICHOLSON, R.A. *Rumi – poeta e místico*. Londres: Allen e Unwin, 1950, p. 103.

Eis, oh! homem, a tua origem, o teu ponto de partida, quando o orgulho, a inveja, o ateísmo, surgindo mesmo no centro da luz, a indocilidade e a revolta te fizeram falir em condições que exigem a primitiva encarnação humana. Não desvies horrorizado o olhar, antes bendize do Senhor que te permite elevar os olhos para ele e entrever a imagem da perfeição nos espíritos radiosos que o cercam.[754]

Lembra-se da trilogia queda-culpa-pecado? Como poderiam esses espíritos conhecerem essa trindade mágico-religiosa – "o orgulho, a inveja, o ateísmo" –, sem nunca ter participado de nenhuma existência material? Para esse teórico é possível que essa alma, mesmo em seus primórdios (princípio inteligente), não precise encarnar na vida material, pois pode desenvolver-se e evoluir apenas no mundo espiritual ou dos espíritos. Nossa existência na vida física se dá apenas pelo castigo de termos cometido no "mundo espiritual" um desses pecados. Caso o espírito não pratique nenhum desses pecados, inclusive não demonstre nenhum tipo de ambição, evolui de forma direta sem precisar passar também pela existência física, isso é o que Roustaing classifica como a evolução em Linha Reta.[755]

A ideia órfico-pitagórica da encarnação como castigo, combinada ao mito bíblico da queda dos anjos, foi utilizada por certos gnósticos cristãos ou semicristãos (Valentino, Marcião, Bardesane), por Manes, pelo autor do Koré Kosntou e, ao que tudo indica, por Orígenes. No que tange à descida voluntária da alma, foi provocada pelo narcisismo – a alma ficou apaixonada pela sua própria imagem refletida no mundo material – ou pela ambição.[756]

Teosofia

Em 1875, Madame Blavatsky fundou nos Estados Unidos a escola do pensamento Teosófico. Era considerada uma grande médium espírita até começar a cobrar pelas consultas que realizava. Recebeu certa vez uma mensagem particular de seu guia espiritual de nome Ísis (deusa egípcia), e afirmou que ela precisava fundar uma nova teoria sobre a análise da evolução da Humanidade. Claro que quem ditou essa teoria e todo o arcabouço dessa revelação foi seu guia particular. Essa teoria se baseia na ideia de

---

754 ROUSTAING, J.B. *Os quatro evangelhos*, vol. I, p. 240.
755 ROUSTAING, J.B. *Os quatro evangelhos*, vol. I, p. 224.
756 ELIADE, M. *História das crenças e das ideias religiosas.* Tomo II, p. 142 – rodapé.

[...] que todas as religiões e tradições espirituais da história derivam de uma "doutrina secreta", perdida havia muito tempo, que lhe fora revelada pelos mestres superiores. O movimento se transformou numa sociedade secreta extremamente hierarquizada, exigindo iniciações em ministérios que a cada nível forneciam as "chaves" para ascender mais e mais a essência da vida – que era a própria doutrina secreta.[757]

Umbanda

Em 1908 houve outra ruptura no pensamento espírita que se reflete até os dias de hoje. A Umbanda nasceu no Brasil e foi fundada pelo Caboclo das Sete Encruzilhadas, com incorporação em um médium em 15/11/1908, na Federação Espírita Brasileira, inaugurando após esse feito a primeira tenda de Umbanda no Brasil – conforme explanado anteriormente.[758] Os professantes desse culto acreditavam que apesar de o Espiritismo se mostrar com características bastantes religiosas devido aos textos de Roustaing, ele ainda se mantinha elitizado precisando modificar suas estruturas para cultos mais simples, ritualizados e próximos ao povo. Fora as variações complementares ou adições especiais criadas por seus praticantes, a Umbanda, propriamente dita, sincretiza em sua filosofia os pensamentos ético-filosóficos afros (Jêje, Nagô, Malê, Banto, Mina), o Espiritismo, a Pajelança e o Catolicismo. "Em vez de revelar desgaste ou esterilidade, o sincretismo parece ser a condição de toda criação religiosa".[759] É preciso entender que a Umbanda, nascida, desenvolvida e praticada no Brasil, com a unificação de ideias ou de doutrinas diversificadas e, por vezes, até inconciliáveis, não tem similar, nem mesmo na África, como visto no item sobre as origens africanas (iorubá), Candomblé e a Umbanda.

A Umbanda é Espiritismo?
(Por José Luiz dos Santos)[760]

A Umbanda não atacava diretamente as ideias de Kardec, daí uma certa ambiguidade de associações espíritas e suas federações para com ela; as lideranças estavam propensas, no entanto, a considerá-la fora do movimento espírita.

757 NOLL, R. *O culto de Jung*, p. 71.
758 SANTOS, J.L. *Espiritismo – uma religião brasileira*, p. 71.
759 ELIADE, M. *História das crenças e das ideias religiosas*. Tomo II, p. 43.
760 SANTOS, J.L. *Espiritismo – uma religião brasileira*, pp. 72-73.

Do Espiritismo não raro partiam definições dos caboclos e pretos velhos da Umbanda como espíritos inferiores. Dirigentes espíritas incomodavam-se com as características rituais da Umbanda envolvendo imagens, sons, cores, fumo, bebida e oferendas rituais conhecidas como despachos. Mesmo assim, a decisão de excluir os umbandistas demorou a se consolidar. Em 1953, a Federação Espírita Brasileira declarava que os umbandistas podiam ser considerados espíritas, afirmando então que "todo aquele que crê na manifestação dos espíritos é espírita". Essa abertura sofreu forte combate interno, e, em 1958, o Segundo Congresso Brasileiro dos Jornalistas e Escritores Espíritas opunha-se à Umbanda em nome do rigor doutrinário. Por fim, em 1978, o principal órgão da imprensa espírita, *O reformador,* definia como "imprópria, abusiva e ilegítima" a prática que tinham os umbandistas de se denominarem espíritas.

Racionalismo cristão

Filosofia espiritualista conhecida por poucos espíritas, desenvolvida e fundada inicialmente pelos médiuns Luís de Mattos e Luiz Alves Thomaz em 1910 (século XX) no Brasil. Esse pensamento se aproxima muito da filosofia, do método e da ciência espiritual apresentada pelo Espiritismo. Seus fundadores, com muita certeza, hauriram como o fizeram Rhine e Richert, seus conhecimentos da base da Ciência Espírita. Tem como objetivo primordial analisar em termos "racionais" e "científicos" a verdadeira doutrina de Jesus, ou seja, dos ensinamentos do Jesus histórico, que nada tem a ver com o Cristo místico da teologia e dos dogmas criados pela religião. Estudar a doutrina e submeter o que vai lendo ao crivo da razão, tal é o caminho indicado para as pessoas que desejam se esclarecer, e não renunciar ao seu direito de ser independentes para pensar, raciocinar e tirar suas próprias conclusões. O racionalismo cristão não é uma religião nem muito menos uma seita, é doutrina filosófica de caráter eminentemente espiritualista. Explanam de forma clara e simples, mas profunda, princípios que ajudam o ser humano a se regenerar de seus maus hábitos e fornece meios para que se esclareça sobre o que seria a vida na Terra e a razão de nela estar. Baseado nos ensinamentos de Jesus, afirma que "só a verdade poderá libertar a Humanidade das garras da ignorância e, assim, prepará-la para o cumprimento do seu dever na Terra". Apesar de os autores terem se baseado na literatura espírita para fundar o Racionalismo Cristão, nem de leve o nome de Allan Kardec é citado. Porém, os nomes de grandes personalidades como Moisés, Krishna, Sócrates, Platão, Jesus, Gabriel Delanne etc. enchem as páginas dos livros desses autores.

Ramatis ou Swami Rama-Tys

> *[...] é uma presença polêmica no mundo espírita, com obras psicografadas que abrangem inúmeros aspectos das atividades espirituais. Os textos vão desde fatos da vida de Cristo à bomba atômica e se constituem em uma leitura que revela um caminho de luz acessível a todos.*[761]

6.11.5 Adventismo (1860)

Pensamento religioso advindo da "reforma" Protestante, iniciado no século XIX (entre 1831 e 1844) por Guilherme William Miller, pregador batista e ex-capitão do exército da Guerra de 1812. Miller afirmou, através de uma profecia (possivelmente baseada nos textos de Daniel 7:13, 14), o Segundo Advento de Cristo na Terra em 22 de outubro de 1844. Como Jesus não apareceu, milhares de fiéis decepcionados com essa profecia abandonaram o grupo, o que foi chamado posteriormente de O Grande Desapontamento. Os poucos que ficaram inverteram a profecia, acreditando e pregando que, na verdade, ela não estava relacionada a um Segundo Advento de Cristo e sim à criação de um *ministério especial* no céu que representasse o verdadeiro corpo da Igreja de Jesus Cristo na Terra. Miller diz ter se arrependido desse erro, porém seus seguidores continuaram acreditando nessa volta de Jesus – daí o nascimento em 1860 da Igreja Adventista do Sétimo Dia para aguardar esse retorno. A Igreja Adventista começou a crescer – principalmente no estado da Nova Inglaterra na América do Norte – onde o movimento de Miller havia começado. Ellen White, apenas uma adolescente na época do grande desapontamento, desenvolveu-se em uma dotada escritora, oradora e administradora, tornando-se e permanecendo a conselheira espiritual de confiança da família adventista por mais de 70 anos até sua morte em 1915.

Os primeiros adventistas vieram a acreditar – como desde então – que ela desfrutou da direção especial de Deus enquanto escrevia seus conselhos para o crescente grupo de crentes. A Igreja Adventista é

---

761 Fonte: ippb.org.br

vista como um verdadeiro corpo sagrado (santuário) de Cristo na Terra, sendo até mesmo proibido se expressar através de palmas ou qualquer tipo de expressão tido como pagã em seu interior. A segunda figura mais importante desse movimento religioso baseado na revalorização do Cristianismo é Ellen Gould Haman (1827-1915), conhecida como senhora Ellen White. Com várias obras escritas, encontramos, entre as mais famosas, *A vida de Jesus* e *Patriarcas e profetas*. Essa autora goza no meio adventista de grande prestígio e admiração. Como todos os divulgadores de pensamento religioso cristão, afirma ter recebido através da revelação direta de Deus a explicação para todos os textos bíblicos e a segunda vinda real de Cristo para julgar o justo e o injusto no juízo final após a ressurreição.

> *Nos tempos antigos, Deus falou aos homens pela boca de seus profetas e apóstolos. Nesses dias Ele lhes fala por meio do testemunho do Seu Espírito. Não houve ainda um tempo em que mais seriamente falassem a Seu povo a respeito da sua vontade...* (Testemunhos seletos – vol. II, p. 276)

Não sabemos muito bem como encaixar (Calvinista ou Luterano) esse pensamento dentro da reforma, tendo em vista que segue quase que exclusivamente seus próprios pensamentos e revelações recebidas pela Sra. White. Em alguns momentos navegam no Calvinismo por utilizarem o Antigo Testamento, outras falam como os milenaristas e outras como os luteranos, quando afirmam o *solo* (apenas). Seus seguidores interpretam de forma quase literal os preceitos do Antigo Testamento, pregam as profecias como acontecimento próximo, batizam por imersão apenas os adultos que realmente estejam convertidos a sua fé, respeitam o *sabbat* como o dia anunciado para o descanso (com início às 18h da sexta-feira), quando não se faz nada para ganho pessoal e sim para o próximo. Os adventistas tentam, na medida do possível, levar uma vida equilibrada no que se refere à alimentação e ao uso de substâncias químicas. Não se alimentam de carne suína, por ser proibida e considerada imunda e imprópria para consumo (Levítico, 11:7 e Deuteronômio, 14:8), não fazem uso de álcool, tabaco ou qualquer substância (droga) que faça entorpecer os sentidos. A publicação e distribuição de literaturas foram os principais fatores no crescimento do movimento do Adventismo. A *Advent Review* e o *Sabbath Herald* (hoje *Adventist Review*), órgão geral de comunicação da Igreja, foram lançados em Paris, Maine, em 1850; o *The Youth's Instructor* em Rochester, Nova Iorque, em 1852; e o *Signs of the Times* em Oakland, Califórnia, em 1874. A primeira Casa Publicadora denominacional em Battle Creek, Michigan, começou a operar em 1855 e foi devidamente incorporada em 1861 com o nome de Associação de Publicação Adventista do Sétimo Dia. O Instituto de Reforma da Saúde, conhecido mais tarde como Sanatório Battle Creek, abriu suas portas em 1866. Já a obra da sociedade missionária foi estabelecida a nível estadual em 1872, e em 1877 viu a formação das Associações das Escolas Sabatinas em todo o Estado. Em 1903, a sede da denominação se mudou de Battle Creek, Michigan, para Washington, D.C., e em 1989 para Silver Spring, Maryland, onde ela continua a formar o nervo central do trabalho sempre em expansão. Os adventistas fazem e levam suas mensagens através de palestras gratuitas sobre o não uso de drogas em seus templos, escolas e outros locais públicos. Fazem uso e pesquisam de forma acentuada na área da medicina natural, utilizando-se de plantas para a cura de muitas doenças.

Os Adventistas do Sétimo Dia creem que...

Crenças fundamentais, 1
As Escrituras Sagradas, o Antigo e o Novo Testamento são a Palavra de Deus escrita, dada por inspiração divina por intermédio de santos homens de Deus que falaram e escreveram ao serem movidos pelo Espírito Santo. Nessa Palavra, Deus transmitiu ao homem o conhecimento necessário para a salvação. As Escrituras Sagradas são a infalível revelação de Sua vontade. Constituem o padrão de caráter, a prova da experiência, o autorizado revelador de doutrinas e o registro fidedigno dos atos de Deus na História.

Crenças fundamentais, 2
Há um só Deus: Pai, Filho e Espírito Santo, uma unidade de três pessoas coeternas. Deus é imortal, onipotente, onisciente, acima de tudo e sempre presente. Ele é infinito e está além da compreensão humana, mas é conhecido por meio de Sua autorrevelação. Para sempre é digno de culto, adoração e serviço por parte de toda a Criação.

Crenças fundamentais, 3
Deus, O Eterno Pai, é o Criador, o originado, o Mantenedor e o Soberano de toda a Criação. Ele é justo e santo, compassivo e clemente, tardio em Se irar, e grande em constante amor e fidelidade. As qualidades e os poderes manifestos no Filho e no Espírito Santo também constituem revelações do Pai.

Crenças fundamentais, 4
Deus, o Filho Eterno, encarnou-Se em Jesus Cristo. Por meio d'Ele foram criadas todas as coisas, é revelado o caráter de Deus, efetuada a salvação da Humanidade e julgado o mundo. Sendo para sempre verdadeiramente Deus, Ele Se tornou também verdadeiramente homem, Jesus, o Cristo. Foi concebido do Espírito Santo e nasceu da Virgem Maria. Viveu, e experimentou a tentação como ser humano, mas exemplificou perfeitamente a justiça e o amor de Deus. Por Seus milagres manifestou o poder de Deus e atestou que era o Messias prometido por Deus. Sofreu e morreu voluntariamente na cruz por nossos pecados e em nosso lugar, foi ressuscitado entre os mortos e ascendeu para ministrar no santuário celestial em nosso favor. Virá outra vez, em glória, para o livramento final de Seu povo e a restauração de todas as coisas.

548

Crenças fundamentais, 5
Deus, o Espírito Santo, desempenhou uma parte ativa com o Pai e o Filho na Criação, Encarnação e Redenção. Inspirou os escritores das Escrituras. Encheu de poder a vida de Cristo. Atrai e convence os seres humanos; e os que se mostram sensíveis são renovados e transformados por Ele, à imagem de Deus. Enviado pelo Pai e pelo Filho para estar sempre com Seus filhos, Ele concede dons espirituais à Igreja, habilita-a para dar testemunho de Cristo e, em harmonia com as Escrituras, guia-a em toda a verdade.

Crenças fundamentais, 6
Deus é o Criador de todas as coisas, e revelou nas Escrituras o relato autêntico de Sua atividade criadora. "Em seis dias fez o Senhor os Céus e a Terra" e tudo que tem vida sobre a Terra, e descansou no sétimo dia dessa primeira semana. Assim, Ele estabeleceu o sábado como perpétuo monumento comemorativo de Sua esmerada obra criadora. O primeiro homem e a primeira mulher foram formados à imagem de Deus como obra-prima da Criação, foi-lhes dado domínio sobre o mundo e atribuiu-se-lhes a responsabilidade de cuidar dele. Quando o mundo foi concluído, ele era "muito bom", proclamando a glória de Deus.

Crenças fundamentais, 7
O homem e a mulher foram formados à imagem de Deus com individualidade, o poder e a liberdade de pensar e agir. Conquanto tenham sido criados como seres livres, cada um é uma unidade indivisível de corpo, mente e alma, e dependente de Deus quanto à vida, respiração e tudo o mais. Quando nossos primeiros pais desobedeceram a Deus, negaram sua dependência d'Ele e caíram de sua elevada posição abaixo de Deus. A imagem de Deus, neles, foi desfigurada, e tornaram-se sujeitos à morte. Seus descendentes partilham dessa natureza caída e de suas consequências. Nascem com fraquezas e tendências para o mal. Mas Deus, em Cristo, reconciliou consigo o mundo e por meio de Seu Espírito restaura nos mortais penitentes a imagem de seu Criador. Criados para a glória de Deus, são chamados para amá-Lo e uns aos outros, e para cuidar de seu ambiente.

Crenças fundamentais, 8
Toda a Humanidade está agora envolvida em um grande conflito entre Cristo e Satanás, quanto ao caráter de Deus, Sua lei e soberania sobre o Universo. Esse conflito originou-se no Céu quando um ser criado, dotado de liberdade de escolha, por exaltação própria, tornou-se Satanás, o adversário de Deus, e conduziu à rebelião uma parte dos anjos. Ele introduziu o espírito de rebelião neste mundo, ao induzir Adão e Eva em pecado. Esse pecado humano resultou na deformação da imagem de Deus na Humanidade, no transtorno do mundo criado e em sua consequente devastação por ocasião do dilúvio mundial. Observado por toda a Criação, este mundo tornou-se o palco do conflito universal, no qual será finalmente vindicado o Deus de amor. Para ajudar Seu povo nesse conflito, Cristo envia o Espírito Santo e os anjos leais para os guiar, proteger e amparar no caminho da salvação.

Crenças fundamentais, 9
Na vida de Cristo, de perfeita obediência à vontade de Deus, e em Seu sofrimento, morte e ressurreição, Deus proveu o único meio de expiação do pecado humano, de modo que os que aceitam essa expiação pela fé possam ter vida eterna, e toda a Criação compreenda melhor o infinito e santo amor do Criador. Essa expiação perfeita vindica a justiça da lei de Deus e a benignidade de Seu caráter; pois não somente condena nosso pecado, mas também garante nosso perdão. A morte de Cristo é substituinte e expiatória, reconciliadora e transformadora. A ressurreição de Cristo proclama a vitória de Deus sobre as forças do mal e assegura a vitória final sobre o pecado e a morte para os que aceitam a expiação. Proclama a soberania de Jesus Cristo, diante do qual se dobrará todo joelho, no Céu e na Terra.

Crenças fundamentais, 10
Em infinito amor e misericórdia, Deus fez com que Cristo, que não conheceu pecado, virasse pecador por nós, para que n'Ele fôssemos feitos justiça de Deus. Guiados pelo Espírito Santo, sentimos nossa necessidade, reconhecemos nossa pecaminosidade, arrependemo-nos de nossas transgressões e temos fé em Jesus como Senhor e Cristo, como Substituto e Exemplo. Essa fé que aceita a salvação advém do divino poder da Palavra e é o dom da graça de Deus. Por meio de Cristo, somos justificados, adotados como filhos e filhas de Deus, e libertados do domínio do pecado. Por meio do espírito, nascemos de novo e somos santificados; o espírito renova nossa mente, escreve a lei de Deus, a lei de amor, em nosso coração, e recebemos o poder para levar uma vida santa. Permanecendo n'Ele, tomamo-nos participantes da natureza divina e temos a certeza da salvação agora e no Juízo.

Crenças fundamentais, 11
A Igreja é a comunidade de crentes que confessam a Jesus Cristo como Senhor e Salvador. Em continuidade do povo de Deus nos tempos do Antigo Testamento, somos chamados para fora do mundo; e nos unimos para prestar culto, para comunhão, para instrução na Palavra, para celebração da Ceia do Senhor, para o serviço de toda a Humanidade e para a proclamação mundial do Evangelho. A Igreja recebe sua autoridade de Cristo, o qual é a Palavra encarnada, e das Escrituras, que são a Palavra escrita. A Igreja é a família de Deus; adotados por Ele como filhos, seus membros vivem com base no novo concerto. A Igreja e o corpo de Cristo, uma comunidade de fé, da qual o próprio Cristo é a Cabeça. A Igreja é a Noiva pela qual Cristo morreu para que pudesse santificá-la e purificá-la. Em Sua volta triunfal, Ele a apresentará a Si mesmo Igreja gloriosa, os fiéis de todos os séculos, a aquisição de Seu sangue, sem mácula, nem ruga, porém santa e sem defeito.

Crenças fundamentais, 12
A Igreja universal se compõe de todos os que verdadeiramente creem em Cristo; mas, nos últimos dias, um tempo de ampla apostasia, um remanescente tem sido chamado para fora, a fim de guardar os mandamentos de Deus e a fé de Jesus. Esse remanescente anuncia a chegada da hora do Juízo, proclama a salvação por Cristo e prediz a aproximação de Seu segundo advento. Essa proclamação é simbolizada pelos três anjos de Apocalipse 14; coincide com a obra de julgamento no Céu e resulta numa obra de arrependimento e reforma na Terra. Todo crente é convidado a ter uma parte pessoal nesse testemunho mundial.

Crenças fundamentais, 13
A Igreja é um corpo com muitos membros, chamados de toda nação, tribo, língua e povo. Em Cristo somos uma nova criação; distinções de raça, cultura e nacionalidade, e diferenças entre altos e baixos, ricos e pobres, homens e mulheres, não devem ser motivo de dissensões entre nós. Todos somos iguais em Cristo, o qual por um só espírito nos uniu em uma comunhão com Ele e uns com os outros; devemos servir e ser servidos sem parcialidade ou restrição. Mediante a revelação de Jesus Cristo nas Escrituras, partilhamos a mesma fé e esperança e estendemos um só testemunho para todos. Essa unidade encontra sua fonte na unidade do Deus trino, que nos adotou como Seus filhos.

Crenças fundamentais, 14
Pelo batismo confessamos nossa fé na morte e na ressurreição de Jesus Cristo, e atestamos nossa morte para o pecado e nosso propósito de andar em novidade de vida. Assim reconhecemos a Cristo como Senhor e Salvador, tornamo-nos Seu povo e somos aceitos como membros por Sua Igreja. O batismo é um símbolo de nossa união com Cristo, do perdão de nossos pecados e de nosso recebimento do Espírito Santo. É por imersão na água e depende de uma afirmação de fé em Jesus e da evidência de arrependimento do pecado. Segue-se à instrução nas Escrituras Sagradas e à aceitação de seus ensinos.

Crenças fundamentais, 15
A Ceia do Senhor é uma participação nos emblemas do corpo e do sangue de Jesus, como expressão de fé n'Ele, nosso Senhor e Salvador. Nesta experiência de comunhão, Cristo está presente para encontrar-Se com Seu povo e fortalecê-lo. Participando da Ceia, proclamamos alegremente a morte do Senhor até que Ele volte. A preparação envolve o exame de consciência, o arrependimento e a confissão. O Mestre instituiu a cerimônia do lava-pés para representar renovada purificação, para expressar a disposição de servir um ao outro em humildade semelhante a de Cristo, e para unir nossos corações em amor. O Serviço da Comunhão é franqueado a todos os crentes cristãos.

Crenças fundamentais, 16
Deus concede a todos os membros de Sua Igreja, em todas as épocas, dons espirituais que cada membro deve empregar em amoroso ministério para o bem da Igreja e da Humanidade. Sendo outorgados pela atuação do Espírito Santo, o qual distribui a cada membro como Lhe apraz, os dons proveem todas as aptidões e ministérios de que a Igreja necessita para cumprir suas funções divinamente ordenadas. De acordo com as Escrituras, esses dons abrangem tais ministérios como fé, cura, profecia, proclamação, ensino, administração, reconciliação, compaixão, serviço abnegado e caridade para ajuda e animação das pessoas. Alguns membros são chamados por Deus e dotados pelo espírito para funções reconhecidas pela Igreja em ministérios pastorais, evangelísticos, apostólicos e de ensino especialmente necessários para habilitar os membros para o serviço, edificar a igreja com vistas à maturidade espiritual e promover a unidade da fé e do conhecimento de Deus. Quando os membros utilizam esses dons espirituais como fiéis despenseiros da multiforme graça de Deus, a Igreja é protegida contra a influência demolidora de falsas doutrinas, tem um crescimento que provém de Deus e é edificada na fé e no amor.

Crenças fundamentais, 17
Um dos dons do Espírito Santo é a profecia. Esse dom é característica da Igreja remanescente e foi manifestado no ministério de Ellen G. White. Como a mensageira do Senhor, seus escritos são contínua e autorizada fonte de verdade e proporcionam conforto, orientação, instrução e correção à Igreja. Eles também tornam claro que a Bíblia e a norma pela qual deve ser provado todo ensino é experiência.

Crenças fundamentais, 18
Os grandes princípios da lei de Deus são incorporados nos Dez Mandamentos e exemplificados na vida de Cristo. Expressam o amor, a vontade e os propósitos de Deus acerca da conduta e das relações humanas, e são obrigatórios a todas as pessoas, em todas as épocas. Esses preceitos constituem a base do concerto de Deus com Seu povo e a norma no julgamento de Deus. Por meio da atuação do Espírito Santo, apontam para o pecado e despertam o senso da necessidade de um Salvador. A salvação é inteiramente pela graça, e não pelas obras, mas seu fruto e a obediência aos mandamentos. Essa obediência desenvolve o caráter cristão e resulta numa sensação de bem-estar. É uma evidência de nosso amor ao Senhor e de nossa solicitude por nossos semelhantes. A obediência da fé demonstra o poder de Cristo para transformar vidas, e fortalece, portanto, o testemunho cristão.

Crenças fundamentais, 19
O bondoso Criador, após os seis dias da Criação, descansou no sétimo dia e instituiu o sábado para todas as pessoas, como memorial da Criação. O quarto mandamento da imutável lei de Deus requer a observância desse sábado do sétimo dia como o dia de descanso, adoração e ministério, em harmonia com o ensino e prática de Jesus, o Senhor do sábado. O sábado é um dia de deleitosa comunhão com Deus e uns com os outros. É um símbolo de nossa redenção em Cristo, um sinal de nossa santificação, uma prova de nossa lealdade e um antegozo de nosso futuro eterno no reino de Deus. O sábado é o sinal perpétuo do eterno concerto de Deus com Seu povo. A prazerosa observância deste tempo sagrado de uma tarde a outra tarde, do pôr do sol ao pôr do sol, é uma celebração dos atos criadores e redentores de Deus.

Crenças fundamentais, 20
Somos despenseiros de Deus, responsáveis a Ele pelo uso apropriado do tempo e das oportunidades, capacidades e posses, e das bênçãos da Terra e seus recursos, que Ele colocou sob o nosso cuidado. Reconhecemos o direito de propriedade da parte de Deus por meio de fiel serviço a Ele e a nossos semelhantes, e devolvendo os dízimos e dando ofertas para a proclamação de Seu evangelho e para a manutenção e o crescimento de Sua Igreja. A mordomia é um privilégio que Deus nos concede para desenvolvimento no amor e para vitória sobre o egoísmo e a cobiça. O mordomo se regozija nas bênçãos que advêm aos outros como resultado de sua fidelidade.

Crenças fundamentais, 21
Somos chamados para ser um povo piedoso que pensa, sente e age de acordo com os princípios do Céu. Para que o espírito recrie em nós o caráter de nosso Senhor, só nos envolvemos naquelas coisas que produzirão em nossa vida pureza, saúde e alegria semelhantes às de Cristo. Isso significa que nossas diversões e entretenimentos devem corresponder aos mais altos padrões do gosto e beleza cristãos. Embora reconheçamos diferenças culturais, nosso vestuário deve ser simples, modesto e de bom gosto, apropriados àqueles cuja verdadeira beleza não consiste no adorno exterior, mas no ornamento imperecível de um espírito manso e tranquilo. Significa também que, sendo o nosso corpo o templo do Espírito Santo, devemos cuidar dele inteligentemente. Com um adequado exercício e repouso, devemos adotar a alimentação mais saudável possível e abster-nos dos alimentos imundos identificados nas Escrituras. Visto que as bebidas alcoólicas, o fumo e o uso irresponsável de medicamentos e narcóticos são prejudiciais ao nosso corpo, também devemos abster-nos dessas coisas. Em vez disso, devemos empenhar-nos em tudo que submeta nossos pensamentos e corpo à disciplina de Cristo, o qual deseja nossa integridade, alegria e bem-estar.

Crenças fundamentais, 22
O casamento foi divinamente estabelecido no Éden e confirmado por Jesus como união vitalícia entre um homem e uma mulher, em amoroso companheirismo. Para o cristão, o compromisso matrimonial é com Deus bem como com o cônjuge, e só deve ser assumido entre parceiros que partilham da mesma fé. Mútuo amor, honra, respeito e responsabilidade constituem a estrutura dessa relação, a qual deve refletir o amor, a santidade, a intimidade e a constância da relação entre Cristo e Sua Igreja. No tocante ao divórcio, Jesus ensinou que a pessoa que se divorcia do cônjuge, a não ser por causa de fornicação, e se case com outro, comete adultério. Conquanto algumas relações de família fiquem aquém do ideal, os consortes que se dedicam inteiramente um ao outro, em Cristo, podem alcançar amorosa unidade por meio da orientação do espírito e a instrução da Igreja. Deus abençoa a família e tenciona que seus membros ajudem um ao outro a alcançar completa maturidade. Os pais devem educar seus filhos a amar o Senhor e a obedecer-Lhe. Por seu exemplo e suas palavras, devem ensinar-lhes que Cristo é um disciplinador amoroso, sempre terno e solícito, desejando que se tornem membros do Seu corpo, a família de Deus. Crescente intimidade familiar é uma das características da mensagem final do evangelho.

Crenças fundamentais, 23
Há um santuário no Céu, o verdadeiro tabernáculo que o Senhor erigiu, não o homem. Nele Cristo ministra em nosso favor, tornando acessíveis aos crentes os benefícios de Seu sacrifício expiatório oferecido uma vez por todas, na cruz. Ele foi empossado como nosso grande Sumo Sacerdote e começou Seu ministério intercessório por ocasião de Sua ascensão. Em 1844, no fim do período profético dos 2.300 dias, Ele iniciou a segunda e última etapa de Seu ministério expiatório. É uma obra de juízo investigativo, a qual faz parte da eliminação final de todo pecado, prefigurada pela purificação do antigo santuário hebraico, no Dia da Expiação. Nesse serviço típico, o santuário era purificado com o sangue de sacrifícios de animais, mas as coisas celestiais são purificadas com o perfeito sacrifício do sangue de Jesus. O juízo investigativo revela aos seres celestiais quem entre os mortos dorme em Cristo, sendo, portanto, n'Ele, considerado digno de ter parte na primeira ressurreição. Também toma manifesto quem, entre os vivos, permanece em Cristo, guardando os mandamentos de Deus e a fé de Jesus, estando, portanto, n'Ele, preparado para a transladação ao Seu reino eterno. Esse julgamento vindica a justiça de Deus em salvar os que creem em Jesus. Declara que os que permaneceram leais a Deus receberão o reino. A terminação do ministério de Cristo assinalará o fim do tempo da graça para os seres humanos, antes do Segundo Advento.

Crenças fundamentais, 24
A segunda vinda de Cristo e a bendita esperança da Igreja, o grande ponto culminante do evangelho. A vinda do Salvador será literal, pessoal, visível e universal. Quando Ele voltar, os justos falecidos serão ressuscitados e, com os justos que estiverem vivos, serão glorificados e levados para o Céu, mas os ímpios irão morrer. O cumprimento quase completo da maioria dos aspectos da profecia, bem como a condição atual do mundo, indica que a vinda de Cristo é iminente. O tempo exato desse acontecimento não foi revelado, e somos, portanto, exortados a estar preparados em todo o tempo.

Crenças fundamentais, 25
O salário do pecado é a morte. Mas Deus, o único que é imortal, concederá vida eterna a Seus remidos. Até aquele dia, a morte é um estado inconsciente para todas as pessoas. Quando Cristo, que é a nossa vida, Se manifestar, os justos ressuscitados e os justos vivos serão glorificados e arrebatados para o encontro de seu Senhor. A segunda ressurreição, a ressurreição dos ímpios, ocorrerá 1000 anos mais tarde.

Crenças fundamentais, 26
O milênio é o reinado de 1000 anos, de Cristo com Seus santos, no Céu, entre a primeira e a segunda ressurreição. Durante esse tempo, serão julgados os ímpios mortos, a Terra estará completamente desolada, sem habitantes humanos com vida, mas ocupada por Satanás e seus anjos. No fim desse período, Cristo com Seus Santos e a Cidade Santa descerão do Céu à Terra. Os ímpios mortos serão então ressuscitados e, com Satanás e seus anjos, cercarão a cidade; mas o fogo de Deus os consumirá e purificará a Terra. O Universo ficará assim eternamente livre do pecado e dos pecadores.

Crenças fundamentais, 27
Na Nova Terra, em que habita justiça, Deus proverá um lar eterno para os remidos e um ambiente perfeito para vida, amor, alegria e aprendizado eterno, em Sua presença. Pois aqui o próprio Deus habitará com Seu povo, e o sofrimento e a morte terão passado. O grande conflito estará terminado e não mais existirá pecado. Todas as coisas, animadas e inanimadas, declararão que Deus é amor; e Ele reinará para todo o sempre.

6.11.6 Testemunhas de Jeová (1872)

Testemunhas de Jeová é um pensamento religioso milenarista fundado pelo americano Charles Taze Russell, em 1872, e seu seguidor e sucessor, o juiz de direito Joseph Franklin Rutherford. Depois da morte de Russell, em 31 outubro de 1916, Rutherford recebeu o controle da Sociedade Torre de Vigia que era conhecida, então, como Associação Bíblica Dawn. Em 1931, ele mudou o nome da organização para Testemunhas de Jeová. Essa religião é fundamentada e estruturada na crença e respeito absoluto aos textos bíblicos, eles creem e ensinam a Bíblia ao pé da letra, tentando na medida do possível adaptá-la e justificá-la para seus seguidores como a palavra de Deus. Quando perguntamos algo do Antigo Testamento que denota certa incoerência frente aos estudos históricos dos livros bíblicos, eles recorrem rapidamente ao Novo Testamento e vice-versa, afirmando não existir nenhuma incoerência ou contradição nas palavras de Deus contidas na Bíblia. Mesmo as atitudes de Davi, que assassinou Urias para ficar com sua mulher (2 Samuel, 11), de Josué que invadiu, matou, saqueou e destruiu várias cidades para simplesmente provar o poder de seu Deus dos exércitos (Josué, 10:7); e mesmo quando Moisés exige a morte dos cativos (mulheres e crianças), capturados e trazidos até ele após a invasão e o assalto ordenado por Deus à cidade de Midiã (Números, 31:1-18), todas essas situações são justificadas pelas Testemunhas de Jeová, que afirmam que esses homens eram os profetas de Deus, logo, tinham essa permissão, ou, em alguns casos, que eram humanos e falhos, mas Jesus veio para salvar a Humanidade e é a perfeição em pessoa (primeira Testemunha Viva). Aqui, como em tudo na vida, a lei "não matar" era aplicada e seguida apenas para a população comum.

Esse pensamento religioso é milenarista,[762] acreditando em duas fases do Cristianismo: a primeira é a morte do cordeiro na cruz e sua ressurreição como prova do poder de Deus, e a segunda será no juízo final, quando Jesus aparecerá resplandecente de glória e julgará a todos, permanecendo no Paraíso apenas aqueles que seguiram a Bíblia como a palavra de Deus. Após essa fase, Jesus reinará por 1000 anos ao lado dos escolhidos, que serão apenas as Testemunhas da Verdade – Jeová. Segundo o pensamento milenarista, após esse advento de Jesus, que durará

---

762 STEGEMANN, E.W.; STEGEMANN, W. *História social do protocristianismo*, p. 223.

1000 anos, a Terra será transformada em um grande paraíso, onde todos (homens e animais) viverão em uma paz eterna:

> *[...] olha para Sião, a cidade das nossas festas solenes; os teus olhos verão Jerusalém, habitação quieta, tenda que não será removida, cujas estacas nunca serão arrancadas, e das suas cordas nenhuma se quebrará. Mas Jeová ali estará conosco em majestade, nesse lugar de largos rios e correntes, no qual não entrará barco de remo, nem por ele passará navio grande. Porque Jeová é o nosso juiz; Jeová é nosso legislador; Jeová é o nosso rei; ele nos salvará. As tuas cordas ficaram frouxas; elas não puderam ter firme seu mastro, nem servir para estender a vela; então a presa de abundantes despojos se repartirá; e até os coxos participarão da presa. E morador nenhum dirá: estou Enfermo; o povo que nela habitar será perdoado da sua iniquidade. (Isaías, 33:20-24)*

Mas, não esqueçamos que apenas participarão dessa bênção de Jeová aqueles que seguem sua religião e leem sua cartilha (Bíblia da forma que interpretam), estes viverão nesse maravilhoso paraíso prometido por Jeová, que manará leite e mel (Levítico, 20:24). Aqui não importa o que você faz ou fez de bem para a Humanidade, nem a justificação pela fé ou a prática incondicional da caridade, mas seguir a Jeová por meio do respeito absoluto aos textos bíblicos.

> *Não se trata mais de uma regeneração cósmica implicando igualmente a regeneração de uma coletividade (ou da totalidade da espécie humana). Trata-se de um Julgamento, de uma seleção: somente os eleitos viverão em eterna beatitude. Os eleitos, os bons, serão salvos por sua fidelidade a uma Santa História: enfrentando os poderes e as tentações deste mundo, eles permaneceram fiéis ao Reino celeste.*[763]

Essa crença desenvolveu-se dentro de um milenarismo[764] e nominalismo fortíssimos. Do nominalismo religioso de Ockham, visto anteriormente no Protestantismo, as TJ utilizam o "apenas Deus" e o "apenas a Escritura" de forma absoluta, sem se preocupar com o "apenas a graça" ou a "predestinação". O nominalismo filosófico prega que para algo existir é preciso ser nomeado. Assim, tudo existe porque precisa de um nome para haver, seja na mente humana, seja apenas como signo linguístico,

763 ELIADE, M. *Mito e realidade*, p. 62.
764 HINNELS, J. *Dicionário das religiões*, p. 169.

isto é, "nenhuma existência é real"[765] até que se dê um "nome" para ela. Por isso, os TJ acreditam que o tetragrama judeu YHWH[766] representa e demonstra claramente o nome de Deus como Jeová. Questionados sobre esse possível nominalismo de Deus, eles afirmam que tudo na vida para ser entendido, compreendido e aceito, precisa ser nomeado. Cada indivíduo tem um nome e com ele se forma o início de sua identidade; com Jeová não é diferente quando o tratamos pela Sua identidade. Todos os deuses do Olimpo tinham nomes (Cronos, Zeus, Hades etc.) e tudo o mais que existe no Universo é nomeado para ser compreendido. Deus (Jeová) precisa ser chamado, lembrado e adorado pelo seu próprio nome (Êxodo, 6:6 e 7). Esse método de nomear e explicar os objetos também faz parte do empirismo inglês, que prega que um objeto só nos pode chegar à consciência após ter sido conhecido e nomeado, e demonstrada sua real existência por meio da experiência direta ou indireta (sensação).[767] Tudo o que estiver fora disso é apenas vã especulação arbitrária.[768]

As Testemunhas de Jeová recusam-se a fazer transfusão de sangue (Deuteronômio, 12:23), doação de órgãos e a prestar serviço militar. Essas proibições são leis contidas no Pentateuco e perfazem os 613 mandamentos do povo judeu. Como seguem "fielmente" os preceitos bíblicos, não prestam o serviço militar nos países onde moram. Isso tem dado motivo para alguns países se oporem ou mesmo questionarem tal atitude e situação diante de uma possível expansão desse culto. Apesar de seguirem a Bíblia ao pé da letra, existem leis e situações nos textos bíblicos que esse culto não utiliza, como o apedrejamento, a circuncisão e algumas outras. Como já dito anteriormente, quando questionados sobre alguns pontos conflitantes do Antigo Testamento, eles recorrem ao Novo Testamento, citando esses mesmos textos bíblicos e uma possível modificação (revalorização) dessas leis por Jesus. Esse é o caso do adultério que, segundo a lei mosaica, exige o apedrejamento do homem e da mulher caso sejam pegos em flagrante (Levítico, 20:10) e, segundo o Novo Testamento, são "perdoados" (João, 8:7), mas no frigir dos ovos a situação no Reino das Testemunhas de Jeová não acontece tão calmamente como se pensa. Muitas vezes, presenciamos essas supostas leis, "extintas" por Jesus no Novo Testamento, serem

765 JAPIASSÚ, H. e Marcondes, D. *Dicionário de filosofia*, p. 196.
766 UNTERMAN, A. *Dicionário judaico de lendas e tradições*, p. 262.
767 JAPIASSÚ, H.; MARCONDES, D. *Dicionário de filosofia*, p. 80.
768 HUME, D. *Os pensadores*, seção IV.

utilizadas não como um castigo físico, mas como apedrejamento e dilaceração psicológica e moral, que se torna mil vezes pior. As TJ e os Mórmons são as "únicas" religiões de segmento cristão que ainda praticam o Herem (dissociamento) – excomunhão do fiel de suas comunidades por pecados que consideram abomináveis perante Deus. Para acontecer essa expulsão, basta ao fiel sair da linha ou apresentar-se com um pensar diferente. Tornando-se herege (é o que nos dá a possibilidade de sermos diferentes), deixa de ler a cartilha pregada e estabelecida por eles como conduta e verdade suprema. No caso da mulher, deve ser subserviente ao homem, que é sempre representado nesse pensamento religioso como o patriarca (Abraão) do lar. Como a função de patriarca foi dada ao homem por Deus, ele precisa cumprir suas funções e obrigações como responsável pelo lar e pela casa (proteger e amparar a mulher e os filhos); em contrapartida, a mulher precisa ampará-lo, obedecê-lo e estar disponível para ele.

Cada integrante tem a obrigação de pregar o Reino das Testemunhas de Jeová por todos os cantos do mundo e para todas as pessoas, independentemente das ideologias filosóficas e religiosas. Eles divulgam sua crença de porta em porta, oferecendo as revistas *Sentinela e Despertai!*, que contêm passagens e explicações bíblicas para os acontecimentos da vida cotidiana. Acreditam na passagem do Evangelho que exige e diz que precisa e deve ser pregado para todas as criaturas (Marcos, 16:15). Negam as interpretações históricas das escrituras, não acreditam na Trindade, em vida após a morte, céu, inferno ou purgatório, mas que todos dormiremos um sono profundo até o Juízo Final, quando os maus não acordarão para fazer parte do Paraíso. Esse final se dará no momento da ressurreição dos corpos, quando todos se levantarão de seus túmulos e ficarão diante de Jesus para serem julgados (Ezequiel, 37). Após esse julgamento, a residência permanente dos eleitos (Testemunhas de Jeová) será no Paraíso ao lado de Deus, pois àquele que vencer, "dar-lhe-ei a comer da árvore da vida, que está no Paraíso de Deus" (Apocalipse, 2:7).

> *Os mortos não podem fazer nem sentir nada. Não podemos ajudá-los, nem podem eles prejudicar-nos (Salmos, 146:4, e Eclesiastes, 9:5, 10). A alma morre; não continua viva após a morte (Ezequiel, 18:4). Mas, às vezes, anjos iníquos, chamados demônios, fingem ser espíritos de mortos. Os costumes que têm a ver com o medo ou a adoração dos mortos são*

errados – Isaías, 8:19. [Texto compilado da brochura *O que Deus requer de nós?*, p. 23]

A sentinela – Anunciando o Reino de Jeová (Da Enciclopédia das Testemunhas de Jeová)

Anunciando o Reino de Jeová, conhecida como *A sentinela* ou *Despertai!*, é uma revista das Testemunhas de Jeová editada quinzenalmente (ou mensalmente, em alguns países) pela Sociedade Torre de Vigia (dos EUA). A tiragem média de cada número passa de 27 milhões de exemplares e é publicada em 152 idiomas, o que faz dessa revista religiosa a mais divulgada do mundo. É disponível numa impressão em grande formato, em braile, em áudio com formato MP3, em linguagem gestual americana, em libras (língua brasileira de sinais), em DVD. A partir de janeiro de 2008, a revista passou a ter uma edição de estudo destinada apenas para uso exclusivo das Testemunhas de Jeová, e uma segunda edição, destinada ao público, com datas de capa de 1 e 15 de cada mês, respetivamente (Carta da Congregação Cristã TJ dos EUA, de 09/02/2007).

Seguindo seus críticos, essa mudança tem a intenção clara de evitar o desgaste de tornar público assuntos controversos. Isso deveria dificultar ou mesmo impedir que o conhecimento de mudanças doutrinárias futuras não caíssem nas mãos de "apóstatas organizacionais" e de estudiosos de outras religiões, como já aconteceu diversas vezes, de fazerem um exame crítico de tais assuntos. Isso será uma nova maneira de tentar controlar o fluxo das informações. O debate público de assuntos controversos de notório interesse público e suas sutis mudanças doutrinárias poderiam gerar na opinião pública uma reação negativa contra a religião e seu corpo governante. Enquanto isso, o corpo governante ficaria "livre" para prosseguir na doutrinação religiosa na edição para uso exclusivo das Testemunhas.

Os editores da revista afirmam que seu objetivo é tornar conhecido Jeová Deus, a quem defendem como o Criador do Universo e da Humanidade. Proclamam que em breve Deus substituirá os governos atuais por um cujo governante é Jesus Cristo e que fará da Terra um Paraíso global. Seus editores professam ser politicamente neutros. As lições possuem seções com destaques sobre livros da Bíblia e seções com perguntas respondidas pela Sociedade Torre de Vigia (dos EUA) sobre vários assuntos. Os artigos de estudo na revista são usados como base em estudos coletivos em reuniões congregacionais semanais.

A Tradução do Novo Mundo das Escrituras Sagradas é a tradução da Bíblia usada em suas reuniões. Regra geral, o artigo de estudo é analisado previamente pelos presentes, sendo sublinhadas as respostas às perguntas impressas. Pesquisas adicionais nas publicações da Sociedade Torre de Vigia são incentivadas. O dirigente da reunião faz as perguntas impressas, após a leitura de cada parágrafo, e pede que os participantes respondam. No final, é feita uma breve recapitulação da matéria com a assistência para enfatizar as ideias principais.

A torre de vigia de Sião e *Arauto da presença de Cristo* foi a público pela primeira vez em julho de 1879, com uma tiragem de apenas 6 mil exemplares. Essa revista, defensora do sacrifício resgatador de Cristo Jesus, foi publicada por Charles Russell para instrução religiosa dos estudantes da Bíblia. Ao ser lançada em inglês, *A torre de vigia* (em português *A sentinela*; em espanhol *La Atalaia*), era uma publicação mensal de 8 páginas. O tamanho foi aumentado para 16 páginas em 1891, e tornou-se uma revista quinzenal em 1892. Em 1º de janeiro de 1909, o título foi mudado para *A torre de vigia e Arauto da presença de Cristo*, para focalizar atenção mais claramente no objetivo da revista.

A tradução da revista *A torre de vigia* para outras línguas começou lentamente. Publicou-se em sueco uma única edição em 1883 para ser usada como tratado. De 1886 a 1889, imprimiu-se em alemão uma edição de tamanho pequeno da revista. Foi só em 1897 que a *A torre de vigia* apareceu novamente em alemão e continuou a ser publicada regularmente. Em 1916, ela era impressa em 7 idiomas: alemão, dano-norueguês, finlandês, francês, inglês, polonês e sueco. Quando a obra de evangelização ganhou maior ímpeto em 1922, o número de línguas em que a revista era publicada aumentou para 16. A primeira publicação em português deu-se em 1925.

A partir de 1º de janeiro de 1939, a revista enfatizou a convicção de que Jesus Cristo já estava governando desde o céu como rei e o título foi alterado para *A torre de vigia e Arauto do reino de Cristo*. Em 1º de março de 1939, o título foi alterado para *A sentinela – anunciando o Reino de Jeová*, dirigindo atenção de modo mais destacado a Jeová Deus, como o Soberano Universal, aquele que concedeu a seu Filho autoridade para governar. Durante anos, as capas da revista *A sentinela* eram impressas em preto e branco. O número de

15 de agosto de 1950, lançado no congresso das Testemunhas de Jeová – aumento da teocracia –, apresentou um diferente modelo de capa, com ilustrações coloridas e um aumento de 16 para 32 páginas.

Por muitos anos, a revista *A sentinela* foi encarada como instrumento de instrução religiosa para as Testemunhas de Jeová da "classe dos Ungidos". Em razão disso, sua circulação era limitada. Por exemplo, no ano de 1916, apenas 45 mil exemplares eram impressos. A partir de 1935, deu-se repetida ênfase a incentivar todas as Testemunhas de Jeová a ler regularmente a revista *A sentinela*. Em 1939, quando a capa da revista passou a enfatizar o Reino de Deus, ofereceram-se ao público assinaturas da revista *A sentinela* durante uma campanha internacional de quatro meses para angariar assinaturas. Em resultado disso, a lista de assinantes aumentou para 120 mil. No ano seguinte, a revista era oferecida regularmente às pessoas nas ruas por uma pequena contribuição. A circulação aumentou rapidamente.

6.12 Islamismo

Ashhadu an lá Iláha ill'Allah – "Testemunho que não há outra divindade além de Deus".
Mohammad ur Rasul ullah – "Mohammad é o mensageiro de Deus".

Pensamento religioso fundado por Mohammad ibn Abdallah (Maomé – "Altamente louvado") em aproximadamente 610. O Islã é a religião[769] oficial dos países árabes, tem como livro sagrado o Alcorão e como o primeiro pilar a proclamação de fé, a Shahada, já citada. Segundo essa proclamação, Maomé foi um canal para a revelação e não devemos, por conta dessa situação, dar à fé muçulmana o nome pejorativo de maometismo.[770] Essa história é bem mais antiga do que possa imaginar o leitor. Segundo a história sagrada do povo árabe, ela começou no tempo de Abraão, quando Sara, duvidando da promessa de Deus de dar à luz um filho, "tomou a Agar, a egípcia, sua serva, e a deu por mulher a Abraão, seu marido", nascendo desse relacionamento Ismael, que no futuro seria considerado o pai dos árabes. Treze anos depois do nascimento de Ismael por Agar, nasce Isaque por Sara (Gênesis,1-13), e ela, irada com algumas travessuras de Ismael, pediu a Abraão que expulsasse os dois para o deserto (Gênesis, 21:14-21). Agar e Ismael

769 ABDALAT, H. *O Islã em foco*, p. 57.
770 MOHAMMAD, A. *Mohammad – o mensageiro de Deus*, p. 46, 393, 403-416.

andaram errantes pelo deserto de Berseba, sendo miraculosamente salvos quando estavam na mais aflitiva situação. Agar se afastou do menino deixando-o abandonado a sua sorte no deserto, pois não suportava a ideia de ver seu único e amado filho morrer de fome e sede naquele lugar causticante (Gênesis, 21:17-19). Foi nesse momento que apareceu o anjo Gabriel, que pediu a ela que voltasse e recolhesse o menino, pois Deus tinha uma grande tarefa a ele. Com isso, surge a promessa que ambos não morreriam naquele lugar desolado e Ismael seria no futuro o pai de uma grande nação. A mãe e a criança habitaram no deserto de Parã, tornando-se aí Ismael um hábil flecheiro, habituado à fadiga e às privações. Casou-se com uma mulher egípcia, com quem teve doze filhos: Nebaiote, Quedar, Adbeel, Mibsão, Misma, Dumá, Massá, Hadar, Tema, Jetur, Nafis, e Quedemá (Gênesis, 25:12-18) e uma filha: Maalate, ou Basemate, que se casou com Esaú (Gênesis, 28:9; 36:3).

> *Conforme a versão Islâmica, Agar e Ismail foram levados por instruções divinas, e não por causa da inveja, assim como diz a Bíblia, e foram levados para Meca e não para Beer Sheba, e esse evento foi antes do nascimento de Isaac, e não depois, enquanto Ismail era bebê. Se aceitarmos a versão da Bíblia, enfrentaremos sérias contradições porque está claro no Gênesis, 16:16, que Abraão era de 86 anos (sic) quando Ismail nasceu, e conforme Gênesis, 21:5, era de 100 anos (sic) quando Isaac nasceu, isso quer dizer que Ismail era de 14 anos (sic) quando Isaac nasceu. Mas a história no Gênesis, 2; J, ·14:19 diz-nos que Ismail era bebê pequeno, e ainda de acordo com Gênesis, 21-14-19, isso aconteceu depois de desmamamento de Isaac. E os teólogos bíblicos dizem que o Isaac foi desmamado aos três anos, logo chegaríamos a conclusão de que Ismail era de 17 anos (sic) quando foram levados (14,3). Mas a história no Gênesis, 21-14-19 diz que ele era um bebê pequeno, 17 anos é bebê? E a mãe pode carregar um bebê de 17 anos sobre os ombros? Pelo contrário, ele é que pode carregar sua mãe porque já é suficientemente forte. Ao analisar bem esses versículos e essas contradições chegamos à conclusão de que a Bíblia tem algumas veracidades, mas também já tem adições humanas. Mas no Alcorão a história está bem clara sem qualquer dúvida, que isso aconteceu quando Ismail era pequeno e Isaac nem tinha nascido e que foram para Meca pelas instruções divinas. No fim falaremos mais e evidenciaremos a veracidade de profecia de Mohamad.*[771]

---

771 *Ibid.*, p. 30.

Conta-nos ainda a história sagrada árabe que Abraão encontrou-se com Ismael tempos depois e auxiliou-o na construção da Caaba (Cubo), cujo local é o centro de referência da religião Islâmica. Segundo a tradição islâmica, a Caaba foi construída de pedra por Abraão e Ismael, por ordem de Deus, quando aquele foi visitar o filho e a antiga concubina no deserto, por volta de 4000 A.E.C. Acreditam também que o local escolhido pelos dois não foi algo arbitrário, mas teria existido ou sido transmitido desde o início da criação da Terra, por Adão como um santuário. A escolha dos locais de construção, adoração ou cultos ao sagrado nunca é vista como algo quimérico ou simplesmente arbitrário pelo religioso, mesmo que o local não possa parecer o mais adequado ou apropriado aos olhos puramente humanos. Esses locais sempre são escolhidos ou apontados anteriormente por uma hierofania como o lugar ideal, ou preparado por Deus ou deuses antes do *Axis Mundi*, para comportar e suportar a presença do sagrado na Terra. Na realidade, a continuidade dos lugares sagrados demonstra a autonomia das hierofanias; o sagrado manifesta-se segundo as leis da sua dialética própria e essa manifestação impõe-se ao homem *de fora*. Supor que a "escolha" dos lugares sagrados é deixada ao próprio homem é, ao mesmo tempo, tornar inexplicável a continuidade dos espaços sagrados.[772] Assim, após ser escolhido como lugar sagrado transforma-se dessa maneira no veículo de mediação entre o sagrado (Céu, Paraíso, Nirvana, mundos espirituais etc.) e o profano (Terra), onde a permuta entre esses dois sentidos se encontra e se completa mutuamente. "Os mitos de origem prolongam e completam o mito cosmogônico: eles contam como o mundo foi modificado, enriquecido ou empobrecido".[773]

A palavra *Islam* ou *Islã* significa submissão, não uma submissão qualquer, mas *submissão* sem contestação à palavra de Deus inscrita no Alcorão, e não à dos homens. Vários filósofos, principalmente os de linhagem islâmica chamados *faylasuf* ("failassufites", filósofos da Falsafa), questionavam e explicavam, assim como os talmudistas (filósofos judeus), racionalmente a fé islâmica por meio da filosofia, e, segundo eles, o Islamismo era uma tentativa de racionalismo da antiga fé grega. Muito se tem escrito, discutido e questionado sobre a fé islâmica, e como no Islamismo o conhecimento sempre foi respeitado (pelo menos no Islamismo inicial),

772 ELIADE, M. *Tratado da história das religiões*, item 140.
773 ELIADE, M. *Mito do eterno retorno*, p. 10.

principalmente quando se tratava das ciências naturais, esses filósofos eram tidos como homens letrados e respeitados por muitos, como foi o caso de Avicena.

Se para um historiador das religiões é complicado explicar um fenômeno religioso devido às muitas peculiaridades apresentadas por suas hierofanias, sejam elas de uma tribo ou de uma grande religião, imagine para o senso comum, não afeiçoado ao estudo comparado das religiões, bombardeado o tempo todo por revistas, livros, jornais e meios de comunicação em massa com informações ideológicas e distorcidas feitas boa parte das vezes por sua própria crença, na qual sua fé é única e as outras fés são estranhas ou apenas crenças distantes e nada representam diante de sua verdade.

O que se torna mais complexo e difícil nas religiões, isso em qualquer uma, é separar a história no sentido histórico e a história sagrada hierofânica dos acontecimentos posteriores que forram os textos e as literaturas sagradas, como os contos, os ritos, os mitos e os ditos folclóricos agregados e enxertados com o tempo a esses escritos e pensamentos, com o intuito de valorizá-los ainda mais como sagrados. Aqui vale uma ressalva para lembrar que para um historiador das religiões todos os símbolos (mitos, ritos, contos e os ditos folclóricos) possuem o mesmo valor intrínseco de análise, pois todos apresentam e revelam, de uma forma ou de outra, uma hierofania no local que surgiu e como o humano lidou e ainda lida com essas manifestações reveladas. Quase todos os mitos possuem um núcleo de acontecimentos originalmente históricos, passíveis de serem verificados por meio de dados históricos, transfigurados progressivamente, com o passar do tempo, até confundir-se com a "própria mitificação, quando o dado real (histórico) originário já deixou de ser entendido como tal e perdeu toda a importância",[774] permanecendo apenas a manifestação "reveladora do sagrado". O Islamismo, como todas as chamadas grandes religiões do mundo, adveio de uma *revalorização do sagrado* de crenças antigas, dos deuses cultuados na Arábia antiga. A crença em muitos deuses era corriqueira em todas as cidades desse país, tendo em vista que no centro da Caaba, santuário existente na cidade de Meca, há uma Pedra Negra (meteorito) que os árabes acreditam ter sido mandada por Deus como prova de Sua existência e poder. Não sabemos ao certo quando essa pedra chegou dos céus com rastros de fogo, nem muito menos quando foi

774 ELIADE, M. *Tratado da história das religiões*, p. 17.

sacralizada pelos árabes; o que sabemos é que ela já fazia parte da religião inicial desse povo do deserto.

A crença e a necessidade de atribuir poder a objetos comuns, transformando-os em manifestação reveladora do sagrado, já foram investigadas em outro capítulo, não sendo necessário demonstrá-las novamente aqui. Porém, vale recordar que todas as religiões possuem objetos sagrados e suas hierofanias. Essas hierofanias podem ser vistas através de qualquer material (objetos) que, revestido de um poder sagrado, muitas vezes pode "curar", "proteger" ou trazer "sorte". Essa integração de simbolismo sagrado implica uma experiência autêntica por parte de todos aqueles que participam dessa mentalidade, vendo esse sistema de símbolos em qualquer material considerado sagrado pela sua fé. Quando essas religiões apresentam um suposto monoteísmo absoluto, como é o caso do Judaísmo e do Islamismo, alguns estudiosos menos avisados costumam afirmar que essas religiões não revestem de poder sagrado outras hierofanias a não ser seus próprios deuses. Por mais que queiramos afirmar que são absolutistas ou fundamentalistas e que não compartilham de uma busca sagrada em outros objetos, situação impossível, essas religiões têm como manifestação reveladora do sagrado seus próprios livros sagrados. Estes tornam-se assim um objeto, uma autêntica hierofania, cujo arquétipo está guardado nos céus com Deus e uma cópia foi gentilmente cedida pelo mesmo por misericórdia aos humanos. "Ó adeptos do Livro, foi-vos apresentado o Nosso Mensageiro para mostrar-vos muito do que ocultáveis do Livro e perdoar-vos em muito. Já vos chegou de Deus uma luz e um Livro lúcido" (Alcorão, 5:15). Assim, O Livro transmuta-se em objeto *cosmizado,* revelado na Terra por um ser epifânico ("representante" do sagrado), tornando-se dessa maneira uma Arca Santa, inquestionável, intocável e verdadeira, a representação do próprio Shekhiná (presença inefável de Deus na Terra). É justamente aqui que o Islamismo se afasta do Judaísmo e do Cristianismo, pois ainda que ambos atribuam uma manifestação reveladora do sagrado a seus livros, estes foram *inspirados* por Deus ao homem (Isaías, 59:21; Lucas, 1:70), enquanto a "Revelação do Livro (Alcorão) é de Deus, o Poderoso, o Prudentíssimo" (Alcorão, 46:2), de forma que o Livro foi revelado diretamente por Deus (Alá) a Mohammad (Alcorão, 47).

Deus é a luz dos céus e da terra. O exemplo de sua luz é, por assim dizer, como o de um nicho em que há uma candeia; ela está num recipiente; e este é como uma estrela brilhante, alimentada pelo azeite de uma árvore bendita, a oliveira, que não é oriental nem ocidental, cujo azeite brilha, ainda que não lhe toque fogo. É luz sobre luz. (Alcorão, 24:35)

Alá já era bem conhecido dos povos árabes como o "Deus supremo" residente da Caaba, mas não único. Na Arábia, antes da missão de Maomé, esse deus era cultuado na Caaba com outros deuses, ficando a Maomé a tarefa de proclamá-Lo como o único Deus verdadeiro através dos "versículos do Livro lúcido" (Alcorão, 26:2), que acentua o *Tawhid* – unidade – de Deus e faz do politeísmo – *Shirk* – o pecado sem remissão. "Deus jamais perdoará a quem Lhe atribuir parceiros; porém, fora disso, perdoa a quem Lhe apraz. Quem atribuir parceiros a Deus cometerá um pecado ignominioso" (Alcorão, 4:48). Seria essa intransigência o caminho que criou o estigma para o Islã de intolerante com outros cultos? Não! O Alcorão não condena outros cultos e, bem ao contrário do que se pensa, conclama o respeito e a tolerância a todas as formas de culto ao sagrado. Esse é um ponto que abordaremos mais adiante. A passagem sobre o não "Lhe atribuir parceiros" é para os professantes da fé islâmica e não para os que possuem outros cultos; o Alcorão, bem como os 40 *Hadith* são para "aqueles que seguem o Mensageiro, o Profeta iletrado, o qual encontram mencionado em sua Torá e no Evangelho, o qual lhes recomenda o bem e lhes proíbe o ilícito, prescreve-lhes todo o bem e veda-lhes o imundo, avalia-os dos seus fardos e livra-os dos grilhões que os deprimem. Aqueles que nele creram, honraram-no, defenderam-no e seguiram a luz que com ele foi enviada, são os bem-aventurados" (Al-Araf, 7:157).

Apesar de Maomé estar mais próximo de nós do que outros fundadores de religião, ele nada escreveu de próprio punho, pois era iletrado e o que temos a seu respeito é o que nos contam os livros escritos pelos seguidores e os *Hadith*, tradições ou máximas, segundo a história árabe, compostas pelo próprio profeta.

A opinião de Allan Kardec, fundador do Espiritismo, sobre Maomé:

Deve-se julgar Maomé pela história autêntica e imparcial, e não conforme as lendas ridículas que a ignorância e o fanatismo espalharam por sua

564

*conta ou as descrições feitas pelos que tinham interesse em desacreditá-lo,
apresentando-o como ambicioso, sanguinário e cruel. Também não se deve
responsabilizá-lo pelos excessos de seus sucessores, que quiseram conquistar
o mundo para a fé muçulmana de espada em punho. Sem dúvida houve
grandes infâmias no último período de sua vida; ele pode ser censurado
por ter abusado, em algumas circunstâncias, do direito de vencedor e de
nem sempre ter agido com a moderação necessária. Entretanto, ao lado de
alguns atos que a nossa civilização reprova, é preciso dizer, em sua defesa,
que muitíssimas vezes ele se mostrou muito mais humano e clemente para
com os inimigos do que vingativo e que inúmeras vezes deu provas de verdadeira grandeza de alma. Deve-se reconhecer, também, que mesmo em
meio aos seus sucessos e quando havia chegado ao ponto culminante de sua
glória, ele se fechou, até seu último dia, no seu papel de profeta, sem jamais
usurpar uma autoridade temporal despótica. Não se fez rei, nem potentado
e jamais, em sua vida privada, manchou-se por algum ato de fria barbárie
ou de baixa cupidez. Sempre viveu simplesmente, sem fausto e sem luxo,
mostrando-se bom e benevolente para com todos. Isso é da História.*[775]

Segundo a história árabe, Maomé é descendente direto da linhagem de
Ismael, nasceu em 25 de abril de 571, na cidade de Meca, na Arábia Ocidental, no chamado Ano do Elefante. Mohammad ou Ahmad (o louvado)
pertencia à família dos Coraixitas, muito respeitada, embora de patrimônio
modesto em Meca. Maomé passou por situações difíceis e trágicas para uma
criança e enfrentou desde cedo a perda do pai, Abdala, que morreu em uma
expedição alguns meses depois de seu nascimento. Sua mãe, Amina, faleceu
quando tinha 6 anos, deixando-o aos cuidados do avô Abdul Muttalib, com
76 anos, que o amava profundamente e lhe predizia grande futuro (Alcorão,
93:6). Aos 12 anos, morre seu avô, passando Maomé aos cuidados do seu tio
Abu-Talib que tomava conta dos negócios da família e comercializava com
as caravanas. Todos cuidaram e deram o melhor de si para a criança, mas
nunca se preocuparam em instruí-lo na escrita e na leitura.[776]

Mohammad era hábil mediador e fazia disso sua grande arte de viver.
Como negociador e grande mercador de caravanas, possuía muitos contatos
e grandes amigos que no futuro seriam seus seguidores. Maomé era homem
digno, mas bastante taciturno e poucas vezes alguém o viu sorrindo.
Era controlado e mantinha seu senso de humor sob certa vigilância,

775 *Revista espírita*, 1866, pp. 430-431 (Editora FEB).
776 MOHAMAD, A. *Mohammad – o mensageiro de Deus*, pp. 47-55.

conhecedor do perigo que algumas insinuações e descontrole emocional poderia representar para homens públicos. Apesar de seu controle emocional, tinha constituição delicada e era bastante nervoso, impressionável, dado a tristezas e melancolias, principalmente após a morte de Khadija, sua amada esposa. Em momentos de muita excitação ou zanga, suas veias faciais aumentavam de volume assustadoramente. Mas sabia quando aplacar sua zanga e paixão e era capaz de perdoar um inimigo desarmado e arredio.[777] Foi em uma dessas caravanas que conheceu sua esposa Khadija, viúva rica, mais velha pelo menos uns quinze anos. Alguns historiadores costumam afirmar que era prima de Maomé; outros apenas dizem ser uma viúva rica. Maomé casou-se com ela e viveram cerca de 26 anos juntos. Khadija deu-lhe dois filhos, que morreram na infância, e duas filhas, a mais famosa foi Fátima.

O casamento do Profeta com Khadija

O nome dela era Khadija Bin Khuwailid Bin Asad Bin Abdul Uzza Bin Qusai; seu título era Táhera (A Pura). Khadija, uma senhora honorável e respeitada, quinto grau da sua geneologia (em Qusai), ligava-se à família do Profeta Mohamad. Era habitante de Meca, tinha uns quarenta (40) anos. Mãe de vários filhos; já tinha se tornado viúva por duas vezes, era muito rica. Quando morreu o segundo marido, várias pessoas nobres de Meca queriam casar com ela, mas ela sempre recusou. Quando a caravana dos comerciantes de Meca saía em viagens, só a mercadoria de Khadija igualava-se a de todos os outros comerciantes.

O Profeta Mohamad tinha 25 anos, bonito de rosto, estatura média, não alto conspicuamente, nem baixo imperceptivelmente, tinha a cabeça ampla, cabelo grosso e muito preto, testa ampla, sobrancelhas carregadas (pesadas), grandes olhos pretos, ligeira vermelhidão nas bochechas e pestanas longas, que aumentavam sua atração; tinha um belo nariz, dentes bem colocados, barba grossa, longo e bonito pescoço, ombros e peito largos (amplos), pele de cor clara, palmas e pés carnudos, andava resolutamente com passos firmes; sua aparência era sempre de profundo pensamento e contemplação; nos seus olhares estava oculta a autoridade do Comandante dos Homens. Por isso, não é de estranhar que Khadija lhe tenha dado o amor e submissão

777 DURANT, W. *A idade da fé*, p. 148.

*aos seus desejos, ao entregar-lhe totalmente a administração do seu
comércio depois do casamento, como já havia feito antes do casamento, a fim de lhe dar vagar para prosseguir uma vida de contemplação.
Não era só um casamento entre Mohamad e Khadija, mas sim, união
entre a fé e a pureza. A honestidade e veracidade de Mohamad como
comerciante fizeram dele uma estrela de Meca.*[778]

Toda história religiosa sagrada acredita que seus fundadores e reformadores já trazem dentro de si uma essência, é o herói mítico exemplar. Todos acreditam de alguma forma que essas pessoas são especiais, que trazem a essência de compreensão superior, na maioria das vezes não compreendida pela laicidade que as cerca, por ser, segundo o conceito filosófico, científico ou religioso, muito profunda e ontológica, sendo possível apenas para os iniciados ou discípulos. Pensando nas religiões de forma geral, aqui não podemos jamais esquecer as religiões ditas primevas e xamânicas, cujos fundadores e líderes se mostram, já na infância, com essa sabedoria e discernimento, diferenciado-se de forma visível das massas. Na maioria das vezes já nascem de forma diferenciada dos mortais, como é o caso de Zeus, Buda, Krishna, Zoroastro, Moisés, Jesus etc.; quando não nascem de forma diferenciada, são salvos milagrosamente de perigos iminentes, como é o caso de muitos mestres religiosos indianos, judeus, zoroastrinos, cristãos etc. Nascendo com essa essência de sabedoria, basta a vida cotidiana para mostrar tal fato. Para demonstrar essa sabedoria – que não sabemos existir em cada um de nós – ou a essência desses reformadores, a história religiosa tenta justificar e nos convencer por meio de contos, mitos e lendas levantadas sobre seus supostos poderes. Como não poderia deixar de ser, a história árabe ilustra a habilidade de mediador de Maomé, ainda quando criança. Quando a Caaba foi reformada, devido a uma inundação, os chefes tribais discutiam sobre quem teria a honra de colocar simbolicamente a Pedra Negra como a pedra de "sustentação" do lugar. Como não houve acordo entre eles, decidiram que a primeira pessoa que entrasse na Caaba decidiria qual deles seria o escolhido para realizar tal ato fundamental e revestido de sacralidade. Maomé foi a primeira pessoa a adentrar o recinto da Caaba, como se tivesse sido orientado e direcionado por Deus para esse feito, evitando grandes constrangimentos e conflitos futuros. Segundo o conheciam, sua decisão seria no conjunto e não

---

778 MOHAMAD, A. *Mohammad – o mensageiro de Deus*, p. 61.

haveria privilegiado ou espírito de parcialidade. Contaram-lhe o problema, Maomé pensou e, como se recebesse um *insight* do Alto, fez com que os líderes das diferentes tribos rolassem a pedra para cima de um tapete e pediu que cada um segurasse em uma extremidade, colocando, todos juntos e em equipe, a pedra em seu devido lugar, ou seja, no centro da Caaba. Todos ficaram felizes e agradeceram a Mohammad a decisão sábia de transformar um problema que poderia trazer grande discórdia em ocasião de muita alegria, festa e paz.

> *A religião é a solução exemplar (herói mítico) de toda crise existencial, não apenas porque é indefinidamente repetível (nostalgia do Paraíso), mas também porque é considerada de origem transcendental (não co-mum) e, portanto, valorizada como revelação recebida de um outro mundo, transumano.*[779]

Nem tudo são flores

É imprescindível tentarmos separar o que é realmente história e o que contam sobre a vida do profeta Maomé. É comum ouvirmos de pessoas mal informadas que Maomé casou-se com Khadija por interesse, pois ela era rica e influente em sua tribo. Os comentários muitas vezes são feitos por aqueles que desconhecem as fontes históricas, ou infelizmente apropriam-se de lendas que não condizem com a realidade desse povo e do profeta, tentando desacreditá-lo. Historicamente, não o encontramos fazendo uso do dinheiro ou da influência de Khadija para convencer os árabes de sua missão ou propagar a crença. Existem duas situações bem distintas na vida do grande profeta Mohammad: a primeira, quando Khadija era ainda viva, e a segunda, logo depois de sua morte.

Quando Khadija estava ao seu lado, Maomé demonstrava-se tranquilo, e não era dado a guerras ou invasões e não tinha a intenção de pregar o Islamismo, ou sua revelação, a todos os povos, pois sabia que "cada povo teve seu mensageiro" (Alcorão, 10:47) e mereciam respeito. Maomé viveu 26 anos de vida monogâmica ao lado dela, que sempre se apresentou como boa esposa, boa mulher e excelente mercadora, dote que fez Maomé olhá-la com olhos apaixonados. Após a morte de Khadija – em 699 (ano

779 ELIADE, M. *O sagrado e o profano*, 171.

da tristeza) – a qual sempre o apoiou em tudo, até mesmo quando a revelação chegou até ele, parece que o chão que sustentava os pés do profeta ruiu.[780] A angústia e a melancolia assolaram sua alma, tornou-se taciturno e o mundo, antes colorido, tornou-se preto e branco. Invadiu muitas terras, desposou várias mulheres, mesmo algumas em casamentos ilegítimos, e ao morrer deixou nove viúvas e filhos. Não devemos, por conta desse desgosto de ter perdido a pessoa que mais amava, abaixo de Deus, é claro, atribuir a Maomé todos os excessos causados por seus sucessores, principalmente pelos califas Omar I e II e o califado Abácida, no qual o principal objetivo era conquistar e espalhar a fé islâmica de espada em punho.[781]

Se nós, os homens, soubéssemos dar às mulheres o mesmo valor que Maomé deu a Khadija, possivelmente o mundo seria bem menos machista e as mulheres teriam o lugar que lhes é devido na sociedade.

> *Deus anula o que aventa Satanás, e então prescreve as Suas leis, porque Deus é Sapiente, Prudentíssimo.* (Alcorão, 22:52)

Apesar de algumas irregularidades na história, costuma-se datar esses *versus* após a morte da esposa amada. Isso se realmente aconteceram, pois não existe prova histórica ou histórica sagrada, em versão escrita ou oral, que diga algo sobre esses supostos *versus*.[782] Segundo alguns, esses supostos *versus* foram ditados a Maomé não por Gabriel, mas por Satanás, o "inimigo declarado do homem", o armador de ciladas aproveitando-se da fragilidade, da franqueza e tristeza humana do profeta (Alcorão, 17:53). Segundo a história sagrada árabe, Maomé nascera para liderar e levar seu povo a Deus, porque "Deus é a Verdade, e porque tudo quanto invocam, em lugar d'Ele, é a falsidade, e porque Deus é o Grandioso, o Altíssimo" (Alcorão, 31:30). Gabriel, compadecendo-se da nação que cairia em desgraça, apareceu a Maomé e contou-lhe que não havia ditado aqueles *versus* que não inspiravam amor ao Altíssimo e sim vergonha. Maomé rasgou-os imediatamente. Não sabemos se essa "história" foi contada para demonstrar o quanto Maomé era superior ao próprio Satanás, ou se foi, com o tempo, filtrado de outros livros religiosos, mais particularmente do Novo Testamento, da passagem que ilustra como Jesus foi tentado pelo próprio Satanás e o venceu (Mateus, 4:1).

---

780 MOHAMAD, A. *Mohammad – o mensageiro de Deus*, p. 113.
781 HOURANI, A. *Uma história dos povos árabes*, cap. 2.
782 ARMSTRONG, K. *Uma história de Deus*, p. 155.

Se julgarmos a grandeza de um homem pela influência, Maomé foi um dos gigantes da História. Tomou a si a tarefa de elevar o nível espiritual e moral de um povo condenado ao barbarismo pelo calor e pelas terras desoladas, sem alimento, e conseguiu êxito mais brilhante do que qualquer outro reformador; muito poucas vezes um homem realizou tão integralmente seu sonho. Atingiu Maomé seu fim através da religião não somente porque ele próprio era religioso, mas porque nenhum outro meio poderia ter movido os árabes do seu tempo. Apelou para a imaginação, para os receios e esperanças dos conterrâneos, e falou-lhes em termos que podiam entender. Quando Maomé começou, a Arábia era um amontoado de tribos idólatras, naufragando no deserto; quando morreu, era uma nação. Reprimiu o fanatismo e a superstição, mas utilizou-se de ambos. Sobre o Judaísmo, o Zoroastrismo e sua crença nativa, Maomé ergueu uma religião simples, clara e forte, e uma moralidade de coragem impiedosa e orgulho racial, que em uma geração conquistou uma centena de vitórias e em um século tornou-se um império, até hoje continuando a ser uma força viril em toda a metade do mundo.[783]

O Alcorão (A Recitação)

E este não é mais do que uma mensagem para todo o universo. (68:52)

Por que o Alcorão é tão importante para o Islã?

Igual a todos os livros religiosos, não deixa de ter o mesmo peso e Poder Sagrado. Da mesma forma que nos vedas, no Judaísmo e no Cristianismo os livros foram sendo compostos paulatinamente durante séculos. Com o Alcorão não foi diferente, foi sendo revelado aos poucos, pontos por ponto, em um período de 23 anos. Tudo começou na festa do mês de Ramadã,

> *[...] o mês em que foi revelado o Alcorão, orientação para a Humanidade e vidência de orientação e discernimento. Por conseguinte, quem de vós presenciar o novilúnio desse mês deverá jejuar; porém, quem se achar enfermo ou em viagem jejuará, depois, o mesmo número de dias. Deus vos deseja a comodidade e não a dificuldade, mas cumpri o número (de dias), e glorificai a Deus por vos ter orientado, a fim de que (Lhe) agradeçais.* (Alcorão, 2:185)

O dogma islâmico sustenta que o Alcorão é a palavra incriada de Deus e, por conseguinte, é preexistente em relação ao mundo e ao homem. Seu

---

783 DURANT, W. *A idade da fé*, p. 158.

arquétipo está guardado no céu e foi liberado para os árabes em sua língua, transmitido pelo profeta Maomé. Tem quase a extensão do Novo Testamento, é dividido em 114 *suras*, *suratas* ou *capítulos* e, segundo a tradição árabe, foi revelado a Maomé diretamente pelo anjo Gabriel, enviado direto de Deus, em Meca ou Medina. Sendo a palavra incriada de Deus, em 700 E.C., ficou a questão de saber se o livro, especialmente revelado em árabe, podia ser traduzido ou ensinado em outras línguas. Pouco a pouco, foram permitidas traduções interlineares para outras línguas. Hoje existem traduções independentes em todos os principais idiomas do mundo.

> *O Alcorão é dirigido a toda a Humanidade, sem distinção de raça, cor, religião ou tempo. Ainda mais, procura guiar a Humanidade em todas as sendas da vida: espirituais, materiais, individuais e coletivas. Ele contém diretrizes para a conduta do chefe de Estado, bem como do homem comum; do rico, bem como do pobre. Diretrizes para a paz, bem como para a guerra; tanto para a cultura espiritual como para o comércio e bem-estar material. O Alcorão busca principalmente desenvolver a personalidade do indivíduo: cada ser será pessoalmente responsável perante seu Criador.[784]*

Segundo a história, Maomé estava em meditação em profundo pensar religioso, no mês de festa do Ramadã, quando o anjo apareceu-lhe e disse: "Recita, recita em nome do teu senhor" (Alcorão, 96). Ele não acreditou de imediato que seria uma ordem direta, mas apenas uma alucinação, por isso não recitou como pediu o anjo. Nova ordem foi dada e Maomé ainda resistiu à sentença. O anjo agarrou-o e abraçou fortemente, pedindo então que recitasse em nome de Deus. O profeta não teve outra saída, além de repetir o que o anjo lhe ordenara. Saiu confuso dessa situação, correu para casa e deitou sua cabeça no colo de Khadija, contou-lhe o ocorrido e seu medo diante de tal hierofania. Jamais acreditou que seria ele o homem destinado a levar seu povo a Deus. Khadija incentivou-o dizendo que ele era um bom homem e Deus jamais erra em suas escolhas. Se o preferiu, fez uma boa escolha. Pediu que não resistisse ao chamado do Anjo e, quando viesse em sua direção, repetisse tudo o que dissesse. Nessa e em muitas outras situações de angústia e dor, Khadija foi o esteio desse grande homem e profeta.[785] "Sabei que o revelamos (o Alcorão), na Noite

---

784 HAYEK, S. *Alcorão – introdução*, p. XV.
785 MOHAMAD, A. *Mohammad – o mensageiro de Deus*, p. 61.

do Decreto. E o que te fará entender o que é a Noite do Decreto? A Noite do Decreto é melhor do que mil meses. Nela descem os anjos e o espírito (anjo Gabriel), com a anuência do seu Senhor, para executar todas as Suas ordens. (Ela) É paz, até ao romper da aurora!" (Alcorão, 97). A noite do decreto, segundo o pensamento islâmico, é a era onde termina a ignorância (*jahiliya*) e começa a era da luz e da sabedoria, por meio do último chamado ao povo. O mito de luz e trevas, escuridão e claridade está expresso em todos os cultos religiosos do mundo, até nas ciências e filosofias, se pensarmos no Renascimento como a Era das Luzes.[786]

> *E quanto instituirdes a medida, fazei-o corretamente; pesai na balança justa, porque isso é mais vantajoso e de melhor consequência.* (Alcorão, 17:35)

Na luta por uma sociedade (*Ummat*) forte e promissora, observamos em todas as sociedades, bem como nas religiões, o poder de um herói mítico civilizador auxiliando e permitindo a guerra em defesa da vida ou da conquista. Para o estabelecimento de uma *Ummat* islâmica, não foi diferente. Como toda ideia nova tem contra si a opinião daqueles cujas opiniões e interesses ela contraria, Maomé causou certo desconforto a todos aqueles que exploravam os mais fracos e seduziam os menos avisados. Para uma sociedade forte e promissora é inegável a defesa e o auxílio ao mais fraco, pois se Deus é o protetor e o laudabilíssimo (Alcorão, 42:28), a sociedade e seus governantes têm a obrigação de defender e auxiliar o mais fraco em detrimento dos mais fortes. Se isso não acontecer, a sociedade ruirá, por isso a *Ummat* islâmica vive como se fosse uma espécie de comunismo, em que o mais fraco é acolhido e protegido e toda injustiça é repudiada, seja contra os islâmicos ou qualquer outra população.[787] Esse sentimento que nos acolhe de imprevisto, tentando olhar os islâmicos com olhos diferenciados, estereotipando-os como rebeldes e desordeiros não é novo; começou em aproximadamente 622, quando Maomé precisou fugir (Hégira) de Meca, com cerca de 70 muçulmanos, e ir residir em Medina. Para um islâmico, a sociedade é o que importa. Se um deles sofre, todos sofremos.

> *Isto é o que Deus anuncia aos Seus servos fiéis, que praticam o bem. Dize-lhes: não vos exijo recompensa alguma por isso, senão o amor aos vossos parentes.*

---

786 ELIADE, M. *Origens*, cap. 4.
787 QUTUB, Mohammad. *Islã – a religião mal compreendida*, p. 266.

E a quem quer que seja que conseguir uma boa ação, multiplicar-lhe-emos;
sabei que Deus é Compensador, Indulgentíssimo. (Alcorão, 42:23)

A *Ummat* é a mais importante, apesar de pregarem que cada um responderá individualmente a Deus, a sociedade é mais importante e dependemos dela para sermos fortes. Segundo a história, os maquenses que governavam Meca eram contra Maomé, pregando que Ele forjou uma mentira sobre Deus (Alcorão, 42:24). Maomé fugiu para Medina, cidade eminentemente judaica na época, e lá conseguiu fixar-se com o grupo e estabelecer a primeira sociedade muçulmana de que temos notícias. Tentou com todos os seus esforços mostrar aos judeus que faziam parte de uma grande família e que eram "um". Para convencer os judeus de Medina de que nunca existiu distinção nenhuma entre eles (Alcorão, 2:136), no início de seus relacionamentos as orações dos islâmicos eram feitas direcionadas a Jerusalém, cidade sagrada para eles. Com o tempo, os judeus começaram a zombar de Maomé e de sua crença e duvidar se realmente ele era um profeta, já que não conseguia nem encontrar seu camelo quando se perdia no deserto. De forma estratégica, Maomé percebeu que os judeus não seriam seus aliados, mesmo que isso envolvesse defender a vida da sociedade islâmica ou suas terras, devido às diferenças que acreditavam existir entre seus credos. Fez, então, algo que tanto para a história comum como para a sagrada desse povo foi um marco, e conquistou definitivamente a independência para sua fé. A partir de janeiro de 624, as orações dos islâmicos começaram a ser direcionadas à Caaba, templo religioso em Meca, cidade santa islâmica, e não mais a Jerusalém, cidade santa dos judeus, surgindo assim a independência da fé islâmica.[788]

Aquela é uma nação que já passou; colherá o que mereceu e vós colhereis o
que merecerdes, e não sereis responsabilizados pelo que fizeram.
[...]
Os néscios entre os humanos perguntarão: que foi que os desviou de sua
tradicional quibla (direção)? Dize-lhes: só a Deus pertencem o levante e o
poente. Ele encaminhará à senda reta a quem Lhe apraz.
[...]
E, desse modo (Ó Muçulmanos), constituímo-vos em uma nação de centro,
para que sejais testemunhas da Humanidade, assim como o Mensageiro

---

788 HOURANI, A. *Uma história dos povos árabes*, cap. 3.

o será para vós. Nós não estabelecemos a quibla que tu (ó Mohammad) segues, senão para distinguir aqueles que seguem o Mensageiro daqueles que desertam, ainda que tal mudança seja penosa, salvo para os que Deus orienta. E Deus jamais anularia vossa obra, porque é Compassivo e Misericordiosíssimo para a Humanidade.

[...]

Vimos-te (ó Mensageiro) orientar o rosto para o céu; portanto, orientar-te-emos até a quibla que te satisfaça. Orienta teu rosto (ao cumprir a oração) para a Sagrada Mesquita (de Meca)! E vós (crentes), onde quer que vos encontreis, orientai vossos rostos até ela. Aqueles que receberam o Livro, bem sabem que isso é a verdade de seu Senhor; e Deus não está desatento a quanto fazem.

[...]

Ainda que apresentes qualquer espécie de sinal ante àqueles que receberam o Livro, jamais adotarão tua quibla nem tu adotarás a deles; nem tampouco eles seguirão a quibla de cada um mutuamente. Se te rendesses aos seus desejos, apesar do conhecimento que tens recebido, contar-te-ias entre os iníquos.

[...]

Aqueles a quem concedemos o Livro, conhecem-no como conhecem seus próprios filhos, se bem que alguns ocultam a verdade, sabendo-a.

[...]

(Esta é a) Verdade emanada de teu Senhor. Não sejas dos que dela duvidam!

[...]

Cada qual tem um objetivo traçado por Ele. Empenhai-vos na prática das boas Ações, porquanto, onde quer que vos acheis, Deus vos fará comparecer, a todos, perante Ele, porque Deus é Onipotente.

[...]

Aonde quer que te dirijas (ó Mohammad), orienta teu rosto para a Sagrada Mesquita, porque isto é a verdade do teu Senhor e Deus não está desatento a quanto fazeis.

[...]

Aonde quer que te dirijas, orienta teu rosto para a Sagrada Mesquita. Onde quer que estejais (ó muçulmanos), voltai vossos rostos na direção dela, para que ninguém, salvo os iníquos, tenha argumento com que vos refutar. Não temais! Temei a Mim, a fim de que Eu vos agracie com Minhas mercês, para que vos ilumineis. (Alcorão, 2:141 a 150)

Apesar dessa nova tomada de decisão, que constitui uma nova identidade para o Islamismo, ele continuou pregando a paz entre as religiões e nunca obrigou ninguém a se converter ao seu credo. Nem mesmo na época das invasões, quando os dominados eram obrigados a servir os dominadores e acabavam se filiando à sua religião imposta. Os dominadores islâmicos deixavam que esses dominados seguissem seus próprios conceitos religiosos, desde que não pregassem publicamente sua fé ou obrigassem ninguém a segui-los. Os dominados acabavam se encantando pelo Islamismo por sua praticidade e quase ausência de rituais. Claro que tivemos muitos excessos nessa religião, como em todas as outras. Assim como no Cristianismo, alguns líderes islâmicos defendiam e invadiam terras, pregando sua fé ou fazendo dela trampolim para suas conquistas em nome de um suposto deus. Todas as ideias, por mais belas e sinceras que sejam, possuem seus fanáticos, que podem ser encontrados em qualquer parte do planeta. No entanto, seria bastante infantil de nossa parte confundir o exagero de uma ideia com a própria ideia.

Islamismo é a religião do muçulmano

No início, o Islamismo não era uma religião pregada às massas, apenas àqueles que se diziam muçulmanos e acreditavam na Revelação do Livro, sendo até proibido para aqueles que não fossem da linhagem árabe, a não ser que se convertessem a essa fé e se tornassem parte desse povo. Se realmente o Islamismo era uma religião em busca do sagrado por meio de um movimento hierofânico, como se transformou, ao longo do tempo e na visão da história e de alguns historiadores, em algo cruel e desumano? Bom, para começar, temos de nos perguntar de qual história estamos falando: da Ocidental ou da Oriental? Para nós, ocidentais envolvidos e educados em um conceito judaico-cristão, algumas situações que ocorreram no passado acabam passando despercebidas ou mesmo não conseguimos ver-lhes o colorido. Muitas vezes, quando vamos discutir o assunto, o historiador comum costuma afirmar que história é a história em qualquer lugar, isso é historicismo. Mas, como historiador das religiões, acredito em *interpretação histórica*, e não em historicismo. A história sagrada de um povo diverge e muitas vezes contradiz a história oficial, que apenas vê o que está relatado. "O historicismo confunde essas interpretações com teorias. É um de seus erros fundamentais".[789]

Todas as religiões pregam ou dizem pregar a paz! Por que a maioria delas começa com imposições e guerras? Essa é uma das primeiras perguntas

---

789 POPPER, K. *A miséria do historicismo*, p. 79.

que se faz a um historiador das religiões, quando se propõe a ensinar ou comentar sobre elas. Para respondermos a essa pergunta, teríamos de nos transportar aos locais e descobrir. Como não é possível, o que podemos afirmar é que por trás de cada religião está o homem religioso, este mesmo *homo religiosus* vive em uma sociedade, e é aqui que, segundo a história oficial, entra o homem como um ser eminentemente histórico, que faz da religião, como de qualquer outro pensamento ou situação, ferramenta de guerra. "O objetivo último do historiador das religiões é compreender, e tornar compreensível aos outros, o comportamento do *homo religiosus* e seu universo mental. A empresa nem sempre é fácil".[790] Tivemos grandes homens em muitas religiões, como houve carrascos e loucos. A mensagem central de toda religião é o encontro ou a busca do sagrado, feita por meio da oração, da meditação, do êxtase, da ioga, de hinos etc.

A religião islâmica sempre respeitou, pelo menos é o que pede e exige o Alcorão (60:8), todos os pensares religiosos. Segundo os muçulmanos, se isso não é cumprido, não é uma falha do Livro, mas dos homens que ensinam e interpretam. Não nos devemos esquecer de que o Islamismo é uma religião e como tal está espalhada por muitos lugares, e em cada país é adaptado e permeado pelas leis comuns e sociais e por seus ditadores.

> *É impossível analisar as estruturas sociais sem prestar atenção para os processos dinâmicos; somente mediante o estudo desses processos podemos compreender a emergência de novas formas e instituições sociais dentro de uma dada sociedade e apreciar as funções que nela desempenham.*[791]

Por isso, não conseguimos observar o Islamismo ou os países que o seguem de forma homogênea, se é que homogeneidade existe em algum pensamento ou país. Isso não é novidade, tendo em vista que no Brasil o Catolicismo Romano de São Paulo (conservador) é diferente do Catolicismo Romano Baiano (heterodoxo), que permite a lavagem das escadarias da Igreja do Senhor do Bonfim com as águas benzidas do Candomblé, na festa de Oxalá.[792] Em São Paulo, essa prática seria repudiada e até daria, com toda certeza, uma discussão acirrada entre as Igrejas Cristãs. No entanto, na Bahia, berço do Candomblé, esse fato é permitido e incentivado por muitos como uma forma de diálogo inter-religioso. *É esse diálogo e*

---

790 ELIADE, M. *O sagrado e o profano*, p. 27.
791 WACH, J. *Sociologia da religião*, p. 251.
792 MARQUES e COUTINHO. *Compêndio de religiões e espiritualidades*. Verbete: Oxalá.

intercâmbio religioso de respeito e paz que deve existir entre as diferentes formas de manifestações do sagrado espalhadas pelo mundo.

Princípios fundamentais da fé islâmica

O verdadeiro muçulmano crê:

1º) em um Deus único, Supremo e Eterno, Infinito e Poderoso, Clemente e Misericordioso, Criador e Sustentador. Para ser efetiva, essa crença exige completa confiança e esperança em Deus, submissão voluntária à vontade d'Ele e confiança na Sua ajuda. Isso confere dignidade ao homem e salva-o do medo e do desespero, do pecado e da confusão;

2º) em todos os Mensageiros de Deus sem nenhuma discriminação entre eles. Tais Mensageiros eram notáveis propagadores do bem e verdadeiros campeões da justiça. Eles foram escolhidos por Deus para ensinar e transmitir à Humanidade a Sua Divina Mensagem;

3º) em todas as escrituras e revelações de Deus. Essas foram as luzes recebidas pelos mensageiros para guiarem seus povos pelo bom caminho de Deus. O Alcorão faz referências especiais aos livros de Abraão, Moisés, Davi e Jesus. Mas muito antes de o Alcorão ter sido revelado a Mohammad, alguns daqueles livros e revelações foram perdidos ou viciados, outros esquecidos, negligenciados ou escondidos;

4º) nos anjos de Deus, estes são seres esplêndidos e puramente espirituais, cuja natureza não precisa de alimentos, bebidas ou sono, eles não têm nenhum desejo físico, nem necessidades materiais;

5º) no Dia do Juízo Final. Este mundo acabará qualquer dia, e os mortos comparecerão a um juízo final (*Quiyáma*) equitativo, tudo o que fazemos neste mundo, cada intenção, cada movimento, cada pensamento, cada palavra que pronunciamos, tudo é contado e registrado com cuidado;

6º) na predestinação de Deus e no seu Poder de conceber e cumprir Seus planos. Deus não é indiferente perante o mundo, nem neutro para com ele, os Seus conhecimentos e a Sua força agem em qualquer momento para manter a ordem no Seu vasto domínio e o controle sobre as Suas criaturas;

7º) que a Criação de Deus tem sentido, e que a vida tem uma finalidade sublime, além das necessidades físicas e atividades materiais do homem, a finalidade da vida é a adoração de Deus. Isso não quer dizer simplesmente que passemos a vida em isolamento permanente e em meditação absoluta;

8º) muçulmano crê que o homem tem um estatuto especial e uma alta posição na hierarquia de todas as criaturas conhecidas. Ele ocupa uma posição privilegiada porque só ele tem faculdades racionais e aspirações espirituais, assim como força de ação, mas à medida que sua posição sobe, a responsabilidade também cresce;

9º) que o próprio ato do nascimento verifica-se de acordo com a vontade de Deus, para realização dos Seus planos e em submissão aos Seus mandamentos, também quer dizer que cada pessoa dispõe das potencialidades espirituais e inclinações intelectuais que o podem tornar um bom muçulmano, se tiver devido acesso ao Islã e se lhe for deixado desenvolver sua natureza inata;

10º) que cada pessoa nasce livre do pecado e de qualquer pretensão à virtude herdada. É como um caderno branco, ao chegar à idade adulta, o homem torna-se responsável pelas suas ações e intenções, se seu desenvolvimento for normal e saudável;

11º) que o homem tem que assegurar sua salvação sob a direção de Deus. Isso quer dizer que, para obter a salvação, o homem tem que combinar a fé e a ação, a crença e a prática. A fé sem ação é tão insuficiente como a ação sem fé. Por outras palavras, ninguém pode obter a salvação se sua fé em Deus não for dinâmica na sua vida e se sua crença não for posta em prática. Isso harmoniza-se perfeitamente com os outros artigos da fé islâmica, e mostra que Deus não aceita palavras em vez de serviços, e que nenhum verdadeiro fiel pode ficar indiferente quanto aos mandamentos práticos da fé. Por outro lado, também mostra que ninguém pode agir em nome de um outro, nem interceder por um outro junto de Deus;

12º) que Deus não responsabiliza nenhuma pessoa antes de lhe ter mostrado o bom caminho. Por isso, Deus enviou Mensageiros e revelações, e fez compreender que não castigaria ninguém antes de o guiar e dar o sinal de alarme. Portanto, uma pessoa que não tenha conhecido nenhuma revelação divina ou mensageiro, ou uma pessoa que não possua todas as faculdades mentais, não é responsabilizada por Deus por não ter obedecido às instruções divinas;

13º) na natureza humana, que Deus criou, há mais bem do que mal, e a probabilidade de transformação positiva é maior do que a probabilidade do fracasso sem esperança. Essa crença vem do fato de Deus ter encarregado o homem de certas tarefas e ter mandado Mensageiros com revelações para o guiarem;

14º) que a Fé não está completa se seguida cegamente ou aceita sem vacilar, a não ser que o crente esteja satisfeito razoavelmente. Se a fé tem que inspirar a ação, e se a fé e a ação têm que levar à salvação, então a fé tem que se basear em convicções firmes, sem nenhum engano ou constrangimento; 15º) que o Alcorão é a palavra de Deus revelada a Muhammad (que a Paz e Bênção de Deus estejam sobre ele) através do anjo Gabriel. O Alcorão foi revelado por Deus, peça por peça, por várias ocasiões em que foi preciso darem-se respostas a várias perguntas, resolverem-se certos problemas e acalmarem-se certas disputas, e também para ser o melhor guia dos homens para a verdade de Deus e a felicidade eterna. A história do registo do Alcorão, da compilação dos seus capítulos e da conservação do seu texto está presente, sem dúvida alguma, não apenas na mente dos muçulmanos, mas também na dos estudiosos honestos e sérios. Essa é uma verdade histórica que nunca foi contestada por nenhum teólogo de qualquer religião, pois respeita seus conhecimentos e sua integridade;

16º) numa nítida distinção entre o Alcorão e as Tradições de Muhammad: O Alcorão é a palavra de Deus, enquanto as Tradições de Muhammad são as interpretações práticas do Alcorão. O papel de Muhammad (que a Paz e Bênção de Deus estejam sobre ele) foi transmitir o Alcorão, como o recebeu, interpretá-lo e praticá-lo cabalmente. Suas interpretações e práticas produziram o que se conhece como as Tradições do Profeta Muhammad. Elas são consideradas a segunda fonte do Islã e têm que se harmonizar perfeitamente com a Primeira Fonte: O Alcorão.

A religião do islã
(Por Sheikh Ali Tantawi)

Que é o Islã? Como alguém se torna muçulmano?

Para cada uma das seitas verdadeiras ou falsas, das associações beneficentes ou perniciosas e dos partidos retos ou perversos, há princípios e fundamentos nacionais, e questões ideológicas, que determinam sua meta e dirigem sua marcha, sendo norma, para cada um dos seus afiliados e seguidores. Quem quiser afiliar-se a qualquer um deles se fixará, primeiro, nesses princípios que, caso admita e acredite que são corretos, aceitará em seu consciente e subconsciente, não abrigará nenhuma dúvida e solicitará sua filiação a essa associação. Cumpre para com suas obrigações, dentro dela, realizará os trabalhos instituídos pelos seus estatutos, pagará a cota do filiado, como prescreve o regulamento e, além disso, deverá demonstrar, com sua conduta, fidelidade aos seus princípios, lembrar-se sempre desses princípios e não fazer nada que o distancie deles, mas dar, com sua moral e conduta, um bom exemplo e ser um predicador verdadeiro. A filiação a essa associação significa o conhecimento dos seus estatutos, a crença em seus princípios, a obediência às suas determinações e uma vida coerente.

Esse panorama geral é aplicável ao Islã. Quem entrar no Islã tem de aceitar, primeiro, seus fundamentos racionais e crer neles totalmente, até que constituam, para ele, uma ideologia. Eles se resumem em que este mundo material não é tudo e que a vida terrena não é a vida integral. Porque o Homem existia, antes de nascer, e seguirá existindo, depois da morte; ele não criou a si mesmo, mas foi criado do nada, e não foi criado do mundo inanimado que o rodeia, porque é racional e o mundo inanimado não tem razão. Foi criado, ele, e tudo no universo, do nada, por Um só Deus, que é único, que o ressuscita e o faz morrer. Foi Ele que criou tudo, e, se quiser, pode aniquilá-lo e fazê-lo desaparecer, pois este é o Deus que não tem semelhante algum, em todos os universos, que não têm princípio, nem fim; é Eterno, Todo-Poderoso, e não há limitações para seus poderes e capacidade; é Sapientíssimo, e não há nada oculto para Ele; é Justo, porém não se mede Sua justiça absoluta com os parâmetros da justiça humana. Foi Ele que dispôs as regras do universo (que denominamos Leis Naturais) e as fez todas comedidamente, limitando, desde sempre, suas partes e espécies, e o que acontecerá com os vivos e com os inanimados, com o movimento e com a inércia, com a consistência e com a inconsistência. Dotou o homem de um intelecto, com o qual pode pensar e decidir sobre muitas coisas e escolher o que quiser, e de uma vontade, com a qual realizará o que escolher. Ele crê que Deus criou, além desta vida terrena provisória, uma outra, eterna, na qual se premiam os virtuosos, com o Paraíso, e se castigam os iníquos, com o inferno.

Este é o Deus único. Não tem parceiro algum, que se possa adorar com Ele, nem mediador, que possa interceder junto a Ele, sem Sua anuência. Assim, pois, a submissão deve ser absoluta, em todos os aspectos.

Ele criou entes materiais, que podem ser vistos e sentidos por nós; criou, também, entes invisíveis, alguns inanimados, outros animados, que não podem ser vistos por nós. Entre os animados, há os criados para o bem absoluto: são os anjos; outros, caracterizados pelo mal absoluto: são os demônios; e outros, que possuem ambos os elementos do bem e do mal, são, ao mesmo tempo, virtuosos e maldosos: esses são os gênios.

Ele elege, entre os humanos, a quem os anjos têm de revelar a legislação divina, para que a divulgue entre as pessoas. Eles são os mensageiros. Essas legislações estão contidas em livros revelados, que anulam os anteriores a eles e os modificam. O último desses livros é o Alcorão, que, ao contrário do que ocorreu com os anteriores a ele, que foram desvirtuados e esquecidos, permaneceu intacto e a salvo de desvirtuações ou qualquer perda. E o último desses mensageiros e profetas é Mohammad, o árabe, o coraixita, e com ele ficaram seladas, para sempre, todas as mensagens, e com sua religião, todas as religiões. Não haverá, depois dele, profeta algum.

Portanto, o Alcorão é a constituição do Islã e quem está persuadido de que ele é divino e crê nele, em todas e cada uma das suas partes, chma-se crente. A fé, nesse sentido, só é conhecida por Deus, porque os humanos não podem abrir os corações das pessoas e saber o que há neles. Por isso, para contar-se entre os muçulmanos, só é preciso declarar a fé, dizendo: "Testemunho que não há outra divindade além de Deus e que Mohammad é o mensageiro de Deus". Quem o declarar, tornar-se-á muçulmano, gozará dos mesmos direitos de qualquer muçulmano e aceitará cumprir todos os deveres que o Islã lhe impõe. Esses preceitos são poucos, fáceis, e não precisam de grande esforço, nem fadiga.

Primeiro – prostra-se duas vezes ao amanhecer, clamando ao seu Senhor, pedindo-lhe dos Seus bens e refúgio do Seu castigo, e fazer as abluções parcialmente, no caso de ter tido contato sexual. Prostra-se quatro vezes ao meio-dia, seguidas de outras quatro à tarde, três vezes, ao pôr do sol e quatro, no começo da noite.

Essas são as orações prescritas, cujo cumprimento não leva mais do que meia hora por dia. Não se exige um lugar específico para realizá-las, nem uma pessoa que as dirija, para que sejam corretas, nem há necessidade de mediadores entre o muçulmano e o seu Senhor.

Segundo – durante o ano, há determinado mês, em que o muçulmano adianta seu desjejum e o faz no final da noite, em vez de no começo do dia; atrasa seu almoço, até depois do entardecer; abstém-se, durante o dia, de qualquer comida, bebida ou relação sexual. É, pois, esse, um mês para purificar sua alma, dar descanso ao seu estômago e educar seu caráter, que será, também, benéfico para seu corpo. Além disso, esse mês é uma manifestação da concordância das pessoas, na prática do bem e na igualdade na vida material.

Terceiro – se depois de satisfazer seus gastos pessoais e os da sua família, ainda sobrar uma determinada importância de dinheiro, que possuirá durante um ano, sem ter necessidade de gastá-la, o muçulmano responsabilizar-se-á em tirar, passado esse tempo, uma quantidade equivalente a 2,5% do total para os pobres e necessitados, o que, para ele, não será uma grande ajuda para aqueles. Ademais, será um sólido pilar, para a solidariedade social, e um remédio, para a enfermidade da pobreza, que é o pior dos males.

Quarto – o Islã organizou, para a sociedade islâmica, reuniões periódicas, semelhantes às reuniões de bairros, e com o horário parecido com o de um colégio; dispôs que os muçulmanos se reunissem cinco vezes por dia. Essa é a oração coletiva, na qual cada fiel reitera sua submissão absoluta, apresentando-se perante Deus. O fruto disso será, pois, que o forte ajudará o fraco, que os sábios ensinarão os ignorantes e que os ricos socorrerão os pobres. A duração dessa reunião é de um quarto de hora. Assim, não há interrupção no trabalho de qualquer um, seja ele trabalhador de uma fábrica ou comerciante. Se alguém perder a reunião, deverá fazer em sua casa, mas se privará da recompensa de ter rezado com congregação.

Outra reunião, similar aos conselhos dos direitos, celebra-se uma vez por semana; é a congregação de sexta-feira. Sua duração é de aproximadamente uma hora e sua assistência é obrigatória para todos os homens. Uma terceira reunião, semelhante aos conselhos das cidades, celebra-se uma vez por ano; é a oração das festividades. O comparecimento não é obrigatório e sua duração é inferior a uma hora. E por último, uma grande reunião, a exemplo de um congresso geral.

Celebra-se a cada ano um local determinado. Na realidade, é uma convocação que proporciona orientação em todos os aspectos:

espiritual, físico e intelectual. O muçulmano tem a obrigação de participar dela, ao menos uma vez em sua vida; é a Peregrinação (*Hajj*). Esses são os deveres religiosos originais, os quais o muçulmano é obrigado a cumprir.

Além desses deveres, a abstenção de certos atos é também designada como adoração. Esses atos são deploráveis e as pessoas sensatas os condenam por serem um mal e, portanto, devem ser evitados, como matar sem motivo, desrespeitar os direitos das pessoas, a tirania, em todas as suas formas, as bebidas alcoólicas, pois fazem perder a razão, a fornicação, que atenta contra a honra e mistura a descendência, a usura, a mentira, a trama, a traição e a deserção do serviço militar, quando tem por objetivo servir a causa de Deus. Porém, entre todos, os mais graves são a desobediência aos pais, o perjúrio e o falso testemunho.

Além desses, há outros atos abomináveis e maldosos, dos quais a razão percebe a falsidade e a maldade.

Se o muçulmano se descuidar do cumprimento de algum dos seus deveres ou infringir algumas das proibições, porém logo se arrepender e pedir perdão a Deus, Ele o perdoará. Mas, se não se arrepender, continuará muçulmano, todavia pecador e merecedor do castigo, no dia do juízo final, se bem que seu castigo será transitório, e não eterno, como o do incrédulo.

Se renegar alguns princípios ou doutrinas originais, por duvidar deles(as), ou renegar um dever, para cujo cumprimento há um consenso em geral ou algo, em que há acordo sobre sua ilicitude, ou uma só palavra do Alcorão, será considerado um apóstata e ser-lhe-á tirada a identidade islâmica, pois a apostasia é o pior crime contra o Islã, igual à traição, nas leis modernas. Se não se arrepender, o castigo será a morte.

É possível que o muçulmano abandone alguns dos seus deveres ou infrinja algumas proibições, mesmo sabendo que aquele é seu dever e que são ilícitas. Ele continuará sendo muçulmano, porém pecador. Mas quanto à fé, é indivisível e mesmo que creia em noventa e nove por cento e renegue um, será apóstata.

Pode-se ser muçulmano sem ser crente. É como quem se filia a uma associação, assiste às suas reuniões, paga suas cotas e faz o papel de sócio, porém não aceita seus princípios, nem crê na sua autenticidade.

Só entra nela para espionar e corromper seus assuntos. Esse é o hipócrita, o que pronuncia dois testemunhos de fé e cumpre os deveres religiosos aparentemente, porém não crê na verdade. Esse não se salvará ante Deus. Sem dúvida, as pessoas o consideram muçulmano, pois só veem as aparências, porém Deus sabe a respeito dos sentimentos e do coração.

Se o homem crê nos fundamentos ideológicos, que são a crença absoluta em Deus, não relacionada com associados nem mediadores, nos anjos, mensageiros, livros sagrados, na outra vida, no destino, e pronuncia dois testemunhos de fé, pratica as orações prescritas, jejua durante o mês de Ramadã, paga o Zakat do seu dinheiro, peregrina uma vez na vida, se puder, e se priva daquilo em que há acordo sobre sua ilicitude, é um muçulmano crente. Porém, o fruto de sua crença não se manifestará nele, e ele nem sentirá a sua doçura; tampouco será um muçulmano completo, até que adote, em sua vida e conduta de um muçulmano crente.

O mensageiro de Deus resumiu esta forma de conduta em uma só frase, com as mais eloquentes palavras que um homem já pronunciou. Essas palavras reúnem o bem absoluto, desta e da outra vida, e são:

> Que o muçulmano tenha presente, em sua memória, que a todo o momento, esteja de pé ou sentado, só ou acompanhado, na seriedade ou na frivolidade, e em todas as circunstâncias, Deus o vê e o observa; então, assim, não Lhe desobedecerá, e não temerá e nem se desesperará, pois saberá que Deus está com ele; não sentirá solidão, nem necessidade de nada, uma vez que pedirá a Deus. Pois, ainda que Lhe desobedeça – a sua natureza é, por si, desobediente – retornará e se arrependerá e lhe será aceito o arrependimento.

Tudo o que foi dito anteriormente está baseado nas palavras do Profeta sobre o conceito do *Ihsan*: "Adorarás a Deus como se O estivesse vendo, pois se não O estivesse vendo, Ele te estará vendo".

Esta é a religião do Islã e seu desenvolvimento, em termos gerais.

O califado

> As transformações que a figura de Maomé sofreu, desde os primeiros anos, por parte dos seus fiéis, movimenta-se também no interior de uma única realidade linguística e étnica: os termos usados para definir o fundador e sua doutrina são sempre os mesmos, ainda que de vez em quando sejam interpretados segundo os processos de ajustamento do movimento religioso

no seu conjunto, o que deu lugar, como qualquer outro, a várias cisões e heresias, precisamente por não se articular no abstrato, mas no concreto de uma situação histórica em contínua evolução.[793]

Após a morte do profeta Maomé, a sobrevivência, o desenvolvimento, a formação e o estabelecimento da sociedade e religião islâmica ficaram a cargo e nas mãos do califado (representante). O maior problema para as pessoas comuns era como avaliar e estabelecer a extensão do poder do califa. Como escolhê-lo? Como admoestá-lo em caso de injustiça? Poderia ou não esse califa ser destituído? Era o califa um enviado de Deus ou um representante comum escolhido entre o povo? Precisaria ele ser da família de Fátima? Essa e muitas outras interrogações que hoje parecem simples aos olhos ocidentais eram um problema gigantesco para uma sociedade que estava construindo dialeticamente sua identidade social, baseada na Revelação do Livro (Alcorão, 2:41).

> *A identidade é evidentemente um elemento-chave da realidade subjetiva e, como toda realidade subjetiva, acha-se em relação dialética com a sociedade. A identidade é formada por processos sociais. Uma vez cristalizada, é mantida, modificada ou mesmo remodelada pelas relações sociais. Os processos sociais implicados na formação e conservação da identidade são determinados pela estrutura social. Inversamente, as identidades produzidas pela interação do organismo, da consciência individual e da estrutura social reagem sobre a estrutura social dada, mantendo-a, modificando-a ou mesmo remodelando-a. As sociedades têm histórias no curso das quais emergem particulares identidades. Essas histórias, porém, são feitas por homens com identidades específicas.*[794]

Dessa construção e formação social da comunidade muçulmana surgiram algumas interpretações e crenças, com o interesse de apoiarem os califas. Os *sunitas* aceitavam os califas como homens inspirados por Deus, porém, jamais como um profeta ou intérprete infalível da lei corânica. A própria população pode e deve utilizar-se do livro sagrado na análise e julgamento do comportamento dos califas. Assim, caso um deles viesse a se mostrar injusto perante as leis estabelecidas eternamente por Deus em seu Livro, seria primeiramente admoestado e muitas vezes destituído do seu

---

793 DONINI, A. *História do cristianismo*, p. 28.
794 BERGER, P. L.; LUCKMAN, T. *A construção social da realidade*, cap. III, item 3.

cargo. As exigências para se tornar um califa, segundo os sunitas, que hoje formam a grande maioria no Islã, eram que fosse descendente da tribo dos Coraixitas, conhecesse e praticasse os ensinamentos do Alcorão na íntegra. Os ibaditas concordavam em partes com os sunitas, discordavam acerca da procedência do califa, acreditando ser esse em alguns momentos necessário para a sobrevivência e entendimento da comunidade. A diferença constituía-se justamente em afirmar que qualquer muçulmano poderia assumir o califado, ou como era muitas vezes chamado na época, imã. A ordem dos ibatidas e dos ismaelitas (xiitas adeptos do sétimo imã) afastou-se da sociedade islâmica universal, acreditando poder viver sob a interpretação rigorosa da lei. Não concordavam com os governos e representantes do povo escolhidos pelos poderosos a base de troca de favores, surgindo quase sempre desses pseudocalifas ou imãs as muitas injustiças existentes na época. Construíram sua própria comunidade, afastada dos grandes centros urbanos, aproximando-se em ideal de algumas comunidades do início do século I A.E.C. Para os ibaditas, o imanato deveria ser escolhido diretamente pela comunidade, agir de acordo com as Leis Sagradas Reveladas, obedecer e respeitar o Mensageiro (Maomé) e os Hadith (Alcorão, 8:20). Caso se mostrasse injusto ou derrogasse qualquer uma das leis inscritas no Livro que servem de pilar para a sustentação do mundo islâmico, seria deposto de seu cargo como um representante comum.[795]

Movimento Xiita

Uma numerosa minoria de muçulmanos argumentava: uma vez que Maomé era o Apóstolo escolhido de Alá, deve ter sido intenção de Alá que os descendentes do Profeta, recebendo em algum grau seu divino espírito e propósito, devessem herdar sua liderança no Islamismo. Todos os califas, exceto Ali, pareciam-lhes usurpadores. Rejubilaram quando Ali se tornou califa, lamentaram-no quando foi assassinado e ficaram profundamente chocados com a morte de Husein. Talib e Husein tornaram-se santos no culto xiita; seus templos, em categoria, ficaram abaixo apenas da Caaba e do túmulo do Profeta. Talvez influenciados pelas ideias persas, judaicas e cristãs de um Messias e a concepção budista de bodhisattvas (santos repetidamente encarnados), os xiitas consideram os descendentes de Ali como imãs, isto é, encenações infalíveis da sabedoria divina.[796]

---

795 HOURANI, A. *Uma história dos povos árabes*, p. 78.
796 DURANT, W. *A idade da fé*, p. 197.

Esse movimento surgiu por volta do ano I islâmico (680 E.C.), com a morte de Husein ibn Ali, neto do profeta Maomé. Na época, seu protesto referia-se apenas à tomada do califado; após a morte do seu pai, o califa Ali ibn Abi Talib (genro e primo do profeta Maomé), ele se recusou a aceitar que outro omíada que não o da descendência de Maomé assumisse o cargo de chefiar a comunidade islâmica. Com o tempo, Ali foi considerado pelos seus seguidores Shiah-i-Ali, o primeiro imã – "avatar do divino". Após muitos protestos e lutas, Husein foi morto com um pequeno séquito pelo califa omíada Yazid, na planície de Karbala, tornando-se essa planície sagrada para os xiitas. Após seu assassinato, seus seguidores fundaram o xiismo como protesto ao califado.

> *Para os movimentos carismáticos, a morte violenta do portador genuíno do carisma de modo algum constitui a catástrofe, mas eventualmente até mesmo o estopim inicial para o desdobramento e a transformação do carisma.*[797]

O movimento xiita, como qualquer outro pensar humano, dividiu-se em algumas crenças e modos de pregar a verdade. Entre eles estão os zaiditas que pensam como os sunitas, acreditando que qualquer descendente de Fátima poderia ser o califa, desde que se mostrasse de acordo com a lei em obediência e se levantasse contra qualquer situação injusta contra um fraco. O aiatolá (sinal de Deus) é uma das diversificações do Xiismo (*duodecimâmicos*) que declina o título de imã. A partir do século XVI os xiitas duodecimâmicos promoveram e editaram seu próprio estatuto de conduta e com o tempo o transformaram em estatuto de religião do Estado. Aqui o imã não é alguém que apenas recita as preces e o Livro na mesquita, mas uma apoteose, um potentado revestido de grande poder sagrado, um herói civilizador. Como em todas as ditaduras, exerce autoridade sobre os fiéis de forma não admitida, mas imposta, despótica, hierárquica e totalmente *sui generis*. Nos dias de hoje, a palavra imã é utilizada pelos muçulmanos apenas para designar aquele que conduz a prece na mesquita.

---

797 STEGEMANN, E. W.; STEGEMANN, W. *História social do protocristianismo*, p. 226.

Características do Islã[798]

O Islã é a mensagem celestial que Deus revelou ao profeta Mohammad ibn Abdellah (S.A.A.S.),[799] através do anjo Gabriel. É o resumo de todas as mensagens celestiais e tem como base o Alcorão Sagrado. O objetivo dessa mensagem é ligar Deus ao ser humano e, baseado nisso, deverá preencher todos os campos de sua vida.

O Islã tem dois lados: o crente e o jurídico, que está ligado a todos os campos da vida, tanto material quanto espiritual. O lado da crença religiosa consiste em:

A) Monoteísmo

O Islã sempre pregou e confirmou o monoteísmo e negou qualquer tipo de divindade criada pelo ser humano. Seu principal lema é "O testemunho sobre a divindade de Deus, o único". Ele é único, eterno, absoluto, jamais gerou ou foi gerado e ninguém é comparável a Ele. Por isso somente Deus é a fonte da jurisprudência e da legislação que envolvem o ser humano em qualquer lugar e época. Através dessa crença o ser humano faz uma aliança com seu Senhor e com o profetismo. Por isso, podemos dizer que testemunhar que não há divindade além de Deus é uma filosofia de vida e não apenas palavras na língua ou teorias na mente.

B) Justiça

A injustiça é um atributo maléfico e por Deus ser isento desse atributo representa a justiça em si e convida-nos sempre a praticar e a pregar a justiça e a verdade entre as pessoas; com isso, combate qualquer tipo de injustiça e opressão dentro da sociedade. Assim, a doutrina islâmica objetiva uma vida cheia de paz e segurança para toda a Humanidade. Perante o Islã não há diferença entre as classes sociais, entre o pobre e o rico, o subordinado e o soberano, o negro e o branco. O profeta Mohammad (S.A.A.S.) disse: "Os seres humanos são tal qual o pente, todos os dentes estão nivelados". Por isso o Islã condena o terrorismo de todas as formas que ele é apresentado, seja através de uma pessoa, de grupos ou por

798 Fonte: arresala.org.br
799 Abreviação das primeiras letras de um pedido de bênçãos e paz para o Profeta Muhammad (S.A.A.S.) e sua Purificada Linhagem (A.S.).

um Estado, pois o terrorismo significa a ofensa sobre os direitos tanto materiais quanto espirituais dos outros.

C) Profetismo

O profetismo é o meio de comunicação entre o ser humano e Deus. É através dele que são reveladas as jurisprudências divinas para o ser humano. Aceitar o profetismo é uma das crenças mais fortes e importantes da religião islâmica. Crer no profeta Mohammad (S.A.A.S.) é crer em todos os profetas, já que eles foram enviados com a finalidade de ensinar aos seres humanos o que Deus quer deles, o que Ele proibiu e autorizou, por isso o segundo testemunho mais importante no Islã é "Testemunhar que Mohammad é o mensageiro e servo de Deus", já que ele é o último dos profetas e mensageiros e é também o resumo de todos eles. Foi ele quem nos revelou o Alcorão Sagrado, este que não foi redigido por ele, mas dito por Deus e revelado ao seu profeta e mensageiro Mohammad (S.A.A.S.) por intermédio do anjo Gabriel durante 23 anos.

D) Imamato

Para que a última mensagem divina revelada pelo concludente dos profetas continue como foi exposta, foram nomeados e escolhidos, através de Deus, doze Imãs e sucessores para dar continuidade à função do profeta Mohammad (S.A.A.S.) de divulgar, proteger e ensinar os fundamentos do Islã para a Humanidade. O profeta Mohammad (S.A.A.S.) anunciou, sob a ordem de Deus, a vinda desses doze Imãs (A.S.) para liderar a nação e para serem protetores e conservadores dessa grande mensagem. Ele disse: "Os Imãs depois de mim serão doze, o mesmo número dos apóstolos de Jesus". A nomeação dos sucessores após sua morte é algo muito relevante e lógico pelo tamanho da importância que o Islã representa na vida do ser humano e para que a nação e a população não entrassem em conflitos. O Alcorão Sagrado e o profeta Mohammad (S.A.A.S.) os nomeiam como Ahlul Bait (A.S.). O Islã crê que o décimo segundo Imã, Al-Mahdi dos Imãs do Ahlul Bait (A.S.), nascido em 868 D.C., está vivo e vive entre nós, entretanto está oculto de nossos olhares. Ele está vivo por um milagre divino da mesma forma que o profeta Noel (A.S.), que viveu por mais de 1000 anos, e como vive até agora o profeta Jesus Cristo (A.S.). O Imã (A.S.) observa todos os acontecimentos do mundo, e na sua ausência, a liderança é dos líderes tementes, sábios, que governam sob o conhecimento e as jurisprudências islâmicas, que se baseiam nos ensinamentos do Alcorão Sagrado e na tradição do profeta Mohammad (S.A.A.S.). No final dos tempos, é justo que a verdade seja vitoriosa e a integridade tome conta deste mundo. É isso que a Humanidade aguarda e deseja. Com a força de Deus e com a Sua proteção, o Imã Al-Mahdi (A.S.) será o salvador que aparecerá com a ordem de Deus e junto a ele virá o profeta Jesus Cristo (A.S.) que rezará atrás dele. Deus disse no seu livro sagrado: "Temos prescrito, nos Salmos, depois da Mensagem (dada a Moisés), que a Terra, herdá-la-ão os Meus servos virtuosos" (Alcorão, 21:105).

E) Juízo Final

Crer na ressurreição após a morte, pois Deus fará com que o espírito volte para o corpo, não para viver novamente na Terra, mas para ser julgado e viver eternamente. Assim, Deus o julgará por seus atos e o compensará ou o castigará. Recompensará os fiéis, crentes, obedientes e aos seus seguidores o Paraíso estará reservado. Castigará os infiéis, desobedientes, os injustos e os punirá com o fogo do inferno. Isso foi pregado pelos profetas e confirmado por todas as mensagens celestiais. Compensa, então, ao ser humano praticar o desejo de Deus, pois assim seguirá ao Paraíso e não ao inferno, visto que todos seremos julgados por nossos atos e atitudes. Depois da morte o ser humano não se transforma somente em pó e acaba, mas é julgado no Dia do Juízo Final e recompensado ou castigado por todas as suas obras, sejam elas pequenas ou grandes. Deus disse no Alcorão Sagrado: "Quem tiver feito o bem, quer seja do peso de um átomo, vê-lo-á e quem tiver feito o mal, quer seja do peso de um átomo, vê-lo-á" (Alcorão, 99:7 e 8). Convidamos a todos e a nós mesmos a seguir o caminho da verdade, o caminho que Deus quer. Assim, saberemos o que agrada a Deus e o que não O agrada, nos afastaremos do mal e, consequentemente, da ira divina.

As especificações do islã

A religião islâmica esteve conservada e protegida de qualquer tipo de modificação e desvios e continuará assim para sempre. Seus princípios e regulamentos nunca foram modificados desde o dia de sua revelação e permanecerão assim até o dia do Juízo Final. Deus, louvado seja, disse no Alcorão Sagrado: "Nós revelamos a Mensagem e somos seu Preservador" (Alcorão, 15:9). Tudo isso atribui força para o Islã a prosseguir sua caminhada na vida terrena.

A conservação do Alcorão Sagrado

A conservação dessa grandiosa mensagem é resultado da conservação dos versículos do Alcorão Sagrado, que há quinze séculos permanece intacto. Este livro sagrado contém 114 capítulos e 6348 versículos que tratam dos mais diversos assuntos: históricos, jurídicos, educacionais, sociais, econômicos, políticos, relativos, crença e tudo o que está ligado a esta vida. O Alcorão Sagrado foi revelado pelo anjo Gabriel ao profeta Mohammad (S.A.A.S.) que, obedecendo sua função, repassou o conhecimento ao povo e às pessoas. O primeiro sucessor do profeta Mohammad (S.A.A.S.), Imã Ali (A.S.), uniu e registrou, de acordo com a revelação, todo o Alcorão Sagrado revelado por Deus ao profeta Mohammad (S.A.A.S.).

A casa sagrada de Deus

Os muçulmanos rezavam, primeiramente na direção da Mesquita de Al-Aqsa, localizada na Palestina, na cidade de Jerusalém. Ela é a primeira Quiblah e o terceiro templo sagrado para os muçulmanos. O profeta Mohammad (S.A.A.S.) estava sendo pressionado pelos Judeus pelo motivo que os muçulmanos rezavam na direção desta mesquita. Por isso, em um certo dia, Deus, louvado seja, ordenou que o profeta se direcionasse à Caaba. Isso foi registrado no Alcorão Sagrado:

> Vimos-te (ó Mensageiro) orientar o rosto para o céu; portanto, orientar-te-emos até uma Quiblah que te satisfaça. Orienta teu rosto (ao cumprires a oração) para a Sagrada Mesquita (de Meca)! E vós (crentes), onde quer que vos encontreis, orientai vossos rostos até ela. Aqueles que receberam o Livro, bem sabem que isso é a verdade de seu Senhor; e Alá não está desatento a quanto fazem. (C 2 – V 144)

Entre a Sagrada Mesquita de Caaba e a Mesquita de Al-Aqsa ocorreu a viagem noturna do profeta Mohammad (S.A.A.S.). Deus disse no seu livro sagrado:

> *Glorificado seja Aquele que, durante a noite, transportou seu servo, tirando-o da Sagrada Mesquita (em Meca) e levando-o à Mesquita de Al-Aqsa (em Jerusalém), cujo recinto bendizemos, para mostrar alguns dos Nossos sinais. Sabei que Ele é o Oniouvinte, o Onividente.* (Alcorão, 17:1)

Este acontecimento milagroso também foi registrado no Alcorão Sagrado. Atualmente todos os muçulmanos do mundo rezam as cinco orações diárias e obrigatórias, em direção à Caaba, localizada em Meca, na Arábia Saudita. Essa Casa Sagrada, que foi construída pelo profeta Abraão junto ao seu filho Ismael (A.S.), é considerada o Templo Sagrado mais antigo da Terra. Nessa Sagrada Mesquita existe a fonte da água Zam-Zam, surgida sob os pés do profeta Ismael (A.S.) e existente até agora. Há também na Mesquita o Maqam Ibrahim – o local de Ibrahim – que representa o local onde o profeta Abraão (A.S.) orava. Como também existe Hejer Esmail – O canto de Ismael – onde o profeta Abraão (A.S.) residia com sua família. Esse é o destino de milhões de peregrinos muçulmanos de todos os continentes em todos os anos. Deus disse no Alcorão Sagrado:

> *A primeira Casa (Sagrada), erguida para o gênero humano, é a de Bakka, bendita seja, servindo de orientação para a Humanidade. Encerra sinais evidentes: lá está a Estância de Abraão, e quem quer que nela entre estará em segurança. A peregrinação à Casa é um dever para com Alá, por parte de todos os seres humanos que estejam em condições de empreendê-la, entretanto, quem se negar a isso saiba que Alá pode prescindir de todas as criaturas.* (Alcorão, 2:96 e 97)

Em uma das quatro colunas de Caaba há uma Pedra do Paraíso, Al-Hajar Al-Açuad – A Pedra Negra. Caaba foi reconstruída inúmeras vezes, em diferentes épocas, as mais significativas foram na época do avô do profeta Mohammad (S.A.A.S.), Quçai ibn Kilab, e também antes de o profeta receber a Mensagem Islâmica e ser enviado como profeta. As reconstruções continuaram e, atualmente, a Mesquita de Caaba suporta mais de um milhão de fiéis. Essas ampliações e reformas que atingiram a Mesquita de Caaba incluíram, dentro do seu território, duas montanhas: Safa e Marwa. Na cidade de Meca e em diferentes regiões próximas existem outros históricos que são considerados sagrados e religiosos que recebem a visita de milhões de fiéis todos os anos.

A religião do diálogo

O Islã é a mensagem da mente, da razão e da ciência, do diálogo e do esclarecimento, uma vez que elucida qualquer coisa. No Islã não existe uma pergunta sem resposta e por isso o Islã não aceita terrorismo teórico, ou seja, não aceita a imposição de uma opinião e teoria sobre outrem. Isso é repudiado pela religião islâmica.

A religião ampla que contém tudo

O Islã inclui em si todos os campos da vida, baseia-se no equilíbrio entre diversos campos, tanto material quanto espiritual. Assim a doutrina islâmica liga a mesquita à universidade, o trabalho à casa, a devoção à política, infiltra-se em diversas áreas, como a medicina, a sociologia, a educação, a devoção, a política, a economia, o esporte, os planejamentos, os direitos e deveres, a legislação. A religião islâmica é uma conduta e influi em todos os campos ligados ao Estado, à sociedade, à família e ao ser humano. O Islã é uma religião completa e preenche o vazio que a sociedade e o ser humano necessitam no que tange à sua materialidade e espiritualidade.

A religião da virtude e da ética

Um dos atributos mais importantes do Islã é sua amplitude moral e ética, sempre presente em nossa política, governo, trabalho, casa, escritório, arte, criatividade, medicina, família, relacionamentos, escola, rua, e todos os outros campos da vida. Ao mesmo tempo, o Islã nos convida a nos afastarmos dos maus atributos.

A religião da sabedoria e do conhecimento

Os primeiros versículos revelados ao profeta Mohammad (S.A.A.S.) são: "Lê, em nome do teu Senhor que criou; criou o homem de algo que se agarra (coágulo); lê, que o teu Senhor é o mais Generoso, que ensinou através da pena; ensinou ao homem o que este não sabia" (C 96 – V 1 a 5). Buscar o conhecimento é obrigatório no Islã. Conhecimentos que trazem benefícios à sociedade, que não sejam maléficos e destrutivos. Esses conhecimentos são proibidos e pecados no Islã. Ele nos convida a não seguir cegamente os costumes e as culturas dos antepassados, mas incentiva a meditação, o pensamento e o equilíbrio mental. Pois somente assim não seremos ignorantes e sempre seguiremos a verdade. Ele nos ordena a evoluir os nossos pensamentos, incentiva a descoberta e o estudo das ciências humanas para que possamos correlacionar o ser humano ao seu Criador.

A religião que ilumina os povos

O Islã teve grande contribuição em levantar e ensinar as nações fortes que carregam a bandeira da orientação e da verdade. Isso não se limita somente à época e ao *locus* de sua revelação. O Islã ensinou, acordou e levantou as nações e os povos do mundo todo, nunca restringiu sua grande civilização como química, medicina, física, matemática, astrologia e outras ciências a um certo lugar e a um certo povo, mas divulgou-a para toda a Humanidade. Desse modo, a civilização islâmica foi seguindo até chegar aos povos europeus e asiáticos, os levantou e os orientou para o caminho da felicidade e com isso o Islã teve grande papel em civilizar e ensinar os povos europeus. Por isso o Islã proibiu a destruição da alma, do corpo, do organismo, da mente e do espírito humano, pois proíbe o consumo de qualquer tipo de droga, qualquer coisa impura, uma vez que contamina a alma e acaba tendo como resultado um ser humano criminoso e não saudável que resultará em um ponto negativo na sociedade.

A religião da vida

A religião islâmica não é baseada somente na devoção, mas está ligada a toda vida do ser humano, do Estado e do Governo. O Islã está ligado a todos os aspectos do ser humano: seja no plano individual, social e político.

A religião totalmente praticada pelo seu revelador

O Islã foi ponto de partida de todas as atitudes e práticas do profeta Mohammad (S.A.A.S.). Ele se baseou nas leis e jurisprudências islâmicas para fundar um Estado e Governo islâmico que protege os oprimidos, injustiçados, pobres e fracos. O Islã é a única religião que transformou seus lemas e palavras em verdades e em matérias tocáveis, que poderão ser vividas entre os indivíduos. Então, o Islã fundou o primeiro Estado Divino na face da Terra na cidade de Medina, em Hijaz.

A religião universal

O Islã não está limitado à geografia, cor, nacionalidade, raça, idade, idioma ou sexo; o Islã inclui qualquer ser humano por ele ser um ser humano. Os ensinamentos islâmicos são uma mensagem universal, é a religião completa que se baseia no amor e nos pontos de encontro entre os seres humanos por serem da mesma criação.

O Islã e o respeito perante a vida

O Islã considera a vida humana sagrada. A ofensa sobre esta vida é considerada uma ofensa sobre a Humanidade. O Islã proibiu matar a inocente alma humana – até se for um bebê recém-nascido ou dentro do útero da mãe (aborto) –, assim como considerou também a ofensa contra si próprio um insulto sobre toda a Humanidade porque o ser humano não tem poder sobre si – esse poder é de Deus. Por isso o Islã crê que o assassino permanecerá eternamente no inferno. Deus disse no seu livro sagrado, o Alcorão: "Quem matar uma pessoa, sem que tenha cometido homicídio ou semeado a corrupção na Terra, será considerado como se tivesse assassinado toda a Humanidade" (Alcorão, 5:32). O profeta Mohammad (S.A.A.S.) disse: "Para Deus acabar com o universo todo é mais fácil do que testemunhar o derramamento de sangue sem justiça". Sempre deverá ser respeitado tudo no ser humano, qualquer ofensa sobre cor, raça, sexo, idade, situação física ou financeira é considerada pecado e crime no Islã.

A religião contínua e eterna

O Islã, por ser a última mensagem, foi preservado por Deus, permanecendo intacto para todas as épocas e lugares até o final dos tempos. Esse é o grande milagre do profeta Mohammad (S.A.A.S.), o Alcorão Sagrado, ao contrário de outras mensagens de profetas anteriores cujos milagres estiveram limitados a determinados lugares e dada época. A promessa divina será cumprida em toda face da Terra quando o Imã

Al-Mahdi (A.S.) e o profeta Jesus Cristo (A.S.) voltarem e fundarem o Estado e o Governo justo e verdadeiro no mundo todo.

O aspecto social no Islã [800]

Ele (Deus) foi Quem vos criou de um só ser e, do mesmo, plasmou sua companheira, para que convivesse com ela... (Alcorão, 7:189)

Deus vos designou esposas de vossa espécie e delas vos concedeu filhos e netos e vos agraciou com todo o bem. (Alcorão, 16:72)

a) Como criança e adolescente

A despeito da aceitação social do infanticídio feminino entre algumas tribos árabes, o Alcorão proibiu esse costume e o considerou um crime como outro qualquer.

"Quando a filha, sepultada viva, for interrogada: por que delito foi assassinada?" (Alcorão, 81:8-9). O Islã exige que a menina seja tratada com amabilidade e justiça. Entre os ditos do Profeta Muhammad (Deus o abençoe e lhe dê paz) a esse respeito, citamos os seguintes:

"Aquele que tiver uma filha e não a enterrar viva, não a insultar, e não preferir o filho homem a ela, Deus o introduzirá no Paraíso". O direito da mulher de procurar o conhecimento não é diferente do direito dos homens. O Profeta Muhammad disse: "Procurar o conhecimento é obrigação de todo muçulmano e muçulmana".

b) Como esposa

O Alcorão indica claramente que o casamento é compartilhado pelas duas metades da sociedade, e seus objetivos, além de perpetuarem a espécie, são o bem-estar emocional e a harmonia espiritual. Suas bases são o amor e a compaixão. Entre os mais impressivos versículos do Alcorão a respeito do casamento, citamos: "Entre Seus sinais estão de haver-vos criado companheiras de vossa mesma espécie para que com elas convivais; e vos vinculou pelo amor e pela piedade" (Alcorão, 30:21).

---

800 Fonte: WAMY é uma organização internacional e não governamental, criada em 1973, com sede na Arábia Saudita, a serviço dos muçulmanos em geral e da juventude islâmica em particular, atuando através de uma série de programas sociais, culturais e educacionais. É membro da DPI/UNO na ONU, da Federação Internacional de ONGs para prevenção das drogas (IFNGO), Federação Internacional de ONGs Árabes e muitas outras organizações pelo mundo. Possui 66 filiais e representantes, mais de 500 organizações associadas e uma rede mundial para implementação desses programas.

De acordo com a lei islâmica, a mulher não pode ser forçada a casar sem seu consentimento. Além de todas as outras provisões para a proteção da mulher no tempo de casada, foi especificamente decretado que ela tem todo o direito do desfrutar de seu dote, o que é dado a ela pelo marido e está incluído no contrato nupcial. Tal propriedade não é transferível a seu pai ou marido. O conceito do dote no Islã não representa nem preço real, nem simbólico da mulher, como era o caso em algumas culturas, mas é um presente, simbolizando amor e afeição. As regras para a vida matrimonial no Islã são claras e estão em harmonia com a honrada natureza humana. Em consideração à constituição fisiológica e psicológica do homem e da mulher, ambos têm direitos iguais e deveres mútuos, exceto em uma responsabilidade, a de liderança. É uma questão natural em qualquer vida coletiva, e é consistente com a natureza do homem. "Elas têm direito sobre eles, como eles os têm sobre elas; embora os homens mantenham o predomínio" (Alcorão, 2:228). Tal predomínio é representado pela manutenção e proteção. Isso se refere à diferença natural entre os dois sexos, o que outorga proteção ao sexo feminino. Não implica, porém, superioridade ou vantagem perante a lei. Assim, o desempenho da liderança do homem em relação a sua família não significa a predominância do marido sobre a esposa. O Islã dá ênfase à importância de pedir conselho e anuência mútuos nas decisões familiares.

Além dos direitos básicos da mulher como esposa, há o direito acentuado pelo Alcorão e intensamente recomendado pelo Profeta: tratamento amável e camaradagem. "Harmonizai-vos com elas; pois se as menos prezardes, podereis estar depreciando um ser que Deus dotou de muitas virtudes" (Alcorão, 4:19). O Profeta Mohammad disse: "O melhor entre vós é o melhor para sua família, e eu sou o melhor entre vós para a minha família". Uma vez que o direito da mulher de decidir sobre seu casamento é reconhecido, seu direito de pedir o término de um casamento fracassado é também reconhecido. Para proporcionar estabilidade da família, contudo, e visando à sua proteção quanto a decisões precipitadas, sob tensão emocional temporária, certos passos e períodos de espera devem ser observados pelo homem e pela mulher que estão se divorciando.

c) Como mãe

O Islã considera a amabilidade para com os pais próxima da adoração de Deus: "O decreto de teu Senhor é que não adoreis senão a Ele; que sejais indulgentes com vossos pais" (Alcorão, 17:23). Além do mais, o Alcorão apresenta uma recomendação especial para o bom tratamento às mães: "E recomendamos, ao homem, benevolência para com seus pais. Sua mãe o suporta entre dores e dores..." (Alcorão, 31:14). Uma famosa tradição do Profeta diz: "O Paraíso jaz aos pés das mães".

d) Poligamia

Nas leis religiosas da Antiguidade, não existe restrição quanto ao número de esposas que um homem pode ter. Todos os profetas bíblicos eram polígamos. Até na cristandade, que se tornou sinônimo da monogamia, o próprio Jesus Cristo jamais pronunciou uma palavra contra a poligamia; por outro lado, há eminentes teólogos cristãos, como Lutero, Melancton, Bucer e outros, que não teriam hesitado em concluir pela legalidade da poligamia a partir da parábola das dez virgens, contida no Evangelho de Mateus (25:1-12). Na parábola, Jesus Cristo prevê a possibilidade de um homem casar-se com até dez mulheres ao mesmo tempo. Se os cristãos não querem se beneficiar da permissão que o próprio Jesus Cristo parece ter-lhes dado, a lei não está alterada por causa disso. Isso também vale para os muçulmanos, cuja lei é, além do mais, a única da história que expressamente limita o número máximo permissível de esposas. Circunstâncias há que podem requerer a tomada de outra esposa, mas o direito é garantido, de acordo com o Alcorão, somente na condição de que o marido seja escrupulosamente equânime: "Podereis desposar duas, três ou quatro das que vos aprouver entre as mulheres. Mas, se temerdes não poder ser equitativos para com elas, casai, então, com uma só" (Alcorão, 4:3).

Na realidade, a lei muçulmana está mais perto da razão, pois ela admite a poligamia quando a própria mulher consente com tal modo de vida. O preceito não impõe a poligamia, somente a permitindo em determinados casos. Ela depende unicamente do consentimento da mulher. Isso se aplica tanto à primeira esposa, quanto à pretendida segunda. Seria desnecessário observar que a suposta segunda mulher pode simplesmente recusar-se a casar com o homem que já tem uma esposa; pois já vimos que ninguém pode forçar uma mulher a contrair laços matrimoniais sem seu próprio consentimento. Se a mulher concorda em ser coesposa, não é só a lei que deve ser considerada como cruel e injusta para com as mulheres, e como favorecedora somente dos homens. Quanto à primeira esposa, o ato de poligamia depende dela, já que por ocasião do seu casamento pode exigir a aceitação e inserção, no documento referente ao contrato nupcial, de cláusula assegurando que seu marido pratique somente a monogamia. Tal cláusula é tão válida quanto qualquer outra de um contrato legal. Se uma mulher não quiser utilizar esse seu direito, não será a legislação que a obrigará a fazê-lo. A poligamia não é a regra, e sim a exceção, com vantagens multilaterais, sociais, entre outras; e a lei islâmica tem orgulho de sua própria maleabilidade.

O lugar da mulher no Islã
(Por Dr. Hassan Al Alcheik)[801]

Em nome de Deus, clemente, misericordioso.

Prólogo

O assunto de minha palestra é uma revisão da maneira pela qual nossa grandiosa religião islâmica trata a mulher. É injusta com ela, ou destrutiva para com suas ambições? Impede-a de contribuir para sua própria vida e de ter influência sobre ela? Ou, por outro lado, eleva sua condição, sua dignidade e a protege contra a degradação e deterioração?

Isso, como sabem, é um assunto vasto, com muitos aspectos, mas mesmo assim tentarei ser sucinto, para economizar seu tempo e dar oportunidade aos mais capazes de discutir o assunto mais globalmente, porque esse tema realmente merece reiteração e realmente necessita de compreensão para o esclarecimento de todos os que esquecem e negligenciam o assunto ou são iludidos por concepções e elocuções fáceis.

---

801 Centro de Divulgação do Islã para a América Latina – islambr.com.br ou wamy.org.br

A Mulher nos Velhos Tempos

A mulher não esteve em nenhuma época da história antiga na posição que lhe era devida. As nações diferiram no grau de negligência e de violação aos seus direitos. O último exemplo de tal atitude foi o da nação árabe antes do Islã, pois meninas eram enterradas vivas por temer-se a desonra e para se evitar seu sustento e isso é um ato excessivamente cruel. O pai, deliberadamente, enterrava sua filha viva. Ela perecia sob a areia pelas mãos de seu parente mais próximo. Deus Todo-Poderoso disse sobre isso:

I. Quando a alguém é anunciado o nascimento de uma filha, seu semblante permanece sombrio e fica angustiado.
II. Oculta-se do povo pela ruindade que lhe foi anunciada; deixá-la-á viver, envergonhando, ou a enterrará viva? Que mal é o que julgam! (Extraído da Annáhl – Surata das Abelhas – Aiát 58/59).[802]

Deus enviou Mohammad (as melhores orações estejam com Ele) com seu sublime comunicado reformador que pôs fim à série de injustiças enfrentadas pelas mulheres, e delimitou-lhes o lugar natural. Ele anunciou que ela e o homem são iguais de acordo com a religião de Deus. Deus revelou-lhe O Seu Livro Sagrado que afirma claramente e em mais de uma passagem, esse claro conceito. Deus Todo-Poderoso disse:

> Ó humanos, temei a vosso Senhor que vos criou de um só ser, do qual criou sua companheira e, de ambos, fez descender inumeráveis homens e mulheres. (Extraído da Annissá – Surata das Mulheres – Aiát 1)
>
> E a comunicação é dirigida aos humanos, homens e mulheres.
>
> Deus Todo-Poderoso também disse: A quem praticar o bem, seja homem ou mulher, e seja crente, conceder-lhe-emos uma vida agradável e o recompensaremos com um galardão superior ao que houver feito. (Extraído da Annáhl – Surata das Abelhas – Aiát 97)

---

802 As referências as Aiát (item) do *Alcorão* não representam, obrigatoriamente, a Aiát citada na íntegra, configurando, por vezes, apenas parte dela. áiat: plural de aiá, que é o nome dado a cada uma das frases divinas.

No dia da Ressurreição os homens obedientes e suas mulheres serão chamados com estas palavras: Entrai no Paraíso, vós e vossas esposas, jubilosos. (Extraído da Azzúkhruf – Surata dos Ornamentos – Aiát 70)

E depois de ter sido costume, entre os árabes, antes do Islã, não deixar qualquer coisa em testamento às mulheres, eles diziam: "Ninguém herda de nós exceto o que carrega a espada e defende nossas pátrias". Portanto, quando um homem morria, seu filho herdava todos os seus bens e se ele não tivesse filho, seu herdeiro seria alguém de sua família, fosse seu pai, irmão ou tio. Veio o Islã e aboliu essa injustiça contra as mulheres. O Todo-Poderoso disse: "Aos varões corresponde uma legítima do que tenham deixado seus pais e parentes e às mulheres uma legítima do que tenham deixado os pais e parentes, quer seja exígua ou vasta – uma quantia obrigatória" (Extraído da Annissã – Surata das Mulheres – Aiát 7).

Seguiram-se diversas atitudes humanitárias misericordiosas adotadas por parte do Profeta com respeito às mulheres em todas as suas fases etárias. O Imã El Bukhari narrou que Saad ibn Wakkas disse:

Eu estava tão doente em Meca que podia morrer. O Profeta (a paz esteja com ele) veio visitar-me. Eu disse a ele: Oh, Mensageiro de Deus, tenho muito dinheiro e não tenho ninguém para herdá-lo exceto a minha filha, posso dar dois terços desse dinheiro como esmolas? Ele disse: não. Eu disse: então a metade? Ele disse: não. Eu disse: um Terço? Ele disse: um terço ainda é muito. Deixar as suas crianças ricas é melhor do que deixá-las pobres esmolando de outros. Tu não gastarás nada sem recompensa; mesmo um pedacinho de pão levado a tua esposa será recompensado.

O Todo-Poderoso disse: E elas têm direitos sobre eles, como eles os têm sobre elas e os homens têm sobre elas um grau de decisão. (Extraído da Albácara – Surata da Vaca – Aiát 228)

Trata-se do grau do cuidado, tutela e proteção. O que não permite ao homem violar os direitos da mulher nem pisar sobre sua dignidade. Moslem, na sua narração sobre Asmaa, filha de Yazid, disse: ela foi ao

Profeta (a paz esteja com ele) enquanto estava sentado com seus companheiros, disse-lhe: eu sacrificaria meu pai e minha mãe por tua causa, ó Mensageiro de Deus. Eu sou a mensageira das mulheres a ti. Deus Todo-Poderoso enviou-te para todos os homens e mulheres. Então, nós acreditamos em ti e no teu Deus. Nós, mulheres, somos segregadas e vivemos em privacidade, guardamos nossa casa, cuidamos de vossos filhos, enquanto vós, homens, sois melhores que nós, comparecendo às orações congregacionais da sexta-feira, agrupando-se, visitando pacientes, comparecendo a funerais e realizando uma peregrinação após a outra. Muito melhor do que isso, é lutar pela causa do Todo--Poderoso, Jihad (Empenho).[803] Quando qualquer um de vós sai em peregrinação, visita Meca ou empenha-se na divulgação da palavra de Deus, Ahad, nós cuidamos de sua propriedade, tecemos suas roupas e tomamos conta de seus filhos. Será que compartilhamos desta recompensa e deste bem? O Profeta (a paz esteja com ele) virou sua face em direção aos seus companheiros e disse: vocês já ouviram alguma vez uma mulher inquirir melhor sobre sua religião do que esta? Eles disseram: ó, Mensageiro de Deus, nós nunca pensamos que uma mulher pudesse apresentar o assunto de melhor maneira que essa. O Profeta (a paz esteja com ele) virou-se para ela e disse: compreenda, ó mulher, e informe às mulheres que a enviaram, que a devoção da mulher a

---

803 *Jihad* – palavra da língua árabe, significa "exercer esforço máximo", podendo também ser entendida como "luta", mediante vontade pessoal de se buscar e conquistar a "fé perfeita". Ao contrário do que muitos pensam, *Jihad não significa Guerra Santa*, nome dado pelos europeus à luta religiosa cristã (por exemplo: Cruzadas), mas guerra legitimada para o Islã. O que segue o Jihad é conhecido como Mujahid. O *Jihad* só pode ser travado para defender o Islã. No entanto, alguns grupos acham que isso tem aplicação não apenas à defesa física dos muçulmanos, mas também à reclamação de terra que em tempos pertenceu a muçulmanos ou à proteção do Islã contra aquilo que veem como influências que "corrompem" a vida muçulmana. A ideia do *Jihad* como uma guerra violenta é criada por ocidentais. De acordo com as formas comuns do Islã, se uma pessoa morre em *Jihad*, ela é enviada diretamente para o Paraíso, sem quaisquer punições pelos seus pecados. "Os fiéis, que praticam o bem, serão os diletos do Paraíso, onde morarão eternamente. Emulai-vos em obter a indulgência do vosso Senhor e um paraíso, cuja amplitude é igual a dos céus e da terra, preparado para os tementes" (Alcorão, 2:82 e 3:133). O fenômeno do fundamentalismo islâmico é uma forma de oportunismo político de alguns grupos, que se aproveitam da noção do *Jihad*, desvirtuando o Islã para torná-lo um fator de ação política em proveito próprio. O fundamentalismo vai além da simples questão religiosa e pragmática. Estamos cercados de conceitos fundamentalistas, principalmente quando não conseguimos conviver com o diferente, com o outro ou fingimos conviver harmoniosamente, quando surge algo sobre visão de mundo ou posicionamento de fé. O que conta é minha suposta verdade se sobressaindo sobre a do outro. Isso também é fundamentalismo. Temos e somos cercados por fundamentalismo em todos os setores da sociedade. A moda determina o belo, o perfumado, o estilo, o que vestir e não vestir etc. A arte, a dança, a política, a filosofia, a ciência e todo tipo de pensamentos ou saberes que se impõem de forma absoluta e contundente, onde não existem cores, mas apenas claro ou escuro, verdadeiro ou falso, bom ou mal é fundamentalista (MARQUES, Leonardo).

seu marido, procurando conciliar-se com ele e fazendo o que o satisfaz é equivalente a tudo isso. A mulher saiu em júbilo até alcançar seus parentes entre as mulheres e narrou para elas o que o Mensageiro de Deus (a paz esteja com ele) contou para ela; então elas ficaram alegres e todas se tornaram crentes. Perguntaram a Aicha (que Deus compadeça dela) o que o Profeta (a paz esteja com ele) fazia em casa. Ela disse: ele fazia o mesmo que sua família estava fazendo até quando saía para as orações. Ela queria dizer que ele ajudava a família e trabalhava com ela.

Mulheres virtuosas acompanhavam o Mensageiro de Deus (a paz esteja com ele) nas suas campanhas. Elas cuidavam dos doentes, prestavam serviços de enfermagem aos feridos e carregavam água. Entre elas havia Ummayah el Ghafjareyah, filha de Kais, que disse: Fui ao encontro do Mensageiro de Deus (a paz esteja com ele) na companhia de um grupo de mulheres de Beni Khaffar e dissemos a ele: ó Mensageiro de Deus, nós desejamos acompanhá-lo até seu destino (ele estava indo em direção a Kheybar) para cuidar dos feridos e ajudar os muçulmanos no que pudermos. Ele respondeu: "Vão e Deus as abençoe.". Umm Sinan El Aslamich também foi ao encontro do Mensageiro de Deus quando se encontrava a caminho de Kheybar e disse-lhe: quero acompanhar-te em teu destino. Posso fornecer água, prestar serviços de enfermagem aos pacientes e aos feridos, se houver feridos – que Deus não permita – e vigiar a bagagem. O Profeta (a paz esteja com ele) disse: "Vai e Deus te abençoe. Tu tens companheiras que me pediram a mesma coisa e eu lhes dei permissão. Elas pertencem à tua família e a outras famílias, portanto se tu quiseres podes ir com a tua família ou com a nossa". A mulher respondeu: "Irei contigo". Ele respondeu: "Então junta-te a Umm Salmah, minha esposa". Umm Sinan El Aslamich seguiu então com ela e com muitas outras.

A mulher no Islã, assim como fazia anteriormente ao Islã, protegia o fugitivo e aliviava o sofredor. Umm Hani, filha de Abi Talib, deu asilo a dois homens, parentes de seu sogro, que estavam sendo procurados para serem executados. Quando o Mensageiro de Deus chegou às montanhas de Meca, ela comentou a esse respeito: "Dois homens vindos de Beni Maghzoum, parentes de meu sogro, pediram-me proteção"; Ali ibn Abi Tálib entrou em minha casa e disse: por Deus matá-los-ei. Mas eu fechei minha porta para protegê-los e fui ao Mensageiro de Deus (a paz esteja com ele). Ele disse: "Bem-vinda Umm Hani – que novidades te trouxeram até aqui?". Contei-lhe então a história dos dois homens e Ali. Ele disse: "Nós protegemos quem tu proteges, Umm Hani".

O Islã também manteve a dignidade da mulher e protegeu sua honra da forma mais perfeita pela qual pode ser protegida. Deus Todo--Poderoso disse a respeito dos caluniadores de mulheres honestas:

> *E àqueles que acusarem (de adultério) as mulheres castas e depois não apresentarem quatro testemunhas, infligi-lhes oitenta vergastadas e nunca mais aceiteis seus testemunhos e esses são os difamadores.* (Extraído da Annur – Surata da Luz – Aiát 4)

O Todo-Poderoso ordenou três penalidades ao acusador, a saber, o chicoteamento, em seguida a recusa de seu testemunho e a não acei-tação futura de seu testemunho, e finalmente, ser considerado um ho-mem desobediente, o que é um dos mais detestáveis e repugnantes atributos. O Todo-Poderoso diz também nos seguintes Aiát.

> *I. Aqueles que difamam as mulheres castas, inocentes e crentes, serão maldi-tos neste mundo e no outro e sofrerão severo castigo.*
>
> *II. Dia virá em que serão acusados por suas línguas, mãos e seus pés pelo que houverem cometido.*
> *III. Nesse dia Deus lhes destinará o que lhes for de direito dentro da submissão a Deus e então reconhecerão que Deus é a verdade eviden-te.* (Extraído da Annur – Sucata da Luz – Aiát 23, 24 e 25)

O Islã também deu liberdade a mulher em dois casos, são eles os mais importantes da sua vida: o casamento e a propriedade. Ninguém tem o direito de obrigá-la a casar-se com quem ela não goste. Ela tam-bém tem o direito de recusar quem não aprova. O Mensageiro de Deus (a paz esteja com ele) chamou a atenção para isso dizendo: "Não se case com uma viúva sem seu consentimento, nem com uma virgem sem sua permissão". O Profeta (a paz esteja com ele) anulou, certa vez, um casamento, no qual uma virgem foi forçada a casar-se com seu pri-mo, sob pressão de seu pai, para seu próprio benefício. Nas narrações sobre as mulheres, Aicha (que Deus abençoe) contou a estória de uma menina que veio até ela e disse: "Meu pai me fez casar com seu sobrinho e tentou encobrir sua vileza, mas mesmo assim eu o odeio". Aicha disse: "Sente-se até que o Mensageiro de Deus (a paz esteja com ele) chegue." Quando ele chegou, a menina contou o ocorrido e ele mandou chamar seu pai. Ele concedeu à garota o direito de decidir. Ela falou: "Ó, Mensageiro de Deus, agora eu aceito o que o meu pai fez; mas eu queria que as mulheres fossem informadas de que os pais não têm nenhum direito em uma questão como essa".

Há também a estória de Barierah, a púbere que era de propriedade de Atabah ibn Lahab, que realizou seu casamento com um dos escravos de Almughirat. Barierah não o teria aceitado se tivesse tido o direito de decidir. Aicha, mãe das crentes, disse-lhe: "Agora tu és tua própria dona, portanto, podes escolher". Entrementes, o marido andava atrás dela, chorando e ela o rejeitava. O Profeta (a paz esteja com ele) disse aos seus companheiros: "Vocês não estão atônitos diante do extremo amor dele por ela e do ódio dela por ele?". Então ele disse a ela: "Tema a Deus, ele é seu marido e pai do seu filho". Ela disse: "Tu me ordenas?". Ele responde: "Não, estou apenas intercedendo". Ela falou: "Então, não preciso dele".

Uma mulher tem também absoluta liberdade com respeito à sua propriedade, sem qualquer interferência ou controle. Durante a Era Pré-Islâmica, o parente mais próximo do árabe morto, que tinha o direito de ser seu herdeiro, colocava seu manto sobre a esposa do morto e dizia: "Ela é minha". Desse modo, se ele quisesse, poderia casar-se com ela, ou deixar que ela se casasse com outro, mas ficaria com seu dote; ou poderia coagi-la de maneira que ela seria obrigada a resgatar-se, pagando a ele o que herdara do marido: Veio o Islã e proibiu isso, tratou-a com justiça e deu-lhe liberdade. O Todo-Poderoso disse: "Ó, crentes, não vos é permitido tomar as mulheres (de parentes) como herança contra a vontade delas" (Extraído da Annissá – Surata das Mulheres – Aiát 19).

O Todo-Poderoso, na ocasião em que deu liberdade às mulheres, falou a seus maridos: "E não mortifiqueis as vossas mulheres, com o fim de vos apoderardes de uma parte daquilo com que as tenhais dotado, a menos que elas tenham incorrido em comprovado adultério" (Ibid.).

Portanto, tornou-se proibido que um homem mantivesse uma mulher contra sua própria vontade e por insistência dele, e foi considerado uma espécie de compulsão forçá-la a resgatar-se com seu dote, exceto se ela fosse culpada de adultério flagrante, porque em tal caso não teria direito a pedir ou fazer concessões.

A concepção do verdadeiro tratamento dado a mulher

Um discurso sobre o Islã, exemplificando detalhadamente o papel da mulher e dando-lhe uma posição mais apropriada é infindável. Isso não pode ser ignorado por aqueles que têm a menor compreensão do Livro do Todo-Poderoso e a tradição de Seu Mensageiro (a paz esteja com ele). Se eu continuasse a ilustrar esse assunto com provas e evidências, eu os cansaria. Por essa razão serei breve, para que eu possa lidar com todos os aspectos desse tema. Isso será em consideração à religião de Deus que encerra todas as virtudes, e como um incentivo a nossos filhos e netos para que tenham fé na sua religião e sintam-se orgulhosos de serem seguidores e de serem capazes de defendê-la, pois o Islã acolhe a mulher com bondade no começo de sua vida e protege sua existência através de suas diversas fases. O Islã acolhe-a desde o começo de sua vida quando é ainda um bebê, no momento em que censurou e proibiu o enterro de meninas vivas nas palavras do Todo-Poderoso:

> São perdedores aqueles que mataram seus filhos néscia e estupidamente na sua cega ignorância, e se descartam do que Deus agraciou, forjando mentiras a respeito de Deus. Já estão perdidos e jamais seriam encaminhados. (Alnaam – Surata das Dádivas – Aiát 140)

Quando Kais El Minkary estava contando, na presença do Profeta (a paz esteja com ele) sobre as filhas que enterrou vivas (suas vítimas foram doze), o Profeta (a paz esteja com ele) disse: "Quem não tem piedade, não será clemenciado", e ordenou-lhe que libertasse uma serva crente como restituição para cada criança. Os árabes desprezavam o pai que brincava com sua filha ou que permitia que ela brincasse em sua presença, mas o Mensageiro de Deus (a paz esteja com ele) brincava com suas próprias filhas e com as de seus companheiros. El Bukhari contou a estória de Abi Katadah que disse: "O Profeta saiu carregando a filha de Abi El-Assk, foi rezar; então, quando ele ajoelhou-se, colocou-a no chão e quando se ergueu, levantou-a novamente". Aicha (Deus a abençoe) disse: "Uma mulher veio a mim com suas duas filhas pedindo caridade. Encontrei apenas uma tâmara seca e dei-lhe. Ela dividiu-a em duas metades entre as duas filhas e depois saiu". Quando o Profeta (a paz esteja com ele) entrou, eu contei-lhe o que tinha acontecido. Ele disse: "A pessoa que é testada por aquelas meninas, encontrará nelas proteção contra o Fogo do Inferno". Ele disse também de sua filha Fátima (Deus a abençoe): "Fátima é parte de mim; o que a fere, fere-me, e o que a agrada, agrada-me". El Zuhari disse:

> Os companheiros do Mensageiro de Deus acharam desnecessária a imposição a um pai de três filhas dar esmolas ou pedir que ele tomasse parte no "Jihad" por causa da necessidade que elas tinham da pessoa dele e porque ele estava ocupado com seus trabalhos, educação e cuidado.

O Islã também acolheu e honrou a mulher na sua condição de esposa. O Todo-Poderoso disse: "E entre Seus sinais está o de haver-vos criado de vós mesmos esposas para que com elas convivais; e vos vinculou pelo amor e pela piedade. Por certo que nisso há sinais para os sensatos" (Extraído da Arrum – Surata dos Bizantinos – Aiát 21).

Ele também esclareceu a natureza do relacionamento entre o homem e a mulher quando falou: "E convivei com elas em harmonia" (Extraído da Annissá – Surata das Mulheres – Aiát 19). O Profeta (a paz esteja com ele) disse: "O melhor entre vós é o melhor para com a sua família e eu sou o melhor para com a minha família".

O Profeta (a paz esteja com ele) permitiu que alguns jovens etíopes brincassem com seus gravetos diante de si, no Masjid (Mesquita) e chamou então Aicha (Deus a abençoe) e abaixou os ombros em direção a ela, cobriu a face com as mãos e deu-lhe a chance de admirá-los até que ela ficasse entediada. Ibn Abd Rabbah contou a experiência de Aicha quando o Mensageiro de Deus (a paz esteja com ele) veio até ela e disse: "Mostraste à menina caminho até seu marido?". Aicha respondeu afirmativamente. Ele perguntou: "Enviaste com ela alguém que sabia cantar?". Aicha disse: "Não". Ele falou: "Tu sabes que os Ansar gostam de canções de amor? Tu devias ter mandado com ela alguém que dissesse":

Nós viemos a ti, nós viemos a ti.

Dê-nos as boas-vindas, nós damos as boas-vindas a ti.

A menos que haja milho.

Nós não deveríamos ter vindo ao teu vale.

Al Bukari falou de uma ocasião em que Al-Rabia, filha de Muawath, disse: o Profeta (a paz esteja com ele) entrou na residência de Beni Ali e sentou-se em uma cama. Algumas servas receberam ordens para que tocassem tamborim, até que uma disse: "Entre nós há um Profeta, que sabe o que acontecerá amanhã". A isso ele respondeu: "Não fale sobre isso, continue com o que estava fazendo".

O Criador Todo-Poderoso regularizou o relacionamento entre o marido e a esposa na Sua fala: "E convivei com elas em harmonia; pois as menosprezando podereis estar menosprezando algo em que Deus deposita muito Bem" (Extraído da Annissá – Surata das Mulheres – Aiá 19).

Esta Aiát, podem ver, ilustra claramente o esplêndido modelo que deveriam conter as realidades de marido e mulher no Islã, o exemplo ao qual os dois deveriam ser conformes; e a percepção de que o amor somente não é a única justificativa para a continuação do casamento.

Ômar ibn Al Khattab (Deus o abençoe), perguntou a um homem que se divorciou da esposa o seguinte: "Por que tu te divorciaste dela?". Ele disse: "Eu não a amo". Ômar disse: "Todos os lares foram estabelecidos apenas com amor? E o que dizer da proteção e das obrigações?".

O Islã cuidou dela como mãe. O Glorioso Alcorão juntou os direitos do Todo-Poderoso com os dos pais, nestas palavras de Deus: "Agradece a Mim e a teus pais; o retorno será a Mim" (Extraído da Lucmén – Surata de Lucmen – Ait 14). O Todo-Poderoso também disse: "E aos pais dispensai bom tratamento" (Extraído da Albácara – Surata da Vaca – Aiát 83).

Quando um homem veio até o Profeta (a paz esteja com Ele) e lhe disse: "Ó, Mensageiro de Deus, entre a Humanidade quem é primeiramente intitulado a ser a minha companhia?". O Mensageiro de Deus disse: "Tua mãe". "E o próximo?", perguntou o homem. "Tua mãe", respondeu o Mensageiro de Deus. "E depois quem?", perguntou novamente o homem. "Teu Pai", o Mensageiro de Deus respondeu.

Os companheiros do Mensageiro de Deus e seus seguidores foram sempre obedientes às suas mães e benevolentes para com elas, de acordo com as ordens de Deus e de Seu Mensageiro. Temos como exemplo uma conversa entre Abdullah ibn El Zubeir e sua mãe Asmaa, filha de Abu Bakr (Deus a abençoe), quando o Iraque, o Hijaz e o Iêmen eram dominados por Abdullah ibn El Zu beir. Abdul Malik ibn Marawan começou a fazer resistência a ele e teve êxito derrotando-o no Iraque. Então, Marawan deu armas a El Hajjaj ibn Yossef, que foi capaz de dominá-lo até que ele alcançasse Meca.

Ele cercou Meca e construiu catapultas de frente para a honrosa Caaba e atirou pedras. Nessa ocasião, Asmaa, filha de Abu Bakr, encontrava-se na Caaba. Addullah, tendo a sua volta apenas um punhado de homens, estava lutando contra os soldados de El Hajjaj, de costas para a Caaba. Nesse ínterim, El Hajjaj enviou-lhe mensageiros prometendo-lhe riqueza e segurança se ele esticasse sua mão e jurasse fidelidade a ele.

Logo após Abdullah ibn Zubeir foi à sua mãe e disse: "Mãe, meu povo me abandonou, mesmo minha família e meus filhos. Tenho somente um punhado de homens que não poderão resistir mais do que uma hora. O inimigo ofereceu-me tudo o que eu quiser ter do seu mundo. O que tu me dizes?". Ela disse:

> Deus, Deus. O meu filho, meu filho. Se tu estás certo de estar defendendo a verdade, então continua a guerra e não dês teu pescoço para os meninos de Beni Ummaiah brincarem. Contudo, se quiseres o mundo que te oferecem, então, tu és o pior dos escravos, destruíste-te a ti mesmo e também aos que estão contigo. Se tu dizes que te tens mantido em pé pela verdade, mas quando teus companheiros se enfraqueceram, tua determinação também vacilou, sabe então que esse não é o comportamento dos homens livres ou daqueles em que encontramos algo de bom. Quanto tempo tu durarás neste mundo? A morte é a melhor coisa que pode acontecer a ti, filho de Zubeir. Por Deus, um golpe de espada recebido com orgulho é muito melhor do que uma chicotada sofrida com humilhação.

Ele respondeu: "Mesmo assim, eu temo, mãe, que o povo da Síria me mutile e me crucifique, se me matarem". Ela respondeu: "Ó, meu filho, tirar a pele de um carneiro depois de morto não o machuca. Então prossegue de acordo com tua visão e pede a ajuda de Deus". Ele beijou-lhe a cabeça e disse:

*[...] por Deus, essa é também a minha opinião com a ajuda da qual invo-
quei a Deus. Juro que nunca lutei, exceto quando minha ira foi provocada ao ver as coisas sagradas do Todo-Poderoso serem violadas. Mesmo
assim quis saber tua opinião para que me dotasse de mais força e visão.
Juro que nunca cometi um ato abominável intencionalmente, nem fui culpado de lascívia. Não cometi injustiça ao proferir uma sentença e nunca
traí a confiança. Nunca soube de injustiças cometidas por meus agentes,
e que as tivesse aprovado. Não preferi nada ao prazer de Deus. Não digo
isso me vangloriando, mas para consolo de minha mãe, para que ela
possa ficar confortada.*

Ela disse: "Por Deus, espero que meu conforto em ti seja bom.
Desse modo, se tu fores antes de mim, ficarei desolada, e se retornares
vitorioso ficarei feliz com a tua vitória". Em seguida ela disse:

*Ó Deus, tende piedade das minhas insônias durante as longas noites,
do meu sofrimento e sede durante o dia em Meca e Medina, e por
sua obediência à sua mãe. Ó Deus, eu entreguei-o à Vossa Vontade e
eu concordo com Vosso Julgamento, por essa razão retribui-me, por
Abdullah, a recompensa da agradecida.*

Ele disse: "Ó, mãe, não pare de rezar por amor a mim antes ou
depois de minha morte em combate".

Ela disse: "Nunca cessarei de rezar, pois quem te mata está no erro
e consequentemente tu morres pela verdade". Então, ele pegou sua
mão para beijar, e falou: "Vim para dizer adeus, porque vejo que esse é
o meu último dia neste mundo".

Ela disse: "Então, faz segundo tua visão. Aproxima-te para que eu
possa dizer-te adeus". Ele se aproximou, abraçou-o e beijou-o. Enquanto
o abraçava, sua mão tocou a armadura, e ela lhe disse: "Esta não é a conduta de uma pessoa que deseja o que tu desejas". Ele respondeu:
"Eu a coloquei apenas para fortalecer meu coração". Ela disse: "Não
fortalece meu coração". Então, ele tirou a armadura e ajeitou sua
camisa e túnica. Ao sair, disse aos seus companheiros: "Prossigamos,
Deus vos abençoe. Cada um deve combater um homem. Não vos preo-
cupeis comigo, pois estou seguindo o caminho dos primeiros percus-
sores". Em seguida ele os levou até alcançarem El Hijoon. Lá, um sírio
jogou uma pedra no seu rosto e feriu-o na face. Ele começou a tremer

e por isso tomou um dos atalhos à montanha de Meca, para sangrar. Lá, uma de suas servas o viu e chorou. Nisso, seus inimigos juntaram-se ao redor dele e o mataram. El Hajjaj o crucificou e colocou seu corpo no tronco de uma árvore. Quando Abdul Malik ordenou que tirassem seu corpo de lá, a mãe de El Zubeir recolheu o corpo depois de terem cortado sua cabeça e lavou-o cobrindo-o em seguida com uma mortalha, rezou sobre ele e depois o enterrou. Que Deus tenha piedade dele e de nós.

Como a igualdade é concebida pelo Islã

Há muitos outros tópicos a serem discutidos. Porém, isso pode ser feito em outra reunião. Tocarei de forma breve em um assunto já longamente debatido. As pessoas têm enganado umas às outras, falsificando suas realidades. Esse tópico é o da igualdade entre o homem e a mulher. E uma exigência justa se a igualdade requerida é aquela indicada pela religião de Deus, o princípio imortal ordena a distribuição de direitos e deveres entre homens e mulheres com igualdade ou similaridade óbvia, como é demonstrado nos dizeres do Todo-Poderoso: "E elas têm direitos sobre eles, como eles os têm sobre elas" (Extraído da Albácara – Surata da Vaca – Aiát 228).

O Glorioso Alcorão também mencionou que o homem e a mulher são da mesma condição humana. Isso é demonstrado nos seguintes dizeres do Todo-Poderoso: "E seu Senhor lhes respondeu: eu não desmereço o trabalho do trabalhador entre vós, seja homem ou mulher, procedeis uns dos outros" (Extraído da Al Imran – Surata da Família de Imran – Aiát 195).

Quando o apelo para essa suposta igualdade toma a forma de completa ignorância das diferenças óbvias entre os dois sexos, em estatura, formação física, habilidade mental e caráter, é, nesse caso, um claro engano e uma afirmação contestada. Pois Deus, Todo-Poderoso, conhece Sua criação melhor do que Suas criaturas a conhecem. Deus mantém a igualdade entre eles em sua crença contanto que a devotem a Deus. Ele também igualou a recompensa por suas boas ações no caso de eles serem iguais na obediência a Deus e em sua fé para com Ele. Embora O Todo-Poderoso tenha dotado cada sexo com certas características e poderes que ninguém a não ser Ele pode dotar para provar o Universo e para cumprir Seus decretos para com Sua Criação como Ele desejou e deseja:

> *[...] não ambicioneis o que Deus agraciou a uns mais do que a outros; aos homens lhes corresponderá a recompensa pelo que conquistaram; às mulheres terão recompensa pelo que conquistaram. Rogai a Deus que vos conceda Sua graça, pois Deus é Onisciente.* (Annissá – Surata das Mulheres – Aiát 32)

As palavras finais dessa Aiát são uma confirmação clara do que foi previamente determinado a respeito da globalidade do conhecimento de Deus. Ele conhece bem Seus próprios adoradores e está ciente de suas habilidades e inclinações. Com Seu conhecimento global, que tudo abrange, Ele criou os homens e dotou-os com o que melhor se adapta ao seu papel na vida; e criou as mulheres e dotou-as com o que melhor se adapta aos seus próprios desempenhos na vida. Ambos os desempenhos estão promovendo a Humanidade através do seu progresso em um arranjo maravilhosamente planejado. A vida da Humanidade não progrediria sem o reconhecimento da sabedoria óbvia inerente em tudo o que os olhos podem ver das criaturas de Deus, sejam elas seres humanos, animais ou objetos inanimados: "Como não haveria de conhecê-las quem criou, e sendo que Ele é Sutilíssimo, Onisciente" (Almuk – Surata da Soberania – Aiát 14). Realmente, Ele conhece o que criou antes e depois de ter criado. Ele conhece o que criou e também os meios de sua subsistência. Ele conhece mesmo seus mais íntimos pensamentos.

Os que afirmam que a igualdade deve ser aplicada a ambos os sexos em todos os aspectos da vida, mesmo quando se trata de habilidades e de trabalhos, estão apenas dizendo palavras que não podem ser provadas nem através da formação de qualidades inatas, nem da experiência das nações, nem através da observação ou da intuição. Pelo contrário, a prova se baseia naquilo que a refuta. Quando as nações ignoravam a diferença entre os dois sexos, de fato ignoravam a natureza. E aqueles que ignoravam a natureza eram obrigados a admitir suas verdades posteriormente, mesmo que as reconhecessem apenas para avaliar a divisão do trabalho entre os dois sexos, que não foram criados diferentemente em vão.

Depois de passados milhares de anos é de se supor que o passar do tempo, com a evolução das condições sociais, seja a causa da especialização de cada um dos sexos em uma função que não seja do outro, especialmente nos atributos específicos para a vida ecológica. Pois a passagem do tempo não elimina as diferenças, pelo contrário, as aumenta e faz com que cada uma ressalte. Há incontáveis exemplos: o homem mantém sua capacidade de procriar enquanto seu corpo estiver em boas condições até as últimas fases de sua vida, porém não é assim com as mulheres. Raramente encontramos uma mulher capaz de reproduzir depois dos 50 anos. Mesmo as atividades em que se especializou, como a cozinha, costura, o embelezamento, acompanhamento de funerais, embora pareçam ser especialidades da mulher, o homem a supera em sua capacidade de realizá-las. Essa superioridade e proteção que Deus deu ao homem sobre as mulheres estão demonstradas em suas palavras: "Os homens são encarregados das mulheres, naquilo que Deus os preferiu uns aos outros" (Annissá – Surata das Mulheres – Aiát 34).

Não significa dizer que a essência do homem é preferida à da mulher, pois eles são gêmeos descendentes de uma só alma. É uma preferência que não subestima a humanidade da mulher, porque se origina de uma diferença orgânica entre o homem e a mulher e não de uma diferença de essência ou substância. Uma distinção como essa não deve ser razão para mágoa, porque ser favorito de Deus está intimamente ligado à purificação das almas e não a uma diferença orgânica, ordenada pela sabedoria de Deus para garantir a continuidade e integridade da vida dos seres humanos. Algo semelhante a esse aspecto está demonstrado nos seguintes dizeres: "Deus favoreceu a uns mais do que a outros no vosso sustento" (Usai Na-Nahl – Surata das Abelhas – Aiá 71).

Essa benevolência divina originada na sabedoria de Deus (talvez desconhecida de muitos) leva a subestimar os que se tenham sobressaído em preparativos, quando encontrarem Deus, se eles comportarem-se devotamente para com Ele? A mulher também realiza atos e tarefas que Deus destinou para ela. Há alguma coisa melhor ou mais enaltecedora que o papel da mulher de cuidar de seus filhos que serão a juventude de amanhã e os homens de depois de amanhã? Se eles não encontram, a seu lado, uma mãe que tenha compaixão deles e que lhes preencha suas necessidades de carinho, proteção e cuidado, poderão tornar-se bonecos e seus hábitos e naturezas serão afastados de seus corações que pulsam por seu amor e movem-se à sua moldura. Não é verdade que a causa das condições inviáveis em que a juventude de hoje vive em toda parte, é que esses jovens passaram suas vidas longe do cuidado materno e de seus corações cheios de amor? Eles passaram suas vidas em creches ou aos cuidados de enfermeiras que trabalham para outros com a finalidade de receber seus pagamentos, sem sentirem qualquer prazer no que fazem. Tenho sempre me perguntado: "As necessidades das crianças restringem-se apenas a receber roupas e alimentação?".

Será isso suficiente para a criança ser normal e ter sentimentos estáveis? Encontro uma resposta clara na diferença de comportamento entre crianças criadas por suas mães e pais, compartilhando de seu carinho e amor, e outras privadas dessa bênção. Não é difícil notar seus sentimentos agitados e suas excentricidades.

A função da mulher é construir uma família e dirigir a casa, com a finalidade de morar com sua família em uma atmosfera relaxante e confortável, que promova a atividade necessária para a continuação da vida. Isso não a impede de fazer um trabalho que satisfaça uma necessidade ou um desejo, em campos onde ela possa desempenhar funções sem violar sua natureza e seu caráter, desempenhando-as assim com sucesso, de acordo com suas habilidades.

Qualquer violação em nossa natureza, criada por Deus e pela qual somos responsáveis, é considerada uma obstrução à Sabedoria de Deus na Criação, uma causa de muita dor física e psicológica, e levará certamente a vários problemas. Não há maneira de recuperar a alegria, o prazer e o conforto na vida, exceto através da submissão à Sabedoria de Deus em Sua Maravilhosa Criação e vivendo conforme foi planejado e simplificado por Ele.

Deus permita que todos trabalhemos para alcançar a Sua Mensagem, e não nos prive do entendimento de Sua Gloriosa Sabedoria e de Sua obra maravilhosa.

Os pilares do Islã

1. Fé - Chahada

Não há outra divindade além de Deus e Mohammad é seu mensageiro.

Toda crença, seja ela uma ciência, uma filosofia ou uma religião, precisa ser aceita e pregada com fé. Um indiferente jamais aceitaria a ideia de uma fé, seja ela qual for. No Islamismo, a fé é algo um pouco maior que as fés que encontramos em outras crenças; aqui temos uma "profissão de fé". Por que uma profissão? Porque aqui a fé toma uma proporção de vigilância constante, em que o fiel precisa estar atento a tudo o que lhe ocorre. "Ó fiéis, perseverai, sede pacientes, estai sempre vigilantes e temei a Deus, para que prospereis" (Alcorão, 5:20). Não muito diferente do mandamento cristão: "orai e vigiai". A fé islâmica está calcada na submissão incondicional a Deus, ao profeta e suas *hadith*.[804] Muito se tem confundido no Ocidente a fé islâmica com o fanatismo, a hegemonia e o autoritarismo de alguns indivíduos oportunistas. Ela, como o Cristianismo, pressupõe sobretudo os atos que o indivíduo teve a intenção de realizar.

> *Não há utilidade alguma na maioria dos seus colóquios, salvo nos que recomendam a caridade, a benevolência e a concórdia entre os homens. A quem assim proceder, com a intenção de comprazer a Deus, agraciá-lo-emos com uma magnífica recompensa.* (Alcorão, 4:114)

> *O Islã não reconhece nenhuma separação entre a alma e o corpo, o espírito e a matéria, a religião e a vida. Aceita o homem assim como Deus o criou e reconhece-lhe a natureza como sendo composta de alma e corpo. Não negligencia a natureza espiritual do homem, senão, este seria como qualquer animal. Nem menospreza suas necessidades físicas; senão, seria um anjo, o que não é e não pode ser. Conforme o Islã, o homem fica no centro do fluxo da Criação. Ele não é puramente espiritual, porque os seres puramente espirituais são os anjos e o único Ser acima dos anjos é Deus. Ele não é inteiramente material ou físico, porque os únicos seres dessa classe são os animais e outras criaturas irracionais. Devido a essa sua natureza complementar, o homem tem exigências paralelas e necessidades paralelas: espirituais e materiais, morais e físicas. A religião capaz de ajudar o homem e de o aproximar de Deus é a religião que leva em*

---

804 HOURANI, A. *Uma história dos povos árabes*, p. 81.

conta todas essas exigências e necessidades, a religião que eleva o estado
espiritual e disciplina os desejos físicos.[805]

2. Salát – oração

A terra foi-me dada como oratório e como purificação.

Todo pensamento religioso privilegia a oração, a prece, a meditação ou o
nome que queiramos atribuir a esse ato de encontro com o sagrado. A oração é
a primeira das adorações instituídas por Deus no Islã. E tamanha é sua importância que foi a única que não foi transmitida ao profeta Maomé através
do anjo Gabriel. Sua transmissão se deu no céu, feita diretamente por Deus
ao Seu Mensageiro, nos eventos conhecidos como Al Isrá (A viagem noturna) e Al Miráj (A ascensão).

> *A virtude não consiste só em que orientais vossos rostos até ao levante ou*
> *ao poente. A verdadeira virtude é a de quem crê em Deus, no Dia do Juízo*
> *Final, nos anjos, no Livro e nos profetas; de quem distribuiu seus bens em*
> *caridade por amor a Deus, entre parentes, órfãos, necessitados, viajantes,*
> *mendigos e em resgate de cativos (escravos). Aqueles que observam a ora-*
> *ção, pagam o Zakat, cumprem os compromissos contraídos, são pacientes*
> *na miséria e na adversidade, ou durante os combates, esses são os verazes,*
> *e esses são os tementes (a Deus).* (Alcorão, 2:177)

A oração é para o muçulmano uma obrigação expressa no Alcorão:
ela reforça a unidade em torno de Deus.[806] Também aproxima as pessoas que ao se alinharem em fileiras nas mesquitas, sem distinção de
origem ou poder aquisitivo, apenas entre os sexos, tornam-se iguais
perante Deus. Não existe, no Islamismo, ao contrário de outras religiões,
uma autoridade hierárquica; assim, as orações são dirigidas por uma pessoa (imã) com instrução, que conhece o Alcorão, escolhida pela comunidade. As cinco orações diárias contêm versículos do Alcorão recitados em
árabe, a linguagem da revelação, ao passo que as súplicas pessoais podem
ser feitas no idioma de cada um. As orações podem variar segundo as horas, as estações do ano e o local onde a pessoa se encontra, porém, na maioria das vezes são praticadas na alvorada, ao meio-dia, ao meio da tarde, ao

---

805 ABDALATI, H. *O Islã em foco*, p. 94.
806 HOURANI, A. *Uma história dos povos árabes*, p. 82.

crepúsculo e à noite, e assim determinam o ritmo do dia todo. Apesar de ser preferível praticar a oração em conjunto, em uma mesquita, o muçulmano pode orar em qualquer lugar, como campo, escritório, fábrica e universidade. Os visitantes do mundo islâmico ficam impressionados com a determinação e a dominância das orações na vida cotidiana do Islã. A direção é sempre Meca onde está a Caaba: "orienta teu rosto (ao cumprir a oração) para a Sagrada Mesquita (de Meca)! E vós (crentes), onde quer que vos encontreis, orientai vossos rostos até ela. Aqueles que receberam o Livro, bem sabem que isso é a verdade de seu Senhor; e Deus não está desatento a quanto fazem" (Alcorão, 2:144). Essa possível orientação é parte da emancipação islâmica do Judaísmo. No início, os islâmicos dirigiam suas orações ao grande templo em Jerusalém. Após o êxodo de Meca a Medina, a direção das orações mudou para a grande mesquita utilizada até os dias de hoje. A Mesquita é, acima de tudo, um lugar de Prostração (As Sajda) para a oração (*ibid.*, 32).

Orar cinco vezes ao dia, revelando constância, é uma das provas de devoção do muçulmano. Deus instituiu cinco orações diárias obrigatórias, onde o muçulmano estabelece um elo, uma ligação direta entre ele e Deus, sem a necessidade de intermediários para isso, onde expressa sua gratidão e amor a Deus, fortificando, dessa forma, o coração, o corpo e o espírito. A oração islâmica é um conjunto perfeito, no qual o muçulmano alcança diversos benefícios: na parte espiritual, ele alcança paz de espírito, elevando-o; na parte física, ele realiza um exercício diário, através dos seus movimentos, beneficiando com isso seu corpo; e é um estímulo à utilização da sua razão, a partir do momento em que tem que saber o que diz na oração, raciocinando em cima dos versículos recitados. Logo, o muçulmano que pratica as cinco orações diárias está reforçando, cinco vezes ao dia, a crença sobre a qual repousa sua fé, pois a prática da oração é um dos maiores sinais de fé, e a prova mais óbvia da gratidão a Deus pelas Suas incontáveis graças. Depois de feita a purificação (ablução), as orações começam com o fiel de pé e terminam com ele ajoelhado e com a testa no chão, pronto para renascer ao mesmo tempo em que se revela pequeno diante de Deus. Esse ato de se colocar no chão mostra o quanto o fiel está submisso ao seu Criador e o quanto O respeita em grandiosidade. Todos os dias é lembrado pelo *muezim* (aquele que faz o anúncio ou que dá o sinal), que, do alto do minarete (torre) das mesquitas, encarrega-se de chamar os adeptos do Islã para a conversa diária com Deus.

Condições da oração

A prática da oração é obrigatória para qualquer muçulmano, de sexo feminino ou masculino, desde que seja:

1. Adulto, são e responsável (as crianças devem começar a praticar a partir dos sete anos e os pais devem insistir quando fizerem dez anos).
2. Isento de qualquer doença grave e, no caso das mulheres, fora do período menstrual ou do parto. O período máximo de ambos é respectivamente de dez e quarenta dias. Nessa situação as mulheres estão totalmente isentas da prática da oração.[807]

A oração pode ser feita em qualquer lugar e não apenas nas mesquitas como pensam muitos. Porém, antes de a iniciar o fiel precisa obedecer às condições de purificação do corpo (ablução), orar nos horários certos, ajoelhar-se na direção de Meca e vestir-se sem nada justo ou transparente (homens cobertos pelo menos da cintura aos joelhos, e mulheres todo o corpo, com exceção de rosto, mãos e pés). A ablução consiste em lavar as mãos, os antebraços, o rosto, a boca, as narinas, as orelhas, a nuca e passar água pelo cabelo e nos pés. Mas como um indivíduo que está no escritório ou em viagem pratica esse asseio antes da oração? E se por ventura faltar água, ou a pessoa se encontra impossibilitada por uma doença? A isso o Alcorão responde:

> [...] ó fiéis, sempre que vos dispuserdes a observar a oração, lavai o rosto, as mãos e os antebraços até aos cotovelos; esfregai a cabeça, com as mãos molhadas e lavai os pés, até os tornozelos. E, quando estiverdes polutos, higienizai-vos; porém, se estiverdes enfermos ou em viagem, ou se vierdes de lugar escuso ou tiverdes tocado as mulheres, sem encontrardes água, servi-los do tayamum (procurar, recorrer) com terra limpa, e esfregai com ela os vossos rostos e mãos. Deus não deseja impor-vos carga alguma; porém, se quer purificar-vos e agraciar-vos, é para que Lhe agradeçais. (Alcorão, 5:6)

3. Zakat – caridade

Deus é Testemunha de tudo quanto fazeis.

A expressão *Zakat* quer dizer "tornar-se puro" ou "purificar-se" e não propriamente esmola. "Jamais alcançareis a virtude, até que façais caridade

---

807 ABDALATI, H. *O Islã em foco*, p. 98.

com aquilo que mais apreciardes. E sabei que, de toda caridade que fazeis, Deus bem o sabe" (Alcorão, 3:92). O Zakat fundamenta-se na tese de que o dinheiro, a riqueza e todos os bens materiais pertencem, na verdade, a Deus. Deus é, portanto, o verdadeiro e o legítimo dono de tudo que existe no Universo. "Seu é tudo o que existe nos céus, o que há na Terra, o que há entre ambos, bem como o que existe sob a terra" (Alcorão, 20:6). Para os ocidentais educados em um regime judaico-cristão, a palavra esmola quer dizer pura e simplesmente donativo. Para a fé islâmica, esmola está acima de qualquer donativo: é tornar-se puro perante Deus:

> Zakat é um dever prescrito por Deus e cumprido pelos muçulmanos em benefício da sociedade no seu conjunto. A palavra alcorânica Zakat não inclui apenas caridade, esmola, dízimo, bondade, taxa oficial, contribuição voluntária etc., mas também acrescenta a tudo isso a recordação de Deus e motivações tanto espirituais como morais. Por isso, não existe nenhum equivalente à palavra Zakat, dada a suprema originalidade do Alcorão, o Divino Livro de Deus.[808]

O dinheiro é uma dádiva de Deus que chega às nossas mãos como uma graça, uma bondade Divina e um favor, sendo o ser humano, dessa forma, apenas um depositário, um encarregado e um usuário desses bens, com os quais Deus nos agraciou. "Crede em Deus e em Seu Mensageiro, e fazei caridade daquilo que Ele vos fez herdar. E aqueles que, entre vós, crerem e fizerem caridade, obterão uma grande recompensa." (Alcorão, 57:7). Para o islâmico convicto de sua fé perante Deus, a caridade é uma necessidade fundamental, é o sinal com o qual demonstra o quanto ama realmente Deus. *Encontrar seu irmão com o rosto risonho é caridade.*

"O Zakat é um imposto coletado e distribuído pelo estado. Os rendimentos do Zakat podem ser dados em forma de serviços sociais".[809] Logo, os bens materiais que dispomos deverão ser adquiridos, gastos e distribuídos da maneira pela qual o Livro nos orientou. Dessa forma, o pagamento do Zakat é, antes de mais nada, uma forma de agradecimento a Deus por nos ter agraciado com esses bens.

> Ele foi Quem vos designou legatários na Terra e vos elevou uns sobre outros, em hierarquia, para testar-vos com tudo quanto vos agraciou.

---

808 ABDALATI, H. *O Islã em foco*, p. 113.
809 QUTUB, M. *Islã: a religião mal compreendida*, pp. 128-129.

Teu Senhor é Destro no castigo, conquanto seja Indulgente, Misericor-diosíssimo. (Alcorão, 6:165)

Embora respeite a posse plena, garanta a legítima propriedade e res-guarde todos os direitos daí decorrentes, o Zakat, na realidade, não é mais do que distribuir parte dos bens da nação Islâmica (representada pelos mais abastados) à mesma nação (representada pelos menos abas-tados), pois o Islã estabelece que todo muçulmano possuidor de uma posse dentro do limite estipulado para tal deve cumprir certas obri-gações econômicas em benefício do bem comum. O Zakat é um direi-to social do grupo junto ao indivíduo, não é um favor, mas um dever. Os bens de que dispomos não são apenas para serem gastos com o nosso próprio conforto e luxo.

Quando não praticar a caridade

Quando o profeta foi questionado sobre a possibilidade de a pessoa não poder praticar a caridade, ele respondeu: "Deve trabalhar com suas próprias mãos para seu benefício e então dar algo de tal ganho em caridade". Os compa-nheiros perguntaram: "E se ele for incapaz de trabalhar?". O profeta respon-deu: "Ele deve ajudar os pobres e necessitados". Perguntaram novamente: "E se não puder fazer isso?". O profeta respondeu: "Deve incitar as pessoas a praticarem o bem". E os companheiros ainda insistem: "E se também não puder fazer isto?" O profeta respondeu: "Deve afastar-se da prática do mal, que isto também é caridade".

Ó fiéis, não desmereçais as vossas caridades com acusações ou agravos como aquele que gasta seus bens, por ostentação, diante das pessoas que não creem em Deus, nem no Dia do Juízo Final. Seu exemplo é semelhante ao de uma rocha coberta por terra que, ao ser atingida por um aguaceiro, fica a descoberto. Em nada se beneficiará, de tudo quanto fizer, porque Deus não ilumina os incrédulos. (Alcorão, 2:64)

4. Saum – Jejum de Ramadã

Ó fiéis, está-vos prescrito o jejum, tal como foi prescrito a vossos antepas-sados, para que temais a Deus.

O jejum no mês de Ramadã se tornou obrigatório em 624, segundo ano da Hégira.

O mês de Ramadã foi o mês em que foi revelado o Alcorão, orientação para a Humanidade e evidência de orientação e discernimento. Por conseguinte, quem de vós presenciar o novilúnio desse mês deverá jejuar; porém, quem se achar enfermo ou em viagem jejuará, depois, o mesmo número de dias. Deus vos deseja a comodidade e não a dificuldade, mas cumpri o número (de dias), e glorificai a Deus por Ter-vos orientado, a fim de que (Lhe) agradeçais. (Alcorão, 2:185)

Todo ano, durante o mês de Ramadã, que muda conforme o calendário islâmico, que é lunar, os muçulmanos fisicamente aptos jejuam desde a alvorada até o pôr do sol, abstendo-se da comida, do fumo, da bebida e das relações sexuais durante o dia, apenas sendo afrouxado à noite, mas com moderação. O jejum impõe a autodisciplina, mas também estimula a compaixão por quem passa por necessidades. A quem estiver doente, for idoso, ou em viagem, e à mulher grávida ou amamentando é permitido quebrar o jejum e jejuar o mesmo número de dias em outra época do ano. Se houver incapacidade física para fazê-lo, devem alimentar uma pessoa necessitada para cada dia não jejuado. As crianças começam a jejuar (e praticar as orações) a partir da puberdade, apesar de muitos começarem mais cedo.

O Profeta Muhammad recomenda insistentemente as seguintes práticas, especialmente durante o Ramadã:

1. Tomar uma leve refeição antes da alvorada, chamada "Sahur".
2. Comer três tâmaras (caso seja possível) e beber um gole de água depois do pôr do sol, dizendo a seguinte oração: *Allahumma, lacá sunná wâ'alá rizquecá aftarné* (Ó Deus, por Ti fizemos o jejum, que agora quebramos, comendo o que Tu nos deste).
3. Comer o menos possível ao quebrar o jejum, assim como o Profeta disse, "a pior coisa que o homem pode fazer é encher seu estômago".
4. Respeitar a oração super-rogatória chamada Taráwi.
5. Aparecer mais em sociedade e prestar mais serviços humanitários.
6. Aprofundar o estudo e a recitação do Alcorão.
7. Atingir o máximo de paciência e humildade.
8. Mostrar uma prudência extraordinária na utilização dos sentidos, do pensamento e especialmente da língua; abster-se de provocar conflitos, de dizer mal dos outros e evitar qualquer ação suspeita.[810]

---

810 ABDALATI, H. *O Islã em foco*, p. 154.

9. O jejum é mais que uma dieta alimentar.

Ele elimina os resíduos e os excessos dos intestinos, reduz o índice de açúcar no sangue, revitaliza a circulação, reduz o colesterol, organiza e regula a pressão arterial, dá descanso ao coração, além de ajudar na cura dos males da pele, uma vez que diminui o índice de água no corpo e no sangue, entre vários outros benefícios e purificação pessoal. Apesar de o jejum ser muito benéfico para a saúde, é considerado um método de purificação pessoal. Ao se privar dos confortos mundanos, mesmo por um período curto, o jejuador adquire verdadeira simpatia por aqueles que passam fome, ao mesmo tempo que desenvolve a sua vida espiritual.

> *Jejuareis determinados dias; porém, quem de vós não cumprir o jejum, por se achar enfermo ou em viagem, jejuará depois o mesmo número de dias. Mas quem, só à custa de muito sacrifício, consegue cumpri-lo, vier a quebrá-lo, redimir-se-á, alimentando um necessitado; porém, quem se empenhar em fazer além do que for obrigatório, será melhor. Mas, se jejuardes, será preferível para vós, se quereis sabê-lo.* (Alcorão, 2:183)

5. Hajj – Peregrinação a Meca

> *A peregrinação à Casa é um dever para com Deus.*

A peregrinação anual a Meca é uma obrigação somente para aqueles que são física e financeiramente capazes de empreendê-la. Portanto, 2 milhões de pessoas aproximadamente vão a Meca cada ano, de toda parte do mundo, oferecendo uma única oportunidade para os provenientes de nações diferentes se encontrarem.[811] Apesar de Meca estar sempre cheia de visitantes, o *hajj* anual começa no décimo segundo mês do calendário islâmico (que é lunar, não solar, assim o *hajj* é feito algumas vezes no verão e outras no inverno). Os peregrinos vestem roupas especiais: vestimentas simples, que eliminam as distinções de classes e cultura, assim todos ficam iguais perante Deus. Visitam o túmulo do profeta em Medina, fazem sacrifícios ao profeta Abraão, pai de todos etc.

> *A Caaba, em Meca, é o centro espiritual do Islã e a pátria espiritual de cada muçulmano. Quando o peregrino chega a Meca, os sentimentos são*

---

811 DURANT, W. *A idade da fé*, p. 196.

como os de um patriota que volta do exílio, ou de um soldado triunfante que volta de uma batalha decisiva. Não se trata de uma interpretação figurada, mas corresponde a fatos históricos. Os antigos muçulmanos foram expulsos da sua terra e obrigados a viver longos anos no exílio. Foi-lhes negado o direito de orarem na Caaba, a Casa de Deus mais sagrada de todas. Ao regressarem do exílio, seu primeiro destino foi a Caaba. Entraram com entusiasmo no lugar Sagrado, destruíram todos os ídolos e as imagens que lá se encontravam, e restabeleceram os ritos da peregrinação.[812]

Os rituais do *hajj* foram substituídos por Abraão, incluindo o circundar a Caaba por sete vezes, e o percorrer sete vezes a distância entre os montes Safa e Marwa, como fez Hagar durante sua procura de água. Então, os peregrinos se põem em pé no vasto Vale de Arafat e se juntam em oração para pedir o perdão a Deus. Pensa-se que essa cena é uma visão do Dia do Juízo Final. Nos séculos passados, o *hajj* era um empreendimento árduo. Hoje, porém, a Arábia Saudita fornece água, transporte moderno e as mais modernas facilidades de atendimento médico a milhões de pessoas. O encerramento da peregrinação é marcado por um festival, Eid-Al-Adha, celebrado com orações e troca de presentes entre as comunidades islâmicas. Este Eid e o Eid-al-Fith, uma festa comemorando o final do Ramadã, são as principais festas do calendário islâmico. A peregrinação também estimula o intercâmbio entre muçulmanos de vários países, o que é altamente favorável para a sedimentação e propagação do Islã.

> *A primeira Casa (Sagrada), erigida para o Gênero humano, é a de Bakka (Meca), onde reside a bênção servindo de orientação à Humanidade. Encerra sinais evidentes; lá está a Estância de Abraão, e quem quer que nela se refugie estará em segurança. A peregrinação à Casa é um dever para com Deus, por parte de todos os seres humanos que estão em condições de empreendê-la; entretanto, quem se negar a isso saiba que Deus pode prescindir de toda a Humanidade. (Alcorão, 3:96 e 97)*

812 ABDALATI, H. *O Islã em foco*, p. 158.

Referências

ABDALATI, Hammudah. *O Islã em foco*. São Paulo: WAMY, 2006.

AIZPÚRUA, Jon. *Os fundamentos do espiritismo*. São Paulo: Editora C. E. José Barroso, 2000.

ALTER, Robert Edmond; KERMODE, Frank. *Guia literário da Bíblia*. São Paulo: Unesp, 1997.

ALVAREZ, Josefa R.L. *Harpas eternas I*. São Paulo: Editora Pensamento, 1993.

ALVES, Rubem A. *O que é religião?* São Paulo: Editora Brasiliense, 1984.

AMORIM, Deolindo. *O espiritismo e as doutrinas espiritualistas*. Rio de Janeiro: Editora FEB, 1989.

ANÔNIMO. *A epopeia de Gilgamesh*. São Paulo: Martins Fontes, 2011.

ARANHA, Maria L. de A.; MARTINS, Maria H.P. *Filosofando*. São Paulo: Moderna, 1989.

ARMSTRONG, Karen. *Jerusalém*. São Paulo: Companhia das Letras, 1995.

_____. *Uma história de Deus*. São Paulo: Companhia das Letras, 1995.

BÁEZ, Fernando. *História universal da destruição do livro*. Rio de Janeiro: Ediouro, 2006.

BARRETTI FILHO, Aulo. *Dos yorùbá ao candomblé kétu – origens, tradições e continuidade*. São Paulo: Edusp, 2010.

BARTH, Karl. *Carta aos romanos*. São Paulo: Novo Século, 2003.

BERARDINO, Angelo Di. *Dicionário patrístico e de antiguidades cristãs*. Petrópolis: Vozes, 2002.

BERARDINO, Angelo Di; QUASTEN, Johannes. *Patrologia. Tomo IV – Del Concílio de Calcedonia (451) a Beda. Los Padres Latinos*. Madri: La Editorial Católica, 1996.

BERGER, Peter L.; LUCKMANN, Thomas. *A construção social da realidade*. Petrópolis: Vozes, 1998.

BERGSON, Henri. *A evolução criadora*. Rio de Janeiro: Editora Delta, 1964.

_____. *As duas fontes da moral e da religião*. Rio de Janeiro: Zahar Editores, 1978.

BESANÇON, Alain. *A imagem proibida: uma história intelectual da iconoclastia*. Rio de Janeiro: Editora Bertrand Brasil, 1997.

BESEN, José A. *Universo religioso*. São Paulo: Editora Mundo e Missão, 2005.

BITTENCOURT, B. P. *O Novo Testamento: Cânon; língua; texto*. Rio de Janeiro: JUERP/ASTE, 1984.

BROOKS, Geraldine. *Nove partes do desejo – o mundo secreto das mulheres islâmicas*. Rio de Janeiro: Editora Gryphus, 2002.

BOURGUIGNON, André. *A história natural do homem*. Rio de Janeiro: Jorge Zahar Editor, 1990, vol. I.

BOYER, Orland. S. *Pequena enciclopédia bíblica*. São Paulo: Editora Vida, 1994.

BUCAILLE, Maurice. *A Bíblia, o Alcorão e a Ciência*. São Bernardo do Campo: WAMY, 2006.

BUCKLAND, Augustus. R.; WILLIAMS, Lukyn. *Dicionário bíblico universal*. São Paulo: Editora Vida, 1994.

BUDGE, Ernest A. W. *A versão babilônica sobre o dilúvio e a epopéia de Gilgamesh*. São Paulo: Madras, 2004.

CAMPBELL, Joseph. *As máscaras de Deus – mitologia oriental*. São Paulo: Palas Athena, 1999.

CASTRO, M.L.V. *O que é espiritismo*. São Paulo: Editora Brasiliense, 1995.

CHIAVENATO, Júlio José. *Religião: da origem à ideologia*. Ribeirão Preto: Funpec, 2002.

CHOURAQUI, André. *A Bíblia (Êxodo)*. Rio de Janeiro: Editora Imago, 1996.

COMTE, Augusto. *O espírito positivo*. Lisboa: Editora RÉS, s.d.

_____. *Curso de filosofia positivista*. Os Pensadores. São Paulo: Nova Cultural, 1996.

DARTIGUES, André. *O que é a fenomenologia?* Rio de Janeiro: Livraria Eldorado Tijuca, 1973.

DELUMEAU, Jean. *As grandes religiões do mundo*. Lisboa: Editorial Presença, 2ª edição, 1999.

DEMANT, Peter. *O mundo muçulmano*. São Paulo: Editora Contexto, 2004.

DESCARTES, René. *Os pensadores*. São Paulo: Nova Cultural, 1996.

DONINI, Ambrogio. *História do cristianismo*. Lisboa: Edições 70, s.d.

_____. *Breve história das religiões*. São Paulo: Civilização Brasileira, 1965.

DURANT, Will. *A idade da fé*. Rio de Janeiro: Editora Record, s.d., 2º edição.

_____. *A história da filosofia*. Os Pensadores. São Paulo: Nova Cultural, 1996.

_____. *Filosofia da vida*. Lisboa: Edição Livros do Brasil, s.d.

_____. *Nossa herança oriental*. Rio de Janeiro: Editora Record, 4º edição, s.d.

_____. *A reforma*. Rio de Janeiro: Editora Record, s.d., 2º edição.

DURKHEIM, Émile. *Formas elementares da vida religiosa*. São Paulo: Edições Paulinas, 1989.

EHRMAN, Bart D. *O que Jesus disse? O que Jesus não disse?* São Paulo: Prestígio, 2006.

ELIADE, Mircea. *O sagrado e o profano*. Lisboa: Edições 70, s.d.

_____. *O mito do eterno retorno*. São Paulo: Editora Mercuryo, 1999.

_____. *História das crenças e das ideias religiosas*. II. Rio de Janeiro: Zahar, s.d.

_____. *Historia de las Creencias y de las Ideas Religiosas*. Buenos Aires: Paidós, s.d., 3 vols.

_____. *Metodología de la Historia de las Religiones*. Buenos Aires: Paidós, s/d.

_____. *Origens*. Lisboa: Edições 70, s.d.

ELIADE, Mircea. *Tratado de história das religiões*. São Paulo: Martins Fontes, 1998.

_____. *Xamanismo e as técnicas arcaicas do êxtase*. São Paulo: Martins Fontes, 1998.

_____. *Yoga-imortalidade e liberdade*. São Paulo: Palas Athena, 1997.

_____. *Mito e realidade*. São Paulo: Perspectiva, 1998.

ELWELL, Walter A. *Enciclopédia histórico-teológica da igreja cristã*. São Paulo: Vida Nova, 2009.

FADIMAN, James; FRAGER, Robert. *Teorias da personalidade*. São Paulo: HARBRA, 1986.

FAUSTO, Ruy. *Marx: Lógica e política*. São Paulo: Editora 34, 2002.

FERREIRA, Olavo Leonel. *Mesopotâmia – o amanhecer da civilização*. São Paulo: Moderna, 1993.

FEUERBACH, Ludwig. *A essência do cristianismo*. Campinas: Papirus, 1997.

_____. *Preleções sobre a essência da religião*. Campinas: Papirus, 1989.

FRANCHINI, A. S.; SEGANFREDO, Carmen. *Gilgamesh – o primeiro herói mitológico*. Porto Alegre: Editora Artes e Ofícios, 2008.

FRANZEN, August. *Breve história da igreja*. Lisboa: Editora Presença, 1996.

FREUD, Sigmund. *O futuro de uma ilusão*. Rio de Janeiro: Imago Editora, 1997.

_____. *O mal-estar na civilização*. Rio de Janeiro: Imago Editora, 1997.

_____. *Moisés e o monoteísmo*. Rio de Janeiro: Imago Editora, 1997.

_____. *Três ensaios sobre a teoria da sexualidade*. São Paulo: Imago Editora, 1997.

GABRIEL, Yannis. *Freud e a sociedade*. Rio de Janeiro: Imago Editora, 1983.

GARAUDY, Roger. *Perspectiva do homem*. Rio de Janeiro: Jorge Zahar Editores, 1968.

GARELLI, Paul; NIKIPROWETZKY, V. *Oriente Próximo Asiático Impérios Mesopotâmicos*. Israel: Editora Pioneira, 1970.

GLASENAPP, Helmuth Von. *Religiões não cristãs*. Lisboa: Meridiano, 1965.

_____. *El Budismo: una Religion sin Dios*. Barcelona: Barral Editores, 1974.

_____. *La Filosofia de la India*. Madri: Biblioteca Nueva, 2007.

GOSWAMI, Hridayananda Dasa. *Iluminação pelo caminho natural*. Pindamonhangaba: Bhaktivedanta, s.d.

GOSWAMI, Satsvarupa Dasa. *Filosofia védica*. Pindamonhangaba: Bhaktivedanta, 1994.

GOTTWALD, Norman K. *As tribos de Iahweh*. São Paulo: Paulus, 1970.

GUINOT, Thierry. *O carma ou a causalidade projetiva*. Curitiba: Amorc, 2005.

HALE, Broadus D. *Introdução ao estudo do Novo Testamento*. São Paulo: Editora Hagnos, 2005.

HEGEL, G.W. Friedrich. *Introdução à história da filosofia*. São Paulo: Hemus, 1983.

_____. *Os pensadores*. São Paulo: Nova Cultural, 1996.

HEIDBREDER, Edna. *Psicologias do século XX*. São Paulo: Editora Mestre Jou, s.d.

HINNELLS, John. R. *Dicionário das religiões*. São Paulo: Cultrix, 1995.

HOELLER, Stephan. A. *A gnose de Jung e os sete sermões aos mortos*. São Paulo: Cultrix, 1995.

HOURANI, Albert. *Uma história dos povos árabes*. São Paulo: Companhia das Letras, 1994.

HUME, David. *Os pensadores*. São Paulo: Nova Cultural, 1996.

JAIN, Jagdish C. *Jainismo: vida e obra de Mahavira Vardhamana*. São Paulo: Palas Athena, 1982.

JAMES, William. *As variedades das experiências religiosas*. São Paulo: Cultrix, 1995.

JAPIASSÚ, Hilton; MARCONDES, Danilo. *Dicionário básico de filosofia*. Rio de Janeiro: Jorge Zahar Editor, 1996, 3ª edição revista e ampliada.

JOAQUIM, Maria Salete. *Construção da identidade* negra. São Paulo: Educ, 1996.

JOHNSON, Paul. *História do cristianismo*. Rio de Janeiro: Imago Editora, 2001.

_____. *História dos judeus*. Rio de Janeiro: Imago Editora, 1989.

JORGE, Fernando. *Lutero e a igreja do pecado*. São Paulo: Mercuryo, 1992.

JUNG, Carl G. *A dinâmica do inconsciente*. Petrópolis: Vozes, 1991, vol. VIII.

_____. *Freud e a psicanálise*. Petrópolis: Vozes, 1990.

_____. *Psicologia em transição*. Petrópolis: Vozes, 1993, vol. X.

_____. *Psicologia e religião oriental*. Petrópolis: Vozes, 1980.

KANT, Immanuel. *Crítica da razão pura*. São Paulo: Nova Cultural, 1996 (Os Pensadores).

KARDEC, Allan. *O livro dos espíritos*. São Paulo: LAKE, 1979.

_____. *O livro dos médiuns*. São Paulo: Editora Feesp, 1992.

_____. *O evangelho segundo o espiritismo*. São Paulo: Edicel, 1998.

_____. *O céu e o inferno*. São Paulo: LAKE, 1980.

_____. *A gênese*. São Paulo: LAKE, 1980.

_____. *Obras póstumas*. Rio de janeiro: Editora FEB, 1992.

_____. *Revista espírita – Jornal de estudos psicológicos* (Coleção 12 volumes). São Paulo: Edicel.

KELLER, Werner. *E a Bíblia tinha razão: Como a ciência comprova os acontecimentos descritos na Bíblia*. São Paulo: Melhoramentos, 1964.

KOENIG, Samuel. *Elementos de sociologia*. Rio de Janeiro: Editora Zahar, 1970.

KÜMMEL, Werner Georg. *Introdução ao Novo Testamento*. São Paulo: Paulus, 2004.

LANE, Silvia. T.M. *O que é psicologia social*. São Paulo: Editora Brasiliense, 1995.

LENTSMAN, Yakov. *A origem do cristianismo*. Lisboa: Gráfica Editorial Caminho, 1988.

LING, Trevor. *História das religiões*. Lisboa: Editora Presença, 1994.

LINTON, Ralph. *O homem: uma introdução à antropologia*. São Paulo: Editora Martins, 8ª ed., s.d.

LOYOLA, Maria Andréa. *Médicos e curandeiros*. São Paulo: Difel, 1984.

LUZ, Marco Aurélio. *Do tronco ao Opa Exim*. Rio de Janeiro: Editora Palas, 2002.

MAIMÔNIDES, Moisés. *Mishné Torá: O livro da sabedoria*. Rio de Janeiro: Imago Editora, 1992.

_____. *Os 613 mandamentos*. São Paulo: Nova Arcádia, 1991.

MARIOTTI, Humberto. *Dialética e metapsíquica*. São Paulo: Editora Édipo, s.d.

_____. *La Parapsicologia a la Luz de la Filosofia Espirita*. Buenos Aires: Editorial Constancia, 1975.

_____. *O homem e a sociedade numa nova civilização*. Sorocaba: Edicel, s.d.

_____. *Os ideais espíritas na sociedade moderna*. s.l.: UEB, s.d.

MARTELLO, Oscar. *Os pergaminhos do mar morto – o grande achado arqueológico do século XX*. São Paulo: Planeta, 2005.

MASSENZIO, Marcelo. *A história das religiões na cultura moderna*. São Paulo: Editora Hedra, 2004.

MELLO FILHO, Julio; BURD, Miriam. *Psicossomática hoje*. Porto Alegre: Artes Médicas, 1992.

MIRANDA, Júlia. *Horizontes de bruma: os limites questionados do religioso e do político*. s.l.: Editora Maltese, 1995.

MOHAMAD, Aminuddin. *Mohammad o mensageiro de Deus*. São Bernardo do Campo: WAMY, 2006.

MORENTE, Manuel García. *Fundamentos de filosofia – lições preliminares*. São Paulo: Editora Mestre Jou, 1980.

NIETZSCHE, Friedrich W. *Os pensadores*. São Paulo: Nova Cultural, 1996.

NOLL, Richard. *O culto de Jung – Origens de um movimento carismático*. São Paulo: Editora Ática, 1996.

NOVINSKY, Anita; CARNEIRO, Maria L.T. *Inquisição: ensaios sobre mentalidade, heresia e arte*. Rio de Janeiro: Expressão e Cultura; São Paulo: Edusp, 1992.

OLIVEIRA, Pérsio S. de. *Introdução à sociologia*. São Paulo: Editora Ática, 2000.

PÀNIKER, A'gustín. *El Jainismo: Historia, Sociedad, Filosofía y Práctica*. Barcelona: Kairós, 2001.

PAULA, João T. de. *Dicionário de espiritismo, metapsíquica e parapsicologia*. São Paulo: Editora Bels, 1976.

PIÉRON, Henri. *Dicionário de psicologia*. São Paulo: Editora Globo, 1995.

PIRES, José H. *Agonia das religiões*. São Paulo: Editora Paideia, 1989.

_____. *Introdução à filosofia espírita*. São Paulo: Editora FEESP, 1993.

_____. *Concepção existencial de Deus*. São Paulo: Editora Paideia, 1981.

_____. *Os filósofos*. São Paulo: Editora FEESP, 2000.

_____. *Revisão do cristianismo*. Rio de Janeiro: Editora Paideia, 1990.

_____. *O verbo e a carne: 2 análises do roustainguismo*. São Paulo: Edições Caibar, 1973.

PORTEIRO, Manuel S. *Espiritismo dialético. s.l.:* Editora C.E. José Barroso, s.d.

_____. *Conceito espírita de sociologia.* s.l.: Edição PENSE, 2008.

_____. *Origem das ideias morais.* s.l.: Edição PENSE, 2009.

PRANDI, Reginaldo. *Mitologia dos orixás.* São Paulo: Companhia das Letras, 2000.

QUASTEN, Johannes. *Patrologia T.1 – Hasta el Concílio de Nicea.* Madri: La Editorial Católica, 1978.

_____. *Patrologia T.2 – la Edad de Oro de la Literatura Patrística Griega.* Madri: La Editorial Católica, 1962.

_____. *Patrologia T.3 – la Edad de Oro de la Literatura Patrística Latina.* Madri: La Editorial Católica, 1996.

_____. *Patrologia T.4 – del Concílio de Calcedonia (451) a Beda. Los Padres Latinos.* Madri: La Editorial Católica, 1978.

QUTUB, Mohammad. *Islã: a religião mal compreendida.* São Bernardo do Campo: WAMY, 2005.

RAD, Gerhard Von. *Teologia do antigo testamento* – volumes 1 e 2, 2ª edição – São Paulo: Aste, 2º Edição.

RHYMER, Joseph. *Atlas ilustrado do mundo bíblico.* São Paulo: Melhoramentos, 1995.

RIFFARD, Pierre A. *O esoterismo.* São Paulo: Editora Mandarim, 1996.

RIZZINI, Carlos Toledo. *Espiritismo e psicologia.* Matão: Editora O Clarim, 2003.

ROSICLER, Martins Rodrigues. *O homem na pré-história.* São Paulo: Moderna, 1992.

RONIS, Osvaldo. *Geografia bíblica.* Rio de Janeiro: Editora JUERP/ASTE, 6ª edição, 1985.

RUSSELL, Jeffrey B. *O diabo – As percepções do mal da antiguidade ao cristianismo.* s.l.: Editora Campus, 1991.

_____. *Lúcifer – o diabo na Idade Média.* São Paulo: Madras, 2003.

SANTOS, Boaventura de S. *Um discurso sobre ciência.* [s. n. t.].

SANTOS, Jorge A. *Impulsos criativos da evolução.* Niterói: Editora Arte e Cultura, 1989.

_____. *Enfoques científicos da doutrina espírita.* Rio de Janeiro: Editora Samos, 1987.

_____. *Nos alicerces do inconsciente.* Brasília: Editora Edicel, 1990.

_____. *Forças sexuais da alma.* Rio de Janeiro: Editora FEB, 1988.

_____. *Dinâmica psi.* Rio de Janeiro: Editora F. V. Lorenz, 1990.

SANTOS, José Luiz dos. *Espiritismo – uma religião brasileira.* s.l.: Editora Átomo, 2004.

_____. *O que é cultura.* São Paulo: Editora Brasiliense, 1983.

SANTOS, Juana Elbein dos. *Os nagô e a morte.* Petrópolis: Vozes, 1984.

SARTRE, Jean-Paul. *O ser e o nada: ensaio de ontologia fenomenológica.* Petrópolis: Vozes, 1997.

SCARPI, Paolo. *Politeísmos: as religiões do mundo antigo.* São Paulo: Editora Hedra, 2004.

SILVA, Gélio L. *Conscientização espírita.* Capivari: Editora Opinião, 1995.

SIQUEIRA, Maria de Lourdes. *Agô Agô Lonan*. Belo Horizonte: Mazza Edições, 1998.

SMITH, Joseph. *O livro de mórmon*. Publicado por Igreja de Mormón, 1995.

_____. *Doutrina e convênios*. Publicado por Igreja de Mormón, 1995.

_____. *Pérola de grande valor*. Publicado por Igreja de Mormón, 1995.

STEGEMANN, Ekkehard W.; STEGEMANN, Wolfgang. *História social do proto-cristianismo*. São Paulo: Paulus, 2004.

TINÔCO, Carlos A. *As upanishads*. São Paulo: IBRASA, 1996.

TOLA, Fernando; DRAGONETTI, Carmen. *Filosofia de La India: Del Veda al Vedanta. El sistema Samkhya*. Barcelona: Kairós, 2008.

TRICCA, Maria H. de O. *Apócrifos I e II – os proscritos da Bíblia*. São Paulo: Editora Mercúrio, 1990.

UNTERMAN, Alan. *Dicionário judaico de lendas e tradições*. Rio de Janeiro: Jorge Zahar Editor, 1992.

UR-RAHIM, Muhammad. *Jesus, um profeta do islã*. São Bernardo do Campo: WAMY, 2006.

VERNET, Juan. *As origens do islã*. São Paulo: Editora Globo, 2004.

VILLAS-LOBOS, Márcia. *Olimpo – a saga dos deuses*. São Paulo: Editora Siciliano, 1995.

WACH, Joachim. *Sociologia da religião*. São Paulo: Edições Paulinas, 1990.

WANTUIL, Zêus; THIESEN, Francisco. *Allan Kardec: o educador e o codificador*. Brasília: Editora FEB, 2010, 2 vols.

WEBER, Max. *A ética protestante e o espírito do capitalismo*. São Paulo: Editora Martin Claret, 2001.

_____. *Sociologia da religião*. São Paulo: Ícone, 2011.

ZIMMER, Heinrich. *Filosofias da Índia*. São Paulo: Palas Athena, 1997.

Esta obra foi composta em CTcP
Capa: Supremo 250g – Miolo: Pólen Soft 80g
Impressão e acabamento
Gráfica e Editora Santuário